20587224

Sección de Obras de Historia

INQUISICIÓN Y SOCIEDAD EN MÉXICO
1571-1700

Traducción de
SOLANGE ALBERRO

SOLANGE ALBERRO

INQUISICIÓN Y SOCIEDAD EN MÉXICO
1571-1700

Fondo de Cultura Económica
MÉXICO

Primera edición en español, 1988
Segunda reimpresión, 1996

Título original:
Inquisition et Société au Mexique, 1571-1700
© 1988, Centro de Estudios Mexicanos y Centro Americanos, México
ISSN 0378-5726
ISBN 968-6029-01-X

D. R. © 1988, Fondo de Cultura Económica, S. A. de C. V.
D. R. © 1996, Fondo de Cultura Económica
Carretera Picacho-Ajusco 227; 14200 México, D. F.

ISBN 968-16-2994-9

Impreso en México

INTRODUCCIÓN

Resulta bastante difícil, a decir verdad, exponer las razones que me llevaron a escudriñar, durante dieciocho breves años, los archivos inquisitoriales novohispanos... ¿Quién puede realmente descubrir las veredas secretas y las afinidades misteriosas que nos conducen hacia determinado tema de estudio y luego de pasión, desviándonos de aquel que pueda parecer atractivo a otros?

Ante la imposibilidad en la que me hallo de dar cuenta de mis móviles esenciales, sólo me queda por señalar la génesis consciente de un proceso, si bien sospecho que las afinidades que me unen al tema escogido no interesan exclusivamente a las víctimas sino también a los verdugos y, más aún, a la relación que unos y otros sostienen en lo que fue sin duda una de las primeras máquinas represivas modernas, el fenómeno inquisitorial.

Por otra parte, no recorrí este camino solitariamente: muchos me precedieron, me hacen compañía y seguirán adelante, puesto que la Inquisición no dejó de nutrir una literatura sumamente copiosa, que refleja el interés inquieto y hasta angustiado de numerosos coetáneos nuestros, deseosos de descubrir los orígenes de todas las formas de control y represión que de un modo ora brutal, ora insidioso, hacen estragos por todas partes en nuestra época.[1]

Ahora bien, si el Santo Oficio aparece como el antepasado, a veces el modelo de aquellas instituciones que pretenden la normalización de las almas y de los espíritus —más que la de los cuerpos—, se ha convertido también en una categoría conceptual de la mente occidental. Cabe notar respecto a este punto que los desmentidos parciales que vienen a ser los numerosos estudios sobre el Tribunal, no modifican tal categoría, que, de manera inmutable y por ello mismo necesaria en el campo conceptual occidental, une las hogueras, los tormentos y la Inquisición, a nociones tales como España, catolicismo, etcétera.

No busco emprender una cruzada contra esta situación; se halla establecida con demasiada solidez, fue suficientemente impugnada, aunque sin resultado, y además, no carece totalmente de fundamento. Cabe sin embargo matizarla en la medida en que se fundamenta en la consideración privilegiada del *discurso*, mediante el

---

[1] Bartolomé Bennassar, *L'Inquisition Espagnole*, Introducción. En 1963, Emil Van der Vekene formaba ya una bibliografía de 1950 títulos relacionados con la Inquisición.

examen, esta vez, de la *práctica* inquisitorial: sólo entonces se podrá entender debidamente la realidad histórica de una institución y una cultura y, sobre todo, será factible emprender algún día un estudio de los mecanismos de control y represión, desechando por fin las proposiciones heredadas de una tradición sospechosa —las Luces frente a una ex gran potencia moribunda—, que impiden de hecho el ejercicio de un pensamiento crítico.

La investigación que presento aquí, originada por el descubrimiento del mundo hispanoamericano, pretende integrarse en esta perspectiva. En efecto, ¿cómo explicar la diversidad asombrosa de las prácticas religiosas, morales, de las sensibilidades, la riqueza infinita de las soluciones individuales de ayer y hoy, que garantizan la supervivencia de grupos e individuos en un mundo al que se suele presentar como aplastado por la bota de los conquistadores y luego de los colonizadores e inquisidores? Una de dos: la empresa imperial tuvo sus límites, o sufrió las transformaciones profundas impuestas por el contexto americano.

Mientras permanecían latentes estas interrogantes y reflexiones, el azar de las lecturas y de las conversaciones me guió de manera natural hacia el Archivo General de la Nación, de México, y el Fondo Inquisición. La inmersión fue entonces larga y, con el descubrimiento renovado y la afirmación de un universo nuevo, brotaron otras interrogantes. ¿Qué representó la Inquisición en Nueva España? ¿Cuál fue la naturaleza del poder imperial y a qué formas recurrió? ¿Qué resultados logró tomando en cuenta las metas que perseguía? ¿Qué sociedad se perfila a través del funcionamiento inquisitorial y qué vivencias tuvieron en ella sus hombres?

Las fuentes me enseñaron el camino. En efecto, de sobra se sabe que sólo el Tribunal de México, junto con los de Toledo, Cuenca, Valencia y tal vez el de las islas Canarias, conservó la totalidad de los archivos inquisitoriales, mientras que la actividad de los demás sólo quedó recogida en resúmenes de procesos, las *Relaciones de causas de fe*, que eran enviadas al Consejo Supremo de la Inquisición y hoy se encuentran en el Archivo Histórico Nacional de Madrid. Esto significa que contamos en México no solamente con la mayoría de los procesos que fueron formados sino también con la masa invaluable de las denuncias que no prosperaron, la correspondencia de los inquisidores mexicanos con la Suprema y General Inquisición —la Suprema—, con los comisarios, con los comisarios locales, con otros tribunales americanos y metropolitanos, las genealogías pormenorizadas de los candidatos a la familiatura y a los distintos cargos inquisitoriales, cartas de particulares que reclaman bienes o sumas que les pertenecen, etc. En total, unos 1 553 volúmenes de unas 800 a 1 000 fojas cada uno, que cubren el periodo 1521-1823, aparte de 15 volúmenes del Índice, que representan 3 000 cuartillas mecanografiadas a un espacio.

No era posible abarcarlo todo; había que operar haciendo selecciones. La primera se refiere al periodo estudiado, el de los Austrias, ya que durante el reinado de los Borbones el Santo Oficio entró en un periodo de decadencia acelerada, y, además, cambió sensiblemente la naturaleza de su función. La segunda abarca los temas considerados. Así, deliberadamente, no me ocupé del procedimiento inquisitorial, que ya ha sido ampliamente tratado por otros investigadores,[2] es bien conocido actualmente y que me parecía inútil volver a estudiar. Además, la riqueza y originalidad de las fuentes me imponía otras tareas; por ello me limité a indicar tan sólo las diferencias —menores— que caracterizan al procedimiento americano. Sacrifiqué, de la misma manera, lo referente a la administración financiera de la institución, que puede ser estudiada en los 247 volúmenes del fondo Real Fisco. Un examen superficial de tales fuentes me convenció por completo de la necesidad, para llevar a cabo un estudio fecundo, de rebasar el marco estrictamente institucional y abordar el de la economía colonial, ya que el Tribunal participó en numerosas operaciones financieras de toda índole —préstamos, compraventas, administración, etc.— en las que intervinieron tanto instituciones como particulares.

Mi investigación adolece también de otra laguna ya que, por las mismas razones que aduje en lo tocante a las finanzas inquisitoriales, no trato el problema de la censura de los libros que circulaban en la Nueva España, ni el de la represión tanto de los lectores como de los propietarios de obras prohibidas. Este era un tema en proceso de investigación, y, por otra parte, interesaba mucho más el siglo XVIII —la segunda mitad, exactamente— que el periodo aquí contemplado;[3] lo mismo que las finanzas inquisitoriales, tra-

---

[2] Pensamos en particular en Eduardo Pallares y su *Procedimiento inquisitorial*; en *Los Orígenes de la Inquisición Española: el Tribunal de Valencia, 1478-1530*, de Ricardo García Garcel; en *Ortodoxia y control social en México en el siglo xvii; el Tribunal del Santo Oficio*, de María Asunción Herrera Sotillo; en *El Santo Oficio de la Inquisición de Galicia (poder, sociedad y cultura)*, de Jaime Contreras; en los trabajos y tesis dirigidos por Bartolomé Bennassar, como *l'Inquisition de Lima. Procédure, délits et conséquences culturelles (1692-1696)*, de Françoise Grigeul; en *l'Inquisition de Carthagène, Blasphèmes et superstitions, 1668-1674*, de Christine Gouin; en *Débuts de l'Inquisition à Carthagène des Indes. L'autodafé de 1614*, de Salvador Montoya Menjívar, etcétera.

[3] Monelisa Lina Pérez-Marchand, *Dos etapas ideológicas del siglo xviii en México a través de los papeles de la Inquisición*; de Pablo González Casanova, *La Literatura perseguida en la crisis de la Colonia*, y desde luego,

tábase de una parte entera del edificio que por sí sola merecía un análisis pormenorizado.

Así las cosas, ¿qué es lo que retuvo mi atención? Por una parte, la institución, sus hombres, sus medios, su actividad, sus papeles y funciones. Todo esto reflejado en el *discurso* que producía, para uso interno y externo, pero también en la *práctica* que se manifestaba ante mí en centenares de documentos. Pasé luego a describir la sociedad que esta práctica inquisitorial pone de manifiesto, recalcando las relaciones dinámicas que mantiene con el fenómeno de la Inquisición.

Si bien las fuentes fueron mis maestras, no a todas otorgué la misma importancia. Unas resultan ser las *Visitas*, aquellas inspecciones a las que la Corona sometía con cierta frecuencia a sus funcionarios y que tenían por fin el examen minucioso de su administración y actuación. Se llevaron a cabo dos *Visitas* en el transcurso del siglo XVII, por lo que se refiere al Santo Oficio del virreinato, la de Juan Sáenz de Mañozca (1645-1649) y la de Pedro de Medina Rico (1651-1658). Destinadas a la Suprema, constituyen la mejor crítica de la institución, pues se hacían desde el interior, por individuos que eran asimismo inquisidores; son de una riqueza inagotable, y —como otros muchos historiadores— recurrí frecuentemente a ellas. En cambio, las *Comunicaciones de cárceles* han permanecido ignoradas hasta ahora de manera inexplicable, a pesar de que el Fondo Inquisición alberga centenares de fojas reunidas en *cuadernos* que contienen las conversaciones entre los reos de las cárceles inquisitoriales, sobre todo entre 1642 y 1647; eran escritas por soplones, quienes las entregaban a los inquisidores esperando, obviamente, que se mostraran indulgentes en el momento de dictar sentencia contra ellos, que también estaban presos. Más adelante se podrá apreciar el provecho que saqué de esta fuente excepcional de información, tanto en lo que se refiere al funcionamiento de la institución como a la sociedad colonial en sus dimensiones colectivas e individuales.

Por todas estas razones, el periodo al que dediqué mayor atención es la primera mitad del siglo XVII, muy particularmente el decenio 1640-1650, que corresponde, según se comprobará, al apogeo de la actividad inquisitorial; la información sobre dicho periodo es no sólo copiosa sino también, ya lo señalamos, excepcional.

Libros y libreros en el siglo XVI, selección de documentos editada por Francisco Fernández del Castillo en 1914.

Por otra parte, José Abel Ramos Soriano está preparando una tesis de doctorado de tercer ciclo bajo la dirección del profesor Daniel Roche, que versa precisamente sobre la literatura prohibida por el Santo Oficio en Nueva España, sus lectores y distribuidores.

Reconozco de buen grado, en cambio, haber descuidado un poquito las primeras décadas que siguen al establecimiento del Tribunal en Nueva España; es que ya se las conoce bastante bien porque motivaron estudios tan numerosos como importantes, al contrario de lo que acontece con el siglo XVII que, de manera general, es prácticamente desconocido.[4]

Desde el punto de vista metodológico, realicé en una primera etapa un análisis cuantitativo pormenorizado de los datos que contiene el Índice del Fondo Inquisición, que, pese a sus lagunas y fallas, no deja de ser representativo de la actividad inquisitorial.[5] Por razones obvias, reduje al mínimo la exposición cuantitativa de esta información, la que, sin embargo, respalda el conjunto de los análisis y conclusiones propuestos. Más adelante, precisé y afiné la aproximación cuantitativa mediante estudios de casos, cada vez que el tema tratado lo requería.

El Fondo Inquisición constituye, huelga decirlo, lo esencial de las fuentes consultadas y conviene aportar algunas precisiones al respecto.

De los 1 553 volúmenes que lo componen, 15 forman una sección llamada de Riva Palacio, que debe su existencia a las vicisitudes sufridas por el Fondo a fines del siglo XIX. Por otra parte, unos cincuenta volúmenes tratan de la actividad inquisitorial antes del establecimiento del Santo Oficio en 1571, motivo por el cual se les menciona sólo de modo excepcional, mientras que más de ochocientos versan sobre los siglos XVIII y XIX. Por lo tanto, la Inquisición de los Austrias representa alrededor de 650 volúmenes, resultando en este caso inevitable la imprecisión puesto que numerosos volúmenes que corresponden a la transición del siglo XVII al XVIII encierran lo mismo expedientes del siglo anterior que del siguiente. Es que nuevamente el Fondo refleja los azares no sólo de la historia tumultuosa del país sino del desorden inquisitorial que pronto descubriremos.[6] Así, mientras algunos volúmenes están enteramente dedicados a bígamos, blasfemos, judaizantes, a genealogías de familiares o a la correspondencia del Tribunal —para felicidad del investigador—, otros mezclan toda clase de documen-

---

[4] Yolanda Mariel de Ybáñez, *El Tribunal de la Inquisición de México* (siglo XVI); Richard Greenleaf, *The Mexican Inquisition of Sixteenth Century*; Alfonso Toro, *La familia Carvajal*, 2 tomos, y las publicaciones del Archivo General de la Nación, que pormenorizamos en la Bibliografía.

[5] Solange Alberro, *La actividad del Santo Oficio de la Inquisición en Nueva España, 1571-1700*.

[6] Cuenta una leyenda, por ejemplo, que Francisco Villa, para festejar algún acontecimiento en Querétaro y San Luis Potosí, prendió hogueras con centenares de documentos históricos...

tos, incluso edictos de fe, en una confusión amena que propicia un sinnúmero de descubrimientos y hallazgos. La gran mayoría de estos volúmenes está precedida de una lista de los expedientes más importantes, realizada sin el menor apego a las reglas vigentes para el caso, aunque inspirada obviamente por la mejor disposición de algún general o coronel de los años 1880, émulo del general historiador don Vicente Riva Palacio.

La foliación constituye a menudo otro problema, insoluble a veces: mientras volúmenes enteros o algunos expedientes carecen de foliación, otros cuentan con tres o hasta cuatro, en los que mal conviven la letra del notario inquisitorial con la del militar concienzudo del siglo XIX y la del archivista de los años 1940, cuando no con la de un investigador anónimo y que adivinamos presa de la exasperación; los distintos sistemas se superponen entonces, se interrumpen o se cruzan sin asomo de coherencia. Así y todo, presento una relación de los volúmenes a los que me refiero en este trabajo, pues el resto de la información tocante a los expedientes y a las fojas se encuentra en las notas correspondientes.

Archivo General de la Nación: de ahora en adelante AGN

Fondo Inquisición:

Volúmenes núms.: 38-44-70-79-84-125-130-133-145-180-207-209-210-216-271-275-278-279-283-297-301-303-305-308-309-316-317-318-325-329-332-333-335-337-339-341-343-353-356-360-365-369-374-381-387-390-391-393-394-395-396-397-398-399-400-401-402-403-407-408-409-411-412-413-416-417-423-426-431-435-437-445-446-454-460-482-484-487-488-489-490-498-499-500-502-504-510-512-513-516-520-523-527-530-536-538-539-540-561-586-592-593-605-612-629-660-678.

Fondo Riva Palacio:

Tomos núms.: 1-2-3-4-5-6-7-9-12-14-15-18-21-23-24-33-36-43-44-48-49.
(Este último tomo es un Índice elaborado por los ministros inquisitoriales: "Índice General de las causas de Fe que se han seguido en este tribunal del Santo Oficio de la Inquisición de México, desde su fundación que fue el año de 1571 hasta el de 1719.")

Por lo que se refiere a las investigaciones acerca de los familiares del Santo Oficio, recurrí a los siguientes volúmenes del ramo Inquisición: 192-193-195-196-197-198-199-200-202-203-204-205-213-216-220-221-251-275-282-298-307-309-314-318-324-331-346-347-349-351-352-359-364-367-370-374-375-377-379-383-397-405-416-417-418-419-426-464-476-481-483-489-495-499-509-591-592-648-659-679-1507 y en la sección Riva Palacio, al tomo 35.

Otros fondos consultados en el AGN:
Edictos de Fe, volumen 1.
Fondo Reservado: Nómina de Inquisidores.
Reales Cédulas Originales, volumen 1.
Reales Cédulas Duplicadas, volumen 63.
Mercedes: volúmenes 10-44.
General de Parte: volúmenes núms. 2, 3, 8.
Tierras, volúmenes núms. 674, 2730, 2770.
Indios, volúmenes núms. 10, 11, 13, 15, 16, 17, 18, 19, 20, 21, 23, 24.

Para el estudio de los familiares: Real Fisco, volúmenes núms. 14, 21, 29, 36, 37, 42, 56.
Virreyes: volúmenes núms. 1664, 1665.
Hacienda: legajos 599, 791.
Vínculos: volúmenes núms. 4, 56, 247.

El Indiferente General merece por sí solo unas cuantas líneas. Este fondo, de nombre significativo y que encierra riquezas literalmente inagotables en la medida en que se encuentra en él cuanto dejó la espuma de los siglos, me fue amablemente abierto durante los años 1977-1978 por Alejandra Moreno Toscano, la entonces directora del AGN, cuando el traslado próximo del Archivo a su sede actual hizo necesaria la reunión de fondos y lotes hasta entonces dispersos en la ciudad y, en la medida de lo posible, su rápida identificación. Así es como aparecieron numerosos documentos y pude constituir más de quince cajas que contenían procesos completos o fragmentos de ellos, cartas, etc., provenientes de la Inquisición. Señalamos en particular una lista parcial del personal inquisitorial (letras E-F-G-J-L-M-P) que aprovechamos para el estudio de los familiares y de los comisarios.

Biblioteca Nacional, México, de ahora en adelante, BN.
Sección de los Manuscritos, MS 1259. Correspondencia del tribunal de México con el Consejo Supremo.
Archivo Franciscano, Inquisición, MS 1223-1226.

Biblioteca del Museo Nacional de Antropología e Historia:
Rollo núm. 3 y los que contienen documentos microfilmados del Archivo del Ayuntamiento de Zacatecas.
Actas de Cabildo, vols. 8, 25.

El Archivo Histórico de Madrid cuenta con unas *Relaciones de causas de fe* que provienen de México y, sobre todo, con lo esencial de la correspondencia del tribunal virreinal con la Suprema; ahí se encuentran también los legajos de las dos visitas llevadas a cabo a mediados del siglo XVII, la de Juan Sáenz de Mañozca y la de Pedro de Medina Rico. Sobre ellas, consulté, más que nada, los libros núms. 282 y 1054, y los legajos núms. 1679, 1737 y 1738.

En cambio, el Archivo de Indias es mucho más pobre en cuanto toca al tema de este trabajo, si bien el fondo Encomiendas encierra abundante información acerca de los cristianos nuevos de Nueva España. El fondo Contaduría, 885, me proporcionó un dato importante.

Quedan finalmente las colecciones y fondos de los Estados Unidos. Cabe señalar la Henry E. Huntington Library, de San Marino, California, por su valioso "Abecedario de los Relajados, Reconciliados y Penitenciados", que abarca los siglos XVI y XVII y que, a pesar de estar incompleto, permite el estudio de las sanciones aplicadas por las tres Inquisiciones que funcionaron en Nueva España. También consulté los procesos de Catalina Enríquez, Margarita de Moreira y Simón López de Aguarda, acusados los tres de judaísmo entre 1642 y 1643, documentos que se encuentran en dicha institución.

Por otra parte, la Washington State University, de Pullmann, Washington, me facilitó los procesos de Simón de León y del esclavo Luis de la Cruz.

Hubo que renunciar al estudio de los procesos de judaizantes que se encuentran en el Thomas Gilcrease Institute, de Tulsa, Oklahoma —puesto que la institución no brinda la menor facilidad a los investigadores para llevar a cabo semejante tarea, al contrario de lo que sucede con la Henry E. Library y la Washington State University— y no pude tampoco conseguir el documento citado por Henry Charles Lea, "Extractos de causas de Familiares y Ministros que no son oficiales, que hay en la Cámara del Secreto de la Inquisición de México, en este presente año de 1716", que se hallaba a principios del presente siglo en la Biblioteca Real de Munich.[7] Mis indagaciones no dieron resultado y nadie parece saber lo que ocurrió con este documento importante, probablemente extraviado al azar de las tormentas de nuestra época...

Las fuentes impresas constituyeron una ayuda apreciable, aunque resultan infinitamente menos importantes que las que provienen de los archivos. Citemos en primer lugar el *Cedulario de los siglos xvi y xvii*, editado por Alberto María Carreño (México, 1947); el de Diego de Encinas, reproducido en facsímil en Madrid en 1945; las *Provisiones, cédulas, instrucciones de su Majestad...*, impreso nuevamente por Joaquín García Icazbalceta en 1878-1879 (2 volúmenes); la *Recopilación de leyes de los Reynos de las Indias...*, editada en tres volúmenes por el Consejo de la Hispanidad (Ma-

---

[7] Citado en *The Inquisition in the Spanish Dependencies*, nota al pie de la página 248, en la edición de MacMillan, Nueva York, 1922.

drid, 1943); las *Cartas de Indias,* cuya reedición completa es obra de la Secretaría de Hacienda y Crédito Público (México, 1982); el *Cuerpo de documentos del siglo xvi* de Lewis Hanke (primera reimpresión, México, 1977); los *Documentos inéditos del siglo xvi para la historia de México* (segunda edición: México, 1975); las *Pandectas hispanomexicanas,* editadas por Rodríguez de San Miguel en 3 tomos (México, 1980), y finalmente las *Cartas recibidas de España por Francisco Cervantes de Salazar* (México, 1946). Falta añadir el *Epistolario de Nueva España, 1508-1818,* de Francisco del Paso y Troncoso (México, 1905-1908) y los *Papeles de Nueva España,* del mismo autor (México, 1939-1942); finalmente, los *Documentos inéditos del siglo xvi para la historia de México* (segunda edición: México, 1975), de Joaquín García Icazbalceta.

Tocando temas más precisos, cabe citar nuevamente a Joaquín García Icazbalceta: *Bibliografía mexicana del siglo xvi* (México, 1886) y, del mismo autor, las *Relaciones de varios viajeros ingleses en la ciudad de México y otros lugares de la Nueva España*; de Ventura Beleña (2 tomos, México, 1981), las *Actas de Cabildo de la Ciudad de México* (México, 1889-1911), nuevamente catalogadas por el gobierno de la ciudad de México en 1971 y, por fin, los *Asientos de la Gobernación de la Nueva España, 1550-1552,* de Silvio Zavala (México, 1982).

Se sabe que el trabajo y las condiciones que lo rodean llamaron la atención de los investigadores hace tiempo. Recordemos las herramientas siempre necesarias que vienen a ser la *Legislación del trabajo en los siglos xvi, xvii y xviii* (México, 1938) y las *Fuentes para la historia del trabajo en Nueva España,* 8 volúmenes (México, 1939-1946), de Silvio Zavala y María Castelo, completadas por las *Ordenanzas del Trabajo, siglos xvi y xvii* (México, 1947).

La historia regional queda facilitada por la *Colección de documentos para la historia de San Luis Potosí,* editada por Primo Feliciano Velázquez (San Luis Potosí, 1897-1899), las *Crónicas de Michoacán* (México, 1954), las *Relaciones geográficas de la diócesis de Michoacán, 1579-1580* y las *Fuentes para la historia de la tenencia de la tierra en el estado de Hidalgo* (Pachuca, 1976).

Falta asimismo mencionar algunos puntos específicos: *Alumnos distinguidos del Colegio de San Pedro, San Pablo y San Ildefonso* (México, 1975) y la *Biblioteca Hispanoamericana septentrional,* de José Mariano Berisráin de Souza, que acaba de ser reeditada, si bien en forma incompleta puesto que actualmente sólo contamos con los dos primeros tomos (México, 1980). Citemos también el *Archivo Histórico de Hacienda,* de gran utilidad en cuanto se refiere a las cuestiones económicas (México, 1945).

No se puede dejar de mencionar una serie de índices, en particular el *Índice y extractos de los protocolos de la Notaría de Cholula, 1590-1600* (México, 1973), de Cayetano Reyes García, el *Índice del Archivo del Juzgado General de bienes de difuntos de la Nueva Galicia, siglos xvi y xvii,* de Claudio Jiménez Vizcarra (México, 1978) y, de Enrique Martínez Méndez, el *Índice del Ramo de tierras del Estado de Puebla* (México, 1979).

Después de este breve examen de algunas fuentes impresas, fuerza es indicar las que se relacionan más directamente con mi tema.

Señalemos en primer lugar la útil *Introducción a la Inquisición española. Documentos básicos para el estudio del Santo Oficio,* de Miguel Jiménez Monteserín (Madrid, 1980), que viene a completar con provecho el clásico *Manual de Inquisidores,* de Nicolás Eymerich y Francisco Peña, con el sugestivo prefacio y las notas de Louis Sala-Molins (París, 1973).

Los *Documentos inéditos o muy raros para la Historia de México,* núm. 58, de Genaro García y Carlos Pereyra, contienen extractos de sentencias inquisitoriales y textos concernientes a la Inquisición en México (México, segunda edición, 1974); Vargas Rea publicó asimismo unos extractos de sentencias en sus *Autos de Fe* (México, 1953) mientras el relato del gran *Auto General de la fe, celebrado por los señores Inquisidores... el 11 de abril de 1649,* por Matías de Bocanegra (México, 1649), sigue siendo un documento fundamental. El *Boletín del Archivo General de la Nación,* publicado regularmente desde 1930, dio a conocer numerosos textos que me interesan, en particular el *Proceso de una seudoiluminada* (1649), los de Tomás Treviño de Sobremonte, de Juana Tinoco, etc. El mismo Archivo emprendió la publicación de procesos enteros, tales como el *Proceso inquisitorial del cacique de Texcoco,* el de Luis de Carvajal el Mozo, los de indios idólatras y hechiceros y los que atañen a los *Corsarios franceses e ingleses en la Inquisición de la Nueva España.* En 1949 salió a la luz el *Libro primero de votos de la Inquisición de México, 1573-1600.*

Por último, el ambiente de la época se percibe en distintos relatos de viajeros, como el de Gemelli Carreri, *Le Mexique à la fin du xviième siècle,* presentado por J. P. Berthe (París, 1968), y los de Thomas Gage, *Thomas Gage's Travels in the New World* (Norman, Oklahoma, 1958); Alonso de la Mota y Escobar, *Descripción geográfica de los Reynos de Nueva Galicia, Nueva Viscaya y Nuevo León* (segunda edición: México, 1940), y de Gonzalo Gómez de Cervantes, *Vida económica y social de la Nueva España al finalizar el siglo xvi* (México, 1944). Las crónicas de Gregorio de Guijo, *Diario, 1648-1664* (México, 1953) y el *Diario de Sucesos notables, 1665-1703,* de Antonio de Robles siguen constituyendo referencias imprescindibles.

Algunos de los capítulos que forman el presente trabajo fueron anteriormente publicados; este es el caso del análisis de las relaciones entre el fenómeno inquisitorial y la coyuntura, que se halla en el capítulo II de la primera parte, de la ola de hechicería en Celaya en 1614, de la acusación de Domingo Márquez en Tepeaca en 1650, del estudio sobre Zacatecas y del que versa sobre los negros y los mulatos, o sea, el capítulo primero y la mitad del segundo de la segunda parte. La bibliografía general da cuenta de estas publicaciones anteriores.

La conjugación de numerosos factores es obviamente lo que hizo posible esta investigación, permitiéndole llegar a buen puerto. Las instituciones me fueron particularmente propicias ya que la Secretaría de Relaciones Exteriores, a través de la Dirección General de Relaciones Culturales, Científicas y Tecnológicas, la Dirección de Cooperación Científica y Tecnológica y, en particular, la Subdirección de Ciencias Sociales y Humanidades, permitieron que prestara mis servicios durante largos años en México, primero como profesora en el Instituto Francés de América Latina de México (IFAL) y luego como investigadora en el Instituto Nacional de Antropología e Historia. Expreso mi agradecimiento a estas instituciones y a sus distintos directores, quienes, en una forma u otra, siempre cuidaron que yo pudiera llevar a cabo este trabajo. El Archivo General de la Nación, gracias a la amabilidad de don Ignacio Rubio Mañé primero, luego de Alejandra Moreno Toscano y ahora de Leonor Ortiz Monasterio, fue y sigue siendo para mí un lugar privilegiado y predilecto.

Sin embargo, las deudas más íntimas son con las obras, los seres, los vivos y los muertos. Pienso, en primer lugar, en quienes, hace mucho ya, otorgaron su confianza, como Marguerite Cordier, entonces directora de la École Normale Supérieure de Fontenay-aux-Roses, y Jean Villégier, quien era catedrático de la misma. Mis maestros de antaño, Roger Bastide y Alfred Métraux, me enseñaron, por su parte y para siempre, el celo por lo vivo, lo oculto, también el amor a las cosas oscuras en las que Marcel Mauss solía leer algunas historias profundas de las sociedades y de las mentalidades. Volví a encontrar estas afinidades en Norbert Elias, ampliadas y reunidas en su soberbio análisis, de sobra conocido.

Más cercanos, don Silvio Zavala y don Gonzalo Aguirre Beltrán me han enseñado mucho, a través de sus obras y la manera como viven las ciencias humanas.

Si bien todos estos maestros constituyen tal vez mi referencia íntima, la presente investigación debe infinitamente su tejido diario a quienes, con sus conversaciones, sugerencias, amistad e incluso paciencia, no dejaron de apoyarme y orientarme. En el Archivo General, nuevamente, debo agradecer a Roberto Beristáin, Liborio Villagómez, Salvador Victoria, Lourdes Villafuerte, amigos siempre listos a proporcionar un dato nuevo, a facilitar un trámite. En el Instituto Nacional de Antropología e Historia, Enrique Florescano, hoy día su director, me hizo llegar a menudo la información que identificaba como valiosa para mí, mientras María Cristina García Bernal me tendió una mano amigable desde Sevilla, y Stanley Hordes, primero en Nueva Orleáns y luego en Albuquerque, me brindó ayuda y estímulo. Jean-Pierre Berthe guió mis primeros pasos y Hugo Nutini me dispensó el socorro de su fiel amistad y de su clarividencia ilustrada. Desde el principio, François Chevalier me alentó cálidamente y mi maestro Pierre Chaunu fue el inspirador por excelencia de este trabajo, tanto por su obra y su pensamiento como por su relación personal con la Historia. Maryse Hilde dedicó la mayor diligencia a la mecanografía, y las curvas y gráficas fueron realizadas por Alfonso Gutiérrez.

Finalmente, Serge Gruzinski fue a la vez un amigo generoso y un crítico celoso al que quedo particularmente agradecida. En cuanto a los míos, bien saben cuán inmensa es mi deuda para con ellos.

PRIMERA PARTE

EL TRIBUNAL DEL SANTO OFICIO

I. LA INSTITUCIÓN

Preliminares

La presencia en Nueva España de instancias inquisitoriales se remonta a los días que siguen a la Conquista —1522— y se mantiene hasta 1819, es decir que abarca todo el periodo colonial, incluso el reducido lapso en que quedó suprimido el Tribunal por las Cortes de Cádiz.[1]

Antes del establecimiento del Santo Oficio en México en 1571, el virreinato había tenido en su comienzo una inquisición monástica (1522-1533), llevada a cabo por frailes evangelizadores y extirpadores de idolatrías, y luego episcopal (1535-1571).[2] En efecto, la llegada de los primeros colonizadores, seguida de la cristianización tan masiva como superficial de la población autóctona, había ocasionado la implantación de las estructuras religiosas de la metrópoli y por tanto, de modo muy natural, la de los tribunales inquisitoriales.

Ante una realidad del todo nueva, se recurrió, como lo había hecho Hernán Cortés al descubrir la tierra mexicana, a lo que dentro de la herencia reciente de España podía constituir una referencia, y la experiencia con los moriscos de Granada y los guanches de las islas Canarias proporcionó una apreciable ayuda a la hora de evangelizar, hispanizar y reprimir.[3]

Estos primeros tribunales inquisitoriales, cuyo rudo y a veces torpe desempeño no siempre carece de aquel humanismo difuso en las primeras décadas de la conquista espiritual de México, pusieron de manifiesto rápidamente las limitaciones y los peligros de un modelo normativo y represivo que tal vez era adecuado para la metrópoli pero impropio e incluso arriesgado en un territorio recién conquistado y aún mal controlado.

En efecto, no tardó en plantearse la cuestión del trato que debía darse a los indígenas en el caso de que infringieran la regla cristiana. Como cristianos cabales, se les consideraba responsables de sus actos y, por tanto, merecedores de las mismas sanciones inquisitoriales que los cristianos de origen europeo; algunos de ellos,

---

[1] José Toribio Medina, *Historia del Tribunal del Santo Oficio de la Inquisición en México*, passim.
[2] Richard Greenleaf, *The Mexican Inquisition of Sixteenth Century*, capítulos I, II, III y IV.
[3] Antonio Garrido Aranda, *Moriscos e indios. Precedentes hispánicos de la evangelización en México*, pp. 33-38.

que fueron sacerdotes en sus comunidades, permanecieron fieles al orden pretérito y fueron de hecho perseguidos por practicar la idolatría, la brujería, incluso por hacer sacrificios, y padecieron los castigos determinados por la Inquisición para semejantes delitos.[4] Sin embargo ¿podía considerarse realmente a tales neófitos como culpables de herejía, habiendo transcurrido tan poco tiempo desde el derrumbe de su universo y siendo su cristianismo, si bien sincero, tan reciente y superficial? El ejemplo de los moriscos y de los judíos conversos imponía la prudencia y pronto surgió una corriente a favor de una mayor indulgencia hacia los indígenas. Se sabe que el proceso de don Carlos, cacique de Texcoco, que fue acusado de dogmatista y hereje y condenado a la hoguera por el obispo Zumárraga, contribuyó poderosamente a reforzar esta corriente, que se amplió aún más tras los excesos cometidos por los frailes inquisidores en Yucatán y en la región de Oaxaca.[5] Por tanto, la Corona, que se hallaba lo suficientemente alertada ya en 1539 como para amonestar a Zumárraga, expidió un decreto el 30 de diciembre de 1571: los indígenas dejaban de pertenecer al fuero inquisitorial y sólo dependerían en adelante del obispo en cuanto se refería a moral y a fe.[6]

Pero el rigor con el que se trataba a los indígenas no resultaba el único blanco de las críticas hechas a las numerosas instancias inquisitoriales que obraban tan irresponsable como arbitrariamente. Hacía tiempo ya que muchos pedían el establecimiento de un tribunal del Santo Oficio que dependiera del Consejo de la Suprema y General Inquisición; en él veían el único remedio a los

---

[4] *Procesos de indios idólatras y hechiceros*, passim; *Proceso inquisitorial del Cacique de Texcoco*, passim; Richard Greenleaf, *Zumárraga and the Mexican Inquisition, 1536-1543*, capítulos II y III; France V. Scholes y Ralph L. Roys, *Fray Diego de Landa and the Problem of Idolatry in Yucatán*, passim.

[5] Richard Greenleaf, *Zumárraga...*, op. cit., p. 74. Richard Greenleaf, *The Mexican Inquisition...*, op. cit., p. 121. France V. Scholes y Ralph L. Roys, *Fray Diego de Landa...*, op. cit., passim. Antonio Gay, *Historia de Oaxaca*, pp. 402-404.

[6] Henry Charles Lea, *The Inquisition in the Spanish Dependencies*, pp. 210-211. Esta real cédula fue nuevamente promulgada por Felipe II el 23 de febrero de 1575. *Cf.* Toribio Esquivel Obregón, *Apuntes para la historia del derecho en México*, pp. 649-693. Sin embargo, los inquisidores solicitaron más adelante, en 1619, la autorización de someter, en determinados casos, a los indígenas al fuero inquisitorial, particularmente a las mujeres que pretendían dolosamente haber sido "solicitadas" por su confesor. Aunque la Suprema otorgó la autorización pedida, el Santo Oficio mexicano no parece, de hecho, haber emprendido nada en contra de los indígenas. *Cf.*, María Asunción Herrera Sotillo, *Ortodoxia y control social en México en el siglo xvii: el Tribunal del Santo Oficio*, pp. 81-82; Antonio Garrido Aranda, *Moriscos e indios...*, op. cit., p. 54.

progresos asombrosos que realizaban las prácticas heterodoxas, cuando no heréticas, al desenfreno de las costumbres coloniales, sobre todo las de los eclesiásticos, a los abusos de poder de toda índole, a los conflictos jurisdiccionales, a la incompetencia respaldada por la autoridad... lo que atestigua el prestigio indiscutible que rodeaba a la institución a fines del siglo XVI.[7] Tales deseos fueron bien acogidos por Felipe II, que obviamente estaba dispuesto a otorgar esta clase de merced, y por una cédula fechada el 25 de enero de 1569 ordenó el establecimiento de los tribunales de Lima y México.[8] Acababan de nacer dos de las últimas inquisiciones que dependían del Secretariado de Aragón —la última iba a ser la de Cartagena de Indias, fundada en 1610— y su peso se dejaría sentir en la vida de México y de Perú durante más de dos siglos y medio.

El contexto americano

Sin embargo, el Tribunal mexicano iba a obrar en un contexto muy distinto del peninsular. En primer lugar, el espacio americano no es el europeo, ni siquiera en sus variantes ibéricas, tan cercanas a veces a las del Magreb. El territorio sometido a la jurisdicción de la nueva Inquisición abarcaba no sólo a la Nueva España sino también a Nueva Galicia, al Norte abierto de par en par con su avanzada del Nuevo México, a Guatemala, al actual El Salvador, a Honduras, Nicaragua y, por fin, a las Filipinas, al otro lado del mundo: en total, casi tres millones de km^2, mientras que en España, dieciséis tribunales ejercían su autoridad sobre un territorio de poco más de 500 000 km^2, en el que se veía gigantesco el distrito de Valladolid, con sus 89 873 km^2.[9]

Además, este inmenso territorio era discontinuo; no sólo se necesitaban meses de navegación peligrosa para alcanzar las islas Filipinas, lo que, en el mejor de los casos, las hacía accesibles una vez al año, sino que el mismo espacio americano estaba recortado por cordilleras que llegaban a constituir a veces verdaderos obstáculos, por ríos caudalosos, lagunas y pantanos que aislaban a regiones enteras. Pensemos en Yucatán, que, hasta fecha reciente, permaneció alejado del país, o en Nuevo México, donde el diligente

---

[7] José Toribio Medina, *Historia del Tribunal...*, op. cit., p. 32. Francisco del Paso y Troncoso, *Epistolario de Nueva España*, vol. IV, p. 224; vol. VII, p. 248; José Toribio Medina, *La Inquisición primitiva americana*, páginas 493-496.

[8] *Recopilación de Leyes de los Reynos de las Indias*, tomo I, libro I, título XIX, ley I, pp. 159-160.

[9] Bartolomé Bennassar, *l'Inquisition Espagnole*, p. 54.

comisario del Santo Oficio, fray Alonso de Benavides, se quejaba de que el correo con la capital tardaba cuatro años y hasta más.[10]

La Inquisición mexicana no tardó en ponderar lo difícil de la tarea que le incumbía, tomando en cuenta lo dilatado de su distrito, y cuando se creó la Inquisición de Cartagena de Indias, en 1610, pidió el establecimiento de un tribunal en Guatemala que tuviera jurisdicción sobre una parte de América Central.[11] Por razones a todas luces financieras tal petición no tuvo efecto y, hasta la desaparición del Tribunal novohispano en el siglo XIX, sus inquisidores tuvieron que actuar como tales también en una impresionante extensión de territorios de Asia y América, los cuales estaban teóricamente sometidos a su autoridad.

La geografía americana celebrada por Neruda no resultaba el único obstáculo por vencer. De hecho, estas tierras infinitas se hallaban débilmente pobladas, a veces vacías, en cuanto uno recorría una decena de leguas partiendo de la capital del virreinato hacia el norte minero. Ahora bien, la densidad de la población constituyó tradicionalmente un factor fundamental en la eficiencia tanto de la Inquisición como de cualquier otro aparato, sea el que fuere, pues aseguraba la difusión de la información emanada de la institución y, sobre todo, con la coexistencia creaba condiciones propicias para la mutua vigilancia y, por tanto, para la producción de las denuncias. Así las cosas, se añadía a lo inmenso del distrito una red humana floja, dispersa, salvo en las ciudades, lo cual amortiguaba por principio cualquier intento normativo que no tardaba en perderse en el desierto, tanto geográfico como humano. Esta población estaba además formada en su mayoría por "naciones" indígenas dispares que hablaban lenguas distintas, cristianizadas e hispanizadas de manera muy superficial. Por otra parte, no todas eran sedentarias ni sumisas; el Norte —otra vez este vacío irresistible en el que se precipitaron tantas aventuras— era recorrido por indios nómadas que atacaban lo mismo a los convoyes que a los pueblos, sembrado de presidios cuya misión consistía en garantizar una seguridad mínima para los viajeros y los pobladores. Aunque la frontera de los territorios sometidos regularmente a los "indios de guerra" no dejó de retroceder en el transcurso de los siglos XVI y XVII, siguió existiendo, así como los reductos de alzados y los ataques repentinos en regiones consideradas como pacificadas y en vías de colonización.[12] ¿Qué se podía esperar de aquellas naciones indígenas exentas del fuero inquisitorial, cuando

---

[10] AGN, Inquisición, vol. 356, pp. 291-293, Carta del Comisario Fray Alonso de Benavides, Nuevo México, 29 de junio de 1626.
[11] Medina, *op. cit.*, p. 179.
[12] Phillip Wayne Powell, *Soldiers, Indians and Silver*, *passim*; Robert Cooper

de descubrir y denunciar a los infractores de la ley cristiana se trataba? De los nómadas hostiles, nada, obviamente y por mucho tiempo.

En cuanto a los indios del altiplano, valles de México, Puebla, Oaxaca, o aquellos otros, mucho más alejados, de las sierras chiapanecas o del árido Yucatán, fuese cual fuese su nivel de cristianización (variable al correr de los dos siglos estudiados en este trabajo), la idea de que pudiesen haber colaborado efectivamente con las autoridades inquisitoriales mediante la denuncia no puede sino suscitar la perplejidad. En efecto, tratemos, en la medida de lo posible, de imaginar una asamblea de zapotecas, mazahuas o totonacas monolingües, congregados por solícitos topiles en la iglesia de un pueblo que contase con trescientos españoles; o, siendo más optimistas, pensemos en unos nahuas en el admirable santuario de Huejotzingo o incluso, suponiendo circunstancias óptimas, vecinos del barrio de Santiago Tlatelolco. Todos asisten a la lectura —en castellano por supuesto— de un edicto de fe, general o particular, con ocasión de una de estas campañas emprendidas por la Inquisición y encaminada a provocar las denuncias imprescindibles para que funcione la institución. Aquéllos escuchan —religiosamente, sin duda— la descripción pormenorizada de prácticas de las que se les advierte con solemnidad que constituyen pecados y que vienen a ser cosas tan novedosas como incomprensibles por lo que se refiere a ellos: *blasfemia, herejía, calvinismo, iluminismo, mahometismo, incesto, bigamia*, mientras se habla de nociones misteriosas, personajes fabulosos, *libre albedrío, gracia, Santa Trinidad*, etc..., en extraña relación con los pecados anteriormente señalados. No dudemos que este episodio extraordinario —*Lectura de un edicto de fe ante una asamblea de indios en los siglos xvi y xvii*— constituye una escena magníficamente absurda que plantea, una vez más, el problema jamás resuelto de la comunicación entre occidentales e indígenas, dominadores y dominados, letrados y rústicos. Indudablemente, aun suponiendo que los indígenas, rurales o urbanos, hubiesen entendido el castellano y luego la jerga inquisitorial, el meollo del mensaje no podía sino escapárseles; con la excepción de algunos delitos cuyo contenido les era muy cercano (prácticas de magia, uso de ciertas hierbas de propiedades específicas, adivinación, etc.), no se debía contar con ellos para descubrir a un discípulo de Calvino, Jansenio o Erasmo, ni siquiera para denunciar palabras dichas por alguien contra un sacramento o la ausencia de castidad de los eclesiásticos. Cuando

---

West, *The Mining Community in Northern New Spain; the Parral Mining District*, passim.

los indígenas llegan a denunciar a alguien —lo que sucedía a veces— y cuando lo hacen de manera espontánea, los mueve el deseo de vengarse, para deshacerse de un importuno, o también azuzados por sus caciques. Resulta entonces que la infracción que denuncian no siempre lo es, o es distinta de la que creían descubrir.

Por lo tanto, la mayor parte de la población, de hecho el 80%, permanece ajena al procedimiento inquisitorial por dos razones: al quedar exentos del fuero del Santo Oficio, los indígenas no pueden ser inculpados y, por otra parte, el peso del contexto sociocultural los excluye prácticamente de la función de denunciantes. Así es que la Inquisición mexicana funciona por y para el 20% de la población, unas 450 000 personas aproximadamente entre españoles —metropolitanos y criollos—, europeos en general, mestizos, africanos, mulatos y asiáticos, puesto que la única condición para que interviniera el Santo Oficio era que el sujeto fuese cristiano.

El caso de los negros merece algunos comentarios. Se sabe que la baja demográfica de los indígenas en el siglo XVI originó la introducción masiva, sobre todo entre 1580 y 1640, de esclavos africanos —alrededor de 300 000—, para que trabajaran en los sectores más dinámicos de la economía colonial, minas, ingenios azucareros, obrajes y también, igual que en España, como esclavos urbanos.[13]

Tan nuevamente cristianizados como los indígenas, fueron, lo mismo que éstos al principio, sometidos a los tribunales inquisitoriales pero, a diferencia de ellos, no quedaron comprendidos en las medidas que los eximía de su jurisdicción. Nada indica que se planteara entonces la cuestión de saber por qué los neófitos africanos debían recibir un trato más severo que los naturales en cuanto se refiere a delitos religiosos. En efecto, no se podía justificar esta diferencia: ni el bautismo que se administraba a estos infelices —vomitados por las calas infectas de los navíos que los traían de África y luego, en la mina, el taller, el trapiche—, ni la práctica religiosa que se les imponía, rudimentaria y aleatoria, nada de esto, producía un cristianismo responsable que autorizara las persecuciones inquisitoriales.

Es muy probable que consideraciones de tipo político contribuyeran a mostrar menos rigor con los indígenas y a retirarlos de la jurisdicción inquisitorial puesto que representaban la mayoría de la población del virreinato y, en caso de someterlos a presiones excesivas, se podían temer revueltas tales que hiciesen peligrar a toda la colonia. No ocurría así con los esclavos negros, de número mucho más reducido, ineluctablemente desarraigados y además,

---

[13] Gonzalo Aguirre Beltrán, *La población negra de México, passim.*

desparramados por todo el territorio. Por otra parte, los africanos no tardaron en constituir núcleos importantes en la capital, las ciudades en general y algunas regiones del virreinato, en las que pronto asimilaron las pautas de sus amos con el fin de utilizarlas después en provecho suyo, amenazando entonces el orden establecido. De ahí que la intervención inquisitorial pareciera benéfica para todos.

Pero, más que nada, frente al indígena —aquella criatura sin embargo humana y misteriosa, aquel desconocido recién descubierto que suscitaba una curiosidad tan apasionada y cuyo pasado, religión y costumbres había que conocer para saber cómo tratarlo, convencerlo y dominarlo— el esclavo africano resultaba una persona conocida de larga fecha. Hacía mucho que las ciudades del Levante, de Andalucía, la misma capital, sabían de esclavos turcos, moros, africanos, adorno casi imprescindible de las casas opulentas, y su cristianización, junto con su hispanización, jamás había planteado problemas notables.[14]

He aquí sin duda la razón por la que a nadie se le ocurrió revisar las actitudes adoptadas desde hacía tanto tiempo para con los esclavos negros. Mientras las que interesaban a los indígenas, que eran recientes, débilmente asentadas y fuertemente impugnadas, fueron modificadas, con el resultado de que estos últimos quedaron exentos de la jurisdicción inquisitorial en 1571, y los africanos siguieron sometidos a ella.

Si bien se sabía con precisión qué grupos o individuos estaban bajo la autoridad del Santo Oficio, los procesos de mestizaje y de sincretismo no tardaron en enturbiar la hermosa limpidez burocrática. En efecto, pronto resultó difícil asegurar que la mestiza de tez oscura no era indígena o que el mulato de ojos rasgados fuese un... y entendemos la perplejidad del comisario inquisitorial de Yucatán cuando, en 1674, vio que tres individuos considerados mulatos y adoradores de ídolos, que estaban encarcelados en Mérida mientras esperaban el traslado a México, empezaron a hablar maya y a ponerse ropa indígena, escapando de este modo al Tribunal, puesto que resultaron ser indios.[15]

No sólo las leyes de la herencia hacían más complicada la tarea de las autoridades sino que el mundo indígena, omnipresente, constituía un refugio permanente y casi seguro para cualquier individuo, fuese el que fuese. En cuanto asomaba la menor sospecha de

---

[14] Ruth Pike, *Aristócratas y comerciantes*, pp. 181-200; Jacques Heers, *Esclaves et domestiques au Moyen-Age dans le monde méditerranéen*, passim.
[15] AGN, Inquisición, vol. 629, exp. 4, f. 388, "Actas del Comisario de Mérida contra dos mulatos por idolatría", 1674. Se trata de hecho de tres individuos, Balthasar Martín, Nicolás Lozano y Manuel Canché.

delación, de trámite inquisitorial o judicial, nada más fácil para el español, el negro y, más aún, para el mestizo o el mulato con un tanto de sangre indígena, que escabullirse en el seno de una comunidad indígena, sobre todo si ésta vivía en una región apartada, agreste. ¿Qué alguacil iría en pos de él para arrestarlo? ¿Quién lo denunciaría, protegido como estaba, sea por su estatuto superior, sea por los complejos sentimientos de temor o indiferencia, tal vez de complicidad y, siempre y por encima de todo, por la incomprensión, hija de la incomunicación entre los dos universos que acabamos de mencionar, en la que toda la comunidad se hallaba sumergida? Bastaba sin duda con hablar la lengua del grupo, relacionarse con alguna de sus mujeres, compartir la tortilla y aprontar algún dinerillo a los caciques complacientes para que el mundo indígena prestase un tiempo sus apariencias protectoras; entonces toda posible persecución se perdía, ya no en el desierto sino, esta vez, en los abismos de una humanidad singular.[16]

Estas eran las peculiaridades de la situación que debía enfrentar el Santo Oficio mexicano. Un territorio desmesurado sembrado de los obstáculos naturales que la geología americana, en su violenta juventud, había multiplicado con prodigalidad; una población reducida y además en permanente crisis puesto que la asolaban con frecuencia unas epidemias desastrosas; naciones muy distintas, grupos humanos que abarcaban a los nómadas bárbaros del norte lo mismo que a los cazadores recolectores del sur; a esclavos de origen angoleño o bantú y círculos ilustrados de inmigrados europeos empapados de cultura clásica; un mundo que hervía de aventureros rapaces o dementes, de sobrevivientes, fugitivos y rebeldes de toda calaña, la espuma de los tormentosos siglos XVI y XVII del viejo continente. Todos iban ora en pos de la fortuna, ora de la gloria, de algún dios, de la libertad, del paraíso, aquí en la tierra o en otra parte, de la fuente de la juventud... [17] Este era un mundo verdaderamente incontrolable, en ausencia de estado civil, policía o fronteras, y era tan violento su anhelo de escapar a todo control que se había arriesgado a pasar el Atlántico; un mundo proteico

---

[16] Esta huida en el mundo indígena profundo fue constantemente denunciada por los magistrados y los eclesiásticos, originando numerosas providencias de la Corona para impedirla, cosa que nunca se logró, *Cf.*, entre otros testimonios: Vasco de Puga, *Cedulario*, tomo II, p. 179, Real Cédula del 28 de agosto de 1552. Jerónimo de Mendieta, *Historia Eclesiástica*, vol. III, pp. 159-160; vol. II, pp. 154-167.

[17] *Cf.* por ejemplo: Claudio Sánchez Albornoz, "La Edad Media y la Empresa de América", en *España y el Islam*, pp. 181-199. Irving A. Leonard, *Conquerors and Amazons in México*, pp. 561-579. Leonardo Olschki, *Ponce de Leon's Fountain of Youth: a History of a Geographical Myth, passim.*

al fin y al cabo, muy pronto mestizo en numerosos aspectos y que, en caso de necesidad, se zambullía en el mundo indígena en el que tenía la seguridad de encontrar alimento y amparo. Ahora bien, estos indígenas resultaban inaccesibles y el Santo Oficio mexicano, desprovisto de poder sobre ellos, perdía una de sus funciones tan tradicionales como fundamentales en España: en el virreinato, no podía de ninguna manera intentar unir, mediante el control de la religión común, a tantas naciones diversas y desparramadas, que, si bien eran supuestamente cristianas, se hallaban libres de vivir la ley impuesta según la entendían. El papel federativo que tuvo en la metrópoli en cuanto se refiere a los judíos y moros conversos, al prescribirles una práctica religiosa estrechamente vigilada, le quedaba por principio vedado en tierras americanas, donde no lo desempeñaba nadie; aquí, la institución se veía reducida a no ser más que un aparato normativo y represivo por lo que tocaba sólo a una minoría, aproximadamente el grupo de los dominadores y sus epígonos, policía de los dominadores al fin y al cabo.

Si una de las limitaciones fundamentales impuesta al desempeño inquisitorial era resultado de las condiciones geopolíticas propias del contexto americano, la otra era producto de una decisión sociopolítica; ambas pesarían mucho en la dinámica inquisitorial durante el virreinato, al reducir el alcance de sus intentos y al despojar al Tribunal de una de sus funciones principales, origen de su poderío y autoridad.

II. LA INSTITUCIÓN INQUISITORIAL: LOS HOMBRES

Los inquisidores

CABE recordar brevemente, para empezar, las circunstancias que rodearon al establecimiento de los tribunales de Lima y de México y, poco después, el de Cartagena de Indias, que se creó como extensión de los dos primeros.

Tienen su origen en el gran movimiento inquisitorial de fines del siglo XVI, que precedió al inexorable ocaso de la institución al correr de los siglos XVII y XVIII. Este movimiento se tradujo en una intensa actividad del conjunto de los tribunales, obviamente ligada a la coyuntura que marcaron las batallas libradas por Felipe II en defensa de la ortodoxia.[1] La fecha de 1571, que hace coincidir el establecimiento de los últimos tribunales, los americanos, con la batalla de Lepanto, de todos conocida como el triunfo glorioso de los cristianos sobre los infieles, resulta significativa.

Sin embargo, estas dos inquisiciones indianas aparecen en muchos aspectos como rezagadas y ocupan tristemente el último lugar de los tribunales que dependen de la Secretaría de Aragón, los que, a su vez, son precedidos por aquellos que dependen de la Secretaría de Castilla. En esta jerarquía creada por un largo y complejo proceso de formación histórica, de reconquista y de factores políticos, Lima y México se encuentran lejos detrás de Toledo, la Inquisición de mayor prestigio, o incluso de Sevilla, Valladolid o Granada, algunas de las más antiguas e ilustres.[2]

La importancia mediocre que se otorga a las instituciones americanas se ve reflejada en el número reducido de funcionarios asignados a ellas: mientras en Toledo hay cuatro inquisidores asistidos de un fiscal, cuatro notarios del secreto y numerosos ayudantes, o hasta tres inquisidores, un fiscal y tres notarios del secreto en Palermo, México sólo cuenta con dos inquisidores, quienes, con un fiscal, un solo notario y un pobre alcaide, bastan supuestamente para los asuntos que se presentan en el inmenso distrito.[3]

---

[1] Jaime Contreras, *El Santo Oficio de la Inquisición de Galicia*; p. 448. Jean-Pierre Dedieu, "Les quatre temps de l'Inquisition", en Bartolomé Bennassar, *op. cit.*, pp. 15-41.

[2] Rogelio Pérez Bustamante, "Nóminas de Inquisidores, reflexiones sobre el estudio de la burocracia inquisitorial en el siglo XVI", pp. 260-261, en Joaquín Pérez Villanueva, *La Inquisición Española*.

[3] Rogelio Pérez Bustamante, "Nómina de Inquisidores...", *op. cit.*, p. 268.

Sin descartar drásticamente las motivaciones espirituales que pudieron mover a ciertos funcionarios inquisitoriales a aceptar un destino en las Indias, fuerza es admitir que la gran hazaña de la conquista espiritual concluyó en el último cuarto del siglo XVI, y que los frailes locos de Dios, los conquistadores codiciosos de oro y de gloria, retrocedieron las más de las veces, en Nueva España al menos, ante los burócratas, los aventureros que no comparten con sus predecesores sino la sed de riquezas.

Ahora bien, es sabido que los inquisidores eran ante todo burócratas, letrados cuidadosos de su carrera quienes, salvo en casos excepcionales, necesitaban motivos muy poderosos: la juventud o la mediocridad de un curriculum insignificante, la falta de porvenir en la metrópoli y en Italia, una pesada familia que mantener, el deseo de fortuna o promoción rápida y relativamente fácil, constituían factores determinantes para que se resolviesen a tomar el camino del exilio a las Indias.[4]

La mayoría de los que ocuparon cargos en la Nueva España tuvieron el mismo perfil: estudios universitarios, tal vez en Salamanca, la gran Universidad —pocas veces en uno de los seis prestigiosos Colegios Mayores—, pero las más de las veces en Osuna, Sevilla, Córdoba, Granada y, sobre todo, en Lima y México, con el título final de doctor o licenciado.

Llama la atención el hecho de que no todos estos eclesiásticos fueron ordenados al recibir el nombramiento de inquisidor como ocurrió con Alonso de Peralta y Martos de Bohórquez, quienes, sin embargo, llevaron a cabo grandes persecuciones contra los judíos conversos, y organizaron el famoso auto de fe de 1594.[5]

Aunque algunos de estos ministros eran ya inquisidores antes de llegar al virreinato, la mayoría desempeñaba funciones menores en algún tribunal, otros eran canónigos, incluso maestrescuelas. Las carreras empezaban a menudo en las Indias o en regiones marginales de la península, islas Canarias o Baleares.[6]

Así pues, el nombramiento de inquisidor en México correspondía casi siempre a una promoción, y sucedió con frecuencia que dentro del mismo Tribunal, el fiscal pasase a ser inquisidor, al morir o aceptar otro puesto el inquisidor anterior.

---

[4] Julio Caro Baroja, *El Señor Inquisidor y otras vidas por oficio*, pp. 15-60; Bartolomé Bennassar, *op. cit.*, pp. 75-91; José Durand en *La transformación social del conquistador*, pp. 45-87, describe actitudes que interesan a todos los emigrados españoles, independientemente de su estatuto.

[5] José Toribio Medina, *op. cit.*, pp. 105-106. *Cf.* Índice de Inquisidores, números 7-8-10.

[6] José Toribio Medina, *op. cit.*, pp. 37-186-187-188-225-270. *Cf.* Índice de Inquisidores y Fiscales, Boletín del Archivo General de la Nación, tomo XXVI, núm. 1.

El destino de los inquisidores cuando abandonaban el Tribunal mexicano subraya esta tendencia a hacer una carrera "colonial" empezando en las Indias o en las islas. Una minoría de ellos regresó a España y unos pocos escogidos fueron llamados a desempeñar cargos prestigiosos, como el primer inquisidor del virreinato, Pedro Moya de Contreras, quien pasó a ser virrey de México, luego presidente y patriarca del Consejo de Indias; o también Bernardo de Quiroz, que fue nombrado más adelante inquisidor en Toledo. La mitad de los ministros del clero, en cambio, recibió una mitra en Nueva España, ya fuera el importante obispado de Puebla o el de Guadiana, Michoacán, tal vez el de México, o Cuba, Guatemala, Perú o Nueva Granada, Chuquisaca, La Paz, Lima, Quito, Cartagena.[7]

Se trataba obviamente de una promoción, aunque en un sistema percibido como paralelo y probablemente secundario en relación con el peninsular, como acontece cuando una institución abarca a la vez a la metrópoli y las colonias. En efecto, la promoción al episcopado en las Indias a veces entrañaba cierta ambigüedad puesto que, si algunos obispados proporcionaban pingües ingresos (caso de Puebla o Chuquisaca), otros no parecían brindar las mismas ventajas. Algunos inquisidores rechazaban un nombramiento si lo consideraban demasiado mediocre, como hizo el licenciado Alonso Fernández de Bonilla, quien despreció la mitra de Guadalajara en 1578 para aceptar el año siguiente la de La Plata, a todas luces más atractiva.

Las carreras de algunos inquisidores del Tribunal mexicano son significativas de estas tendencias. El doctor Juan Gutiérrez Flores fue primero fiscal en Sicilia al finalizar el año de 1600, luego, en 1605, inquisidor en Mallorca donde tuvo un sinfín de disputas con el virrey. Inquisidor en México desde 1613 hasta 1625, fue más adelante nombrado visitador general de la Audiencia de Lima, donde murió siendo coadyutor del obispo de La Paz.[8]

En cuanto a Domingo Vélez y Argos, después de sólidos estudios en el Colegio de San Bartolomé de Salamanca y en la misma Universidad, fue nombrado canónigo en Cartagena de Indias. No tardó en convertirse allí en provisor del obispo, en chantre y, finalmente, en inquisidor. Las graves dificultades que tuvo entonces —como el inquisidor Gutiérrez Flores— con el gobernador de Nueva Granada lo obligaron a pasar a España, de donde fue en-

---

[7] Nómina del Tribunal de la Inquisición de Nueva España, 1571-1646, pp. 61-71. *Cf.* Índice de Inquisidores y Fiscales, núm. 3. Apéndice 1. Medina, *op. cit.*, p. 102.

[8] Medina, *op. cit.*, p. 186. *Cf.* Apéndice 1, Índice de Inquisidores y Fiscales, núm. 12.

viado como inquisidor a México en 1638, lugar en el que murió nueve años más tarde.[9]

Mientras que el licenciado Gaspar de Valdespina estudió en la Universidad de Osuna antes de ser nombrado fiscal en el Tribunal de Lima y luego inquisidor en México, el doctor Juan Sáenz de Mañozca era criollo de México, de una familia que contaba con numerosos servidores del Santo Oficio, y vivió mucho tiempo en Lima al lado de su primo el inquisidor Mañozca y Zamora, quien inició la gran persecución contra los judeocristianos por los años 1630; después de haber estudiado en San Marcos, regresó como inquisidor a Nueva España, en donde no dejó de aplicar, de 1642 en adelante, los conocimientos adquiridos al lado de su temible primo. Fue más tarde promovido al obispado de La Habana, al de Guatemala y, finalmente, al de Puebla, donde murió.[10]

Por último, don Juan de Ortega Montañés, cuyo historial en España desconocemos, fue fiscal de la Inquisición mexicana en 1660, inquisidor dos años más tarde, obispo de Guadiana en 1675 y de Michoacán en 1682.[11]

La falta de experiencia y de competencia de los inquisidores americanos es un hecho que el visitador Pedro de Medina Rico comenta en estos términos:

> Los sujetos que se invitan a Indias son los menores y sin ejercicio alguno, y como sus antecesores fueron de la misma calidad, no hallan de quien aprender, pero hallan a quien imitar en inteligencias torcidas y así, aun siendo muy buenos y muy doctos, con suma dificultad se ponen en el camino que debemos seguir.[12]

Una vez en México, ¿cómo trabajaron estos funcionarios pobremente dotados? En primer lugar, fuerza es reconocer que el contexto colonial no los favorecía.

En efecto, las relaciones entre el Santo Oficio y el virrey fueron malas desde el principio, pues don Martín Enríquez había acogido fríamente a los primeros inquisidores; más adelante, las cosas no mejorarían sino todo lo contrario.[13] Constantemente las autoridades máximas se opusieron al Tribunal por cuestiones relativas a preeminencia y a jurisdicción, y la celebración de los autos de

---

[9] Medina, *op. cit.*, p. 187. *Cf.* Apéndice 1, Índice de Inquisidores y Fiscales, núm. 19.
[10] Medina, *op. cit.*, pp. 187-188. Nómina del Tribunal..., *op. cit.*, pp. 69-70. *Cf.* Apéndice 1, Índice de Inquisidores y Fiscales, núm. 21.
[11] Medina, *op. cit.*, p. 274. *Cf.* Apéndice 1, Índice de Inquisidores y Fiscales, núm. 25.
[12] Medina, *op. cit.*, p. 241.
[13] Medina, *op. cit.*, p. 38.

fe y la lectura de los edictos hicieron surgir discordias muy ásperas que llegaron incluso a provocar la suspensión de estas ceremonias, al menos bajo las formas debidas. Ahora bien, era de la mayor importancia, entre otras cosas, que el Tribunal y el virrey estuviesen en buenos términos ya que el segundo entregaba al primero los fondos que la Corona destinaba a su funcionamiento.[14] Si bien la Suprema, al tanto de todas las desavenencias, no dejaba de predicar la moderación, los inquisidores seguían muy resentidos por lo que consideraban con razón una falta de respeto hacia la institución a la que servían, lo cual los movía a declarar que "por esto el pueblo decía que la Inquisición en Nueva España no era estimada ni tenida por los virreyes en lo que era razón".[15]

Las disensiones surgían también a menudo con las demás instancias civiles y eclesiásticas y constituían un obstáculo permanente para cualquier acción; la real cédula, llamada "de Concordia", del 22 de mayo de 1610, que pretendía solucionar de una vez por todas los problemas de jurisdicción, el origen más frecuente de discordias, sirvió efectivamente de referencia en caso de conflictos sin lograr jamás eliminarlos.[16]

Bien es cierto que las relaciones entre los mismos inquisidores distaban mucho de ser armoniosas. Ya a finales del siglo XVI —1582— tenemos noticia de ministros "apuñeándose como si fuesen muchachos";[17] Granero Dávalos refirió que Bonilla, que lo odiaba, "me dijo un día en secreto que juraba que si a mí me diesen iglesia antes que a él, se ahorcaría";[18] en el momento crucial en que el Tribunal se encontraba abrumado de trabajo a raíz de la detención de centenares de personas, los ministros Gaviola, Estrada y Sáenz de Mañozca se despedazaban unos a otros, hasta tal punto que este último temía ser asesinado por Gaviola, quien visiblemente había perdido el juicio.[19] De manera general, la discordia imperó entre los ministros, quienes mandaban constantemente a la Suprema el relato pormenorizado de sus dificultades.

En esta atmósfera tempestuosa, ¿de qué manera desempeñaron

---

[14] Henry Charles Lea, *The Inquisition in the Spanish Dependencies*, p. 38.
[15] Medina, *op. cit.*, p. 88.
[16] Henry Charles Lea, *The Inquisition in the Spanish Dependencies*, p. 251. Los funcionarios que pertenecían a los distintos cuerpos eran tan quisquillosos que se llegó a codificar la corrida de toros, de acuerdo con las jerarquías y preeminencias. Según Lea (*op. cit.*, p. 254), "en la plaza, las primeras corridas deben verificarse ante las autoridades civiles, a no ser que éstas expresen abiertamente su deseo de que se lleven a cabo delante de los inquisidores".
[17] Medina, *op. cit.*, p. 105.
[18] Medina, *op. cit.*, p. 105.
[19] Medina, *op. cit.*, p. 224.

sus funciones? Los visitadores don Juan Sáenz de Mañozca y don Pedro de Medina Rico, que tuvieron la misión de inspeccionar al Santo Oficio mexicano en 1642 y 1654 respectivamente, dejaron un cuadro tan minucioso como edificante. Ambos visitadores coincidieron: los inquisidores no hacían absolutamente nada.

El primero se dirigió a la Suprema en estos términos:

> Llegué a esta ciudad por principios de Marzo de 1642 y entré en el Tribunal a los 17 del propio mes; y a pocos lances reconocí una desgana en el trabajar común a todos, porque se pasaba las horas de la mañana y tarde en parlar y en ir y venir a sus cuartos y escribir cartas de sus correspondencias, sin tratar de cosa alguna del oficio.[20]

Cuando echa un vistazo a los libros de testificaciones, el visitador encuentra fundamentos para proceder contra un gran número de individuos aunque en aquel momento, sólo cuatro personas ocupan los calabozos: "...un judaizante, un casado dos veces, otro por proposiciones y el cuarto por haber dicho misa sin ser ordenado, que era todo el empleo de una Inquisición de tan dilatado distrito..."[21]

Doce años más tarde, Medina Rico describía una situación idéntica, quejándose de que, con excepción del inquisidor Sáenz de Mañozca, nadie trabajaba. Estrada y Escobedo por ejemplo, en cuanto llegaba al Tribunal se apresuraba a ir a su cuarto a tomar chocolate; iba luego al Secreto a charlar con el fiscal y sus dos secretarios, haciéndoles perder el tiempo, y salía dos o tres veces a la puerta a tomar el fresco; en todo era imitado por Higuera y Amarilla. El pobre de Medina Rico se lamentaba: "yo no sé cómo enmendar esto, a no ser haciendo de nuevo a dichos inquisidores".[22]

Efectivamente, hacía mucho tiempo que la inercia se había apoderado del Tribunal. Sin embargo, había sido razonablemente activo durante los primeros decenios de su existencia; pero las graves dificultades financieras, sus diferencias constantes con las autoridades, fuesen las que fuesen, el estado ruinoso e irremediable de las cárceles, la suspensión prolongada de la lectura de los edictos de fe, habían producido un estado de modorra al que los inquisidores se habían acostumbrado y del que a duras penas los sacó el visitador Sáenz de Mañozca, y por corto tiempo.[23]

No es por tanto de extrañar que, empezando apenas el decenio de actividad intensa, 1640-1650, originada por la gran persecución de los

[20] Medina, *op. cit.*, p. 217.
[21] Medina, *op. cit.*, p. 217.
[22] Medina, *op. cit.*, p. 241.
[23] Medina, *op. cit.*, pp. 169-177.

judíos conversos, los ministros desconociesen prácticamente su oficio. Ésta es la razón por la que los papeles se encontraban tirados en el piso del Tribunal, mezcladas en un desorden descomunal las fojas que pertenecían a los procesos antiguos con aquellas de los que se estaban instruyendo, esperando en vano que un fiscal diligente las cosiera con hilo y aguja, con el resultado de que era imposible agrupar un proceso; la razón también por la que los ministros ni siquiera llevaban la ropa propia de su oficio y por la que se llegó a olvidar "el estilo y modo de procesar del Santo Oficio que sólo en el nombre ha sido ésta, Inquisición".[24]

Los inquisidores, por ejemplo, permanecían inactivos mientras llovían las denuncias y las testificaciones.[25] Declaraciones hechas por individuos que por principio debían mover a la mayor prudencia, por ser cristianos nuevos, fueron recibidas en la casa misma de un ministro.[26] Al ingresar a las cárceles, no siempre se registraba a los reos o, cuando se procedía a ello, se hacía de tal manera que podían conservar oro, plata, joyas, ropa y objetos valiosos, con los que después sobornaban a los numerosos ayudantes que servían allí, violando el secreto y la incomunicación a los que teóricamente se hallaban sometidos.[27]

Los interrogatorios eran interrumpidos por descansos durante los que inquisidores y acusados charlaban llanamente, sobre todo cuando se trataba de mujeres; los primeros revelaban a veces detalles del proceso de tal naturaleza que los segundos llegaban a descubrir la identidad de sus denunciantes, por lo que podían entonces vengarse de ellos denunciándolos a su vez, o rechazando más fácilmente los cargos que pesaban contra ellos.[28]

Acontecía también que algunos presos se pudriesen durante años

---

[24] Medina, *op. cit.*, pp. 219-226; AHN, Legajo 1737, Visita de Medina Rico, núm. 12, Cargo núm. 148.

[25] Medina, *op. cit.*, p. 217. Stanley Hordes señala asimismo numerosas faltas profesionales cometidas por los inquisidores y sus colaboradores, *The Crypto Jewish Community of New Spain, 1620-1649; a comparative bibliography*, pp. 161-163.

[26] Medina, *op. cit.*, p. 218; AGN, Inquisición, vol. 397, exp. 2, Proceso contra Micaela Enríquez (1642), f. 139. Micaela Enríquez "se echó a los pies del señor Francisco de Estrada y Escobedo, con muchas lágrimas". Luego que fueron recibidas sus declaraciones, ella pudo regresar a casa, hacia las once de la noche.

[27] AGN, Inquisición, vol. 402, exp. 1, Proceso contra Rafaela Enríquez (1642), ff. 95-96; "don Francisco (de Estrada) mandó que no le revisara las faldriqueras el alcayde. Así metió dos sortijas que llevaba, de un rubí y un diamante. Como la vió llorar don Francisco, le dio compañía [...] Ella untó con unto amarillo las manos al de las llaves (el alcayde), si no, hubiera perecido", AHN, Legajo 1737, Visita de Medina Rico, núm. 12, Cargo núm. 6.

[28] Medina, *op. cit.*, p. 219.

en el calabozo sin que calificaran su causa, que otros esperasen meses antes de que los llamaran a declarar ante los jueces, mientras otros recibían tinta y papel a discreción, lo que les permitía pasar el tiempo "escribiendo salmos, doctrinas heréticas".[29]

Tardaban excesivamente en recibir las declaraciones de los acusados negativos y en comunicar las acusaciones y las declaraciones de testigos a los abogados; se mandaban incompletos ciertos procesos a la Suprema y no se tomaban en cuenta las defensas que presentaban los acusados, sin dejar siquiera que lo hicieran sus abogados.[30]

La manera en que se aplicaba el tormento era asimismo objeto de acervas críticas.

Sáenz de Mañozca descubrió en efecto que "se usaba que se retiraba a los reos en comenzando a confesar, con color de que lo harían mejor y con más comodidad". Cuando el visitador pidió la aplicación del tormento de acuerdo con lo establecido, es decir, según la calidad de los indicios y las fuerzas del reo, lo tildaron de "cruel y criminalista".[31] Entre otras graves irregularidades, el tormento se administraba sin asistencia del ordinario, pero el inquisidor Argos dejaba que su paje, su sobrino y su familia escucharan, por un escotillón abierto en su despacho, cuanto sucedía en la cámara de tortura.[32] En fin, se dio el caso de que un judaizante fue sometido al tormento de manera sumamente rigurosa, con base en una testificación que los inquisidores sabían sobradamente que era falsa.[33]

Las irregularidades en cuanto tocaba a las condiciones de encarcelamiento eran asimismo graves y numerosas.

Aunque teóricamente los inquisidores tenían por obligación visitar a los presos dos veces al mes, con el fin de exhortarlos a que confesaran sus culpas y de consolarlos, meses enteros transcurrieron de hecho sin que un ministro bajase a los calabozos.[34] Entre 1643 y 1647 no se hizo una sola visita, lo que explica por ejemplo

---

[29] Medina, *op. cit.*, p. 226; AHN, Legajo 1737, Visita de Medina Rico, núm 12, Cargo núm. 26: "Unos reos por alumbrados, sin calificar sus causas, aunque tienen mucho tiempo en la cárcel. A ellos y a Guillén de Lampart, se les proporcionó tinta, papel y se la pasan escribiendo salmos, doctrinas heréticas, etcétera...".

[30] Medina, *op. cit.*, pp. 219-226-227; AHN, Legajo 1737, Visita de Medina Rico, núm. 12, Cargo núm. 13.

[31] Medina, *op. cit.*, p. 218.

[32] Medina, *op. cit.*, p. 219.

[33] Medina, *op. cit.*, p. 227; AHN, Legajo 1737, Visita de Medina Rico, núm. 12, Cargo núm. 22; se trata del reo Fernando Moreno.

[34] Medina, *op cit.*, p. 226; AHN, Legajo 1737, Visita de Medina Rico, núm. 12, Cargo núm. 3.

que el cuerpo de doña Catalina de Campos fuese encontrado un día medio comido por las ratas; nadie —ni siquiera los carceleros que llevaban cada día velas y comida y retiraban las "servicios"— había advertido su muerte.[35]

Durante estas escasas visitas, los jueces no tenían siempre la compostura que debían, y el visitador Sáenz de Mañozca se vio obligado a puntualizar, en la relación que mandó a la Suprema, que "en las visitas de cárceles no acepté sentarme sobre las camas de las reas ni dejarme tomar las manos, viendo algunas cosas que me hacían salir los colores al rostro." [36]

A menudo, juntaban a los acusados, fuesen confesos o negativos, en un mismo calabozo, los maridos con sus mujeres, familias enteras, a veces con sus esclavos, de manera que no había cosa más fácil que prevenirse mutuamente y ponerse de acuerdo sobre lo que convenía confesar o callar.[37]

En los años 1624, 1634, 1635 y entre 1640 y 1650, los presos se hacían llevar desde fuera ropa y comida y, con el pretexto de estar enfermos, algunos fueron autorizados a regresar a su casa para que se pudiesen curar más cómodamente.[38]

Durante el decenio 1640-1650, en que las cárceles rebosaban de judaizantes, los esclavos de estos últimos, secuestrados como sus demás bienes por el Santo Oficio, sirvieron en las múltiples faenas de la cocina y del mantenimiento que requería un número tan elevado de presos; de esta manera, pudieron transmitir recados lo mismo dentro de las cárceles que fuera y recibieron, por los favores que hacían, los objetos introducidos gracias al complaciente registro que se hacía a los acusados antes de encarcelarlos.[39]

¿No era acaso uno de los ayudantes del carcelero cierto esclavo

---

[35] Medina, *op. cit.*, p. 227; AHN, Legajo 1737, Visita de Medina Rico, núm. 12, Cargo núm. 23.
[36] Medina, *op. cit.*, p. 219.
[37] Medina, *op. cit.*, p. 226; AHN, Legajo 1737, Visita de Medina Rico, núm. 12, Cargo núm. 10.
[38] Medina, *op. cit.*, p. 218; AHN, Legajo 1737, Visita de Medina Rico, núm. 12, Cargo núm. 8.
[39] Medina, *op. cit.*, p. 218; AHN, Legajo 1737, Visita de Medina Rico, núm. 12, Cargo núm. 6: "No cuidando de esta obligación, dichos señores inquisidores, en la complicidad que comenzó por el año de 16 y 42, metieron en las dichas cárceles muchos ayudantes y muchos negros esclavos de los mismos reos presos; y todos ellos y cada uno entraba en dichas cárceles solo o acompañado, como mejor le parecía; de que resultó que dichos ayudantes y negros y cada uno de por sí comunicaron con los presos todo lo que les pareció y llevaron recados suyos a otros presos y a muchas personas de afuera, por regalos y sobornos que les daban dichos presos —pues no hacían la cala y cata de los reos al tiempo de prenderlos como se debía, y llevaban ocultas muchas joyas y dineros y muchos vestidos y ropas manifiestos— y que les daban las personas de afuera a quien daban los dichos recados y de quien los volvían..."

negro, un tal Sebastián de Munguía, "casado dos veces, viviendo la primera mujer (véase qué bueno era para ocupar un puesto de tanta confianza), y por casado dos veces solamente le açotaron, cuando por ello debía ser condenado a galeras después de los açotes, y por la comunicación de los presos, merecía la misma pena".[40]

Por último, ciertos castigos se administraban en privado, cuando existía la obligación de hacerlo públicamente, para proteger la fama y el honor de los reos si éstos pertenecían a sectores sociales influyentes o si mantenían relaciones de privilegio con los ministros inquisitoriales.[41]

Las faltas, negligencias y componendas de los inquisidores acarrearon por tanto una situación de laxitud en las cárceles y, como última consecuencia, la dilación y el tropiezo en la tramitación de los asuntos penales.

Hemos denunciado las flaquezas de estos inquisidores, que no tenían gran experiencia y eran perezosos e incompetentes en el ejercicio de sus funciones; ¿cómo se desenvolvieron en la sociedad colonial? ¿Llegaron, por casualidad, a corregir sus faltas profesionales con una intachable virtud?

No hay que olvidar que la sed de riquezas constituyó uno de los grandes, si no el principal móvil de la conquista y de la colonización del continente americano y sigue hasta hoy día atrayendo a millares de emigrantes, encandilados, según las épocas, por los nombres mágicos de Perú, Potosí, Zacatecas, Guanajuato, Buenos Aires, Nueva York, Alaska, California... Ahora bien, hemos subrayado que lo que movió a los ministros inquisitoriales —y a una gran mayoría de funcionarios— a emprender una carrera colonial fue la esperanza de amasar una fortuna tan rápida como fácil.[42]

Sin embargo, la situación financiera del Tribunal era tal que no podía alentar esperanzas en este sentido por mucho tiempo. En efecto, cuando empezó a funcionar, se le asignaron 10 000 pesos de oro de mina y aunque los dos inquisidores, el notario y el fiscal cobraron durante dos años salarios decentes, no tardaron en ver sus ingresos reducidos a poca cosa, hasta el punto de que en 1575, "los empleados estaban llenos de deudas y deseosos de vender sus

---

[40] AHN, Legajo 1737, Visita de Medina Rico, núm. 12, Cargo núm. 24.
[41] AHN, Legajo 1737, Visita de Medina Rico, núm. 12, Cargo núm. 19.
[42] Siendo realmente incontables los testimonios por lo que se refiere a la codicia de los españoles que pasaron a las Indias, sólo citaremos uno, que proviene del medio inquisitorial y que interesa precisamente al personal eclesiástico; el visitador Medina Rico admite que "los religiosos que son curas, o los clérigos que lo son, sólo tratan de vivir y de que les valga mucho" en Medina, *op. cit.*, p. 226.

puestos o de regresar a España, lo que hizo el receptor Diego de Salvatierra en octubre de 1575". Uno de ellos llegó a declarar —¡el colmo, tratándose de un funcionario inquisitorial!— "que se quería casar con una judía para que lo mantuviese".[43] Por tanto, nada extraño es que algunos años más tarde (1642-1650), el fiscal Antonio de Gaviola, a quien el visitador Medina Rico reprochaba su descuido y pereza, hubiese tildado públicamente a su censor de impertinente, arguyendo que "para el salario que le daban, bastante cumplía con lo que hacía".[44]

Si el subsidio real llegaba a poco más que una limosna, había que buscar en otras partes los complementos que hacían falta. Estas "otras partes" eran para la Inquisición los bienes confiscados a los acusados de reconocida culpabilidad.

Pero en esto también el desengaño fue grande puesto que ya en 1595, los ministros, decepcionados, refieren que "es tan desgraciada esta Inquisición en confiscaciones, que apenas en los secuestros que se han hecho destos judíos hay para sus alimentos, que parece cosa increíble en las Indias y que de industria han querido serlo los pobres; de que están bien desanimados los ministros de la Inquisición, que tienen situados sus salarios en penas y penitencias".[45]

No se puede pedir mayor claridad: la pobreza resulta algo que no puede imaginarse en las Indias —salvo por lo que se refiere a los indígenas, naturalmente— a no ser que uno la busque expresamente, y los inquisidores no tienen más remedio que recurrir a las confiscaciones.

Esta situación acarreó una consecuencia importante: puesto que la Corona no era capaz de respaldar pecuniariamente al Tribunal, fuerza fue buscar, para sobrevivir, al hereje acaudalado, ya que los demás pequeños transgresores —blasfemos, bígamos y hechiceros de poco vuelo— eran dueños de bienes insignificantes.[46] Pero el hereje escaseaba en las Indias y perseguirlo requería un trabajo

---

[43] Medina, *op. cit.*, p. 106.
[44] Medina, *op. cit.*, p. 219. Se aprecia aquí cuán acertadas resultaban las observaciones hechas por el Marqués de Cerralvo, virrey de Nueva España, a Felipe IV, en el momento de abandonar su cargo; considerando que los salarios reducidos que se pagan a los alcaldes mayores —de 100 pesos a 400 la mayoría de las veces— eran la causa de su "tratos y contratos", negocios que infringían las reglas que éstos debían teóricamente acatar, concluye el Virrey: "forzoso parece o crecer los salarios o cerrar los ojos", en "Relación del estado en que dejó el Gobierno de Nueva España el Excelentísimo señor don Rodrigo Pacheco y Osorio, Marqués de Cerralvo", p. 231, en Fray Antonio Vázquez de Espinosa, *Descripción de la Nueva España en el siglo xvii*.
[45] Medina, *op. cit.*, p. 106.
[46] Charles Henry Lea, *The Inquisition in the Spanish Dependencies*, páginas 212-222.

pesado; más valió llegar a un acuerdo con él ya que, pese a todo, inquisidores, grandes mercaderes y funcionarios pertenecían objetivamente al mismo grupo de los dominadores de las masas indígenas y las castas cada día más numerosas. De esta manera, se podía aprovechar la situación excepcionalmente favorable que brindaba la Nueva España a los individuos emprendedores, que podían contar con el respaldo de una posición social privilegiada y, por tanto, dedicarse a "los negocios".

Esta tendencia prevaleció tanto más cuanto que la situación financiera del Tribunal fue degradándose sin cesar durante el siglo XVII, de acuerdo con el estado cada día más calamitoso de la España de Felipe III y más aún de Felipe IV.

Ya a fines de 1625, el visitador general del virreinato, don Martín Carrillo y Alderete, advertía a Madrid que "si no se acude a su remedio, se podrá cerrar este Tribunal dentro de muy pocos días, porque no hay con qué sustentar los presos, ni pagar los oficiales, y éstos no pueden servir de balde".[47]

Dos años más tarde, Felipe IV explicaba al Papa que las inquisiciones americanas significaban para la Real Caja un gasto de 32 000 ducados, suma modesta al fin y al cabo, y muy inferior a las rentas anuales de cualquier familia ducal española de menor rango.[48]

[47] Medina, *op. cit.*, p. 180. Sin embargo, María Asunción Herrera Sotillo, *op. cit.*, pp. 155-199, llega a la convicción de que la miseria financiera del Santo Oficio mexicano era fingida, al menos a partir de la segunda mitad del siglo XVII, cuando en realidad los inquisidores manejaban para provecho suyo sumas y bienes cuantiosos, el producto de los secuestros de los que fueron víctimas los judaizantes de los años 1630 y, sobre todo, 1640. Por lo que se refiere a nosotros y habiendo considerado detenidamente la situación, pensamos que tal miseria fue real sin lugar a dudas hasta los años 1630 y que después se logró una seguridad financiera evidente, sin que por ello se pueda hablar de prosperidad. Por otra parte, es preciso no confundir el desahogo de algunos ministros inquisitoriales, fruto indudable del mero latrocinio y de las incontables irregularidades denunciadas por los mismos visitadores, con la situación financiera de una institución: bien puede la corrupción proporcionar riqueza a algunos aunque el organismo al que sirven se halle al borde de la quiebra o se encuentre tan sólo en situación viable en términos financieros, quedando ambos fenómenos directa y estrechamente ligados. Es lo que nos parece que ocurrió en cuanto toca al Santo Oficio mexicano: si una parte, imposible de determinar, de los bienes secuestrados fue desviada en provecho de algunos ministros, lo que quedó y fue declarado bastó para mantener un estado tan sólo satisfactorio de la institución, la cual tuvo, además, que auxiliar a la Suprema en sus apremiantes necesidades, mandándole remesas regulares y cuantiosas de plata a partir de la segunda mitad del siglo XVII. Volvemos a encontrar el peso de las contingencias locales y de los desfases que permitían el juego de la corrupción.

[48] Antonio Domínguez Ortiz, *Los judeoconversos en España y América*, p. 132; Bartolomé Bennassar, *Un Siècle de'Or Espagnol*, pp. 187-188.

Finalmente, un decreto del monarca de 1633 puso fin, al menos teóricamente, a los subsidios otorgados a la Inquisición peruana y muy probablemente a la mexicana, lo que movió a los inquisidores a emprender una fiera búsqueda de recursos.⁴⁹ Desde su llegada, los ministros del Santo Oficio novohispano habían mostrado una tendencia excesiva a confiar en su espíritu emprendedor para lograr una fortuna que les era reacia y a la que habían perseguido, sin embargo, desde tan lejos: a fines del siglo XVI Peralta "contrataba como si fuese mercader" y Bohórquez estaba dedicado de lleno a sus asuntos y no se detenía ante nada, según declararon sus colegas.⁵⁰ Pero esto fue antes de que la coyuntura se volviese catastrófica. Los años 1630 fueron decisivos y coincidieron con el principio de una crisis múltiple —no se puede hablar exactamente de depresión a mediados del siglo— que se vio agravada por inundaciones seguidas de epidemias, las cuales, durante unos diez años, desquiciaron totalmente la vida capitalina. Entonces fue cuando la Inquisición mexicana se transformó en una verdadera "casa de comercio", según la acertada expresión de José Toribio Medina.⁵¹

En efecto, los testimonios sobre el decenio siguiente resultan abrumadores. Cabe resumir, ante la imposibilidad de presentar una acusación completa.

Algunos ministros, lejos de estar solos, tenían a veces una extensa familia, que los había seguido desde España o que vivía en el país, en caso de que el inquisidor fuese criollo, siempre ansiosa de sacar partido de la posición ocupada por el pariente en el Tribunal. Por eso se podían efectuar pequeños negocios un tanto sospechosos a la sombra del Santo Oficio, o incluso recibir el nombramiento de oficial, lo que facilitaba aún más todo, por los privilegios y exenciones que acompañaban a estos cargos.⁵²

Don Francisco de Estrada y Escobedo, por ejemplo, tenía con-

---

⁴⁹ Maurice Birckel, "Recherches sur la Thésorerie inquisitoriale de Lima", p. 339. Birckel nota sin embargo que "en México, algunos pagos habrían podido continuar hasta 1649"... (*ibidem*, p. 340), mientras Lea considera que "es probable que aquéllos (subsidios) de México y de Lima tuvieran fin en 1677, mientras los de Cartagena siguieron hasta más tarde" (*The Inquisition in the Spanish Dependencies*, traducción nuestra, p. 220). Aunque la importante cuestión de los subsidios reales a los tribunales inquisitoriales no quede resuelta, es evidente que la situación de tales instituciones, siempre precaria, empeoró al correr de los años que coincidieron con el derrumbe del poderío español. Herrera Sotillo, *op. cit.*, pp. 155-199, y la visión distinta que tiene de la situación financiera de la Inquisición mexicana. *Cf.* asimismo nuestros comentarios en la nota núm. 47.

⁵⁰ Medina, *op. cit.*, pp. 186-213.

⁵¹ Medina, *op. cit.*, p. 212.

⁵² Medina, *op. cit.*, p. 226: el visitador Pedro de Medina Rico mencionaba en 1658 los graves cargos que debía formular en contra de los "inquisidores

sigo a su madre, "que está con toda ostentación en México, cuatro hermanas casadas y con hijos, otro hermano casado, otro fraile, otro medio racionero de esta Iglesia, a quien tuvo en esa corte años para la pretensión de la plaza de inquisidor, otro estudiante diácono".[53] Para la tribu Estrada, el dicho "Iglesia, Mar o Casa Real" fue la norma, con clara predilección sin embargo por el primer, puesto que de cinco hermanos, cuatro escogieron carreras eclesiásticas.

En cuanto al licenciado Bernabé de la Higuera y Amarilla, se encontraba literalmente agobiado por la parentela; uno de sus sobrinos era dueño de un ingenio azucarero mientras su primo era comisario del Santo Oficio en Veracruz. Allí, lo opacaba completamente el notario inquisitorial, Sebastián de Campos, quien era nada menos que cuñado de Estrada y Escobedo; en efecto, no sólo Campos acaparaba los dos cargos, el de notario y el de comisario, de seguro lleno de atractivos en un puerto por el que pasaban todo el comercio y las relaciones de la colonia con la metrópoli; además, obtuvo, con la ayuda del inquisidor, su cuñado, unos préstamos cuantiosos sobre las rentas fiscales, práctica obviamente ilegal.[54]

Los mismos inquisidores dejaban a veces aflorar su espíritu emprendedor. Estrada y Escobedo, otra vez, se afanaba por vender, a precios estratosféricos desde luego, el chocolate, que se consideraba en aquel entonces más como alimento que como mera bebida y que estaba destinado a los numerosos presos que ocupaban los calabozos inquisitoriales por los años 1640-1650.[55]

La fortuna puede ser la coronación de las empresas individuales y familiares pero también puede caer del cielo.

Cuando los bienes que se habían confiscado a un puñado de ricos judaizantes empezaron a salir a remate y el producto de la venta llenó las arcas de la Inquisición, todos parecieron olvidar que aquel oro debía ser entregado a la Suprema y procedieron al reparto del botín: los salarios se inflaron bruscamente, aumentó sobremanera el número de ayudantes, tomaron el dinero a manos llenas, lo prestaron al primero que se presentaba poniéndole un interés, repartieron limosnas y regalos y también se lo apropiaron con liberalidad.[56]

---

y ministros naturales de estos reinos, con tantos parientes, amigos y correspondientes..." implorando el favor divino en un trance tan delicado.

[53] Medina, *op. cit.*, p. 221.
[54] Medina, *op. cit.*, pp. 221-223; AHN, Legajo 1737, Visita de Medina Rico, núm 12, Cargo núm. 154.
[55] AHN, Legajo 1737, Visita de Medina Rico, núm. 12, Cargo núm. 90.
[56] Los testimonios son aquí incontables. Aparte del inagotable Toribio Me-

Los inquisidores se dieron entonces a los lujos, sin duda encaminados a compensar los largos años de estrechez y las humillaciones sufridas por parte de tantos otros funcionarios antes más favorecidos...; se mandaron pintar retratos —a expensas del fisco, naturalmente— que desde entonces adornaron soberbiamente la sala del Tribunal, y pidieron a Roma autorización para lucir "mucetas y sombreros aforrados, con caireles y bordas de seda".[57]

Para ocultar tales deslices —a menudo verdaderos hurtos—, llegaron a no consignar los bienes confiscados, a no encerrar bajo llave lo que debía estar guardado e incluso a arrancar abiertamente los folios comprometedores de los libros de cuentas y sacar de la caja fuerte el oro y las alhajas codiciadas.[58] La rapiña no tuvo freno y los cargos acumulados por el visitador Medina Rico demuestran que los inquisidores se repartían fardos de almizcle llegados de Filipinas, joyas y piedras preciosas, encajes, sedas de China, objetos valiosos, cajas ricamente labradas y ropa fina perteneciente a los reos.[59]

Los cargos y oficios se habían vuelto asimismo mercancías ya que cualquier pretendiente podía obtenerlos mediante alguna cantidad o dádiva, sin tener siquiera que justificar sus orígenes ni sus competencias.[60]

Así, cuando se presentó la ocasión de que el Tribunal se enriqueciese por medio de las confiscaciones, ningún ministro, desde el más antiguo de los jueces hasta el último de los ayudantes, pudo resistir la tentación; las inmensas riquezas recabadas se perdieron entonces cual arroyo en el desierto, pronto consumidas por los in-

---

dina, *op. cit.*, pp. 219, 220, 222-223, 225-227, 239, véase también AHN, Legajo 1737, Visita de Medina Rico, núm. 12, Cargos núms. 91-109, sin interrupción.

[57] Medina, *op. cit.*, p. 227; AHN, Legajo 1737, Visita de Medina Rico, núm. 12, Cargo núm. 145.

[58] Medina, *op. cit.*, pp. 219-220, 239. AHN, Legajo 1737, Visita de Medina Rico, núm. 12, Cargo núm. 88: "El receptor se vio obligado por los inquisidores a arrancar las hojas del libro donde se habían consignado los repartimientos (de bienes)".

[59] AHN, Legajo 1737, Visita de Medina Rico, núm. 12. Cargos que van desde el número 79 hasta el 86. Se trata aquí de bienes que pertenecían a Agustín de Rojas y a su mujer Leonor Váez, a Luis de Amézquita, a Simón Váez, Sebastián Cardoso, María de Rivera y su marido Manuel de Granada, Rafaela Enríquez, si bien la mayoría de los judaizantes encarcelados durante los años 1640 padecieron despojos similares.

[60] Otra vez son numerosos los hechos precisos: Medina, *op. cit.*, pp. 211-224, en donde se infiere que el poderoso Antonio Millán, familiar que volveremos a encontrar más adelante, no había de ningún modo comprobado sus orígenes. Medina Rico establece 24 cargos en contra de los inquisidores por no respetar las normas tocantes al nombramiento para ocupar puestos inquisitoriales y por toda clase de irregularidades conexas. *Cf.* AHN, Legajo 1737, Visita de Medina Rico, núm. 12, Cargo núm. 54, muy particularmente.

quisidores, y la Suprema no recibió jamás sino migajas, muy a pesar suyo.[61]

Semejante inclinación al lujo podía provocar con facilidad complicidades entre inquisidores y sospechosos, siempre y cuando estos últimos fuesen acaudalados; se podía entonces negociar en un terreno muy material soluciones aceptables para ambas partes. Esto es lo que de hecho se produjo durante algún tiempo, cuando las autoridades inquisitoriales, aunque sabían de ciertos hechos heterodoxos, parecían ignorarlos. Un poco más tarde, al quedar abiertamente declarada la ofensiva, dicha actitud resultó más difícil de mantener.[62]

Queda claro que antes de que empezara la persecución de los cristianos nuevos secretamente fieles a la ley mosaica, las relaciones entre los jueces y algunas familias fueron excelentes y a veces hasta imprevistas, como en el caso de la amistad de los ministros con el portugués judaizante Luis de Burgos,[63] con la poderosa familia de Simón Váez Sevilla,[64] con Tomás Núñez de Peralta y su mujer

[61] AHN, Legajo 1737, Visita de Sáenz de Mañozca, núm. 1; una carta de Madrid, con fecha del 25 de febrero de 1650, declara que "aviendo llegado muchos informes y relaciones de que la hazienda de el Real Fisco de Inquisición está en trabajoso estado y que se van gastando y consumiendo en edificios, fábricas y otros empleos; y que los censos que se an impuesto son en malas fincas y sin hipotecas suficientes; que los secuestros de los reos se an ido perdiendo y no se a puesto buen cobro en ellos; y que los acreedores de los reos no solamente no son pagados pero ni aún oydos, sobre que se an dado muchas quejas..." Todo lo cual era rigurosamente exacto. Véase también Medina, *op. cit.*, pp. 211-212, donde queda manifiesto que los inquisidores, los ministros inquisitoriales y su parentela se habían atribuido liberalmente préstamos cuantiosos con base en los bienes secuestrados. Así y todo, parece que la Suprema recibió grandes cantidades de la Inquisición mexicana, cuyos manejos turbios en cuanto se refiere a finanzas fueron encubiertos de algún modo por ella; Herrera Sotillo, *op. cit.*, pp. 187-196-199.

[62] Es lo que se produjo por ejemplo en el caso de Simón Váez Sevilla y de su mujer Juana Enríquez, de su cuñada Rafaela Enríquez: ya en 1625, ciertas denuncias habían revelado sus prácticas judaicas indudables, volviéndose más numerosas en los años 1633-1635, cuando efectivamente fueron perseguidos unos cuantos judaizantes. Sin embargo, el estatus social de dichos individuos junto con sus relaciones privilegiadas con los ministros inquisitoriales los amparó hasta que principiaron las grandes persecuciones contra los cristianos nuevos, a partir de 1642. Cf. AGN, Inquisición, vol. 398, exp. 1, Proceso contra Simón Váez Sevilla (1642); vol. 402, exp. 1, Proceso contra Rafaela Enríquez, (1642).

[63] AHN, Legajo 1737, Visita de Medina Rico, núm. 12, Cargo núm. 31.

[64] Además de un regalo hecho al inquisidor Soltero, que consistía en "un adereço de plata de 300,400 pesos" por parte de Simón Váez Sevilla (Cf. AGN, Inquisición, vol. 398, exp. 1, f. 218v. Proceso contra Simón Váez Sevilla, 1642), sabemos que el familiar Pedro de Soto y el secretario del Secreto Tomás López de Erenchúm asistieron al sepelio de la suegra de Simón Váez, la que resultó más tarde haber sido una famosa "dogmatista". Ahora bien,

Beatriz Enríquez, quienes recibieron el permiso, estando encarcelados, de mandar traer sus alimentos desde fuera —lo que obviamente propició toda clase de comunicaciones— y se jactaban de tomarlos en loza de China,[65] y, sobre todo, con Sebastián Váez de Azevedo. Este personaje, muy encumbrado en la soceidad colonial, amigo y protegido del virrey, el marqués de Villena, gran mercader además, no dejaba de ser un portugués que practicaba secretamente el judaísmo, cosa que el Santo Oficio no podía ignorar por las numerosas denuncias y testificaciones que se hallaban en su poder desde tiempo atrás. Sin embargo, Sebastián Váez de Azevedo,

> portugués de nación, que después fue processo y penitenciado por judío judaizante, aviendo trahido de China cantitad de fardos y mercaderías que eran suyas propias y parando en el puerto de Acapulco; por escusar los derechos debidos a Su Majestad, se valió del Tribunal, que fingió pertenecerle dichos fardos y mercaderías; y por

durante la ceremonia se llevaron a cabo prácticas mortuorias judaicas que no parecen haber sido notadas por los dos hombres... Sin embargo, los asistentes tuvieron la impresión de que Soto y Erenchúm habían reparado en los actos comprometedores puesto que María de Rivera declara en su proceso —AGN, Inquisición, vol. 403, exp. 2, Proceso contra María de Rivera (1642), f. 349v.— que "haviendo visto echar el dicho papel (que contenía los dientes que la difunta Blanca Enríquez había perdido mientras vivía) al dicho Pedro de Espinosa, se miraron el uno al otro y sse dixeron que adbirtiessen lo que havían visto para dezirlo a la Inquisición". Por su parte, el Santo Oficio apuntó en el margen de este testimonio de María de Rivera: "preguntados (Soto y Erenchúm obviamente), no oyeron ni bieron cosa alguna". He aquí sin duda un buen ejemplo de la complejidad propia de la sociedad colonial: ¿Notaron efectivamente los dos hombres algo sospechoso en aquel discreto rito funerario que no dejaría sin embargo de ser revelador para funcionarios inquisitoriales? ¿Es posible que optaran entonces por callarse, movidos por una solidaridad de clase y de intereses, tomando implícitamente el partido de sus amigos marranos? ¿O es que de hecho no vieron nada? De todos modos, la asistencia del familiar y del secretario a tal ceremonia y la mera duda que resulta de su actitud dejan perplejo al historiador. Tales relaciones entre ministros inquisitoriales y cristianos nuevos que resultaron ser judíos observantes eran comunes incluso en la misma metrópoli. Al partir de Sevilla para dirigirse a Nueva España, la familia Silva fue encomendada por el hermano de doña Elena, el recaudador de impuestos y poderoso mercader Francisco Váez Sevilla al familiar Juan Crisóstomo de Navia, cuñado del notario inquisitorial Eugenio de Saravia, quien iba a embarcarse en la misma nao que los Silva. Sabemos también que la anciana Catalina Enríquez, fiel observante del judaísmo, tenía por compadre al inquisidor don Juan de Llano y Valdés... AGN, Inquisición, vol. 408, exp. 1, Proceso contra Margarita de Rivera (1642), f. 239v. y AGN, Inquisición, vol. 408, exp. 2, Proceso contra Esperanza Rodríguez (1642), f. 460. *Cf.* Índice de Familiares, Apéndices núms 3 y 96, Juan Crisóstomo de Navia.

[65] AGN, Inquisición, vol. 402, exp. 1, Proceso contra Rafaela Enríquez (1642), f. 106.

ello los pidió sin paga de derechos algunos, a que resistieron los oficiales reales de dicho puerto de Acapulco; y últimamente, viendo el pleito mal pesto, se valieron del Señor Virrey, que a la sazón era, conviene a saber por el año de 1645 poco más o menos, con que su Excelencia envió despacho para que se entregasen dichos fardos y mercaderías sin pagar derechos algunos, como en efecto se trajeron al quarto del Señor Inquisidor doctor don Francisco de Estrada; y de allí, los llevó el dicho Sebastián Vaez, con grande nota y escándalo.[66]

Así, Váez de Azevedo mantenía estrecha amistad con los inquisidores a quienes convidaba además a festines, según lo refiere el visitador Sáenz de Mañozca.[67]

Este ejemplo muestra claramente la manera en que se establecieron complicidades entre individuos pertenecientes a sectores sociales dominantes: el virrey, la Inquisición y un personaje poderoso; las consideraciones ideológicas así como las relativas a la religión y la política desempeñaban un papel secundario, por no decir insignificante: Pese a todo, Sebastián Váez de Azevedo era portugués, lo que por los años 1645 lo hubiera hecho automáticamente sospechoso, y no lo fue obviamente para las autoridades coloniales.

Por otra parte, queda claro que todos estaban de acuerdo cuando se trataba de burlar al fisco de Su Majestad; el Santo Oficio no vacilaba en actuar como depositario de las mercancías en litigio y la máxima autoridad virreinal, el mismo marqués de Villena, facilitó la operación.

En definitiva, la acción inquisitorial no deja de infundir sospechas en cuanto toca a la persecución de prácticas heterodoxas, al menos en los casos en que pesaron consideraciones de tipo económico y en que hubo complicidad entre los poderosos, unidos por intereses comunes; estos casos eventualmente pudieron ejercerse en perjuicio de la Corona —tan lejana y tan mal defendida—, situación característica del contexto colonial americano.

Pero la inmoralidad de los inquisidores rebasaba la esfera de sus actividades profesionales y en esto, también, las visitas que se llevaron a cabo hacia mediados del siglo XVII revelan hechos sorprendentes.

Los funcionarios inquisitoriales mantenían a veces relaciones afectuosas con personas de las que se podía pensar al menos que les hubieran inspirado algunas sospechas. Las hermanas judaizantes Rafaela y Micaela Enríquez eran íntimas del inquisidor Es-

---

[66] AHN, Legajo 1737, Visita de Medina Rico, núm. 12, Cargo núm. 140.
[67] Medina, *op. cit.*, p. 219. Volveremos a hablar de este personaje notable.

trada y Escobedo y la primera fue incluso amante del notario Eugenio de Saravia.[68] En este caso también, estas relaciones tuvieron consecuencias importantes por lo que se refiere a la buena marcha de las diligencias inquisitoriales; por ejemplo, Micaela Enríquez, a quien sus amigos del Tribunal habían aconsejado que confesara "espontáneamente", sin esperar el arresto inminente y con el objeto de granjearse una mayor indulgencia en el futuro por parte de sus jueces, confesó ante el notario Saravia en la propia casa de éste, contraviniendo todas las normas. En cuanto a Rafaela, fue sometida, lo hemos visto, a un registro tan poco severo cuando ingresó a la cárcel, que pudo conservar alhajas valiosas, las que le permitieron más adelante recompensar los apreciables favores —recados, servicios diversos— que logró de los carceleros y ayudantes. El secretario Saravia mandó asimismo advertir a ambas hermanas de la presencia permanente en las cárceles de soplones encargados de espiar las charlas entre presos, lo cual les infundió una saludable prudencia en las pláticas que sostuvieron. Finalmente, es otra vez Saravia quien recogió en su casa a la hija de Micaela cuando ésta fue encarcelada, en un ejemplo de humanidad sin duda conmovedor aunque un tanto sorprendente, si se considera la situación del protector, un secretario inquisitorial, y la de la presa, una hereje. El inquisidor Estrada hizo llegar también un recado a la judaizante Margarita de Moreira, mujer muy atractiva en verdad, en el que le indicaba lo que, por su bien, debía confesar ante sus jueces.[69]

En cuanto al inquisidor Bernabé de la Higuera y Amarilla, rendía tributo a los encantos famosos de las mujeres de color. Vivía públicamente amancebado con dos esclavas, una africana y otra mulata, una de las cuales era su amiga de veinte años atrás y le había dado hijos que el ministro reconocía abiertamente como suyos.[70] En cambio, el inquisidor Argos, menos sensible a los encantos femeninos sin duda por su edad avanzada, solía entretenerse convirtiendo su cuarto en salón de juegos.[71]

Además de estas numerosas faltas a sus obligaciones, tanto en el terreno profesional como en el privado, los inquisidores no dejaron pasar la oportunidad, lo hemos subrayado, de participar en las disputas que enfrentaban constantemente las instituciones

---

[68] Medina, *op. cit.*, p. 218. AGN, Inquisición, vol. 402, exp. 1, Proceso contra Rafaela Enríquez (1642), fs. 95, 95v., 101.

[69] AGN, Inquisición, vol. 402, exp. 1, Proceso contra Rafaela Enríquez (1642), f. 101. AGN, Inquisición, vol. 412, exp. 1, Proceso contra Francisco Botello (1656), f. 343v.: "Un día de visita, Estrada le dio ocultamente a Margarita de Moreira un papel donde le decía lo que tenía que confesar y ella lo hizo así."

[70] Medina, *op. cit.*, p. 239.

[71] Medina, *op. cit.*, p. 219.

coloniales o los individuos. Entre las numerosas intervenciones del Tribunal, es preciso mencionar aquella, de particular virulencia por parte de los ministros, en el asunto Palafox; el obispo de Puebla recibió de ellos insultos tales como "sospechoso en materia de fe", "tizón ardiente del infierno", que estaban obviamente fuera de lugar, tanto en el tono como en el espíritu, más aún si se considera el papel moderador que debía ser el del Tribunal en tan compleja disputa.[72]

Fuerza es por tanto concluir que los inquisidores nombrados en la Nueva España carecían de la capacidad y calidad necesarias para dirigir el Tribunal, sobre todo pensando en las tareas abrumadoras que les incumbían normalmente y en las dificultades que estorbaban el ejercicio de sus funciones. A la falta demasiado frecuente de sólida formación y de experiencia, se añadió la ambición que alentaba casi siempre cualquier funcionario, que sólo aceptaba el exilio a las Indias por ver en ello la condición imprescindible para forjarse una rápida fortuna.

Aquí vemos claramente que el contexto virreinal, en el que todos compartían semejante ambición, constituyó un factor complementario: la imposibilidad objetiva por una parte de llevar a cabo una misión semejante por las peculiaridades geográficas y humanas del distrito que se debía controlar y, por otra, las complicidades ineludibles que existían dentro de los sectores dominantes de una sociedad colonial desembocaron en la inercia y la corrupción de los ministros inquisitoriales. Sus faltas, tan graves como variadas, no eran sin embargo algo nuevo en la historia de los hombres del Santo Oficio;[73] el peso del contexto colonial explica su notable exuberancia, puesto que un inquisidor mexicano, el doctor don Francisco de Estrada y Escobedo, merece el segundo lugar en cuanto se refiere al número de cargos —al menos hasta ahora—; éste alcanzó 111, entre las respetables 106 acusaciones que se levantaron contra el doctor don Cristóbal de Valdesillo, inquisidor de Córdoba en 1589, y las 115 formuladas en contra del inquisidor Pereira, de Cartagena de Indias.[74]

[72] Medina, *op. cit.*, p. 228, así como los capítulos IV, XI y XV. AHN, Legajo 1737, Visita de Medina Rico, núm. 12, Cargos que van desde el número 159 hasta el 175 y que se refieren a las actuaciones del Tribunal en el asunto Palafox.

[73] Basta, para convencerse de ello, con pensar en ciertos ministros retratados por Ricardo García Garcel, *Orígenes de la Inquisición Española, El Tribunal de Valencia, 1478-1530*, p. 129, nota núm. 6, o sobre todo por Jaime Contreras, *El Santo Oficio de la Inquisición de Galicia*, p. 340.

[74] Medina, *op. cit.*, p. 239; Bartolomé Bennassar, *L'Inquisition Espagnole*, p. 80; Salvador Montoya Menjívar, *Les Débuts de l'Inquisition á Carthagéne des Indes. l'Autodafé de 1614*, p. 35.

Como se sabe, los inquisidores eran apoyados por numerosos auxiliares, laicos y eclesiásticos, en particular por los comisarios.

Los comisarios

Estos representantes del Tribunal en la provincia tenían por misión proceder a la lectura de los edictos de fe, realizar visitas de distrito y recibir las denuncias y las testificaciones.

A través de distintos documentos que contienen listas del personal inquisitorial para el periodo 1571-1699, descubrimos la presencia de comisarios en un centenar de poblaciones dispersas entre Nuevo México y Nicaragua, sin olvidar las Filipinas: junto a ciudades importantes aparecen pueblos grandes situados a veces en regiones totalmente indígenas, Teposcolula, Parangaricutiro, Tampamolón por ejemplo, también reales de minas y puertos.[75]

Estos comisarios cuyo número alcanza hasta ahora 222 (véase Apéndice núm. 2), pertenecen en proporciones parecidas al clero regular y secular puesto que los primeros son 81 y los segundos 113; los franciscanos preceden a los dominicos, 40 y 23 respectivamente, seguidos por 9 agustinos, 7 jesuitas, 1 carmelita y 1 mercedario. Su repartición entre regulares y seculares y luego según las diversas órdenes religiosas, parece ligada a las áreas de implantación del clero y de las órdenes y a la importancia numérica de estas últimas ya que el cura del lugar unía a menudo las funciones de comisario inquisitorial a las de juez eclesiástico ordinario.

Aunque conozcamos a la mayoría de los comisarios por una simple firma al pie de las denuncias o por cartas de rutina dirigidas al Tribunal capitalino, el azar de los documentos llega también a revelar ciertas personalidades fuertemente definidas.

Algunos son de gran calidad, así fray Diego Muñoz, primer Provincial criollo de la orden franciscana, quien, pese a su edad avanzada, en los años 1615-1620 recorre sin descanso Michoacán y el Bajío, donde lleva a cabo briosas campañas para recabar denuncias, ahogando a las autoridades superiores bajo un alud de cartas e informes cuyo estilo ágil y directo muestra a la vez un sólido sentido común junto con un profundo conocimiento de los hombres y del país que le toca vigilar.[76] O también fray Alonso de Benavides, otro

---

[75] Al final de este capítulo, presentamos, en el Apéndice núm. 2, un Índice con la lista de los comisarios en Nueva España, su dispersión geográfica y su estatuto eclesiástico.

[76] Véanse por ejemplo los numerosos casos de Celaya en los que intervino el comisario fray Diego Muñoz. AGN, Inquisición, vol. 278, *passim*, e Índice de Comisarios, núm. 12.

franciscano, que algunos años más tarde se afana por introducir principios de orden y decoro en el norte minero y sobre todo en Nuevo México, regiones que él describe como rebeldes a todo control y casi bárbaras. Su energía y clarividencia fueron premiadas por la Corona y el papado, hecho suficientemente excepcional para que lo mencionemos aquí.[77]

Pero al lado de estos insignes comisarios —¿será significativo que ambos fuesen franciscanos?— movidos por un celo digno del siglo anterior, surgen otras figuras relacionadas con los procesos y las denuncias.

En Zacatecas, en los primeros decenios de este mismo siglo XVII, el comisario don Diego de Herrera y Arteaga era un parangón de vicios y defectos: grosero, holgazán, irreligioso e incluso sacrílego, sembraba la discordia con los chismes que propalaba y los escritos anónimos que difundía, instigaba a la violencia —llegó incluso a pegar a varias mujeres con sus propios chapines, que él mismo les arrancaba; reñía con todos, hacía trampas en los juegos públicos, decía misa con los dedos adornados de sortijas, cuyo brillo admiraba, se negaba a administrar los sacramentos, etcétera—.[78]

Comparado con este último, el licenciado Diego Ortiz de Saavedra, comisario de Lagos, resulta singularmente pacífico; se trataba, efectivamente, de un hombre de tranquilas costumbres caseras, que vivió apaciblemente con su amante, una graciosa y linda morisca tiernamente querida, y el hijo de ambos, en un hogar tan acogedor como próspero en el que falleció, muy llorado por los suyos.[79]

Cristóbal de la Carrera, comisario en Tepeaca a mediados del mismo siglo, soportaba el celibato eclesiástico tan mal como su colega de Lagos, cuya condición pacífica no compartía sin embargo. Habiendo sido sancionado por el obispo Palafox, que lo descubrió en flagrante amancebamiento, no se atrevió a vivir abiertamente con su nueva amiga, la mestiza Margarita de Valdivieso, y recurrió a un ardid —que a nadie engañó— para conservar bajo su techo al hijo recién nacido de ambos: una vecina complaciente aceptó declarar al niño como a su ahijado apenas traído de la ciudad y

---

[77] AGN, Inquisición, vol. 356, ff. 291, 293, 317, Cartas del Comisario fray Alonso de Benavides a las autoridades inquisitoriales de México, Nuevo México (1626); France V. Scholes, "Problems in the Early Ecclesiastical History of New Mexico", pp. 69-73. Cf. Índice de Comisarios, Apéndice 2, núm. 69.

[78] AGN, Inquisición, vol. 510, exp. 114, f. 512: denuncias contra Diego de Herrera Arteaga, Zacatecas (1613); vol. 303, f. 392, denuncias contra los licenciados Diego de Herrera, Francisco de Alvarado, Zacatecas (1624), Cf. Índice de Comisarios, Apéndice 2, núm. 70.

[79] AGN, Inquisición, vol. 561, f. 219 y siguientes, Proceso contra Beatriz de Padilla (1652), passim. Cf. Índice de Comisarios, Apéndice 2, núm. 109.

pidió al comisario —una de cuyas esclavas podía amamantar al niño— que lo tomase en su casa. Sin embargo, el ministro inquisitorial permanecía sensible a los encantos de las demás mujeres y la misma buena vecina, esposa del alguacil mayor, fue objeto de sus atenciones: viéndola melancólica, la invitó a merender a las huertas cercanas al pueblo, aprovechando la ausencia del marido... En fin, y esto es sin duda más grave, De la Carrera no vaciló en participar en turbias maquinaciones, respaldándolas con el peso de su autoridad desviada.[80]

Fuera de estos pocos retratos, unos testimonios más dispersos señalan, aquí, "un bárbaro comisario",[81] allá, otro que, junto con el vicario de Zacatecas y tratando con una mulata que tenía fama de hechicera, "en llegándola a ver, se reían con ella y le hacían mil agasajos";[82] por su parte, el obispo de Michoacán pedía en 1594 que suspendieran al comisario don Diego de Orduña "porque en más de veinte años que allí residía, había vivido desconcertadamente en tratos públicos de incontinencia, juegos, pendencias personales, etc."[83] El mismo fray Lope Izquierdo, comisario en Zacatecas, escribía en 1617 al Tribunal recalcando que en aquella región, "ninguno de los señores comisarios clérigos se dispone a salir un paso de su casa por acá, por la distancia de la tierra",[84] en un ejemplo notable del peso evidente de las contingencias geográficas sobre el desempeño de las tareas elementales.

Si resulta, por tanto, imposible formular juicios definitivos en cuanto toca a la calidad de los comisarios en general, notemos que las personalidades excepcionales no parecen haber sido frecuentes, mientras las faltas —más que todo, incontinencia, mala con-

[80] AGN, Inquisición, vol. 460 entero,. Proceso contra Diego Márquez (1656), *passim. Cf.* Índice de Comisarios, Apéndice 2, núm. 174.
[81] AGN, Inquisición, vol, 434, f. 86.
[82] AGN, Inquisición, vol. 612, exp. 3, Testificación contra Juana de Coi, Zacatecas (1669), f. 490.
[83] Medina, *op. cit.*, p. 91. *Cf.* Índice de Comisarios, Apéndice 2, núm. 17. El nombramiento de Diego de Orduña como comisario es tanto más sorprendente cuanto que en el Auto de Fe del 19 de febrero de 1576, "el bachiller Diego de Orduña, canónigo de Mechoacán, porque en la plaza pública dio de bofetadas al arcediano, que era comisario del Santo Oficio y una vez en el suelo, de coces, resultó castigado en destierro del obispado y en una multa", en Medina, *op cit.*, p. 74. Suponiendo, como cabe hacerlo puesto que concuerdan las fechas y los lugares, que se trata del mismo individuo, estos hechos resultan muy significativos del ambiente que imperaba en los medios eclesiásticos y de los vicios que afectaban el proceso de nombramiento al título de comisario inquisitorial.
[84] AGN, Inquisición, vol. 316, f. 359, Carta del Comisario fray Francisco Izquierdo a las autoridades inquisitoriales de la capital, Zacatecas, 14 de mayo de 1617. *Cf.* Índice de Comisarios, Apéndice 2, núm. 54.

ducta, desidia, participación en los intereses de grupos locales— tienden a ser comunes. La discreción de los documentos referentes a los comisarios indica quizá que la mayor parte de ellos se conformó con desempeñar medianamente sus funciones, en un espíritu de respeto aproximado hacia las obligaciones diversas que les incumbían.

Los familiares

Aparte de los comisarios, los oficiales más numerosos al servicio del Tribunal son sin lugar a duda los familiares, que cubren con extensa red el conjunto del territorio.

En efecto, entre 1571 y 1646, es decir durante los setenta y cinco años que corresponden al periodo de máxima actividad del Santo Oficio mexicano, un total de 314 familiares —incluyendo los 20 de América Central y los 24 de Filipinas— se hallaron dispersos en 64 poblaciones, o sea y conforme a la norma impuesta, en cualquier lugar que contara con vecinos españoles; la densidad de los familiares era muy variable en ellas y, naturalmente, revelaba la presencia española y, por tanto, la importancia del lugar.[85]

Así, después de la ciudad de México, que contó con 144 en el transcurso del periodo considerado, 1571-1646, siguen Puebla con 19 familiares, Zacatecas con 16 y la ciudad de Guatemala con 13 familiares.

Los puertos, los reales de minas, las poblaciones agrícolas de Puebla y del Bajío, de fuerte colonización española, estaban provistos de familiares mientras aquellas esencialmente indígenas, donde fungía sin embargo un comisario, no contaban con ninguno. En efecto, la presencia de los familiares no coincidía forzosamente con la de los comisarios, puesto que los primeros acompañaban a los grupos españoles y mestizos mientras los segundos correspondían a la red eclesiástica establecida, siendo los comisarios, como lo vimos, regulares o seculares que desempeñaban otras funciones aparte de las que les encomendaba el Tribunal.

Fuese cual fuese, el número de familiares parecía excesivo, al menos en la capital: así, el cabildo de México pidió en 1626 que se redujera el número de ellos, como condición para destinar fondos a la flota de Barlovento.[86]

El análisis sociológico de los familiares capitalinos, hecho posible por la información recabada en numerosas fuentes, y que

---

[85] Véase el Índice de Familiares, Apéndice 3, y el de los lugares en los que había tales funcionarios inquisitoriales.
[86] Libros de Cabildo, libro XXX, pp. 144-217, sesiones de los días 28 de marzo, 4 y 16 de abril, 24 de mayo y 21 de julio de 1636.

trata del 90% de ellos —130 de 144 exactamente— permite conocer mejor a estos personajes.[87]

En efecto, estos auxiliares distan mucho de ser unos desconocidos o gente insignificante. De los 130 cuyo contexto social vislumbramos con cierta precisión, 17 ya eran familiares de la Inquisición metropolitana: 7 en Sevilla, 3 en Toledo, 2 en Valladolid, 1 en Córdoba, 1 en Cuenca, 1 en Granada, 1 en Madrid y 1 en Burgos, mientras dos lo eran del Tribunal de Lima; catorce eran caballeros de órdenes militares —doce de Santiago, 1 de Calatrava, 1 de Alcántara.

En cuanto se refiere a su origen, dos tercios eran españoles metropolitanos y un tercio criollo, salvo tres que provenían de otras regiones como Italia, de la que una parte pertenecía, como se sabe, al Imperio español; si los peninsulares fueron mayoría durante los primeros decenios que siguen al establecimiento del Tribunal, los criollos empezaron a afirmarse en los años 1625-1630, y parecen superar a los primeros a partir de 1640.

Socialmente constituyen, sin lugar a duda y salvo excepción, los sectores más relevantes del poder económico y social, y ningún humilde labrador parece haberse colado entre sus filas impresionantes si no respetables. En efecto, 16 de ellos fueron fundadores o poseedores de mayorazgos, 14 dueños de poderosas encomiendas, unos 20 grandes mercaderes, entre los que abundaban los electores diputados y priores del Consulado —unos diez aproximadamente— y 49 desempeñaron en un momento u otro funciones oficiales. Encontramos muchos regidores entre ellos (14), notarios, alguaciles, alcaldes ordinarios o mayores, oficiales al servicio de las grandes instancias administrativas del virreinato, auxiliares del Santo Oficio, médicos, catedráticos de la Universidad, en suma, notables y letrados.

Cabe señalar dos cosas: en primer lugar y pese a que se acataban las prohibiciones vigentes relativas a los oficios mecánicos y las profesiones consideradas indignas, los mercaderes eran bien recibidos, siempre y cuando sus negocios tuviesen la suficiente relevancia como para distinguirlos radicalmente de los tenderos y convertirlos después en socios naturales de quienes gobernaban la colonia.[88] Es también notable que el poder de los familiares procede de múltiples orígenes que no se excluyen de ninguna manera.

---

[87] *Cf.* Índice de Familiares de la ciudad de México, Apéndice 3.

[88] AGN, Riva Palacio, vol. 4, exp. 14: "...no sean admitidos por familiares los que huvieren sido carniceros, cortador, pastelero, çapatero, ni tenido otros officios mecánicos; y dello, presenten testimonio antes de ser admitidos a pruebas (de pureza de la sangre)..." Carta acordada, Valladolid, 9 de mayo de 1604.

Aquí, la propiedad de la tierra acompaña al capital invertido en operaciones mineras, marítimas y mercantiles, y una misma familia, mediante el juego calculado de las alianzas, puede incluir encomenderos con títulos nobiliarios, ganaderos, dueños de ingenios azucareros, mineros, capitanes, proveedores de fondos para los negocios públicos y privados, contratistas de grandes obras, oficiales reales, eclesiásticos, tanto regulares como seculares, intelectuales, amén de ministros inquisitoriales; el poder y la riqueza son proteicos y dibujan los tentáculos que las grandes familias, a menudo presentes pese a los apellidos y hábitos distintos, extienden sobre los hombres y las tierras de Nueva España.

Veamos de cerca algunos ejemplos. El doctor Carlos Colón Pacheco de Córdoba y Bocanegra, marqués de Villamayor, caballero de la Orden de Santiago desde 1631, es familiar del Santo Oficio en México en 1625. Desciende de poderosa familia, puesto que es bisnieto de Hernán Pérez Bocanegra y Córdoba, el "gran labrador" y "señor de ganados", fundador de un rico mayorazgo en sus encomiendas de Acámbaro y Apaseos. Por el lado materno, este don Francisco Pacheco de Córdoba y Bocanegra era además nieto del famoso Francisco Vásquez de Coronado, conquistador del Norte y gobernador de Nueva Galicia antes de que se creara la Audiencia de Guadalajara. Pacheco Bocanegra mismo había sido un buen servidor de la Corona y ejercido las funciones de corregidor en algunas de las regiones más ricas del país: llevaba el título de adelantado de Nueva Galicia, recibía del monarca una renta de 3 500 pesos y decía estar emparentado con varias casas españolas de alcurnia. Tras la formación de la Audiencia, en 1605, pidió y obtuvo el título de marqués. Hacia 1625, su hijo don Carlos Colón de Córdoba Bocanegra y Pacheco no vacilaba en llevar los títulos de "marqués de Villamayor y adelantado mayor del reino de Nueva Galicia, señor de los Apaseos y del mayorazgo, encomendero de Acámbaro". No sin razón se calificaba como "señor de los Apaseos", puesto que era dueño de la encomienda perpetua de esta población, en la que se encontraban además sus más grandes haciendas. Por otra parte, contaba con sus huestes particulares, con las que auxilió al virrey, marqués de Gelves, cuando el motín de 1625. Aquel mismo año, el segundo marqués se fue a radicar a España, donde la familia parecía residir de preferencia, dejando que sus administradores gobernasen el marquesado y la hacienda.[89]

He aquí también a Antonio de Espejo, familiar en 1571, nacido en Córdoba, quien llegó a México junto con el primer inquisidor,

[89] Véase el Índice de Familiares, Apéndice 3, núm. 73. Carlos Colón Pacheco de Córdoba y Bocanegra, en Chevalier, *op. cit.*, pp. 396-397.

don Pedro Moya de Contreras; se desempeñaba en la capital como mercader mientras poseía tierras y ganados en la región de Querétaro y participó en una expedición a Nuevo México en 1582-1583.[90]

Viviendo por los mismos años, Hernán Gutiérrez Altamirano descendía de la ilustre casa Ibarra y Castilla, y poseía un mayorazgo extenso que abarcaba tierras en Coyoacán, Tacubaya y en la región de Ecatepec, a las que hay que añadir aún los pueblos de Calimaya, Metepec, Tepemeyalco, etc. Elegido alcalde ordinario de México en 1573 y nombrado luego juez de los bienes de difuntos, gozaba de la confianza del virrey don Martín Enríquez, que le encargó la delicada misión de censar y vigilar a los mulatos de la capital, cuyo número creciente empezaba a inquietar a las autoridades.[91]

Consejero del Consulado, patrón de la iglesia de la Concepción, Simón de Haro representa el tipo mismo del mercader inmensamente rico puesto que su fortuna, lograda en base al comercio de la plata, se valoraba a mediados del siglo XVII en 600 000 pesos.[92]

Don Cristóbal de Mañozca Bonilla y Bastida había nacido en México, de un padre alguacil mayor, tenía por tío al inquisidor don Juan de Mañozca y llevaba el título de caballero de Santiago; casó con la heredera de un rico mayorazgo, que descendía de una gran familia criolla, los Cervantes Altamirano. Era considerado uno de los siete vecinos más acaudalados de la capital y llegó a aportar 6 000 pesos para las obras de drenaje necesarias para la supervivencia de la ciudad.[93]

Finalmente, Antonio Millán, familiar en 1641, aunque de orígenes no claramente establecidos, había también nacido en México, donde se volvió uno de los mercaderes más prósperos negociando en plata y cacao. Contador y regidor de la ciudad, logró el sustancioso asiento de las bulas de la Cruzada para la Nueva España. Su padre, Francisco, alarife del Cabildo, había obtenido el contrato para construir el rastro mediante la suma de 8 000 pesos y sus hijos, siguiendo la tradición familiar, eran uno regidor y otro prebendado de la catedral de México. Cabe añadir a tan lisonjero retrato que Antonio Millán mantenía excelentes relaciones con algunas de las familias marranas más encumbradas —relaciones muy naturales, al fin y al cabo, entre notables—, especialmente con la de Simón Váez Sevilla y la de su cuñada, doña Micaela Enríquez y su esposo,

---

[90] Véase el Índice de Familiares, Apéndice 3, núm. 9, Antonio de Espejo.
[91] Índice de Familiares, Apéndice 3, núm. 12, Hernán Gutiérrez Altamirano.
[92] Índice de Familiares, Apéndice 3, núm. 95, Simón de Haro.
[93] Índice de Familiares, Apéndice 3, núm. 130, Cristóbal de Mañozca Bonilla y Bastida.

mercader también, Sebastián Cardoso, lo mismo que con Manuel de Acosta, al que ayudó en momentos difíciles valiéndose de todas sus influencias.[94]

Sería preciso mencionar a Tomás Morán de la Cerda, familiar de la Inquisición de Sevilla, secretario del virrey don Rodrigo Pacheco Osorio, regidor de México y, además, mercader de plata,[95] a don Juan de Orduña, asimismo regidor, sargento mayor del reino y procurador mayor de la ciudad quien poseía, al morir, 15 haciendas, un obraje y un molino, aparte de otros bienes,[96] ...o a Gaspar de Valdés, hijo de un "rico republicano" fundador del Colegio Real de San Ildefonso, que fue alcalde mayor de las minas de Zacualpan, regidor de México y luego de Puebla, abogado de la Real Audiencia y procurador mayor de la ciudad de México; era dueño de una encomienda, cinco haciendas, cinco casas, dos mayorazgos, casó dos veces con ricas herederas y se hallaba "muy emparentado y con lo mayor y más granado de esta ciudad."[97]

Al igual que sus colegas peninsulares, los familiares mexicanos no eran gente "tan quieta y pacífica como está mandado".[98]

Efectivamente, los registros inquisitoriales reportan denuncias en su contra por motivos diversos: contrabando, hechos de violencia, malas costumbres, origen sospechosos de algunos, acusados de ser cristianos nuevos, moriscos, incluso indígenas, falta de prestigio para unos cuantos, así el de las minas de Ramos, "la fábula y risa de dicho pueblo".[99]

La capital proporciona algunos buenos ejemplos de tales faltas

[94] Índice de Familiares, Apéndice 3, núm. 120, Antonio Millán. AGN, Inquisición, vol. 418, exp. 1, Proceso contra Manuel de Acosta (1643), f. 110.
[95] Índice de Familiares, Apéndice 3, núm. 78, Tomás Morán de la Cerda.
[96] Índice de Familiares, Apéndice 3, núm. 91, Juan de Orduña.
[97] Índice de Familiares, Apéndice 3, núm. 39, Gaspar de Valdés.
[98] AGN, Riva Palacio vol. 36, 1, f. 36, Carta de Madrid, 25 de septiembre de 1587. Además de los numerosos procesos formados contra familiares por diversos motivos y que se conservan en el AGN, —particularmente el volumen 308, exp. 118; vol. 325, exp. 3; vol. 356, exp. 185; vol. 437 ,exp. 8; vol 214, exp 19; vol. 84, exps. 2 y 3, etc.— y los casos mencionados por Charles Henry Lea (The Inquisition..., op. cit.), como el del familiar de Puebla, Diego de Carmona Tamariz, acusado de haber asesinado a su enemigo Juan de Olivares, sabemos precisamente por Lea que existe un documento importante: "Extractos de Causas de Familiares y Ministros que no son oficiales, que hay en la cámara del secreto de la Inquisición de México, en este presente año de 1716", documento que a principios de este siglo parece haberse hallado en la Biblioteca Real de Munich. Nuestros intentos por localizarlo no tuvieron éxito ya que quienes actualmente tienen a su cargo la Biblioteca del estado de Baviera desconocen la existencia y la suerte de tal documento, el cual sufrió con toda probabilidad las vicisitudes ligadas a los trastornos políticos y a las guerras.
[99] AGN, Inquisición, vol. 407, f. 464.

y no escasean las irregularidades en cuestiones de dinero, por no hablar de verdaderos fraudes.

Si Gabriel López de Luzena y Páramo, gran mercader, dueño de almacenes que surtían toda clase de productos, contrabandista declarado de plata por el galeón de Manila, quebró hacia 1654 de manera tan estrepitosa que fue condenado a seis años de galeras,[100] Leandro de Gatica tuvo más suerte en negocios tan turbios como los del primero: familiar de Sevilla, luego de México, poderoso comerciante en vinos, se vio encargado por ricos criollos mexicanos de vender en la metrópoli mercancías cuyo valor alcanzaba los 150 000 pesos, dinero que, naturalmente, él debía enviarles a México; ahora bien, Gatica no sólo no les devolvió lo que les correspondía sino que solicitó y logró el nombramiento de regidor de la capital, a la que regresó, al parecer rodeado de la consideración de sus conciudadanos; luego fue procurador general y solicitó finalmente el nombramiento de gobernador o de corregidor en alguna provincia del virreinato, sin que la colosal estafa que había cometido unos diez años antes —hacia 1630— le hubiese perjudicado en lo más mínimo.[101] Obviamente, la falta está a veces en dejarse descubrir, no en el fraude en sí mismo.

Los hechos de violencia, hasta los asesinatos, se mencionan con cierta frecuencia.

Antonio de Espejo, este personaje imponente que ya conocemos, mató a un vaquero suyo que cuidaba sus rebaños en sus tierras queretanas y fue por ello procesado y hallado culpable, a pesar de sus gloriosos antecedentes.[102] En cuanto a Tomás Morán de la Cerda, otro personaje distinguido anteriormente mencionado, tuvo desavenencias con un alguacil de la Real Hacieda y, al empeorar el asunto, uno de sus esclavos le asestó tal golpe en la cabeza al alguacil, que éste cayó muerto. Lo mismo que Espejo, Morán de la Cerda fue enjuiciado; tuvo que pagar 2 000 ducados de multa y pasar seis años preso en el fuerte de La Habana.[103]

Para finalizar, veamos el caso de Francisco Serrano del Arco, que conocemos mejor. Fue familiar de la Inquisición en Córdoba y en México, capitán de la guardia y de artillería de Nueva España, juez de repartimientos de Chalco, gran chambelán y cuñado del muy poderoso Gaspar de Rivadeneyra, también familiar, uno de los mayores terratenientes del virreinato.[104] Serrano del Arco fue arres-

---

[100] Índice de Familiares, Apéndice 3, núm. 75, Gabriel López de Luzena y Páramo.
[101] Índice de Familiares, Apéndice 3, núm 104, Leandro de Gatica.
[102] Véase *supra*, página 55 y nota 90 de este capítulo.
[103] Véase *supra*, página 57 y nota 95 de este capítulo.
[104] Índice de Familiares, Apéndice 3, núm. 123, Gaspar de Rivadeneyra.

tado por el asesinato de un esclavo, que él trató de que pareciera muerte natural con la complicidad de la justicia civil; su actitud soberbia ante los inquisidores de México, aunada al hecho de que "cierta abuela paterna", del lado de su mujer, no parecía tener orígenes del todo claros, movió a la Suprema a quitarle el título de familiar y al mismo tiempo, obviamente, los privilegios que lo acompañaban.[105]

Sería interesante descubrir si la concesión de la familiatura se producía una vez que quedaban asentados la riqueza y el estatuto social del candidato correspondiente o si, por el contrario, el nombramiento y los privilegios que lo seguían eran realmente los factores que lo permitían.

El caso de Alonso de Cassas —nada menos que el padre de San Felipe de Jesús—, nacido en Castilla, llegado a Nueva España en 1571, dueño de una casa y de un comercio próspero ya en 1585, proveedor de las naves que, desde Acapulco, se hacían a la mar para Perú y Filipinas; quien vivía cómodamente y trataba con lo más granado de la sociedad capitalina, para finalmente recibir la familiatura en 1594, tendería a mostrar que esta distinción venía de hecho a confirmar una posición sólidamente establecida.[106] Así y todo, es muy probable que esta posición se viese fuertemente estimulada una vez concedida la familiatura.

Fuerza es admitirlo, el mundo de los familiares no constituía de ninguna manera un oasis de honradez, en una época y en un contexto en los que la rapiña, la concusión y la violencia representaban vías seguras y relativamente sin riesgos, para alcanzar el poderío bajo todas sus formas. Si bien se pudo esperar de los ineludibles azares de la naturaleza humana y de la fortuna la existencia indudable de familiares pacíficos y modestos —que existieron, como aquel Francisco de Solís y Barraza, descendiente del Solís que se había apoderado de la persona de Moctezuma durante la conquista de México, caballero de la orden de Calatrava, encomendero de algunos pueblos, llevado en cautiverio por los moros de Argel y cuya viuda solicitó del ayuntamiento, a título de préstamo, los

---

[105] Índice de Familiares, Apéndice 3, núm. 55, Francisco Serrano del Arco. AGN, Inquisición, vol. 297. Este documento, desprovisto de foliación y que no está clasificado, se halla al final del volumen. Los trámites que empiezan con el encarcelamiento de Serrano del Arco el 23 de agosto de 1630 culminan el 30 de marzo de 1634, al ser oficialmente notificadas las autoridades de la ciudad de que éste ya no es familiar. Notemos que la Suprema reparó tal vez en los orígenes poco claros de cierta abuela de la mujer de Serrano, Constanza de Rivadeneyra, mientras no manifestaron escrúpulos en el caso del hermano de la misma, don Gaspar... quien era respaldado en sus pretensiones por un caudal de 200 000 ducados.

[106] Índice de Familiares, Apéndice 3, núm. 37, Alonso de Cassas.

1 000 ducados que se pedían por el rescate de su marido—,[107] no queda más remedio que admitir que nuestros familiares, al menos los de la capital, obraban como los notables que eran; para ellos el título inquisitorial no pasaba de ser un adorno de buen tono, como la daga y el caballo, las alhajas y las ricas telas que se les permitía lucir; adorno que confería, además, el sello apreciable de cristiano viejo y, entre otras cosas, el privilegio de eximir a quienes lo llevaban de las jurisdicciones normales, sometiéndolos a aquella, forzosamente más discreta de la Inquisición, celosa por ocultar los deslices de sus hombres.

Los auxiliares

Quedan los numerosos auxiliares, laicos y eclesiásticos, que en una forma u otra participan en el quehacer inquisitorial: alguaciles, notarios, consultores, abogados, ayudantes diversos y correctores de libros, "honestas personas", alcaides, médicos, boticarios y barberos, proveedores, intérpretes —de lenguas indígenas, alemán, flamenco, francés, "inglés y escocés"— lo que, dicho sea de paso, indica claramente a qué individuos había, por principio, que escuchar y vigilar ya que eran originarios de naciones automáticamente sospechosas.

Algunos permanecen aún desconocidos para nosotros, concretándose a no ser más que un nombre en una lista, una firma al pie de un documento; otros en cambio, logran emerger del anonimato, sea cuando pertenecieron al mundo carcelario, por las conversaciones sostenidas por los mismos presos o por sus declaraciones ante los jueces, sea porque la casualidad subrayó o preservó algunos datos sobre ellos; tal es el caso de Juan Correa, barbero del Santo Oficio aunque mulato,[108] del doctor Sebastián de Castro, "clérigo presvítero, mulato, hijo de español y de negra, de virtud conocida, a años que sirbe de Médico de este Santo Oficio";[109] de los ayudantes de las cárceles, Hilario de Andrino, Juan de Zubillaga y Antonio Zelenque, juzgados y castigados por las irregularidades que cometieron en el ejercicio de sus funciones,[110] siguiendo a la verdad la tradición iniciada por el familiar "Gaspar de los Reyes Plata, alcaide de las cárceles secretas de este Santo Oficio", quien

---

[107] Índice de Familiares, Apéndice 3, núm. 53, Francisco de Solís y Barraza.
[108] AHN, Legajo 1737, Visita de Medina Rico, núm. 12, Cargo núm. 67.
[109] AGN, Fondo Reservado, Nómina de Inquisidores, f. 40v.
[110] AHN, Legajo 1737, Visita de Medina Rico, núm. 12, Cargo núm. 6. Henry H. Huntington Library, "Abecedario de los Relaxados, Reconciliados y Penitenciados", f. 19-19v.

fue enjuiciado en 1599 por "excesos"; [111] de don Fernando Álvarez de Toledo, que logró la adjudicación de la vara de alguacil mayor mediante distribución prudente de numerosas dádivas [112] o también del notario Eugenio de Saravia, de confirmadas dotes mercantiles. En efecto, éste atendía un almacén que despachaba al por mayor el azúcar que se producía en un ingenio suyo, y cuyas puertas estaban adornadas con el escudo del Santo Oficio: cuando los trabajadores acudían a pedir su sueldo, bastaba con enseñarles el dicho escudo y los infelices "se iban amedrentados y sin cobrar".[113] Finalmente recordemos a los ministros que, acompañados por sus amigos, tras oír, por los años 1640, rumores de que los portugueses planeaban alzarse, organizaron una ronda nocturna con el fin de proteger los edificios del Tribunal; todo acabó en borracheras y bailes, en el mismo zaguán de la Inquisición y en las calles cercanas, a tal punto que Palafox intentó mandar arrestar a los calaveras y que el alcaide Juan Ramos de Zúñiga murió a consecuencia de las comilonas que allí se daban.[114]

Los calificadores

Entre los numerosos auxiliares se encuentran los calificadores, teólogos encargados de "censurar los dichos y hechos de un proceso", ayudando así a los inquisidores a dictar sentencia.

Provienen esencialmente del clero regular —63 franciscanos, 47 dominicos, 25 agustinos, 25 jesuitas, 7 mercedarios, o sea 167 regulares mientras sólo 11 seculares aparecen en la lista de calificadores que abarca el periodo 1571-1699, desconociéndose la procedencia de 33 de ellos. Algunos nombres llaman la atención: [115] el de Agustín de Padilla y de Francisco de Burgoa, autores de las crónicas dominicas,[116] el de Francisco Naranjo, que también fue obispo de Puerto Rico.[117] Sin embargo, los calificadores fueron de desigual

---

[111] AGN, Riva Palacio, tomo 18, núm. 2, Proceso contra Gaspar de los Reyes Plata (1599), *passim*.
[112] AHN, Legajo 1737, Visita de Medina Rico, núm. 12, Cargo núm. 142.
[113] Medina, *op. cit.*, p. 212.
[114] Medina, *op. cit.*, pp. 218-219.
[115] *Cf.* Índice de Calificadores, Apéndice núm. 4.
[116] Agustín de Dávila Padilla, *Historia de la Fundación y Discurso de la provincia de Santiago de México, de la Orden de Predicadores, por las vidas de sus varones insignes y casos notables de Nueva España*, Francisco de Burgoa, *Palestra Historial de virtudes y ejemplares apostólicos, Fundada del zelo de insignes héroes de la Sagrada Orden de Predicadores de este Nuevo Mundo de la América de las Indias Occidentales*.
[117] *Boletín del Archivo General de la Nación*, Nómina del Tribunal de la Inquisición, tomo XXVI, núm. 3. Véase el Índice de Calificadores.

calidad y el visitador Medina Rico denunciaba a unos quince de ellos, sobre todo franciscanos y jesuitas, tildándolos de "ineptos".[118]

Parece de hecho que, siguiendo en esto las costumbres que regían los nombramientos de funcionarios inquisitoriales en Nueva España, no se respetaban con el debido rigor las normas vigentes tocantes a este punto, en particular las que se refieren a la pureza de sangre y al nivel académico requerido.[119]

Esto es al menos lo que trasciende de la pretensión del padre fray Francisco de Pareja, comendador de la Orden de la Merced, al título de calificador en 1622. Hijo de poderosos criollos de Guadalajara y nieto de emigrados murcianos y andaluces, estaba emparentado con oidores, un consultor y un calificador del Santo Oficio, tanto en México como en España.

Su candidatura fue tanto mejor acogida por el Tribunal cuanto que, según los mismos inquisidores, "hay tan pocos calificadores que tengan pruebas"; se le otorgó el título en 1666, si bien la Inquisición de Murcia había señalado que el linaje paterno era fuertemente sospechoso.[120]

Otra vez, el peso de la necesidad —de auxiliares inquisitoriales—

[118] AHN, Legajo 1737, Visita de Medina Rico, núm. 12, Cargo núm. 56. Los calificadores que Medina Rico tilda de ineptos son los siguientes: fray Pedro de Calimaya, fray Alonso de la Lima, fray Martín de la Cruz, fray Cristóbal Baz, franciscanos; fray Alonso de Garate, dieguino, fray Juan de Córdoba, fray Alonso Díaz, fray Francisco de Vallejo, los padres Alonso de Medina, Francisco Calderón, un tal de Alvarado, Bartolomé López, Gerónimo Pérez, jesuitas. Sin embargo, resulta extraño descubrir que un calificador considerado "inepto" por Medina Rico, el jesuita Francisco Calderón, había sido dos veces Provincial de la Compañía, en 1644 y en 1650, y era autor de obras tan variadas como asombrosas por la amplia curiosidad intelectual y los talentos que ponen de manifiesto. Así, el "Informe del Superior Gobierno de México sobre el sumidero de Pantitlán y sobre la obra del desagüe de las lagunas"... "Disertación de sobre si el chocolate quebranta el ayuno"... "Prácticas de casos de Inquisición útiles a los confesores"... "Cuestiones morales sobre los Indios, negros, mestizos y mulatos de la Nueva España", en José Mariano Beristáin de Souza, *Biblioteca hispano americana Septentrional*, tomo I, p. 242. También es el caso de los "ineptos" Bartolomé de Letona, franciscano, ardiente promotor de la beatificación del Venerable Fray Sebastián de Aparicio y prolijo autor de vidas de santos; del jesuita Alonso de Medina, "maestro de Retórica y muy perito en ambos Derechos". Cf. Beristáin de Souza, *op. cit.*, tomo II, pp. 182-262.

[119] Es lo que denuncia Medina Rico en su visita, AHN, Legajo 1737, núm. 12, Cargo núm. 54: "se admiten ministros del Santo Oficio sin pruebas, se usan dádivas y sobornos..." Pero, al fin y al cabo, no había aquí motivo para indignarse puesto que en España misma, el famoso banquero portugués, Manuel Cortizos de Vallasante, que todos conocían como descendiente de hebreos, había conseguido en 1642 el título de familiar de la Inquisición. John H. Elliott y José F. de la Peña, *Memoriales y Cartas del Conde-Duque de Olivares*, tomo II, p. 186.

[120] AGN, Inquisición, vol. 592, exp. 1, Autos de la pretensión del padre fray

y del contexto colonial —el prestigio de una familia influyente— convierten en burla unas normas supuestamente rígidas: poco importa, al fin y al cabo, el linaje del calificador cuyos títulos universitarios, cabe recalcarlo, ni siquiera son mencionados. De ahí la presencia, sin duda demasiado frecuente para un censor puntilloso, de calificadores "ineptos".

Los consultores

Los consultores ocupan un lugar especial: se les llama para que den su opinión en distintas etapas del proceso y, especialmente, cuando se trata de dictar la sentencia final.

Todos son doctores o licenciados, esencialmente laicos, y desempeñan funciones públicas: son numerosos los oidores de las audiencias de México, Guadalajara, Guatemala, incluso se encuentran entre ellos dos presidentes, alcaldes de corte y del crimen, fiscales, corregidores, aparte de dos canónigos de México y Puebla. Algunos estudiaron en las grandes universidades de Alcalá y Salamanca, otros son caballeros de la orden de Santiago o de Calatrava.[121]

Estos grandes magistrados, funcionarios y graves eclesiásticos establecen por tanto la relación entre el Santo Oficio mexicano y las demás instancias administrativas de la colonia; aseguran en el terreno jurídico la continuidad y la homogeneidad entre el procedimiento inquisitorial y los procedimientos eclesiásticos ordinarios y civiles y se hacen los intérpretes de la burocracia imperial, representando, al menos teóricamente, los intereses de la Corona. Su presencia e intervención en la instrucción de los procesos muestra con claridad que el Tribunal no constituye una esfera aislada, regida por normas excepcionales, sino un mecanismo específico que forma parte de un sistema más general en el cual se integra.

Ahora bien, estos consultores no pueden eludir mantener relaciones de tipo familiar, político, que desembocan inevitablemente en lo económico, con el resto de la sociedad colonial; resulta difícil poner en evidencia tales relaciones en la medida en que, como se sabe, estos personajes tenían prohibido poseer tierras, llevar a cabo operaciones mercantiles, o sea, establecerse en el virreinato, por temor a que por participar desde muy cerca en los intereses locales perdiesen de vista los del poder central que ellos tenían por misión representar.

Francisco de Pareja, Comendador de la Merced, para calificador del Santo Oficio. *Cf.* Índice de Calificadores, Apéndice 4, núm. 195.

[121] *Cf.* Índice de Consultores, Apéndice 5.

Así por ejemplo, el oidor y licenciado Tomás Bernardo de Quiroz era sin duda pariente —probablemente hermano— de don Gutiérrez Bernardo de Quiroz, obispo de Puebla, el tío de don García de Valdés Osorio, conde de Peñalba, quien fue provisor de Puebla y más adelante gobernador de Yucatán desde 1649 hasta 1652; ahora bien, aquel don García de Valdés Osorio, padre de dos hijos, Luis de Valdés, gobernador de Nueva Viscaya, y de Melchor de Valdés, alcalde mayor de Parral, estaba muy ligado, tanto por amistad como por relaciones comerciales y financieras, con el poderoso mercader judeo cristiano Simón Váez Sevilla.[122] Por otra parte, el prebendado Antonio de Esquivel Casteñeda, consultor como su colega don Tomás Bernardo de Quiroz, era hijo de un gran mercader del Consulado de la ciudad de México, Antonio de Esquivel Castañeda, y su hermana, doña Lorenza, estaba casada con otro individuo conocido, Sebastián Váez de Azevedo, condenado con Simón Váez Sevilla por judaizante en el gran Auto de Fe de 1649.[123]

En suma, basta con decir que los mismos inquisidores desconfiaban de los consultores y de sus amplias correspondencias en la sociedad colonial; cuando determinaron emprender la persecución contra los marranos, en 1642, juzgaron conveniente prevenir secretamente nuevos calabozos, destinados a una pronta ocupación, y sólo consultaron entonces con el Ordinario, "por parescernos grave inconveniente llamar a los consultores de la Audiencia, porque todos eran parciales y amigos de algunos de los que se habían de prender; y sería muy posible que por su poco secretto, esto se llegasse a entender, como se an entendido otras cosas que con ellos se an consultado".[124]

Aunque estos dos ejemplos, que dan fe de las relaciones existentes entre sectores dominantes de la sociedad colonial —pese a las normas y principios vigentes—, no puedan generalizarse, queda el hecho de que los consultores del Tribunal, que representaban

[122] Mariano Cuevas, *Historia de la Iglesia en México*, tomo III, p. 123; Juan Francisco Molina Solís, *El Conde de Peñalba, Gobernador y Capitán general de la provincia de Yucatán*, pp. 3-5; Atanasio G. Saravia, *Apuntes para la Historia de la Nueva Vizcaya*, núm. 2. *La Ciudad de Durango, 1563-1821*, páginas 82-83; Manuel Lanz, *Compendio de Historia de Campeche*, p. 79; Stanley Hordes, *The Crypto Jewish Community of New Spain, 1620-1649*; *a collective biography*, pp. 104-107.
[123] Guillermo S. Fernández de Recas, *Aspirantes Americanos a cargos del Santo Oficio*, p. 77; Luisa S. Hobermann, "Merchants in Seventeenth Century Mexico City: a preliminary portrait", p. 494; Gregorio M. de Guijo, *Diario, 1648-1664*, tomo I, p. 40; Jonathan I. Israel, *Race, class and politics in Colonial México, 1610-1670*, pp. 205-211, 213-214, 246; Stanley Hordes, *The Crypto Jewish Community...*, op. cit., pp. 133-134.
[124] AGN, Inquisición, vol. 416, pp. 449-453. Carta del Tribunal de México al Consejo, avisando de la Complicidad (1643).

los intereses burocráticos imperiales, al menos en algunos casos se hallaban implicados en el contexto colonial; por tanto, su opinión bien pudo reflejar en ciertas circunstancias la ambigüedad de su propia situación y de sus intereses personales.

LAS RELACIONES DENTRO DEL GRUPO

Llama la atención, cuando se considera esta multitud de ministros inquisitoriales, la red de relaciones que los une, primero unos con otros, luego, por el juego de las alianzas y clientelas, con los sectores dominantes del mundo colonial. Dejaremos de lado los numerosos casos en que hermanos, primos o parientes ocuparon puestos inquisitoriales al mismo tiempo o sucesivamente y escogeremos sólo algunos ejemplos que muestran relaciones más complejas.

El inquisidor Francisco Bazán de Albornoz era hermano del franciscano Jerónimo de Albornoz, calificador del Santo Oficio, de Alonso Velázquez de Bazán, familiar, y de Margarita de Albornoz, casada con el familiar y caballero de la orden de Santiago, don Lope Díez de Almendáriz y Monsalve. Los cuatro eran hijos de don Francisco Verdugo de Bazán, conquistador de Nueva España, y sobrinos del familiar y luego alguacil del Santo Oficio Antonio Velázquez de Bazán, esposo de María Castro, hija natural de don Fernando Ruiz de Castro, marqués de Sarría y conde de Lemos.[125]

La familia de mercaderes de los Soto López, que a la muerte del padre poseía la inmensa fortuna de 900 000 pesos, acumuló puestos oficiales e inquisitoriales: el padre, Juan de Soto López, fue diputado en el Consulado, contador de la Real Hacienda, familiar, notario y alguacil mayor del Santo Oficio, sus hijos Juan y Pedro fueron también como él, diputados y familiares.[126]

Sin embargo, el caso más asombroso es sin lugar a duda el de la familia, o mejor dicho, del clan Mañozca-Bonilla y Bastida-Estupiñán. El familiar Nicolás de Bonilla y Bastida casó con doña María Sáenz de Mañozca, hermana del inquisidor Juan Sáenz de Mañozca y prima del arzobispo que llevaba el mismo apellido. Ésta era descendiente del familiar don Pedro Sáenz de Mañozca y de Catalina Morillo, casada en segundas nupcias con Gaspar de Valdés, con quien procreó a Sebastiana de Valdés y Morillo, mujer de un tal Pareja y Rivera de Guadalajara. De esta manera, la familia se ha-

---

[125] Índice de Familiares, Apéndice 3, núm. 74, Alonso Velázquez de Bazán; Índice de Inquisidores, Apéndice 1, núm. 13; Índice de Calificadores, Apéndice 4, núm. 64 y genealogía de la familia Bazán-Albornoz.
[126] Índice de Familiares, Apéndice 3, núms. 90 y 103 (Juan y Pedro Soto López).

llaba emparentada con dos poderosas e influyentes familias, los Valdés-Valdés-Portugal, los Pareja y Rivera, etc... El matrimonio María Sáenz de Mañozca-Nicolás Bonilla y Bastida tuvo por hijos a Gertrudis de Bonilla y Bastida, casada con Juan de Fonseca, caballero de la orden de Alcántara, a Joseph de Mañozca Bonilla y Bastida, familiar, y a Cristóbal de Mañozca y Bastida, también familiar y marido de la heredera de la ilustre casa Cervantes-Villanueva Altamirano. Al enviudar de María, Nicolás casó en segundas nupcias con Inés de Estupiñán, con quien tuvo un hijo más, Bartolomé Bonilla y Bastida Estupiñán, que no podía dejar de ser familiar. Este jefe de tan numerosa como católica familia fue por otra parte alguacil mayor de la capital, luego alcalde mayor de la segunda ciudad del país, Puebla, y, naturalmente, familiar del Santo Oficio; por sus hermanas, estaba emparentado con Pedro Díez de la Barrera, regidor y correo mayor de México, y con el maestre de campo Antonio de Vergara.[127]

Así y todo, es preciso abstenerse de juzgar, a partir de las meras apariencias, en verdad imponentes, a semejante cuadro genealógico, en el que se mezclan algunos de los apellidos y cargos más prestigiosos del virreinato que, por otro lado, encajan totalmente con la imagen de una sociedad española celosa observante de adustos deberes cívicos y religiosos. Don Nicolás fue todo menos un patriarca irreprochable. En efecto, lo vemos obligado a dejar la ciudad a consecuencia de manejos fraudulentos, permanecer oculto durante dos años por temor a que el virrey lo enviase a un puerto alejado del Pacífico para desempeñar un cargo insignificante como castigo. Se le acusó también de malversación de fondos inquisitoriales: la friolera cantidad de 6 000 pesos —procedentes de los bienes de los reos— que se los había concedido en calidad de préstamo. Por otra parte, su mismo cuñado, el inquisidor Sáenz de Mañozca, reconocía que había sido difícil conseguirle la familiatura, sin que sepamos si unos orígenes poco claros fueron entonces el obstáculo. Por si fuera poco, don Nicolás "viviendo luxuriose, consumpsit totam suam substantiam", que se elevaba a los 300 000 pesos que le dejó su padre. El inquisidor sentía más que todo "la muerte que originó a (su) hermana la mala vida que él la dio, siendo mujer de vida inculpable, teniéndola retirada en un pueblo de indios donde al tiempo de un parto en un desierto,

---

[127] Índice de Familiares, Apéndice 3, núm. 12, Hernán Gutiérrez Altamirano; núm. 28, Juan López Murillo; núm. 38, Alonso de Valdés; núm. 58, Agustín de Valdés Portugal; núm. 129, Nicolás de Bonilla y Bastida; núm. 130, Cristóbal de Mañozca Bonilla y Bastida; núm. 131, Joseph de Mañozca Bonilla y Bastida; núm. 132, Bartolomé de Bonilla Bastida Estupiñán. *Cf.* Genealogía de la familia Sáenz de Mañozca-Bonilla y Bastida.

la arrancó con la criatura las entrañas una india bárbara, de que murió sin confesión y él se casó ha menos de dos meses con la que se decía tenía en vida de (su) hermana, convirtiendo el luto en galas".[128]

Finalmente, no deja de ser interesante recalcar que dos de los miembros de esta imponente tribu, doña Leonor de Pareja y su marido, el oidor y más tarde —1662— consultor del Santo Oficio, don Andrés Pardo de Lagos, sostenían excelentes relaciones con el poderoso judaizante Simón Váez Sevilla; avisado que fue este último de su inminente detención por su buen amigo, don García de Valdés Osorio, conocido nuestro y conde de Peñalba, luego gobernador de Yucatán y sobrino del obispo de Puebla, don Bernardo Gutiérrez de Quiroz, etc..., el oidor y su mujer ocultaron en su propia casa unos bienes valiosos que les encomendó Simón Váez. La colusión y la solidaridad de clase se muestran aquí con toda claridad, antecediendo con mucho al celo por la pureza de la fe que una familia tan rica en ministros inquisitoriales como la de los Mañozca-Bonilla y Bastida debía, más que otra, anteponer a cualquier cosa.[129]

Éstos son los hombres que, de un modo u otro, sirvieron al Santo Oficio novohispano. Los inquisidores, españoles peninsulares salvo alguna excepción, eran funcionarios comisionados por su administración, demasiadas veces mediocres e incapaces, que vinieron a las Indias en busca de respuestas a necesidades individuales. Entre ellos, los que vieron en el nombramiento en México la etapa necesaria y decisiva para ser promovidos ya fuese otorgándoles una mitra o, de manera mucho más excepcional, un puesto en un Tribunal metropolitano, resultan con mucho los más numerosos. Les siguen los otros, los Higuera y Amarilla, Estrada y Escobedo, que parecen haber renunciado a una carrera de cierta relevancia, a cambio de hallar una situación satisfactoria para los numerosos parientes que deben mantener. Aves de paso o anidados en el país, todos tienden obviamente, como los burócratas que son, a considerar el desempeño de sus obligaciones profesionales como un medio para alcanzar fines personales. Esto es tanto más fácil cuanto que el control de la Suprema —relativamente leve en el siglo XVII— queda reducido por la distancia y en la medida en que el contexto colonial alienta la desidia, por la imposibilidad objetiva de llevar a

[128] Índice de Familiares, Apéndice 3, núm. 129, Nicolás de Bonilla y Bastida; Medina, *op. cit.*, *Historia del Tribunal...*, *op. cit.*, p. 221.
[129] Índice de Consultores, Apéndice 5, núm 51, Andrés Pardo de Lago; Gregorio M. de Guijo, *Diario, 1648-1664*, vol. I, pp. 97-99, 104, 133, 178, 196-201, 229; vol. II, pp. 22, 115; AGN, Inquisición, vol. 400, exp. 4, Proceso contra Juana Enríquez (1642), ff. 206-330.

cabo las misiones encomendadas y por los numerosos ejemplos que brindan los funcionarios, oidores, alcaldes mayores, etc., de políticas tan personales como interesadas.

Como prolongación de las facultades inquisitoriales, los comisarios, familiares y demás ministros forman el tejido local y estable, más profundo, que sostiene profundamente al territorio y se encuentran más directa e intensamente expuestos que los inquisidores al peso de las contingencias locales.

Así y todo, y aunque los jueces procedan de la metrópoli, se ve nítidamente una continuidad social, que abarca en un mismo complejo a los inquisidores y a los demás ministros, criollos y peninsulares.

En efecto, pertenecer al Tribunal conlleva, ya lo vimos, privilegios importantes y confiere además un prestigio relacionado con los valores que representa la institución; valores tanto más apreciados en un plano simbólico cuanto que escasean y resultan sospechosos en tierras americanas. En efecto, ser familiar o alguacil mayor del Santo Oficio en Nueva España significa añadir al poderío indiscutible del dominador español la autoridad que implica el pertenecer abiertamente —aunque no siempre con fundamentos comprobados— a lo que constituye la élite misma de aquel dominador, la casta de los cristianos viejos. Por esa razón se pretende con afán un título inquisitorial, en particular la familiatura, puesto que confiere, como el hábito de Santiago, de Calatrava o de Alcántara, cierta fama de nobleza; por esa razón también, los nombres más ilustres del virreinato: los Altamirano, los Velasco, Valdés Portugal, Rivadeneyra, Arizmendi Gogorrón, Cortés, etc., destacan en las combinaciones tentaculares que encierran al poder colonial, incluyendo a la vez la riqueza que nace de la tierra, del comercio, de la mina, los cargos civiles, eclesiásticos, inquisitoriales. Estos conjuntos se originan desde luego a partir de los cargos heredados pero, más aún, de las alianzas matrimoniales puesto que las mujeres desempeñan un papel fundamental si bien discreto mientras los solteros se dedican a las avanzadas en el terreno eclesiástico. Tales conjuntos no parecen mantener su influencia, sensible en la mayoría de las esferas coloniales, más allá de dos o tres generaciones pues el poderío en Nueva España se asemeja a la tierra: surge como los volcanes y se derrumba con la misma prontitud, en el estrépito de un terremoto.

III. LA INSTITUCIÓN INQUISITORIAL: LOS INSTRUMENTOS

Los códigos

Los CÓDIGOS aplicados en Nueva España son los que estaban vigentes en los tribunales peninsulares. A las constituciones de Torquemada se aúnan las del arzobispo de Granada, las de Diego de Deza, las de Fernando de Valdés, y dichas disposiciones, compiladas por el cardenal Alonso Manrique, estaban a la mano de los inquisidores del virreinato.[1]

Por otra parte, el cardenal, inquisidor general y presidente del Real Consejo don Diego de Espinosa, juzgó conveniente dar, en 1570, instrucciones complementarias para el Tribunal de México, las cuales, sin modificar el corpus fundamental de los textos anteriores válidos para todas las inquisiciones, permitía que el nuevo Tribunal se adaptara a las condiciones particulares de la colonia.[2] Estas pocas modificaciones merecen un comentario.

Luego de recomendaciones precisas por lo que toca a la manera de llevar los 16 libros donde debían estar consignadas todas las actas, las listas de individuos y de bienes relacionados con el Tribunal, Espinosa da una serie de normas que tienden a conferir a la Inquisición Mexicana una mayor independencia respecto de la Suprema, sujetándola más, en cambio, a las instancias administrativas locales.

Así, por ejemplo, cuando surja la duda sobre si aplicar el tor-

[1] Se encuentran en el AGN, Riva Palacio, tomo 2, núms. 1, 2 y 3; tomo 3, núms. 1, 2 y 3; tomo 4, núms. 1, 2, 3, 12 y 13; tomo 5; tomo 9; tomo 43, núms. 1, 2, 3, 4 y 5.
[2] Estas "Instrucciones del Ilustrísimo señor Cardenal don Diego de Espinosa, Inquisidor General, para la plantación de esta Inquisición" se encuentran en el AGN, Riva Palacio, tomo 44, núm. 2, y fueron publicadas por Julio Jiménez Rueda en *Don Pedro Moya de Contreras, Primer Inquisidor de México*, pp. 169-188. Todas las instancias consideraban tan evidente esta necesidad de adaptación que el mismo Consejo de Indias manifestaba el 15 de junio de 1597 al Rey que "las inquisiciones de las Indias tienen grande jurisdicción y mucha autoridad y mano y que por esto y por estar tan lejos de la presencia de V. M. y del Consejo de la Santa y General Inquisición, conviene mucho al servicio de Dios y de V. M. que se provean para ellas personas de mucha satisfacción y experiencia y de edad madura...", en Mariano Cuevas, *Documentos inéditos del siglo xvi para la historia de México*, p. 463; Parecer del Consejo de Indias sobre Asuntos relativos a la Inquisición de Nueva España, Madrid, 29 de junio de 1597.

mento o una sentencia que implique la reconciliación, el solo Tribunal local —compuesto por los inquisidores, el ordinario y los consultores que son también, ya lo vimos, jueces de la Audiencia— es quien debe tomar la decisión; proceder en este caso como en España, es decir consultar a la Suprema, significaría una gran demora en el proceso y redundaría finalmente en perjuicio notable del inculpado. Mientras en la metrópoli la duda tocante a la aplicación del tormento o la determinación de la sentencia implicaba automáticamente la consulta a la Suprema, la situación es distinta en Nueva España: la conformidad de dos de los tres jueces eclesiásticos —dos inquisidores, un ordinario— basta para que se imponga el tormento y la sentencia, sea cual sea. Si discrepan los tres jueces, la opinión mayoritaria de los consultores —jueces y magistrados de las instancias civiles—, más la de un solo juez eclesiástico es la que prevalece, salvo cuando se trata de una eventual relajación al brazo secular, en cuyo caso hay que consultar a la Suprema, única habilitada para tomar la decisión.[3] Como se ve, el recurso a la Suprema es, por fuerza, poco frecuente en el virreinato, lo cual acrecienta el poder de los jueces eclesiásticos y civiles. Los consultores, sobre todo, llegan a pesar singularmente puesto que sus votos son decisivos en la toma de una resolución cuando hay desacuerdo entre los jueces eclesiásticos. Huelga decir que a través de ellos pasan corrientes de influencias, dictadas por presiones y consideraciones que no son estrictamente religiosas, como el rango, el nombre, el prestigio, la riqueza y los intereses de toda índole.

Como resulta obvio que los inquisidores no pueden de ninguna manera visitar el inmenso distrito, las instrucciones complementarias se limitan a pedirles que vayan donde sea factible, dejando que los comisarios lleven a cabo la lectura de los edictos de fe

---

[3] Julio Jiménez Rueda, *Don Pedro Moya de Contreras...*, op. cit., p. 178. Sin embargo, subsistió cierta ambigüedad; en efecto, al ser consultada reiteradamente la Suprema por los inquisidores de México, obviamente rebasados durante las grandes persecuciones en contra de los conversos, ésta responde que "considerando con el Ilustrísimo Obispo de Plasencia, Inquisidor general, ha parecido deciros que sin ver los autos y aver visto copia de los processos, no se os puede decir ni ajustar lo que devéis hazer ni más de encargaros procedáis en las causas desta complicidad con toda justificación y atención, guardando los sagrados cánones y instrucciones del Santo Oficio, no excediendo de las penas dellos y guardando las órdenes que cerca desto particularmente estuvieren dadas a este tribunal. Atenderéis a que no podéis imponer pena de relaxación sino en los casos expresados por derecho canónico; y en caso que en esto os parezca se debe imponer pena de relaxación, aunque estéis conformes, no lo executaréis sin remitir copia auténtica de los processos..." AHN, libro 1054, Correspondencia entre el Tribunal de México y la Suprema, 1640-1648, f. 114.

y reciban las testificaciones que deben transmitir a la capital, sin poder realizar otras diligencias.⁴

El virrey ha de intervenir cuando surjan diferencias entre la Inquisición y las justicias civiles por lo que se refiere a familiares inculpados; se le debe informar de las visitas de distrito que pretendan efectuar los ministros, consultar en cuanto toca al nombramiento de los primeros oficiales en los años que siguen al establecimiento del Tribunal, consultar también acerca del monto y de la gestión de los fondos necesarios para el funcionamiento de la institución, así como acerca del salario de sus colaboradores.⁵

Finalmente, se puntualiza de nuevo y con toda claridad que los indígenas quedan exentos de la justicia inquisitorial "hasta nueva orden"; se insiste en la necesidad de mantener buenas relaciones con las demás instancias coloniales y de no invadir las distintas jurisdicciones. Se exhorta al Tribunal a que actúe "con toda templanza y suavidad y con mucha consideración, porque así conviene que se haga, de manera que la Inquisición sea muy temida y respetada y no se dé ocasión para que, con razón, se le pueda tener odio".⁶

Estas pocas modificaciones muestran, por tanto, que el Tribunal adquiere mayor independencia en relación con la Suprema en cuanto se refiere al despacho de los negocios, pero queda supeditado de manera más estrecha a las autoridades locales. Vemos por un lado la renuncia implícita a controlar las provincias y por otro, de parte del Inquisidor General, cierta desconfianza hacia la Inquisición americana, a la que otorga mayor autonomía pero cuyos abusos parece temer. En efecto, la máxima autoridad vigila que el Tribunal se integre en el conjunto de las instituciones monárquicas locales, de las que espera a todas luces y no sin perspicacia que ejerzan unas sobre otras la vigilancia y el control que las lejanas autoridades peninsulares no pueden imponerles.

Recordemos que los códigos vigentes en la metrópoli buscan indicar el procedimiento inquisitorial; cada uno de ellos fue precisando detalles conforme fue necesario hacerlo y las disposiciones de Espinosa permitieron finalmente su adaptación al medio colonial.

Pero una cosa es el código, aun sutil y minucioso, que por fuerza se queda siempre en un plano relativamente general, y otra la infinita variedad del comportamiento humano según las épocas, los lugares, el sexo, el estatuto social y las inclinaciones individuales. Una institución tan antigua como el Santo Oficio no podía dejar

⁴ Jiménez Rueda, *op. cit.*, p. 182.
⁵ Jiménez Rueda, *op. cit.*, pp. 181, 185-187.
⁶ Jiménez Rueda, *op. cit.*, pp. 182-183.

de recoger y conservar cuidadosamente el fruto de su larga experiencia en la materia. De ahí una serie de instrucciones paralelas también complementarias que se aúnan a las anteriores sin cancelarlas, verdaderos manuales prácticos que se presentan como cómodos abecedarios: A: Alumbrado, B: Bruja, C: Casados dos veces, etc. Éstos tratan todas las cuestiones posibles, tanto los delitos como los detalles del procedimiento, los puntos que, al parecer, no quedaban perfectamente claros en los códigos magistrales y que podían entorpecer la labor diaria del inquisidor en turno.[7]

Es imprescindible tomar en cuenta tales manuales y no considerar tan sólo los textos de Torquemada, Deza, Valdés, Cismeros o Eymerich, si se pretende entender el propósito y la práctica inquisitorial puesto que los mismos servidores de la institución consultaban igualmente estos dos tipos de útiles, hallando en los segundos la información complementaria de la que carecían los primeros.

Escritos en castellano pero recurriendo a veces al latín para algunas citas y para velar la crudeza de ciertos detalles cuya relación resultaba necesaria tratándose de delitos de tipo sexual, estos manuales se nutren de todas las fuentes —textos sagrados, conciliares, Padres de la Iglesia, decretos pontificios, derecho canónico, códigos inquisitoriales— con el fin de señalar el delito con la mayor precisión posible, colocándolo en una perspectiva histórica y espacial. Luego intervienen la jurisprudencia y la casuística, que pueden sugerir soluciones a los casos concretos que lleguen a presentarse. Entonces se comentan, con un propósito didáctico evidente, una asombrosa variedad de casos, incluso de errores cometidos por los jueces en las sentencias que dictaron. En efecto, se respeta la diversidad de las experiencias: las brujas no reciben exactamente el mismo trato en Santiago de Compostela, Logroño, Sevilla o Palermo, mientras Zaragoza juzga delitos que en otras partes no pertenecen al fuero inquisitorial;[8] los tribunales mediterráneos no enjuician a los mismos infractores que los del norte de la península, Italia, Canarias o América. De manera general, está admitido que cada inquisición proceda según su "estilo", según los usos y las justicias de la región, sin apartarse de modo sensible de las normas unificadoras establecidas por los codificadores, las que men-

---

[7] Estos abecedarios se encuentran en el AGN, Riva Palacio, tomo 2, núms. 1, 2 y 3; tomo 3, núms. 1 y 2; tomo 4, núms. 1, 2, 12, 13 y 18; tomo 7, núm. 1; tomo 9 entero. Los tomos 7 y 9 son los más ricos en cuanto toca a jurisprudencia.

[8] Es el caso de la sodomía y del contrabando de caballos. *Cf.* Bartolomé Bennassar, *l'Inquisition Espagnole*, pp. 344-375; AGN, Riva Palacio, vol. 7, "Cosas que voy observando se practican en la Inquisición, con algunos casos particulares y extraordinarios que me parecen dignos de anotar por ejemplares, para cuando suceda cosa semejante...", f. 285v.

cionamos anteriormente y que la Suprema no deja de recordar en la correspondencia que mantiene con cada tribunal.

¿Qué revela el estudio de tales manuales? Un afán de prudencia, de conformismo, sin lugar a duda; las personas de calidad, los eclesiásticos, son castigados como los demás pero de suerte que su castigo no constituya para el pueblo un objeto de escándalo que pueda afectar el orden establecido, por lo que se les sanciona secretamente o, al menos, discretamente.[9]

Pero estos manuales atestiguan también un sentido común, hasta, fuerza es reconocerlo, una moderación o incluso un liberalismo sorprendentes, si se toman en cuenta las ideas y actitudes heredadas en cuanto toca a la práctica inquisitorial, al fin y al cabo bastante naturales entre los letrados de alto nivel que son los compiladores de dichos manuales. Así, además de la calidad o condición social del reo, se considera su sexo; lo que generalmente beneficia a las mujeres con la indulgencia de los jueces, pues no cabe tratar a estas menores irresponsables y apenas conscientes con el mismo rigor que a los hombres, únicos seres humanos completos; también se toman en cuenta su edad y su estado psicológico. ¿Es acaso el pecador algún demente, o un individuo que padece trastornos mentales? ¿Sufre crisis de desesperación, de frenesí? ¿Es merecedor de circunstancias atenuantes por su ignorancia, su "simplicidad", su falta de letras? Y finalmente, ¿cuál es su actitud ante los jueces? Un arrepentimiento sincero granjea una sentencia más leve mientras que la negación a confesar y la rebeldía son castigadas con más dureza. Sólo daremos aquí un ejemplo de esta casuística y de cómo se ponderan las circunstancias individuales que rodean un delito; se trata de un caso de bigamia cuya relación se encuentra en uno de estos manuales de los que disponían los inquisidores mexicanos, característico del tono y del estilo de este tipo de documentos.

En el Legajo 36 de Penitenciados de Santiago, ai un bien notable processo de un caballero de Palencia, mui noble, que tiene hartas especialidades; avíase casado en su Patria, después segunda vez en

---

[9] Los confesores que solicitan a su hija (o hijo) espiritual en el acto de la confesión "nunca salen en público, por el daño y escándalo que de ello se puede seguir y la acedia con que algunos estarían con los confesores, temiendo en sus mujeres e hijas estos sucesos; con que causarían algún aborrecimiento a el sacramento y más en estos tiempos, que los herejes tanto pecan en este error...", AGN, Riva Palacio, tomo 9, "Materias prácticas en delitos y causas de fe, con observación de algunos casos particulares que trabajó y estudió el señor Doctor Isidro de San Vicente, que fue del Consejo Supremo de Inquisición y tiene algunas adiciones, Solicitantes...", f. 62.

Flandes y allí lo absolvió el Obispo de Manilas * y estando divorciado de la segunda mujer, se entró religioso professo y ordenó de todas órdenes; y después se casó tercera vez en Guadix. Fué presso en cárceles secretas y lo confessó todo; su padre salió a la defensa y se admitió y alegó estaba loco desde el primer matrimonio; votóse en la consulta fuese absuelto por su locura y el Consejo mandó se le leíese su sentencia en la sala, abjurase de levi y fuese recluso cinco años en una fortaleza y para ello, fue llevado a la Coruña, año de 1620.[10]

Se ve claramente, en esta verdadera lección dada a los ministros inquisitoriales, cómo la condición social del reo determina una sentencia discreta, y se toma la locura como circunstancia atenuante; finalmente, el Tribunal se conforma con encerrar por algún tiempo a un demente, lo que haría cualquier justicia occidental moderna.

Así, los inquisidores mexicanos disponen de los instrumentos conceptuales necesarios para el desempeño de su cometido; se trata de aquellos que establecen las normas generales del procedimiento de cualquier tribunal, complementados por las *Instrucciones* del cardenal Espinosa, cuyo fin es facilitar la adaptación de tales normas en Nueva España, junto con distintos manuales de jurisprudencia y casuística que pueden facilitar la práctica diaria.

El espíritu de las *Instrucciones* de Espinosa, que tienden a reducir en parte el control que ejerce la Suprema sobre la Inquisición virreinal mientras simultáneamente la integra en el marco administrativo local, se ve reforzado por la tendencia que tienen estos manuales a subordinar las normas generales a los "estilos" particulares, las consideraciones conjeturales; todo ello favorece finalmente la independencia relativa de la Inquisición mexicana, dentro de un marco tradicionalmente flexible, en el que cada tribunal, aunque fuertemente ligado a la Suprema y, por tanto, a la Corona, disponía, según las limitaciones y exigencias de la coyuntura, de cierto margen de independencia. Esta característica del complejo inquisitorial tal vez explique, al menos en parte, su adaptabilidad y, de ahí, su permanencia durante varios siglos.

Los edictos de fe

Lo mismo que en la metrópoli, los edictos de fe tienen por fin refrescar los recuerdos y el celo religioso de los fieles y suscitar las

---

* Se ha de leer Malinas. [N. de A.]

[10] AGN, Riva Palacio, tomo 9, Materias prácticas en delitos y causas de fe..., *op. cit.*, f. 56.

denuncias que constituyen la base de la actividad inquisitorial. Teóricamente, eran leídos cada tercer año en todas las poblaciones novohispanas que contaban con un mínimo de trescientos vecinos, durante la Cuaresma; los inquisidores procedían a este trámite en la capital y sus alrededores mientras los comisarios debían llevarlo a cabo en las regiones que se encontraban a su cargo, de acuerdo con las instrucciones del inquisidor Espinosa.[11]

Estos edictos se dividen en *generales*, que versan sobre el conjunto de los delitos que perseguía el Santo Oficio, y *particulares*, es decir relativos a un delito específico tal como la astrología, la magia, los libros prohibidos, etc. Si bien los primeros eran idénticos para todos los tribunales del Imperio español según un modelo establecido por Madrid, los segundos muestran a veces una adaptación al contexto local, como se ha señalado anteriormente. Los edictos particulares invitan a denunciar a los que consumen plantas o usan procedimientos de origen indígena, como el *peyote*, el *puyomate*, el *ololiuhqui*, la "suerte de los maices", a las negras "que hablan por el pecho", o sea, ventrílocuas, a los fieles que arman altares domésticos dudosamente adornados que luego sirven de pretexto para tertulias, festejos, bailes, músicas y juegos de naipes que a veces degeneran en indecencias; a señalar también la presencia de bienes pertenecientes a reos, la de esclavos que huyeron de un amo inquisidor o familiar o aun propiedad de algún inculpado, sin olvidar otros edictos que expresan el sentir del Tribunal en el asunto Palafox, etcétera.[12]

Aunque el número de edictos que se leyeron entre 1571 y 1700

---

[11] AGN, Riva Palacio, tomo 2, Tres Abecedarios, Diferentes decisiones del Consejo Real y Supremo de la Santa General Inquisición, f. 17; Julio Jiménez Rueda, *op. cit.*, p. 182.

[12] Estos delitos se encuentran en el AGN, dispersos entre los fondos Edictos, Inquisición, Indiferente General. José Abel Ramos S., Jorge René González M., "Discurso de la Inquisición sobre el matrimonio, la familia y la sexualidad a través de los edictos promulgados por el Tribunal del Santo Oficio, 1576-1819", en Seminario de Historia de las Mentalidades y Religión en el México Colonial, *Seis Ensayos sobre el discurso colonial relativo a la comunidad doméstica*, passim. Los autores señalan que de los 264 edictos promulgados en Nueva España entre 1576 y 1819, 20 provenían de España o de Roma y 244 fueron elaborados en el virreinato. En el Índice núm. 6, que se refiere a los edictos de fe, proponemos un número superior —100 exactamente— comparados con el que los autores citados mencionan para el periodo que nos interesa. Fuerza es decir que tomamos en cuenta la lista propuesta por Ramón y González, *op. cit.*, junto con un suplemento al Índice del fondo Edictos elaborado por María de Lourdes Villafuerte García y, finalmente, unas investigaciones personales llevadas a cabo en el Indiferente General. El Índice que presentamos aquí dista mucho sin embargo de ser definitivo ya que cada día aparecen nuevos edictos, dispersos hasta ahora en distintos fondos.

alcance el centenar exactamente,[13] con una frecuencia por lo tanto superior a la que se estipulaba, este hecho no debe engañarnos. Por una parte, la lectura resulta sumamente irregular: las ciudades de Saltillo y Monterrey tuvieron que esperar el año 1644 para oír un edicto de fe, pese a haber sido fundadas con mucha anterioridad.[14] Durante 18 años no se leyó edicto alguno en la capital porque las relaciones del Tribunal con el virrey eran pésimas y la Suprema se abstenía de determinar si la ceremonia de lectura podía verificarse sin la presencia de dicho funcionario. En efecto, su asistencia era teóricamente obligatoria pero resultaba difícil de lograr ya que el virrey se negaba a presenciar la lectura.[15]

Por otra parte, hay que considerar que la lectura del edicto de fe no se hallaba, como en la península, respaldada por un despliegue del poder inquisitorial capaz de sacar todo el partido posible de sus resultados inmediatos pues las visitas de distrito no existían en la Nueva España.

Más que todo, ya lo señalamos, la lectura en castellano del edicto, escrito en un estilo que, pese a la voluntad de hacerlo asequible, no dejaba de ser en gran parte hermético y que, además, hablaba de nociones y comportamientos generalmente ajenos al grueso de la población, tenía un carácter propiamente surrealista y nos enfrenta de golpe a una de las limitaciones insalvables del poder colonial y del imperio ejercido por la ideología dominante.

Por todas estas razones resulta imposible determinar el impacto del edicto de fe de manera global y descubrir si su lectura fue el factor que propiciaba las denuncias o al contrario, si la existencia de comportamientos desviantes era lo que provocaba la lectura del edicto.

La publicación de los edictos generales aparece como un trámite en cierto modo rutinario, que suscitaba testificaciones en regiones de fuerte densidad española, en las que la opinión pública estaba ya bastante familiarizada con los conceptos que se emplean en tales documentos. En este sentido, los resultados que dieron los edictos, manifestados por las denuncias consiguientes, pueden considerarse reveladores del grado de aculturación de los indígenas y de las cas-

[13] José Abel Ramos S. y Jorge René González M., "Discurso de la Inquisición..." *op. cit.*, pp. 147-151. Según estos autores, se promulgaron 83 edictos entre 1571 y 1700.
[14] AGN, Inquisición, vol. 413, f. 537, Carta de fray Francisco Moreno a las autoridades inquisitoriales de la capital, Monterrey-Saltillo, 27 de mayo de 1644.
[15] AHN, libro 1054, Correspondencia entre el Tribunal de México y la Suprema (1640-1648), f. 14, Carta de los inquisidores Domingo Vélez de Asas y Argos y Bartolomé González Soltero a la Suprema, 30 de septiembre de 1640.

tas, quienes, paulatinamente, se apropiaron suficientemente de dichos conceptos para manipularlos con fines personales.[16]

También sabemos que la descripción, a menudo pormenorizada, de ciertas prácticas judaicas permitió que judeocristianos desarraigados e ignorantes de los ritos de su religión los reanudasen con una observancia que el exilio y la persecución habían truncado, es decir, que paradójicamente, la dinámica represiva a veces caía en sus propias trampas.[17]

En cambio, el edicto particular, que corresponde a una situación específica como la presencia de astrólogos o la búsqueda de cierto individuo, etc., parece haber sido aceptado más ampliamente, en la medida en que versaba sobre comportamientos y hechos comunes en el virreinato.

Los autos de fe

Cabe considerar ahora la ceremonia más preñada de sentido, la que mejor expresa el poder inquisitorial: el auto de fe. La función de este singular despliegue de medios diversos, que en una fiesta tan rígidamente ordenada como un rito maneja símbolos asimismo tan eficaces como primarios, sentimientos tan contradictorios como intensos, no se puede encarecer.

Así, en aquel teatro en el que se mezcla el boato de la religión con el que es propio de la celebración monárquica y civil, el desprecio y el odio con la compasión, el pueblo se ilustra y edifica, comulgando en un rito de exclusión y de purificación que une a la comunidad; se maravilla ante el oro y la púrpura, el orden ceremonial, se estremece y conmueve durante lo que es también para él, una gran verbena popular. Deslumbrante y terrible lección la que recibe entonces, por los medios elementales del gran espectáculo en directo y del rito colectivo, poderosos medios pedagógicos en verdad para los tiempos y los hombres que nos interesan aquí...

Sin embargo, el gran auto de fe es poco frecuente, pues precisa de recursos financieros que la institución inquisitorial, siempre al

---

[16] Es el caso de Celaya, fundada por españoles, donde se procede a la lectura de un edicto general el 19 de octubre de 1614 con los consiguientes resultados, descritos por el comisario Diego Muñoz en una carta dirigida al Tribunal de México: "lo que va resultando de la publicación del edicto general, que la novedad del ha conmovido la gente popular de todos colores a dar noticias, en que he ocupado más de quince días...", AGN, Inquisición, vol. 278, f. 165.

[17] AGN, Inquisición, vol. 400, exp. 2, Proceso contra Juan Pacheco de León (1642). Pacheco declara que "en los edictos de la fe que se publicavan, oyan todos los ritos y seremonias de la dicha ley de Moysen y lo mismo le dixo a este confesante la dicha doña Blanca Enríquez, difunta", f. 625v.

borde de la quiebra, no puede allegarse sino de manera excepcional. Necesita también la presencia de herejes, únicos que pueden conferirle su dimensión trágica y su intensidad; en efecto, si la relajación al brazo seglar y la hoguera final no son comunes, la abjuración solemne y la reconciliación constituyen asimismo espectáculos edificantes que conmueven profundamente las ánimas y los corazones. Además, el auto de fe requiere el concurso de los grandes cuerpos institucionales y de las autoridades virreinales. Ahora bien, el hereje es una rareza en la Nueva España y las malas relaciones entre las distintas instituciones impidieron a menudo la presencia de los notables y del virrey.

He aquí por qué los majestuosos "Autos Grandes" o "Autos Generales" son poco numerosos: de los 56 que se celebraron entre 1574 y 1699, unos cuantos solamente fueron objeto de relatos, de comentarios; los de 1574, 1596 y 1601, los que se verificaron durante los años 1642-1648, el de 1659 y, sobre todo, el más famoso, el del 11 de abril de 1649, que presenciaron unas 30 000 personas.[18]

Pero al lado de estas manifestaciones lucidas, cuántos autos "particulares" o "autillos" más modestos, incluso raquíticos, se verificaron en la iglesia de Santo Domingo o en la sala del Tribunal, con carácter privado quizás y sólo unos cuantos penitentes sin relieve...

Por lo tanto, cabe preguntarse una vez más si tales celebraciones, a las que acudían numerosos espectadores de la capital y de las regiones cercanas, tuvieron realmente algún efecto. Pues fuera del altiplano y de las zonas de relativa densidad española y, por consiguiente, de fuerte aculturación, ¿qué resonancia tuvieron estos modestos autos? Si bien carecemos de información al respecto, es de pensarse que la noticia del auto se diluía en la ignorancia y la falta de comprensión, a no ser que fuese percibida y reinterpretada en conjuntos sincréticos que nos escapan...

---

[18] Medina, *op. cit.*, pp. 121-134, 155-162, 196-209, 245-267. Mathías de Bocanegra, Auto General de la Fe celebrado por los señores..., el Ilmo. y Rmo. don Juan de Mañozca... de 11 de abril de 1649.

IV. CONCLUSIÓN

El cuerpo inquisitorial mexicano presenta una estructura operativa de todo punto similar a la de los tribunales metropolitanos, como era de esperarse: inquisidores ayudados por comisarios, familiares dispersos en todo el territorio, numerosos ministros..., instrumentos necesarios para el desempeño del cometido. Sin embargo, el examen de las circunstancias y de las modalidades que rodean a la función inquisitorial —tales como las contingencias geoculturales propias del contexto americano, las características socioeconómicas de sus agentes, la dinámica colonial que la sustenta— modifica y precisa esta primera impresión, comunicándole toda su originalidad.

Hemos mencionado el magnetismo de la ilusión americana, en la que la riqueza y el prestigio, como al alcance de la mano, deslumbran y mueven a los jueces a aceptar puestos lejanos, propiciando estas constelaciones familiares que, en la esfera inquisitorial y burocrática, alcanzan todas las áreas del poder. Para estos individuos, servir en el Tribunal resulta un medio de conseguir beneficios personales diversos, una fuente de satisfacciones y de facilidades apreciables. Por tanto, es natural que los fines específicos de la institución tiendan a esfumarse, en particular ante los fines personales, con mayor facilidad, pues las contingencias —concretamente, la relación tiempo/comunicación/espacio— contribuyen ampliamente a relajar los lazos del Tribunal virreinal con las autoridades metropolitanas.

Ahora bien, esta situación se ve reforzada por las instrucciones particulares que rigen a la Inquisición mexicana: el cardenal Espinosa, consciente de la imposibilidad de controlar tan estrictamente su actuación como si se tratara de un tribunal peninsular, le otorgó una mayor autonomía pero la hizo al mismo tiempo más dependiente de las instancias locales, del virrey.

Todo esto explica sin duda el desfase permanente que se introduce entre la función declarada de los aparatos, de los individuos, y la que desempeñan realmente. Por eso los inquisidores, comisarios, familiares y demás ministros no parecen cumplir con sus deberes profesionales sino de manera eventual, secundaria y aproximada, como si sus verdaderos intereses estuviesen en otras cosas; aunque la lectura de los edictos y la celebración de los autos de fe fuesen tan frecuentes en el virreinato como en cualquier provincia española, éstos carecían de sentido para la mayor parte de la población y su impacto se perdía en un territorio inmenso y discontinuo, en los abismos de la multiplicidad cultural, de la cristianización y castellanización relativas.

Vemos por tanto cómo una situación local generadora en sí misma de diferencias en relación con la que impera en la península, se ve acertadamente tomada en consideración por la autoridad central, es decir la Suprema; ésta, deseosa de lograr la adaptación del Tribunal americano a tal situación, emite disposiciones que, en última instancia, refuerzan las diferencias y la independencia originales. Así, la autonomía y la supeditación al contexto colonial, que no podían evitarse, se encuentran reforzadas, y la Inquisición novohispana, lo mismo sin duda que todas las instituciones americanas, prosigue un curso titubeante: ora libre de actuar como quiere, es decir, las más veces, como quieren sus ministros, que la manejan en provecho suyo o la descuidan por hallarse enfrascados en sus negocios; ora amonestada por la Suprema para que se someta a un mínimo de disciplina. De ahí las faltas, los descuidos, los yerros: las visitas de distrito no se llevan a cabo porque en general no eran viables y el mismo inquisidor Espinosa admitía la dificultad de realizarlas; lo que no significa, sin embargo, que algunas, en los valles de México, Puebla, el Bajío por ejemplo, no pudieran hacerse... Los reportes a la Suprema, que consistían en resúmenes pormenorizados de los distintos procesos, relaciones que teóricamente debían mandarse dos veces al año a la metrópoli, resultan de hecho muy irregulares e incluso se olvida mandarlas.

No se respeta siempre el procedimiento, ya lo subrayamos; los ministros se alejan de las normas a menudo, tanto en el terreno profesional como en su vida privada. Pero entre las contingencias locales y las concesiones otorgadas por Madrid, deseosa de tomar las primeras en cuenta, ¿quién puede y cómo, señalar con precisión la norma, denunciar eficazmente el error, la desviación? y sobre todo, ¿quién puede corregirlos? Todo parece disolverse, degenerar, pese a las apariencias conformes a las de los modelos peninsulares puesto que se llegó a olvidar hasta "el estilo y modo de proceder del Santo Oficio, que sólo en el nombre ha sido ésta, Inquisición".[1]

Sin embargo, no cabe ver únicamente en el Tribunal virreinal una burla, un pálido y ridículo remedo de las inquisiciones de la metrópoli: sus ministros fueron profesionales que siguieron a menudo carreras decorosas al fin y al cabo, sus edictos fueron leídos y escuchados —aunque no siempre entendidos— y sus hogueras ardieron a veces.

La realidad resulta mucho más compleja. En efecto, les convenía

---

[1] Medina, *op. cit.*, pp. 219-226; AHN, Legajo 1737, Visita de Medina Rico, núm. 12, Cargo núm. 148.

a sus mismos servidores mantener la institución suficientemente activa y digna de crédito puesto que de ella dimanaba el poder que ellos aprovechaban en primer lugar, al recaer sobre ellos mismos los efectos de la opinión en que era tenida la administración a la que servían.

La realidad en lo que se refiere a la presencia inquisitorial se sitúa por tanto, por una parte, en la dinámica que une constantemente al Tribunal mexicano con la Suprema; por otra, en la que equilibra los intereses particulares de los individuos que lo integran localmente y que pueden participar de facciones, grupos de presión, con aquellos propios de la institución como tal. En este sentido, si resulta difícil ponderar globalmente esta presencia inquisitorial en Nueva España durante el periodo que nos interesa, ya que todo depende del momento, de la coyuntura y de los individuos, no cabe duda que se manifiesta de manera más superficial y limitada que en los distritos peninsulares, por todas las razones aducidas anteriormente y que se derivan en primer lugar de las contingencias americanas y coloniales y, luego, de sus implicaciones en un plan sociológico, administrativo y, finalmente, individual.

NOS LOS INQVISIDORES CONTRA LA HERETICA PRAVEDAD, Y APOSTASSIA, EN LA Ciudad de Mexico, estados, y Prouincias de la Nueua España, nueua Galicia, Guatemala, Nicaragua, Yucatan, Verapaz, Honduras Yslas philipinas, y su distrito, y iurisdicion por authoridad Appostolica. &c. Por quanto el vso de la Yerba ò Raiz llamada Peyote, para el effecto que en estas Prouincias se ha introducido de descubrir hurtos, y adebinar otros sucesos, y futuros cótingentes occultos, es accion supersticiosa y reprouada oppuesta à la pureça, y sinceridad de nuestra Santa Fee Catholica, siendo ansi, que la dicha yerba, ni otra alguna no pueden tener la virtud, y eficacia natural que se dize para los dichos effectos ni para causar las ymagines, fantasmas, y representaciones en que se fundan las dichas adeuinaciones, y que en ellas se vee notoriamente la sugestion, y asistencia del demonio, autor deste abuso, valiendose primero para introduzirle de la facilidad natural de los Indios, y de su inclinacion à la idolatria, y deribandose despues à otras muhcas personas poco temerosas de Dios, y de fee muy informe, con cuyos excesos ha tomado mas fuerça el dicho vicio, y se comete con la frequencia que se hecha deuer. Y deuiédo Nos por la obligacion de nuestro cargo atajarle, y occurrir à los daños, y graues offensas de Dios nuestro Señor, que del resultan. Auiendo lo tratado, y conferido con personas doctas, y de rectas conciencias, acordamos dar la presente para vos, y à cada vno de vos, por la qual exortamos, requirimos, y en virtud de santa obediencia y sopena de excomunion mayor latæ sententiæ trina Canonica monitione præmissa, y de otras penas pecuniarias, y corporeles à nuestro arbitrio reseruodas. Mandamos, que deaqui adelante ninguna persona de qualquier grado, y condicion que sea pueda vsar ni vse de la dicha yerba, del Peyote, ni de otras para los dichos effectos, ni para otros semejantes, debajo de ningun titulo, ò color, ni hagan que los indios ni otras personas las tomen con apercibimiento que lo contrario haciendo, demas deque abreys incurrido en las dichas Censuras y penas, procederemos contra los q rebeldes e inobediétes fueredes, como cótra personas sospechosas en la santa fee Catholica. ¶ Y por quáto el dicho delicto ha estado hasta aqui tá introducido, y vsado como se sabe, y nuestra intencion es prohibirle, y remediarlo para adelante, y equitarlos ... ... las personas que le an cometido queriendo vsar de venignidad, y de la comissió que para ello tenemos del Illustrisimo señor confesor de su Magestad, Inquisidor General en todos sus Reynos, y Señorios, concedemos gracia, y remission de todo lo passado en el dicho excesso hasta el dia de la publicacion deste nuestro Edicto, y prohibicion, y cometemos à qualasquiera confesores seculares o regulares approbados por sus Ordinarios, licencia, y facultad para absoluer del dicho delicto à los que como dicho es le vuieren cometido hasta aqui. Con tal que la dicha absolucion no se estienda à lo venidero ni à otros delictos, excesos hechicerias, y supersticiones de las contenidas en el Edicto general de la fee, y en los demas que en esta raçon hemos mandado publicar los quales han de quedar en sufuerça, y obseruancia, y porque lo contenido en esta carta venga à noticia de todos, y nadie lo pueda ygnorar, mandamos que se publeque en todas las Ciudades Villas, y lugares de nuestro distrito. Dada en la Sala de nuestra Audiencia à diez y nueue dias del mes de Iunio de mill y seiscientos y veinte años.

FIGURA I. *Edicto de fe de 1620 contra "la yerba o raíz llamada peyote", en una época en que se habían desarrollado las prácticas de magia y el uso de hierbas de origen indígena. A.G.N., Inquisición, vol. 289, exp. 12.*

Apéndice 1

INQUISIDORES Y FISCALES, 1571-1679

1. Dr. Don Pedro Moya de Contreras
   1570   Inquisidor apostólico
2. Lic. Juan de Cervantes
   1570   Inquisidor apostólico
3. Lic. Don Alonso Hernández de Bonilla
   1570   Fiscal
4. Lic. Don Alonso Granero Dávalos
   1573   Fiscal
5. Lic. Don Santos García
   1575   Fiscal
6. Dr. Don Bartolomé Lobo Guerrero
   1580   Fiscal
7. Dr. Don Gonzalo Martos de Bohórquez
   1593   Fiscal
8. Lic. Don Alonso de Peralta
   1593   Inquisidor apostólico
9. Lic. Don Gutierre Bernardo de Quirós
   1598   Inquisidor apostólico
10. Dr. Don Gonzalo Martos de Bohórquez
    1609   Inquisidor apostólico
11. Dr. Blas de Velasco
    1609   Fiscal
12. Dr. Don Juan Gutiérrez Flores
    1612   Inquisidor apostólico
13. Dr. Don Francisco Bazán de Albornoz
    1616   Inquisidor apostólico
14. Lic. Gonzalo Mesía Lobo
    1623   Inquisidor apostólico
15. Dr. Don Bartolomé González Soltero —criollo—
    1624   Fiscal
16. Lic. Don Martín Carrillo Aldrete
    1625   Inquisidor apostólico
17. Lic. Don Gaspar de Valdespina
    1626   Inquisidor apostólico
18. Dr. Don Francisco de Estrada y Escobedo —criollo—
    1634   Fiscal

19. Lic. Don Domingo Vélez de Assas y Argos
    1637   Inquisidor apostólico
20. Dr. Don Francisco de Estrada y Escobedo
    1640   Inquisidor apostólico
21. Dr. Don Juan Sáenz de Mañozca —criollo—
    1640   Fiscal
22. Dr. Don Antonio de Gaviola
    1642   Fiscal
23. Lic. Don Bernabé de la Higuera y Amarilla
    1643   Inquisidor apostólico
24. Juan de Ortega Montañez
    1660   Fiscal
25. Juan de Ortega Montañez
    1662   Inquisidor apostólico
26. Martín de Soto Guzmán
    1671   Fiscal
27. Alonso de Cevallos
    1675   Inquisidor apostólico
28. José de Omaña Pardo y Osorio
    1678   Fiscal
29. Juan Gómez de Mier
    1679   Inquisidor apostólico
30. José de Omaña Pardo y Osorio
    1679   Inquisidor apostólico

Apéndice 2

COMISARIOS, 1571-1695

1. Cristóbal de Miranda
   1571   E*   Yucatán   SEC   6
2. Hernando Pacheco
   1571   M   Puebla   SEC   2
3. Alonso Muñoz
   1572   E   México   SEC   2
4. Alonso Sánchez de Miranda
   1572   Guadalajara   SEC   2
5. Francisco López de Revolledo
   1572   E   Veracruz   SEC   2
6. Sancho de Alzorris
   1572   E   Oaxaca   SEC   2
7. Francisco de Contreras
   1572   9
8. Juan Márquez
   1572   Michoacán   SEC   9
9. Pedro del Pozo
   1579   E   Nicaragua   SEC   2
10. Francisco Martínez de Sigura
    1580   Guadalajara   SEC   2
11. Juan Zorilla de la Concha
    1581   Acapulco
12. Diego Muñoz
    1587   E   Manila   OSA   8
13. Juan de Mantilla
    1590   Manila   SEC   9
14. Diego de Bobadilla
    1591   E   Otumba   OFM   2
15. Pedro de Vique
    1592   Ichapempa   SEC   9
16. Pedro de Peralta
    1592   9
17. Diego de Orduña
    1594   M   Michoacán   SEC   2
18. Juan de Heredia
    1594   M   Zacatecas   SEC   8

* Véase el significado de las abreviaturas al final de este apéndice, pág. 95.

19. Juan Martínez de Zugastimendia
    1594   México   SEC   9
20. Lucas Gallego
    1595   9
21. Pedro de Pila
    1595   E   Michoacán   OFM   8
22. Buenaventura de Paredes
    1596   E   Guatemala   OFM   2
23. Martín de Zamudio
    1596   OSA   9
24. Martín de Alzola
    1598   Topia   SEC   9
25. Juan de Salas
    1599   México   OFM   9
26. Eugenio de Moratilla
    1600   Taxco   SEC   9
27. Juan Lazcano
    1602   9
28. Lorenzo de León
    1604   Granada   OSA   9
29. Manuel Reinoso
                Zacatecas   OFM   4
30. Felipe Ruiz del Corral
                Guatemala   SEC   5
31. Alonso Fernández de Santiago
                Tlaxcala   SEC   2
32. Francisco de Cepeda
                Guatemala   OP   2
33. Fernando de Sopuerta
                Yucatán   OFM   2
34. Juan Maldonado
                Filipinas   OP   2
35. Diego López
                Nicaragua   SEC   2
36. Francisco Carranco
                Veracruz   3, 2
37. Diego Márquez
                Tecamachalco   OFM   2
38. Pedro de Solís
    1605   Chalco   OFM   8
39. Baltasar de Morales
    1605   E   Nueva Veracruz   OFM   8
40. Baltasar de Ulloa
    1608   Oaxaca   SEC   8

41. Juan Marqués Maldonado
    1608
42. Martín de Vergara
    1609   E   Celaya   OSA   8
43. Cristóbal Barroso de Palacios
    1609   Oaxaca   SEC   8
44. Diego Muñoz
         M   Michoacán   OFM   8
45. Alonso Díaz
    1610   Cholula   OFM   8
46. Pedro García de Erencia
    1610   Tlaxcala   SEC   8
47. Roque de Barrionuevo
    1612   Filipinas   OSA   8
48. Mateo de Porras
    1612   Tehuantepec   OP   8
49. García de Loaísa
    1612   Honduras (Trinidad)   OP   8
50. Fernando de Nava
    1613   E   Yucatán   OFM   8
51. Fernando Barona de Loaísa
    1614   G   Guatemala   SEC   8
52. Miguel García Serrano
    1615   E   Filipinas (Cáceres)   OSA   8
53. Bernardino de Roxas
    1615   Tepoztlán   OP   8
54. Lope Izquierdo
    1616   E   Zacatecas   OFM   8
55. Juan López
    1617   México   OFM   8
56. Juan de Pedrasa
    1617   Cuautitlán   OFM   8
57. Baltasar Muñoz de Chávez
    1618   M   Toluca   SEC   8
58. Cristóbal de Pedrasa
    1618   Tultitlán   SEC   8
59. Antonio Tamayo
    1618   Veracruz   8
60. Joseph de Lorenzana
    1618   Acapulco   OP   8
61. Martín de Agurto
    1619   Filipinas (Pampanga)   OSA   8
62. Diego Sánchez de Pinos
    1619   M   Chiapa   SEC   8

63. Gonzalo Yáñez de Herrera
    1620   Antequera   SEC   9
64. Pedro de Arizmendi Palomino
    1621   San Luis Potosí   8
65. Antonio Gutiérrez
    1621   Acapulco   OP   8
66. Antonio Martínez de Sepúlveda
    1623   E   Sonsonate   OFM   8
67. Antonio Puerto de Villegas
    1623   M   Mazatenango   SEC   8
68. Simón Zafra de la Cueva
    1623   Valladolid   SEC   8
69. Alonso de Benavides
    1623   E   Nuevo México   OFM   7
70. Diego de Herrera Arteaga
    1625   Zacatecas   SEC   8
71. Bernardino de Roxas
    1625   Tepoztlán   OP   8
72. Francisco Gómez Guerrero
    1625   México   8
73. Nicolás de Nava de la Mota
    1625   M   Carrión   8
74. Pedro Fernández de Solís
    1626   M   Orizaba   SEC   8
75. Antonio de Cervantes Carvajal
    1619   M   Michoacán   SEC   8
    1626   Puebla   8
76. Juan Osorio
    1626   México   OCD   8
77. Bernabé de la Higuera y Amarilla
    1627   Jalapa, Izúcar   8
78. Juan de Herrera Sandoval
    1627   San Luis Potosí   8
79. Juan Francisco de Balverde
    1628   México   8
80. Lázaro de Nájera
    1628   Taxco   8
81. Andrés de Acevedo
    1628   Villa Alta de San Ildefonso OP   8
82. Juan de Iraizoz
    1628   Celaya   OFM   8
83. Pedro González de Polanco
    1628   Guadalajara   SEC   8

APÉNDICE 2

84. Joseph Durán
    1628   Texcoco   OFM   8
85. Juan de Cevicos
    1628   Puebla   SEC   8
86. Alonso Ruiz de la Lima
    1628   M   Tulancingo   OFM   8
87. Gerónimo Curiel
    1628   Oaxaca   SEC   9
88. Diego Manjón
    1630   Hueyhiapa   OFM   8
89. Esteban de Perea
    1630   P   Nuevo México   OFM   7
90. Andrés de Novoa
    1631   Amilpa   OFM   8
91. Pedro de Villarreal Salcedo
    1632   Nicaragua   SEC   8
92. Francisco de los Ángeles
    1632   OFM   9
93. Francisco de Rojas y Ayora
    1633   México   SEC   9
94. Juan Noval
    1633   Teposcolula   OP   8
95. Francisco Rodríguez de los Ríos
    1633   Veracruz   8
96. Martín de Aeta y Aguirre
    1633   Guadiana   8
97. Miguel García Paramás
    1634   Valladolid   SEC   8
98. Alonso Maldonado
    1634   Amilpa   OFM   8
99. Alonso Romero de Hinojosa
    1634   M   Sonsonate   SEC   8
100. Andrés de Ortega Valdivia
    1634   Valladolid   SEC   8
101. Gaspar Castellán
    1635   Colima   SEC   8
102. Juan Cano Gaytán
    1635   Valladolid   SEC   9
103. Juan Baptista de Elorriaga
    1637   9
104. Juan de Burgos
    1637   Pátzcuaro   SJ   11
105. Pedro de Pereda Sarabia
    1637   E   San Francisco, Zapotitlán   SEC   8

106. Gabriel de Avendaño
     1637   M   Chiapa   SEC   8
107. Ambrosio del Castillo Valdés y Cárcamo
     1637   Guatemala   SEC   8
108. Luis Godinez Brochero Maldonado
     1637   Amatlán   SEC   8
109. Diego Ortiz de Saavedra
     1637   Aguascalientes   SEC   8
110. Alonso Tamayo
     1638   Atlacomulco   SEC   8
111. Andrés de Zárate
     1639   Nicaragua   SEC   8
112. Diego de Nava
     1639   Taxco   SEC   8
113. Francisco Muñoz Ontoba
     1639   San Juan Parangaricutiro   OSA   8
114. Pedro de Bárcena
     1639   San Salvador el Verde   OP   8
115. Juan de los Ríos Guzmán
     1639   M   Zultepec   SEC   8, 11
116. Diego de Salas
     1639   San Felipe   OFM   8
117. Fernando de Vargas
     1639   M   Nopaluca   SEC   8
118. Juan de Escalante Turcios
     1639   Valladolid   8, 11
119. Tristán Cantoral
     1639   Valladolid   8
120. Juan Bautista de Lorriaga
     1640   Puebla   SEC   8, 11
121. Juan Ruiz Monxaraz
     1640   Amatlán, Huatulco   8, 11
122. Francisco de Roxas y Ayora
     1640   Guadiana   SEC   8, 11
123. Juan de Torres Medinilla
     1641   San Miguel   SEC   8
124. Juan de Salas
     1641   Nuevo México   OFM   7
125. Manuel de la Peña
     1641   Cuzcatlán   SEC   8
126. Fructus Gómez Casillas
     1641   Chiapa   SEC   8
127. Simón Núñez Vala
     1641   San Juan del Río   SEC   8

128. Antonio de San Gregorio Manzano
     1641   E   Filipinas (Camarines)   OFM   8
129. Nicolás de Cabrera
     1641   Chichicapa   OP   8, 11
130. Matheo de Otazu
     1641   Real del Monte   SEC   8
131. Gregorio de Salazar
     1641   G   Guatemala (Mixco y Pinula)   OP   8
132. García de Loaísa
     1641   G   Totonicapa   OFM   8
133. Jerónimo de Medina Pedrasa
     1641   Ramos   SEC   8
134. Agustín de Espina Calderón
     1641   Cuicatlán   SEC   8
135. Roque Núñez de León
     1641   Chiapa   SEC   8
136. Manuel Gómez Mascorro
     1642   P   Taxco   8
137. Blas Correa
     1642   Sierra de Pinos   OFM   8
138. Diego de Monroy
     1642   Guadalajara   SJ   8
139. Francisco de Montúfar
     1642   Tlanchinol   OSA   8, 11
140. Francisco Carreño
     1642   Atzcapotzalco   OP   8
141. Cristóbal Baz
     1642   Taximaroa-Querétaro   OFM   8, 11
142. Diego de Bobadilla
     1642   Cavite   SJ   8
143. Francisco Martínez de Hinojosa
     1643   M   Atoyac   SEC   8
144. Jerónimo de Castañeda
     1644   Pachuca   SEC   8, 11
145. Cristóbal Fernández de Cabrera
     1644   Zacatlán   SEC   8
146. Pedro de San Reimundo
     1644   Comitlán   OP   8
147. Juan de Córdoba
     1644   México   OP   8
148. Francisco del Castillo
     1644   Tamiahua   SEC   8, 11
149. Juan Ruiz
     1644   Mixquiahuala   SEC   8, 11

150. Diego de Alarcón Fajardo
     1644   Chiapa de Mota   SEC   8, 11
151. Andrés de Cabrera
     1644   Chinantla   SEC   8, 11
152. Francisco de Benavides
     1645   León   OP   8
153. Francisco de Murga
     1645   Villa Alta de San Ildefonso OP   8
154. Cristóbal Sánchez Cortés
     1645   San Luis de la Paz   8
155. Rodrigo de Segura
     1645   Mérida   OFM   8
156. Francisco Daza
     1645   Campeche   OFM   8
157. Alonso de Medina
     1645   Las Parras   SJ   8
158. Diego de Cervantes
     1645   Mérida   OFM   8
159. Francisco Torizes
     1645   Sinaloa   SJ   8, 11
160. Jacinto Cortés
     1655   Sinaloa   SJ   8, 11
161. Diego de Solís Casasus
     1645   Valladolid   OFM   8, 11
162. Francisco de Arlanzón Guemes
     1645   M   Teloloapan   SEC   8, 11
163. Juan de Ibarra
     1646   Texupilco   SEC   8, 11
164. Lucas Ugarte
     1646   Granada   SEC   8
165. Domingo de Salcedo
     1646   Tampico   OFM   8
166. Diego de Mendiola
     1646   Nuxtepeque   SEC   8, 11
167. Joseph de Estrada
     1646   Amilpas   OP   8, 11
168. Francisco de Lorra Baquio
     1646   M   Tampamolón   SEC   8, 11
169. Juan López Cerrato
     1647   SEC   9
170. Juan de Aguado
     1649   México   SEC   9
171. Rodrigo Daza y Zúñiga
     1653   Xuchistlahuaca   SEC   9, 11

172. Sebastián de Pedraza y Zúñiga
    1653   Pátzcuaro   SEC   9, 11
173. Juan Gutiérrez
              Toluca   SEC   11
174. Juan de Miranda
              Querétaro   SEC   11
175. Melchor Anejo
              Acapulco   SEC   11
176. Cristóbal López de Osuna
              Acapulco   SEC   11
177. Nicolás de Vergara
              Chalco   SEC   11
178. Juan Martínez de Cuenca
              Amilpa   SEC   11
179. Juan Jerónimo Manzanares
              Amilpa   SEC   11
180. Antonio de Peralta Castañeda
              Puebla   SEC   11
181. Joseph de Escalante
              Veracruz   SEC   11
182. Bernabé de Higuera
              Veracruz   SEC   11
183. Joseph de Goitia
              Huejotzingo   SEC   11
184. Miguel de Pedraza
              Cholula   SEC   11
185. Diego Núñez Centeno
              Atlixco   SEC   11
186. Diego de Olarte Altamirano
              Atlixco   SEC   11
187. Andrés de Ortega y Valdivia
              Valladolid   SEC   11
188. Juan de Yraiços
              Celaya   OFM   11
189. Marcos Rodríguez Plancarte
              Celaya   SEC   11
190. Juan Núñez de Larrazábal
              Guanajuato   SEC   11
191. Cristóbal de Arceo
              Tinguindín   SEC   11
192. Juan de Herrera Sandoval
              San Luis   SEC   11
193. Juan Pardo de Quesada
              San Luis   SEC   11

194. Bartolomé Sabina
          Guadalajara   SEC   11
195. Felipe de Zabalza Amézquita
          Guadalajara   SEC   11
196. Miguel de Molina
                                     OFM   11
197. Joseph Núñez de Miranda
          Zacatecas   SEC   11
198. Pedro Rincón de Ortega
          Fresnillo   SEC   11
199. Gonzalo Yáñez de Herrera
          Oaxaca   SEC   11
200. Joseph de Estrada
          Teposcolula   OP   11
201. Marcos Burguete
          Tehuantepec   OP   11
202. Francisco de Burgoa
          Yanhuitlán   OP   11
203. Juan de Nobal
          San Ildefonso   OP   11
204. Miguel Rico
          Mérida   OFM   11
205. Juan Sánchez de Cuenca
          Campeche   SEC   11
206. Nicolás de Alamilla
          Campeche   SEC   11
207. Luis de Tovar
          Champotón   OFM   11
208. Francisco de Juste
          Valladolid   SEC   11
209. Juan Yáñez Jalón
          Soconusco   SEC   11
210. Joseph de Alarcón
          Parras   SJ   11
211. Roque Rodríguez Terrero
     1656   Puruándiro   SEC   9
212. Cristóbal de la Carrera
     1656   Tepeaca   SEC   10
213. Lorenzo Criado
     1660   9
214. Alonso Fernández de Salcedo
     1660   Tepeaca   10, 11
215. Nicolás Resigno de Cabrera
     1660   9

216. Joseph de Tomás
     1675   9
217. Francisco Montemayor y Prado
     1681   México   SEC   9
218. Luis de Aguilar Bentosillo
     1681   9
219. Juan de Rivera Calderón
     1690   odeM   9
220. Juan Francisco Navarro Pastrana
     1692   SEC   9
221. Joseph de Rivera Calderón
     1693   SEC   9
222. Juan Bernal Bexarano
     1695   Huejotzingo   SEC   9

Significado de las abreviaturas

Columna 1: Nombre y apellido del comisario
  a. Fecha del nombramiento
  b. Lugar de nacimiento: E: España
                           M: México
                           G: Guatemala
                           P: Portugal
  c. Jurisdicción
  d. Orden religiosa: OSA: Agustino
                       OCD: Carmelita
                       OP: Dominico
                       OFM: Franciscano
                       SJ: Jesuita
                       SEC: Secular
                       odeM: Mercedario
  e. Número de la referencia en la que se menciona al comisario.

Referencias

1) Archivo General de la Nación, Riva Palacio, tomo III, Doc. 2, "Instrucción que han de guardar los comisarios del Santo Oficio de la Inquisición en las causas y negocios de fe".
2) García Icazbalceta, Joaquín, *Bibliografía mexicana del siglo xvi*, México, 1886.
   Comentario a la "Relación de las exequias de Felipe II", por el Dr. Ribera Flores, México, 1600, 4º.

3) Ortiz, Fernando, *Historia de una pelea cubana contra los demonios*, La Habana, 1975, Editorial de Ciencias Sociales, p. 397.
4) Boletín del Archivo General de la Nación, vol. 6, núm. 2, páginas 207-262.
5) Medina, José Toribio, *Historia del Tribunal de la Inquisición en México*, México, 1952, Ediciones Fuente Cultural, p. 92.
6) *Corsarios franceses e ingleses en la Inquisición de la Nueva España*, México, 1945, Imprenta Universitaria, p. 29.
7) Scholes, France, "Problems in the early ecclesiastical history of New Mexico", *New Mexico Historical Review*, vol. XII, 1932, pp. 50, 53, 66.
8) Boletín del Archivo General de la Nación, vol. XXVII, núm. 2, México, 1956, pp. 335-361.
9) AGN, Indiferente general, Lista parcial del personal del Santo Oficio, sin clasificar.
10) AGN, Inquisición, vol. 460 entero, Proceso contra Domingo Márquez (1656).
11) AGN, Real Fisco, vol. 36, exp. 4, fs. 5-10 (1654).

Apéndice 3

FAMILIARES DEL SANTO OFICIO, CIUDAD DE MÉXICO, 1571-1700

Nombre y apellido	(1)*	(2)	(3)	(4)	(5)	(6)
1. Don Francisco de Velasco	30/ VII/72	E	+	E		214, 99, 262.
2. Don Antonio Velázquez de Bazán	30/ VII/72			E		217, 251.
3. Manuel de Villegas	30/ VII/72	E	+	E		211, 4, 101, 174.
4. Don García de Albornoz	30/ VII/72	C			+	213, 244, 129, 130, 186.
5. Gaspar Salvago	30/ VII/72	E				2, 249, 182.
6. Esteban Ferrufiño	30/ VII/72	A				105, 8, 173, 71, 264.
7. Pedro Pérez de la Portilla	30/ VII/72					10.
8. Juan Martín Telmo	30/ VII/72	E				9, 256.
9. Antonio de Espejo	30/ VII/72	E				201, 7, 215, 228, 226, 227, 253.
10. Marcos Rodríguez	30/ VII/72				+	238, 6.
11. Gabriel de Villasana	30/ VII/72	C		E, M		212, 118, 5, 103, 170, 130, 187, 263.
12. Hernán Gutiérrez Altamirano	26/ VI/81	E				11, 41, 261.
13. Jerónimo de Sotomayor	04/ VII/81	E				
14. Bartolomé González Ceinos	13/ XI/85			M, C	+	81, 113, 251, 260.
15. Pedro de Vega	22/ IV/86	E				
16. Francisco de Amaya	19/ VII/86					1, 184.
17. Gabriel López	22/ XI/87					87.
18. Gaspar de los Reyes Platta	12/ II/90					41, 112, 198.
19. Gonzalo Reyes Soltero	12/ II/90	E				12.
20. Alonso Pérez Serrano	12/ II/90	E		C		13.
21. Francisco de Barrientos	24/ III/90					
22. Antonio Núñez Franco						
23. Diego de Zepeda	06/ IV/90			C		114, 200, 72, 194, 233.

* Véase la nomenclatura de este cuadro al final, página 102.

Nombre y apellido	(1)	(2)	(3)	(4)	(5)	(6)
24. Juan de Curiel	02/ VI/90					15, 69.
25. Juan Ochoa de Alzola	03/ XII/90					28.
26. Martín de Bribiesca	06/ IV/91	E		C, M		104, 268, 114, 197, 14.
27. Bernardino Vásquez de Tapia	16/ IV/92	C		E		258, 218, 220, 16.
28. Juan López Murillo	16/ XII/92	E		C		18, 112, 198, 29, 235.
29. Juan de Castañeda	20/ XII/93	C			+	20, 272.
30. Juan del Río	17/ II/94	E			+	100, 17.
31. Juan Pérez de Rivera	06/ V/94				+	22.
32. Juan Martínez de la Barrera	19/ VII/94					181.
33. Gabriel de Bárcena Balmaceda	06/ VI/94	E		C	+	273, 21.
34. Diego Ramírez Bohórquez	09/ VII/94	E		C		241, 24.
35. Diego de Aguilera	21/ X/94	E		M		31, 176, 92.
36. Matías González	01/ IX/94	E		C		30.
37. Alonso de Cassas	26/ IX/94	E		C		236, 88, 35.
38. Alonso de Valdés	11/ XI/94			C, M	+	216, 277, 269, 76, 19, 266.
39. Gaspar de Valdés	03/ II/95				+	102, 255, 240, 107, 275, 195, 271, 185, 183.
40. Diego de Monroy	16/ II/95	E		C, M	+	267, 25, 278.
41. Juan de Castillo	22/ I/96	E			+	23, 239, 271.
42. Guillén Peraza de Ayala	08/VIII/97	C				26, 39, 230.
43. Clemente de Aguiñaga	25/VIII/97			C		112, 198.
44. Juan Martínez de Guillestegui	21/ II/98	E				27.
45. Lorenzo de Caraballa	10/ I/01	E				74, 125.
46. Miguel de Torres Ena	26/ XI/01				+	106, 148, 127.
47. Francisco de Arlanzón Guemes	27/ VII/04	E				70, 193.
48. Alonso de Santoyo	10/ V/05		+			250.
49. Doctor Diego de los Ríos	09/ II/07				+	87, 252.
50. Clemente de Valdés	30/VIII/08	E			+	36, 142, 225, 234.
51. Alexandre Federigni	18/ IX/09	A		C	+	37, 247.

52. Gabriel de Saavedra	17/VIII/10				
53. Don Francisco de Solís y Barraza	15/ II/12	C	+	E, M	131, 206, 269, 178.
54. Domingo Fernández Cadabero	06/ VI/12	E			207.
55. Don Pedro Serrano del Arco	31/ X/12	E	+		32, 199, 184.
56. Don Gabriel Canseco Quiñones	24/ IX/13	E	+		73, 208.
57. Miguel Magdaleno	09/ XII/15	E			
58. Don Agustín de Valdés y Portugal	12/ XII/15	C		E, M	248, 204, 108, 40, 150, 160, 270.
59. Alonso de Cobián	24/ IV/17				
60. Juan Esteban del Real	27/ X/17				181.
61. Martín López de Herenchum	21/ XI/18				126.
62. Alonso Pavón Bravo	05/ XII/18	E			42.
63. Pablo López de la Torre	28/ XI/19	A	+		43, 245.
64. Melchor de los Reyes Marchena	07/ I/21	E			38.
65. Agustín de Medina Orozco	27/ II/21				185.
66. Lucás de Medina Orozco	27/ II/21				109.
67. Don Agustín de Valdés y Sande	07/ X/24				46, 44.
68. Don Rodrigo Muñoz de la Sauza	11/ II/25	E			48.
69. Capitán Blas Monte de Quiroz	11/ III/25				
70. Don Lope Díez Aux de Almendáriz y Monsalve	16/ III/25		+		34, 125.
71. Don Nuño Pacheco de Córdoba y Bocanegra	24/ IV/25		+		33.
72. Don Francisco Ramírez de Arellano	26/ IV/25	C			229, 122, 231.
73. Doctor Carlos Colón Pacheco de Córdoba y Bocanegra	09/ V/25	C	+	E, M	33, 191, 202.
74. Don Alonso Velásquez de Bazán	17/ VI/25				3, 196.
75. Gabriel López de Lucena y Páramo	29/VIII/25			C	120, 149, 49, 123, 224, 96, 97.
76. Martín de Torres Rendón	27/ IV/27	E			51.
77. Don Lesmes de Astudillo Masuelo	25/VIII/27	E			115, 50, 197.
78. Tomás Morán de la Cerda	26/ IV/27	E	+	C	209, 133, 137, 147, 47, 140, 143.
79. Don Fulgencio de Vega y Vique	13/ XI/27	C			
80. Andrés Alonso de Torres	02/ X/27		+	E	232, 237, 81.

Nombre y apellido	(1)	(2)	(3)	(4)	(5)	(6)
81. Diego de Rivera	02/ X/27	C		E	+	218, 210, 184, 86.
82. Pedro Alvarez de Saa	09/ II/28	E				110.
83. Francisco de Arceo Velásquez	24/ VI/28				+	122.
84. Don Juan de Villanueva Altamirano	03/ VII/30	C		M	+	52, 175.
85. Pedro de Alarcón	20/VIII/30	E				
86. Francisco de Lucena Páramo	04/ IV/29	E		M		45.
87. Melchor del Cano Santayana	02/ IX/30	E				
88. Don Diego de Villegas Sandoval	15/ XI/30	C	+		+	204, 75, 55, 174.
89. Don Juan de Llano	22/ I/31	C				83, 124, 98.
90. Pedro de Soto López	20/ X/32	E		C	+	117, 144, 164, 246, 85, 223, 128.
91. Don Juan de Orduña	25/ X/32	C		E, M	+	116, 276, 270, 177, 169, 58.
92. Juan Bautista Dávila	10/ X/33	E				57.
93. Doctor Juan Sotelo Betanzos	27/VIII/33	C				53.
94. Francisco Ortiz	13/ X/34	E				190.
95. Simón de Haro	13/ II/34	E		C	+	117, 133, 141, 165, 60, 153.
96. Juan Crisóstomo de Navia	21/ X/34					121.
97. Gabriel López de la Cruz	26/ X/34	E				56, 254.
98. Lázaro Martín de Ravadán	03/ XI/34	E		C		95.
99. Fernando Garjón Landero	17/ XII/34	E				
100. Jerónimo Sánchez de Santa María	10/ V/35					78.
101. Juan Muñoz	17/ IX/35	C				77.
102. Nicolás de Páramo y Lucena	17/ IX/35	C				84.
103. Juan de Soto	18/ VII/36	C				85.
104. Leandro de Gatica	26/VIII/36	E		M	+	116, 274, 265, 82.
105. Don Lorenzo de San Victores	29/ XI/36	E				
106. Don Nicolás Antonio de Barreda	14/ VI/38					59.
107. Don Gutierre Suárez Sousa	15/ VI/38	E	+		+	116, 171.
108. Don Francisco Suárez Souza	15/ VI/38	E				91.
109. Manuel Alvarez de Fuentes	/ VII/38					

110. Martín de Ortega (alias Andrés Jiménez del Pino)	17/ VII/38				
111. Jácome de Airolo	21/ VII/38	E			
112. Pedro de la Calle	/VIII/38				189.
113. Don Gabriel López de Peralta	09/ IV/39	C	E, M	+	203, 172, 243.
114. Luis de Valdivieso	17/ I/40			+	93.
115. Francisco Martínez Guadiana	19/ I/40				
116. Lope Osorio de Soto	24/ I/40				
117. Don Francisco de la Peña y Ariscum	25/ I/40	E		+	
118. Pedro Jiménez de la Cervera	11/VIII/40	E			251.
119. Don Juan de Abendaño	27/ XI/41	E			
120. Antonio Millán	23/ XII/41	C	M	+	144, 161, 64, 279, 221.
121. Juan Esteban de Alzate	06/ II/42	C		+	141, 140, 192, 61, 132.
122. Don Bernardino Vásquez de Tapia	15/ III/42	C	M		258.
123. Don Gaspar de Rivadeneira	15/ III/42	C		+	257, 259, 54.
124. Diego de Mendoza	17/ III/42	C		+	62, 204.
125. Diego Gutiérrez	11/ VII/42	C		+	
126. Lucas de Soto	09/ X/42	E		+	63, 125.
127. Pablo de Carrascosa	22/ XII/42				
128. Don Francisco de Solís y Barrasa	30/ III/43	C	E, M	+	66, 179.
129. Don Nicolás de Bonilla y Bastida	24/ IV/43	C		+	68, 132, 139, 188, 146, 145, 155, 157, 159.
130. Don Cristóbal de Mañozca Bonilla Bastida	24/ IV/43	C	M	+	
131. Don Joseph de Mañozca Bonilla Bastida	24/ IV/43	C			68, 188, 136, 232, 175.
132. Don Bartolomé de Bonilla Bastida Estupiñán	24/ IV/43	E		+	68.
133. Andrés del Rosal y de los Ríos	27/ IV/43	E	E		117, 138, 134, 152, 167, 154, 67, 223.
134. Don Nuño de la Cueva	30/ VI/43				
135. Juan Sánchez de Cuenca	07/ IX/43	E			65.

Nombre y apellido	(1)*	(2)	(3)	(4)	(5)	(6)
136. Bachiller don García de León Castillo	03/ X/43					222, 123.
137. Don Diego Fernández de la Higuera	21/ IV/44			E, M		119, 180.
138. Alonso de Ita	27/ IV/44					
139. Nicolás Cedillo	08/ VII/44					79.
140. Rodrigo Ruiz de Zepeda	24/ I/44					166, 246, 94.
141. Juan Ruiz de Portillo	24/ I/45					90, 89.
142. Luis Hernández Martínez	24/ I/45					
143. Don Prudencio de Armentia	20/VIII/45	C			+	111, 151, 156, 162, 242.
144. Don Alonso de Llano y Losada	30/ I/46				+	205.

NOMENCLATURA

Columna 1: Fecha del nombramiento
Columna 2: Origen del familiar
 E: Español
 C: Criollo
 O: Otros orígenes
Columna 3: Caballero de una orden militar (+)
Columna 4: E: Encomendero
 C: Mercader
 M: Mayorazgo
Columna 5: Desempeño de un cargo público (+)
Columna 6: Número de las referencias que proporcionan datos sobre el familiar.

APÉNDICE 3

Referencias

Archivo General de la Nación, México, Inquisición (AGNMI).

1) AGNMI, vol. 1A, exp. 56
2) AGNMI, vol. 60, exp. 2
3) AGNMI, vol. 60, exp. 3
4) AGNMI, vol. 61, exp. 8
5) AGNMI, vol. 62, exp. 9
6) AGNMI, vol. 63, exp. 9
7) AGNMI, vol. 64, exp. 2
8) AGNMI, vol. 64, exp. 4
9) AGNMI, vol. 64, exp. 5
10) AGNMI, vol. 65, exp. 16
11) AGNMI, vol. 189, exp. 9
12) AGNMI, vol. 192, exp. 1
13) AGNMI, vol. 192, exp. 2
14) AGNMI, vol. 192, exp. 6
15) AGNMI, vol. 193, exp. 4
16) AGNMI, vol. 195, exp. 8
17) AGNMI, vol. 195, exp. 9
18) AGNMI, vol. 196, exp. 1
19) AGNMI, vol. 197, exp. 3
20) AGNMI, vol. 198, exp. 2
21) AGNMI, vol. 199, exp. 3
22) AGNMI, vol. 199, exp. 5
23) AGNMI, vol. 199, exp. 6 A
24) AGNMI, vol. 199, exp. 9
25) AGNMI, vol. 200, exp. 13
26) AGNMI, vol. 202, exp. 4-B
27) AGNMI, vol. 203, exp. 2
28) AGNMI, vol. 203, exp. 6
29) AGNMI, vol. 204, exp. 6
30) AGNMI, vol. 205, exp. 1
31) AGNMI, vol. 205, exp. 6
32) AGNMI, vol. 220, exp. 5
33) AGNMI, vol. 221, exp. 7
34) AGNMI, vol. 221, exp. 11
35) AGNMI, vol. 251
36) AGNMI, vol. 282, exp. 2
37) AGNMI, vol. 286, exp. 8
38) AGNMI, vol. 298, f. 311
39) AGNMI, vol. 307, exp. 17
40) AGNMI, vol. 309, exp. 8

41) AGNMI, vol. 314, exp. 4
42) AGNMI, vol. 318, exp. 2
43) AGNMI, vol. 324, exp. 3
44) AGNMI, vol. 331, f. 15
45) AGNMI, vol. 346, exp. 6
46) AGNMI, vol. 347, f. 126
47) AGNMI, vol. 349, exp. 6, f. 245
48) AGNMI, vol. 351, f. 470
49) AGNMI, vol. 352, f. 1
50) AGNMI, vol. 359, f. 1
51) AGNMI, vol. 359, f. 250
52) AGNMI, vol. 364, exp. 1
53) AGNMI, vol. 364, exp. 5
54) AGNMI, vol. 367, exp. 2, f. 285
55) AGNMI, vol. 370, f. 379
56) AGNMI, vol. 370, exp. 11
57) AGNMI, vol. 374, f. 476
58) AGNMI, vol. 375, sin fol.
59) AGNMI, vol. 377, exp. 21
60) AGNMI, vol. 379, f. 399
61) AGNMI, vol. 383, exp. 1
62) AGNMI, vol. 397, exp. 1
63) AGNMI, vol. 405, exp. 5
64) AGNMI, vol. 417, exp. 3
65) AGNMI, vol. 417, exp. 4
66) AGNMI, vol. 417, exp. 5
67) AGNMI, vol. 417, exp. 6
68) AGNMI, vol. 417, exp. 9
69) AGNMI, vol. 418, exp. 11
70) AGNMI, vol. 419, f. 154
71) AGNMI, vol. 464, f. 34
72) AGNMI, vol. 476, exp. 1
73) AGNMI, vol. 481, exp. 1
74) AGNMI, vol. 482, f. 317
75) AGNMI, vol. 483, f. 377
76) AGNMI, vol. 489, f. 499
77) AGNMI, vol. 495, f. 136
78) AGNMI, vol. 495, f. 272
79) AGNMI, vol. 499
80) AGNMI, vol. 499, f. 151
81) AGNMI, vol. 509, exp. 1
82) AGNMI, vol. 591, f. 596
83) AGNMI, vol. 648, f. 308
84) AGNMI, vol. 659, exp. 1

85) AGNMI, vol. 659, exp. 3
86) AGNMI, vol. 679, exp. 4, f. 353
87) AGNMI, año 1600, exp. 10
88) AGNMI, vol. 1 507, exp. 5

Archivo General de la Nación, Real Fisco de la Inquisición (AGNRFI)

89) AGNRFI, vol. 14, exp. 7, fs. 83-88
90) AGNRFI, vol. 14, exp. 8, fs. 89-173
91) AGNRFI, vol. 21, exp. 4, fs. 222-273
92) AGNRFI, vol. 29, exp. 2, fs. 19-21
93) AGNRFI, vol. 36, exp. 18, fs. 34-35
94) AGNRFI, vol. 36, exp. 38, fs. 131-133
95) AGNRFI, vol. 37, exp. 13, fs. 311-351
96) AGNRFI, vol. 42, exp. 2, fs. 17-21
97) AGNRFI, vol. 42, exp. 9, fs. 150-161
98) AGNRFI, vol. 56, exp. 4, fs. 231-271

Boletín del Archivo General de la Nación (BAGN)

99) BAGN, vol. XII, núm. 2, p. 268
100) BAGN, vol. XII, núm. 2, p. 268
101) BAGN, vol. XIII, núm. 1, p. 187
102) BAGN, vol. XIII, núm. 2, p. 222
103) BAGN, vol. XIII, núm. 2, p. 246
104) BAGN, vol. XIII, núm. 4, p. 363
105) BAGN, vol. XIII, núm. 4, p. 642
106) BAGN, vol. XIV, núm. 3, p. 427
107) BAGN, vol. XIV, núm. 4, p. 608
108) BAGN, vol. XIV, núm. 4, p. 609
109) BAGN, vol. XXVII, núm. 3, p. 425
110) BAGN, vol. XXVII, núm. 4, p. 730
111) Archivo General de la Nación, Virreyes, 1664 y 1665, 79v.,-80, 80v., citado por S. Zavala y M. Castelo *Fuentes para la Historia del Trabajo en Nueva España*, vol. VIII, p. 71, Fondo de Cultura Económica, México, 1945.
112) Archivo General de la Nación, Hacienda, leg. 599, exp. 2, folios 4-5.
113) Archivo General de la Nación, Hacienda, leg. 599, exp. 2, folios 16-17.
114) Archivo General de la Nación, Hacienda, leg. 791, exp. 2, folios 4-5 y 18v.
115) Archivo Histórico de Hacienda, Secretaría de Hacienda y Crédito Público, vol. IV, p. 24, México, 1945.

116) Archivo Histórico de Hacienda, Secretaría de Hacienda y Crédito Público, vol. IV, p. 30.
117) Archivo Histórico de Hacienda, Secretaría de Hacienda y Crédito Público, vol. IV, p. 85.
118) Archivo General de la Nación, Vínculos, vol. IV, núm. 1, folios 151-174.
119) Archivo General de la Nación, Vínculos, vol. 56.
120) Archivo General de la Nación, Vínculos, vol. 247, folios 39-70.

Índice del Personal de la Inquisición, Archivo General de la Nación, Indiferente General (IPIAGNIG),

121) IPIAGNIG, letra E, legajo 1
122) IPIAGNIG, letra F, legajo 2
123) IPIAGNIG, letra G, legajo 2
124) IPIAGNIG, letra J, legajo 2
125) IPIAGNIG, letra L, legajo 2
126) IPIAGNIG, letra M, legajo 1
127) IPIAGNIG, letra M, legajo 2
128) IPIAGNIG, letra P, legajo 2
129) Actas de Cabildo, vol. 8, 29 de agosto de 1572.
130) Actas de Cabildo, vol. 8, 1º de enero de 1573.
131) Actas de Cabildo, vol. 25, 5 de mayo de 1623, p. 17.

G. Guijo, *Diario*, Colección de Escritores Mexicanos, Porrúa, S. A., México (GGDCEMPSM), México, 1947,

132) GGDCEMPSM, vol. I, p. 8
133) GGDCEMPSM, vol. I, p. 19
134) GGDCEMPSM, vol. I, p. 28
135) GGDCEMPSM, vol. I, p. 29
136) GGDCEMPSM, vol. I, p. 33
137) GGDCEMPSM, vol. I, p. 35
138) GGDCEMPSM, vol. I, p. 37
139) GGDCEMPSM, vol. I, p. 38
140) GGDCEMPSM, vol. I, p. 74
141) GGDCEMPSM, vol. I, p. 78
142) GGDCEMPSM, vol. I, p. 92
143) GGDCEMPSM, vol. I, p. 96
144) GGDCEMPSM, vol. I, p. 131
145) GGDCEMPSM, vol. I, p. 165
146) GGDCEMPSM, vol. I, pp. 182-183
147) GGDCEMPSM, vol. I, p. 184
148) GGDCEMPSM, vol. I, p. 192

APÉNDICE 3

149) GGDCEMPSM, vol. I, p. 247
150) GGDCEMPSM, vol. I, p. 262
151) GGDCEMPSM, vol. I, p. 263
152) GGDCEMPSM, vol. II, p. 10
153) GGDCEMPSM, vol. II, p. 40
154) GGDCEMPSM, vol. II, p. 55
155) GGDCEMPSM, vol. II, p. 58
156) GGDCEMPSM, vol. II, p. 74
157) GGDCEMPSM, vol. II, p. 90
158) GGDCEMPSM, vol. II, p. 97
159) GGDCEMPSM, vol. II, p. 113
160) GGDCEMPSM, vol. II, p. 115
161) GGDCEMPSM, vol. II, p. 124
162) GGDCEMPSM, vol. II, p. 127
163) GGDCEMPSM, vol. II, p. 143
164) GGDCEMPSM, vol. II, p. 147
165) GGDCEMPSM, vol. II, p. 185
166) GGDCEMPSM, vol. II, p. 216
167) GGDCEMPSM, vol. II, p. 225
168) Antonio de Robles, *Diario de Sucesos Notables*, Colección de Escritores Mexicanos, Porrúa, S. A., México, 1946, vol. I, p. 8.
169) Antonio de Robles, *Diario de Sucesos Notables*, Colección de Escritores Mexicanos, Porrúa, S. A., México, 1946, vol. I, p. 26.

Guillermo S. Fernández de Recas, *Mayorazgos de la Nueva España*, Universidad Nacional Autónoma de México, 1965 (GSFRMNEUNAM).

170) GSFRMNEUNAM, p. 19
171) GSFRMNEUNAM, p. 25
172) GSFRMNEUNAM, p. 77
173) GSFRMNEUNAM, p. 116
174) GSFRMNEUNAM, p. 263
175) GSFRMNEUNAM, p. 266
176) GSFRMNEUNAM, p. 278
177) GSFRMNEUNAM, pp. 325-326
178) GSFRMNEUNAM, p. 329
179) GSFRMNEUNAM, p. 330
180) GSFRMNEUNAM, p. 380

Guillermo S. Fernández de Recas, *Aspirantes americanos a cargos del Santo Oficio*, Manuel Porrúa, S. A., México, 1956 (GSFRASOMPSM).

181) GSFRASOMPSM, p. 87 (Véase Simón de Haro)
182) GSFRASOMPSM, p. 108 (Véase Ortes de Velasco)

183) GSFRASOMPSM, p. 110 (Véase Fray F? de Pareja)
184) GSFRASOMPSM, p. 118 (Véase Rivera Juan)
185) GSFRASOMPSM, p. 131 (Véase Valdez)

Guillermo Lohmann Villena, *Los Americanos en las órdenes nobiliarias*, Madrid, 1946, 2 vols. (GLVAM).

186) GLVAM, p. 18, doc. 20
187) GLVAM, p. 23, doc. 25
188) GLVAM, p. 58, doc. 69
189) GLVAM, p. 151, doc. 173
190) GLVAM, p. 302, doc. 353
191) GLVAM, p. 309, doc. 360
192) GLVAM, p. 424, doc. 503

Cayetano Reyes García, *Índice y Extractos de los Protocolos de la Notaría de Cholula* (1590-1600), Instituto Nacional de Antropología e Historia, México, 1973 (CRGIEPNCINAHM).

193) CRGIEPNCINAHM, p. 113, doc. 421, cuad. 5, fol. 126r y v.
194) CRGIEPNCINAHM, pp. 451 a 453, doc. 1586
195) CRGIEPNCINAHM, p. 503, doc. 1651
196) CRGIEPNCINAHM, p. XIII.
197) Robert Sydney Smith, *Los Consulados de Comerciantes en Nueva España*, Instituto Mexicano de Comercio Exterior, México, 1976, p. 46.
198) Robert Sydney Smith, *Los Consulados de Comerciantes en Nueva España*, Instituto Mexicano de Comercio Exterior, México, 1976, p. 51.
199) Luis Páez Brotchie, *La Nueva Galicia a través de su viejo archivo judicial*, Antigua Librería Robredo, México, 1940, p. 32.
200) François Chevalier, *La formation des grands domaines au Mexique*, Institut d'Ethnologie, París, 1952, p. 192.
201) François Chevalier, *op. cit.*, p. 207.
202) François Chevalier, *op. cit.*, pp. 396-397.
203) François Chevalier, *op. cit.*, pp. 398-399.
204) Pedro López de Villaseñor, *Cartilla vieja de la nobilísima ciudad de Puebla*, Imprenta Universitaria, México, 1961, p. 380.
205) Pedro López de Villaseñor, *op. cit.*, p. 393.
206) Silvio Zavala y María Castelo, *Fuentes para la Historia del Trabajo en Nueva España*, Fondo de Cultura Económica, México, 1945, vol. IV, p. 338.
207) Silvio Zavala y María Castelo, *op. cit.*, vol. VI, p. 331.
208) Silvio Zavala y María Castelo, *op. cit.*, vol. VI, p. 335.

209) Silvio Zavala y María Castelo, *op. cit.*, vol. VI, pp. 400-410 y 507.
210) Silvio Zavala y María Castelo, *op. cit.*, vol. VII, pp. 65, 103, 170 y 180.
211) Francisco del Paso y T., *Epistolario de la Nueva España* (1505-1818), Antigua Librería Robredo, México, 1940, vol. IX, p. 3.
212) Francisco del Paso y Troncoso, *op. cit.*, vol. IX, p. 14.
213) Francisco del Paso y Troncoso, *op. cit.*, vol. IX, p. 123.
214) Francisco del Paso y Troncoso, *op. cit.*, vol. X, pp. 198, 202, 217-218, 232-233.
215) Francisco del Paso y Troncoso, *op. cit.*, vol. XII, p. 131.
216) Francisco del Paso y Troncoso, *op. cit.*, vol. XIII, p. 4.
217) Francisco del Paso y Troncoso, *op. cit.*, vol. XIII, pp. 37-40.
218) Francisco del Paso y Troncoso, *op. cit.*, vol. XIII, pp. 39, 40 y 42.
219) Francisco del Paso y Troncoso, *op. cit.*, vol. XIII, p. 45.
220) Francisco del Paso y Troncoso, *op. cit.*, vol. XIV, p. 94.

Louisa S. Hoberman, "Merchants in Seventeenth Century Mexico City", *Hispanic American Historical Review*, 1977 (LHMSCMHAHR), vol. 57, núm. 3.

221) LHMSCMHAHR, p. 482
222) LHMSCMHAHR, p. 484
223) LHMSCMHAHR, p. 485
224) LHMSCMHAHR, p. 490
225) LHMSCMHAHR, p. 495
226) Diego Pérez de Luxán, *Expedition into New Mexico made by Antonio de Epejo 1582-1583*, The Quivira Society, Los Ángeles, 1929, p. 28.
227) Diego Pérez de Luxán, *op. cit.*, p. 40.
228) Conway, G. R. G., "Antonio de Espejo, as a familiar of the Mexican Inquisition 1572-1578", *New Mexico Historical Review*, 1931, vol. 5, pp. 1-20.
229) Genaro García, *Tumultos y rebeliones acaecidos en México*, Lib. Vd. de Ch. Bouret, México, 1907, p. 24.
230) Manuela Cristina García Bernal, *Yucatán, Población y Encomienda bajo los Austrias*, Consejo Superior de Investigaciones Científicas, Madrid, 1979, y Archivo General de Indias, Contratación, Lista de criados del conde de Monterrey, 1595.
231) Archivo General de Indias, Contratación, Lista de criados del conde de Monterrey, 1595.
232) Richard Everett Boyer, *La Gran Inundación (1622-1638)*, Sep/Setentas, México, 1975, p. 98, nota 46.

233) William B. Taylor, *Landlord and Peasant in Colonial Oaxaca*, Stanford University Press, 1972, p. 218.
234) Enrique Méndez Martínez, *Índice del ramo de tierras del Estado de Puebla*, Instituto Nacional de Antropología e Historia, México, 1979, documentos núms. 453 y 1185.
235) Enrique Méndez Martínez, *op. cit.*, documentos núms. 1144 y 1145, vol. 2762, exps. 10 y 14.
236) Eduardo Enrique Ríos, *Felipe de Jesús, el Santo Criollo*, Vidas Mexicanas, Ediciones Xóchitl, México, 1943, pp. 17-20 y 28.

Silvio Zavala, *Ordenanzas del Trabajo, siglos xvi y xvii*, Editorial Elede, México, 1947 (SZOTEEM).

237) SZOTEEM, p. 133
238) SZOTEEM, p. 167
239) SZOTEEM, p. 226
240) SZOTEEM, p. 246
241) SZOTEEM, p. 277
242) Ramón López Lara, *El obispado de Michoacán en el siglo xvii*, Fimax, Morelia, México, 1973, pp. 56, 174.
243) Ramón López Lara, *op. cit.*, p. 167.
244) *Legislación del trabajo en los siglos xvi, xvii y xviii*, DAPP, México, 1938, p. 28.
245) *Legislación del trabajo en los siglos xvi, xvii y xviii*, DAPP, México, 1938, pp. 100-105.
246) Alfonso Junco, *Inquisición sobre la Inquisición*, Editorial Jus, México, 1967, p. 129.
247) Antonio Domínguez Ortiz, "La concesión de naturalezas para comerciar en Indias durante el siglo XVII", *Revista de Indias*, Madrid, abril-junio de 1959, año XIX, núm. 76.
248) Jonathan I., Israel, *Race, Class and Politics in Colonial Mexico, 1610-1670*, Oxford University Press, 1975, pp. 235, 236, 240, 242, 248, 256.
249) Julio Jiménez Rueda, *Don Pedro Moya de Contreras, Primer Inquisidor de México*, Ediciones Xóchitl, México, 1944, p. 45.
250) Estudios de Historia Novohispana, Universidad Nacional Autónoma de México, vol. III, p. 168.
251) J. Toribio Medina, *Historia del Tribunal del Santo Oficio de la Inquisición en México*, Ediciones Fuente Cultural, México, 1952, p. 394.
252) J. Toribio Medina, *op. cit.*, p. 395.
253) Atanasio G. Saravia, *Apuntes para la historia de la Nueva Vizcaya*, Universidad Nacional Autónoma de México, 2 vols., 1978, vol. 1, pp. 201-205.

254) *Indice del Archivo del juzgado general de bienes de difuntos de la Nueva Galicia. Siglos xvi y xvii*. Publicación del Instituto Nacional de Antropología e Historia, Guadalajara, 1978, p. 32, docs. 155 y 157.
255) Gonzalo Gómez de Cervantes, *La vida económica y social de Nueva España*, Antigua Librería Robredo, México, 1944, p. 63.
256) *Cartas recibidas de España por Francisco Cervantes Salazar*, selección de F. García Pimentel, Antigua Librería Robredo, México, 1945, pp. 23 y 100.
257) José Ignacio Dávila Garibi, *La Sociedad de Zacatecas en los albores del régimen colonial*, Antigua Librería Robredo, México, 1939, Genealogía núm. 5.
258) José Ignacio Dávila Garibi, *op. cit.*, Genealogía núm. 8.
259) Guillermo Lohmann Villena, *Les Espinosa, une famille d'hommes d'affaires en Espagne et aux Indes à l'époque de la colonisation*, SEVPEN, París, 1968.
260) Félix Osores, "Alumnos distinguidos del Colegio de San Pedro, San Pablo y San Ildefonso de México", 1ª parte. En *Documentos inéditos o muy raros para la historia de México*, publicados por Genaro García, núm. 60, Porrúa, México, 1975, p. 689.
261) Félix Osores, *op. cit.*, p. 755.

Cartas de Indias, Ministerio de Fomento, Madrid, 1877, y Secretaría de Hacienda y Crédito Público, México, 1980, (CIMFMSHCPM).

262) CIMFMSHCPM, pp. 183, 270-274, 278, 860
263) CIMFMSHCPM, pp. 299, 771
264) CIMFMSHCPM, pp. 339, 759

Dominic A. Nwasike, *Mexico city town government 1590-1650. A Study in aldermanic background and performance*, tesis doctoral, University of Wisconsin, 1972 (DNMSUW).

265) DNMSUW, pp. 62 y 219
266) DNMSUW, pp. 85 y 215
267) DNMSUW, p. 210
268) DNMSUW, p. 212
269) DNMSUW, p. 215
270) DNMSUW, p. 217
271) DNMSUW, p. 219

Aurora Flores Olea de Masiña, *El Cabildo de la ciudad de México en la primera mitad del siglo xvii*, tesis de licenciatura, Facultad de Letras, Universidad Nacional de México, 1969 (AFOMCMUNAM).

272) AFOMCMUNAM, p. 53
273) AFOMCMUNAM, pp. 54-55
274) AFOMCMUNAM, pp. 55 y 82
275) AFOMCMUNAM, p. 81
276) AFOMCMUNAM, p. 82
277) AFOMCMUNAM, p. 96
278) AFOMCMUNAM, p. 168
279) AFOMCMUNAM, p. 313

Apéndice 4

CALIFICADORES, 1571-1696

1. Maestro Martín de Perea	1571	OSA *	1
2. Prior Pedro de Pravia	1572	OP	1
3. Diego Ordóñez	1572	OFM	1
4. Francisco de Rivera	1572	OFM	1
5. Dr. Barbosa	1572	Chantre	1
6. Domingo de Salazar	1572	OP	1
7. Antonio Quixada	1572	OFM	1
8. Dr. Juan Zuinero	1572	Archidiácono	1
9. Prvl. Dr. Pedro Sánchez	1572	SJ	1
10. Pedro de Agurto	1573	OSA	1
11. Maestro Bartolomé Ledesma	1575	OP	1
12. Com. Gral. Rodrigo de Oceguera	1580	OFM	1
13. Francisco Manrique	1583	OSA	1
14. Dr. Pedro de Ortigosa	1585	SJ	1
15. Juan Ramírez	1589	OP	1
16. Rodrigo Durán	1590	OFM	1
17. Maestro Juan Dávila	1592	OP	1
18. Agustín Dávila Padilla	1592	OP	1

* Véase el significado de las abreviaturas al final de este apéndice, pág. 122.

19. Dr. Hernando Ortiz de Hinojosa
    1592 Canónigo 1
20. Guardián Sancho de Meras
    1593 OFM 1
21. Cristóbal Guerrero de Góngora
    1594 OP 1
22. Maestro Juan de Cervantes
    1594 Archidiácono 1
23. Maestro Diego de Contreras
    1594 OSA 1
24. Tomás de San Juan
    1596 OP 1
25. Vic. Gral. Francisco de Vera
    1597 O de M 1
26. Juan Maldonado
    1598 OP 2
27. Maestro Agustín de Carvajal
           OSA 1
28. Guardián Juan de Salas
    1600 OFM 1
29. Dr. Pedro de Morales
    1600 SJ 1
30. Lctr. Pedro de la Cruz
    1600 OFM 1
31. Prvl. Gabriel Baptista Vera
    1600 OFM 1
32. Pedro Coronel
    1603 2
33. Pedro de Montes
    1605 SJ 2
34. Prvl. Cristóbal de la Cruz
    1605 OSA 2
35. Com. Gral. Juan de Ciesa
    1605 OFM 2
36. Juan de Salazar
    1605 2
37. Dr. Diego León Plaza
    1605 SEC 1
38. Maestro Pedro de Solier
    1605 OSA 1
39. Luis de Solórzano
    1609 OP 1
40. Baltasar Maldonado
    1610 OFM 1

41. Prvl. Juan de Lormendi	1611	OFM	1
42. Maestro Francisco Villanueva Guzmán	1611	OP	1
43. Com. Gral. Juan de Zurita	1611	OFM	1
44. Juan Domínguez	1612	OFM	1
45. Prvl. Rodrigo de Cabredo	1612	SJ	1
46. Prvl. Juan de Santa Ana	1613	OFM	1
47. Gerónimo de la Magdalena	1613	OSA	1
48. Prvl. Maestro Francisco de Orea	1614	O de M	1
49. Gastón de Peralta	1614	OFM	1
50. Vic. Prov. Maestro Francisco Jiménez	1614	O de M	1
51. Lic. Pedro Rodríguez de Castro	1614	SEC	1
52. Miguel García Serrano	1615	OSA	1
53. Francisco Muñoz	1615	OSA	1
54. Miguel de Castañeda	1615		1
55. Prvl. Juan López	1616	OFM	1
56. Maestro Diego de Carvajal	1616	OSA	1
57. Juan Murillo	1616	OSA	1
58. Maestro Bartolomé Gómez	1617	OP	1
59. Baltasar de Morales	1617	OFM	1
60. Pro. Gral. Rodrigo Moris	1617	OSA	1
61. Fernando Durán	1618	OFM	2
62. Gabriel de Arias	1618	OFM	2

63. Antonio del Pozo
    1618   OP   1
64. Jerónimo Bazán
    1618   OFM   1
65. Definidor Miguel de la Cruz
    1618   OFM   1
66. Juan Marqués Maldonado
    1619   OFM   1
67. Maestro Cristóbal de Aguilera y Vélez
    1619   OP   1
68. Dr. Bartolomé González Soltero
    1619   SEC   1
69. Com. Maestro Martín de Vergara
    1620   OSA   1
70. Pro. Gral. Antonio Gutiérrez
    1620   OP   1
71. Prepósito Cristóbal Ángel
    1621   SJ   1
72. Definidor Bartolomé de Burguillos
    1622   OFM   1
73. Definidor Juan Cornejo
    1622   OFM   1
74. Definidor Francisco de Velasco
    1623   OFM   1
75. García de Loaysa
    1623   OFM   2
76. Lctr. Maestro Alonso de Valdez
    1623   OSA   1
77. Maestro Vicente Mijangos
    1624   OSA   1
78. Joseph Morán de la Cerda
    1624   2
79. Rodrigo Alonso Barrena
    1625   OFM   1
80. Luis Zapata
    1625   OFM   1
81. Prvl. Juan Enríquez
    1625   OP   1
82. Maestro Antonio de Hinojosa
    1625   OP   1
83. Lic. Juan Vásquez de Cisneros
    1625   SEC   1
84. Alonso Vásquez de Cisneros
    1625   OFM   1

85. Pstdo. Agustín de Aldrete	1625	OP	1
86. Juan Osorio	1626		2
87. Luis Gutiérrez	1626	OFM	2
88. Prvl. Pedro Álvarez	1626	OP	1
89. Maestro Pedro García Serrano	1626	OSA	1
90. Prvl. Nicolás de San Laurencio	1626	OFM	1
91. Prvl. Domingo de Oportu	1626	OFM	1
92. Luis Gutiérrez	1626	OFM	1
93. Juan de Iguiribar	1626	OFM	1
94. Vic. Gral. Maestro Jacinto de Oses	1626	OP	1
95. Maestro Francisco de Arévalo	1627	OP	1
96. Pedro Pacheco	1627		2
97. Prvl. Juan de Carrascosa	1627	OFM	1
98. Pedro Pacheco	1627	OP	1
99. Juan de Noval	1628	OP	1
100. Juan de San Pedro	1628	OFM	1
101. Alonso del Rincón	1628	OSA	1
102. Estéban Tamayo	1628	OFM	1
103. Lctr. Francisco Rodríguez	1628	OFM	1
104. Prvl. Francisco de la Cruz	1628	OFM	1
105. Gabriel de Murillos	1628	OFM	1
106. Francisco Silvestre Magallón	1628	OFM	1

107. Luis de Ojeda	1628	OFM	1
108. Jerónimo Castillete	1628	OSA	1
109. Félix de Barrientos	1629	OP	1
110. Gaspar de Torres	1630	OFM	1
111. Maestro Hernando Martín Calvo	1630	OP	1
112. Francisco de Cevallos	1630		2
113. Juan Barba	1630		2
114. Pedro de Montenegro	1631	OP	2
115. Jacinto Cabañas	1631	OP	2
116. Francisco Macuelo	1632	OFM	2
117. Jacinto de Morales	1633	OP	2
118. Maestro Martín de Peralta	1634	OSA	1
119. Luis de Castilla	1634	OP	1
120. Gregorio Maldonado	1634	OFM	1
121. Cristóbal de Rivera	1635	OFM	1
122. Francisco de Areizaga	1635	OFM	1
123. Maestro Jacinto de la Caxiga	1636	OP	1
124. Juan de Burgos	1636	SJ	2
125. Pedro de los Reyes	1636		2
126. Antonio Chinchilla	1637	OFM	1
127. Felipe de Vergara Lexalde	1637	OSA	1
128. Martín de Vergara Lexalde	1637	OSA	1

129. Luis de Morales	1637		2
130. Lctr. Andrés de Valencia	1637	SJ	1
131. Lctr. Juan Antonio Suárez	1637	SJ	1
132. Maestro Diego de los Ríos	1638	OSA	1
133. Rafael de Peralta	1638	OSA	2
134. Pe. Juan de Vallecillo	1638	SJ	2
135. Francisco Muñoz	1639	OSA	2
136. Juan de Prada	1639		2
137. Dr. Cristóbal Millán	1640	SEC	1
138. Dr. Antonio de Peralta	1640		1
139. Francisco de la Cueva Montaño	1641	OFM	1
140. Luis de Vibar	1641	OFM	1
141. Lctr. Diego de Cote Salazar	1642	SJ	1
142. Prvl. Juan de Bueras	1642	SJ	1
143. Prvl. Francisco Colín	1642	SJ	1
144. Juan López	1642	SJ	1
145. Pe. Hernando Pérez	1642	SJ	2
146. Definidor Martín de la Cruz	1643	OFM	1
147. Maestro Francisco Naranxo	1643	OP	1
148. Maestro Álvaro de Figueroa	1643	OP	1
149. Luis Cortés	1643	OFM	1
150. Maestro Nicolás de Cabrera	1643	OP	1

151. Pstdo. Jerónimo Curiel
　　　　　　　　　　1643　　OP　　　　1
152. Dr. Nicasio Rubio
　　　　　　　　　　1644　　SEC　　　 1
153. Lctr. Maestro Alonso de la Barrera
　　　　　　　　　　1644　　OP　　　　1
154. Alonso de la Lima
　　　　　　　　　　1644　　OFM　　　1
155. Maestro Alonso Jironda
　　　　　　　　　　1644　　OP　　　　1
156. Pedro de Bárcena
　　　　　　　　　　1644　　OP　　　　1
157. Pstdo. Francisco de Burgoa
　　　　　　　　　　1644　　OP　　　　1
158. Maestro Cristóbal de Pocasangre
　　　　　　　　　　1644　　OP　　　　1
159. Lctr. Miguel Ubading
　　　　　　　　　　1644　　SJ　　　　1
160. Pstdo. Joseph de Airolo
　　　　　　　　　　1644　　OP　　　　1
161. Maestro Juan de Airolo
　　　　　　　　　　1644　　O de M　　1
162. Dr. Miguel de Poblete
　　　　　　　　　　1644　　SEC　　　 1
163. Lctr. Bartolomé de Letona
　　　　　　　　　　1644　　OFM　　　1
164. Maestro Marcos Muñoz
　　　　　　　　　　1644　　OP　　　　1
165. Francisco de Morga
　　　　　　　　　　1644　　　　　　　2
166. Pe. Juan López
　　　　　　　　　　1644　　SJ　　　　2
167. Maestro Alonso Díaz
　　　　　　　　　　1645　　OP　　　　1
168. Prvl. Juan de San Joseph
　　　　　　　　　　1645　　OFM　　　1
169. Lctr. Pedro Lorenzo de Alvarado
　　　　　　　　　　1645　　SJ　　　　1
170. Jerónimo Pérez de Nueros
　　　　　　　　　　1645　　SJ　　　　1
171. Maestro Miguel de León
　　　　　　　　　　1645　　OP　　　　1
172. Lctr. Baltasar López
　　　　　　　　　　1645　　SJ　　　　1

173. Prvl. Francisco Calderón	1645	SJ	1
174. Maestro Diego González	1645	OP	1
175. Lctr. Agustín de Amézaga	1645	OFM	1
176. Prvl. Jerónimo Román	1645	O de M	1
177. Pedro de San Raymundo	1645		
178. Lctr. Antonio de San Jerónimo	1645	OFM	1
179. Lctr. Juan Bautista	1646	OFM	1
180. Lctr. Antonio de San Gregorio Manzano	1646	OFM	1
181. Simón Millán	1646	OP	1
182. Maestro Prvl. Martín de Requena	1646	OP	1
183. Dr. Don Juan Muñoz de Molina	1647		2
184. Pablo Arias de Soto	1650		2
185. Nicolás de Figueroa	1651		2
186. Marcos de Burguete	1651		2
187. Luis de Tovar	1651	OFM	2
188. Sebastián de Quiñones	1652	OFM	2
189. Juan de Espínola	1654		2
190. Juan de Torres	1655		2
191. Pe. Juan Ortiz de los Heros	1655	SJ	2
192. Joseph de Narváez	1655	OFM	2
193. Gerónimo de Andrada	1656		2
194. Pedro Bernardo de Quirós	1658	OP	2

195. Pe. Matheo de la Cruz	1660	SJ	2
196. Francisco de Pareja	1662	O de M	2
197. Francisco de Carmona	1662		2
198. Luis Ortiz Escudero	1663		2
199. Joseph Duque	1667		2
200. Pe. Luis Pimentel	1668	SJ	2
201. Lorenzo Sánchez	1669		2
202. Nicolás de Lomas	1671	O de M	2
203. Pe. Hernando de Saavedra	1674	SJ	2
204. Rafael de Estrada	1674		2
205. Juan Suárez Pando	1675		2
206. Juan de la Madre de Dios	1675		2
207. Manuel Romano	1686		2
208. Juan de Chaves	1693	OP	2
209. Miguel de Ysassi	1695		2
210. Luis Athanasio	1695		2
211. Dr. Don Juan Félix Ramírez	1696		2

Significado de las abreviaturas

Columna 1. Título, nombre y apellido del calificador
  Com. Gral.: Comisario General
  Lctr.: Lector
  Pro. Gral.: Procurador General
  Prvl.: Provincial
  Pstdo.: Aspirante al grado de maestro en teología

Vic. Prov.: Vicario Provincial
Dr.: Doctor

a. Fecha del nombramiento
b. Orden religiosa o secular
   OSA: Agustino
   OP: Dominico
   OFM: Franciscano
   SJ: Jesuita
   O de M: Mercedario
   SEC: Secular
c. Número de la referencia que proporciona la información.

Referencias

1) Boletín del Archivo General de la Nación, tomo XXVI, núm. 3, México, 1955, julio-agosto-septiembre, pp. 489-518.
2) AGN, Indiferente General, Lista parcial del personal del Santo Oficio, sin clasificar.

Apéndice 5
CONSULTORES, 1571-1676

1. Dr. Pedro de Villalobos
   1572   Oidor   Sevilla   1
2. Dr. Pedro Farfán
   1572   Oidor   Salamanca   1
3. Dr. Lope de Miranda
   1572   Alcalde de Corte   1
4. Dr. Francisco de Sandi
   1572   Alcalde de Corte   Sevilla   1
5. Dr. Matheo de Arévalo Sedeño
   1572   Oidor   1
6. Dr. Francisco Cervantes de Salazar
   1572   Canónigo   México   1
7. Dr. Céspedes de Cárdenas
   1573   Alcalde de Corte   1
8. Dr. Hernando de Robles
   1575   Alcalde de Corte   1
9. Dr. Diego García de Palacios
   1582   Oidor   1
10. Dr. Santiago de Vera
    1583   Alcalde de Corte   2
11. Dr. Santiago del Riego
    1583   Alcalde de Corte   1
12. Dr. Paredes
    1584   Oidor   1
13. Dr. Saldierna de Mariaca
    1587   Oidor   1
14. Dr. Fernando Saavedra Balderrama
    1589   Oidor   Salamanca   1
15. Lic. Vasco López de Vivero
    1592   Corregidor   1
16. Lic. Alonso de Villagra
    1595   Oidor   1
17. Lic. Pedro de Arévalo Sedeño
    1596   Oidor   Guadalajara   2
18. Dr. Marcos Guerrero
    1597   Alcalde de Corte   1
19. Dr. Dionisio de Rivera Flores
    1599   Canónigo   México   1

APÉNDICE 5

20. Dr. Juan de Fonseca
    1604   Oidor   1
21. Dr. Antonio de Morga
    1604   Alcalde de Corte   1
22. Lic. Pedro Juárez de Longoria
    1606   Oidor   1
23. Lic. Francisco de Leos
    1615   Alcalde de Corte   1
24. Lic. Diego Gómez de Mena
    1616   Alcalde de Corte   1
25. Lic. Antonio Coello de Portugal
    1617   Fiscal de la Audiencia   Guatemala   1
26. Lic. Jerónimo Gutiérrez de Montealegre
    1620   Corregidor   1
27. Dr. Lorenzo de Terrones
    1621   Alcalde de Corte   1
28. Dr. Juan de Canseco
    1623   Alcalde de Corte   Salamanca   1
29. Lic. Íñigo de Argüello Carvajal
    1625   Fiscal del Crimen   Caballero Calatrava   1
30. Lic. Juan de Álvarez Serrano
    1625   Oidor   1
31. Dr. Pedro de Barrientos Lomelín
    1626   Prebendado   1
32. Lic. Alonso de Urias y Tovar
    1628   Oidor   Salamanca   1
33. Lic. Francisco de Herrera Campuzano
    1628   Oidor   Caballero Santiago   1
34. Dr. Antonio de Esquivel Castañeda
    1628   Prebendado   1
35. Dr. Juan de Quezada Hurtado de Mendoza
    1629   Fiscal Real Audiencia   Manila   1
36. Lic. Tomás Bernardo de Quiroz
    1634   Oidor   1
37. Dr. Matías de Peralta
    1639   Oidor   1
38. Lic. Francisco Manríquez de Lara
    1640   Fiscal del Crimen   Alcalá   1
39. Lic. Melchor de Torreblanca
    1641   Oidor   1
40. Dr. Alonso Montoya Tebar
    1642   Oidor Real Audiencia   Guatemala/Salamanca   1
41. Dr. Juan de Miranda Gordegüela
    1642   Alcalde del Crimen   1

42. Lic. Pedro Hernández de Baeza
    1643   Presidente
            Real Audiencia   Guadalajara   1
43. Lic. Gaspar de Castro
    1643   Oidor   1
44. Dr. Jerónimo de Alzate
    1643   Fiscal Real Audiencia Guadalajara   1
45. Dr. Andrés Gómez de Mora
    1644   Oidor   Alcalá   1
46. Dr. Alonso Pérez Camacho
    1644   Canónigo   Puebla   1
47. Lic. Juan Manuel Sotomayor y Pantoja
    1646   Alcalá/
                                   Caballero Calatrava
48. Dr. Don Francisco Murcia de la Llana
    1655   2
49. Dr. Don Nicolás Gómez de Cervantes
    1658   Canónigo   2
50. Dr. Don Juan Yáñez de Ávila
    1660   2
51. Dr. Don Andrés Pardo de Lagos
    1662   Oidor   3
52. Dr. Don Luis Martínez Hidalgo
    1667   2
53. Dr. Don Juan de Aréchiga y Cassas
    1672   Oidor   2
54. Lic. Don Jacinto de Vargas Campuzano
    1676   Oidor   2
55. Dr. Don Juan Francisco de Montemayor y Cuenca
    1676   Oidor   2

Significado de las abreviaturas

Columna 1: Título, nombre y apellido del consultor
  a. Año del nombramiento
  b. Cargo
  c. Origen y orden militar
  d. Referencia que proporciona la información.

APÉNDICE 5

Referencias

1) Boletín del Archivo General de la Nación, tomo XXVI, núm. 2, México, 1955, abril-mayo, pp. 306-315.
2) AGN, Indiferente General, Lista parcial del personal del Santo Oficio, sin clasificar.
3) AGN, vol. 592, exp. 1.

APÉNDICE 6

EDICTOS DE FE, 1571-1698

Fecha	Lugar	Autores	Tema	Referencia
1. 1571/XI/4	México	Pedro Moya de Contreras	Creación del Santo Oficio	Edictos, vol. III, f. 15
2. 1573/X/21	México Madrid	Diego Covarrubias y de Leyva	Libros prohibidos	Inq, vol. 43, núm. 4
3. 1574	México		Contra las oraciones dedicadas a la Virgen en lenguas vulgares	Edictos, vol. III, f. 19
4. 1576	México		Contra las herejías	Edictos, vol. III, f. 20
5. 1576	México		Contra el secular Moya	Edictos, vol. III, f. 21
6. 1577	México		Contra la absolución de las herejías por los confesores	Edictos, vol. III, p. 22
7. 1582	México		Contra las herejías	Inq., t. 133, núm. 6 Edictos, vol. III, fs. 23-26
8. 1582/III/3	México	Pedro de los Ríos	Edicto general de la fe	Indiferente General
9. 1583/V/20	Madrid	Pedro de Valle V.	Libros prohibidos	Edictos, vol. III, f. 27
10. 1594	México		Revisión del correo	Edictos, vol. III, fs. 28-29

11. 1601/III/18	México		Edicto general y libros prohibidos	Inq., vol. 265, núm. 2
12. 1607/II/23	Madrid México	Antonio Márquez del Prado	Perdón a los judíos	Indiferente General
13. 1612/I/26	México	Juan de la Paraya	Libros prohibidos	Indiferente General
14. 1612			Libros prohibidos	Edictos, vol. III, fs. 32-35
15. 1613/X/23	México	Juan Gutiérrez Flores Pedro Sáenz de Mañozca	Libros prohibidos	Indiferente General
16. 1613/X/23	México	Juan de la Paraya	Libros prohibidos	Edictos, vol. I
17. 1615	México		Libros prohibidos	Edictos, vol. III, f. 36
18. 1615	México		Libros prohibidos	Edictos, vol. III, f. 37
19. 1615/VIII/26	México	Juan de la Paraya	Libros prohibidos	Indiferente General
20. 1616/III/8	México		Contra los astrólogos	Edictos, vol. VI
21. 1618/VIII/7	México	Juan Gutiérrez Flores Francisco Bazán de A.	Libros prohibidos	Edictos, vol. VI
22. 1619/IV/10	México	Francisco Bazán de A. Juan de la Paraya	Escritos acerca de santa Teresa	Edictos, vol. III, f. 38
23. 1620	México		Prohibición de imágenes	Indiferente General
24. 1620	México		Contra una súplica dirigida a Felipe III por los portugueses	Edictos, vol. III, f. 39
25. 1620/IV/30	México	Francisco Bazán de A. Juan de la Paraya	Contra la solicitación	Edictos, vol. I

Fecha	Lugar	Autores	Tema	Referencia
26. 1620/V/5	México	Francisco Bazán de A. Juan de la Paraya	Acerca de la fe	Edictos, vol. I
27. 1620	México		Censura de libros	Edictos, vol. III, f. 40
28. 1620/VII/23	México	Juan Gutiérrez Flores A. Francisco Bazán de A. Juan de la Paraya	Libros prohibidos	Indiferente General
29. 1622/XI/20	México		Libros prohibidos y objetos profanos	Edictos, vol. III, f. 42
30. 1623/VIII/3	México	Juan Gutiérrez Flores A. Francisco Bazán de A.	Acerca de la Concepción de la Virgen	Edictos, vol. III, f. 43
31. 1624	México		Libros prohibidos	Edictos, vol. III, f. 44
32. 1624/V/13	México	Juan Gutiérrez Flores A. Francisco Bazán de A.	Contra los solicitantes	Edictos, vol. III, fs. 45 y 46
33. 1626/III/26	México		Libros prohibidos	Indiferente General
34. 1626/X/20	México	Francisco Bazán de A. Juan de la Paraya	Libros prohibidos y cruces pintadas	Edictos, vol. III, f. 47
35. 1628/II/22	México	Gonzalo de Rivera	Libros prohibidos	Indiferente General
36. 1628/VIII/22	México	Francisco Bazán de A. Gaspar de Valdespina	Libros prohibidos	Edictos, vol. I
37. 1628/XI/13			Bula	Indiferente General
38. 1630/VII/9	México		Libros prohibidos	Edictos, vol. III, fs. 48-49
39. 1634/I/9	México	Gaspar de Valdespina	Libros prohibidos y herejías	Edictos, vol. III, f. 51

40.	1634/XI/3	México		Libros prohibidos	Edictos, vol. I
41.	1635/X/5	México		Libros prohibidos	Edictos, vol. III, f. 52
42.	1636/VII/15	México	Francisco de Estrada y Escobedo Juan Sáenz de Mañozca Bernabé de la Higuera y A.	Contra un retrato del obispo Palafox	Edictos, vol. I
43.	1636/IX/17	México		Objetos y libros prohibidos	Indiferente General
44.	1637/VII/10	México		Contra las reliquias de la hermana Luisa de la Asunción	Edictos, vol. III, f. 54
45.	1637/VII/15	México		Prohibición de imágenes	Edictos, vol. III, f. 53
46.	1640	México		Libros prohibidos	Indiferente General
47.	1641/VIII/14	México	Domingo Vélez de Assas	Acerca de Palafox y de ciertos libelos	Edictos, vol. III, f. 55
48.	1642/IX/4	México	Domingo Vélez de Assas Francisco de Estrada y Escobedo	Bienes de Simón Váez Sevilla	Indiferente General
49.	1642	México		Bienes de algunos presos	Edictos, vol. III, fs. 56-57
50.	1643/XII/5	México		Objetos y reliquias	Indiferente General
51.	1646/XI/5	Madrid		Acerca de las cofradías y la Virgen	Edictos, vol. III, fs. 60-62
52.	1646/XII	México		Libros prohibidos	Edictos, vol. III, f. 63

Fecha	Lugar	Autores	Tema	Referencia
53. 1646/XII/19	México		Acerca de unos libelos contra los jesuitas	Edictos, vol. III, f. 64
54. 1647/V/22	México		Acerca de unas censuras destruidas en Puebla	Edictos, vol. III, f. 65
55. 1647/IX/28	México	Francisco de Estrada y Escobedo Juan Sáenz de Mañozca Bernabé de la Higuera y A.	Libros prohibidos	Edictos, vol. III, f. 66
56. 1649	México		Contra los que poseen bienes de los judíos	Inq., vol. 416, núm. 37
57. 1650	México		Herejías	Edictos, vol. III, fs. 69-73
58. 1650/II/15	México	Francisco de Estrada y Escobedo Juan Sáenz de Mañozca Bernabé de la Higuera y A.	Edicto general	Edictos, vol. III, fs. 74-75
59. 1650/XII/26	México	Juan Sáenz de Mañozca Bernabé de la Higuera y A.	Contra los libelos escritos por Guillén de Lampart	Edictos, vol. III, f. 76
60. 1650/XII/31			Libros prohibidos	Indiferente General

61. 1651/V/13	México	Luis de Barrera Joaquín Arias y Urbina Agustín Castrillo de C.	Contra los solicitantes	Indiferente General
62. 1652/IX/16	México	Francisco de Estrada y Escobedo Juan Sáenz de Mañozca Bernabé de la Higuera y A.	Objetos y reliquias	Edictos, vol. III, f. 78
63. 1653/VII/20	México	Francisco de Estrada y Escobedo Juan Sáenz de Mañozca Bernabé de la Higuera y A.	Libros prohibidos	Edictos, vol. III, fs. 74, 80 y 81
64. 1655/VIII/14	México	Francisco de Estrada y Escobedo Juan Sáenz de Mañozca Bernabé de la Higuera y A.	Libros prohibidos	Edictos, vol. III, fs. 82 y 83
65. 1656/IX/16	México	Pedro Medina Rico	Libros prohibidos	Edictos, vol. III, f. 84
66. 1659	México	Francisco de Estrada y Escobedo Juan Sáenz de Mañozca Bernabé de la Higuera y A.	Boletín. Prohibición a los confesores de absolver en casos de herejías	Edictos, vol. III, fs. 85, 87 y 89
67. 1659/I/19	México	Pedro Medina Rico Juan Sáenz de Mañozca	Bienes de Simón Váez Sevilla	Edictos, vols. I y III, f. 88

Fecha	Lugar	Autores	Tema	Referencia
68. 1659/III/15	México	Francisco de Estrada y Escobedo Juan Sáenz de Mañozca Bernabé de la Higuera y A.	Herejías	Indiferente General
69. 1659	México		Contra el obispo de Oaxaca	Edictos, vol. III, f. 90
70. 1660/VIII	México	Pedro Medina Rico	Libros prohibidos	Edictos, vol. III, f. 91
71. 1660/X/2	México	Pedro Medina Rico	Libros prohibidos	Indiferente General
72. 1661/I/19	México	Francisco de Estrada y Escobedo Juan Sáenz de Mañozca Bernabé de la Higuera y A.	Objetos y reliquias	Edictos, vol. III, f. 92
73. 1662/III/9	México	Pedro Medina Rico Juan Sáenz de Mañozca Bernabé de la Higuera y A.	Libros prohibidos	Edictos, vol. III, f. 93
74. 1663			Contra los judíos portugueses de la Mixteca	Inq., vol. 502, núm. 18
75. 1663/V/29	México	Juan de Ortega Montáñez Juan Manuel de Montúfar	Libros prohibidos	Indiferente General

76.	1664	México		Libros prohibidos	Edictos, vol. III, fs. 94-95
77.	1665	México		Libros prohibidos	Edictos, vol. III, f. 96
78.	1666	México		Contra la astrología	Edictos, vol. IV, f. 1
79.	1667/I/22	México		Contra cierto mulato	Edictos, vol. IV, f. 2
80.	1667/VIII/20	México	Juan de Ortega Montáñez Martín Gómez de Ochandia	Libros prohibidos	Edictos, vol. IV, f. 3
81.	1668/V/30	México	Juan de Ortega Montáñez Nicolás de los Infantes	Libros prohibidos	Indiferente General
82.	1668	México		Prohibición de absolver las herejías en los jubileos	Edictos, vol. IV, f. 4
83.	1672	México		Libros prohibidos	Inq., vol. 621, número 633
84.	1673	México		Libros prohibidos	Inq., vol. 624, número 353
85.	1673	México		Libros prohibidos	Edictos, vol. IV, f. 5
86.	1674	México		Libros prohibidos	Inq., vol. 518, número 449
87.	1679	México		Para que se lea cada año los privilegios del Santo Oficio	Edictos, vol. IV, f. 5
88.	1690/I/14	México	Juan Antonio Mier Juan de Armesto y C.	Libros prohibidos	Edictos, vol. I
89.	1690/VIII/14	México	Juan Antonio Mier Juan de Armesto y C.	Libros prohibidos	Edictos, vol. I

Fecha	Lugar	Autores	Tema	Referencia
90. 1690/VIII/12	México	Juan Antonio Mier Juan de Armesto y C.	Libros prohibidos	Indiferente General
91. 1691	México	Juan Antonio Mier Juan de Armesto y C.	Retrato del obispo Palafox	Edictos, vol. I
92. 1691/III/20	México	Juan Antonio Mier Juan de Armesto y C.	Cruces en sitios indecentes	Indiferente General y Edictos, vol. I
93. 1694/III	México		Libros prohibidos	Indiferente General
94. 1696/XII/24	México		Libros prohibidos	Edictos, vol. I
95. 1696	México		Libros prohibidos	Edictos, vol. IV, f. 8
96. 1698/I/14	México	Juan Antonio Mier Juan de Armesto y C. Francisco de Deza y U. Vicente Adell y P.	Acerca de los casos reservados	Edictos, vol. I
97. 1698/IX/6	México	Vicente Adell y P.	Libros prohibidos	Edictos, vol. IV, f. 9
98. 1698/X/12	México	Juan Antonio Mier Juan de Armesto y C.	Libros prohibidos	Edictos, vol. I
99. 1698	México	Juan Tomás de Rocaberti	Contra las contiendas entre órdenes religiosas	Edictos, vol. IV, f. 10
100. 1698	México		Libros prohibidos	Edictos, vol. IV, f. 71

Apéndice 7
AUTOS DE FE, 1571-1699

Fecha	Referencias
1. 1574, 28 de febrero	1, p. 70
	11, p. 678
	12, p. 60
2. 1575, 6 de marzo	1, p. 80
	12, p. 72
3. 1576, 19 de febrero	12, p. 73
4. 1577, 15 de diciembre	1, p. 81
	12, p. 75
5. 1578, 19 de febrero	1, p. 80
6. 1579, 11 de octubre	12, p. 76
7. 1590, 24 de febrero	1, p. 83
	11, p. 680
	12, p. 107
8. 1591, 25 de marzo	2
	12, p. 109
9. 1592, 3 de diciembre	2
10. 1593, 28 de mayo	12, p. 110
11. 1594, 27 de febrero	1, p. 85
12. 1596, 8 de diciembre	3
	1, p. 89
	11, p. 682
	12, p. 121
13. 1601, 25 de marzo	4
	11, p. 685
	12, p. 155
14. 1603, 20 de abril	12, p. 170
15. 1605, 25 de marzo	5
	11, p. 691
	12, p. 172
16. 1606, 27 de marzo	12, p. 174
17. 1607, 18 de marzo	12, p. 174
18. 1609, 22 de marzo	12, p. 174
19. 1610, 14 de marzo	12, p. 175
20. 1612, 18 de marzo	12, p. 175

Fecha	Referencias
21. 1615, Cuaresma	12, p. 175
22. 1621, 5 de abril	13, p. 33v.
	13, p. 82r.
23. 1625, 15 de junio	11, p. 691
	12, p. 175
24. 1630, 17 de marzo	12, p. 176
25. 1635, 3 de abril	11, p. 692
	12, p. 184
26. 1646, 16 de abril	6
	10, p. 137 a 177
	11, p. 693
	12, p. 193
27. 1647, 23 de enero	6
	10, p. 179 a 196
	11, p. 696
	12, p. 194
28. 1648, 30 de marzo	8, tomo I, p. 4
	10, p. 197 a 259
	11, p. 698
	12, p. 194
29. 1649, 11 de abril	7
	11, p. 700
	8, tomo I, pp. 28, 39
	12, p. 196
30. 1650, 10 de julio	8, tomo I, p. 111
31. 1652, 6 de noviembre	12, p. 244
	13, p. 157 verso
32. 1653, 16 de febrero	13, p. 354 recto
33. 1654, 12 de diciembre	13, p. 19 recto
34. 1656, 29 de octubre	8, tomo II, p. 67
	12, p. 244
35. 1659, 19 de noviembre	11, p. 710
	8, tomo II, p. 125
	12, p. 245
36. 1662, 30 de septiembre	8, tomo II, p. 178
	11, p. 711
37. 1663, 15 de octubre	12, p. 270
38. 1664, 4 de mayo	8, tomo II, p. 207
	11, p. 711
	12, p. 270
39. 1664, 7 de diciembre	11, p. 711

APÉNDICE 7

Fecha	Referencias
	8, tomo II, p. 239
	12, p. 271
40. 1665, 18 de diciembre	12, p. 271
41. 1667, 7 de diciembre	13, p. 27 recto
42. 1668, 3 de febrero	11, p. 711
	9, tomo I, p. 51
	12, p. 273
43. 1670, 7 de diciembre	11, p. 711
	9, tomo I, p. 89
	12. p. 274
44. 1671, 25 de noviembre	13, p. 160 verso
45. 1674, 25 de febrero	12, p. 275
46. 1676, 22 de marzo	11, p. 712
	9, tomo I, p. 195
	12, p. 275
47. 1677, 6 de abril	11, p. 712
	9, tomo I, p. 213
48. 1677, 9 de septiembre	11, p. 712
	9, tomo I, p. 222
49. 1678, 20 de marzo	9, tomo I, p. 236
	12, p. 276
50. 1679, 12 de noviembre	11, p. 712
	9, tomo I, p. 269
	12, p. 278
51. 1680, 17 de noviembre	11, p. 712
	9, tomo I, p. 290
	12, p. 278
52. 1683, 4 de abril	11, p. 712
	9, tomo II, p. 39
53. 1688, 8 de febrero	9, tomo II, p. 154
	11, p. 713
	12, p. 278
54. 1690, 5 de marzo	11, p. 713
	9, tomo II, p. 198
55. 1696, 15 de enero	9, tomo III, p. 36
	11, p. 713
	12, p. 279
56. 1699, 14 de junio	9, tomo III, p. 79
	11, p. 713
	12, p. 280

Referencias

1) Yolanda Mariel de Ibáñez, *El tribunal de la Inquisición en México* (*siglo xvi*), Universidad Nacional Autónoma de México, México, 2ª ed., 1979.
2) AGN, Inquisición, vol. 213, exp. 44.
3) AGN, Inquisición, vol. 216, exp. 20.
4) AGN, Riva Palacio, vol. 35, docs. 5, 6, 7, 16.
5) AGN, Inquisición, vol. 275, exp. 5.
6) AGN, Inquisición, vol. 426, fs. 500-506.
7) AGN, Inquisición, vol. 416, exp. 42.
8) Gregorio M. de Guijo, *Diario, 1648-1664*, Editorial Porrúa, 2 vols., México, 1953.
9) Antonio de Robles, *Diario de Sucesos Notables, 1665-1703*, Editorial Porrúa, 3 vols., México, 1946.
10) Genaro García, "La Inquisición en México", en *Documentos inéditos o muy raros para la Historia de México*, vol. 58, Editorial Porrúa, México, 1974.
11) Luis González Obregón, *México Viejo*, Editorial Patria, México, 1966.
12) José Toribio Medina, *Historia del Tribunal del Santo Oficio de la Inquisición en México*, Ediciones Fuente Cultural, México, 1952.
13) "Abecedario de los Relajados, Reconciliados y Penitenciados", Henry E. Huntington Library, San Marino, California.

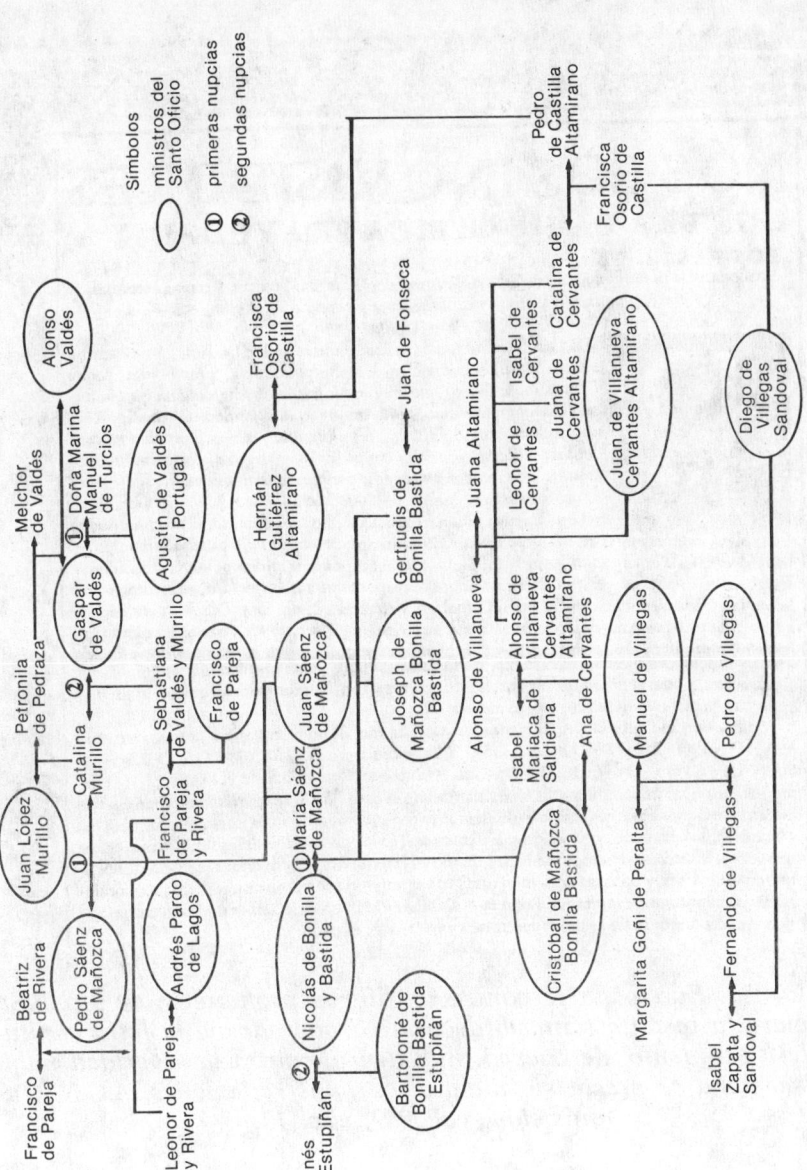

FIGURA II. *Familias Sáenz de Mañozca Bonilla y Bastilla.*

FIGURA III. *Edicto de fe contra los libros prohibidos, de 1621. Se apreciara la insólita fantasía decorativa que adorna la letra capitular del documento, de cuerpo muy ligero, contra la severidad habitual; el tema se presta sin duda a extrañas reflexiones. A.G.N., Inquisición, vol. 289, exp. 13.*

SEGUNDA PARTE
LA ACTIVIDAD INQUISITORIAL

V. INTRODUCCIÓN

Los REGISTROS inquisitoriales ofrecen esencialmente dos tipos de documentos, las denuncias y los procesos, que, si bien mantienen entre sí una relación tan necesaria como evidente, no dejan de corresponder a realidades distintas.

En efecto, la denuncia surge del conjunto del "pueblo cristiano", al que se incita con regularidad, mediante los edictos de fe y las órdenes dadas por el sacerdote en el acto de la confesión, a que declare ante el Santo Oficio cuanto pueda parecer sospechoso en materia de fe o de práctica religiosa. Por tanto, se trata de una actitud —obviamente muy inducida por una serie de amenazas de penas espirituales para quienes opten por callar— de colaboración con la institución inquisitorial y, al mismo tiempo, de un indicio seguro de cristianización y normalización de este mismo pueblo. Pero también es algo más.

La denuncia ante la Inquisición, respaldada por el anonimato riguroso y, por consiguiente, sustraída por principio a la venganza eventual de la persona denunciada, premiada además por la seguridad de obrar con piedad ya que, teóricamente, sólo se trata de "descargar la conciencia", constituye un medio admirable de encauzar la envidia, la frustración, las enemistades y venganzas, lo mismo en el plano individual que colectivo. Si, como lo señala acertadamente Jean-Pierre Dedieu, el falso testimonio caracterizado resulta sumamente escaso [1] —y sale además muy caro, pues la Inquisición no puede tolerar que se la engañe y manipule—, nada más fácil que presentar los hechos de manera capciosa, malévola o parcial. Aun cuando se conforme con proporcionar datos confusos, con sembrar dudas, el denunciante puede salir satisfecho por varios motivos del Tribunal: no sólo piensa haberse portado como buen católico que colabora con las autoridades encargadas de velar por la ortodoxia sino que abriga la secreta esperanza de perjudicar a algún vecino aborrecido, un rival más desafortunado en negocios o en amores, un enemigo íntimo, un indeseable de la comunidad a la que pertenece. En este sentido, las denuncias son reveladoras y catalizadoras de tensiones que, si bien permanecen generalmente subterráneas e inconscientes, no dejan de ser poderosas; tales tensiones, cuando se expresan bajo formas colectivas, traducen siempre, ya lo veremos,

[1] Jean-Pierre Dedieu, "Les Archives de l'Inquisition, source pour une étude anthropologique des vieux chrétiens. Un exemple et quelques réflexions", en J. Pérez Villanueva, *La Inquisición española*, p. 908.

un proceso de efervescencia en las esferas profundas de lo económico, sociológico y mental.

Por todas estas razones, la relación que existe entre denuncia y delito resulta sumamente compleja: lo que un individuo denuncia como delito no lo es forzosamente para los inquisidores, profesionales que manejan criterios muy específicos y que bien pueden ver en ello una simple infracción de tipo social. El margen que existe entonces entre las dos valoraciones es revelador del nivel de cristianización del denunciante.

Sucede también que por medio de la denuncia confirmada por testimonios ulteriores, se descubra un delito distinto del que había sido originalmente expuesto. Finalmente, nos consta que ciertas denuncias que más adelante aparecen como fundamentadas, se quedan sin efecto por razones muy diversas y que a menudo se deben a las fallas en el funcionamiento inquisitorial; en tal caso, el delito no resulta confirmado por un proceso ulterior y ninguna sentencia lo viene a sancionar.

Sea lo que fuere, además de su papel revelador y catalizador, la denuncia traduce casi siempre un delito objetivo, si se adoptan los criterios inquisitoriales; es decir, que corresponde efectivamente a una creencia o a un comportamiento considerado heterodoxo por el Tribunal, o al menos, percibido subjetivamente como tal puesto que la conciencia del denunciante lo concibe como una transgresión.

El proceso, en cambio, atestigua por principio la intervención inquisitorial y debe ante todo ser considerado como un índice de la actividad del Santo Oficio. Revela por otra parte, la existencia de uno o varios delitos, aunque en esto nuevamente conviene matizar.

En efecto, si no cabe duda que sólo se forma proceso cuando las denuncias originales parecen tener suficiente fundamento, sucede que el asunto termina con un sobreseimiento, la declaración de la inocencia del inculpado o únicamente la manifestación de fuertes sospechas para con él, cuando, por ejemplo, éste venció la prueba del tormento. Sucede también que el delito que originó la detención y la apertura del proceso acaba pareciendo irrisorio: si la Inquisición llega entonces a castigar, sanciona más bien el escándalo que de ello resultó que la misma transgresión. Por todas estas razones, si los procesos son significativos de delitos objetivos, no se los puede ver como reveladores perfectamente exactos de los mismos: sólo el examen de las sentencias logra establecer la naturaleza de los delitos, pero únicamente aquellos que en primer lugar fueron denunciados y luego motivaron diligencias judiciales. Quedan los delitos que jamás fueron identificados como tales por una población poco instruida e incuriosa en materia de fe; los delitos que nunca fueron denunciados; los que fueron denunciados pero nunca perseguidos; los que se persiguieron pero no fueron sancionados, etc. Porque sería ilusorio imaginar que una instancia normalizadora cual el Santo Oficio llegó a saber de todos los delitos y, más aún, que tuvo el poder de reprimirlos...

Por último, la misma noción de delito es ambigua, aun y sobre todo ateniéndose a los criterios inquisitoriales que trataron en cuanto era posible de circunscribir sus distintas modalidades; tal ambigüedad se ve reflejada en la amplia jurisprudencia que acompaña a los códigos utilizados por los tribunales. Sin contar la confusión tan variable como permanente que procedía ineluctablemente de los traslapes y usurpaciones de las distintas jurisdicciones civiles y religiosas —particularmente sensible en los casos de delitos de blasfemia, hechicería y bigamia—, fuerza es admitir que entre una transgresión positiva, una creencia o práctica herética, un dicho abierta y conscientemente hostil a las cosas de la religión y, por ejemplo, un comportamiento supersticioso que tan sólo nace de la ignorancia y que traduce a lo más una laguna, una falla, la diferencia es grande. La institución inquisitorial puede abarcar estas distintas actitudes en una misma categoría delictiva o, al contrario, verlas como dos delitos separados. Todo parece depender de la época, la coyuntura, el contexto, el caso y el individuo, resultando la actitud del reo —desafío o arrepentimiento— de un peso determinante a la hora de valorar la falta y dictar la sentencia.

Por esta razón optamos, según lo que deseamos descubrir a partir de nuestras fuentes, por examinar las denuncias cuando se trata de percibir fenómenos relacionados con móviles que animan a los individuos, los grupos o las mayorías silenciosas —pero obviamente no mudas—, o los procesos si se trata de entender la actividad estrictamente inquisitorial. También recurrimos a la categoría "trámites", que abarca a la vez denuncias y testimonios aislados junto con procesos. Dicha categoría, que puede parecer algo artificial, resulta operativa y finalmente válida puesto que permite enfocar globalmente la tarea inquisitorial en su relación dinámica, y hasta dialéctica, con estas denuncias que a veces en pesadas oleadas y a menudo en sutil goteo, surgen en la superficie del magma social, burbujas azufradas que revientan también en procesos más o menos ruidosos... Tal categoría, a la vez legítima y bastarda, permite por tanto abarcar el fenómeno inquisitorial en su complejidad fundamental —su dimensión institucional y social—, apreciarlo globalmente y por tanto, ponderarlo e interpretarlo en función de referencias más amplias, el contexto económico, político y social en el que se halla inmerso.

VI. LA ACTIVIDAD INQUISITORIAL EN NUEVA ESPAÑA: ALGUNAS CONSIDERACIONES

En términos generales, se comprueba que a la instauración del Santo Oficio en México en 1571 sigue de inmediato un aumento sensible del volumen de trámites, el que, luego de una depresión que corresponde a los últimos años del siglo XVI, no tarda en acentuarse vigorosamente entre 1610 y 1630; la década 1630-1640 muestra de nuevo un derrumbe del volumen de trámites inquisitoriales, muy rápidamente corregido por el máximo, esta vez aparatoso, de los años 1640-1650 (*véanse* la gráfica 2.I y el cuadro 2.I). Hay poca animación en la segunda mitad del siglo, aunque las dos últimas décadas registran de nuevo un incremento notorio del número de delitos que llegaron de un modo u otro al conocimiento del Tribunal puesto que encontramos órdenes de magnitud comparable a las de los primeros tiempos de ejercicio, unos cien años antes.

Ahora bien, si exceptuamos el repentino y extraordinario movimiento de los años 1640-1650, motivado por la persecución de la "complicidad" de los judeocristianos que seguían practicando secretamente el mosaísmo, queda patente que la tendencia general observada por el volumen global de los trámites coincide puntualmente con lo que sabemos de la situación socioeconómica de la Nueva España; tras un pronto arranque, a fines del siglo XVI, ligado al auge minero, los veinte y sin duda treinta primeros años del siglo XVII corresponden a una expansión innegable del virreinato en todos los terrenos y particularmente, de nuevo, en la minería; la crisis que se dejaba entrever a partir de la década de 1620 interrumpió brutalmente tal expansión. Al término de un estancamiento sólidamente establecido de 1650 en adelante y que perdura varias décadas, se percibe a fines del siglo una reacción enérgica, una vez más en relación con la minería, anunciadora del próspero siglo XVIII.

El lapso álgido de los años 1640-1650, que coincide con una verdadera crisis cuyas raíces profundas penetran tanto en lo político como en lo socioeconómico, según se verá adelante, subraya vigorosamente este periodo de transición entre las dos mitades del siglo, la del auge y la de la depresión indiscutida.

Resulta por tanto obvio que el fenómeno inquisitorial, considerando la complejidad de sus manifestaciones más amplias —las diligencias relacionadas con la delación y las que reflejan la acción institucional—, está en correspondencia con el contexto que contribuye a animar y que lo nutre. Quedan por descubrir las modalidades de esta correspondencia, que entrevemos múltiple y en distintos niveles.

Es posible, en una primera etapa, puntualizar la naturaleza de estos "trámites" inquisitoriales cuyas grandes líneas acabamos de describir, para de esta manera saber si el origen de una diligencia institucional está en la formación de un proceso o en movimientos nacidos en el seno de las masas bajo la forma de denuncias. Para ello, basta cotejar la gráfica que representa el volumen global de trámites inquisitoriales con la que se refiere a los procesos formados por el Santo Oficio. Ciertas evidencias saltan entonces a la vista: el número de procesos (a fines del siglo XVI) es con mucho el más elevado de todo el periodo estudiado, lo que traduce sin lugar a duda la voluntad del Tribunal de controlar una situación que numerosos testimonios denunciaban como particularmente relajada. Quienes sufren los rigores inquisitoriales son los colonos españoles, los blasfemos o los que profieren toda clase de discursos inconvenientes o escandalosos, los bígamos o los partidarios de la fornicación banalizada y sin remordimiento ("la fornicación no es pecado...", junto con sus numerosa variaciones).[1] Todo con el fin, primero, de corregirlos y hacerles saber que se acabaron los tiempos en que imperaban las costumbres festivamente desordenadas y que de ahora en adelante habrían de moderarse y, más aún, impedir que fueran a dar tan desafortunados ejemplos a los indígenas recién convertidos.

En cambio, los amplios movimientos de trámites de los años 1610-1630 resultan ser esencialmente denuncias multitudinarias de prácticas hechiceriles,[2] que no provocan ninguna reacción notable por parte del Tribunal puesto que a este periodo corresponde un número mediocre de procesos. Es que ya pasaron los tiempos heroicos del principio y ahora los inquisidores en turno se dedican lánguidamente a sus menesteres en la modorra colonial y velan sobre todo por su supervivencia económica. Además, el Santo Oficio no acostumbra perseguir con rigor estos delitos de poca monta que nacen la mayoría de las veces de la ignorancia y son indignos de la atención de profesionales preparados para acometer la herejía proteica y perniciosa. Por tanto la Inquisición se conforma, en aquellos años, con recibir pasivamente las denuncias, consignarlas —para el mayor provecho del futuro historiador y etnólogo— y a veces también, cuando la agitación que provocan todos estos actos

---

[1] Solange Alberro, *La actividad del Santo Oficio de la Inquisición en Nueva España, 1571-1700*, pp. 93-94.
[2] Alberro, *op. cit.*, pp. 49-50.

supersticiosos resulta demasiado viva, con apaciguar los espíritus mediante la prudente intervención de un comisario o incluso formando algún proceso ejemplar que vuelva a poner las cosas en su lugar, o sea el que corresponde a la ignorancia o el engaño.

En este caso, el Santo Oficio desempeña un papel no menos importante que el de control y represión que con demasiada frecuencia se le atribuye exclusivamente; ahora acepta polarizar las tensiones y pulsiones individuales y colectivas bajo la forma de denuncias y, finalmente, las guarda en sus archivos sin darles curso más que de manera eventual. De hecho, las neutraliza al dejar que los denunciantes abriguen la esperanza o la ilusión íntima de verlas algún día fructificar, desempeñando al fin y al cabo una función inestimable de estabilización social.[3] Tal fenómeno, que se manifiesta en forma cuantitativa en el caso privilegiado de los años 1610-1630, es constante en el proceder inquisitorial aunque sólo resulta perceptible a través del microanálisis que nos permite llegar al caso concreto.

A mediados del siglo XVII, época marcada por un aumento considerable del número de trámites, se registra asimismo un número relativamente elevado de procesos contra judaizantes, si bien se da una gran desproporción entre ambos movimientos, el de los trámites y el de los procesos.[4] La razón de este fenómeno es sencilla: además de las denuncias y los procesos propiamente dichos, tenemos aquí una gran cantidad de testificaciones, es decir de fragmentos de procesos, copiados varias veces por los ministros en la medida en que su contenido implicaba a diversos acusados y que la pereza y desorden inquisitoriales —recordemos aquellas fojas tiradas en el piso del Tribunal, esperando inútilmente la aguja de un notario que las cosiese en el proceso al que pertenecían— dejaron dispersos hasta hoy día, al azar de los archivos. Por tanto, el número de "trámites" se encuentra artificialmente inflado puesto que bajo esta rúbrica se consideran numerosos documentos que normalmente debían de estar integrados en procesos.

Después del periodo de actividad tanto más intensa cuanto que los procesos en contra de los judeocristianos son casi siempre largos, complejos y con ramificaciones, hasta con repercusiones —lo que explica que se extiendan sobre periodos mayores a los que corresponden a los procesos en general—, la inercia vuelve a caer pesadamente y es preciso esperar a los últimos decenios del siglo XVII para encontrar nuevamente una leve coincidencia entre la

---

[3] Huguette y Pierre Chaunu, *Séville et l'Atlantique*. En el tomo VIII, cap. I, *Les structures géographiques*, pp. 732, 747 y 748, se recalca la función estabilizadora de la Inquisición.
[4] Alberro, *op. cit.*, pp. 39-40.

actividad del Tribunal propiamente dicha y el volumen de trámites, o sea, sobre todo de denuncias.

Por tanto, es indudable que la actividad institucional sigue las tendencias de la delación —no puede ser de otro modo—, aunque sin coincidir exactamente con ella; este fenómeno revela la existencia de una estrategia inquisitorial específica y una conciencia evidente, si bien no explícita, de una doble función social: la que conocemos desde siempre, de control y normalización, y la que podíamos presentir sin tener los medios para ponerla de manifiesto: de desviación de las pulsiones y de estabilización social.

VII. LA ACTIVIDAD INQUISITORIAL Y LO POLÍTICO

La cuestión de las relaciones entre el fenómeno inquisitorial y la esfera política es ya banal pero no podemos eludirla. También es una cuestión que no tiene muchas probabilidades de encontrar una respuesta definitiva.

En efecto, Francisco Tomás y Valiente resume de manera magistral lo que constituye el sentimiento de numerosos historiadores contemporáneos: los siglos que nos interesan vienen a ser "la época en que la Iglesia se sirve del brazo secular y en que el poder político se compromete a cumplir fines estrictamente religiosos".[1] Dicho sea de otro modo, lo político tal como lo concebimos no existe (aún) y finalmente todo es político, como lo declaraba en su sencillez la fórmula de Felipe II, "para el servicio de Nuestro Señor y el Nuestro": los dos servicios, aunque claramente distinguidos, se hallan estrechamente asociados.

Por otra parte, si buscamos establecer la singularidad de una esfera temporal más precisamente ligada al Estado, es preciso aceptar matices y ambigüedades suplementarios puesto que estamos en el Antiguo Régimen y además en el Imperio español, verdadero mosaico de pueblos, países y reinos que gozaban de sus jurisdicciones, costumbres y fueros propios.

Por ejemplo, cuando nos referimos a la política en Nueva España, ¿de qué se trata realmente? En primer lugar y sin ninguna duda, de la Corona, que se hace presente a través de las reales cédulas, las cartas acordadas, los distintos nombramientos, etc.; luego, del virrey, que representa a la misma aun cuando no siempre la sirve como intérprete exacto y brazo diligente, pues es obvio que estos altos funcionarios actuaron a veces por sí mismos, movidos por consideraciones que no fueron forzosamente las del monarca. En seguida están las Audiencias, que representan también cierto poder político cuyos fines y medios, igualmente, no siempre coincidían con los de la Corona ni los de los virreyes. Finalmente, los grupos de presión, las facciones más o menos ocasionales que en un momento dado pueden ser de gran peso en la dinámica de una institución y de una sociedad.

He aquí las razones que vuelven excitante y decepcionante a la vez el intento de descubrir el efecto de lo político sobre el fenómeno inquisitorial: se percibe muy a menudo y no se manifiesta

---

[1] Tomás y Valiente, *El derecho penal de la monarquía española*, pp. 221-222.

más que de manera excepcional ya que se filtra imperceptiblemente en todos los niveles, desde la cédula real que lo publica claramente hasta la recomendación cuchicheada al consultor, desde la correspondencia con un virrey o un visitador hasta las relaciones particulares. Los poderes políticos multiformes siguen los tentáculos intrincados de las carreras, los intereses y, sobre todo, de las coyunturas, actuando solapadamente en medio de sus combinaciones. Pero a veces emergen con la claridad suficiente para poder identificarlos.

Fue el caso por ejemplo, en 1528, mucho antes de que se estableciera el Santo Oficio, de los judaizantes Hernando Alonso y Gonzalo de Morales, que acabaron sus días en la hoguera, mientras que Diego de Ocaña y Diego de Morales, sin embargo tan judaizantes como los primeros, fueron reconciliados. Bien es cierto que los primeros eran partidarios de Cortés mientras los segundos le eran opuestos o permanecían indiferentes en la violenta contienda que conmovía entonces al virreinato. Un testigo de aquel lance, Pedro Vázquez de Vergara, declara que

> el año treinta poco más o menos, vino a esta ciudad por presidente de la Audiencia Real de ella, don Sebastián Ramírez, Arzobispo de Santo Domingo; y este testigo oyó decir a muchas personas de cuyos nombres no se acuerda que le habían oído decir que no se había guardado con los dichos Hernando Alonso y Gonzalo Morales, en el modo de proceder, el orden jurídico que se había de guardar; lo cual sabía como Inquisidor que había sido en España... [2]

Más tarde, después del establecimiento del Santo Oficio en el virreinato, se puede descubrir la incidencia de lo político en la actividad del Tribunal, si se acepta otorgar a este término el contenido a la vez impreciso y ambiguo que antes señalamos y que obviamente le corresponde en aquella época. Así las cosas, ¿quién puede dudar que la persecución de los corsarios franceses e ingleses naufragados en las costas de Nueva España, por los años 1570-1580, no sea parte de la lucha librada por Felipe II en contra del enemigo, que resulta ser al mismo tiempo el hereje? [3] ¿Y quién negaría que la actitud observada por la Inquisición para con los cristianos nuevos de origen portugués que habían pasado a las Indias durante la unión de las dos coronas —primero de relativa indulgencia a principios del siglo XVII, luego, a partir de los años 1630, de creciente severidad, para desembocar finalmente en las grandes persecuciones del decenio 1640-1650— no tenga su origen en la situación po-

---

[2] Eva Alexandra Uchmany, *Introducción al estudio de los cristianos nuevos de origen español en la Nueva España*, pp. 32-33.
[3] *Corsarios franceses e ingleses en la Inquisición de la Nueva España*, passim.

lítica en la que se encontraba la España de Felipe IV, en el apogeo y crepúsculo del conde-duque? En estos casos es tan difuso lo político, que todo lo impregna y resulta inútil intentar circunscribirlo.

En cambio, se puede rastrear la intervención personal y autoritaria del virrey, el conde de la Coruña por ejemplo, en un asunto como el del gobernador de Nuevo León, don Luis de Carvajal y de la Cueva, llamado *el Viejo*. El fundador de aquel reino, valiéndose de una capitulación que le confería la soberanía sobre un territorio inmenso y que invadía, de hecho, regiones propiedad del virrey y de otros poderosos, se granjeó muchas enemistades, en particular la de este alto funcionario. La caída de Antonio Pérez y la acusación de judaísmo que se formuló en su contra habían concentrado entonces la atención de todos sobre quienes recibieron mercedes del ex privado. Como éste era a todas luces el caso de Carvajal, quien se embarcó para Nueva España acompañado de un centenar de familias, todas exentas de la obligación de probar sus orígenes, el conde de la Coruña mandó encarcelar al gobernador de Nuevo León por la justicia civil, recurriendo oportunamente al pretexto de su ascendencia sospechosa para deshacerse de un "señor feudal" molesto. El Santo Oficio intervino más adelante y si Carvajal apareció como un verdadero católico, se comprobó que había sido cómplice de su numerosa familia, que practicaba fervientemente el judaísmo. Lo que siguió es de todos sabido: la ruina de la familia Carvajal provocó la destrucción de la frágil comunidad marrana que empezaba a implantarse en la colonia.[4]

Fuerza es admitir que en el proceso de Luis de Carvajal *el Viejo*, lo religioso sirvió de pretexto y el Santo Oficio, deliberadamente o no, de instrumento para alcanzar fines que se pueden considerar políticos puesto que el gobernador de Nuevo León iba en contra de la soberanía del virrey al invadir tierras teóricamente sometidas a su autoridad: si tal estrategia no pasaba de tener un carácter local, sus implicaciones no dejaban de ser políticas.

Medio siglo más tarde, el famoso caso de Guillén de Lampart vino nuevamente a plantear la cuestión de las relaciones de la In-

---

[4] AGN, Riva Palacio, tomo II, exp. 3, Proceso contra Luis de Carvajal, Gobernador del nuevo Reino de León... 1589. El primer proceso contra Luis *el Mozo* se encuentra en el mismo tomo, exp. 2. El de doña Francisca se halla en el tomo 12, exp. 1, el segundo proceso de Luis *el Mozo* está en el tomo 14, el de Mariana en el tomo 15, exp. 3.

La historia de la familia Carvajal es ampliamente conocida. Citemos, entre otros, a Alfonso Toro, *La familia Carvajal*, 2 tomos, y del mismo autor, *Los judíos en la Nueva España*. Seymour Liebmann, *The Enlightened: the writings of Luis de Carvajal, el Mozo*; y *The Jews in New Spain, passim*. Martin A. Cohen, *The Martyr, History of a secret Jew and the Mexican Inquisition in the Sixteenth Century, passim*.

quisición con las esferas del poder. Este insigne aventurero, que cautivó los espíritus y las imaginaciones al punto de parecer a unos como precursor de la independencia mexicana y de inspirar una literatura novelesca, pudo efectivamente representar un peligro potencial por sus proyectos de rebelión eficazmente secundados por una gran inteligencia, una cultura asombrosa y un conocimiento real del mundo colonial y de sus debilidades; de ninguna manera era un hereje, sino, a lo más, un modesto transgresor en el momento en que fue arrestado. Ahora bien, la Inquisición intervino porque recibió una denuncia en contra de Lampart que descubría sus planes de independencia, y lo señalaba como sospechoso de herejía.

Bien es cierto que en el transcurso de los 17 años que duró su prisión, los cargos se ampliaron y diversificaron de manera notable hasta el punto de abrumarlo en la sentencia bajo 228 delitos, buena parte de los cuales eran totalmente ilusorios.

Si bien es innegable que Lampart había recurrido alguna vez a prácticas condenadas —astrología, adivinación, etc.—, lo que agravó su caso sobremanera y lo convirtió en enemigo público fueron sus escritos, declaraciones y ataques ulteriores de toda clase contra las autoridades en general y los inquisidores en particular, aunados, al parecer, al hecho de que era extranjero.[5]

Cabe añadir que su larga coexistencia carcelaria con los judaizantes arrestados entre 1642 y 1649 hizo que presenciara muchas cosas, algunas de las cuales eran irregulares o comprometedoras y no queda excluido que quisieran deshacerse de un testigo incómodo. Esto tal vez explica por qué, a pesar de las órdenes de Madrid y luego las instrucciones de la Suprema, que pedía se le entregara, Lampart murió en la hoguera a la que lo mandaron los inquisidores en 1659, después de haberlo juzgado por astrólogo y hereje.[6]

---

[5] Luis González Obregón, *Rebeliones indígenas y precursores de la Independencia mexicana en los siglos xvi, xvii y xviii*, pp. 207-327. Vicente Riva Palacio, *México a través de los siglos*, libro segundo, cap. xii, pp. 600-604. AGN, Riva Palacio, tomo 21, entero y tomo 22, núms. 1 y 2, "Presentada como novela, la vida de don Guillén", en V. Riva Palacio, *Memorias de un impostor. Don Guillén de Lampart, Rey de México*.

[6] Si primero la Corona pidió que le fuese entregado don Guillén al término de su proceso, la Suprema convenció luego al rey de la necesidad de dejar que el Tribunal mexicano actuara como dueño de la situación. Después del lance de la huida del irlandés, conforme su estado psíquico se iba deteriorando y como su comportamiento en la cárcel planteaba continuos problemas, la Suprema recomendó, en carta del 21 de junio de 1655, se le diese un compañero de calabozo y se mirase cuidadosamente por su vida. Sin embargo el Tribunal mexicano, obviamente rebasado por la situación y sin instrucciones de las autoridades metropolitanas, decidió, el 6 de noviembre de 1659,

Aunque subsisten numerosas dudas todavía, que probablemente no serán jamás aclaradas, queda claro que el aventurero irlandés permaneció encarcelado 17 años y fue luego ejecutado por razones religiosas que, si bien eran muy reales —no habría podido intervenir la Inquisición de otro modo—, resultaban insuficientes para motivar un proceder y una condena semejantes. Como en el caso del viejo Luis de Carvajal, las consideraciones que inspiraron y guiaron la acción inquisitorial rebasan la esfera estrictamente religiosa sin que ésta les sea ajena de manera alguna, y fueron probablemente sugeridas por intereses locales: esto es patente en el caso de Lampart, puesto que las órdenes de Madrid tocantes a su suerte no fueron obedecidas. Es evidente que lo político, en un sentido amplio, prevaleció en ambos casos sobre lo religioso y lo redujo a no más que un pretexto y un medio. Queda por descubrir lo imposible, el eslabón que falta, sin duda para siempre, y que hace soñar a los investigadores, aquel que diera cuenta de una conversación estrictamente privada, incluso secreta, de un consejo sugerido, de una súplica insinuada entre quienes, autoridades y gobernantes de toda índole, tuvieron un instante el destino de los demás entre sus manos; lo que establecería de una vez por todas la relación indiscutida del Santo Oficio con la hidra del poder político... Es preciso renunciar a tal cosa la mayoría de las veces, salvo cuando se produce el milagro.

Y éste se produjo, cierto día de 1665, cuando llegó a oídos del Tribunal, mediante una de las numerosas denuncias que constantemente lo informaban de lo que acontecía en todas partes, que algunos negros y mulatos habían bebido en alegre reunión "a nuestra salud y a que el año que viene, governemos este Reyno". Se avisó

la relajación de Lampart al brazo seglar. La decisión pareció discutible incluso a algunos inquisidores. Estrada y Escobedo juzgó necesario avisar a Madrid sobre el asunto; su opinión era que no se ejecutase la sentencia sin la aprobación de la Suprema; ésta pidió, efectivamnte, explicaciones, y les recordó las órdenes antes dadas respecto a la vida de don Guillén; México contestó que todo se hallaba en los "autos" ya remitidos y ahí pararon las cosas. Así y todo, es muy probable que el inquisidor y visitador don Pedro Medina Rico, responsable de los hechos, pagase caras las libertades que se tomó entonces con los mandatos de la Suprema: al término de su visita le acaeció una desgracia, pues, en lugar de ser promovido, se le ordenó regresar a su destino anterior en España. Todo no queda aclarado en esta triste historia y es de pensar que sólo un estudio pormenorizado de la acción de la Suprema permitirá tal vez entender por una parte cómo y por qué el monarca desistió de someter al aventurero a la justicia civil, según había determinado en un principio, y luego la renuencia de las autoridades superiores a dar instrucciones precisas al Tribunal virreinal que no dejó sin embargo de solicitarlas durante varios años. *Cf.* AGN, Inquisición, vol. 416, ff. 466, 566, 583 y 629, Cartas del Tribunal de México a la Suprema, y Medina, *op. cit.*, pp. 412-413.

en seguida al virrey dándole cuenta de estas palabras sediciosas que podían resultar peligrosas, pues entonces era elevado el número de la gente de color en la capital. Consultado que fue el inquisidor y visitador don Pedro Medina Rico acerca de las medidas que debían tomarse al respecto, éste refirió que

> Su Excelencia —el virrey— dijo que en nombre de su Magestad y suyo, el Tribunal procurasse actuar en ello pues con igualdad, mayormente en tales casos se devía ir a impedir el que no sucediessen ni llegassen; y que no hallaba para el logro dello medio ninguno más seguro que el que el Tribunal, con el secreto que observa, procediesse a averiguar lo que en esto havía; pues así se aseguraba el buen efecto y mayor servicio del rey y eran los tribunales del Santo Oficio los que aseguraban y havían asegurado la permanencia de sus reynos; y que así por todo y la obligación que los ministros del Tribunal tenían en esto, procediessemos; y según lo que hallaremos y pareciesse haver en raçón de lo dicho, diessemos cuenta a Su Excelencia por medio de una consulta, sin perjuicio de nuestro estado.[7]

La Inquisición llevó a cabo con toda discreción las diligencias que el virrey, el marqués de Mancera, le había encomendado, informándole más tarde de los resultados logrados en un informe cuyos términos, como se puede apreciar, no dejan subsistir ya ninguna duda:

> Excelentíssimo Señor, así como el Tribunal del Santo Oficio de la Inquisición es el más beneficiado de la poderosa y liberal mano del Rey Nuestro Señor —Q. D. G.— y de los Señores Reyes sus antecesores, que santa gloria ayan, así también Señor Exmo., quanto en sí puede procura desvelarse en su Real servicio, cumpliendo parte de su obligación; y en atención tan justa, es su principal y mayor desvelo limpiar y desarraigar de sus Reynos el crimen de herejía y Judaismo y las demás cismas que pueden lastimar y hacer offensa a la Santa Fe y la Cathólica religión, que tan vivamente su Magestad procura se conserve sin ninguna mancha en toda su monarchía, no sin conocimiento seguro de que es la ruina total de los Reynos la división de la religión que en ellos se profesa. Y aunque los ministros que servimos en este Tribunal en orden al logro de tan santo fin, obramos con todas nuestras fuerças lo que alcançan, y si bien sólo se extiende nuestro ministerio a escardar entre la semilla de la iglessia la cizaña que el judaismo y el ciego error de la herejía suele arrojar y arroja entre los limpios granos de la fe y catholica religión; *no obstante por ello, si entendemos que puede la república padecer al-*

---

[7] AGN, Riva Palacio, tomo 33, exp. 3, sin foliación. "Autos en razón de unas noticias que se dieron a este Tribunal contra unos mulatos y negros, de que se dio noticia al señor Virrey Marqués de Mancera." El episodio se encuentra también en González Obregón, *op. cit.*, pp. 350-365.

algún daño de inquietud o perturbación, no somos excusados de participar al Rey nuestro señor o a quien representa su autoridad como Vuestra Excelencia en este Reyno, todas las noticias que a nosotros llegaren; antes bien, como ministros más reconocidos, devemos ser los más puntuales.[8] (El subrayado es nuestro).

Este texto realmente providencial indica con claridad que el Santo Oficio era perfectamente consciente de lo específico de su función, que conocía expresamente su papel dentro de la gestión monárquica y que aceptaba eventualmente rebasarlo cuando unos intereses superiores —es decir políticos— le mostraran la necesidad de hacerlo. También indica que el poder —aquí, el virrey— consideraba la colaboración del Tribunal como de mucho provecho. El hecho de que los ministros inquisitoriales fuesen pagados con dinero de los fondos estatales, convirtiéndolos en obligados de la Corona; una larga tradición de servicios mutuos y, sobre todo, el secreto que envolvía todas sus acciones profesionales, hacían sin duda de la institución un instrumento tal vez excepcional pero siempre privilegiado y preferible a otros.

Así las cosas, si nos quedamos en el nivel de la colaboración por lo que se refiere a la información, sin llegar a una actuación positiva del Tribunal en cuanto toca a la represión, la comunicación de tal información a las autoridades civiles por parte de la institución mejor informada de todas sin lugar a duda, muestra bastante la naturaleza y la calidad de los servicios que prestaba a la esfera política.

Por último, contamos con otras pruebas de la colusión de la institución inquisitorial con lo político: cuando la noticia del levantamiento de los portugueses en Brasil y de sus intentos de sublevación en Cartagena de Indias llega a la Nueva España, hacia fines de 1641, el obispo visitador Juan de Palafox se alarma mucho y manda al virrey, el marqués de Villena, un escrito en el que manifiesta sus temores por lo que se refiere a los portugueses del virreinato y las medidas que juzga conveniente se adopten respecto a ellos, sugiriéndole "lo confiera con un tribunal tan grave, religiosso y santto como el de la Ynquisición y donde tantto secretto se guarda; en el qual concurren sujettos de tal experiencia y con cuyo parescer en ttodos tiempos justifica Vuestra Excelencia su resolución, pues es un tribunal tan grande y que ttan yntterior notisia tiene de los Porttugueses, su calidad e ynclinasiones".[9] Obvia-

[8] *Ibid.*
[9] AGN, Inquisición, vol. 489, fs. 85-88. "Traslado del papel que remitió a este Santo Oficio el Sr. Obispo don Juan de Palafox... en 20 de noviembre de 1641... al Virrey, Duque de Escalona", f. 88. Biblioteca Nacional, Cedulario,

mente, para Palafox, que será virrey unos meses más tarde, la intervención inquisitorial resulta del todo normal cuando lo requiere la seguridad de la colonia.

El Tribunal, que se había mostrado reacio en un principio, no tardó en desempeñar el papel que le pedían; después de haber descubierto que los judaizantes que llenaban sus calabozos ponían todas sus esperanzas en la llegada de una flota portuguesa que los liberase, que disponían de listas de esclavos negros que trabajaban en ingenios azucareros y que serían sus aliados eventuales en caso de levantamiento y también, en el bolsillo de un reo, la copia de los contratos y capitulaciones entre el Portugal rebelde y los Estados de Holanda, los inquisidores dieron "noticia al Virrey don Juan de Palafox para que por su parte estuviesse con la vigilancia que tanto importa y sacasse de los puertos de mar y reales de minas a los Portugueses que en ellos havía, como lo ha hecho".[10]

Nuevamente, la correspondencia de la Inquisición con el poder político resulta evidente y se manifiesta otra vez en la comunicación de la información. Dicha colaboración se imponía, es verdad, entre aparatos que, si bien no mantenían siempre relaciones óptimas, no dejaban de conjugar sus esfuerzos cuando se trataba de cuestiones fundamentales.

Nueva España, Inquisición, M. S., 1259: Correspondencia de la Suprema con el Tribunal de México, Carta del 25 de agosto, relativa a la utilización del interrogatorio inquisitorial con fines políticos.
[10] AHN, libro 1054, Carta del 23 de abril de 1643, f. 31.

VIII. LA ACTIVIDAD INQUISITORIAL Y LO ECONÓMICO

Hemos mostrado la coincidencia que existe entre el movimiento inquisitorial y aquel, más general, que corresponde al desarrollo de la Nueva España durante los siglos XVI y XVII: al despegue económico de la segunda mitad del siglo XVI, que incluye la leve recesión de los últimos años, responde una tendencia ascendente similar por lo que se refiere a los trámites inquisitoriales, con la misma disminución en el último decenio. Los principios del siglo XVII asisten a la vez a un fuerte incremento económico y a un aumento de la actividad inquisitorial; esta tendencia se modifica a partir de los años 1630 más o menos, cuando tanto el movimiento económico como el inquisitorial se debilitan y no recobran cierta intensidad hasta fines del siglo.[1]

Sin embargo y pese al hecho de que la relación entre el fenómeno inquisitorial y el económico parezca sólidamente establecida, confirmando por tanto la famosa idea de Michelet en *La Bruja*, una contradicción se hace patente: comprobamos en efecto que la fuerte actividad económica va unida a un número mayor de delitos, mientras era de esperarse un aumento de las transgresiones en los periodos de recesión y una reducción cuando imperaba la prosperidad. Dedicaremos atención más adelante a este punto fundamental.

Por tanto, analizaremos tres casos concretos en los que el fenómeno mantiene obviamente relaciones con la situación económica. Pero antes debemos precisar que tales casos fueron escogidos no por el deseo de brindar una demostración convincente sino porque carecemos de información tocante al contexto económico de otras regiones, otras ciudades. Zacatecas y su comarca constituyen un ejemplo privilegiado por varias razones; en primer lugar, porque contamos con el insigne trabajo de P. J. Bakewell, quien presenta un cuadro muy completo de la actividad económica de la región.[2] Luego porque esta ciudad, aislada en los páramos norteños, se puede definir, por lo menos durante el periodo que consideramos, como exclusivamente minera; caso muy apreciable para nosotros en que el índice de la actividad económica se impone sin lugar a duda

---

[1] El examen de las relaciones que existen entre la actividad inquisitorial y la coyuntura económica se publicó bajo la forma de un artículo: "Índices económicos e Inquisición de la Nueva España, siglos XVI y XVII", *Cahiers des Amériques Latines*, núms. 9 y 10, y en *Actas del XLI Congreso de Americanistas*, México, 1976, vol. II, pp. 401-413.

[2] Peter J. Bakewell, *Silver Mining and Society in Colonial México, Zacatecas, 1546-1700*.

mientras, otras veces, resulta arduo decidir entre varios cuál conviene elegir; o peor aún, a falta de ellos, conformarse con uno aunque no sea plenamente satisfactorio.

El primer paso consistió en levantar la curva correspondiente al promedio quinquenal de delitos en Zacatecas en relación con el total de delitos en toda la Nueva España (gráfica II). Aquí se puede apreciar el bajo número de delitos registrados hasta alcanzar las primeras décadas del siglo XVII. Salvo un leve pico que se explica probablemente por el establecimiento del Santo Oficio en Nueva España en 1571, con el desfasamiento normal debido al aislamiento de la zona y al retraso en la implantación de las autoridades inquisitoriales, el movimiento inquisitorial se acelera sólo entre 1615 y 1640, volviéndose nulo alrededor de 1655, para bruscamente alcanzar un máximo entre 1665 y 1670. A fines del siglo la curva no señala cambios muy notorios, según se puede ver. De ahora en adelante llamaremos a esta curva la curva A, para mayor claridad.

Tratemos ahora de cotejar esta curva con la que expresa, en promedios quinquenales, la producción de plata para la misma época (curva B). A primera vista las dos tienen perfiles parecidos con tres picos alrededor de las mismas décadas. Sin embargo, un examen más detallado da cuenta de diferencias importantes: admitiendo que el pico de 1580-1585 de la curva A resulte del establecimiento del Tribunal en el virreinato, vemos que los puntos altos de los años 1615-1640 corresponden al incremento de la producción de plata, mientras el máximo de delitos de 1665-1670 coincide con un punto más bajo de la curva B; la curva B vuelve a descender cuando la segunda alcanza su nivel más elevado, entre 1675 y 1680. A partir de estas consideraciones no se puede establecer claramente ninguna relación: no hay oposición ni coincidencia absoluta entre ambos fenómenos.

Más bien parece que los periodos de auge económico unas veces, de receso otras, ven crecer el volumen de delitos. A partir de esta observación, optamos en un segundo paso por poner de relieve el concepto de *variación* en la producción minera dentro de periodos de cinco años, tratando de cuantificar ya no el valor medio de ésta sino sus oscilaciones alrededor de su promedio quinquenal, lo cual nos llevó a establecer una curva que representa el coeficiente de variación de la producción de plata en Zacatecas para lapsos de cinco años, o sea, el coeficiente de variación intraquinquenal, apegándonos a la terminología clásica en historia.

Por otra parte, esta ciudad ofrecía rasgos muy peculiares, reseñados por varios autores.[3] Aislada geográficamente, se definía sólo

---

[3] Alonso de la Mota y Escobar, *Descripción geográfica de los Reinos de Nueva España, Galicia Nueva Vizcaya y Nuevo León, passim*; Miguel Othón

por una actividad clave, la minería. El transporte y la venta de numerosos productos de consumo, de mercancías necesarias para la tecnología minera, todo el continuo y denso movimiento que unía a Zacatecas con el resto del virreinato y con la lejana metrópoli estaba supeditado a esta vocación, que confería a la zona un papel determinante en la actividad económica novohispana. Así las cosas, la dependencia de la entidad para su supervivencia era la condición de su liderazgo económico, por lo cual había que ver a la región como autónoma en cierta forma y desligar el cuadro delictivo que le era propio del cuadro general de delitos en Nueva España.

Para lograr este propósito, se estableció una curva que correspondía a un promedio quinquenal de delitos, expresada en *términos numéricos absolutos* (gráfica III). Comparando entonces la curva del coeficiente de variación intraquinquenal de la producción de plata con la del promedio quinquenal de número absoluto de delitos, la coincidencia saltó a la vista. La única discrepancia aparecía antes de 1570 y es de recordar que, si bien la ciudad —fundada en 1546— organizó rápidamente la producción de plata, no fue testigo de investigaciones inquisitoriales serias antes de 1575, por el motivo ya indicado; por consiguiente, los datos antes expuestos tienen ahora una importancia muy relativa.

La relación que aparece con gran nitidez entre las dos curvas se puede expresar en estos términos: a mayor variación económica, mayor volumen de delitos. En cambio, el estancamiento —sea cual sea su índole— conlleva a su vez una disminución de delitos. La idea de Michelet era efectivamente acertada: los delitos acompañan a las crisis, pero con la condición de ampliar el concepto de crisis y darle más bien el sentido de *variación*, benéfica o no, poco importa. Se puede añadir, a modo de corolario, que la situación de equilibrio no genera más que aburrimiento, terreno poco propicio para que broten los delitos, tan variados como poéticos, que acostumbra cosechar el Tribunal del Santo Oficio.

Oponiéndose a la remota ciudad del altiplano, la marítima Veracruz nos ofrece otro ejemplo, igualmente privilegiado. En primer lugar porque además de unas fuentes inquisitoriales abundantes disponemos del brillante trabajo de Pierre Chaunu sobre el movimiento portuario para una parte del periodo que venimos estudiando, hasta 1650.[4] En fin, porque Veracruz presenta un caso muy distinto del que ya hemos considerado, aunque tan interesante como él. Si Zacatecas fungía en cierta forma como motor de la econo-

de Mendizábal, "Carácter de la Conquista y colonización de Zacatecas", en *Obras Completas*, vol. 5, pp. 75-82; y *Compendio Histórico de Zacatecas*, pp. 83-271.

[4] Pierre y Huguette Chaunu, *Séville et l'Atlantique*, 10 tomos, *passim*.

mía del virreinato, el puerto desempeñaba también un papel fundamental, aunque por razones inversas: era el eslabón de una cadena que principiaba en Europa, vía algún puerto español, y terminaba en la capital de la colonia, cuando no en Filipinas por Acapulco. Ningún proceso económico se originaba en Veracruz, verdadero puente entre dos mundos, al contrario de la ciudad minera, y la actividad rebosante que reinaba allí por periodos estaba totalmente supeditada a la llegada y salida de las flotas. Pierre Chaunu describió magistralmente el bullicio esporádico y las muchedumbres violentas que contrastaban fuertemente con la soledad y la modorra que abrumaban la insalubre ciudad la mayor parte del año.

Como en el caso anterior, establecimos el coeficiente de variación intraquinquenal del tonelaje en Veracruz, partiendo de la idea obvia de que el tonelaje determinaba la actividad económica de la ciudad, y para ello tomamos en cuenta las idas y vueltas de los navíos entre el conjunto de los puertos andaluces y San Juan de Ulúa.

Por otra parte, la situación delictiva era la siguiente: si Veracruz no era más que un punto transitorio sobre una larga ruta económica, falto de vida propia, la actividad inquisitorial debía reflejar esta peculiaridad y era preciso examinar los delitos dentro del contexto general delictivo. Por lo tanto, optamos esta vez por considerarla en relación estrecha con el resto de la Nueva España y establecimos la curva del promedio quinquenal de delitos en Veracruz en relación con la curva general de delitos en todo el virreinato (gráfica IV).

El cotejo de ambas curvas resulta fructífero: existe una correlación satisfactoria entre la variación intraquinquenal del tonelaje y el promedio de delitos. El único punto que puede llamar la atención es el ligero desfasamiento que se observa al ascender la curva de delitos en 1590, mientras el punto máximo de la variación del tonelaje se registra sólo unos cinco años más tarde; fuerza es admitir en este caso que la coincidencia cronológica entre la variación del índice económico y las manifestaciones delictivas no es estricta. Los delitos son la espuma de una sociedad definida que no reacciona siempre al estímulo surgido de la infraestructura en la misma forma; las mentalidades requieren siempre un tiempo de respuesta variable y las modalidades que adoptan para expresarse son igualmente distintas. En el caso presente, la rapidez e intensidad de la reacción delictiva indica probablemente un cuerpo social sumamente sensitivo ya que la curva que corresponde a los delitos, después de arrancar con el desfasamiento acostumbrado, sigue a la que expresa la variación del tonelaje con un ascenso muy brusco.

La fisonomía de la misma curva entre los años 1610 y 1630 merece también un comentario. Entre 1610 y 1615, registra una coincidencia absoluta con la que corresponde a la variación del tonelaje; cuando esta última marca de nuevo una fuerte oscilación entre 1615 y 1620, la respuesta delictiva, aunque patente, resulta mucho más débil. En 1625 se observa una pausa antes de emprender nuevamente un ascenso menos acelerado en 1635, mientras la variación del tonelaje es muy fuerte. Como se puede ver, a un periodo de fuertes y constantes variaciones económicas corresponde el cuadro delictivo, aunque con movimientos más leves; tal parece que las mentalidades, cansadas por el esfuerzo de seguir los cambios acentuados y frecuentes del medio económico, perdieran parcial y provisionalmente su poder de adaptación o de respuesta.

Es preciso, asimismo, recordar que a partir de 1621 se registró una disminución continua en el movimiento de las flotas que aseguraban el tráfico entre España y Nueva España;[5] además una flota fue destruida en 1628 por los holandeses, y los temporales y las acciones de guerra originaron fuertes pérdidas en 1622, 1631, 1633 y 1641. Tales acontecimientos se traducen en nuestra curva del coeficiente de variación del tonelaje por oscilaciones marcadas y se puede pensar que, paralelamente, el volumen delictivo disminuyó a causa de una reducción probable de visitantes en Veracruz.

En cambio, no es pertinente invocar aquí el papel de las autoridades inquisitoriales para explicar estos pequeños problemas de desfasamiento. En efecto, hemos considerado como delitos una serie de manifestaciones de distinta índole que sólo implicaban en la gran mayoría de los casos una actitud pasiva por parte del Tribunal. Recordemos que el notario se limitaba a consignar los hechos referidos por los denunciantes, sin consecuencias ulteriores las más de las veces.

Por tanto, el estudio de Veracruz parece corroborar los resultados obtenidos en Zacatecas y la relación entre trámites y movimiento económico: el fenómeno delictivo crece al registrarse una modificación sensible en la economía de una zona, mientras tiende a disminuir en situaciones de estabilidad.

Puebla de los Ángeles nos brinda un tercer ejemplo pero, aunque disponemos de ricas fuentes inquisitoriales, carecemos de secuencias completas por lo que se refiere a los índices económicos. Sin embargo, contamos con los datos relativos a los diezmos del obispado; constituidos por productos como el maíz, el trigo, la cebada, el cacao, la fruta, el ganado, la lana, el azúcar, etc., reflejan verdaderamente la producción agrícola de Puebla. Arístides Medina calculó el valor del diezmo líquido cuando pudo disponer de la información necesaria, es decir para los siglos XVI y XVII, entre 1558 y 1583, 1602 y 1624, 1641 y 1656, 1675 y 1699, lo que nos permitió establecer el coeficiente de variación intraquinquenal del diezmo lí-

---

[5] Jaime Vicens Vives, *Historia de España y América*, tomo III, pp. 553-554.

quido y las curvas correspondientes.⁶ Recordemos que el diezmo líquido se relaciona casi proporcionalmente con el diezmo recaudado y se calcula a partir del monto de la mesa capitular, que suma las prebendas, canonjías, raciones, de que se compone el cabildo catedral y cuyos sueldos conocemos.

Pero si en los casos de Zacatecas y Veracruz la validez del índice económico utilizado no se puede rebatir —la producción minera y el tonelaje del conjunto de navíos respectivamente—, admitimos de buen grado que la elección del diezmo líquido para Puebla deja mucho que desear.

En efecto, la ciudad de Puebla presenta el caso más complejo de nuestra demostración. La vocación agrícola de la zona es ampliamente conocida: los valles de Atlixco, Tlaxcala, las regiones de Tepeaca, Tecamachalco, densamente poblados, suministraban los víveres necesarios a la cercana capital lo mismo que al puerto atlántico en algunos casos, y se puede admitir fácilmente que tal actividad se hallaba reflejada en los diezmos recabados por el obispado.

Pero Puebla era mucho más que el centro de una comarca feraz. En primer lugar, era la parada forzosa sobre las ya mencionadas rutas comerciales que unían al viejo mundo con el nuevo vía Veracruz, alcanzando también acaso las remotas islas Filipinas por Acapulco. Ahora bien, los paños segovianos y los marfiles chinos no sólo cruzaban la ciudad sino que se vendían a menudo en esta antesala de la capital virreinal e importante centro comercial. Aparte de este papel, Puebla no tardó en desarrollar toda clase de actividades ligadas a las grandes corrientes mercantiles que tanta vida le infundían: talleres que producían, a pesar de las restricciones oficiales, paños de seda o de lana burda, telas de algodón destinadas al consumo popular, elaboración de bastimentos para las largas travesías —bizcochos y harinas, cecinas y jamones, sebo, aparejos y maromas para los buques, velas, objetos de vidrio y loza, jabón, etc. Este intenso movimiento económico, difícil de cuantificar en el estado actual de los estudios sobre el tema, no se halla de ninguna manera reflejado en los diezmos, que dan cuenta únicamente de la situación agrícola de la comarca.

Al adoptar este índice económico sabíamos por tanto que íbamos a privilegiar la región en detrimento de la ciudad, y a tomar en consideración un solo aspecto de la actividad dejando de lado la función comercial e industrial, de gran relevancia según las fuentes históricas. Así y todo, era forzoso atenernos a este único criterio, a falta de otros.

Por otra parte, la relación estrecha y múltiple de Puebla con el

---

⁶ Arístides Medina Rubio, *Elementos para una economía agrícola de Puebla, 1540-1795*, passim.

movimiento económico general exigía que se integrara la situación delictiva de la entidad en el cuadro delictivo general del virreinato. Por tanto, se estableció, como para Veracruz, el promedio quinquenal de delitos en relación con el conjunto de delitos en la Nueva España y, para tratar de adaptarnos lo más posible a la naturaleza de nuestro índice económico —significativo de la situación agrícola de toda la región poblana—, tomamos en cuenta los delitos registrados también en la comarca entera (gráfica V).

Resulta que nuestras curvas coinciden casi perfectamente: el primer pico de la curva de trámites, entre 1570 y 1580, corresponde puntualmente al pico de la variación del diezmo, y cuando esta última registra una oscilación espectacular entre 1600 y 1610, el promedio de trámites marca asimismo un ascenso fuerte, caracterizando la misma simultaneidad los movimientos de 1640-1650 y 1675-1700.

Esta coincidencia nos permite pensar que el índice económico utilizado era válido y que no se puede atribuir al azar tan evidente correlación; por tanto, la actividad agrícola de la zona poblana constituía el factor económico más relevante para la ciudad, pese al desarrollo mercantil e industrial que señalamos.

No se trata aquí de presentar esta observación como una afirmación definitiva: la materia misma que constituye el objeto de nuestro trabajo, la actividad delictiva y la represión inquisitorial correspondiente, nos impide asegurar nada tocante a economía. Tan sólo la ofrecemos como hipótesis que otros investigadores podrán verificar.

Grande era la tentación de estudiar el caso de la ciudad de México y tuvimos, sin embargo, que desistir de nuestro intento. En efecto, el primer obstáculo estribaba en el hecho de no disponer de ningún índice económico satisfactorio. El segundo se relacionaba con el cuadro delictivo establecido para la capital: todo indica que el promedio alcanzado en relación con el volumen de delitos en la provincia se mantiene constante, lo que concuerda con la idea de un México suma de todas las corrientes económicas, sociales e ideológicas que agitaban al virreinato. Por último, cabe recordar que, al tener el Tribunal su sede en México, cualquier asunto que surgiera en cualquier lugar de la colonia acababa en un proceso formado *en México*, lo que infla notablemente y de manera artificial el promedio de la capital.

Sin embargo, distinguimos nítidamente aumentos sensibles del volumen de trámites en relación con la persecución de los judeocristianos a finales del siglo XVI y en el decenio 1640-1650. Ahora bien, la lucha en contra de los marranos, aun cuando se adaptó a las modalidades particulares de cada parte del Imperio, obedeció a una política común a todo el conjunto. Por tanto, si la mayoría de los trámites de la capital están ligados a la persecución de los judaizantes y si dicho fenómeno no fue privativo del virreinato, salimos inevitablemente del marco explicativo propuesto hasta ahora y en el que datos económicos de carácter estrictamente local respaldaban el proceso social objeto de nuestra atención: México reflejaba por consiguiente al virreinato en su totalidad a través de su promedio delictivo constante, pero también a los movimientos que agitaban al Imperio español. Situación legítima al fin y al cabo para una capital que era a la vez cabeza de una dependencia y miembro de un cuerpo inmenso.

En resumen, esperamos haber subrayado, mediante una demostración necesariamente densa a veces, lo que la sociología ha hecho evidente pero exige una aproximación rigurosa en historia, según creemos: la relación indudable que existe entre la esfera de la transgresión y desviación con la coyuntura económica que la respalda.

Sin embargo, aunque tal vez hayamos puesto a la luz este fenómeno, lo esencial queda por descubrir: en efecto, ¿se trata de una relación causal o concomitante? Sea cual sea la respuesta a tal pregunta, cabría entender los mecanismos de esta relación, las etapas que utiliza, las articulaciones que la mueven. Dicho de otro modo, cabría escudriñar la caja negra en la que maduran los procesos sociales, allí donde se funden las corrientes misteriosamente fecundas de lo económico, social y mental. Es un propósito que rebasa con mucho nuestras capacidades y que encomendamos de buen grado a otros. Bástenos haber mostrado —al menos ésa es nuestra esperanza— cómo las turbulencias de la situación económica que implican lo mismo el paso brusco a la recesión que a la prosperidad, se acompañan de un desasosiego social evidente, que se expresa por una delincuencia incrementada y abarca las transgresiones propiamente dichas, su delación y, eventualmente, su sanción.

Para intentar captar el fenómeno cabe también posiblemente introducir la noción de ritmo, puesto que estas mismas variaciones económicas, cuando abarcan periodos más amplios, no parecen provocar un incremento notable de delitos. Ahora bien, al producirse la variación con rapidez, el desfasamiento entre el ritmo de los fenómenos de mentalidad, más lentos y más pesados por naturaleza, origina consecuencias sociales como son transgresiones de distinta índole, delincuencia. En estas condiciones se concibe que una institución tan experimentada como el Santo Oficio desempeñe, de manera más o menos deliberada y en periodos en los que aumenta el desfasamiento, la función profiláctica de catalizador de las emociones populares profundas.

Veamos ahora cómo enfrentó tal situación, orgánicamente condicionada por lo político y lo económico.

IX. TENDENCIAS GENERALES DE LA ACTIVIDAD INQUISITORIAL

La Inquisición mexicana —incluyendo los periodos de actividad monástica y episcopal— manejó entre 1522 y 1700 un volumen de 12 000 trámites aproximadamente, de los cuales un poco menos de 2 000 fueron procesos formados entre 1571 y 1700, lo que arroja un promedio anual de 15 procesos. Estamos lejos de las cifras alcanzadas por Zaragoza, Valencia, Granada, Logroño, Llerena, Toledo, Barcelona, pero por encima de las que corresponden a los tribunales de Murcia, Valladolid, Santiago de Compostela, Mallorca, Córdoba y las islas Canarias, situándonos por tanto en un promedio razonable (cuadro II).[1]

Si esta aproximación cuantitativa de la actividad inquisitorial tiene sentido, el Tribunal mexicano se muestra moderadamente activo, en comparación con los que funcionaban en la península. Sin embargo, no se puede sacar conclusión ninguna por lo que se refiere a su grado de eficiencia, o sea, a su impacto real sobre las poblaciones que dependían de él, en las funciones de normalización, control y represión.

En efecto, para apreciar la trascendencia de tal actividad haría falta rebasar su solo balance para confrontarlo con las peculiaridades del contexto dentro del cual se desarrolla. En otros términos, un promedio anual de procesos debe ser cuestionado en función del espacio abarcado por el distrito inquisitorial y de la población que lo ocupa. Más aún, convendría tal vez considerar factores más complejos como son la densidad demográfica, la continuidad o discontinuidad de la población, su homogeneidad cultural y religiosa, puesto que no es lo mismo 15 procesos anuales para un distrito de 30 000 km² con 600 000 habitantes, de los que buena parte al menos es cristiana de tiempo atrás, que esos mismos 15 procesos formados

---

[1] Tomamos en cuenta aquí los datos proporcionados por Gustav Henningsen en "El Banco de datos del Santo Oficio, las relaciones de causas de la Inquisición española (1550-1700)", en *Boletín de la Real Academia de la Historia*, pp. 547-570, 5, CLXXIV. María Asunción Herrera Sotillo, quien utiliza datos distintos de los nuestros, llega a un total de 1 235 procesos para todo el siglo XVII en Nueva España, es decir, a un promedio sensiblemente inferior al que encontramos si bien aun muy honorable entre el conjunto de los tribunales peninsulares. *Cf. Ortodoxia y control social en México en el siglo xvii: el Tribunal del Santo Oficio*, pp. 214-215. Por lo que se refiere a la parte estadística de nuestro trabajo, *Cf.* el análisis pormenorizado de la actividad inquisitorial en su conjunto, Alberro, S. *La actividad del Santo Oficio, op. cit., passim.*

contra una población aproximada de 450 000 individuos (compuesta de tres cuartos de católicos tan recientes como superficiales) desparramados además en un territorio de tres millones de kilómetros cuadrados y sumergidos en un mundo indígena dispar.

Es evidente que si la actividad inquisitorial es de todo punto semejante, sus efectos no lo son. En el primer caso, la densidad demográfica, la red de comunicaciones, los núcleos de población y la homogeneidad cultural repercuten en estos efectos amplificándolos mientras, en el segundo, se amortiguan en el casi-desierto espacial y humano, al enfrentarse a un universo cultural múltiple que, sin serles realmente impermeable, no deja de oponerles la indiferencia de la incomprensión y de la ignorancia.

Por todas estas razones bien podemos, basados en los meros datos estadísticos, ponderar la acción del Tribunal virreinal comparándola con la de las inquisiciones peninsulares. En cambio, no parece factible apreciar su repercusión —su eficiencia— sobre las poblaciones, ya que los factores que intervienen necesariamente resultan demasiado variables y variados e incluso a menudo imponderables.

Pero estos datos numéricos sí nos permiten evaluar la delincuencia, aunque sin pretender que la reflejen enteramente. Antes de examinarlos cabe puntualizar que si cualquier delito juzgado por el Santo Oficio es por principio de carácter religioso, contraviniendo más exactamente un dogma o una verdad enseñada por la Iglesia, distinguimos, con base en las mismas categorías utilizadas por los ministros, entre transgresiones que interesan con mayor nitidez al terreno religioso, la moral sexual y las prácticas hechiceriles (antes se señalaron claramente los delitos civiles y las herejías). Consideramos algunas de estas infracciones, así la solicitación, como religiosas y sexuales a la vez, aunque sabemos perfectamente que entre la mirada del inquisidor, que no veía en ella más que una falta al sacramento de la penitencia, y la nuestra, que introduce una noción de falta sexual, se insinúa una posibilidad de error que el teólogo podrá sin duda censurar y el historiador comprender y admitir; en efecto, sólo superponiendo nuestras categorías a las del inquisidor podremos descubrir un sentido suplementario en una realidad pretérita y ya explicada mediante criterios más tradicionales.

En Nueva España, los procesos más numerosos (cuadro III) —más de la tercera parte del total— corresponden a delitos religiosos menores, reniegos, blasfemias, palabras y acciones escandalosas, etc. Luego viene el grupo de las transgresiones que tienen implicaciones sexuales, poligamia y bigamia, solicitación, dichos contra la castidad, la virginidad y favorables a la fornicación, al amancebamiento. La herejía llega modestamente en tercera posición, delante de las prácticas de magia —erótica—, el uso de hierbas, de procedimientos adivinatorios con fines diversos, etc., que preceden finalmente a los delitos de tipo estrictamente civil pero juzgados por la Inquisición por haberlos cometido sus agentes; delitos que abarcan lo mismo el robo, el asesinato o el contrabando que el estupro. La idolatría no está prácticamente representada ya que los indígenas no pertenecían al fuero inquisitorial, como lo hemos señalado anteriormente; cuando la encontramos, se manifiesta en casos en los que a menudo intervienen mestizos, negros o mulatos, que adoptaron tales prácticas según un proceso de aculturación muy particular y opuesto al que generalmente se pone de relieve, puesto que es el mundo indígena el que en determinadas condiciones atrae a él nuevos elementos.

Por otra parte, los casos de iluminismo son insignificantes en el plano estadístico.

La originalidad de la situación salta a la vista: si podemos considerar que los actos de hechicería y magia alcanzan proporciones semejantes en España y en México y que los delitos religiosos menores constituyen en ambos casos una masa considerable —con una posible superioridad para el virreinato— las cosas cambian del todo en cuanto toca a la herejía y las faltas sexuales. En tierras americanas no es común el nuevo cristiano que practica ocultamente la religión de sus antepasados a pesar del bautismo que recibió, y menos aún el morisco o el luterano; en cambio, abundan el bígamo, el polígamo, el eclesiástico solicitante o el fulano que profiere palabras escandalosas acerca de los fundamentos de la moral sexual enseñada por la Iglesia.

Por consiguiente, he aquí un tribunal privado de lo que siempre fue, a la vez, su justificación y su motor, lo que tradicionalmente movilizó lo mejor de sus energías y ejerció agudizándolas, sus competencias en la búsqueda minuciosa y refinada de la falla y del error: el hereje. Porque el verdadero heterodoxo, lúcido y consciente, aquel que se encierra en un individualismo propicio a la meditación y ponderación secreta de las cosas de la fe o aquel que participa de un círculo ardientemente entregado al descubrimiento y experimentación de otras verdades, aquél no existe prácticamente en Nueva España. Aquí impera más bien una herejía sin esperanzas, de retaguardia, como la de estos judaizantes postrados y aferrados a restos de prácticas que se les escapan ineluctablemente, arrastrados por poderosos torbellinos sincréticos que todo lo revuelven; herejía casual y ocasional, hasta de contrabando, propia de algún corsario inglés o francés arrojado en las costas por un naufragio. Ninguna herejía floreció espontáneamente en la colonia, en cuyo suelo se halló más bien trasplantada. Estos herejes no recibieron el temible homenaje intelectual de la disputa teológica por parte de sus jueces que sólo se acaloraron en la averiguación policiaca que les descubrió prácticas ya adulteradas y certidumbres borrosas. En cambio, tenemos aquí un alud de pequeños infractores cuyos actos o discursos cuestionan o ignoran simplemente la ley de la Iglesia en cuanto toca a las buenas costumbres. Éstos florecen con profusión cabalmente tropical, nutriéndose ampliamente de las relaciones de dominación propias de la situación colonial, de la emigración masculina y de la movilidad espacial y social, a la sombra de una regulación institucional e ideológica precaria.

X. LAS HEREJÍAS

Aunque los herejes en México no tuvieron la presencia notablemente abrumadora que caracterizó con excesiva frecuencia a algunos tribunales peninsulares, les otorgaremos la prioridad; en efecto, por ellos se estableció el Santo Oficio en América, como en todo el Imperio español.

Por otra parte, la importancia y amplitud de las diligencias que suscitaron, la gravedad de las penas que sufrieron y lo que implican sus delitos los convierten en príncipes trágicos del pueblo de los penitentes inquisitoriales.

Poco numerosos en realidad, puesto que no rebasaron sin duda el medio millar durante todo el periodo que venimos estudiando, originaron aproximadamente unos 400 procesos y una cantidad importante de documentos anexos, testificaciones, inventarios, actas y despachos diversos, con lo cual obligaron a los inquisidores a entregarse a una tarea ardua y excepcional.

La gran mayoría de ellos eran los portugueses cuyos antepasados habían huido de España cuando los Reyes Católicos decretaron la expulsión de los judíos. La unión de las dos coronas (1580-1640) les permitió a menudo regresar a su tierra ancestral y vieron en el paso a las Indias lo que veía obviamente cualquier ibérico, la oportunidad de lograr una fortuna rápida y fácil pero también, a diferencia de los demás, la posibilidad de practicar con menores riesgos la religión a la que permanecían fieles pese al catolicismo que se veían obligados a profesar desde hacía por lo menos un siglo.

Durante dos periodos, a fines del siglo XVI y en el decenio 1640-1650 —excluyendo los años 1630-1635, en los que la persecución no fue sistemática—, sufrieron fuertes persecuciones, al término de las cuales sus comunidades quedaron destruidas sin remedio. Ellos, también, padecieron los mayores rigores: de 380 judaizantes a los que se formó proceso —no olvidemos que algunos no concluyeron—, entre 34 y 37 parecen haber perecido en la hoguera, entre 96 y 107 fueron relajados en estatua, y un número indeterminado aunque elevado murió de enfermedad, vejez, desesperación, se quitó la vida o perdió la razón durante un encarcelamiento a menudo interminable (gráfica VI).[1]

---

[1] La variación de las cifras que proponemos aquí se debe a las distintas fuentes utilizadas, que son *1)* "Indice General de las Causas de Fe que se han seguido en este Tribunal del Santo Oficio de la Inquisición de México desde su fundación que fue el año 1571 hasta 1719", del AGN, Riva Palacio,

Finalmente, un puñado de corsarios ingleses, franceses y holandeses, restos de tripulaciones naufragadas, que se adentraron en la colonia, donde cometieron numerosas fechorías, fueron asimismo duramente condenados por ser protestantes en los años que siguieron al establecimiento del Santo Oficio en Nueva España, episodio que, como señalamos, era parte de la política militante de Felipe II en contra de la herejía en general y de la Reforma en particular. De hecho, la urgencia y el deber apremiante de combatirla, originaron la implantación de la Inquisición en el continente americano. Basta, para convencerse de ello, con dedicar cierta atención a los términos de la cédula de fundación del Santo Oficio de México (véase el texto núm. 1, en los apéndices). Allí, la herejía aparece como un "daño" cuya "contagión" se teme (el término es empleado dos veces), precisándose de "remedios" que demostraron su eficacia: "castigar" y "extirpar" los errores que ésta propaga, "desviar" y "excluir" cualquier relación con los herejes. Así todo quedará purificado de esta "peste" y los naturales de las tierras recién conquistadas que dan conmovedoras señas de su excelente disposición para recibir la fe católica —prueba de la "singular gracia y beneficio de que Nuestro Señor por su piedad y misericordia, en estos tiempos ha usado con los naturales dellas en darles claro conocimiento de nuestra fe católica"—, lo cual obviamente redobla el compromiso del campeón del catolicismo que no puede quedar indiferente ante semejante manifestación de providencialismos: aquellos simples e inocentes naturales quedarán preservados del mal. Porque si la herejía resulta efectivamente ser un daño, la inmensa e imperdonable diferencia está en serlo deliberadamente puesto que sus partidarios "con su malicia y pasión, trabajan con todo estudio" a difundirlo de mil maneras, lo que explica y justifica a la vez el rigor de los remedios necesarios.

Como vemos, se recurre aquí a una terminología médica propia de la epidemia —la peste— y de la cirugía, que corresponde a un campo conceptual simple y profundamente elemental, maniqueo: enfermedad (voluntaria, lo que la agrava sobremanera)/salud, mal/bien...

Unas últimas palabras: la cédula de fundación apunta más particularmente a la Reforma ya que menciona las "nuevas, falsas y

vol. 49 entero que arroja un saldo de 37 relajados en persona y 96 en efigie, y 2) el "Abecedario de los Relaxados, Reconciliados y Penitenciados", de la Huntington Library (San Marino, California), que menciona por su parte a 34 relajados en persona y 107 en efigie. En cuanto a María Asunción Herrera Sotillo, op. cit., p. 230, da cuenta de 40 relajados en persona y 103 en efigie, cifra relativamente elevada si se considera que el periodo que contempla no incluye los autos de fines del siglo XVI, en los que varios individuos sufrieron la pena máxima.

reprobadas doctrinas y errores de los herejes", de acuerdo con el contexto político que la produjo.[2]

Ahora bien, comprobamos a través de nuestros secos datos numéricos que el hereje es relativamente escaso en Nueva España; es un sujeto exterior al medio local, un extraño, a menudo de paso, al que no resulta difícil "excluir" porque carece de raíces. Salvo cuando la coyuntura política lo requiere, no se le busca con ahínco. Tal coyuntura no se presentó realmente más que dos veces, y en ambos casos fue el resultado de la combinación de factores locales e imperiales. Así sucedió a fines del siglo XVI, cuando la introducción del Tribunal en Nueva España se conjugó con las grandes campañas de Felipe II en contra de los enemigos-herejes en general, en España y otras partes: moriscos, marranos, turcos, ingleses, sublevados de los Países Bajos. A mediados del siglo XVII, la llegada a México de un nuevo inquisidor, don Juan Sáenz de Mañozca, encendido aún por las persecuciones de judaizantes que había llevado a cabo en Lima al lado de su primo y maestro, y ansioso por repetir en su nuevo destino semejantes hazañas, se aunó al nombramiento de Palafox como virrey, al clima político que precedió la caída de Olivares y al impacto del levantamiento de Portugal.

Por el contrario, los procesos de los años 1630, que podían haber originado averiguaciones más serias, con el resultado inevitable del descubrimiento de las prácticas a las que se entregaba toda la comunidad marrana de México, no tuvieron consecuencias pues los inquisidores de entonces no estaban dispuestos a intervenir en contra de un grupo que contaba con algunos de los personajes más relevantes del virreinato. Además los marranos necesarios a la monarquía se hallaban protegidos por la poderosa mano del Conde-duque.[3]

Fuera de estos periodos de crisis, todo parece indicar que el Santo Oficio se limita a quedar informado de probables herejes dispersos en todas partes pero cuya inexorable ruina presiente tal vez al verlos aislados e inmersos en un medio humano y natural ajeno. Al

---

[2] La cédula de fundación de los tribunales del Santo Oficio peruano y mexicano se halla en la *Recopilación de Leyes de los Reynos de las Indias*, tomo I, título XIX, ley I, pp. 159-160. Fue firmada por Felipe II el 25 de enero de 1569 en El Pardo y luego el 16 de agosto de 1570 en Madrid.

[3] John H. Elliott y José F. de la Peña, *Memoriales y Cartas del Conde Duque de Olivares*, tomo I, p. 91, nota 52. Julio Caro Baroja, "La sociedad cripto judía en la Corte de Felipe IV", en *Inquisición, brujería y criptojudaísmo*. *passim*.

Sin embargo, no se puede olvidar que, a pesar del favor de Olivares, se desató la persecución de los marranos peruanos y neogranadinos, en un contexto sin lugar a duda distinto del mexicano, en el que las presiones ejercidas por los asaltos de los corsarios y la intervención de un inquisidor despiadado fueron determinantes.

menos, así interpretamos aquellas denuncias que, sin ser nunca numerosas, atestiguan comportamientos extraños, incluso sospechosos, a veces claramente heterodoxos, que revelan la existencia de algún judaizante o adepto de Lutero retraído en un lejano real de minas, una hacienda apartada, enfrentándose a su abandono o su locura, lentamente devorado por el mundo y, más a menudo, por el desierto, el caos colonial...

Parece, en efecto, que la Inquisición mexicana adoptó una actitud enérgica para con los herejes cuando constituyeron comunidades —como los marranos—, grupos —los corsarios— o cuando su comportamiento individual suscitaba el escándalo y la confusión, siguiendo en esto las normas indicadas por la cédula de fundación del Tribunal y haciendo suyas las mismas consideraciones que la habían inspirado.

No se puede negar que la herejía, fuese la que fuese, podía representar un grave peligro para la colonia.

Si sus partidarios eran incomparablemente menos numerosos que en España, los medios para contenerlos eran asimismo incomparables. No sólo la Nueva España resultaba aquel inmenso territorio que escapaba en buena parte de cualquier control efectivo —con excepción del altiplano central y de algunos valles—, sino que las costas, tan faltas de población como de protección, eran de quien quisiera apoderarse de ellas. Nada de ejército ni de flota verdadera, únicamente algunas plazas, más o menos fuertes... En cambio, el mediterráneo Caribe era recorrido por corsarios que servían a príncipes heréticos, que se escondían en las incontables madrigueras que les proporcionaban las islas, al acecho de los pesados galeones que cada año se hacían a la mar con sus ricas cargas de Oriente y América y listos siempre para realizar asaltos con los que se adueñaban, por horas o días, de alguna ciudad costera. ¿No habían acaso tomado varias veces Pernambuco, Maracaibo, Puerto Bello o Campeche?[4] Un día vendría quizás en que su mala estrella los llevaría a acometer las sierras tutelares, entregándoles la capital, en renovadas e increíbles conquistas de aquellas tierras que tantas otras habían sufrido.

A estos temores se añadían los que se abrigaban en torno a la posible ayuda del hereje de fuera al hereje clandestino de casa, eterno fantasma de la quinta columna pero que sin embargo se ha-

---

[4] Antonio Domínguez Ortiz, *El Antiguo Régimen: los Reyes Católicos y los Austrias*, pp. 421-423. Este historiador recuerda (p. 422) el intento fracasado de establecer galeras en Cartagena de Indias, entre 1580 y 1623; el clima y las condiciones propias del Atlántico tropical acabaron rápidamente con los hombres y las naves. *Cf.* también John Lynch, *España bajo los Austrias*, tomo I, pp. 391, 407, 425. *Cf.* asimismo, Martha de Jarmy Chapa, *Un Eslabón perdido en la Historia, Piratería en el Caribe, siglos xvi y xvii*, passim.

bía realizado, bien lo sabían, cuando los cristianos nuevos de Pernambuco facilitaron a los holandeses la toma del puerto, pues de ellos esperaban la libertad de practicar abiertamente el mosaísmo.[5] También los temores que nacían de la presencia en Nueva España de un gran número de individuos de casta, inquietos y rebeldes, los verdaderos parias del régimen de dominación y también los que seguían siendo legítimos en lo que se refería a los indígenas, aparentemente sojuzgados y dóciles pero que episódicamente y justo en los márgenes de las regiones de hecho controladas, no dejaban de sublevarse con violencia.[6]

En fin, aun cuando los intelectuales y, de manera general, los individuos susceptibles de involucrarse íntimamente en las implicaciones espirituales de una herejía no eran numerosos en el virreinato, el simple cuestionamiento, la mera interrogación y propuesta de opciones diferentes en un terreno en que, como las demás en la misma época, la cultura hispánica no toleraba sino el conformismo, podía ser el detonante que encendía las insatisfacciones, las aspiraciones abortadas y las iras contenidas de tantos malandantes.

En efecto, la herejía, por esencia retrógrada, posee una fuerza explosiva de la que carece cualquier ideología de progreso: al prescribir el retorno al pasado para regresar a una pureza perdida —la Reforma— o la conservación de un estado de perfección originario insuperable —el marranismo—, refuta lo que en el presente pretende representar a la Verdad, o sea, la Iglesia. Ahora bien, esta última, que se define precisamente por la fidelidad a la herencia y fundamenta su legitimidad en la línea recta de sus orígenes, puede tolerar acaso ser rebasada por una actitud que procura acelerar la evolución natural, ya que en este caso se reconoce la necesidad y validez de la etapa actual que la misma Iglesia patentiza; pero no puede aceptar su negación y condenación inherentes a toda herejía, la que se atribuye entonces la misión sagrada de rescatar un bien que se percibe como corrompido o perdido por esta Iglesia. Y si no resulta fácil movilizar las almas y corazones a favor de un paraíso o un futuro promisorio, cosas eminentemente inciertas, nada más sencillo que catalizar furores y frustraciones con

---

[5] AGN, Inquisición, vol. 489, fs. 85-88, "Traslado del papel que remitió a este Santo Oficio el Sr. Obispo don Juan de Palafox y Mendoza, visitador general de este Reyno, en 20 de noviembre de 1641 [...] al Virrey de esta Nueva España, duque de Escalona." Herbert I. Bloom, *The Economic Activities of the Jews of Amsterdam in the Seventeenth and Eighteenth Centuries*, pp. 129-130; Cyrus A. Adler, "Contemporary memorial relating to Damages to Spanish interests in America by Jews of Holland", PAJHS, XVII, *passim*.

[6] María Teresa Huerta y Patricia Palacios, *Rebeliones indígenas de la época colonial, passim*. Estas rebeliones estallaron efectivamente en Yucatán, Oaxaca, Chiapas, y en el norte del virreinato, Nueva Galicia y Nueva Vizcaya.

base en algo concreto: las costumbres relajadas de los ministros y el monolitismo aplastante del aparato, por ejemplo, pues si no se sabe a ciencia cierta cómo construir un Edén, sí se puede de inmediato destruir lo inmundo.

Éstas son las razones por las que la herejía, independientemente de sus proposiciones teológicas y espirituales, que no interesaban más que a un puñado de espíritus, y de su poca representación en México durante la Colonia, pudo aparecer como la semilla del diablo para el orden monárquico; por esas mismas razones el Santo Oficio no dudó en reprimirla regular y brutalmente cuando la creyó asistida por circunstancias que la volvían peligrosa, por ejemplo una implantación colectiva o de grupo; y también dejó que se extinguiera o degenerara cuando se mantuvo individual, aislada y por tanto ineficaz y condenada al aniquilamiento.

Se impone una última consideración que se deriva naturalmente de las anteriores. Si el Santo Oficio fue instaurado en Nueva España, como en otras partes, para combatir la herejía; si desde siempre estaba cabalmente preparado para tal cosa y si la herejía, en tierra americana, resultaba mucho menos frecuente que en la península hasta el punto de no representar más que el tercer renglón de la actividad inquisitorial después de los delitos religiosos menores y de los que tocan a la moral sexual, una alternativa se presenta ineluctable: o bien el Santo Oficio, al dejar de cumplir la función que justificó su creación, degenera como cualquier institución que acabó siendo inútil o se adapta a las nuevas necesidades del medio específico en el que se integra. En este caso, asumía nuevos papeles y desempeñaba otros oficios, siguiendo la tradición inquisitorial que, ya lo vimos, mediante la rica jurisprudencia que complementaba los grandes códigos, permitía que cada tribunal se adaptase a la coyuntura local, y permaneciese al mismo tiempo fiel a la herencia común.

¿Cómo reaccionó la Inquisición mexicana ante lo que constituía su pan de cada día, la infinidad de aquellas transgresiones, graves a veces, leves casi siempre, que reflejan las libertades que se tomaban con las cosas de la religión en la cotidianeidad de sus vivencias?

XI. LOS DELITOS RELIGIOSOS MENORES

¿Cómo no perderse en esta selva tupida que representa más de la tercera parte de los procesos para todo el periodo estudiado, lo que atestigua obviamente la calidad y profundidad del catolicismo de las poblaciones sometidas al Santo Oficio y la voluntad de la institución de controlarlas y por tanto, de adaptarse a las exigencias del medio colonial? (Gráfica VII.)

¿Qué encontramos entre estos delitos que atentan más específicamente contra la vivencia religiosa? En primer lugar, la blasfemia, que florece por la misma época en España, la que brota de la ira y atestigua en negativo las creencias religiosas, junto con su variante colonial de esencia más radical, el reniego de los esclavos negros y mulatos. (*Cf.* gráficas VIII y IX.) Sin embargo lo grueso de este grupo lo constituye una serie increíble de proposiciones que van desde las "heréticas", conscientes o no, hasta las "indecentes", "insolentes", "escandalosas", etc., según los calificativos inquisitoriales. Abarcan lo mismo la afirmación heterodoxa que la broma sulfurosa, la grosería trivial, el insulto banal que la explosión de gracia irreverente, revelando a menudo una imaginación popular rica y pintoresca. Así es como al lado de los habladores que profieren palabras tocantes a las verdades enseñadas por la Iglesia, las personas sagradas y la jerarquía, se encuentran individuos que juran "por las tripas de San Pedro y las patas de Santa Lucía", otros que sostienen "que un caballo tenía la edad de Cristo; y que se holgara le naciera en la frente un cuerno que llegara hasta el cielo para matar a los santos".[1]

Vienen luego las manifestaciones que, en una forma u otra, dañan el prestigio del Santo Oficio o cuestionan sus prerrogativas. Junto con dichos hostiles o irrespetuosos para con la institución, surgen de vez en cuando casos de usurpación del título de familiar o de alguacil en provincia, lo que permite que un fulano atrevido arreste a un enemigo personal o amedrente a un adversario.

Por último, la solicitación contribuye ampliamente a nutrir esta categoría de delitos en una proporción que parece superior a la peninsular. Como se sabe, esta transgresión, que consistía en que un confesor solicitase de su hija (o de su hijo) espiritual "actos torpes y deshonestos", sólo era perseguida por la Inquisición cuando se producía durante la administración del sacramento.

---

[1] AGN, Inquisición, vol. 435, f. 309. Denuncia contra Juan Lozano, Cholula, 1650, y Denuncia contra Cristóbal de Morejón, San Martín Texmelucan, 1650, f. 205.

Combinando el relajamiento de las costumbres de los eclesiásticos con el de la asistencia espiritual, la amplitud del fenómeno de la solicitación es a la vez característica y reveladora de la situación colonial y hay indicios numerosos para pensar que, lejos de desaparecer por la represión inquisitorial, no dejó de ampliarse durante el periodo considerado y el siglo XVIII. Ésta es la convicción que se desprende de las medidas que norman cada vez más precisamente las circunstancias materiales que rodean la administración del sacramento y que buscan impedir el delito, por considerar obviamente que resulta el mejor y posiblemente el único medio de contenerlo.[2]

El resto de estos delitos religiosos menores se distribuye en un sinnúmero de irreverencias, en acto o palabra, hacia los sacramentos, personajes, lugares y objetos sagrados, en desobediencias a los mandamientos y prescripciones de la Iglesia. Cabe señalar unos pocos casos en los que se azotó o destruyó crucifijos, lo que traduce a menudo prácticas judaicas que fueron descubiertas más tarde; la costumbre arraigada de colocar cruces o calvarios en lugares impropios, incluso indecentes; la de organizar diversiones de tono excesivamente mundano o hasta indecoroso ante altares domésticos; el uso inconveniente de objetos piadosos o, al contrario, triviales pero adornados con un símbolo sagrado; la inclinación que sienten algunos aventureros faltos de estatus y de medios de vida por decir misa en los pueblos, fingiendo ser sacerdotes y recibiendo por tanto las limosnas que los fieles no dejan de proporcionar al pastor andante o, al revés, la de los eclesiásticos insubordinados que no dudan en colgar el hábito para echarse, como los demás, a los caminos...

Con pocas variaciones estos delitos fueron constantemente perseguidos por la Inquisición mexicana, en un afán continuo de contenerlos y reducirlos; en efecto, si la gran mayoría de ellos son tan sólo imputables a una religiosidad popular que carecía aún del acabado tridentino, bien podían, de no ser combatidos, contribuir a mantener un clima favorable a la implantación de fermentos mucho más nocivos. Sin buscarlos en el campo de la herejía, ¿no era factible encontrar estas peligrosas semillas en ciertas proposiciones heréticas que propagaban a la vez la confusión y el germen de la noción sospechosa? Era por tanto preciso si no velar por que el terreno estuviera perfectamente limpio —¿quién podía lograrlo?—, al menos mantener presentes las normas fundamentales de la creencia y de la práctica religiosas, y la tarea específica de la Inquisición consistía en recordarlas sin cesar mediante el ejemplo de las sanciones y penitencias impuestas a los pecadores.

[2] AGN, Riva Palacio, tomo II, núms. 1, 2 y 3; tomo III, núms. 1 y 2; tomo IV, núms. 1, 2, 3, 12 y 13; tomo VII, núm. 1; tomo IX, entero.

XII. LAS FALTAS A LA MORAL SEXUAL

Ya vimos que las faltas a la moral sexual resultan mucho más numerosas en Nueva España que en la metrópoli. (Gráfica X.) ¿En qué consisten?

Junto con la solicitación, propia de los eclesiásticos y que quisimos considerar asimismo bajo este enfoque, la bigamia y su variante eventual, la poligamia, representa con mucho lo esencial de este grupo delictivo (gráfica XI). Perseguida con rigor en los años 1580, que siguen al establecimiento de la Inquisición mexicana, se estabiliza en la primera mitad del siglo XVII antes de emprender un ascenso que sabemos irresistible más allá de los límites temporales considerados aquí. La bigamia, en efecto, como la solicitación, es inseparable del proceso colonial. Está relacionada esencialmente con la llegada de emigrantes de sexo masculino a tierras americanas. Unos habían dejado en Europa una mujer pronto olvidada y contrajeron en la colonia una unión mejor adaptada a su nueva vida; otros llegaron solteros y casaron varias veces, según se lo dictaban la economía, la expansión de la colonia y sus aspiraciones personales a forjarse una suerte distinta; otros más, en fin, llegaron con la esposa española, a la que abandonaron más tarde.

Son los mismos esquemas originales, que luego se prolongan y desarrollan. Existe una movilidad geográfica y social que raya en la incoherencia y en la que no hay nada más fácil que trasladarse, bajo un nombre falso, a una mina recién descubierta, ejerciendo allí los oficios más diversos y estableciéndose a menudo de modo provisional mientras la suerte depara mejores oportunidades.

Estas circunstancias excepcionalmente favorables no bastan para garantizar la impunidad del delito de doble matrimonio ya que la sociabilidad y la misma movilidad son tales que sucede no pocas veces que el pecador sea descubierto y conocido por algún paisano, pese al alejamiento en el tiempo y en el espacio, a la confusión de las pistas que nace de la ausencia de estado civil y de un sistema de identificación.

Pero entonces ¿por qué cargar con una segunda unión que acarrea, fuera de los gastos, una restricción de la libertad de acción —este bien preciado que se viene a buscar hasta América— y que ocasiona, si acaso la descubren, un proceso inquisitorial rematado por un castigo que puede incluir las galeras, mientras resulta tan fácil vivir más o menos abiertamente con una compañera de casta por ejemplo, que no pone reparos a semejante relación?

Es que el carácter imprescindible de la sanción sacramental vence el temor que inspira la transgresión y su estela de penas, por razones diversas según los estudios de casos. A veces, un individuo deseoso de contraer una nueva unión que conlleva ventajas variadas —esposa joven, posibilidad de descendencia, de ascenso social y económico, etc.— desecha el miedo a los castigos inquisitoriales y civiles al considerar que la celebración del matrimonio exigido por la prometida y su familia es la condición para lograr sus fines. Acontece también que, sin razón aparente, un individuo se casa por segunda vez, estando vivo el primer cónyuge, a causa de cierto conformismo social y de un extraño sentimiento de reverencia exterior para con el sacramento, concebido a todas luces como un rito a la vez imprescindible y benéfico. Por último, sucede que se llevan a cabo las segundas nupcias porque se puede pensar que el primer marido o mujer murió, encontrándose entonces el cónyuge en condición de volverse a casar; en este caso, ya vimos cómo la casuística se encarga de dilucidar las circunstancias del delito y evaluar la responsabilidad del pecador.

De modo paradójico pero finalmente natural, la bigamia manifiesta cierta consideración, sin duda exterior e incoherente según nuestros criterios, pero verdadera, hacia las normas católicas que rigen la unión del hombre y de la mujer y de ahí lo profundo de su implantación en la masa de los creyentes; se sitúa en efecto, entre su respeto cabal —la monogamia estricta— y su total desprecio —amancebamiento y toda suerte de relaciones ocasionales. Nueva España muestra ser a través de las modalidades de la bigamia lo que sabemos es, en otros terrenos, el económico por ejemplo: un margen del mundo europeo controlado por las distintas instancias que imponen las normas convergentes de los Estados nacientes y de la Iglesia de la Contrarreforma y, en el presente caso, de la monogamia, pero bajo ningún concepto, la selva en donde todo sería posible. Así las cosas, impera en el virreinato una relativa aunque considerable libertad de costumbres bajo las apariencias prudentemente tranquilizadoras de un orden impuesto y aceptado. Tocamos aquí, sin lugar a duda, la oposición que se presenta constantemente en la Colonia y tal vez en el México actual: el desfasamiento entre las apariencias, la imagen ofrecida y realzada, y la realidad de las cosas que ella encubre.

Comparándola con la solicitación y la bigamia, fuerza es reconocer que la afirmación heterodoxa que pretende que "la fornicación no es pecado" pesa poco. Perseguido por la Inquisición en las últimas décadas del siglo XVI, este delito parece borrarse tan pronto empieza el siglo siguiente, siendo probable que, como en España, su desaparición corresponda efectivamente a la implantación de la normalización tridentina.[1] Aquí, a diferencia de los

[1] Tomamos en cuenta aquí de las observaciones de J. P. Dedieu en "Les Archives de l'Inquisition", *op. cit.*, pp. 893-902.

dos grandes delitos de bigamia y solicitación, el Santo Oficio logró de seguro una victoria, sin duda relativamente fácil puesto que no se trata de una práctica —como la bigamia— casi imposible de desterrar por nacer del contexto colonial; ni tampoco de un discurso multiforme como el que inspiraba las incontables "proposiciones" heréticas o irreverentes y que procedía las más veces de conocimientos escasos en materia de fe. De hecho, bastaba con proscribir una fórmula estereotipada que correspondía a una realidad sencilla y cotidiana, los amores venales, a veces las relaciones libremente aceptadas por ambas partes, que estaban además fuera de la jurisdicción inquisitorial en cuanto a persecución se refiere.

En estas condiciones, se aprende pronto a no decir lo que está prohibido, con riesgo de decirlo de otro modo o incluso de callarlo, tanto más cuanto que la práctica a la que alude el discurso condenado queda ampliamente tolerada, siendo finalmente, en este caso, más importante poder actuar que hablar.

XIII. LAS PRÁCTICAS MÁGICAS Y HECHICERILES

Las prácticas mágicas, lo hemos visto, no motivaron un número elevado de procesos en Nueva España, conforme a la tradición inquisitorial peninsular (gráfica XII). La gran brujería diabólica, la que oscurece los cielos de Europa occidental alrededor de las hogueras a principios del siglo XVII, no se presenta en tierra americana. Sin embargo, el diablo se deja ver de vez en cuando, al llamado de algunos esclavos desesperados o al encuentro de vaqueros mulatos en lo profundo de una cueva, en una sierra del desierto; bajo las apariencias clásicas de un animal siempre negro, lo vemos pactar y tratar más como un astuto gañán que como el Príncipe de las Tinieblas. Con todo y pese a su aspecto mucho más llano, sigue siendo la última esperanza de los desesperados, el salvador invertido de los condenados de la tierra de ambos lados del Atlántico.

Infinitamente más común y familiar, la magia baña todo con un nimbo si no misterioso, al menos ritual y propiamente culinario, amortiguando el contacto de las realidades con la densidad protectora de los deseos y de las proyecciones. Pues todo justifica el recurso a recetas mágicas: el descubrimiento de una mina, la búsqueda de un objeto extraviado o robado, un viaje, una enfermedad, cualquier acontecimiento de la vida privada o pública y, más aún, el amplio y suntuoso territorio de las relaciones amorosas, en esta tierra privilegiada de Afrodita que viene a ser la Nueva España. Los procedimientos europeos se mezclan armoniosamente con los indígenas, los africanos, si bien las habas son sustituidas por el maíz, la belladona por el peyote, en un sincretismo feliz cuya eficacia multiplicada constituye sin duda ninguna uno de los mejores lubricantes de esta difícil sociedad colonial, teóricamente erizada de prohibiciones, restricciones y conveniencias pero que, al ser irrigada por las múltiples corrientes de estos intercambios solapados, logra desarrollarse con asombrosa vitalidad. Esto es lo que revela el volumen ascendente de procesos por prácticas mágicas a partir de la segunda mitad del siglo XVII, de acuerdo con la oleada creciente de tales contactos en numerosos niveles, compensaciones provechosas y servicios mutuos y furtivos que tienden a establecer, en la realidad de la vida diaria e individual o en un plano simbólico, un equilibrio más flexible entre los deseos y las necesidades.

Por estas razones, una ola de denuncias por prácticas mágicas revela generalmente la presencia de un problema más profundo que afecta a otros campos, pues no cabe duda de que tales prácticas llenan todos los intersticios de la vida colonial, quedando por tanto las primeras expuestas al proceso fundamental de captación de las emociones populares: la delación.

Hemos visto cómo ante todo esto, el Santo Oficio se limita a catalizar dichas emociones, archivándolas sin más, encomendando casi siempre el escándalo al silencio y luego al olvido. Cuando decide intervenir, parece buscar, como en la mayor parte de los delitos religiosos menores, más la edificación mediante el ejemplo de las penas y la proclamación renovada por semejantes medios de las normas ortodoxas, que la simple represión, imposible de realizar, según parece.

Por último, si se considera la relación que existe entre el número global de trámites tocantes a determinado tipo de delito y el de procesos que originaron, se comprueba que el promedio para el periodo resulta ser de un proceso por cada cinco trámites y medio (cuadro I). Parece, por tanto, que las prácticas de idolatría y las tendencias heterodoxas provocan una reacción enérgica del Santo Oficio puesto que la relación es de un proceso para un poco más de tres trámites, aunque aquí el número, pequeño, tanto de trámites como de procesos reduce obviamente el valor de las presentes consideraciones.

En el otro extremo, la relación de un proceso por casi siete trámites tocantes a prácticas mágicas y de hechicería muestra claramente que la institución no tenía interés por perseguirlas. Por último cabe señalar que, en asuntos de herejía, la relación de un proceso por casi cinco trámites puede parecer baja con toda razón: de hecho, es falsa en cierta medida ya que el volumen de trámites se halla artificialmente inflado por un buen número de testimonios sueltos que normalmente debían estar integrados en los procesos, de haber sido más diligentes los inquisidores... Así las cosas, lo probable es que tengamos en realidad una relación cercana a la que caracteriza a la idolatría y las tendencias heréticas, de acuerdo con el interés evidente del Tribunal por lo que se refiere a la represión de las prácticas heréticas.

XIV. SOCIOLOGÍA DE LOS DELITOS

El factor sexual en la clasificación de los delitos

Existe una distribución específica de los delitos que debemos considerar ahora. La principal se refiere a los de naturaleza sexual (gráfica XIII).[1]

La herejía, cuando se trata de marranismo, se da igual entre los hombres que entre las mujeres; más adelante veremos que ellas desempeñaron un papel particularmente importante en la conservación de la religión prohibida, pero recibieron de los jueces el mismo trato que los hombres. Otra cosa sucede con el protestantismo, ya que sus partidarios en Nueva España fueron ante todo corsarios ingleses, franceses u holandeses que habían llegado a las costas del Atlántico a raíz de algún naufragio.

Los delitos religiosos menores son comunes sobre todo en los hombres, quienes, más propensos que las mujeres a dejarse llevar por la ira o la provocación, profieren toda clase de blasfemias, de discursos irreverentes. Las proposiciones heréticas son excepcionales entre las mujeres, que no suelen arriesgarse en el terreno de los conceptos religiosos por considerarlo demasiado elevado para ellas. Se mantienen más bien en el reniego un tanto chantajista cuando son esclavas, y en un sinnúmero de pequeñas prácticas irrespetuosas como son llevar y usar sin consideración algunas medallas, elaborar dulces escandalosamente adornados con símbolos religiosos, participar en festividades que mezclan descaradamente lo sagrado con lo profano, cuando no lo indecente.[2]

Cabe preguntarse, sin embargo, si su modo de vida, más recogido que el de los hombres, no las protegía de las denuncias y por tanto del proceso que nos permite descubrir la amplitud del fenómeno, y si, en la intimidad de la cocina o del aposento, rodeadas de niños, esclavas, sirvientas, vecinas, hermanas y amigas, no blasfemaban como los hombres y decían proposiciones que, sin llegar a ser heréticas, fuesen tan escandalosas como las de ellos.

---

[1] Alberro, *La actividad del Santo Oficio...*, *op. cit.*, pp. 129-130.
[2] El fondo Indiferente General del AGN encierra edictos de fe sin clasificar, como ya lo señalamos; así, los de 1622, 1626 y 1637, que se refieren a medallas, estampas, reliquias, rosarios, etc.; los de 1626, 1637 y 1691, que denuncian la presencia de cruces en lugares indecentes; los de 1643 y 1652, que censuran la costumbre de adornar oratorios privados con símbolos supersticiosos, retratos de personas devotas, nacimientos, donde se come, baila, canta y juega... *Cf.* Índice de los edictos de fe, núm. 6.

Fuerza es atenerse a las pruebas, es decir, en el caso presente, a los procesos, y hay que reconocer que interesan mucho menos a las mujeres que a los hombres, cuando de delitos religiosos menores se trata.

Su presencia resulta aún más escasa si consideramos las transgresiones a la moral sexual. La bigamia es fundamentalmente masculina y ligada, lo subrayamos anteriormente, a las mismas condiciones de la colonización. Sin embargo, algunas mujeres, de casta las más veces, se arriesgan por aquellas sendas en una proporción claramente superior a la que parece prevalecer en España, donde casos semejantes son muy raros.[3] En todo caso, su presencia en tal delito es reveladora de estructuras familiares frágiles, de una considerable movilidad geográfica y social y de una amplia libertad de acción y costumbres.

Tampoco se preocupan las mujeres por hacer declaraciones respecto a la fornicación puesto que, según acabamos de comprobarlo, hacen las cosas sin discurrir acerca de ellas; tal parece que el discurso es un atributo masculino, inseparable de la participación del hombre en la vida pública y de una sociabilidad abierta a las que las mujeres tienen poco acceso en los siglos que nos interesan.

En cambio, el quedar confinadas a la práctica las convierte en las maestras indiscutidas de la magia, con excepción de las formas "nobles" como la astrología, la quiromancia, etc., que resultan, por otra parte, escasas en Nueva España, y son generalmente practicadas por los hombres.

Los procesos las muestran afanándose por preparar, proporcionar, aconsejar o usar recetas tan numerosas como monótonas que les permitan dar una solución simbólica o real a las mil dificultades diarias; por tanto, ellas son las humildes y diligentes obreras que, en un nivel doméstico y casi clandestino, hacen simplemente la vida posible, suministrando sin cesar el grano de esperanza e ilusión que permite soportar casi todo.

El factor étnico en la clasificación de los delitos

La actitud delictiva varía según los grupos étnicos: sin postular un determinismo que el desarrollo del mestizaje y del sincretismo en el virreinato impide por principio, existe pese a todo una tendencia

---

[3] J. P. Dedieu, "Le modéle sexuel: la défense du mariage chrétien", en Bennassar B., *l'Inquisition Espagnole*, p. 322. Los trabajos actuales de Dolores Enciso, *El delito de Bigamia y el Tribunal del Santo Oficio de la Inquisición en la Nueva España, siglo xviii*, dejan en efecto, entrever que el índice de delitos de bigamia entre las mujeres fue superior en la Nueva España.

por parte de ciertos sectores de la sociedad a cometer transgresiones específicas, como respuesta natural al contexto en el que se encuentran.

Es el caso obvio de la bigamia, que, al principio por lo menos, es el hecho de los españoles,[4] por razones que subrayamos anteriormente. Los peninsulares son también, sobre todo en los inicios de la Colonia, grandes blasfemos, dados a proferir toda clase de palabras intempestivas y partidarios de la fornicación inculpable. Por último, son, junto con los portugueses, aquellos españoles de antaño, los judaizantes perseguidos por la Inquisición a fines del siglo XVI y en los años 1640-1650.[5]

El puñado de extranjeros que se hallan entre los reos son, fuera de los piratas protestantes, algunos flamencos, alemanes, italianos y griegos, que llegaron de los cuatro extremos del Imperio y mantenían relaciones más o menos lejanas con la heterodoxia, siendo la herejía, como se sabe, un producto importado en México.[6]

Los negros y mulatos de condición servil reniegan y blasfeman a la vez. Libres o esclavos, su suerte miserable los lleva a menudo a acudir al diablo, con quien firman de buen grado algún pacto que les asegura riquezas, amores y libertad.[7]

En cuanto a los mestizos, sobre todo cuando son mujeres, se dedican a la magia.[8] En ella desempeñan el papel de intermediarios entre el proveedor de sustancias, recetas, etc. —que suele ser indígena—, y el usuario, casi siempre una española, apoderándose de esta manera de la función de intermediarios que intentan hacer suya en las demás esferas de la vida colonial, la única posible en un sistema que no los había previsto y que trató por todos los medios de rechazarlos. Pero si resulta difícil para ellos imponerse abiertamente en otros terrenos, su función no es impugnada aquí sino apreciada, premiada y reconocida como necesaria, en la cadena clandestina que une solapadamente a la india vieja conocedora de hierbas y a la castellana desconsolada, vía, desde luego, la mestiza o mulata experimentada. Tales castas son, por tanto, el cauce por el que fluyen estos lubricantes discretamente eficaces que facilitan todas las relaciones sociales, haciéndolas hasta posibles y que finalmente se convierten en el objeto predilecto de los procesos por prácticas de magia.

No se trata de ninguna manera de simplificar: si no cabe duda que el español blasfema, sostiene discursos culpables, si sucumbe ante la bigamia con notoria frecuencia y si, junto con el portugués,

---

[4] Alberro, *op. cit.*, pp. 93-94.
[5] Alberro, *op. cit.*, pp. 97-98.
[6] Alberro, *op. cit.*, pp. 97-98.
[7] Alberro, *op. cit.*, pp. 101-102.
[8] Alberro, *op. cit.*, pp. 103-104.

llega a judaizar; si el negro y el mulato reniegan y tratan con el demonio y si la mestiza negocia con hechizos y amores, todo tiende a enredarse al correr del siglo XVII en un alegre desorden que, sin cancelar totalmente estas tendencias, no deja de borrarlas poco a poco.

El factor socioeconómico en la clasificación de los delitos

Por último, la pertenencia a determinada categoría social provoca también a veces cierto tipo de delito. Veamos primero el caso de los eclesiásticos que motivaron por sí solos un número importante de procesos inquisitoriales ya que el Santo Oficio debía, ante todo, vigilar y castigar a quienes incumbía la pesada tarea de gobernar espiritualmente a la colonia.

Incurrían a menudo en el delito de solicitación,[9] pero fuerza es admitir que apenas si se puede cuestionar la calidad media del clero americano, pues las condiciones que rodeaban al ejercicio del sacerdocio en la colonia eran tales que fácilmente podían inducir a la tentación hasta a los eclesiásticos virtuosos: Ya en el siglo XVI, cuando el ímpetu misionero estaba vivo todavía, se señala el paso a las Indias de numerosos sacerdotes "en hábitos disfrazados, so color de legos y títulos de mercaderes y por otros más; y lo peor es que algunos de ellos vienen suspensos, apóstatas y con otras máculas grandes y graves..." El mismo fray Alonso de Montúfar cuenta que "un religioso viejo y anciano le dijo que si pasaban el golfo era porque acá, andaban con libertad".[10]

En efecto, el confesor goza en Nueva España de un prestigio múltiple ante sus ovejas: en primer lugar es el sacerdote, o sea el mediador entre la divinidad y la criatura, investido por tanto de poderes sobrenaturales, dispensador de la paz espiritual y del perdón; también es el varón, por principio superior a la mujer; ella es frecuentemente más joven que él y, por supuesto, la ignorante mientras él es el letrado; es finalmente el español, peninsular o criollo, el señor indiscutido, por su piel clara, en un mundillo de indígenas, mestizas, negras y mulatas que se arrodillan ante él y le besan la mano.

Pero más allá de estas relaciones de dominación existen otras, más sutiles, que pueden originar una complicidad psicológica y afectiva indudable y que favorecen desvíos y deslizamientos ulteriores. Pues para millares de mujeres el confesor resultó al fin y al cabo una figura paterna, el único hombre probablemente que les escuchara jamás contar sus penas y alegrías, que adivinara sus secretos,

---
[9] Alberro, *op. cit.*, pp. 133-134.
[10] Medina, *El Tribunal del Santo Oficio, op. cit.*, p. 30.

las aconsejara y consolara; el único también que tuviera el poder de traerles la serenidad y el sentimiento de la pureza recobrada mediante la absolución.

Planteadas de esta manera las cosas ¿cómo no entender que la confesión se volviese charla amistosa, tal vez afectuosa, que además tocaba necesaria y regularmente los puntos más íntimos de la sexualidad, los pensamientos, los sueños... lo que llevaba a la mujer a desahogarse como no lo hacía sin duda con varón alguno y con tanta más confianza cuanto que el confesor era uno de ellos, aunque sin sus derechos y exigencias? Así, faltaban pocas cosas —la casualidad, las circunstancias— para que la conversación confidencial bajo la mirada de Dios se convirtiera de modo insensible en plática íntima y luego en palabras y actos profanos.

Las autoridades consideraron la solicitación tan común y, aparentemente, tan difícil de combatir con eficacia que terminaron por establecer una estrategia con la que reprimirla —la Inquisición, obviamente—, pero sobre todo para reglamentar estrechamente las circunstancias externas de la confesión con el fin de reducir al máximo las posibilidades prácticas de la falta, como ya lo indicamos.

Tampoco olvidemos a los sacerdotes que, colgado el hábito, a no atentos a su ministerio se dejen llevar por la elocuencia fácil o la ira, y se sostengan proposiciones escandalosas y hasta heréticas en el púlpito o en el transcurso de alguna charla animada. También a veces pasan a los hechos, como aquel franciscano de Tampico que fue denunciado por "beber chocolate, después decir misa y quitarse del altar después de dicho el evangelio e ir al río a recibir unas mujeres; y pasada media hora, volvía a continuar la misa".[11]

Tampoco olvidemos a los sacerdotes que, colgado el hábito, a veces casados o de vida escandalosa, recorren el país usando sin embargo de las facultades a las que renunciaron y engañando a la pobre gente crédula, ni a aquellos eclesiásticos que administran los sacramentos, aunque no estén aún, o ya no, habilitados para ello.

Con todo, cuidémonos de formular juicios drásticos en cuanto toca a la calidad del clero colonial; nuestras fuentes no dan cuenta de lo que era sin duda la norma: una competencia más o menos buena y una honradez mediana. Además, para valorar la importancia de las desviaciones clericales sería preciso considerar cuantitativa y cualitativamente este clero, tomando en cuenta las variaciones temporales y espaciales que sabemos fueron importantes por el constante proceso de secularización que se registró a lo largo del siglo XVII, con el fin de descubrir eventuales tendencias. Tal cosa no sólo rebasa nuestro actual propósito sino que nos parece

---

[11] AGN, Inquisición, vol. 435, f. 139, "Denuncia contra Fr. Francisco Ortiz, de la Orden de San Francisco", Tampico, 1650.

además irrealizable por ahora, a falta de estudios sistemáticos tocantes al personal eclesiástico. Nos limitaremos aquí a señalar por una parte las características delictivas de este clero tal como se manifiestan en las fuentes inquisitoriales y, por otra, el papel importante que desempeña el Santo Oficio, de juez y censor de los servidores de la Iglesia.

Otra categoría social llama la atención por su propensión a cometer toda clase de infracciones: aquellos que llamamos los ambulantes, o sea, los vaqueros, a menudo negros o mulatos que andan detrás de sus inmensos rebaños en los llanos barridos por los vientos, los arrieros que transportan hombres y mercancías entre los puertos, las minas y la capital, tendiendo la red de sus obstinadas carreras para unir tres continentes, los marineros, soldados, vagabundos medio desocupados, los buhoneros que transitan por todo el país ofreciendo las mil baratijas necesarias en la vida diaria, en espera de poder abrir algún día un cajón más glorioso en una ciudad.[12]

Ellos cometen un sinnúmero de excesos en lo que se refiere al discurso —proposiciones, irreverencias, etc.—, al comportamiento —pactos diabólicos, sacrilegios o hasta prácticas heréticas que corresponden a una notable desenvoltura para con las cosas de la religión y más ampliamente las reglas establecidas. Dicha actitud resulta muy natural entre gente acostumbrada a la vez a la soledad, matriz de la reflexión crítica, y a los contactos e intercambios numerosos, por tanto, a cierta distancia en relación con lo que se tiene por indiscutible dentro de comunidades más cerradas. Huelga decir que su movilidad permanente y su identidad dudosa favorecen semejantes actitudes, protegiéndolos de los controles y sanciones.

Por último, es revelador el hecho de que un número apreciable de funcionarios —escribanos, alguaciles, alcaldes, regidores, incluso gobernadores— fue objeto de persecuciones inquisitoriales.[13] Entre ellos, el denominador común es la rebeldía y prepotencia, la negación a obedecer los mandamientos de la Iglesia y de la institución inquisitorial.

Cabe ver aquí el reflejo de los enfrentamientos constantes que mencionamos entre el Santo Oficio y las demás instancias virreinales, tratando cada una de ellas de imponer su ley a las demás, de las que se defendían con los medios que les eran propios. Esto es particularmente notorio en el caso de los distintos gobernadores de Nuevo México, a quienes el alejamiento de la capital y el aislamiento impulsaban a comportarse como verdaderos señores feudales y el Tribunal virreinal no dudó en perseguir. Concretamente, tales fun-

---

[12] Alberro, *op. cit.*, pp. 131-132.
[13] Alberro, *op. cit.*, pp. 125-126.

cionarios hacen con frecuencia discursos afrentosos para el Santo Oficio y la jerarquía eclesiástica manifiestan su desprecio por los mandamientos y sanciones que de estas instituciones provienen, estorban el ejercicio inquisitorial o se niegan a colaborar y llegan incluso a dar pruebas de una complicidad pasiva o hasta activa en actividades heterodoxas cuando no heréticas o idolátricas.[14]

[14] Medina, *op. cit.*, p. 273. AGN, Inquisición, vol. 356, ff. 257, 291-293. Cartas del Comisario Fr. Alonso de Benavides al tribunal de México, 29 de junio y 8 de septiembre de 1626, refiriendo los excesos cometidos por el gobernador Juan de Eulate. Citamos integralmente estos documentos en el capítulo titulado: "Zacatecas, frontera de dos mundos." Otra carta del mismo Comisario, escrita en los alrededores de Zacatecas —paraje de los Tlacotes— en 1629, sin clasificar y que se encuentra en el fondo Indiferente General del AGN, denuncia a don Felipe de Sotelo Osorio, que acaba de ser gobernador de Nuevo México, quien ofreció "caballos, dineros, su persona y arcabuz a Luis de Rivera —22 años, sin oficio, natural de Sevilla— para huir". Rivera estaba preso por el Santo Oficio. Osorio, además de abusos impíos, "ha dado licencia a los indios infieles del pueblo de los Xumanes para que no fuesen cristianos y reedificasen las estufas de la idolatría que su antecesor les había quemado [...] ha tratado y contratado con los infieles, gustando que le escriviesen cosas mal sonantes a la fe [...] es hombre escandaloso en juramentos y otros vicios y procurado abatir y escurecer en tiempo de su gobierno la jurisdicción eclesiástica, persuadiendo a todos que no avía más potestad que la suya temporal..." AGN, Inquisición, vol. 593, exp. 1, Proceso contra don Fernando López de Mendizábal, gobernador de Nuevo México, por proposiciones heréticas y sospechoso de judaísmo (1662).

XV. LAS SENTENCIAS INQUISITORIALES

Esta somera sociología del delito debe ser complementada por un examen de las sentencias inquisitoriales. (Cuadro IV.)

Recordemos antes que una proporción apreciable de procesos —alrededor de 15%— quedaron en suspenso, por razones variables que incluyen la muerte del inculpado, la debilidad de las pruebas en contra y otros motivos no especificados.

Como vimos, el Santo Oficio disponía de una gama de castigos diversos, según su origen, lo cual es resultado de un funcionamiento secular.[1]

Entre los que provienen del derecho canónico, encontramos las penitencias espirituales que aparecen en la inmensa mayoría de las sentencias. Abarcan desde las oraciones en días determinados, la asistencia del reo revestido de las insignias de su culpa y arrepentimiento a una misa pública hasta el adoctrinamiento, si se juzgaba necesario. Las penas espirituales pueden también combinarse con la reclusión y el trabajo obligatorio, en la fórmula que consiste en servir durante un periodo determinado en un hospital o un convento.

En el mismo espíritu de la asistencia a una misa, la abjuración bajo sus dos formas —*de levi* y *de vehementi*, aplicada respectivamente en los casos de delitos veniales o graves— se presenta en la mayoría de las sentencias, con excepción de las dictadas contra los impenitentes y los relapsos ya que consiste en una pena espiritual, el reconocimiento de los errores cometidos, acompañado de la promesa solemne de evitarlos; pero dicha confesión toma también la dimensión de un compromiso público y social, siendo el penitente "reconciliado" y reintegrado a la comunidad, lo cual supera el alcance de una mera sanción espiritual de carácter estrictamente íntimo.

Las penas tocantes a los bienes materiales eran varias y, si la que consistía en costear cirios para las iglesias fue a menudo aplicada por las inquisiciones monástica y episcopal, cae en desuso

---

[1] Muy pocos trabajos versan sobre este tema sin embargo capital; algún día será preciso emprender un estudio sobre el desarrollo de los códigos y penas inquisitoriales tomando en cuenta la jurisprudencia y la casuística. Citemos las notables reflexiones de Francisco Tomás y Valiente: "Relaciones de la Inquisición con el aparato institucional del Estado", en *Gobierno e instituciones en la España del Antiguo Régimen*, pp. 13-35 y en *El Derecho penal en la monarquía absoluta*, op. cit., *passim*, y la obra precursora y fundamental de Georg Rusch y Otto Kirchenheimer, *Punishment and Social Structure*.

con el Santo Oficio, que recurre en cambio a las multas, conforme a las posibilidades económicas del reo, cuando no al secuestro total de sus bienes —incluyendo naturalmente a los esclavos— cuyo producto, al término de una almoneda, pertenece teóricamente al fisco.

Por otra parte, la Inquisición imponía los castigos que disponía la justicia civil para ciertas faltas, como la "vergüenza pública", paseo infamatorio por las calles de la ciudad durante el que se administraban azotes al reo mientras sus delitos eran pregonados, paseo sumamente temido por una sociedad sedienta de honor; la exposición de algunos pecadores con el cuerpo embadurnado de miel y emplumado, el destierro por un periodo determinado, el trabajo forzado en un presidio, una plaza fuerte o las galeras y, desde luego, la relajación al brazo secular, o sea, la hoguera.

La aplicación de tales penas, distribuidas y dosificadas según la naturaleza del delito, la calidad, el sexo, la edad del culpable y su comportamiento ante los jueces conforme a las normas estipuladas por los códigos inquisitoriales y la jurisprudencia vigente, muestra una vez más que el Santo Oficio es una instancia entre otras ya que las sanciones a las que recurre son las mismas de la justicia ordinaria y civil, con la diferencia de que las va acumulando y combinando según sus propios fines punitivos y disuasivos.

El abanico de estos castigos es asimismo revelador del proceso de sedimentación característico del fenómeno inquisitorial —y más ampliamente, eclesiástico—, que lejos de cancelarlos, acumula las experiencias, añadiéndoles las que el presente suscita. Así, junto con penas de sello arcaico —el emplumamiento,[2] el destierro, las distintas multas de origen medieval, la persecución del linaje mediante medidas infamatorias y restrictivas que afectan a la familia del hereje—, vemos surgir otras más adaptadas a las exigencias modernas como son el trabajo forzado en las plazas fuertes o las galeras ligado a las necesidades políticas y militares de la monarquía de los siglos XVI y XVII, las prácticas de reclusión de tradición clerical, anunciadoras del encierro sistematizado de los marginales y desviantes.

Tales penas se imponen, por tanto, en Nueva España, conforme a los códigos inquisitoriales y a su práctica consignada en la jurisprudencia y la casuística anteriormente señaladas; su aplicación revela la gravedad que los inquisidores atribuyen de hecho a ciertos

---

[2] El emplumamiento fue aplicado al menos una vez por el Santo Oficio mexicano, en la persona del andaluz Juan Márquez de Andino, testigo falso, condenado el 29 de agosto de 1664 a quedar "expuesto 3 o 4 horas fijo y amarrado, enmielado y emplumado, de cintura hasta arriba", Cf. "Rivalidades de poder en Tepeaca", en este mismo trabajo. AGN Inquisición, vol. 512, exp. 3, Proceso contra Juan Márquez de Andino (1661) fs. 431-433.

delitos y, por consiguiente, a sus prioridades represivas, además del peso de las contingencias locales, que de manera ineludible afectan el uso que de ellas se hace.

En la realidad, ¿cuál es su distribución y cómo se aplican?

Aparte de las penitencias espirituales que, por razones obvias, aparecen en la mayoría de las sentencias, la pena de azotes —14% de los casos y consistente en dar de cincuenta a cuatrocientos latigazos, siendo el promedio más común de doscientos— es la que castiga con mayor frecuencia a quienes blasfeman, reniegan, profieren toda clase de discursos inconsiderados e imprudentes, usan de hechizos y procedimientos mágicos y a los bígamos con circunstancias atenuantes. A los azotes sigue generalmente el destierro desde 6 meses hasta diez años del lugar y región en donde se cometieron las infracciones, de la capital también y de Madrid. Si bien no es posible eludir el primer castigo, que los inquisidores pueden sin embargo mitigar cuando el pecador es viejo o está enfermo, el segundo en cambio resulta muy relativo, debido a la falta de control efectivo y, sobre todo, de estado civil. Además, cuando se llevaba realmente a cabo el destierro tal como era impuesto, constituía sin remedio un aliciente para la inestabilidad, mal endémico del virreinato, y origen, por tanto, de nuevos delitos.

La reclusión no es frecuente —6% de las sentencias— porque exige una infraestructura de la que se carece en los siglos que nos interesan, si bien una "cárcel perpetua" existe efectivamente en México; esta pena se aplica esencialmente a los confesores solicitantes y los clérigos en general, a los cuales sólo hay que mantener encerrados en algún convento con el triple beneficio de que se les castiga, se les vigila para que no cometan nuevas transgresiones y se evita el escándalo.

Los laicos, particularmente las mujeres, están también expuestos a la reclusión asociada al trabajo, lo que en la mayoría de los casos significa que los encierran en hospitales para que presten sus servicios durante un periodo determinado.

En cuanto a la cárcel perpetua, se trata, como es sabido, de una mera fórmula, y esta expresión lo demuestra: "cárcel perpetua por dos años".[3] Las razones: la Inquisición, como las demás instituciones represivas de entonces, no tenía los medios para asegurar el mantenimiento prolongado de los presos y además, no veía en el encarcelamiento de por vida una forma de castigo. (*Cf.* apéndice 2.)

Las galeras —6% de las sentencias pronunciadas— son el destino de los hombres que cometieron delitos graves, a veces herejía, bigamia sin circunstancias atenuantes, usurpación de funciones sacerdotales por laicos, etc. La proporción de 6% puede parecer tanto

---

[3] *Abecedario de los Relaxados, Reconciliados y Penitenciados*, op. cit., f. 13.

más elevada cuanto que la aplicación de este terrible castigo enfrentaba obstáculos importantes. En efecto, si se descarta la corta experiencia de las galeras en América (1580-1623), los reos se veían obligados a dirigirse a España o Filipinas, lo que representaba gastos cuantiosos que las autoridades virreinales eludían constantemente.[4]

Así las cosas, el recurso a tal pena parece haber sido dictado por el solo respeto de las normas inquisitoriales en detrimento aquí de las ventajas para el sistema monárquico, lo que constituye un claro ejemplo del desfasamiento impuesto por el contexto colonial entre los intereses ideológicos y los del terreno político-militar, mientras que en España o en los dominios mediterráneos coincidían armoniosamente. Se impone la misma observación por lo que se refiere al trabajo forzado o al servicio en las plazas fuertes de Marruecos, castigos que sólo resultaban provechosos cuando se aplicaban en Nueva España o en las regiones del norte del país.

Por último, volvemos a encontrar al hereje con los rigores que lo abruman: la reconciliación, cuando se le hace juicio por primera vez; la relajación, si se niega obstinadamente a confesar, o un segundo proceso por las mismas causas. Es preciso dejar que hablen fríamente las cifras, tratándose de un tema tan justo aunque excesivamente saturado de emociones y pasiones: de unos dos mil procesos incoados entre 1571 y 1700, fueron pronunciadas de 34 a 37 condenas a la relajación en persona y de 96 a 107 a la relajación en estatua, con porcentajes respectivos de 1.7% y 5.1%.[5] En otras palabras, la mayor parte de los herejes —algunos centenares— escapó de la hoguera y fue sometida las más de las veces a la abjuración *de vehementi*, a la vergüenza pública, más temida por la gente principal que la muerte, la pérdida total o parcial de los bienes, el destierro de Nueva España, de las Indias, de Sevilla y Madrid, la cárcel perpetua, con las limitaciones anteriormente señaladas. Muchos de ellos enfrentaron las mismas dificultades que los sentenciados a galeras, lo cual les beneficiaba pues no había

---

[4] Medina, *op. cit.*, pp. 209-210.
[5] La variación de las cifras que proponemos aquí se debe a las distintas fuentes utilizadas, que son *1)* "Índice General de las Causas de Fe que se han seguido en este Tribunal del Santo Oficio de la Inquisición de México desde su fundación que fue el año 1571 hasta 1719", del AGN, Riva Palacio, vol. 49 entero, que arroja un saldo de 37 relajados en persona y 96 en efigie, y *2)* el "Abecedario de los Relaxados, Reconciliados y Penitenciados", de la Huntington Library (San Marino, California), que menciona por su parte a 34 relajados en persona y 107 en efigie. En cuanto a María Asunción Herrera Sotillo, *op. cit.*, p. 230, da cuenta de 40 relajados en persona y 103 en efigie, cifra relativamente elevada si se considera que el periodo que contempla no incluye los autos de fines del siglo XVI, en los que varios individuos sufrieron la pena máxima.

nadie dispuesto a transportarlos a España y ellos no estaban en condición de hacerlo por haber sido despojados de sus bienes.

La corrupción también intervino probablemente puesto que algunos pretendieron que pagando se podía eludir el destierro.[6] Por todas estas razones, numerosos fueron los que quedaron en el virreinato en donde no pocas veces se les columbra unos años más tarde bajo otro nombre. ¿No señalaban acaso las mismas autoridades inquisitoriales que de los setenta y cuatro judaizantes mandados teóricamente a España para que allí cumpliesen su condena, tan sólo dos se habían presentado en Sevilla?[7] Los demás habían permanecido en América, se habían reunido con parte de la familia en Italia, Holanda, o desaparecido misteriosamente...

Falta recalcar por último que las penas impuestas por la Inquisición mexicana parecieron eventualmente rigurosas a la Suprema, quien sugirió menos severidad, en particular tratándose de esclavos que renegaron: en efecto, veía en su delito una reacción al castigo excesivamente cruel infligido por el amo, mientras el Tribunal mexicano que participaba sin duda en mayor medida de las contingencias coloniales, los juzgaba con mayor rigor.[8]

---

[6] AGN Inquisición, vol. 435, exp. 4, Proceso contra Gaspar Rivero de Vasconcelos (1650), f. 495.

[7] AGN Inquisición, vol. 416, f. 536; se mandó a los inquisidores de Sevilla la testificación de alguien que los había visto "andar muy galanes y con espadas en Cádiz y en Sevilla y aun los condenados a galeras, y como otros se fueron a otros lugares de España". En el mismo volumen, fs. 445, 536 y 574, algunos testimonios revelan las dificultades habidas para que los penitenciados salgan al destierro lo mismo que su desprecio por las sanciones inquisitoriales.

[8] AGN Riva Palacio, tomo 7, f. 96, Carta del Consejo al Tribunal de México, recibida en México el 13 de julio de 1616.

XVI. CONCLUSIÓN

El fenómeno inquisitorial, en su triple dimensión de actividad delictiva, delatora y represiva, permite comprender la realidad colonial bajo un enfoque excepcionalmente rico; pues si cada una de estas actividades merece ser estudiada en sí misma, también determina la siguiente y el juego que inevitablemente se introduce entre ellas hace que la dinámica que las respalda sea significativa de opciones e intenciones. Ya lo dijimos anteriormente: no todos los delitos fueron identificados como tales, los que lo fueron no siempre motivaron denuncias y estas últimas desembocaron en menor medida aún en procesos...

Hemos visto que, en sus grandes líneas, dicho fenómeno coincide con los destinos socioeconómicos del virreinato, mostrándose sensible a las contingencias que lo rodean. Lo que procede de lo político, entendido en el sentido necesariamente amplio e impreciso que requiere la época, repercute de modo inevitable en él y si su impacto no puede ser percibido con precisión, sino de manera excepcional, su acción no deja de serlo constantemente, ya que inspira su trayectoria toda y en especial los momentos álgidos que vinieron a ser las persecuciones sistemáticas de herejes a fines del siglo XVI y en los años 1640-1650.

El complejo inquisitorial reacciona asimismo al ritmo de las fluctuaciones económicas y el microanálisis revela que coincide con el contexto local hasta el punto de que se le puede considerar lo mismo que cualquier otro fenómeno de delincuencia/represión, como revelador de una situación de crisis. Efectivamente, la crisis, en el sentido de fuerte variación hacia la recesión o la prosperidad, es la que al provocar una ruptura de equilibrio, abre las puertas a una delincuencia acrecentada y al proceso de delación.

La actividad inquisitorial propiamente dicha se traduce en la instrucción de procesos, indicadores solamente de parte de los delitos cometidos, según se recalcó.

Su distribución sella la originalidad de la colonia: si las prácticas de magia y hechicería, los delitos religiosos menores, son aquí levemente más numerosos que en España, la escasez de herejes y la abundancia de bígamos y de confesores solicitantes —lo erótico se sustituye por lo herético—, pintan un cuadro de colores mucho menos sombríos y con figuras mucho más pintorescas que en la península. Así, la herejía, en el continente americano, fue una flor exótica mientras las transgresiones a la moral sexual que enseñaba la Iglesia brotaron naturalmente, cual respuesta al mundo colonial, a las relaciones de dominación.

El Santo Oficio cumplió con la misión que justificara su introducción en los dominios de ultramar; hizo lo que sabía cabalmente hacer: extirpar la herejía. En cuanto al alud de los otros delitos con el que se enfrentó, parece haberse limitado a oponerle el recuerdo constante de las normas ortodoxas mediante la instrucción de los procesos y la aplicación de sanciones cuyo número e impacto no están proporcionados con las verdaderas exigencias represivas.

De hecho, la represión no era posible pues la orientación y dirección institucional e ideológica de una sociedad pluricultural y mestiza, inestable y proteica, no eran sino muy precarias. La Inquisición no podía darse abasto ya que sus medios sólo eran adaptados a una situación europea; su indudable inercia, transcurridos los primeros decenios que siguieron a su establecimiento, y exceptuando la fase parcialmente inducida de los años 1640-1650, debe interpretarse como la renuncia ante lo imposible, la aceptación de esta renuncia.

Por tanto, la institución se mantiene en el papel de testigo y, de vez en cuando, de censor. El promedio anual de procesos que formó no debe engañar: la Inquisición mexicana desarrolló una actividad razonable comparándola con la de los tribunales peninsulares, pero que el contexto colonial, manifestado aquí más que todo por las denuncias en general, volvía casi irrisorio. A no ser que aquella función catalizadora de tendencias que agitan las profundidades de la sociedad haya sido implícitamente parte de su misión y larga experiencia, en cuyo caso sería preciso renunciar a la visión comúnmente aceptada de institución exclusivamente dedicada a la represión.

Apéndice 1

CÉDULA REAL DE FUNDACIÓN DEL TRIBUNAL DEL SANTO OFICIO DE LA INQUISICIÓN EN LA NUEVA ESPAÑA

Don Felipe, etc.—A vos, don Martín Enríquez, nuestro visorrey y capitán general de la Nueva España y presidente de la nuestra Audiencia Real que reside en la ciudad de México, oidores de la dicha Audiencia, Presidente y oidores de la nuestra Audiencia Real que reside en la ciudad de Santiago, de la provincia de Guatemala, é a vos los nuestros oidores de la nuestra Audiencia Real de la Nueva Galicia, provincia de la Nueva España, con todos los distritos de las dichas Audiencias y provincias y con el obispado y provincia de Nicaragua, é á cualesquier nuestros gobernadores, corregidores é alcaldes mayores y otras justicias de todas las ciudades, villas y lugares de ellas, así de los españoles como de los indios naturales que al presente son ó por tiempo fueren, é á cada uno de vos á quien la presente fuere mostrada y lo que en ella contenido toca o pudiere tocar, en cualquiera manera que en vuestros lugares y jurisdicciones fuéredes requeridos con ella ó con su traslado auténtico, salud y gracia. Sabed que, considerando el augmento que ha resultado en lo que de la religión á nuestra santa fe católica por el descubrimiento y conquista y nueva población de esas Provincias, y que por la providencia y gracia divina los naturales della, entre los otros grandes beneficios que han recibido, han sido alumbrados para conocer el verdadero camino de la doctrina evangélica, y que cada día se va acrecentando su población y se espera que se irá extendiendo y continuando; y considerada la grandeza y excelencia de las dichas Provincias y la singular gracia y beneficio de que Nuestro Señor por su piedad y misericordia en estos tiempos ha usado con los naturales dellas en darles claro conocimiento de nuestra santa fe católica, y que es tan necesario tener especial cuidado y vigilancia en la conservación de la devoción y buen nombre v reputación y fama de sus pobladores, nuestros naturales, que con tanto cuidado y fatiga han procurado el augmento de la religión y ensalzamiento de nuestra santa fe católica en esas partes, como fieles y católicos cristianos y naturales y verdaderos españoles; y visto que los que están fuera de la obediencia y devoción de la Santa Iglesia Católica Romana, obstinados en gran pertinacia en sus errores y herejías, siempre procuran pervertir y apartar de nuestra santa fe católica á los fieles y demás cristianos, y con su malicia y pasión, trabajan con todo estudio de los atraer á su dañada creencia y opinión; comunicando sus falsas opiniones y herejías y divulgando y esparciendo diversos libros heréticos y condenados, para sembrar sus reprobadas y perniciosas opiniones, como se ha visto que lo han hecho en estos tiempos en otras provincias y reinos extraños, de lo cual se ha seguido gran daño y detrimento á nuestra santa fe católica é otros increíbles escándalos y movimientos; y como se tenga tan cierta noticia y experiencia que el verdadero remedio de todos estos males, daños y inconvenientes consiste en desviar y excluir del todo la comunicación de las personas heréticas y sospechosas en la doctrina de nuestra santa fe católica, castigando y extirpando sus errores y herejías con el rigor que disponen los sagrados cánones y las leyes de nuestros reinos, y que por este tan santo medio, por la clemencia y gracia divina, nuestros reinos y señoríos han sido alimpiados de todo error y se han evitado esta pestilencia y contagión; y se espera en su divina misericordia que se preservará de aquí adelante, por obviar y remediar como no pase tan grave ofensa de la fe y religión cristiana á estas partes, adonde sus pobladores nuestros naturales han dado y dan tan buen ejemplo de su devoción y cristiandad; y los que nuevamente han venido al conocimiento de la fe se disponen con tanta docilidad á ser instruidos y enseñados en la doctrina cristiana; y se evite tanta nota é infamia de nuestros súbditos y de su fidelidad y lealtad y los naturales dellas no sean pervertidos y apartados del gremio de la Santa Iglesia Católica Romana con nuevas, falsas y reprobadas doctrinas y errores de los herejes: el reverendísimo en Cristo, padre Cardenal de Siguenza, presidente de nuestro Consejo é inquisidor apostólico general en nuestros reinos y señoríos, con el celo que tiene al servicio de Nuestro Señor y nuestro y al ensalzamiento de nuestra santa fe católica, habiendo precedido en ello mucha deliberación, con acuerdo de los de nuestro Consejo de la General Inquisición é de otras personas graves de nuestro Consejo, é consultado con Nos, entendiendo ser muy necesario y conveniente para el augmento y conservación de nuestra fe católica y religión cristiana poner y asentar en esas dichas provincias el Santo Oficio de la Inquisición, ha ordenado y proveído que así se efectúe y ponga en ejecución; é acordó, por el descargo de nuestra real conciencia y de la suya, diputar y nombrar por inquisidores apostólicos contra la herética pravedad en las dichas provincias á los venerables, doctor Pedro Moya de Contreras y Licenciado Cervantes y los oficiales y ministro necesarios para el uso y ejercicio del Santo Oficio, los cuales son personas de letras y recta conciencia é idóneas é legales en sus oficios, é nos suplicó les mandásemos dar favor de nuestro brazo real, según y como conviene á católico príncipe y celador de la honra de Dios y del beneficio de la república cristiana, para libremente ejercer el dicho santo oficio; é Nos, por lo que toca al servicio de Dios, nuestro señor, é al augmento de nuestra santa fe católica, deseando la ampliación y ensalzamiento de la religión cristiana y que las dichas provincias por Dios á Nos encomendadas, mediante el favor divino, sean libres y preservadas de todo error de herejía; y por el mucho amor que tenemos á nuestros naturales sus pobladores, considerando cuanto conviene que en estos tiempos que se va extendiendo esta contagión, se prevenga á tan gran peligro, y más particularmente en estas dichas provincias que con tanto cuidado se ha procurado fuesen pobladas de nuestros súbditos y naturales no sospechosos, de lo cual se espera seguir gran servicio de Dios, nuestro señor, y augmento de su Santa Universal Iglesia y acrecentamiento del culto divino y honor y beneficio de los pobladores de las dichas provincias; por todas estas consideraciones teniendo este tan santo negocio por el que más principalmente nos toca sobre todos los otros de nuestra corona real, lo tuvimos por bien y nuestra voluntad es que los dichos inquisidores y oficiales y ministros sean favorecidos y honrados, como la dignidad y calidad del oficio que les está cometido lo requiere; por ende, mandamos á vos, que cada y cuando los dichos inquisidores apostólicos fueren con oficiales y ministros á hacer y ejercer en cualquiera parte de las dichas Provincias el Santo Oficio de la Inquisición, recibáis y cada cual de vosotros reciba á ellos y á sus ministros y oficiales y personas que con ellos fueren, con la honra y reverencia debida y que es decente y conviene, teniendo consideración al santo ministerio que van á exercer, é los aposentéis y fagáis aposentar é les dexéis y permitáis libremente exercer el dicho su oficio; é siendo por los dichos inquisidores requeridos, faréis y prestaréis el juramento canónico que se suele y debe prestar en favor del dicho Santo Oficio; é cada vez que se vos pidiera é para ello fuéredes requeridos y amonestados, les daréis é faréis dar el auxilio y favor de nuestro brazo real, así para prender cualesquier herejes y sospechosos en la fe, como en cualesquier otra cosa tocante y concerniente al libre exercicio del dicho Santo Oficio, que por derecho canónico, estilo y costumbres é instituciones dél se debe hacer y executar; y otrosí en todos aquellos que los inquisidores dichos que agora son nombrados é diputados é por tiempo fueren, exerciendo su oficio relajaren al brazo seglar, executaréis las penas impuestas por derecho contra los condenados, relapsos y convencidos de herejía y apostasía; é porque los dichos inquisidores y oficiales y ministros que agora son ó fueren de aquí adelante, puedan más libremente hacer y exercer el dicho Santo Oficio, ponemos á ellos y á sus familias con todos sus bienes y haciendas á nuestro amparo, salvaguardia é defendimiento real, en tal manera que ninguno, por vía directa é indirecta, no sea osado de los perturbar, danificar ni facer ni permitir que les sea hecho mal ni daño ni desaguisado alguno, so las penas en que caen é incurren los quebrantadores de la salvaguarda é seguro de su rey é señor: el cual, si necesario es, mandamos sea publicado y pregonado por los lugares públicos de las ciudades, villas y lugares de las dichas Provincias, porque así conviene al servicio de Dios nuestro señor y a la buena administración de nuestra justicia; y ésta es mi voluntad, y de lo contrario, nos tendríamos por muy deservidos.

Dada en la villa de Madrid, á diez y seis días del mes de agosto, año del nacimiento de nuestro Salvador de mil y quinientos y setenta. Yo EL REY. Yo, Jerónimo de Zurita, secretario de su Católica Majestad, la fice escribir por su mandado.

Apéndice 2

TEXTO ACERCA DE LA CÁRCEL PERPETUA

Un documento sin clasificar encontrado en el fondo Indiferente General (AGN) se refiere a los motivos que originaron el establecimiento de la cárcel perpetua a principios del siglo XVII. Damos aquí sólo algunos extractos interesantes por varias razones, como se podrá comprobar:

Clara cossa es y de mucha importancia después de aver admitido a reconciliación a los herejes, tener cárcel perpetua donde sean instruidos en las cossas de nuestra santa fe catholica y se vea si cumplen las penas que les fueron impuestas; de manera que si a éstos, luego que son admitidos al gremio de la yglesia, se embiasen a Hespania, particularmente los estranjeros, se podía tener poca satisfacción de su conversión, pues quando aya sido verdadera, no estando bien instruidos, era muy fácil volver a sus errores, mayormente juntándose con otros de su nación, y viéndose con tantas comodidades para volverse a sus tierras; de qué resultaría perderse aquellas almas, de más del daño que podrían hazer por la noticia que tienen de los puertos destos reynos, sirviendo de espías; y de los judíos que se echan a las galeras, se tiene experiencia que con llevar orden que en cumpliendo los años que an de servir en ellas, sean bueltos a la Inquisición de Sevilla o Murcia para que cumplan en la cárcel perpetua sus penas, hazen negociación con los ministros de la justicia real, y los sueltan y se van a las juderías de Italia.

Viendo el Santo Oficio estos inconvenientes y que de tener a los que admitía a reconciliación en conventos y casas particulares, resultaban otros no menores como el poderse juntar en conventículos judaizando a puerta cerrada; y que en los conventos, tenían por grave carga el poner en ellos semejantes personas: se trató con el señor conde de Monterrey lo que importava que ubiese cárcel perpetua donde estuviessen a la mira de un alcayde y visitados por los ynquisidores; a que acudió con mucha voluntad y dio de la real caxa 2 000 pesos para ayuda a comprar la casa, de los cuales después su Magestad hizo merced a la Inquisición, por lo que convenía que éstos estuviessen recogidos y el número de ellos fue tan grande que en ninguna manera se pudieran acomodar por la ciudad; y ha tenido y tiene tanto cuidado con ellos que se les dan personas señaladas que los doctrinen, confiesen y comulguen las 3 pasquas del año; y el alcayde los lleva los domingos y fiestas de guardar a oyr missa y sermón y quando éstos (lo que Dios no permita), volviessen al vómito, no se podrían encubrir ni temer el daño que pueden hazer a otros hespañoles por simples que fuessen, porque el hábito penial que traen les dize que se guarden dellos; y los naturales no sólo huyen de los que ven con las dichas insignias pero aborrecen a cualquiera que esté presso por la Inquisición en tanto grado que sucede dar a los indios que sirven en las cárceles secretas lo que sobra de la comida de los presos y con tener necesidad, no a avido orden de que coman della ni la reciban; antes huyen del que se la quiere dar, diziendo que es pan de judíos; y en el auto de 1601, aviendo condemnado las memorias y famas de algunos judíos y trayendo de cierta yglesia los huesos para entregarlos al braço seglar con sus estatuas en las mantas de 2 yndios del servicio de las cárceles, y aviéndolos puesto en ataúdes, no quisieron sus mantas por aver tocado a huesos de judíos, antes se escupieron las manos y se las limpiaron y assí, ni se casan ni tienen género de comunicación con ellos [1] [...] lo principal en que se fundaron las cédulas fue el justo temor que su Magestad pudo tener de que los indios se avían de juntar con los judíos y seguirlos; pero a ésto, está satisfecho de manera que no puede haver hombre que aya estado en esta tierra que ponga razón de dudar; y buena prueva es no haver principio dello en la Inquisición, de suerte que esta parte flaca, la ha fortalecido Dios con la repugnancia y aversión a los judíos que vemos...

Este documento, muy probablemente carta de los inquisidores de México a la Suprema, fue escrito en los primeros años del siglo XVII, puesto que el Conde de Monterrey fue virrey entre 1595 y 1603. Los numerosos reconciliados que se mencionan aquí son los 24 judaizantes efectivamente reconciliados en el Auto de fe de 1596. Varios puntos resaltan:

1. Las sentencias de cárcel, destierro y galeras casi no se aplican en la práctica ya que su ejecución constituye una carga para el fisco, los conventos, los particulares, amén de prestarse a la corrupción. De hecho, los penitenciados se las arreglan las más de las veces para dirigirse a países extranjeros en los que sirven de espías y siempre acaban por regresar a la herejía.

2. Los temores que se podía abrigar por lo que se refiere a una posible alianza de los indígenas con los judíos resultan infundados puesto que los naturales sienten una verdadera aversión hacia ellos.

[1] La manta es la pieza de tela de algodón con que los indígenas se protegen del frío y de la lluvia.

Todo esto es cierto pero conviene matizarlo pues, si bien los indígenas de las ciudades, más aculturados, son profundamente antisemitas —¡vaya revancha, poder presenciar la ruina de un puñado de individuos pertenecientes a los grupos privilegiados y aparecer entonces del lado de los buenos cristianos!—, algunos en la provincia se dejaron convencer por el proselitismo de uno que otro judaizante y llegaron a constituir pequeñas comunidades que sobreviven parcialmente hoy en día.²

Finalmente, la construcción de la cárcel perpetua nada resolvió ya que nadie estaba dispuesto realmente a mantener a los presos *ad vitam aeternam*; de ahí el alquiler de los lugares para fines diversos, renta de los calabozos a delincuentes, fugitivos, etc. Cuando llegaron a ocuparlos algunos penitenciados, sabemos que llevaban una vida del todo libre y seguían practicando sus ritos.³

CUADRO I. *Clasificación de los trámites (denuncias, testificaciones, procesos...) según el tipo de delito.*
Nueva España, 1571-1700

Delitos	Número de trámites	Porcentaje	Número de trámites/ Número de procesos
Herejías	1 485	14.8	4.9
Idolatrías	48	0.5	3.7
Tendencias heterodoxas	50	0.5	3.3
Delitos religiosos menores	3 674	34.4	4.8
Solicitantes	666	6.6	6.8
Transgresiones sexuales	1 326	13.2	4.4
Prácticas de magia y hechicería	1 883	18.8	6.9
Delitos civiles	887	8.9	5.3
TOTAL	10.019	100.0	5.0

FUENTE: AGN, Índice del ramo Inquisición, México.

² Por ejemplo, la pequeña comunidad mestiza de Venta Prieta, cerca de Pachuca: los miembros de ella que viven en la ciudad de México se reúnen cada sábado en una sinagoga de Peralvillo.
³ AGN, ramo Inquisición, vol. 271, exp. 1, testificación de Duarte Rodríguez contra Manuel Gil, 1603.

CUADRO II. *Actividad de los tribunales de España y México. Siglos xvi-xvii*

	Número de procesos anuales	Periodo considerado
Barcelona	19.3	1539-1691
Canarias	7.5	1547-1695
Córdoba	9.6	1574-1665
Santiago de Compostela	12.1	1565-1696
Granada	29.8	1560-1695
Logroño	27.2	1540-1698
Llerena	22.4	1562-1679
Mallorca	10.6	1579-1698
Murcia	14.4	1562-1652
Zaragoza	37.3	1540-1700
Cerdeña	6.6	1572-1688
Toledo	30.1	1560-1699
Valencia	32.9	1554-1692
Valladolid	12.7	1622-1662
México	15.0	1571-1699

FUENTE: Datos proporcionados por Gustav Henningsen, en "El banco de datos del Santo Oficio. Las relaciones de causas de la Inquisición española (1550-1700)". *Boletín de la Real Academia de la Historia*, Madrid, 1977, pp. 547, CLXXIV; Jean-Pierre Dedieu, "Les quatre temps de l'Inquisition", en *"L'Inquisition espagnole, XVème-XIXème siècles"*, Bartolomé Bennassar, París, 1979, pp. 15-42, y AGN, Riva Palacio, vol. 49.

CUADRO III. *Distribución de los procesos según los delitos (1571-1700) en España y Nueva España*

	España				Nueva España			
	(1)		(2)		(3)		(4)	
	Número de procesos	%	Número de procesos	%	Número de procesos	%	Número de procesos	%
Herejías	17 738	42.0	305	15.8	525	27.5	497	34.1
Idolatrías	—	—	13	0.7	—	—	1	0.1
Tendencias heterodoxas	142	0.3	15	0.8	11	0.6	8	0.5
Religiosos menores	14 545	34.4	765	39.6	568	29.7	391	27.3
Solicitaciones	1 094	2.6	98	5.1	157	8.2	90	6.2
Transgresiones sexuales	2 374	5.6	300	15.5	462	24.1	300	20.6
Prácticas de magia/hechicería	3 356	7.9	271	14.0	138	7.2	121	8.3
Delitos civiles			166	8.5	52	2.7	42	2.9
TOTAL	39 249	92.8	1 933	100.0	1 913	100.0	1 456	100.0

(1) Datos proporcionados por Gustav Henningsen, en "El banco de datos del Santo Oficio", *Boletín de la Real Academia de la Historia*, Madrid, 1977, pp. 547-570, CLXXIV.
(2) Índice del ramo Inquisición, AGN, vols. 1-6.
(3) AGN, Riva Palacio, vol. 49.
(4) *Abecedario de los Relaxados, Reconciliados y Penitenciados*, Henry H. Huntington Library, San Marino, Cal.

CUADRO IV. *Distribución de las penas, 1571-1700*

1) Reconciliación	18.3%
2) Azotes	14.3%
3) Destierro	13.8%
4) Pena pública	6.8%
5) Reclusión	6.3%
6) Galeras	5.7%
7) Pena pecuniaria	5.3%
8) Abjuración *de vehementi*	5.1%
9) Represión o amonestación	4.6%
10) Suspensión de ejercicio	3.5%
11) Relajación en estatua	3.4%
12) Servicio en hospital o convento	2.7%
13) Absolución	2.7%
14) Proceso suspendido	1.6%
15) Pena espiritual	1.3%
16) Grillos, prisión	1.1%
17) Relajación en persona	1.0%
18) Pena en privado	1.0%
19) Adoctrinamiento	0.7%
20) Reconciliación secreta	0.4%
21) Prohibición de abandonar el país sin autorización	0.4%
TOTAL	100.0%

FUENTE: *Abecedario de los Relaxados, Reconciliados y Penitenciados*, Henry H. Huntington Library, San Marino, Cal.

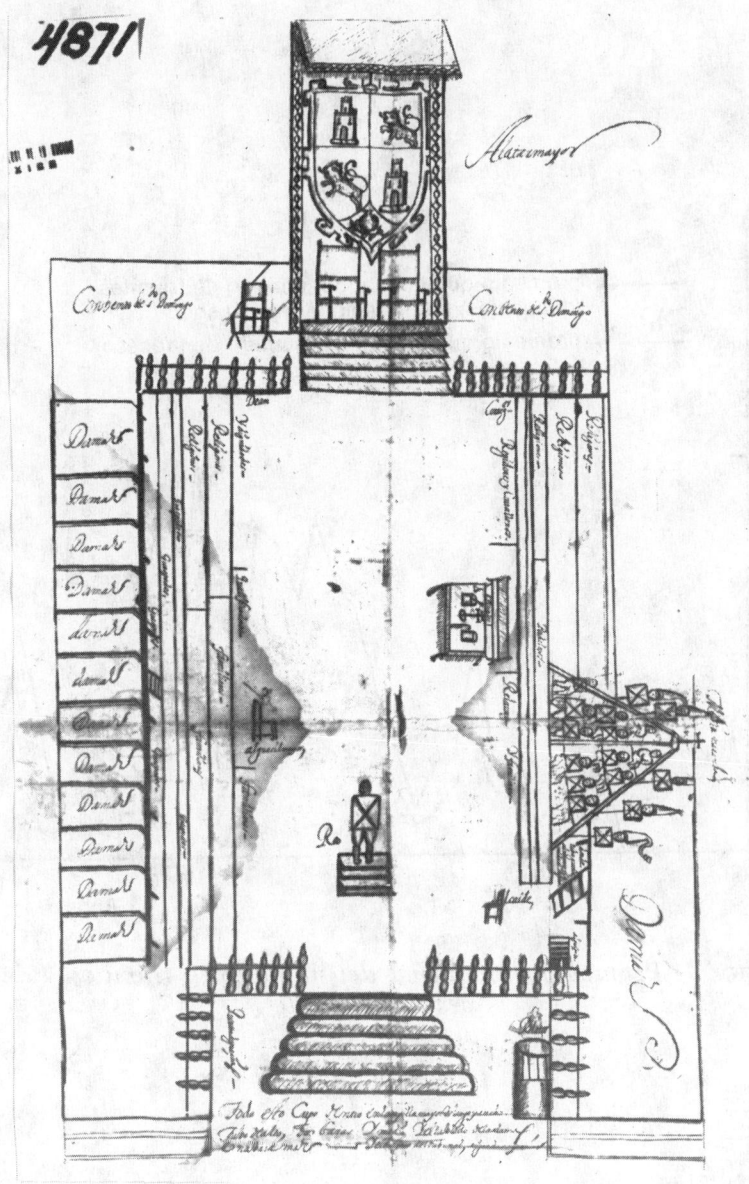

FIGURA IV. *Distribución de los lugares en auto de fe celebrado en Santo Domingo. El condenado al que leen la sentencia se encuentra sobre un estrado en el centro de la nave, los otros se mantienen a la derecha, mientras los ayudantes están frente a ellos.* A.G.N., Inquisición, vol. 707, f. 544 (1699).

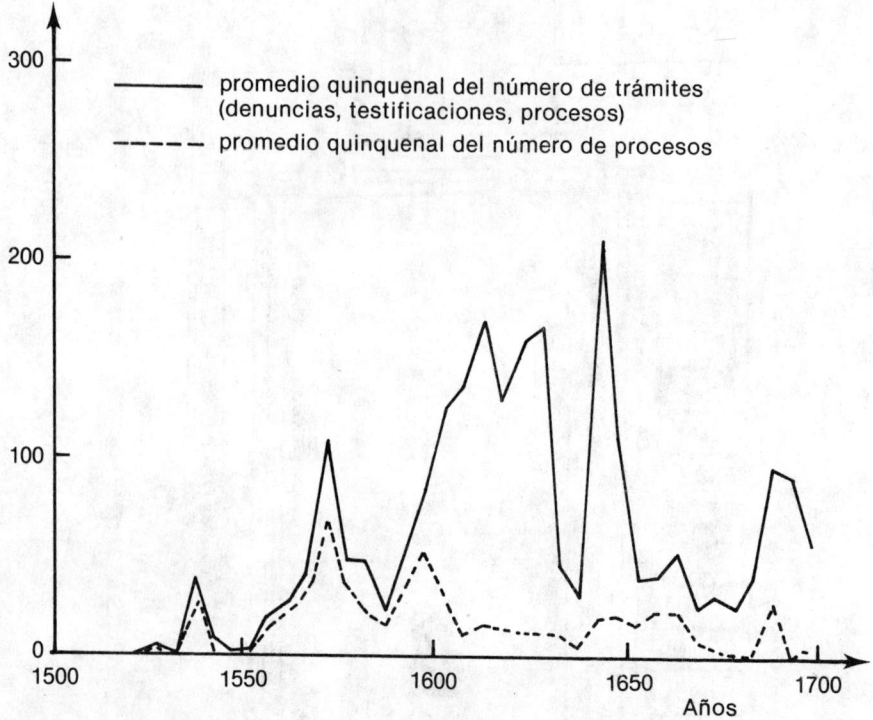

GRÁFICA I. *Promedio quinquenal del número de trámites y de procesos 1570-1700.*

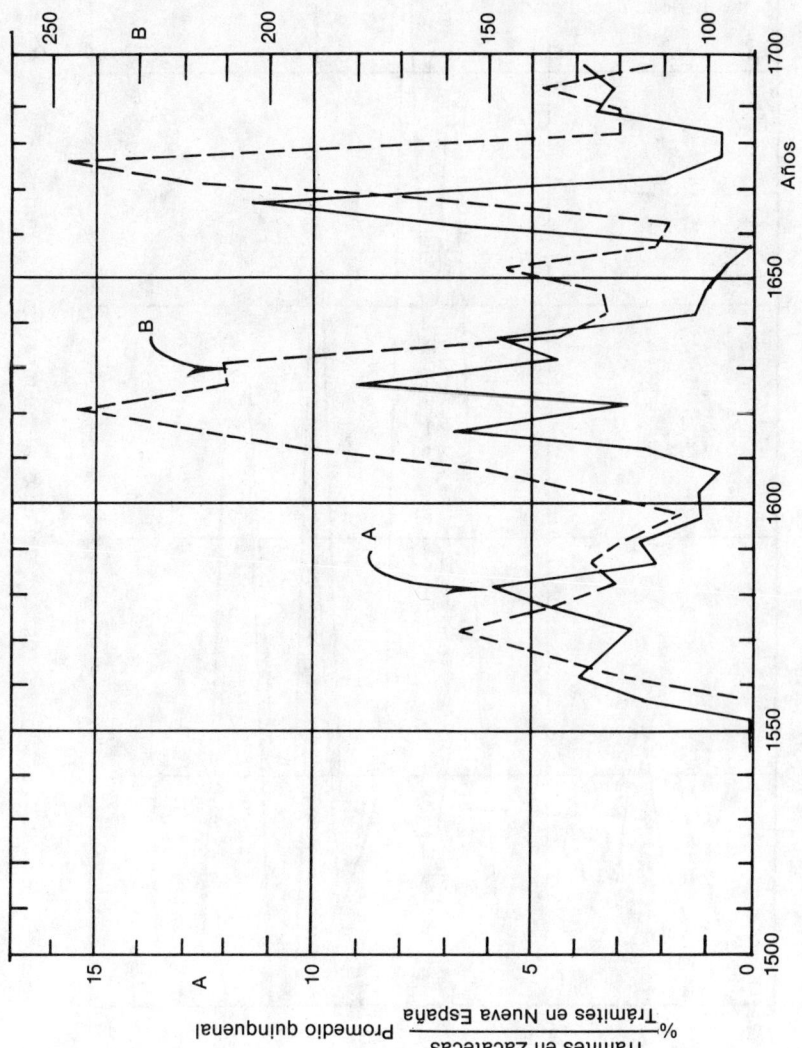

GRÁFICA II. *Promedios quinquenales de la producción de plata y del porcentaje de trámites en Zacatecas.*

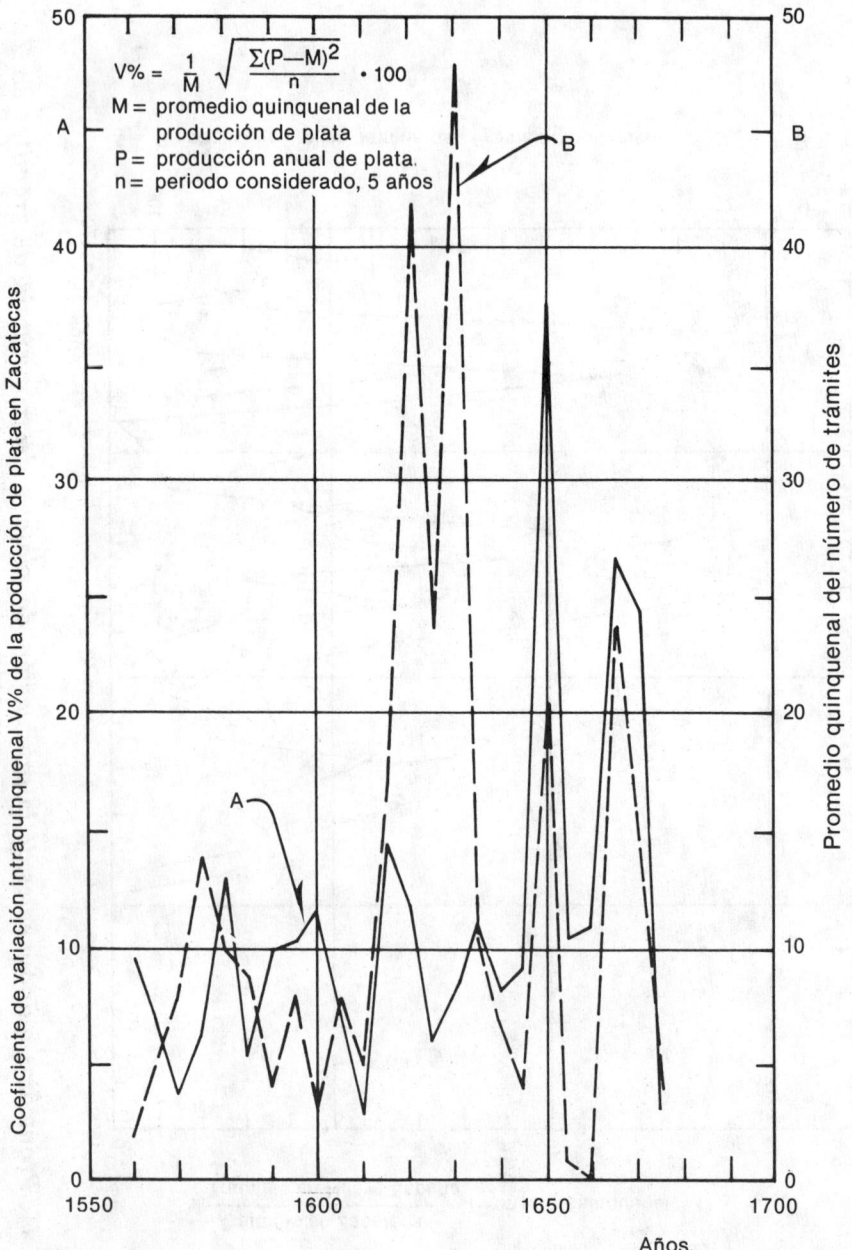

GRÁFICA III. *Promedio quinquenal de trámites y coeficiente de variación intraquinquenal de la producción de plata en Zacatecas.*

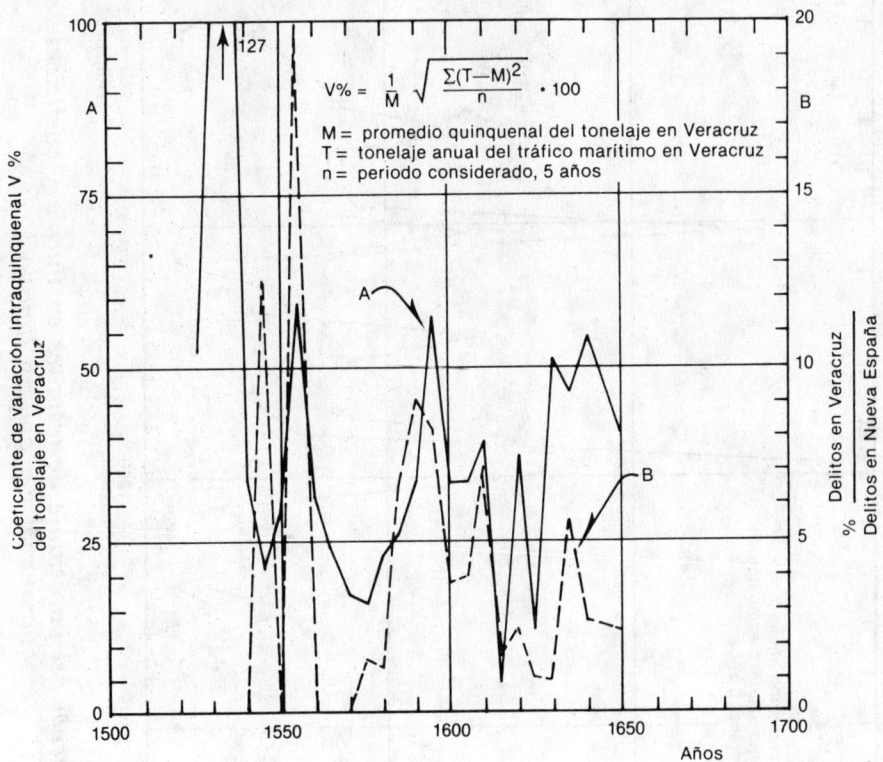

GRÁFICA IV. *Promedio quinquenal de la proporción de trámites registrados en Veracruz, y coeficiente de variación intraquinquenal del tonelaje del comercio marítimo en ese puerto.*

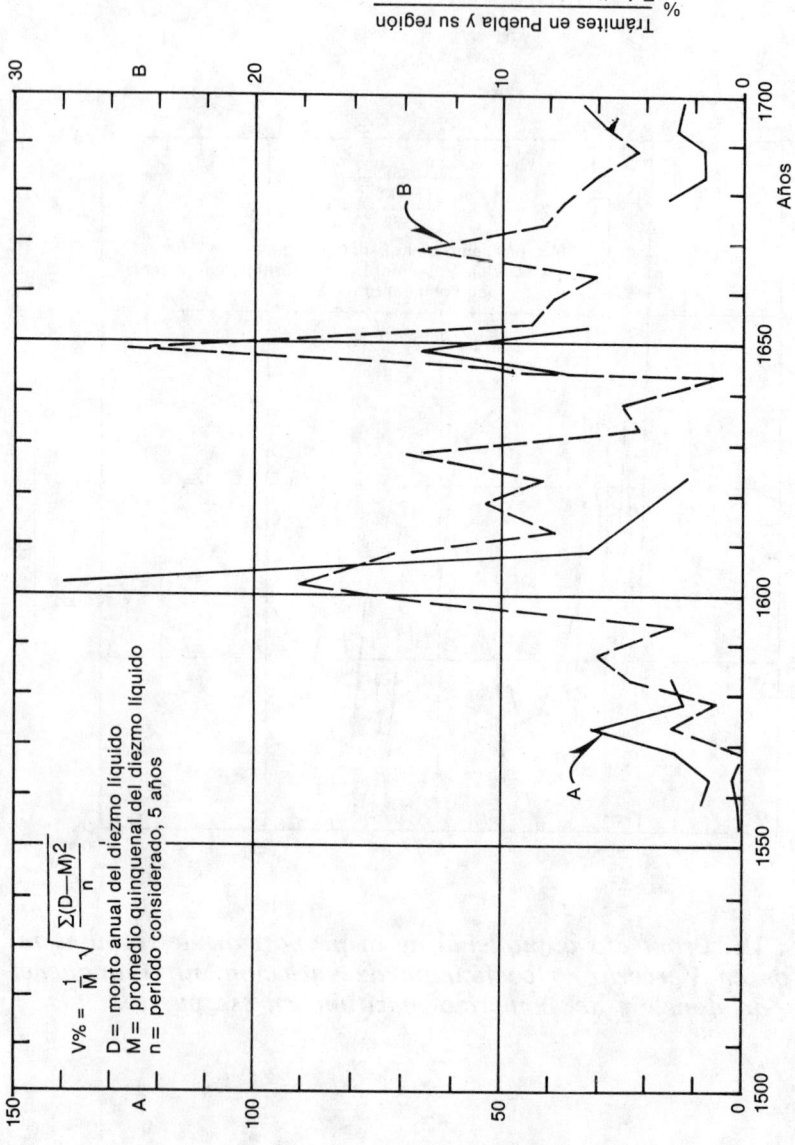

GRÁFICA V. *Promedio quinquenal del porcentaje de trámites en Puebla y coeficiente de variación intraquinquenal del diezmo líquido.*

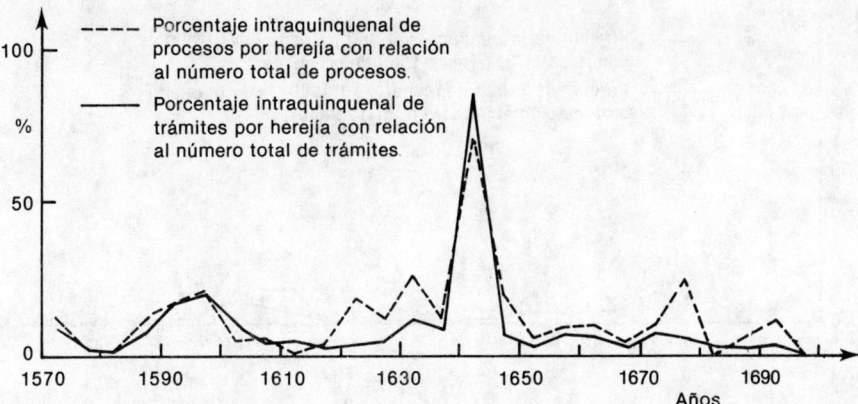

GRÁFICA VI. *Procesos y trámites por herejía.*

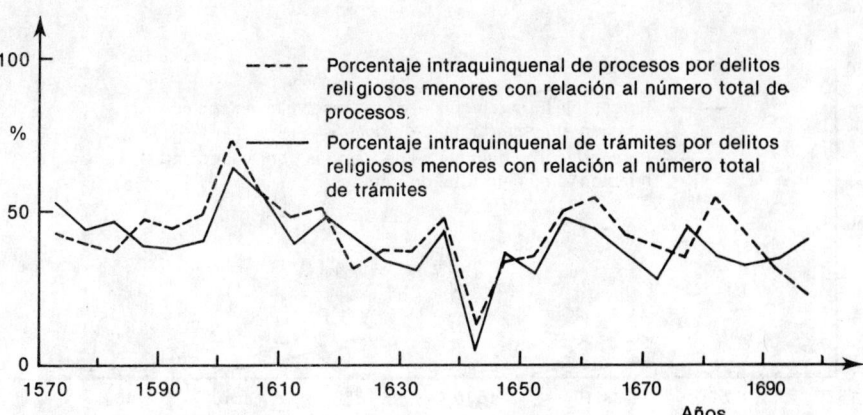

GRÁFICA VII. *Procesos y trámites por delitos religiosos menores.*

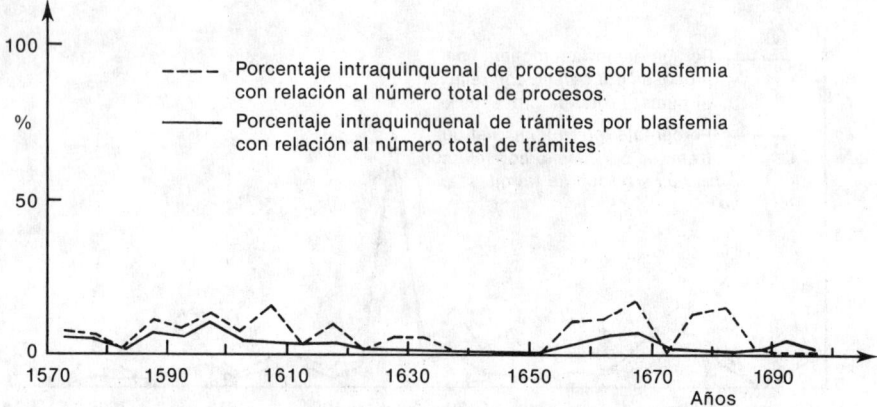

GRÁFICA VIII. *Procesos y trámites por blasfemia.*

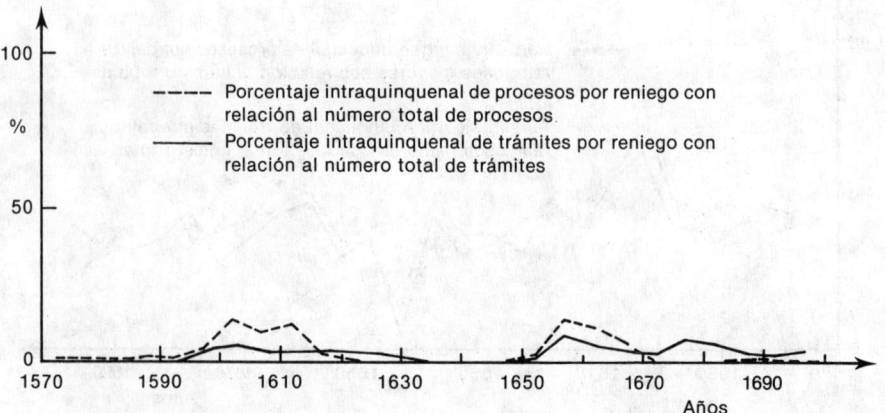

GRÁFICA IX. *Procesos y trámites por reniego.*

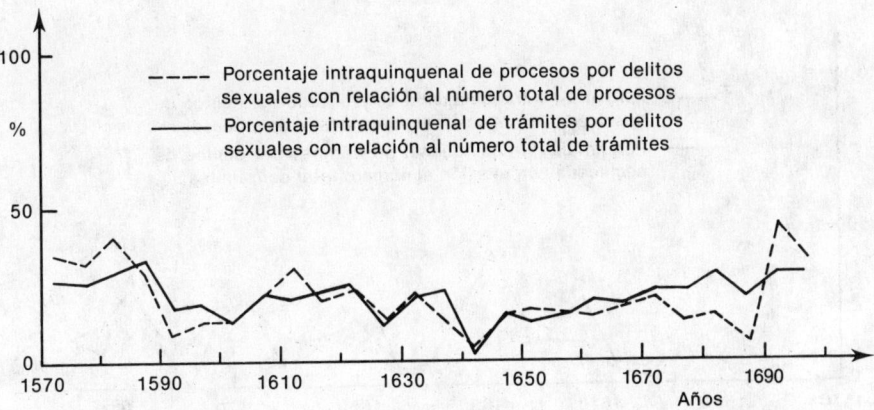

GRÁFICA X. *Procesos y trámites por delitos de tipo sexual.*

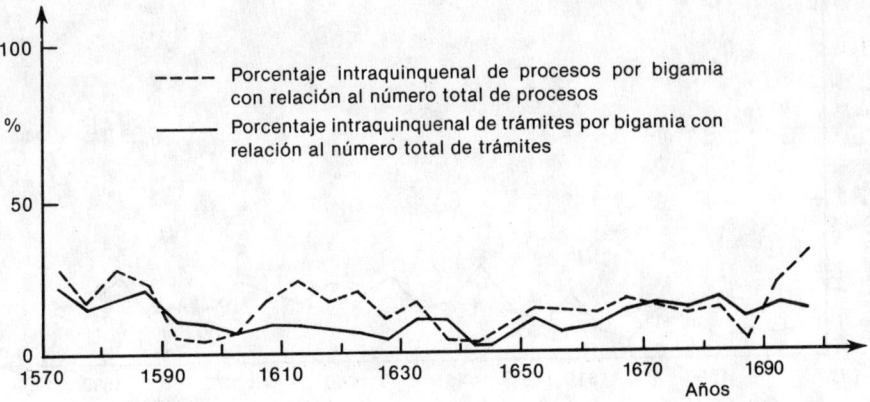

GRÁFICA XI. *Procesos y trámites por bigamia.*

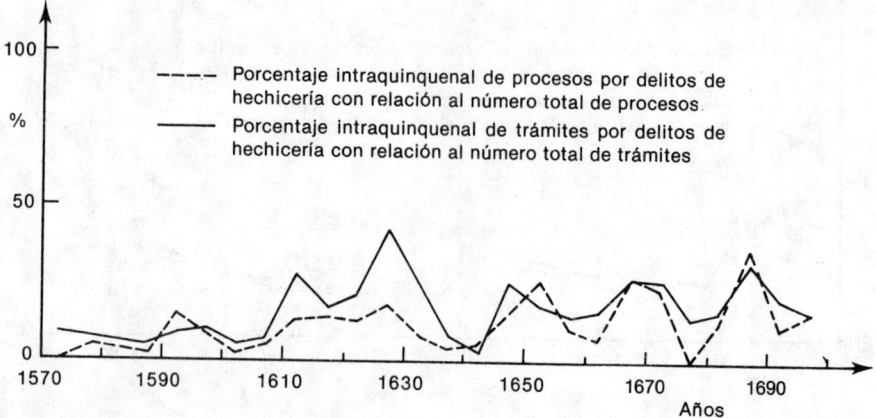

GRÁFICA XII. *Procesos y trámites por delitos de hechicería y magia.*

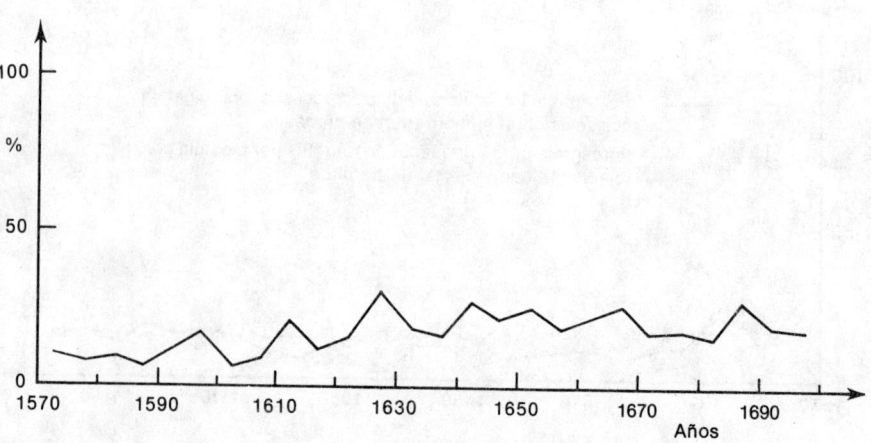

GRÁFICA XIII. *Porcentaje de mujeres en relación al total de trámites.*

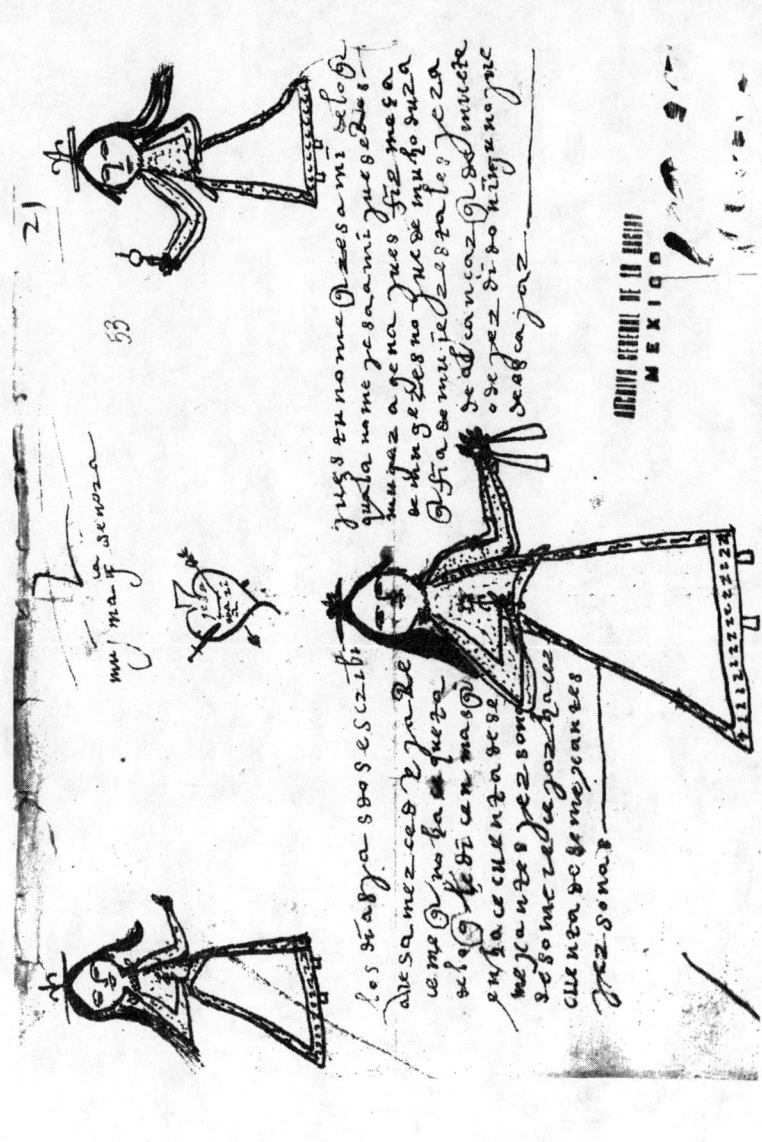

FIGURA V. *Carta de amor de mestizo bígamo a su segunda esposa, la india Lucía. La aculturación se manifiesta en el atuendo femenino y en el estilo de la misiva que comienza con la fórmula: "Muy magnífica señora..."*. A.G.N., Inquisición, vol. 100, f. 53 (1571).

Tercera Parte
EL DESCENSO A LOS INFIERNOS

Descendamos ahora, en sentido propio y figurado, a este universo transitorio que separa la libertad de las cadenas y el sol de las sombras, lugar temible en el que se quiebran las almas o las vidas; descendamos pues a la casa de los muertos, en la que nos espera la visión, ampliada por una simplificación caricaturesca, de los vicios y debilidades de una sociedad y sus hombres.

XVII. LOS LUGARES Y LA RUTINA

ANTE todo, veamos el triste escenario. Es inestable, sometido como está a las vicisitudes financieras de la Inquisición mexicana y a su actividad, puesto que sólo son motivo de interés las cárceles cuando se trata de meter gente en ellas, cosa que no acontece a diario. También hay que tomar en cuenta a los incidentes climáticos, de vastas proporciones en tierras americanas: la gran inundación que sumió a la capital en el caos durante casi diez años a mediados del siglo XVII perturbó naturalmente el sistema carcelario.[1]

Ya en los primeros decenios que siguieron al establecimiento del Tribunal, los calabozos que se encontraban en la parte baja o debajo del edificio inquisitorial tenían fama de ser excesivamente húmedos porque sus paredes de adobe y su piso de tierra se empapaban con las aguas freáticas superficiales, el residuo siempre presente del gran lago de antaño. Estas mismas paredes endebles no ofrecían resistencia a los instrumentos puntiagudos de toda clase con los que los presos las agujereaban para poder comunicarse unos con otros.[2]

Como de hecho no existía la pena de cárcel perpetua, los calabozos podían permanecer desocupados durante periodos más o menos largos y la falta de mantenimiento contribuía a acelerar su degradación. Pero a veces también, el alcaide prefería llanamente alquilarlos por su cuenta en lugar de dejarlos vacíos, situación denunciada al menos tres veces.[3] Así, un testigo refiere en 1628 que

---

[1] Richard E. Boyer, *La gran Inundación. Vida y sociedad en la ciudad de México, passim.* Medina, *op. cit.*, p. 178. La inundación había causado tales estragos en las cárceles que los mismos inquisidores declaraban que era "gran compasión ver lo que padecían los presos".

[2] Medina, *op. cit.*, p. 121. Sin embargo, no era fácil escaparse y no se registraron muchas tentativas; citemos la de Guillén de Lampart y la del joven Diego de Maqueda.

[3] AGN, Inquisición, vol. 317, exp. 48, "Auto para que el alcalde Diego de Castro, dentro de tres días, eche la gente que vive en la cárcel perpetua y no admita otra sin licencia de los Inquisidores"; "viven cantidad de personas deshonestas y de mal vivir en la cárcel perpetua; que la dejen libre y de ahora en adelante, no se admita persona sin licencia de los señores inquisidores", Juan de la Paraya, julio de 1618 AGN, Indiferente General. Se trata de un documento sin clasificar, fechado del 10 de mayo de 1628: "Información de cómo procede la gente que vive en la cárcel perpetua". El testigo Baltasar García declara que "vivía mucha gente de mal proceder, de hombres y mujeres, españoles y mulatas y mestiças, y las más estaban amancebadas...", etc. *Cf.* asimismo AGN, Inquisición, vol. 271, exp. 1, testificación de Duarte Rodríguez: los reconciliados viven libremente en la cárcel perpetua y siguen practicando sus ritos en 1603.

en la cárcel perpetua de este Santo Oficio de que es alcayde Diego de Castro, han vivido y al presente viven muchas personas, ansi hombres como mujeres de mal proceder y con escándalo, que porqué no las prenda por sus delitos la justicia eclesiástica ni seglar, alquilan los aposentos de la dicha cárcel; de que muchas personas han dado noticia a este declarante para que procure se remedie y se heviten muchas ofensas de nuestro señor que se hacen allí, como amancebamientos y no querer los que allí viven pagar lo que deben.[4]

En cambio, no siempre se encierra a los presos del Santo Oficio en estos lugares. Por ejemplo, en 1621 las cárceles se hallaban en tal estado que la hechicera Mariana Gómez fue mandada a la cárcel pública;[5] por otra parte, consideraciones particulares —salud, clase social— podían hacer que los inquisidores dejasen a las presas en la propia casa del alcaide.[6] En fin, cuando entre 1642 y 1649 se desató la persecución de los judaizantes, la necesidad urgente de contar con nuevos calabozos impuso que se improvisaran unos y se construyeran precipitadamente otros, lo que tuvo graves consecuencias por lo que se refiere al secreto y aislamiento de los presos.[7] Durante aquellos años de actividad inquisitorial intensa la falta de lugar llegó a tanto por momentos que Blanca de Rivera estuvo encerrada algún tiempo en la cámara del tormento —de la que habían quitado los instrumentos de tortura—, a falta de un calabozo desocupado.[8]

Así y todo, estos calabozos no son idénticos pues mientras unos son particularmente oscuros y en ellos rezuman la humedad o la lluvia y pululan los parásitos, otros reciben directamente, a veces desde la calle, el aire y la luz. No dejan los ministros de aprovechar tal diversidad, al mantener a los reos rebeldes y negativos en celdas lóbregas y otorgar los calabozos más cómodos a quienes se muestran dóciles y cooperadores. Sucede también que un reo pida su traslado a una de estas cárceles privilegiadas y, si nada se opone a ello, la solicitud es recibida favorablemente.

Como es de esperarse, el moblaje es rudimentario y son los reos

---

[4] AGN, Indiferente General, sin clasificar, "Información de cómo procede la gente que vive en la cárcel perpetua...", *op. cit.*

[5] AGN, Inquisición, vol. 332, exp. 8, Proceso contra Mariana Gómez (1621), f. 25.

[6] Éste fue el caso de Juana de los Reyes en 1693, quien vivió en casa del alcaide porque la Inquisición consideró que la tal Juana era "noble, y de buena calidad y parientes onrados", *Cf.* AGN, Inquisición, vol. 539, exp. 26 bis, Relación de causa de Juana de los Reyes, 1698.

[7] Así, se alquilaron las "casas de Picazo", frente a la iglesia de la Encarnación. *Cf.* L. González Obregón, *Rebeliones indígenas y precursores de la Independencia mexicana*, p. 244.

[8] AGN, Riva Palacio, tomo 56, exp. 3, Proceso contra Blanca de Rivera (1642), sin foliación; audiencia del 5 de junio de 1642.

quienes, según sus posibilidades económicas, deben proveerlo. Por tanto, unos disponen de camas decentes mientras otros tienen camastros;[9] a veces, se les da licencia para que usen algún hornillo de carbón o leña para calentar agua y guisar.[10] Ciertos ricos piden manteles y servilletas junto con loza y, conforme la larga estancia en prisión va acabando con la ropa que el preso llevaba puesta el día de su ingreso en las cárceles, se generalizan la necesidad y la solicitud de ropa blanca, zapatos e hilo para coser.[11]

La rutina implica la distribución, cada noche, de velas y de la vasija —el servicio— que recogen al amanecer; el uso del tabaco está sumamente difundido y los hombres pueden, de vez en vez, hacerse cortar el cabello y afeitar por el barbero en el patio.

La comida, al parecer, era generalmente muy aceptable y resulta significativo que, siendo a la vez para los presos el alimento imprescindible y un factor valioso de compensación y diversión, no sea prácticamente nunca objeto de quejas.

Los presos acomodados comen, de hecho, lo que quieren pues ellos mismos costean los gastos al término del encarcelamiento; se atribuye a los demás una ración —dos reales hacia 1650—,[12] de la que pueden sin embargo disponer con cierto margen. El chocolate es el alimento universal —la razón por la que el inquisidor Estrada se reservaba su distribución—, y se toma mezclado con azúcar, canela, chile o harina de maíz —el "champurrado"—; lo toleran aquellos cuyo estómago ya no soporta nada y su aroma áspero y cálido conforta a los más enfermos, a los más desesperados.

A menudo se prescribe a los débiles un poco de vino y un suplemento de carne. El agua parece haber sido bebida común después de la ingestión de golosinas tales como la carne de membrillo o de durazno, exquisitas obras maestras de las monjas capitalinas. Abundan la carne y el pescado de la Cuaresma, así como la vaca, el tocino, el asado de puerco, de carnero, los pescaditos blancos de la laguna o de las cálidas aguas del Golfo. Además, las legumbres, el pan, las tortillas, las frutas y los dulces.

Francisco Botello, por ejemplo, hombre rico y tanto más exigente

---

[9] Rafaela Enríquez, por ejemplo, recibió de su compadre Francisco Millán una cama de granadilla. *Cf.* AGN, Inquisición, vol. 402, exp. 1, Proceso contra Rafaela Enríquez, (1642), f. 95.

[10] AGN, Inquisición, vol. 412, exp. 1, Proceso contra Francisco Botello, (1656), f. 309. Boletín del AGN, tomo XVII, núm. 2, Proceso de una seudo iluminada (1649), p. 228.

[11] AGN, Inquisición, vol. 398, exp. 1, Proceso contra Simón Váez Sevilla (1642), f. 166.

[12] González Obregón, *op. cit.*, p. 305. A. Toro, *La Familia Carvajal*, tomo I, p. 304, nota 3. AGN, Inquisición, vol. 216, exp. 22, "Cuaderno en que constan las raciones que dan a los presos de las cárceles secretas del Santo Oficio, en los meses de marzo 1594 a diciembre 1596".

cuanto que procura consumir sólo alimentos compatibles con la ley mosaica, consigue carnero asado guisado con axiote y vinagre, pescado frito, cocido de vaca, sopa con queso, camotes con miel, champurrado, miel, coles, tamales, quelites guisados con camarones para la Cuaresma, empanadas, huevos, peras, plátanos, tunas y zapotes,[13] mientras Juan Pacheco de León, de fuerte apetito, pide "miel, más carne, ensalada, atole, huevos, etcétera".[14]

Si bien algunos presos preparan sus propias comidas —no falta el olor de tocino asado en los pasillos—[15] mientras otros reciben, en algunos años al menos, el privilegio de mandar traer directamente sus alimentos de casa,[16] en la cocina del alcaide es donde las esclavas negras y las sirvientes indígenas y mestizas aderezan la pitanza de los demás, dándole la amena variedad de una mesa de posada, mezclando las frutas y sabores de dos continentes con la destreza de tres culturas.

Los presos no están solos en su calabozo puesto que la "compañía" resulta forzosa a veces, cuando el número de detenidos es excesivo en relación con las cárceles disponibles;[17] además, tanto los jueces como sus víctimas la consideran siempre como condición de un mínimo de salud psicológica, al constituir la soledad un tormento de seguro insufrible para hombres que no conciben la vida fuera de grupos que participan de una sociabilidad activa.

Por tanto, los reos se ven repartidos según su sexo en grupitos de dos o tres personas y no pocas veces las parejas reciben autorización para compartir la misma celda. Los miembros de una familia llegan a reunirse, situación denunciada por el visitador Medina Rico, puesto que resultaba entonces muy fácil concertarse sobre lo que convenía denunciar o callar y discurrir acerca de las actitudes que adoptar.[18] Pero existen otras "compañías": las que pide uno para no quedarse solo, las que decide el Tribunal, una presa que cuida de la salud quebrantada de otra, confortándola con su plática, un soplón que, fingiendo simpatía activa, suscita las confidencias...

Se traban entonces algunas amistades, aborrecimientos y odios

---

[13] AGN, Inquisición, vol. 412, exp. 1, Proceso contra Francisco Botello (1656), fs. 296v.-318. Francisco Botello no deja de protestar contra los alimentos que le sirven, diciendo que el alcaide busca envenenarlo o matarlo de hambre; de hecho, procura ayunar de esta manera.

[14] AGN, Inquisición, vol. 400, exp. 2, Proceso contra Juan Pacheco de León (1642), f. 758v.

[15] AGN, Inquisición, vol. 412, exp. 1, Proceso contra Francisco Botello (1656), f. 353v.

[16] AGN, Inquisición, vol. 412, exp. 1, Proceso contra Francisco Botello (1656), f. 372v., vol. 402, exp. 1, Proceso contra Rafaela Enríquez (1642), f. 277v.

[17] Éste fue el caso, entre muchos otros, de Guillén de Lampart, que logró le diesen un compañero de calabozo "con quién desahogase sus pasiones melancólicas", González Obregón, *op. cit.*, p. 277.

[18] AHN, Inquisición, legajo 1737, Visita de Medina Rico, Cargo núm. 10.

también, nutridos por el goteo de la diaria exasperación, que a veces llega dramáticamente a colmar el vaso; así, Melchor Pérez de Soto, arquitecto de la catedral de México, preso por astrólogo y por tener numerosas obras sobre esta materia, ya demente, intentó cierta noche estrangular a su compañero de infortunio, el mestizo Diego Cedillo; luego de una feroz contienda cuerpo a cuerpo, éste logró asir una piedra con la que mató a su adversario. Unos días después de esta tragedia, el alcaide descubrió en su ronda de la mañana el cadáver de Cedillo, que colgaba de una viga del calabozo.[19]

Si el preso se distrae charlando con la persona que vive a su lado, también puede dedicarse a pequeños quehaceres, como Duarte de León Jaramillo, que en 1635-1636 logró conseguir agujas e hilos de distinta clase y se recreaba bordando verdaderos primores,[20] o más prosaicamente, Rafaela Enríquez, que usaba atole para almidonar los cuellos de las camisas de su vecino de cárcel.[21] Algunos recibían asimismo tinta, papel y plumas para preparar su defensa o anotar lo que oían a su alrededor.[22]

En efecto, lo que obviamente aflige más a los presos durante estos encarcelamientos que suelen durar varios años es el aburrimiento, un aburrimiento espantoso promovido a propósito por la Inquisición, que sabe, a través de su experiencia secular, que al aunarse a la angustia inherente a sus trámites secretos, constituye un factor incomparable de presión psicológica. Sometidos a esta prueba, los presos no tienen más remedio que ceder, o sea, confesar —todo y más aún—, mientras unos se hunden en la demencia y la autodestrucción bajo todas sus formas, y sólo una minoría logra salvar lo esencial, es decir, la coherencia interna.

Ahora bien, este diabólico compuesto de angustia saturada de aburrimiento no se ve mitigado más que por los contactos con los demás y en este caso, por las conversaciones entre los presos que ocupan calabozos cercanos o comunes. Aunque tales conversaciones estén naturalmente prohibidas, no dejan de resultar providenciales para el Tribunal en la medida en que —según un fenómeno que también aprovechamos aquí para nuestra investigación— éste logra descubrir ciertos hechos de otra manera cuidadosamente ocultados durante la audiencia. Así, este mundo de angustia y aburrimiento

---

[19] Medina, *op. cit.*, p. 244.
[20] AGN, Inquisición, vol. 487, exp. 21, Proceso contra Isabel Antúnez, (1642), f. 745v.
[21] AGN, Inquisición, vol. 402, exp. 1, Proceso contra Rafaela Enríquez (1642), f. 271v.
[22] AGN, Inquisición, vol. 412, exp. 1, Proceso contra Francisco Botello (1656), f. 17, Aparte de Gaspar Alfar, Simón Montero recibió también "papel para que asiente lo que oye de las comunicaciones de cárceles", f. 89v. del proceso de Francisco Botello.

secreta las confesiones más temibles y las revelaciones extrañas que, muy a menudo, informan al inquisidor acerca de lo que indagaba inútilmente o hasta ignoraba y al historiador acerca de la dinámica que sustenta el complejo desviación/represión.²³

Pero ¿por qué medios, por qué agentes llegan estas conversaciones a oídos del Tribunal? Fuera de aquel momento jurídicamente establecido que constituye la audiencia, llevada a cabo en el espacio oficial que es la sala de la Inquisición, ¿cuándo y cómo logra establecerse esta oscura comunicación entre el juez amodorrado en su claro y cómodo gabinete, allí arriba, y el mundo de los condenados que, más abajo, se va pudriendo en la inmundicia y la desesperación?

---

²³ El Santo Oficio conocía desde tiempo atrás las posibilidades que brindaba la coexistencia de los presos y sus conversaciones. Francisco Peña, en sus comentarios a las instrucciones de Eymerich, escribía que "se evitará encerrar en una misma celda a dos o más acusados (*a menos que el inquisidor tenga razones concretas para favorecer este tipo de agrupamiento*) —las cursivas son nuestras—, pues estos malvados no hablan de otra cosa con sus compañeros de cárcel que de los medios de ocultar la verdad, de evadirse, de eludir los interrogatorios, etc. Los efectos de tal convivencia son tan nefastos que basta con poco tiempo para que se manifiesten pues las calamidades comunes hacen surgir en seguida profundas amistades entre los acusados, quienes inmediatamente se ponen a deliberar conjuntamente los medios para escapar al triste fin que les espera", en Nicolau Eymerich y Francisco Peña, *Manual de los Inquisidores*, p. 239.

XVIII. COMUNICACIONES DE CÁRCELES: CONFESIONES Y SOPLONES

En primer lugar, participan los mismos acusados, obligados a avisar de las "comunicaciones de cárceles" que llegaron a sus oídos; al término de su proceso, cuando pudieron descubrir la identidad de sus delatores y evaluar la importancia de las traiciones, viéndose, por tanto, en la tentación de vengarse, se les pregunta expresamente si alcanzaron a oír alguna comunicación, en cuyo caso deben referir lo esencial de las pláticas sorprendidas y las circunstancias que las rodearon.

Por otra parte, ocurre a menudo que durante la audiencia y sin que se les interrogue sobre el particular, los presos revelen semejantes conversaciones. En efecto, concurren varias razones para transformarlos en colaboradores de sus jueces y verdugos: una de ellas resulta ser la violenta aversión que generan la promiscuidad y un encierro desesperante; la sed de venganza contra quienes se supone delataron a uno es otra poderosa razón.

Además, el que optase por callar las conversaciones oídas en las cárceles bien sabía que, de todos modos, los inquisidores las descubrirían por otros testimonios y entonces lo castigarían gravemente por su silencio, considerado como un nuevo delito que añadir a los que ya se le imputaban. Pues en esta dinámica, cada uno ignora quién habla y quién calla, cada uno se pierde en sospechas y conjeturas enloquecedoras y todos saben que justamente por esto mismo los jueces acabarán descubriéndolo todo...

Pero al lado de estos colaboradores dignos de compasión, que son de algún modo el producto lógico del sistema del secreto, existe una raza muy distinta, la de los auténticos malsines, auxiliares tan despreciables como tradicionales de la justicia civil y eclesiástica.[1]

En México no parecen haber sido numerosos y sólo se yergue su inquietante figura en los momentos álgidos de las persecuciones en contra de los judeocristianos, al verse agobiado el personal del Santo Oficio por el número de presos, la amplitud y la dificultad de la tarea.

---

[1] En efecto, se sabe cómo la justicia civil castellana premiaba a los soplones. *Cf.* Francisco Tomás y Valiente, *El Derecho penal de la Monarquía española*, pp. 169-170; por otra parte, Eymerich, en el *Manual de los Inquisidores*, recomendaba entre las "diez argucias del inquisidor para desbaratar las de los herejes" recurrir a uno de los "antiguos cómplices" convertido, que logrará la confianza del inculpado y lo llevará a hablar. Sin embargo, Eymerich no indica que la relación de tales conversaciones por parte del antiguo cómplice sea obligatoria. *Cf.* Eymerich y Peña, *op. cit.*, p. 155.

Conocemos por lo menos a tres de ellos: fray Francisco Ruiz de Luna y el falso sacerdote Luis Díaz, quienes, encerrados con Luis de Carbajal *el Mozo*, lo indujeron pérfidamente a confidencias desastrosas [2] y finalmente, otro falso sacerdote, Gaspar Alfar, alias Gaspar de los Reyes, o también el abad de San Antón, responsable, probablemente, de las persecuciones en contra de los marranos entre 1642 y 1649.[3] Puesto que los dos primeros individuos son ya conocidos por el papel que desempeñaron en los dos procesos formados en contra del joven Carbajal, veamos desde cerca al tercero, que tiene en su favor —y en su contra— el hecho de ser casi un desconocido teniendo la importancia capital que acabamos de señalar. En efecto, se trata de todo un personaje...

Cuando entró en las cárceles inquisitoriales el 26 de agosto de 1641 por haber dicho misa y administrado los sacramentos un sinnúmero de veces sin ser ordenado, arrastraba tras sí un pasado picaresco impresionante. Oriundo de la ciudad de Lepe, en el marquesado de Ayamonte, de familia muy humilde, parece haber pertenecido durante cierto tiempo en España a alguna orden religiosa de la que fue expulsado. Pese a las intrigas fraudulentas que urdió tanto en Roma como en la península, no logró que lo ordenaran consiguiendo sin embargo embarcarse como capellán en un navío que lo trajo a México. Prosiguió activamente su carrera de falso sacerdote disponiendo de los fondos que ésta le producía, en decenas de pueblos de la región de Veracruz y Puebla.[4]

Luego de alcanzar el hábito franciscano valiéndose de embustes y falsos testimonios, pasó a Querétaro, a San Luis Potosí, fue reconocido en Michoacán y llegó finalmente a la capital en medio de un remolino de misas de toda clase, de bautizos, confesiones, extremaunciones, etc. Acabó por profesar en México redoblando de agitación sacerdotal, no sin despertar a su alrededor sospechas crecientes respecto a su verdadero estado.[5] Alertado el ordinario, no dudó Alfar en falsificar los títulos y licencias que se le pedía, de manera particularmente descarada; por su parte, el superior de su orden, ante quien se habían quejado las numerosas víctimas del individuo —por robos, timos, etc.—, procuraba ya expulsarlo y declarar la nulidad de su profesión; por estas razones, el abad de San Antón juzgó más prudente escabullirse y buscó refugio, mediante nuevas artimañas, al lado de cierto español dueño de molinos, a una legua de la capital.[6] Desde allí no paraba de escribir

---

[2] A. Toro, *La Familia Carvajal*, tomo I, p. 268; tomo II, p. 149.
[3] Parece haberse extraviado el proceso de Gaspar Alfar; por tanto, *Cf.* Genaro García, *La Inquisición de México*, pp. 200-209.
[4] García, *op. cit.*, pp. 200-201.
[5] García, *op. cit.*, pp. 202-204.
[6] García, *op. cit.*, pp. 204-205.

recados dirigidos a gente principal y seguía naturalmente con sus funciones de sacerdote bajo el nombre altisonante de doctor don Gaspar de Alfar y Moscoso, a punto de recibir un obispado en algún lugar de España. Con nuevos y peregrinos cuentos, consiguió que su huésped le diese un caballo ensillado y tras robarle dinero, ropa y otras cosas, huyó hacia Puebla. Se quejó el español, el ordinario se lanzó en pos de Alfar, que volvió a falsificar títulos y licencias, pasó a Tlaxcala y tomó el camino a Veracruz, sin dejar de bautizar y bendecir a cuantos se topaba.[7]

Estuvo escondido algún tiempo en el puerto del Golfo y se hizo a la mar para Campeche cuando fue arrestado por el vicario de la provincia de Tabasco; en nueva hazaña, nuestro hombre logró engañar al comisario del Santo Oficio, alcanzar su libertad, llegar a Campeche y luego a Mérida en donde por espacio de ocho meses no descansó en sus ocupaciones tan lucrativas como consuetudinarias: decir misa, administrar los sacramentos...

De regreso a Campeche, se embarcó para España pero después de pasar tres meses cautivo del mulato Dieguillo, corsario al servicio de los holandeses, fue a parar a La Habana y luego a Santiago de Cuba; allí, sus tareas sacerdotales, su calidad de extranjero, sus mismas confesiones y el estilo pésimo de sus famosos títulos y licencias llamaron la atención del comisario del Santo Oficio de la ciudad que acabó por entregarlo a las autoridades inquisitoriales de México.[8]

Prosiguieron en las cárceles sus embustes tan descabellados como cínicos, un sinnúmero de fechorías fue engrosando su expediente y a todos los delitos pasados no tardó en añadirse el de haber abierto "dos agujeros de una cárcel en que estaba para otra, comunicándose con otros presos e induciéndoles a que se comunicasen con él y ellos entre sí y con otros presos, tratando de sus causas, diciéndoles que no había que temer nada, porque él era espía y tenía orden para todo el Tribunal; que se consolasen, que había hecho oficio de alcaide teniendo las llaves y había servido de testigo de todo lo que hablaban los presos, escribiéndolo para dar cuenta de ello..."[9]

Ahora bien, si es evidente que Gaspar Alfar es un impostor, es también evidente que desempeñó de hecho el papel de espía en las cárceles, instigado por las mismas autoridades, quienes siguieron en esto una tradición establecida y reconocieron obviamente en aquel individuo las aptitudes que lo predisponían a ello: los inquisidores son los que avisan a la Suprema que, acabadas de entrar en las cárceles el 17 de mayo de 1642 doña Blanca de Rivera y sus

[7] García, *op. cit.*, pp. 205-207.
[8] García, *op. cit.*, p. 207.
[9] García, *op. cit.*, p. 209.

hijas Margarita, Clara e Ysabel, fueron alertados por "aviso de otro presso antiguo que estaba cerca" —se trata desde luego de Alfar, encarcelado el 26 de agosto de 1641— sobre sus comunicaciones nocturnas, las que originaron la persecución catastrófica que sacudió a la comunidad marrana durante los meses siguientes.[10]

Tras semejante muestra de colaboración, los jueces aprovecharon deliberadamente las felices disposiciones de Alfar, a quien entregaron papel numerado, tinta y plumas, para que escribiese las comunicaciones de cárceles que oyese a su alrededor.[11] Cumplió cabalmente su misión, facilitada por los malos tratos que le propinaba ostensiblemente el alcaide con el fin de engañar a los demás presos, dándoles a entender que el abad de San Antón era un rebelde, y por tanto odiado de los inquisidores, lo cual lo hacía simpático ante ellos. Aparte de testimonios aislados de Alfar en el curso de algunos procesos, existen cuadernos enteros de declaraciones, de los que resulta probablemente inútil puntualizar que contienen una información tan extraordinaria como demoledora para quienes implica.[12]

Ninguna ambigüedad puede subsistir con respecto al papel de Alfar y al valor de sus testimonios; no se inmutan los inquisidores cuando éste se presenta ante ellos cargando sus legajos y recordándoles que "dio noticia que desde su cárcel, oía que algunas personas de las que estaban pressas, se comunicaban; sobre lo cual se tuvieron con él diferentes audiencias; y se le mandó estubiesse con cuidado para notar y avisar lo que oiere y entendiere cerca de las dichas comunicaciones, escriviéndolas en papel que para ello se le dio rubricado".[13]

Durante sus charlas con los presos cuyo cautiverio los inquisidores le hacen compartir adrede, declara por ejemplo haber ayu-

---

[10] AGN, Inquisición, vol. 416, fs. 449-453, "Carta de la Inquisición de México al Consejo avisando de la Complicidad" (1643), f. 450.

[11] AGN, Inquisición, vol. 412, Proceso contra Francisco Botello (1656), f. 17.

[12] Se trata de los "Diez Cuadernos de comunicaciones de cárceles oídas por Gaspar Alfar, entre Ana Gómez, Gonzalo Díaz y su hermana Leonor Váez", en AGN, Inquisición, vol. 423, exp. 3, fs. 102-276, entregados al Tribunal el 7 de mayo de 1646, y de las "Comunicaciones de cárceles que a oydo Gaspar Alfar desde la suya a doña Catalina de Campos y doña María de Campos, su hija", en AGN, Riva Palacio, vol. 23, exp. 3, (1647), y de las "Comunicaciones de cárceles que oyó Gaspar de Alfar, año de 1647, entre Catalina de Campos y dicha María de Campos su hija, y entre Juan de Morales Sosa y doña María de Campos", AGN, Riva Palacio, vol. 23, exp. 4; AGN, Inquisición, vol. 417, fs. 560-561, 3 de julio de 1642, "Comunicaciones de cárceles entre Ysabel, María de Rivera y Luis Núñez", y AGN, vol. 490, fs. 251-(263), 11 de julio de 1642, y vol. 393, exp. 4, "Comunicaciones de cárceles entre las hermanas y las hijas Rivera" (1642), sin foliación.

[13] AGN, Inquisición, vol. 412, exp. 1, Proceso contra Francisco Botello (1656), f. 17.

dado mucho a escribir las comunicaciones nocturnas de las Rivera,[14] e inducido a la mestiza Catana, que servía en las cárceles, a que se fingiese también presa y aconsejase a las demás confesar; dice haber sido colocado como espía al lado de Simón Váez Sevilla, el judaizante más preeminente de la comunidad mexicana, con el fin de oír cuanto decía, haber visitado a Catalina Enríquez en su calabozo y dormido con Ysabel de Rivera, "que tenía los pies muy grandes".[15] Reveló también a las hermanas Enríquez y a Simón Váez Sevilla los ardides forjados por los inquisidores con el fin de empujar a las Rivera a la desesperación, incitándolas de este modo a delatar a sus cómplices. El hecho de que estuviese enterado de tales procedimientos y circunstancias, teóricamente muy secretos, muestra con claridad que estaba estrechamente conectado en todo aquello y, por tanto, que colaboraba activamente con el personal inquisitorial.

A Rafaela Enríquez precisamente confesó, en una mezcla desconcertante de mentiras y verdades,

> que no herá él presso y lo havían traydo allí por poco tiempo para que fuese espía de lo que en estas cárceles se hablaba y lo havían tenido 21 meses rompiendo la ropa que havía traydo y comiéndose de piojos; y que botado a Christo, que aunque las cárceles se undiesen, no havía de decir nada, porque en lugar de premiarle le castigaban, siendo assí que havía trabajado mucho en ser alcayde de las otras cárceles de la ynquisición ocho meses, teniendo las llaves de ellas y haciendo officio de secretario andando con zapatos de lana, oyendo lo que hablaban las Blancas y demás presos; y que en esto havía trabajado mucho, escribiendo él y Almonácir[16] mucho número de pliegos de papel con avisos de todo lo que havía oydo hablar, travajo por qué esperava una mitra, que muy en brebe le havían de ber puesta...[17]

Aquí nuevamente, junto con las mentiras referentes a él —y en particular, la consecución del famoso obispado—, existe un conocimiento tan exacto de los procedimientos utilizados por el Santo Oficio que, aun si se puede poner en tela de juicio el papel momentáneo de alcaide mencionado por Alfar, el resto de sus confidencias queda fuera de duda.

[14] AGN, Inquisición, vol. 393, exps. 1 y 2, sin foliación, Proceso contra Rafaela Enríquez, f. 269.
[15] AGN, Inquisición, vol. 393, exp. 1 y 2, sin foliación, Proceso contra Beatriz Enríquez (1642), audiencia del 13 de septiembre de 1644.
[16] Diego de Almonácir era entonces "ayudante del secreto" desde el 13 de junio de 1642. *Cf.* Medina, *op. cit.*, p. 394.
[17] AGN, Inquisición, vol. 402, exp. 1, Proceso contra Rafaela Enríquez (1642), f. 269.

La esclava negra Antonia, que también sirve en las cárceles, declara haber recibido del falso sacerdote el consejo de espiar a sus compañeras esclavas con el fin de descubrir a las que mantenían relaciones con los presos;[18] Simón Váez Sevilla, que fue su infeliz camarada de celda y objeto demasiado predilecto de sus atenciones, revela que Alfar contaba cómo "había estado quince días de alcayde, a falta de otro; que las prisiones de los judíos se habían hecho por él, que había ido de aposento a aposento",[19] y cómo se las apañaba con su situación hasta el punto de sostener que si los inquisidores lo llegaban a regañar por sus parloteos, les contestaría "que para qué lo ponían allí por espía si no podía hablar lo que quisiese y sonsacar lo que quisiese".[20]

Así y todo e independientemente de la magnitud que pudieran tener las maquinaciones de este individuo, era en verdad el espía que se preciaba de ser, por su carácter esencialmente cínico y doble y también porque los inquisidores, cuidándose mucho de no prometerle nada, habían dejado obviamente flotar las ambigüedades suficientes para que pudiese esperar una indulgencia especial a la hora de la sentencia, contribuyendo entonces sus buenos servicios a mitigar el veredicto riguroso que sus delitos merecían.

Finalmente, falta mencionar a aquellos soplones, a la vez profesionales y eventuales, que vienen a ser los alcaides, los ministros inquisitoriales y sus ayudantes. Pues era una práctica establecida y encarecida por el mismo *Manual de Inquisidores*, la que consistía en dejar pasar la noche a un acusado junto con un antiguo cómplice para que hablasen todo lo que quisiesen, no sin antes haber colocado aquella noche "los testigos, incluso el notario inquisitorial, en un buen lugar —con la complicidad de la oscuridad— para escucharlos".[21]

En Nueva España, por ejemplo, sabemos que Luis de Carbajal *el Mozo* compartía su calabozo con el sacerdote Luis Díaz, que tenía por misión hacerle hablar para luego dar cuenta a los inquisidores: además, las noches del tres al seis de octubre de 1595, valiéndose de la noche, el secretario Pedro de Mendoza, el notario Pedro de Fonseca y el alcaide Gaspar Reyes Plata bajaron a las cárceles y se mantuvieron a la puerta de la que ocupaban Carbajal y Díaz, escu-

---

[18] AGN, Inquisición, vol. 396, exp. 3, "Deposiciones de comunicaciones de cárceles de Francisco de la Cruz, llamado Querétaro, esclavo que fue de Simón Váez Sevilla, (de) Antonia de la Cruz, negra esclava de Thomás Núñez de Peralta, (de) Ysabel, negra criolla esclava de Simón Váez", 1642-1643, f. 508.

[19] AGN, Inquisición, vol. 398, exp. 1, Proceso contra Simón Váez Sevilla (1642), f. 196.

[20] AGN, Inquisición, vol. 398, exp. 1, Proceso contra Simón Váez Sevilla (1642), f. 293.

[21] Nicolau Eymerich y Francisco Peña, *Manual de los Inquisidores*, p. 155.

chando atentamente sus conversaciones, que refirieron luego al Tribunal.²²

Por otra parte, a partir del 17 de mayo de 1642, al ser avisados los inquisidores por Gaspar Alfar que las primeras detenidas doña María de Rivera y su hija Ysabel hablaban por la noche acerca de toda la comunidad marrana, bajaron

> a las cárceles secretas con los notarios del secreto y otros aiudantes suios a oir aquestas conversaciones, que a horas señaladas de la noche, como a las doce y una della, tenían las dichas madre e hija; aunque havían confessado la observancia de la ley de Moisen, estaban prevenidas en una mesma confessión y no querían descubrir los demás cómplices, previniéndose la una a la otra que no dixessen de tal y tal persona, nombrándolos, lo qual se pudo con mucha facilidad ir escribiendo por los dichos notarios del secreto y siempre en presencia de algunos de nosotros que de ordinario asistía, con tres o cuatro ministros que concurrían por testigos.²³

Ésta es la declaración misma del Tribunal virreinal a la Suprema.

Vimos también que Gaspar Alfar participaba a veces en estas sesiones de espionaje nocturno —cosa que la Inquisición mexicana se cuida mucho de no señalar a las autoridades metropolitanas puesto que se trataba, sin lugar a duda, de una irregularidad— y su indiscreción jactanciosa nos revela un detalle importante: aquel mundillo de soplones que se desliza por los oscuros pasillos al amparo de la noche, ahoga el ruido de sus pasos calzándose con lana para no llamar la atención de los presos a tan altas horas.²⁴ Por tanto, es preciso imaginarse a un grupo silencioso agazapado en las tinieblas y escribiendo febrilmente, a la luz mortecina de alguna vela o linterna sorda, las palabras funestas que proferían unos infelices demasiado confiados.

He aquí a nuestros principales informantes acerca del archipiélago inquisitorial: los presos a los que la dinámica del sistema constreñía a hablar y los malsines ocasionales.

²² A. Toro, *op. cti.*, tomo II, p. 197.
²³ AGN, Inquisición, vol. 416, "Carta avisando de la Complicidad" (1643), fs. 450-450v.
²⁴ AGN, Inquisición, vol. 402, exp. 1, Proceso contra Rafaela Enríquez (1642), f. 269.

XIX. COMUNICACIONES DE CÁRCELES: LOS ESCLAVOS

Durante los años de actividad intensa, que abarcan desde 1642 hasta 1649, otros individuos se ven obligados a revelar lo que ocurre dentro de las cárceles y, al igual que las dos primeras categorías ya mencionadas, no sólo comparten esta vida subterránea sino que la hacen en parte posible: se trata de los esclavos negros y mulatos propiedad de los reos, secuestrados como sus demás bienes y que la Inquisición encuentra provechoso emplear en las múltiples tareas que se derivan de una numerosa población carcelaria. La verdad es que éstos están muy dispuestos a ayudar a sus amos presos quienes les prometen libertarlos el día que salgan y les regalan los objetos —dinero, ropa, joyas valiosas a veces— que lograron introducir de manera fraudulenta con la complicidad de los alcaides al ser registrados antes del encarcelamiento; amos a los que les unen lazos tal vez ambiguos que no excluyen la abnegación.

Premiados con liberalidad por sus servicios e impulsados por la esperanza de escapar de la servidumbre, son los únicos en moverse a sus anchas en las cárceles y comunicarse con el mundo exterior por su estatuto impreciso de secuestrados aunque no de presos. Son tanto más libres de ir y venir cuanto que a nadie se le ocurriría reparar en lo que hacen "los negros", en sus movimientos y tratos. No pueden obviamente ocuparse más que en futilidades con sus semejantes. Esto es precisamente lo que les permite establecer en su nivel relaciones con y entre los presos, lo mismo que con el mundo exterior. He aquí por ejemplo lo que revela Antonia de la Cruz a los inquisidores, quienes, tan pronto descubrieron los tejemanejes de los esclavos, empezaron a interrogarlos. Esta joven negra de veinticinco años, nacida en San Luis Potosí, pertenecía a los judaizantes Tomás Núñez de Peralta y su mujer Beatriz Enríquez. Luego del arresto de su marido, Beatriz, muy afectada, le preguntó a Antonia si acaso conocía a alguien —es decir a un negro o mulato— de la Inquisición; habiendo contestado negativamente la esclava —recién llegada a la capital, donde no conocía a nadie—, el ama le dijo

> que se revolviese con algún moço que fuesse del Santo Oficio para saver del dicho Thomas Núñez de Peralta su marido; a que respondió esta declarante que no quería meterse en esso; y que la dicha doña Beatriz le rogó procurasse conozer a alguna persona que viviese en el Santo Oficio... y que un día, acertó a preguntar a un medio mulato, que no save su nombre, si era del Santo Oficio, y que le dixo

que sí, porque tenía una negra hermana suya que havía venido de la Puebla de los Angeles a hazer vida con su marido que estaba en este Santo Oficio; y que ésta le pidió al dicho mulato se lo llamase para que la viesse y que el dicho mulato una mañana vino a llamar al negro que estaba cassado con su hermana, el qual dicho negro salió al llamado désta por la calle que sale por detrás de la ynquisición y viene a dar a la Encarnación, y halló esta declarante al dicho negro en la esquina que haze frente a la puerta principal de este Santo Oficio; y que esta declarante dixo al dicho negro que se fuesse por debaxo de los portales del boticario Flores, porque le quería llevar a mostrar la cassa y a ver a su ama.[1]

Vemos la manera como se establece la relación entre la cárcel y el mundo exterior; el prejuicio según el cual los negros se "revuelven" desvergonzadamente se aprovecha aquí de modo cínico y, en este caso, se halla claramente impugnado; la solidaridad de grupo y de casta —en el sentido colonial exclusivamente— logra lo esencial: Antonia puede sin dificultad cumplir los deseos de su ama y durante cierto tiempo, y gracias a los esclavos negros y mulatos, circularon objetos diversos, informaciones y dinero en un fructuoso intercambio de servicios y favores.

Pero prosigamos. Aunque el criado negro de la Inquisición aceptó ser intermediario entre Tomás Núñez de Peralta y su familia, que había quedado libre, Antonia es enviada nuevamente al Santo Oficio con la misión ahora de hacer llegar un mensaje a su amo preso:

vino a esta ynquisición a casa del acayde con achaque de traer un casito que el dicho Thomas Núñez de Peralta su amo havía pedido; y que llegó a la puerta de la casa del alcayde deste Santo Oficio y haviendo llamado, salió un muchacho que no quiso recibir el dicho casito, sino que se diese al alcayde su amo; y que esperando, salió uno de los señores ynquisidores de dentro con un hombre con una lanterna delante y ottras tres personas, y que viendo a esta declarante allí parada, le preguntó que qué buscaba; y ésta le dixo que a una morena llamada Lucía, con que se fue el dicho señor ynquisidor; y que después, salió el dicho negro, a quien ésta dio el dicho papel y el dicho negro le dixo que se fuesen porque no la viesen hablar con él y la llevó por los corrales y la metió por una puerta chiquita; y que viendo que havía alguna gente, le dixo a esta confesante que se escondiese detrás de una puerta grande, con que se fue el dicho negro a dar de zenar —como dixo— a los presos y ésta salió como pudo.[2]

---

[1] AGN, Inquisición, vol. 396, exp. 3, "Deposiciones de comunicaciones de cárceles...", fs. 493, 493v.
[2] AGN, Inquisición, vol. 396, exp. 3, "Deposiciones de comunicaciones de cárceles...", f. 495.

Encarcelados los amos, sus esclavos son integrados a la vida carcelaria y es tal su ajetreo que alerta a los vecinos que viven en los alrededores de las cárceles. Algunos denuncian esta agitación sospechosa; así, Antonio de Gama, quien el 11 de abril de 1643, es decir prácticamente un año después de la gran redada contra los marranos, declara que "por la cassa en que bive, que es la de la marchas, a las espaldas de Picasso, enttran y salen a todas oras del día negros, negras y mulattos y silban a los que están en las cárceles de Picasso. Be que bienen cargados y buelven de la misma manera y no sabe qué sea lo que traen ni llevan ni cuyos esclavos son..."[3]

Dentro de las mismas cárceles, además de los momentos propicios en los que los esclavos, junto con los alcaides, entran a los calabozos para fines diversos, es posible llamarlos: Juan Méndez de Villaviciosa lo hacía silbando,[4] Juana Enríquez llamaba su atención por la ventanilla de su cárcel con un "ce, ce, ce,..."[5] mientras su marido Simón Váez Sevilla, tan pronto se vio encarcelado, averiguó qué esclavos servían en las cocinas, para saber si eran suyos y si podría usarlos como mensajeros.[6]

Como ya vimos, el visitador Pedro de Medina Rico denunciaba el proceder de los esclavos negros cómplices de sus antiguos amos; de los cinco o seis que eran, algunos fueron procesados y se vieron compelidos a revelar a los inquisidores lo que ocurría en las cárceles puesto que, alertados éstos, no tardaron en interrogar a los esclavos sobre el particular mientras se les dejaba de hecho la posibilidad de proseguir con sus actividades. Se llegó incluso a fingir que se les sometía a cuestión de tormento llevándolos a la cámara y despojándolos de sus ropas con el fin de amedrentarlos y de instarlos a confesar.[7] Por lo demás, bien parece que los esclavos

---

[3] AGN, Inquisición, vol. 417, f. 567, Declaración de don Antonio de Gama, 11 de abril de 1643.

[4] AGN, Inquisición, vol. 396, exp. 3, "Deposiciones de comunicaciones de cárceles...", f. 250v.

[5] AGN, Inquisición, vol. 396, "Deposiciones de comunicaciones de cárceles...", f. 540.

[6] AGN, Inquisición, vol. 396, exp. 3, "Deposiciones de comunicaciones de cárceles...", f. 524v.

[7] AGN, Inquisición, vol. 396, exp. 3, "Deposiciones de comunicaciones de cárceles...", f. 510v. He aquí lo que decidió el Tribunal el 16 de octubre de 1643 en relación con Antonia de la Cruz: "reunidos los ynquisidores y vistas las testificaciones contra todos los mencionados y tratado de la fe y crédito que se devía dar a la dicha negra Antonia de la Cruz, por ser sus declaraciones sobre cossas tan graves, en lo tocante a comunicaciones de cárceles, y el gran perjuicio que a los suso dichos puede parar si a la dicha negra llanamente y sin otra diligencia se le diese entera fee y crédito, siendo esclava, persona bil y de natural intrépido y por ser de malas costumbres fue embiada de esta ciudad a bender a la de çacatecas, como se acostumbra

percibieron la ambigüedad de su situación que los hacía aún depender de sus antiguos amos lo mismo que de los inquisidores, poniéndolos de esta manera a merced de todos. Por ejemplo, el negro Francisco de la Cruz, alias *Querétaro*, era incitado por los demás esclavos a que acudiese a ver a Simón Váez Sevilla, que lo llamaba; al negarse a ello alegando el hecho de que los jueces se lo habían prohibido, los otros le contestaron: "no importa, luego an de saver ellos".[8]

Conocemos ahora sin duda lo suficiente para entender cómo estas comunicaciones de cárceles, que implicaban intercambios de informaciones y objetos diversos, pudieron desarrollarse con la magnitud que revelan los documentos.

Por una parte, el sistema inquisitorial, que producía y generalizaba la práctica del espionaje como factor necesario para su funcionamiento y, por otra, el clima propio de la sociedad colonial en la que los sectores sociales se ignoran a la vez que se interpenetran —se habrá apreciado al respecto la actitud del inquisidor que, descubriendo a la luz de una linterna a la negra Antonia venida en busca de la negra Lucía a las mismas puertas de la cárcel, no indaga más...— nos parecen explicar el fenómeno de modo satisfactorio.

El factor colonial es indudablemente capital: la presencia permanente y universal del submundo servil infiltrado en todas las relaciones constituye, un poco como en las comedias de Molière aunque con magnitud mucho mayor, un margen en el que siempre es factible tratar, arreglar o superar dificultades que a menudo quedarían

con los esclabos de mala índole; ya que berisímilmente se puede creer que mienta contra los dichos amos y demás personas contra quienes depone, fueron de parecer y acuerdo, nemine discrepante, de que la dicha negra Antonia de la Cruz fuesse conminada con tormento hasta desnudarla y amarrarla a la mancuerna, y allí, bolbiese de nuebo a testificar contra las dichas personas; y para ello, le fuesen leydas todas sus audiencias en que a testificado, antes de baxarla a la cámara del tormento, de tal suerte que se satisfase haverlas entendido, y por caussa de no asentar en la verdad y presumir lebanta testimonios y encubre muchas cossas que sabe an acaecido en las cárceles secretas, assi tocantes a ella como a las personas pressas y a los esclabos que en dichas cárceles secretas sirben, lo qual no puede ignorar por ser sus compañeros, es mandada poner a questión de tormento, amonestándola no se quiera ver en semejante trabajo..." Efectivamente, el día siguiente Antonia de la Cruz es llevaba a la cámara del tormento, donde se procede a lo convenido, "habiendo industriado a los ministros de lo que devían hazer"; la esclava mantuvo sus declaraciones anteriores y hasta las amplió. Este notable episodio muestra, entre otras cosas, el profundo conocimiento que tenían los inquisidores de las motivaciones psicológicas que podían inspirar a los esclavos, en particular, de su deseo eventual y comprensible de perjudicar a sus amos. Muestra también los ardides a los que se recurre para lograr las confesiones necesarias, sobre la base de que el fin justifica los medios.

[8] AGN, Inquisición, vol. 396, exp. 3, "Deposiciones de cárceles...", f. 530.

sin resolver si permaneciesen en su terreno natural, el de los amos. Por tanto, este mundo funciona como un espacio suplementario de posibles: puede resultar protector si se respetan sus reglas, conceder la libertad, premiar los favores con liberalidad; pero, lo mismo que el mundo indígena en relación con el de los dominantes que pretende controlar el Santo Oficio, aquél desafía los proyectos y las instituciones y altera finalmente el juego de los poderes: viene a ser una de las trampas imprevistas e ineludibles de la máquina colonial, que se enreda sin esperanza en sus contradicciones.

XX. COMUNICACIONES DE CÁRCELES: PEQUEÑOS MEDIOS, GRANDES FINES

CABE, por tanto, imaginarse este mundo carcelario como agitado, ruidoso, picaresco a veces y muy a menudo asombroso, al menos durante el periodo que mejor conocemos, 1642-1649; el resto del tiempo, se recordará que los calabozos estaban casi vacíos y, cuando se encontraban ocupados, los testimonios nos muestran en ellos una vida que se asemeja a la que describiremos ahora.

Los presos son los primeros en considerar el ambiente que priva en las prisiones mexicanas como sorprendente: si para Catalina de Campos la vida en ellas es "pan bendito", comparada con la que llevó en las cárceles de la Inquisición portuguesa,[1] a Isabel Núñez se le ocurre hallarse "en tianguis o herrería", por el alboroto imperante.[2] En efecto se habla de un calabozo a otro, muchas veces a gritos, sobre todo en el patio los días de fiesta, y a veces, los que van por la calle llegan a detenerse para escuchar las pláticas y canciones.[3] Asimismo, pueden los presos comunicarse cantando a voz en cuello, para lo cual las horas más apropiadas son naturalmente las de la noche —lo que a veces, según vimos, obliga a los ministros a bajar sigilosamente para escribir, a la luz débil de alguna linterna, las conversaciones que oyen—, y las de la siesta también, entre las dos y las cinco de la tarde y el momento en que los alcaides reparten las velas.

Una verdadera estrategia permite entonces conversar con un mínimo de cautela; esto es lo que se imaginan al menos los presos mientras los inquisidores no tardan en descubrir lo que acontece.

El alfabeto a golpes (A = un golpe, B = dos golpes, C = tres golpes, etc.), muy probablemente introducido por Guillén de Lampart, tiene el inconveniente de ser lento —aun cuando se dispone de demasiado tiempo en la cárcel—, y son los hombres familiarizados con la escritura quienes lo usan esencialmente.[4]

---

[1] AGN, Riva Palacio, vol. 23, exp. 3, "Comunicaciones de cárceles que a oydo Gaspar Alfar..." (1647), f. 76v.: "es pan con miel lo que aquí pasa, si tú vieras lo que pasa en las casas que ay como ésta en Portugal, te espantarías del modo y el rigor con que los tratan", le dice la vieja Catalina de Campos a su hija María.

[2] AGN, Inquisición, vol. 401, exp. 1, Proceso contra Isabel Núñez, la de Duarte de León (1642), f. 79.

[3] AGN, Inquisición, vol. 417, f. 567, Declaración de don Antonio de Gama, 11 de abril de 1643. El testigo oyó a las presas "cantar y hablar como si estuviesen en su mesma cassa".

[4] AGN, Inquisición, vol. 409, exp. 2, Proceso contra Antonio Caravallo (1642), f. 311v.

También se habla el portugués, lengua materna de tantos presos entonces, y los mercaderes Francisco Botello y Treviño de Sobremonte se expresan en náhuatl, que aprendieron en sus negocios;[5] varias mujeres de familias que negocian en la trata de esclavos hablan con fluidez la lengua guinea o angola, mamada con la leche de alguna nodriza sierva, en África o Nueva España, luego chapurreada con una compañera de juegos de la misma edad, tal vez una criadita negra, la hija de la cocinera acaso; durante su encarcelamiento se valen de aquel idioma y pueden de este modo comunicarse entre ellas y con sus propias esclavas empleadas en el servicio de las cárceles.[6]

Pero no todos cuentan con la ventaja de hablar una lengua extranjera y entonces el procedimiento más común es un código somero. Por tanto, no se llama a nadie por su nombre sino por uno o varios apodos, a menudo pintorescos, reveladores de un aspecto de la personalidad del individuo o de su estatuto (véase el apéndice de los apodos). Se cultiva la perífrasis, la alusión y no se mencionan directamente los actos comprometedores respecto a los que conviene concertarse para establecer una versión destinada a los jueces; así, el ayuno ritual mosaico se convierte en el "cro", el "suchil", el "si-señor", las "trenzas"; confesar se dice "escupir", "vomitar", "echar", "trocar", "cantar", "hacer hu hu"; permanecer "forte" significa no confesar; los mismos inquisidores reciben feroces apodos: Francisco de Estrada es *el Gordo, el Barrigón*; Asaz y Argos *el Caduco, el Aposentador de la Modorra*; Juan Sáenz de Mañozca, *Antojuelos*; Antonio de Gaviola, *Cupidillo*; Erenchum, *Narices de Vinagre* y Saravia, *Gorrita*; colectivamente, se les llama los "gavilanes", los "faraones", la "canalla infernal", y los "cuervos" son los esclavos negros. Pero es también posible, aunque menos fácil, comunicarse por escrito, siempre y cuando se disponga de un mínimo de material necesario; ahora bien, los inquisidores sólo facilitan a los reos tinta, plumas y papel numerado, para averiguar estrictamente el uso que de él se hace cuando tienen que redactar su defensa o escribir las conversaciones de cárceles. En los demás casos lo hacen con gran renuencia.

Se consigue lo necesario por medio de los esclavos negros. Así, Simón Váez Sevilla hizo llegar a su cuñado encarcelado "un tintero pequeño de cuerno, de faltriquera, y una pluma pequeña [...] tinta en panecillo, unos poquitos de algodones, papel blanco [...] un

---

[5] AGN, Inquisición, vol. 399, exp. 1, Proceso contra Leonor de Roxas, alias *Váez* (1642), sin foliación.

[6] AGN, Inquisición, vol. 402, exp. 1, Proceso contra Rafaela Enríquez (1642), f. 116v. Rafaela Enríquez y sus hijas Ana y Blanca, su hermana Beatriz y el marido de esta última, Tomás Núñez de Peralta, hablaban en lengua angola con las esclavas dentro de las cárceles.

cuchillo pequeño de tajar plumas".[7] Cuando Váez se encuentra a su vez en la cárcel, su esclavo *Querétaro* le trae "la tinta en un suelo de candelero de barro para que cupiera por debaxo de la puerta...", y pone también "la tinta en unos algodones de lana", cosas todas que conseguía directamente en la sala del Tribunal.[8] Pero a veces es preciso improvisar, a falta de los medios acostumbrados: Simón Váez Sevilla hizo llegar a su compadre don García de Valdés Osorio un mensaje escrito "con carbón y popote de la escoba",[9] y Guillén de Lampart, más ingenioso aún "recogía en un plato el humo de la candela y con unas gotas de miel prieta —seguramente piloncillo— que pidió para beber, y agua desleía el ollín y lo dejaba en punta de tinta. Las plumas eran de gallina, que halló en la cárcel, y con vidrio las aliñaba de suerte que escribía muy inteligiblemente todas estas obras".[10] Llegó incluso a fabricar tinta "con una lima o naranja soasada, porque a pesar de quedar la tinta amarilla, se entendía muy bien: que la pluma, la supliría con un palito, porque él era grande escribano, y el papel, con un pañuelo de cambray".[11]

Así las cosas, es posible preguntar fugazmente por la familia, confortarse unos a otros, mandar poemas, como aquéllos magníficos de Luis de Carvajal *el Mozo*, y recados a las amistades que quedaron fuera respecto a los bienes a ellas encomendadas.

Nuevamente, los esclavos negros son quienes transmiten los mensajes a cambio de los consabidos premios; ocurre también que los alcaides acepten fungir como terceros, recibiendo como recompensa parte de las joyas, ropa y dinero que dejaron que los presos introdujeran en las cárceles.[12]

Sin embargo, las conversaciones son indudablemente más variadas y ricas que los mensajes escritos, los cuales, exceptuando los que mandaba el joven Carvajal a su familia y a su dios, suelen tener un carácter funcional y expeditivo. ¿De qué se habla durante estas conversaciones tan largas como imprudentes?

[7] AGN, Inquisición, vol. 396, "Deposiciones de comunicaciones de cárceles...", fs. 498, 498v., 520, 535v., 536.
[8] AGN, Inquisición, vol. 396, "Deposiciones de comunicaciones de cárceles...", f. 542v.
[9] AGN, Inquisición, vol. 396, exp. 3, "Deposiciones de comunicaciones de cárceles...", f. 524 bis, v.
[10] González Obregón, *op. cit.*, p. 301.
[11] González Obregón, *op. cit.*, p. 264.
[12] Así por ejemplo, Hilario de Andino, ayudante del alcaide, llevaba recados a Gómez de Silva, por parte de Antonio Caravallo; *cf.* AGN, Inquisición, vol. 409, f. 343v. Inés Pereira regaló pulseras de perlas al alcaide para que no revelara sus conversaciones con Gaspar Váez, y Juan Enríquez pagó con medias de seda, 10 doblones y una sortija de diamantes algunas noticias de su hijo, Cf. AGN, Inquisición, vol. 402, exp. 1, Proceso contra Rafaela Enríquez (1642), f. 116.

Tratan ante todo de los procesos en curso, de la situación presente; se conciertan sobre lo que conviene confesar porque uno mismo empezó a hablar en determinado sentido o porque fue posible evaluar a través de la acusación o, más aún, de la publicación de testigos, lo que ya es del conocimiento de los inquisidores y que resulta por tanto inútil y peligroso negar. Es preciso limitar los daños, intentar resguardar lo esencial, lo más grave y comprometedor: para los judaizantes, salvar a toda costa a los relapsos, o sea a quienes, luego de ser procesados una primera vez, se hallan expuestos a la hoguera en caso de un segundo proceso.

Pero los intereses individuales y familiares no siempre concuerdan cuando se desata la persecución; el desarrollo de los procesos descubre lo mejor junto con lo peor y, al no bastar las súplicas, se recurre al chantaje y a las amenazas.

En efecto, todos los presos están convencidos de que algún día saldrán de los calabozos inmundos; entonces llegará la hora del galardón para los estoicos que hayan sabido callar mientras la de la venganza y la muerte aguardará a los cobardes y traidores.

No dudemos que los pensamientos y cavilaciones obsesivos que acompañan a tales conversaciones y que giran sin descanso en torno a las estrategias de unos y otros, ponderando las traiciones y lealtades dentro de un mismo temor hacia las debilidades tanto propias como ajenas, hayan constituido un tormento suplementario y, de seguro, más espantoso que los que nacían de las solas condiciones de encarcelamiento.

Al intentar escapar del secreto y el cautiverio agobiantes, los presos se encuentran con la angustia de tener que elegir entre temibles alternativas: traicionar o ser traicionado, la vida vergonzosa o la muerte, el tormento quizás... En todos los casos, la coherencia interna se halla amenazada; es pagar muy caro en verdad unos cuantos instantes en los que se cree engañar a la soledad y no es extraño que algunos, sometidos a la vez al encierro y a esta congojosa sociabilidad, se hayan abandonado a la demencia o al suicidio.

Pero fuera de estos acuerdos y advertencias, súplicas y amenazas, los presos comentan las noticias que llegan a sus oídos, el arribo de nuevos funcionarios, los arrestos recientes; se hacen preguntas acerca de los acontecimientos de la península y expresan con demasiada frecuencia —si se considera que sus palabras, referidas a los inquisidores, los perjudicarán gravemente puesto que a sus delitos de herejía se añadirá entonces el de traición a la Corona— la satisfacción que experimentan ante la rebelión del duque de Braganza y su deseo de ver a Castilla humillada para siempre.

Así por ejemplo, esta conversación del 3 de julio de 1642 denunciada por Gaspar Alfar, entre Ysabel, María de Rivera y Luis Núñez

Pérez, alias *Periquillo*, en la que los deseos de cariz político están salpicados con bromas imprudentes acerca de los inquisidores:

> Llamó Ysabel a Periquillo, a lo cual respondió María y Ysabel dixo: ¿sabes que e estado imaginando? que los Portugueses del Pirú estuvieron más de tres años pressos; a lo cual dixo María que como eran enemigos de los vizcainos, los havía apretado mucho el tribunal del Santo Oficio del Pirú; y Ysabel dixo si era assí acá, con lo que ay oy en Portugal de alzamiento; y Luis Núñez dixo: una armada de Portugal viene acá acompañada con otra de Olanda, y María dixo: plegue a Dios que salten luego en tierra y que bengan y destruian esta cassa —(la Inquisición)— como la de Lisboa, y que a estos condenados —(los inquisidores)—, los hagan tasajos y zesina, a lo qual dixo Ysabel: qué buenos jamones se pueden hazer de don Francisco de Mañozca, que es tan gordo, y María dixo que para qué dejaba a Argoz, el condenado grande, que aunque no era muy gordo, será sabrossa la carne, y que el Obispo no, que era bueno aunque pregunta mucho y a Eugenio, hazerle gigote y que a los alcaides, lo havíamos de ver asaeteados; a lo qual dixo Luis Núñez, buena ensalada hemos hecho [...] a lo qual dixo María: plegue a Dios que benga presto esta armada y que bengan luego aquí y que asuelen esta cassa para que den livertad a tantos como están y los que han de venir y que no tengan estos ladrones condenados tanto gusto ni se aprovechen de tantas haciendas.

Luis Núñez les dijo entonces "que no tenían que tener duda de esso, sino que bendría sin falta, porque ayudaba el de Olanda y que era armada muy gruessa".[13]

Algunos años más tarde, María de Campos se comunica, también desde su calabozo, con un desconocido que resulta ser Francisco de León y sus palabras, cuidadosamente escuchadas por Gaspar Alfar, son luego referidas:

> y prosiguió el hombre diciendo a María que avía venido avisso de España y que avía muerto el príncipe, y que España se iba acabando y estaba muy desdichada y no alsaría cabeza en su vida, y María le dixo: mucho me guelgo con essa buena nueba y dime: Portugal y nuestro rey ¿en qué altura se hallan? y el hombre le respondió: muy pujantes y muy fortalecido y con mucha gente, y será Rey de aquí a que se acabe el mundo; y María le dixo: Dios aiude a Nuestro rei y señor y lo conserve muchos años en su reino y no que estaba el de España con mal título, poseiendo lo que no era suio, cada uno goze lo que le toque y el nuestro sea para siempre y benga a ser Rey de todo y gane esto y asuele esta cassa y nos veamos todos libres y fuera del poder de esta mala gente y vengue nuestros agravios y nos

---

[13] AGN, Inquisición, vol. 417, f. 560, "Comunicaciones de cárceles entre María, Ysabel de Rivera y Luis Núñez..." (1642), fs. 560-561.

saque de este captiverio y lo haga él que todo lo puede, como yo se lo pido, amén, y el hombre le dixo a María: no está fuera de esso el Rei de Portugal, ba sujetando a España quanto puede y abasallándola y hechándola por tierra; y no alzarán más cabeza los castellanos en su bida, están muy aniquilados; y María dixo: todo esso es muy bueno y es obra de tantos pobres como aquí padecen; él que todo lo puede lo haga, y luego dixo María: Vitor el Rei de Portugal, don Juan quarto, guarde Dios, guarde y conserve la vida muchos años para amparo y livertad de sus vasallos...[14]

Huelga recalcar la gravedad de tales palabras, en un momento en el que una verdadera psicosis se había apoderado de las autoridades del virreinato y en particular de los inquisidores, haciéndoles temer una intervención inminente de los enemigos de Castilla respaldados por los portugueses residentes en la colonia, quienes, por esto mismo, habían sido retirados de los puertos y puestos de defensa.[15] Sin embargo, nada ocurrió y estas conversaciones no reflejan más que las ansias de los infelices que a ellas se entregan, sin mayor relación con la realidad...

Durante tales conversaciones, ciertos temas surgen y los recuerdos de otros tiempos son evocados con nostalgia: la vieja Catalina de Campos se complace en los de las prácticas clandestinas que los judaizantes llevaban a cabo en Portugal en un extraño clima de terror y cálida sensualidad y comenta con su hija María las fiestas celebradas en México en compañía de algunos íntimos;[16] Ana Gómez les cuenta a Leonor Váez y a su hermano Gonzalo los momentos privilegiados vividos junto con su madre, su hermana y sus respectivos amantes en las amenas huertas de los arrabales de la capital, mientras sus maridos estaban ocupados en sus menesteres.[17]

Sin embargo, lo esencial de estas comunicaciones está en otra parte: en efecto, los presos no paran, según una costumbre tan consuetudinaria como preñada de consecuencias en todas las cárceles del mundo, de mencionar listas enteras de nombres, de situaciones y circunstancias particulares, proporcionando numerosas precisiones respecto al universo que dejaron y a los hechos por los que se les persigue. Así es como asoma la comunidad marrana de

[14] AGN, Riva Palacio, vol. 23, exp. 4, "Comunicaciones de cárceles..." (1647), f. 2.
[15] AGN, Inquisición, vol. 489, fs. 85-88, "Traslado del papel que remitió a este Santo Oficio el Sr. Obispo don Juan de Palafox y Mendoza, Visitador General de este Reyno... al Virrey" (1641) y "Respuesta del tribunal al Obispo de la Puebla". Cf. asimismo Manuel Orozco y Berra, Historia de la Dominación Española en México, tomo III, pp. 162-165.
[16] AGN, Riva Palacio, vol. 23, exp. 3, "Comunicaciones de cárceles..." (1647), fs. 45v., 46, 47, 48, 48v., 49, 52v., 53v.
[17] AGN, Inquisición, vol. 423, exp. 3, "Diez Cuadernos de comunicaciones de cárceles...", fs. 187, 194.

Nueva España en su totalidad, sin perdonar a los familiares de la metrópoli, de Italia, Holanda, Filipinas, como descubrimos las relaciones familiares, comerciales o amorosas y, si acaso se llega a dudar de la observancia judaica de algún individuo, no tarda en brotar la respuesta, respaldada con pruebas y testimonios... Todo está ahí, lo mejor y lo peor, lo más grave y lo más secreto; los mitos acerca de solidaridades, afectos y lealtades se derrumban, sólo unos individuos logran quedar en pie en medio del desastre y la discreción resulta el único árbitro de un campo en el que la entereza, el valor y hasta el heroísmo quedan a su merced.

En este sentido, la comunicación de cárceles, implícitamente propiciada por las autoridades inquisitoriales —basta para ello con colocar juntos o próximos a parientes o individuos que pertenecen a los mismos grupos y ponerles un soplón cualquiera—, resulta mucho más eficaz que el recurso infinitamente pesado, estorboso y muy imperfecto del tormento, que inspira además cierta repugnancia a los inquisidores. Es que no es posible comparar las pláticas libremente sostenidas con amistades o parientes en una atmósfera de confianza y abandono con las confesiones arrancadas por el sufrimiento físico, las que, por otra parte, son revocadas con bastante frecuencia más tarde. Por tanto, sólo falta escribir todo aquello, cosa que Gaspar Alfar lleva a cabo con diligencia: en los años 1642-1647, la tarea inquisitorial se ve por consiguiente muy facilitada aun cuando en los ríos de información de primera mano llegan a colarse algunas inexactitudes y exageraciones calumniosas nacidas de las antipatías y los aborrecimientos...

Las demás relaciones comparadas con estas conversaciones, tal vez parezcan secundarias, si se juzgan por las consecuencias que tuvieron, pero contribuyen indudablemente a completar y matizar nuestra percepción del mundo carcelario, pues es preciso no olvidar o subestimar estos numerosos intercambios reveladores de las redes de sociabilidad que nacen, subsisten o surgen en las cárceles y de las necesidades que allí se hacen sentir, aun o justamente porque rompen el clima de angustia que suele prevalecer, superponiéndole por momentos el más prosaico de la picaresca. Así, descubrimos una actividad furtiva, un simpático comercio que entrelaza las complicidades, artimañas y diminutas corrupciones.

Hemos visto que los negros y los alcaides se encargan de la circulación de mensajes y recados llevando objetos y productos diversos.

Ya en tiempos de los Carbajal, el joven Luis mandaba a su madre y hermanas dentro de plátanos, peras, melones o alrededor de huesos de aguacates que luego se volvían a colocar en la fruta, unos papeles en los que el misticismo se unía a la más profunda ternura, como éste, dirigido a su hermana más joven, Anica:

Ea, ea, mi Saba, reina, ¡aparejaos, que habéis de ir a la santa ciudad de Jerusalén de los cielos a ver al hermosísimo Rey de los Angeles, Rey lleno de sabiduría! ¡Oh, qué bellezas te ha de mostrar, qué paraísos de huertos y jardines! Oh, ¡qué niñas Oh, qué moscateles, qué flores, qué fuentes de olorosas aguas oh, qué montes llenos de lirios Oh, qué arroyos que manan leche y miel! Ea, que los trabajos y cárcel son el camino. Ordena, mi alma, un lindo ramillete que lleves en presente de esta tierra baja a tu Señor y padre, ramillete de todas flores, de paciencia, fe, esperanza, castidad y obediencia... Oh, ¡qué lindas libreas te ha de mandar vestir! ¡Oh, qué sayas de lindas sedas! ¡oh, qué jubones de tela, telas de oro brocado! ¡Oh, qué lindos y escarchados escofiones! ¡oh, qué guirnaldas de lindas flores! ¡Oh, qué saraos y danzas y ricas fiestas!, gozarás músicas de santos querubines ángeles si os humillares a Dios y orares y tuvieres paciencia.[18]

No todos los mensajes tienen este carácter excepcional aunque todos requieren astucia para llegar al destinatario y sabemos, por ejemplo, que la esclava Antonia de la Cruz mandó a Ana Xuárez un papel de su marido, Francisco López de Fonseca, "envuelto en una hoja de tabaco de Papantla", la cual iba "en una manga de camisa de ella, que había lavado".[19]

Pero la mayoría de las veces, los recados transmitidos de manera oral —preguntar por noticias o darlas, advertir a alguien que no mencione a determinada persona— constituyen lo esencial de tales mensajes.

El mejor momento para entregarlos es sin duda cuando se distribuyen las velas,[20] la comida, o cuando las negras Antonia o Ysabel se introducen en los calabozos para dispensar una lavativa, un masaje.

En general, las golosinas son muy estimadas y, siendo características de los gustos coloniales, desempeñan aquí una función compensatoria evidente. Por ello vemos a una de las Texoso pasar a Antonia de la Cruz dos reales por el resquicio de la ventana para que le compre uvas pasas o nueces,[21] a Ynés Pereira mandar por el negro *Querétaro* a las esclavas Ysabel y Antonia unas rebanadas de ate destinadas a su marido Baltasar Díaz, "lo qual ambas hicie-

---

[18] A. Toro, *op. cit.*, pp. 197-216. La carta que citamos aquí se encuentra en las páginas 210-211. Huelga decir que los inquisidores procuraban dar todas las facilidades materiales al joven Luis para que pudiera escribir cartas y poemas: el alcaide fingía aceptar transmitir a los destinatarios los regalos que los contenían y los entregaba de hecho al Tribunal.

[19] AGN, Inquisición, vol. 396, exp. 3, "Deposiciones de comunicaciones de cárceles...", f. 507.

[20] AGN, Inquisición, vol. 396, exp. 3, "Deposiciones de comunicaciones de cárceles...", fs. 515, 517v.

[21] AGN, Inquisición, vol. 396, exp. 3, "Deposiciones de comunicaciones de cárceles...", fs. 532, 532v.

ron dándoselas por la bentana en un palo".²² El nutritivo y consolador chocolate circula ampliamente: las mujeres de la golosa familia Texoso y las Enríquez "se mandaban por una taleguilla que colgaban por la ventana chocolate y cosas de comer",²³ Ysabel de Silva se lo pide a uno que fue su amante y había quedado libre y le envía por medio de un negro que le perteneciera "un tafetancillo morado por señas".²⁴

El tabaco es también objeto de un comercio activo y, además de los diligentes esclavos que se encargan de su circulación, vemos aparecer agentes del todo excepcionales. En efecto, Antonio López de Orduña cuenta que para los regalos en general, recurrían a "dos gatos manços, el uno negro y el otro blanco, embiándose algunas cosas de comer y tabaco, y al dicho Antonio López de Orduña, un palito de dientes que prometió guardar hasta que saliesse deste Santo Oficio en señal de reconocimiento; y que para embiar las cossas referidas, ataban un paño a los pescuezos de dichos gatos, regalándolos y acariciándolos..." ²⁵

Otros testigos confirman los hechos y Pedro de Espinosa revela que, cuando hacían falta sus servicios, se llamaba a los michos de esta manera: "miz, miz, mocito, mocito, y acariciándolos, si bien se vieron en afflicción un día, porque lo que les avían atado al pescuezo era de tamaño que no cabía por las ventanillas, y se congojaron no fuesen cogidos por los alcaides..." Los presos, agradecidos, habían dado el apodo de "los camaradas" a los dos simpáticos animales.²⁶

De modo que se establece un verdadero comercio entre los presos al intercambiar objetos e informaciones y recompensar a los alcaides y esclavos con dinero —a veces ocultado en el colchón y enviado al destinatario en medio de la ropa sucia—, joyas y ropas; ²⁷ a su

---

²² AGN, Inquisición, vol. 396, exp. 3, "Deposiciones de comunicaciones de cárceles...", f. 521.

²³ AGN, Inquisición, vol. 402, exp. 1, Proceso contra Rafaela Enríquez (1642), f. 300v.

²⁴ AGN, Inquisición, vol. 396, exp. 3, "Deposiciones de comunicaciones de cárceles...", f. 513v.

²⁵ AGN, Inquisición, vol. 499, exp. 6, Proceso contra Antonio López de Orduña (1642), f. 498v.

²⁶ AGN, Inquisición, vol. 403, exp. 1, Proceso contra Pedro de Espinosa (1642), f. 163.

²⁷ AGN, Inquisición, vol. 396, exp. 3, "Deposiciones de comunicaciones de cárceles...", fs. 505, 507, 516, 516v., 517, 517v. Este comercio llegó a consecuencias insospechadas, como lo muestra la desventura de Francisco de León Jaramillo, que "dio a uno de los esclavos negros que sirven en las cárceles secretas (a escusas del cuidado y vigilancia con que viven los alcaides, escarmentados de lo que padecen con los de esta perversa nación), una cajeta de conserva de durazno que había pedido y dádosele para el regalo de un enfermo con quien estaba, diciéndole que se la llevase a su madre, conocida

vez, los negros entregan a sus antiguos amos lo que les hace falta, como Antonia de la Cruz, que "echó una camisa regalada a ella por la azotea y con el dinero, dos pesos, compró zapatos para su ama doña Beatriz; ésta le echó entonces la gargantilla de aljófar por la çotehuela"; [28] dispuso también de aquella camisa bordada, regalo de Clara Texoso, "la qual se la dió ésta a su ama doña Beatriz, por averla dicho que no tenía camissa",[29] y de otra camisa en tela de Ruán, asimismo regalo de Ysabel Texoso, "la qual la dió a su compañera para pañales".[30]

De la misma manera, Antonia cuidó de su amo, Tomás Núñez de Peralta, quien le mandó "zapatos que no le venían, para que le comprara Antonia agujetas y cuatro reales de seda negra"; para ello, acudió a "un mulato çapatero que vivía en aquellos corrales".[31]

Huelga decir que el carácter improvisado de las cárceles y la disposición de las construcciones facilitan estos tejemanejes; las ventanas son muchas y hasta permiten a veces hablar con los que andan por la calle,[32] comunicar a menudo con el exterior. Esto sucedió con Simón Váez Sevilla, que mandó llamar a un fulano Peltierra, criado de su amigo fiel el conde de Peñalba don García de Valdés Osorio; aquél traído por la negra Leonor cierto día a las tres de la tarde: "por los jacales de un indio çapatero y arrimándose a un montón de tierra y poniéndose en él, por señas, le habló a Simón Váez Sevilla".[33]

La verdad es que los tejados y azoteas reciben objetos diversos; son también el escenario de verdaderas acrobacias si le damos crédito al negro esclavo *Querétaro*, quien confiesa que "el día que entró el virrey por la tarde, oyendo este confesante que estaban

por el negro; el cual no atreviéndose a dársela, trató de venderla como lo hizo, en seis reales, a un cajonero de especerías a quien compraban las que gasta el alcaide de dichas cárceles. Y sacándola en su casa para cenar con otros amigos y su muger, al partirla, halló en el medio de ella unos papeles que leyeron; y a los principios, entendieron ser de algún devoto de monjas, hasta que repararon en lo que decían de auto, con que cayeron en cuenta que debía ser cosa de la inquisición; y la trajeron con los papeles, y se averiguó la verdad, y la confesó este astuto mozo", en Vargas Rea, *Autos de fe*, núm. 3, pp. 12-13.

[28] AGN, Inquisición, vol. 396, exp. 3, "Deposiciones de comunicaciones de cárceles...", f. 521.

[29] AGN, Inquisición, vol. 396, exp. 3, "Deposiciones de comunicaciones de cárceles...", f. 517.

[30] AGN, Inquisición, vol. 396, exp. 3, "Deposiciones de comunicaciones de cárceles...", f. 517.

[31] AGN, Inquisición, vol. 396, exp. 3, "Deposiciones de comunicaciones de cárceles...", f. 521v.

[32] AGN, Inquisición, vol. 400, exp. 2, Proceso contra Juan Pacheco de León (1642), fs. 733v. y 735.

[33] AGN, Inquisición, vol. 396, exp. 3, "Deposiciones de comunicaciones de cárceles...", f. 520.

todos los presos hablando, se subió por la cocina a las açoteas y desde allí se bajó por una reja de yerro que cae encima de la reja en que cae la bentana de la cárcel en que estaba el dicho Peralta, su suegra y cuñadas; y sacando el cuerpo, le dixo al dicho Peralta que callasen porque avía gente, y que le respondió el dicho Peralta que se fuese este confesante, con que callaron todos..." [34]

Es preciso reconocerlo, las cárceles constituyen sin duda un mundo infame pero en el que prosigue la vida, pese a todo. Llega incluso a manifestarse con vigor puesto que a veces ocurren nacimientos en ellas. ¿Cómo se rodea la aparición insólita, casi chocante, de la vida en la casa de los muertos? Muy naturalmente al fin y al cabo.

[34] AGN, Inquisición, vol. 396, exp. 3, "Deposiciones de comunicaciones de cárceles...", f. 526.

XXI. LA VIDA, LA SOBREVIVENCIA Y LA MUERTE

Blanca Xuárez y Teresa de Jesús, o Teresa Romero, estaban embarazadas cuando fueron encarceladas y, llegado el momento, dieron a luz. La primera fue asistida por una partera, que recibió perlas finas a modo de paga, y una esclava pudo permanecer en el mismo calabozo para atender a su ama.[1] El parto fue difícil y doña Rafaela, madre de Blanca, se alarmó mucho; se la podía oír, justo antes del alumbramiento, cuando hablaba con los demás presos por la ventana de su calabozo: "encomienden a Dios a mi hija, que está en un rebentadero, sin poder parir". El domingo siguiente, doña Rafaela, llena de felicidad, daba las gracias a Dios "que tantas mercedes me a echo, y me sacó de peligro a mi hija, que ya parió una niña que vivió tres oras y recivió agua de baptismo". Pero parece que el parto tuvo consecuencias ya que luego de una sangría en la pierna, Blanca se estaba muriendo, "hinchada como una bota, oleada y confesada";[2] la enfermedad fue superada pese a todo y la joven siguió con vida.

El alumbramiento de Teresa de Jesús planteó otros problemas. Como su pobreza excluía la posibilidad de recurrir a una esclava de su familia, se llamó a una partera y a una indígena que también acababa de dar a luz y que fueron a buscar a la cárcel del ordinario para que atendiese a Teresa en su momento. Al nacer el niño —un hermoso varón, fruto de los amores pecaminosos de su madre, teóricamente doncella, y de un amante casual—, resultó que Teresa no podía alimentarlo "por no tener leche, y la que tenía ser de mala calidad y gatuna, con que se iba muriendo; y los dichos señores inquisidores vieron estar enfermiza y trasijada dicha criatura y en conformidad, dijeron que el Lic. Nicolás Tinoco de Melgar, clérigo presbítero, ayudante de este Secreto, luego al punto buscase en su barrio una mujer pobre y de confianza que la criase y concertase lo que cada mes se le podría dar por su trabajo; y hecha esta diligencia, le entregase el alcaide Francisco Ruiz Marañón la dicha criatura..."

Por tanto, el sacerdote se lanzó en busca de la nodriza, que no tardó en encontrar puesto que una hora más tarde regresó y declaró a los inquisidores reunidos en secreto que había dado con una "chichigua que criase dicha criatura, en el barrio de Necaltitlán,

[1] AGN, Inquisición, vol. 402, exp. 1, Proceso contra Rafaela Enríquez (1642), fs. 93v. y 459v.
[2] AGN, Inquisición, vol. 402, exp. 1, Proceso contra Rafaela Enríquez (1642), fs. 98-99.

española, llamada Gertrudis de Tovar, que se hacía cargo de criar dicha criatura, dándole diez pesos cada mes por su trabajo y sustento, aunque era muy ordinario dar seis pesos cada mes y cada día dos reales para el sustento de la chichigua; y por haberle significado es pobre la criatura, se acomodaba a que por todo se le diese diez pesos cada mes".

Se entrega en el acto el niño al ama, se arregla el problema del pago regular del sueldo y se le pide al sacerdote, cuya extraña misión aún no termina, que "por tiempos la visite para saber si vive la dicha criatura o si muere o se supone otra".[3]

El chiquillo creció como Dios manda y lo volvemos a encontrar unos años más tarde al lado de su madre, que sigue presa y que pide y logra de los inquisidores "un poco de unto sin sal para untar a su hijo que tiene sonsigo",[4] varias veces, algo de ropa para él, "un juboncillo para su chiquillo [...] una cartilla para enseñar a su hijo a leer, porque una que tenía se la han comido los ratones".[5]

En cuanto a Isabel de Silva, todo parece haber sido más sencillo, si bien ignoramos lo que sucedió con el niño nacido de la cohabitación con su marido en la cárcel, sabemos sin embargo que fue inmediatamente bautizado y que uno de los ministros inquisitoriales fue su padrino.[6]

Dentro de la cárcel, la enfermedad es muy frecuente, como resultado del largo encierro, de las condiciones de encarcelamiento y, probablemente, más aún, del deterioro moral que afecta en grados diversos a todos los presos. Aunque no sea posible identificar con precisión los males que los aquejan, reconocemos entre ellos una fuerte proporción de problemas nerviosos, digestivos, cardiacos y a veces respiratorios.

La anorexia era muy frecuente y reconocida como causa de males más graves, incluso de muerte; los médicos que veían en ella algo de "emperramiento" bien parecían percibir los orígenes psicológicos del fenómeno: aparte de una alimentación más rica con abundancia de carne y vino, intentaban convencer a los enfermos de que se sustentasen y recomendaban la presencia de un compañero de cárcel.

De manera general, los presos padecían varios males en forma

[3] Boletín del AGN, tomo XVII, núm. 2, Proceso de una seudo iluminada (1649), pp. 217-221, 222.
[4] Proceso de una seudo iluminada, *op. cit.*, p. 228.
[5] Proceso de una seudo iluminada, *op. cit.*, pp. 232-237.
[6] AGN, Inquisición, vol. 409, exp. 2, Proceso contra Antonio Caravallo (1642), f. 326. El notario del Santo Oficio, Felipe de Zabalza Amézquita, fue el padrino y los alcaides aparecen como testigos del bautismo, el 8 de agosto de 1644.

difusa, debido, según parece, a lo largo y riguroso de su encarcelamiento, a su carácter más o menos angustiado, y a su sentimiento de culpabilidad y responsabilidad para con los demás.

Teresa de Jesús, por ejemplo, padece probablemente de una úlcera estomacal y, como tantos otros, se alimenta casi exclusivamente de chocolate pues no soporta otra cosa; pero pide también espliego para sobarse las piernas, que tiene sin duda hinchadas, carbón para calentar agua ya que el médico le ordenó lavarse "el caño de la orina".[7]

Por su parte, Domingo Márquez padece insomnios, congojas, siente un estruendo en su cabeza, oye zumbidos y "el demonio le trae muy aflixido y le aprieta el corazón como entre dos peñas, [...] teme perder el juicio, principalmente de noche".[8]

Si Margarita de Rivera se queja de la matriz y pide chocolate y tabaco para curarse,[9] Juana Enríquez teme, como Márquez, volverse loca y ruega le den una compañera porque "se halla espantada [...] ve figuras, que no sabe explicarlas [...] oye ruidos en su cama".[10]

La locura acecha efectivamente a los presos, y unos cuantos acaban por perder el juicio, como, el más famoso de ellos sin duda, Guillén de Lampart, quien, a causa de un encarcelamiento interminable, se vio privado paulatinamente de sus notables facultades; profiriendo palabras incoherentes, portándose como demente, llegó a cubrirse con sus propios excrementos.[11]

Sin alcanzar estos lamentables extremos, otros tan sólo manifiestan alteraciones en su comportamiento: agresividad, imprudencia suicida, alternancia de periodos de anorexia y mutismo con una agitación desbocada. Veamos por ejemplo la manera en que termina la última conversación entre Leonor Váez, su hermano Gonzalo y Ana Gómez, referida por Gaspar Alfar. Mientras Gonzalo finge ser loco para lograr que lo trasladen al hospital de San Hipólito, reservado para los dementes y del que espera poderse escapar con facilidad, Leonor finge lo mismo con el fin de granjearse la indulgencia de los jueces. A pesar de que sabía que Ana Gómez era relapsa y que arriesgaba por tanto ser enviada a la hoguera esta vez —lo que efectivamente ocurrió—, Leonor la amenaza a ella y a su hermano con hacerlos quemar. Luego de lo cual Ana

[7] Proceso de una seudo iluminada, op. cit., pp. 226-231, 234, 235, 238.
[8] AGN, Inquisición, vol. 460, entero, Proceso contra Domingo Márquez (1656), fs. 319, 637v.
[9] AGN, Inquisición, vol. 408, exp. 1, Proceso contra Margarita de Rivera (1642), f. 15.
[10] AGN, Inquisición, vol. 400, exp. 1, Proceso contra Juana Enríquez (1642), f. 43.
[11] González Obregón, op. cit., pp. 300-301, 303-304.

se quedó "llorando en la puerta de su cárcel y Gonzalo cantando disparates y Leonor loqueando..."[12]

Es evidente que esta última, aun cuando no estuviese del todo loca, mostraba señales indudables de desequilibrio.

Así, se finge a veces la demencia, con la esperanza de alcanzar una sentencia menos rigurosa. Ejemplo significativo es el que nos proporciona una mujer de sesenta y cuatro años, Esperanza Rodríguez, quien, "viéndose apretada, se fingió loca, dejándose comer de piojos; diciendo y haciendo acciones y palabras con que pretendía ser tenida por tal, como eran coger sus camisas y rasgarlas, haciendo un muñecón grande, con su mantilla, faja, brazos metidos y capillo en la cabeza; y besándole, hacía que le daba de mamar, diciendo era su niño, y que mirasen por él y no se lo matasen; y otras veces, escondiéndosele adrede, lo pedía y lloraba para que se lo volviesen".[13]

Se entiende que, al aunarse a los tormentos propios del encarcelamiento la angustia que resulta de la instrucción de un proceso dentro de un procedimiento secreto, se desemboque en problemas, psicosomáticos o no, que pueden, a su vez, producir la locura —a menudo la locura fingida es su misma antesala—; por la misma razón es entendible que el suicidio fuese una solución deseable para unos cuantos. Es que la tentación de poner término a una vida tan sombría se presentó a menudo y no faltaron quienes, en un momento u otro, pensaron ahorcarse, como Blanca de Rivera o Juan Pacheco de León.

Algunos intentaron ejecutar su proyecto: el joven Luis de Carvajal se echó desde el primer piso al patio del Tribunal pero la caída no tuvo más efecto que un brazo lastimado,[14] y Antonio Caravallo, luego de dos apoplejías "por haverse visto solo y temiendo la gravedad de su prisión, en las paredes de su aposento que estavan recién encaladas se ponía por largos ratos de frente y de celebro, para coger aquella humedad y matarse", lo que probablemente explica que los inquisidores optaran por dejar que su mujer lo acompañase.[15]

A veces, el intento de suicidio es efectivamente llevado a cabo, como sucedió con Agustín de Rojas y Diego Cedillo, quienes lograron ahorcarse.[16]

También puede ocurrir que al deseo de autodestrucción se acha-

[12] AGN, Inquisición, vol. 423, exp. 3, "Diez Cuadernos de comunicaciones de cárceles...", f. 272.
[13] García, *op. cit.*, pp. 155-156.
[14] A. Toro, *op. cit.*, tomo II, pp. 231-232.
[15] AGN, Inquisición, vol. 403, exp. 3, Proceso contra María de Rivera (1642), f. 406.
[16] AGN, Inquisición, vol. 396, exp. 3, "Deposiciones de comunicaciones de cárceles...", f. 527 y Medina, *op. cit.*, p. 244.

quen equivocadamente los síntomas de alguna enfermedad insidiosa, como sucedió en el caso de María de Rivera.

Esta infeliz era cruelmente atormentada por la certeza de que, por el temor, el hastío y la desesperación, sus confesiones perderían a quienes sin embargo deseaba salvar. Cierta mañana, más o menos año y medio después de su encarcelamiento, el alcaide Francisco Ruiz Marañón la descubre "en la cama, boca abaxo, torcido el cuerpo, algo fuera de la tarima", declarándola entonces el médico "muerta, de emperrada, y de no haver querido comer". Marañón declara que "desde antes de anyer, a sentido se quexava de la madre, y le procuró curar por medio de Margarita de Moreyra, su compañera de cárcel; y la dio vino porque decía estaba elada, y procurándola regalar, no quiso admitir ningún regalo y conoció en ella que desde que la apartaron de su hermana Ysabel, estava emberrinchada y soberbia".

El médico confirma que, efectivamente, María padecía del vientre y del estómago y que se le había prescrito una buena alimentación, el uso moderado del tabaco y lavativas con miel de maguey. Cuando la vio en su cama mortuoria, advirtió junto a ella "un bómito de aguaca con espumas que avía echo antes de espirar, de que presume que la dicha mujer se procuró matar de inedia".

De hecho, la autopsia ordenada por los inquisidores, sorprendidos por esta muerte súbita, reveló una crisis cardiaca, probablemente una embolia.[17] Así y todo, María murió de angustia y deses-

---

[17] AGN, Inquisición, vol. 403, exp. 3, Proceso contra María de Rivera (1642), fs. 399-408. Al encontrar a María muerta la mañana del 16 de noviembre de 1643, se llama al alcaide, a la compañera de cárcel Margarita de Moreira y al médico para que declaren lo que saben de los males y de los últimos momentos de la difunta. Empero, la muerte sigue pareciendo extraña e incluso inexplicable a los inquisidores, tanto más sin duda cuanto que el médico, unos días antes, había hablado de un "mal sin gravedad". Los cirujanos Diego Sánchez y Domingo de Salcedo son encargados de examinar el cuerpo "porque se presume que la dicha difunta procuró su muerte por algún otro camino (que no sea la inedia: nota nuestra) a que el demonio la instigaría", pues los inquisidores tenían sobradas razones para temer que María se hubiese suicidado. Al no ver exteriormente nada particular, los dos facultativos piden la autorización, en seguida otorgada, de llevar a cabo la autopsia. Es cuando Domingo de Salcedo "halló que en el dicho estómago e hígado y demás miembros nutritibos, no avía lesión alguna, salbo en el corazón, el qual, por berle de color líbido y muy inchado, fue avierto, y emanó de él mucha copia de sangre melancólica, negra y gruesa, que fue la que sufocó e hizo morir, con las ansias con que dizen murió; y todos juzgavan y juzgaron que de no haver querido comer la dicha María de Rivera, se le originó una sufocación del útero, y que la sangre que tenía en el corazón fue la que le ministró naturaleza, socorriéndole a la vida", en AGN, Inquisición, vol. 403, exp. 3, Proceso contra María de Rivera (1642), fs. 407v., 408. Por tanto, es evidente que se realizaban autopsias en la Nueva España a mediados del siglo XVII, al contrario de lo que sostiene Elías Tra-

peración; sabemos por su compañera Margarita de Moreyra hasta qué punto la idea de los desastres que no dejarían de provocar sus confesiones la iba destruyendo paulatinamente y, si bien no podemos hablar con propiedad de suicidio en este caso, es preciso admitir junto con los inquisidores y el médico encargado de curarla, que se abandonó a tan deplorable fin, que ella buscaba sin duda con todo su corazón, con su cuerpo todo.

Así, los médicos desempeñaban a menudo una función importante que merece algún comentario. Llamados por los presos cuando se sienten indispuestos o por los inquisidores, formulan diagnósticos, prescriben tratamientos y cabe notar que el simple hecho de que le presten atención al doliente, escuchándolo y examinándolo, contribuye en gran medida a su restablecimiento, pues es indudable que la mayoría de las veces el origen de los males que afligen a los presos es psicosomático.

Los tratamientos suelen ser los de la época: buena alimentación, purgas, sangrías, sobas y masajes, ventosas, lavativas administradas por las esclavas que sirven en las cárceles, y los mismos diagnósticos establecen a menudo una relación obvia entre lo fisiológico, lo patológico y lo mental, lo psicológico.

Veamos por ejemplo el notable caso de Juana de los Reyes, que nos permite a la vez seguir la evolución de una persona probablemente histérica y estudiar las reacciones que suscita entre los profesionales que la asisten, médicos e inquisidores.

Esta joven y pobre española de Querétaro había dado a luz, pese a su fama de beata, en medio de acontecimientos escandalosos.[18] Cuando entró en las cárceles inquisitoriales en octubre de 1693, su padre advirtió a los jueces que su hija no gozaba de buena salud. Rápidamente en efecto, ésta aparece "afligida, desconsolada, no quiere tomar el sustento necesario"; el médico declara que sus males consisten en "enojo, cólera o emperramiento". El hipo le impide descansar, sólo se nutre de pan seco pues pretende no poder pasar nada cocido o picado; cuando tiene su regla, bebe vinagre, se echa agua fría en el pecho, tiene ganas de vomitar y su rostro se vuelve negro.[19] Insiste el médico: todo es fingido; Juana absorbe toda clase de cosas dañinas —come copos de lana impregnados de cal— con el único fin de enfermarse. Enseña a los inquisidores lo que ella arrojó, del tamaño de un huevo de gallina, insta a que se le

bulse, que no las registra sino a principios del siglo XVIII. *Cf.* Elías Trabulse, "La ciencia y la técnica en el México colonial", en *Ciencia*, Revista de la Academia de la Investigación Científica, México, vol. 33, núm. 3, octubre de 1982, p. 129.

[18] Tratamos de ella en el capítulo dedicado a las beatas, en este mismo trabajo.

[19] AGN, Inquisición, vol. 539, exp. 29 bis, Relación de la Causa de Juana de los Reyes (1698), fs. 509-511.

haga entender a la enferma que sus mañas han sido descubiertas y que debe renunciar a ellas; los jueces lo aprueban y le piden precisamente que hable a la joven, para invitarla a dejar sus tejemanejes y advertirle que de otra manera él se verá en la obligación de contarlo todo al Tribunal al que nada se le puede ocultar.[20] Notamos aquí la habilidad de los inquisidores al hacer intervenir al médico, reservándose así un margen de maniobra.

Juana cambia entonces de estrategia y declara estar embarazada, lo que mueve al Tribunal a impartir en el acto las órdenes necesarias, lo mismo al médico que a los alcaides, para que se le den los cuidados que su estado requiere. Al negarse Juana a avisar a los ministros de su embarazo, el alcaide le aconseja con encarecimiento —nuevamente a instigación de los inquisidores, que saben perfectamente cuanto ocurre—[21] que les descubra su situación, según otra estrategia en dos niveles de todo punto semejante a aquella en la que se hallaba implicado el médico.

Como la presa niega todo ante los ministros, éstos se ven obligados a manifestar lo que saben y Juana acaba admitiendo que está efectivamente embarazada. El médico, nuevamente mandado, juzga el embarazo dudoso y recuerda que cuando tuvo sus últimas reglas en la cárcel, la rea "sumamente corta y zerrada de raçones... bebió vinagre, se bañó con agua fría y otros excesos vastantes para ynpedir la venida del achaque menstrual y acarrear enfermedades muchas y graves".[22]

Por tanto, el Tribunal le pide al especialista que examine a Juana, que presenta ahora una "hinchazón o tumor", para que descubra si se trata de "preñez o si era achaque procedido de la rretención de meses ocasionados de sus excesos y vevida".

Tras un interrogatorio y un examen, el médico declara, en lo que constituye un testimonio de los síntomas reconocidos de embarazo en la época que nos interesa:

> hallo no tener dolor de estómago ni desmayos, ni que sintió más deleyte que otras vezes en los últimos actos, ni escalofríos después ni el dia siguiente, ni que se le recojiese más la madre ni enfadarle el coyto, ni quedar contristada después, no estar descolorida, flaca, ni tener manchas en la frente, ni empañado el blanco de los ojos ni los pezones de los pechos bueltos asia arriba o asia abajo, ni negrear el serco de ellos ni distilar leche, ni apetito de tierra, carbones, hiesso y cosas semejantes; no aver tenido el tumor blando y sin sonido al

[20] AGN, Inquisición, vol. 539, exp. 29 bis, Relación de la Causa de Juana de los Reyes, f. 511v.
[21] AGN, Inquisición, vol. 539, exp. 29 bis, Relación de la Causa de Juana de los Reyes, fs. 511v., 512.
[22] AGN, Inquisición, vol. 539, exp. 29 bis, Relación de la Causa de Juana de los Reyes, f. 514.

principio, ni suave mobiviento en el vientre, ni ynchazones de pies, apetezer varón varón y no avorrecerlo; no caerse los pelos donde los tienen, ni salídole de nuebo donde los tenía, y el mobimiento tan violento que haze la ynchazón, subiendo asta debajo del pecho ysquierdo, sin quedar alguna ni rastro della en el vientre y aver experimentado en otro preñado que hiço las más señales contrarias a éstas; y estar de tiempo tan crezido como de casi nueve meses, jusgava dicho médico no estar preñada dicha rea.[23]

Como de hecho no se produjo nacimiento alguno, los inquisidores, visiblemente perplejos, ordenaron nuevamente al médico "obserbase los achaques y accidentes que esta rea tubo en la última enfermedad y en las pasadas, si procedían de dolencia natural o fingimiento de esta rea o de echizos que le ubiesen dado, para que sobre todo diese su parecer por escrito; que lo ejecutase con toda claridad e yndividualidad, según lo que avía comprehendido y conocimientos que abía alcansado".[24] Finalmente, el facultativo entrega un largo informe que ayudará a los jueces a dictar la sentencia mientras Juana no deja de ser presa de achaques distintos. Allí explica que los excesos cometidos por la paciente provocaron un desorden en el útero y que el funcionamiento deficiente de este órgano provocó a su vez la llegada de "venenosos vapores al selebro, corazón, pecho y estómago, ygado, basso y pulmón, causándole dificultad de respirar, bascas, vómitos, palpitación de corazón, ansias, desmaios, dolor de cabeza, vayguidos, congojas terribles; lo qual nace de la gran comunicación que el útero tiene con el selebro", por una serie de conexiones complejas; tras inevitables complicaciones que se describen con cuidado, el especialista concluye "que dicha mujer padeció primero una ynchazón de útero y vientre, equivocada con muchas señales de preñez, y después, sofocación de útero y descenso de él, que aún no es rigurosa caída de la madre; todos los quales achaques son naturales, sin que aya avido ficción, echizo o maleficio; y que si se continúan y frequentemente le fatigan (como se puede esperar de su tenaz e yncorregible natural en alimentar y cuidar de su salud), es peligrosa la enfermedad, por los graves daños que suelen sobrevenir, asi de afectos de zelebro como de nerbios".[25]

Este caso, interesante por varias razones, revela de pronto al menos dos aspectos importantes del procedimiento inquisitorial

---

[23] AGN, Inquisición, vol. 539, exp. 29 bis, Relación de la Causa de Juana de los Reyes, fs. 514v. y 515.
[24] AGN, Inquisición, vol. 539, exp. 29 bis, Relación de la Causa de Juana de los Reyes, f. 526v.
[25] AGN, Inquisición, vol. 539, exp. 29 bis, Relación de la Causa de Juana de los Reyes, fs. 537v., 530. Se trata obviamente de la teoría de los humores, muy difundida en el siglo XVII.

entendido en un sentido amplio, es decir en sus implicaciones sociales.

Por una parte, vemos que los inquisidores consultan con un científico cuando se percatan de que un problema rebasa sus competencias lo mismo que consultan con otros especialistas en teología o en derecho, es decir con calificadores y consultores. De nuevo, es preciso reconocer que el Santo Oficio no constituye un sector aislado en la máquina social; si bien ejerce su poder en el campo específico de la fe, mantiene con las demás instancias y las esferas del conocimiento unas relaciones estrechas: inquisidores, calificadores, consultores, médicos resultan ser especialistas que hablan finalmente el mismo lenguaje, se ayudan mutuamente con conocimientos complementarios, obrando tal vez para los mismos fines.

Por otra parte, la intervención médica permite bajar a las profundidades en donde se articula lo social con lo individual, lo institucional con lo biológico, no siendo la manifestación patológica más que la floración perversa que nace de este proceso. No cabe duda que el reo sólo padece en la cárcel de los males que llevaba en germen cuando ingresó en ella; así y todo, estos males tienen un origen social —cada cual con su enfermedad pero también cada sociedad con sus males— y lo específico del encarcelamiento inquisitorial es lo que les permite desarrollarse con la fuerza que intentamos hacer patente. Queda por descubrir la parte respectiva de lo social, individual e institucional en cada una de estas manifestaciones y la manera como se van articulando: tarea que rebasa ampliamente nuestras competencias y fines, y que debería inscribirse dentro de una historia de la represión. Nos conformamos aquí con aportar, si acaso, algunos datos y señalar con toda seguridad la existencia de una fuente fecunda de información.

Así es como se nace en la cárcel, se vive o sobrevive, como puede uno enfermar, sanar o zozobrar en la demencia, morir también, de suicidio, de muerte "natural" si uno es viejo y está afectado de alguna dolencia, o por causa indefinida... Poco sabemos, salvo excepciones, de aquellas muertes; si algunos alcanzan a pedir auxilio, a recibir la confesión y los óleos, otros son descubiertos por el alcaide en su ronda matutina o varios días después de la defunción, lo que aconteció con Catalina de Campos, cuyo cuerpo apareció roído por las ratas ya que, de manera inexplicable, nadie había penetrado en el calabozo de la anciana, que estaba enferma.[26]

Con todo, los que llegan a fallecer en la cárcel son sepultados en ella, pues el manto del temible sigilo exige que nada trascienda fuera o dentro, ni siquiera la muerte.[27]

[26] AHN, legajo 1737, núm. 12, Visita de Medina Rico, cargo núm. 23.
[27] AGN, Inquisición, vol. 403, exp. 3, Proceso contra María de Rivera (1642), fs. 407-407v.

XXII. LA PRESENCIA DE DIOS

INDEPENDIENTEMENTE de estos acontecimientos que marcan de forma dramática las existencias individuales y hasta les ponen fin a veces, cabe recordar que la mayoría de los presos del Santo Oficio lo son por cuestiones de fe y por tanto mantienen con las cosas de la religión y la divinidad unas relaciones privilegiadas. Esto es particularmente cierto tratándose de los judaizantes: ya en la primera persecución sistemática que se abatió sobre ellos, en los años 1590-1600, los Carvajal y, sobre todo, Luis *el Mozo* veían en su prisión una prueba impuesta por Dios como requisito para acceder a los gozos supremos del más allá. *El Mozo* siguió practicando su religión con fervor dentro de las cárceles y hasta hizo proselitismo puesto que logró la conversión al judaísmo de su compañero de infortunio, Francisco Ruiz de Luna, un religioso que además era soplón.[1]

En efecto, el encarcelamiento y sus trabajos pueden aniquilar el ardor religioso pero pueden también avivarlo hasta suscitar acciones tan disparatadas como magníficas: durante su primera prisión, en los años 1635, Treviño de Sobremonte tomó la temible decisión de hacerse circuncidar por su compañero de calabozo, Antonio Váez Casteloblanco, quien era un experto en los ritos judaicos.[2]

Sin llegar a semejantes provocaciones, la mayoría de los judaizantes presos se limita a evitar en la medida de lo posible el consumo de alimentos prohibidos y a hacer ayuno, independientemente de las fechas que corresponden a las grandes fiestas judías, más bien para expresar una devoción personal o un afán propiciatorio. Tales ayunos, que, como vimos, son mencionados en otros términos, suelen durar un día o dos y a veces los reos los ofrecen enterrando la comida en un agujero practicado en el suelo del calabozo que luego se tapa con tierra y piedras.[3] Son esporádicas las abluciones y demás ritos —pues las condiciones materiales no los permiten—, pero, pese a todo, es visible la voluntad tenaz de mantener una práctica religiosa.[4] Por otro lado, el rezo y las invocaciones

---

[1] A. Toro, *op. cit.*, tomo I, pp. 297-304. Francisco Ruiz de Luna abrazó el judaísmo con tal sinceridad que fue objeto de dos procesos por este motivo y castigado, al término del segundo, con diez años de galeras.

[2] AGN, Inquisición, vol. 408, exp. 1, Proceso contra Margarita de Rivera (1642), f. 351.

[3] AGN, Inquisición, vol. 423, exp. 3, "Diez Cuadernos de comunicaciones de cárceles...", f. 246.

[4] AGN, Inquisición, vol. 400, exp. 2, Proceso contra Juan Pacheco de León (1642), f. 746v.

constituyen un precioso recurso espiritual para los presos, que se entregan a ellos según sus conocimientos y posibilidades individuales. A veces, como respuesta a los ayunos y rezos, la divinidad concede revelaciones que, no es de extrañar, aseguran siempre que los infelices saldrán bien de sus actuales trabajos.[5]

Pero si la fidelidad a la religión perseguida se expresa a través de estos pobres medios y si conlleva riesgos considerables —tales prácticas observadas en tales lugares son inevitablemente para los jueces señales de un apego tan profundo como imperdonable a la herejía—, la aversión hacia la fe impuesta se traduce en una violencia y sobre todo una imprudencia que no tienen nombre.

Así, Gaspar Alfar refiere, al término de las largas conversaciones que sorprendió entre Leonor Váez y su hermano Gonzalo, los gritos que echaron junto con un tal Juan Pacheco de León: "Viva la ley de Moises, viva la verdadera ley del gran Dios de Israel, y la fe de Moises, que es la buena, amén."[6]

Más aún, a partir de las diez de la noche del Jueves Santo de 1646 y hasta las cinco de la mañana del día siguiente, es decir el Viernes Santo, todos los presos judaizantes hicieron un gran escándalo, dando golpes y prorrumpiendo en alaridos, mientras aquel mismo Juan Pacheco de León celebraba toda una fiesta, remedando el sonido de trompetas y con tamborileo de platos, gritando todos: "muera, muera..."[7]

El sábado, se volvieron a producir los mismos hechos y se aguardó la intervención de algún alcaide para poderlo atacar y matar...

Uno queda anonadado ante el relato de tales escenas, por lo que implican, lo que sugieren y las cuestiones que suscitan, pues cabe ver que, al exasperarse en tanta manera, los presos dejaban de lado toda prudencia por momentos y se entregaban a sesiones paroxísticas que, si bien los liberaban sin duda alguna, rompían de hecho con la convención aplastante del secreto y la negación a confesar, haciendo público su delito y acelerando por tanto el final dramático que presentían inevitable.

Pero, por otra parte, ¿dónde están los inquisidores, los alcaides y los numerosos auxiliares que en aquellos tiempos de actividad intensa suelen frecuentar estos tristes lugares? ¿A qué devociones nocturnas se entregarían durante estos días santos? ¿Se debe atribuir acaso a su fervor el hecho de no haber oído el alboroto tremendo que bajo sus pies se desataba? Los documentos callan y,

---

[5] AGN, Inquisición, vol. 423, exp. 3, "Diez Cuadernos de comunicaciones de cárceles...", fs. 247, 271, 271v.

[6] AGN, Inquisición, vol. 423, exp. 3, "Diez Cuadernos de comunicaciones de cárceles...", f. 273v.

[7] AGN, Inquisición, vol. 400, exp. 2, Proceso contra Juan Pacheco de León (1642), fs. 762-763v.

puesto que debemos intentar dar una explicación, nos inclinamos por la de la desidia, la negligencia, a no ser que se conceda alguna apariencia de verdad a aquella que supondría una actitud deliberada por parte de los ministros, que de tal manera hubiesen preparado una trampa para los presos...

Dios no está ausente de las cárceles y su servicio inspira a veces las manifestaciones desatinadas, imprudentes que hemos mencionado, pero también actos de piedad solidaria y consoladora.

XXIII. LAS URGENCIAS DE LA CARNE

También la carne sigue siendo soberana en estos lugares y, al aunarse el encierro, la promiscuidad, tal vez el deterioro moral y nervioso de los presos, con el tedio agobiante, parece que los apetitos de algunos se avivan.

En primer lugar, están las conversaciones amorosas de un calabozo a otro, a menudo muy libres: Isabel Tinoco y Baltasar Díaz se decían "cosas ilícitas",[1] Pedro de Espinosa e Isabel de Huerta, llamada *la Rosa*, "hablaban mucho de amores", aparte de las golosinas que se mandaban uno a otro por medio de los serviciales michos;[2] Teresa de Jesús y Juan Pascual "hablaban palabras de amores, y muy verdes, unas veces en lengua española y otras en lengua de yndio",[3] la mulata Leonor de Yslas y fray Alonso de Onrubia "se dicen muchas palabras de amores y otras muy desonestas..."[4] Pero también se pasa a los actos pues, de hecho, independientemente de las parejas que consiguen compartir el mismo calabozo, ciertas relaciones logran establecerse entre hombres y mujeres, siempre respaldadas por la inadvertencia de los alcaides, la corrupción y la desidia.

Así por ejemplo, cuando la esclava Antonia de la Cruz entra en el calabozo en el que se encuentran Simón Váez Sevilla y el falso sacerdote y soplón Gaspar Alfar —que funge allí como espía—, para transmitir un recado oral al primero bajo el pretexto de dar una ayuda al segundo: mientras Váez habla con el alcaide, Alfar le pide a la negra, a título de amigo, que le comunique el mensaje destinado a su compañero; luego "la retocó y requebró, diciéndola que más bien estaría encerrado con ella que no con el dicho Simón Váez, y que la avía de comprar y entonces la gozaría"; la sesión de masajes que sigue da lugar a unos manoseos del todo impúdicos y Alfar acaba gratificando a la esclava con dos reales por los distintos servicios que de ella recibió.[5]

No cabe duda de la existencia de algunas anomalías en cuanto se refiere a las idas y venidas en las cárceles: un reo, no se sabe

[1] AGN, Inquisición, vol. 409, exp. 2, Proceso contra Antonio Caravallo (1642), f. 310.

[2] AGN, Inquisición, vol. 411, exp. 2, Proceso contra Isabel Tristán (1642), f. 411.

[3] AGN, Inquisición, vol. 460, entero, Proceso contra Domingo Márquez (1656), f. 309.

[4] AGN, Inquisición, vol. 341, exp. 1, Proceso contra Leonor de Yslas (1622), f. 67.

[5] AGN, Inquisición, vol. 396, exp. 3, "Deposiciones de comunicaciones de cárceles...", f. 508.

cómo ni porqué, logró incluso disponer de las llaves de los calabozos;[6] pero tal vez se tratara de nuestro Gaspar Alfar, que se jactaba de haber fungido como alcaide durante cierto tiempo y que declaraba haber dormido con Ysabel de Rivera, "que tenía los pies muy grandes".[7]

Veamos ahora cómo podían llegar a suceder este tipo de cosas, según el testimonio de uno de los propios interesados, el dominico fray Alonso de Onrubia, acusado de haber solicitado a numerosas hijas de confesión cuando vivía en la lejana ciudad de Chiapa.

Al percatarse, junto con su compañero de cárcel Gaspar de los Reyes, de que el calabozo próximo al suyo estaba ocupado por dos mujeres, "dijo a éste el dicho Gaspar de los Reyes que sería bueno llevarles un poco de chocolate; y ansi, este confesante una mañana pasó en la cárcel en que estaban y abriéndola porque estaba cerrada con solo el cerrojo y sin llave, dió a las dichas mujeres un tecomate de chocolate caliente; y esto mismo continuó por algunos días, regalándolas con el chocolate y un poco de azúcar y algunos paños viejos de lienço que sería quince días poco más o menos, en los quales no pasó más de lo que ha declarado; hasta que continuando el verlas y hablarles, se determinó este confesante a solicitar a la dicha portuguesa para tratarla desonestamente; y aunque a los principios ella lo resistió, al fin vino en ello..."[8] De esta manera unas relaciones cálidas se establecieron de modo frecuente y regular y cuando fray Alonso entraba al calabozo de su acogedora vecina —una tal Mariana Gómez—, su compañera "salía a la puerta mientras estaba allá".[9] Por lo demás, Onrubia parece haber sido excepcionalmente vigoroso y obviamente nada tenía que hacer en la orden de Santo Domingo. Cuando la amable portuguesa abandonó la cárcel, el religioso no tardó en entablar una nueva relación con su vecina de entonces, Leonor de Yslas, relación que tuvo forzosamente que ser platónica, si bien de tono muy subido.

Muy afectado a todas luces por la continencia a la que se veía sometido, se vanagloriaba de sus hazañas con Mariana Gómez, asegurando que "lo hiciera a quantas mujeres se le pusiesen delante y a los mismos inquisidores".[10]

---

[6] AGN, Inquisición, vol. 381, exp. 9, sin foliación, Proceso contra María Gómez (1634-1646).

[7] AGN, Inquisición, vol. 402, exp. 1, Proceso contra Rafaela Enríquez (1642), f. 269 y vol. 393, exps. 1 y 2, Proceso contra Beatriz Enríquez (1642), sin foliación, audiencia del 13 de septiembre de 1644.

[8] AGN, Inquisición, vol. 332, exp. 8, Proceso contra Mariana Gómez (1621), f. 23.

[9] AGN, Inquisición, vol. 332, exp. 8, Proceso contra Mariana Gómez (1621), f. 21.

[10] AGN, Inquisición, vol. 341, exp. 1, Proceso contra Leonor de Yslas (1622), f. 67v.

Llegó su nuevo compañero de cautiverio a alarmarse por sus preocupaciones eróticas, revelando que el dominico celebraba y ostentaba a veces por la mañana las huellas de sus emociones nocturnas visibles en su ropa, con palabras tan indecentes que "ha llegado este confesante a pensar si le quiere tentar para el pecado nefando, porque le ha dicho también que deve de tener la barriga lisita y le ha preguntado si el tiempo que estudió en la Compañía, le acometió algún teatino, porque son amigos de niños y moços de poca barba..."[11]

Otra vez, no podemos sino quedar perplejos ante la desenvoltura que, al menos en algunos momentos, impera en las cárceles, donde las precauciones mínimas no son respetadas ni siquiera por quienes tienen el mandato de vigilar que haya una incomunicación rigurosa.

---

[11] AGN, Inquisición, vol. 341, exp. 1, Proceso contra Leonor de Yslas (1622), f. 69.

XXIV. EL ENTORNO AFECTIVO

Falta ahora intentar percibir y, en la medida de lo posible, manifestar algo esencial, también muy difícil de comunicar: lo que confiere a aquella vida carcelaria, tal como la revelan los pormenores de los procesos y comunicaciones de cárceles, un sello inolvidable y fascinante: esta constante y desconcertante oposición de sentimientos extremos, estas alianzas incomprensibles de emociones intensas y bruscas, estas rupturas y contradicciones...

Es que los odios son violentos, los deseos de destrucción y muerte se filtran lentamente y destilan sus humores ponzoñosos; cunden las amenazas, se insinúan los chantajes y se previenen las venganzas, mientras llega la hora de cortar las lenguas demasiado sueltas y los rostros de los cobardes.[1] En efecto, la hora de la liberación promete los gozos salvajes de la venganza largamente esperada, pero también premios muy concretos para los que fueron discretos con sus cómplices; así, en 1635 unos judaizantes recibieron dádivas en dinero o en especie como agradecimiento por haber permanecido callados el tiempo que estuvieron en la cárcel.[2]

A ratos no se soporta a nadie y menos aún a uno mismo; entonces los presos llegan a encerrarse en el delirio, el mutismo o la demencia, como Diego Correa, que "se estava suspenso, sin hablar palabra, parándose en pie, cruzadas las manos y la caveza baja por espacio de mucho tiempo, hasta que se caya en el suelo, unas veces en la propia ventana de la cárcel, otras delante de su cama; y a este confesante, le cogió un ferrerruelo negro y haciéndole muchos pedaços, lo entró en el servicio".[3]

Como vemos, la agresividad estalla a veces: pelean entre sí los mismos compañeros de cautiverio, como Duarte de Torres, Juan Pacheco de León y Suárez de Figueroa,[4] o acechan a los alcaides detrás de la puerta del calabozo para poderlos atacar y matar.[5]

Las palabras violentas suelen ser ordinarias, los insultos salpi-

---

[1] AGN, Inquisición, vol. 423, exp. 3, "Diez Cuadernos de comunicaciones de cárceles...", fs. 116-116 bis *v*. Las amenazas llueven, *Cf.* entre otras, vol. 393, exps. 1 y 2, Proceso contra Beatriz Enríquez (1642), sin foliación, y vol. 487, exp. 21, segunda parte del proceso contra Isabel Antúnez (1642), f. 628.

[2] AGN, Inquisición, vol. 423, exp. 3, "Diez Cuadernos de comunicaciones de cárceles...", f. 268*v*.

[3] AGN, Inquisición, vol. 412, exp. 1, Proceso contra Francisco Botello (1656), f. 172.

[4] AGN, Inquisición, vol. 400, exp. 2, Proceso contra Juan Pacheco de León (1642), f. 783.

[5] AGN, Inquisición, vol. 400, exp. 2, Proceso contra Juan Pacheco de León (1656), fs. 759-761.

can a los enemigos o a quienes se supone lo son, a los alcaides; los inquisidores reciben los apodos impertinentes que antes mencionamos; los mismos vigilantes hablan mal de los jueces, como un tal Ochoa, que decía refunfuñando ante los presos que "muchos días dejaban de trabajar y de tener audiencia; y por cumplimiento, tocaban la campanilla para dar a entender que estaban en ella; y que se estaban holgando o se iban a pasear los ynquisidores y los secretarios".[6] De modo extraño, no parece que la idea y el miedo al tormento contribuya a aumentar el clima de angustia que impera en las cárceles; no percibimos al menos la expresión consciente de ello a través de las conversaciones de los presos.

Así y todo, sabemos que dentro del grupo de judaizantes de los años 1640-1650, sin lugar a duda el más afectado por tal práctica, el tormento fue administrado en 32% de los casos, lo que constituye una fuerte proporción ya que uno de cada tres reos lo padeció.[7] En estas condiciones ¿porqué no se habla de la tortura?

Es posible esgrimir varias razones. En primer lugar porque revelar a los demás que uno había padecido el tormento equivalía prácticamente a hacerles saber que había confesado puesto que las dos terceras partes de los infelices que lo sufrieron hablaron (a veces bastaba la sola amenaza de su aplicación para lograr la confesión).[8] Dentro del contexto que describimos anteriormente, reconocer las propias debilidades provocaba la exclusión, la venganza futura y, en lo inmediato, el rencor de los demás presos amedrentados. Por otra parte, quienes permanecieron firmes en el sufrimiento tampoco hablaron en las cárceles y evitaron los relatos y comentarios acerca de lo que padecieron en la cámara del tormento.

Podemos pensar también que, según un proceso al parecer bastante frecuente en semejantes casos, la terrible prueba, que moviliza al instante todas las fuerzas físicas y psíquicas del individuo, una vez concluida quedase, no olvidada —¿sería acaso posible?—, pero sí relegada en otro nivel de la mente; nos consta que la mayoría de las conversaciones de cárceles versan sobre el pasado, las necesidades inmediatas de toda índole, y que las estrategias se encaminan hacia la resistencia y la esperanza sin detenerse en las desgracias y los sufrimientos.

[6] AGN, Inquisición, vol. 341, exp. 1, Proceso contra Leonor de Yslas (1622), f. 68v.
[7] S. Hordes, *The Cripto Jewish Community*, op. cit., cuadro LVIII, p. 211. De ochenta y dos casos estudiados, veintiséis personas fueron sometidas al tormento, seis fueron amenazadas y cincuenta se libraron de él.
[8] S. Hordes, op. cit., cuadro LX, p. 212. De veintiuna personas sometidas al tormento, dos confesaron de inmediato, doce lo hicieron en últimas instancias y siete permanecieron firmes. De seis individuos a los que se amenazó con el tormento, tres hablaron en el acto, dos más lo hicieron en el último momento y uno calló.

Finalmente, es posible asimismo que los reos apartaran de su mente la idea del tormento para conjurarla sin duda pero también porque, sin dejar de inspirar el miedo que puede uno imaginar, estaba parcialmente asimilada. De hecho, la tortura es un procedimiento "normal" en la justicia inquisitorial y civil en la edad clásica; uno sabe que la puede padecer en cuanto es objeto de un proceso judicial y, sobre todo, se conoce la manera en que se administra y los distintos pasos que se siguen. Se trata desde luego de una práctica temida pero su banalidad y su carácter codificado le quitan el aspecto espantoso que la rodea cuando es totalmente clandestina y arbitraria, como sucede en nuestras sociedades; la violencia sigue siendo la violencia y nadie duda de ello, pero institucionalizarla limita sus efectos. Ésta es la razón por la que los presos de los calabozos inquisitoriales de los años 1640-1650, todos los cuales trataron con víctimas del tormento, no parecen —al menos conscientemente— aterrorizados por la idea de que algún día bien podrían tener que sufrir también sus rigores. Asimismo, se conocen y encomian casos frecuentes de resistencia: Isabel Núñez, en 1635-1636 había vencido la prueba que la dejó manca y fue generosamente premiada al salir de la cárcel por haber perdonado a muchos.[9] Isabel Tristán —*la Tristana*—, mujer delicada y frágil acostumbrada al lujo y a las comodidades, venció también el tormento en 1647, a pesar de las cinco vueltas que le dieron y de la prueba del potro. Quedó manca, como Isabel Núñez, y ahora canta en la cárcel las coplas que celebran el valor de aquélla.[10]

Si Juana Enríquez manifiesta en sus conversaciones de cárceles un verdadero pánico ante la idea de que la puedan someter al tormento —imprudencia que provocará su ruina puesto que, al descubrir su talón de Aquiles, el Santo Oficio se apresuró a mandarla torturar en dos ocasiones y logró de ella aludes de confesiones verdaderas y falsas—[11] parece en cambio que la afrenta que constituye el auto de fe, con el paseo infamatorio y los azotes públicos consiguientes, sea más temida que el tormento, al menos por mujeres de cierta condición. Así, María de Campos declara con vehemencia que "si tal me sucediera, les havía de decir mil desverguensas y atrevimientos y me havía de dar la muerte antes que llegassen a executar esso conmigo..."[12] Obviamente, para ella, igual que para muchas otras, resulta más fácil imaginar las afrentas impues-

[9] AGN, Inquisición, vol. 423, exp. 3, "Diez Cuadernos de comunicaciones de cárceles...", fs. 119, 142v., 143.
[10] AGN, Inquisición, vol. 423, exp. 3, "Diez Cuadernos de comunicaciones de cárceles...", fs. 12v., 143.
[11] AGN, Inquisición, vol. 400, exp. 1, Proceso contra Juana Enríquez (1642), f. 209v.
[12] AGN, Inquisición, Riva Palacio, vol. 23, exp. 4, "Comunicaciones de cárceles...", f. 3.

tas por la sociedad que los sufrimientos extremos del tormento y son aquéllas las que suscitan su rebeldía y coraje, en un ejemplo claro del peso indiscutible de algunos valores culturales.

Pero todo esto se mantiene en el plano no sólo consciente sino de la sociabilidad carcelaria en donde funcionan mecanismos de control y autocontrol y prevalece la imagen que uno tiene de sí mismo y que pretende dar a los demás. Cabría sin duda buscar las huellas de los ineluctables terrores animales en los sueños y pesadillas, en el sinnúmero de malestares fisiológicos y psíquicos que padecen todo los presos en realidad y que atestiguan indiscutiblemente la presencia de tales emociones. Bástenos aquí lo que aparece de modo negativo, lo que emerge a veces, lo que se presiente y hasta puede suponerse.

Pero, por otra parte, están las muestras conmovedoras de fidelidad y ternura; todas las chucherías que los esclavos llevan furtivamente resultan ser prendas valiosas de sentimientos siempre vivos y tanto para quienes las mandan como para quienes las reciben, su capacidad de consuelo rebasa con mucho su estricta materialidad. De esta manera, los seres quedan unidos unos a otros por toda una red subterránea de afectos constantes.

Ya vimos cómo la anciana Texoso se consuela contemplando la cofia que su hija logró hacerle llegar;[13] los padres y los hijos, los esposos, los amantes alcanzan a decirse lo esencial. Corren a menudo las lágrimas, de miedo, remordimiento, coraje, sufrimiento: las de Simón Váez Sevilla, el mercader altivo, cuando pregunta por su pequeña Anica, la hija que quedó libre y que encomienda, por medio de señales, a quienes cuidan de ella;[14] también las de la aristocrática Isabel Tristán, que vence los rigores del proceso, del encarcelamiento y del tormento sin confesar nada pero se derrumba en su lecho, anegada en amargo aunque silencioso llanto por la muerte de un hombre tiernamente amado...[15]

Empero, lo patético, el drama o la melancolía no tardan en ser interrumpidos por la llegada de una esclava mensajera, de un alcaide tosco y codicioso; las esperanzas tenues se unen con las satisfacciones diminutas, las penas, los terrores incluso se esfuman por momentos con el sonido de alguna canción, de unas palabras encendidas pronunciadas en los calabozos cercanos; un chiste gracioso arranca una sonrisa, el aroma del chocolate espumoso conforta un instante... y prosigue la vida, para la mayoría...

[13] AGN, Inquisición, vol. 396, exp. 3, "Deposiciones de comunicaciones de cárceles...", f. 533.
[14] AGN, Inquisición, vol. 396, exp. 3, "Deposiciones de comunicaciones de cárceles...", fs. 520, 520v.
[15] AGN, Inquisición, vol. 411, exp. 3, Proceso contra Ysabel Tristán (1642), f. 426v.

XXV. CONCLUSIÓN

Es PRECISO ahora apartarnos de este tema palpitante para intentar entender de qué manera complementa y enriquece lo que conocemos de la institución inquisitorial y lo que presentimos del contexto social que lo nutre y lo respalda.

En primer lugar, hay que admitir francamente que parte de nuestra información no aporta gran cosa a lo que ya sabíamos en cuanto se refiere a las cárceles de la edad clásica. En efecto, es bien sabido que el sistema carcelario de aquella época dependía de una operación comercial tocante a la alimentación, el mantenimiento y el servicio de los presos: no es de extrañar por tanto que el trato que recibieron nuestros reos novohispanos estuviese en función de su estatuto socioeconómico. Por otra parte, se sabe que las cárceles presentaban sin excepción un aspecto improvisado, desordenado, pues el espíritu generalizador y normativo que apunta por doquier a partir del siglo XVIII no había ejercido aún su influencia. Finalmente, se sabe también que en los siglos que nos ocupan la cárcel desempeñaba una función distinta de la que le otorgamos ahora: sólo era preventiva y no se recurría a ella prácticamente nunca con fines punitivos —excepto en la jurisdicción eclesiástica, que así la usaba cuando se trataba de miembros suyos—, y la fórmula "cárcel perpetua" no tiene sino el sentido limitado que señalamos anteriormente.

Así las cosas, ¿qué aportan estos testimonios, a los que conferimos tal vez una importancia discutible?

Nos parece evidente que la vida en la casa de los muertos es, por muchos aspectos, más imputable a las condiciones coloniales que a las solas características del sistema carcelario tal como funcionaba entonces en cualquier parte del mundo occidental.

Los elementos nuevos resultan ser la corrupción y la misma especificidad de la sociedad colonial, con la existencia en particular de un amplio sector servil.

En efecto, la corrupción rebasa la que caracterizaba a la sociedad del Antiguo Régimen, pues es inherente a la máquina colonial: elemento lubricante y corrosivo a la vez, que todo lo facilita aunque alterándolo todo.

Mencionamos anteriormente la que inspiraba a los inquisidores un sinnúmero de faltas a las normas y las obligaciones: bástenos recordar aquí que don Francisco de Estrada había mandado a cierta presa, implicada en prácticas mosaicas, un mensaje en el que le indicaba expresamente lo que debía declarar durante la audiencia,[1]

---
[1] AGN, Inquisición, vol. 412, exp. 1, Proceso contra Francisco Botello (1656).

y que cuando entró en las cárceles, Micaela Enríquez había sido advertida por el secretario Eugenio de Saravia de la presencia en ellas de soplones.[2] Ahora es posible sin duda ponderar debidamente el significado y las consecuencias de semejantes avisos.

Además, la mayoría de los alcaides y sus ayudantes tarde o temprano, y probablemente en función de lo que se les ofrece, aceptan hacer favores cuya naturaleza se opone a sus obligaciones teóricas. El precio puede ser relativamente alto: pulseras de perlas, medias de seda, diez doblones, una sortija de diamantes... para comprar el silencio acerca de conversaciones normalmente prohibidas o información sobre un hijo también encarcelado. He aquí la razón por la que aquellos alcaides tenían gran interés en registrar a los reos recién llegados de manera sumamente liberal, puesto que sabían que más tarde ellos serían los beneficiarios directos de su culpable tolerancia... Por lo demás, de haber elegido ser honestos y despojar a los presos de los objetos valiosos que llevaban, de haber optado por entregarlos puntualmente al ministro encargado de los secuestros, ¿qué habría sucedido? Ya se conoce la respuesta puesto que don Pedro Medina Rico había denunciado los repartos de botín, verdaderos banquetes de aves de rapiña, a los que se entregaban los inquisidores.

Aparte de los ministros y alcaides, encontramos a los esclavos, atraídos de modo más modesto y justo por el cebo que constituye alguna camisa, una cofia, un escapulario, a veces una joya de valor y, sobre todo, la esperanza de la libertad otorgada como premio supremo por los favores hechos al amo en las horas sombrías.[3]

Por tanto, la corrupción está presente en todos los niveles sociales y aunque sus implicaciones son económicas ante todo, también tiene otras más complejas y difusas: el inquisidor Estrada no espera ninguna gratificación material inmediata por sus acertados consejos pero sí que éstos influyan sutilmente en sus relaciones sociales, tal vez amorosas....

La misma connivencia de casta provocaba lo que cabe llamar la

---

Se trata de Margarita Moreira, a quien "un día de visita, Estrada le dio ocultamente... un papel, donde le decía lo que tenía que confesar, y ella lo hizo así", f. 342v.

[2] AGN, Inquisición, vol. 402, exp. 1, Proceso contra Rafaela Enríquez (1642), f. 101.

[3] AGN, Inquisición, vol. 396, exp. 3, "Deposiciones de comunicaciones de cárceles..."; doña Beatriz le prometió la libertad a Antonia de la Cruz (f. 507), lo mismo que Simón Váez Sevilla a su esclavo Francisco de la Cruz, alias *Querétaro* (f. 524v.), mientras Melchor Rodríguez de Olivares pensaba recompensar de la misma manera al esclavo que le ayudaba a ocultar sus bienes con el fin de resguardarlos del secuestro inquisitorial. *Cf.* vol. 423, exp. 3, "Diez Cuadernos de comunicaciones de cárceles...", f. 123v.

corrupción de los consultores, aquellos notables de amplias correspondencias: cuando los inquisidores determinaron perseguir a la comunidad marrana del virreinato hacia mediados del siglo XVII, tuvieron buen cuidado de no informar a estos magistrados acerca de sus proyectos pues estaban seguros de que avisarían a los amigos suyos que se viesen afectados por tales medidas con el fin de que las eludiesen, como ya había sucedido en otras ocasiones.[4]

Así, se impone la solidaridad de casta, los poderosos se ayudan y se respaldan unos a otros, porque en Nueva España las estrategias personales e inmediatas —matrimoniales, patrimoniales, políticas, etc.— parecen tener un peso mucho mayor que las consideraciones dictadas por el servicio del rey y hasta por el de Dios.

A esta sociedad de élites cómplices que buscan con afán el provecho personal por no estar sujetas a un control efectivo la integran también sectores percibidos como externos y ajenos a sus metas y que, si bien se encuentran mantenidos en un estado de subordinación y desprecio, no dejan de sostener con ella unas relaciones ambiguas, aunque sólo sea porque constituyen en gran medida sus grupos productivos. Hablamos desde luego de los indígenas pero más aún de los esclavos, que, según hemos visto, suelen colarse por doquier y cuya presencia parece tan naturalmente insignificante como la de un objeto usual, un mueble. Actúan, sin embargo, y sus actos responden a móviles determinados y acarrean consecuencias que se ubican en la dinámica de la institución, de la sociedad. Pero poco importa al fin y al cabo puesto que el consenso colonial exige que no se les vea, y es esencial que puedan moverse de hecho en un espacio marginal propicio para maniobras más flexibles y que interesan a todos.

Todas estas circunstancias, en nuestra opinión, nacen propiamente del medio colonial y rebasan, por tanto, la especificidad de la sociedad del Antiguo Régimen, la que, sin ignorarlas por completo, tampoco las manifiesta con la misma amplitud. En efecto, la sociedad colonial vive en dos planos que mantienen relaciones particulares: el primero es el de los códigos, las cédulas, en suma, el conjunto del aparato discursivo que procede de la metrópoli o sus representantes, el mero reflejo de un proyecto colonial en parte imaginario; el otro es el de la realidad, los compromisos, los arreglos e interpretaciones dolosas de la praxis local en manos y al servicio del puñado de dominantes, de privilegiados. Jamás se cuestiona abiertamente el primer plano porque éste justifica y legitima al segundo; se conforman con desvirtuarlo, deformarlo, amputándolo de modo insidioso... Como vemos, nuevamente el conocimiento de la vida en las cárceles del Santo Oficio viene a completar

---

[4] AGN, Inquisición, vol. 416, fs. 449-453, Carta al Consejo avisando de la Complicidad (1643), fs. 451v., 452.

y corregir el proyecto inquisitorial en tierra americana; hace patentes, en el campo dramáticamente cerrado y agobiante de su experiencia, unos mecanismos que son activos en el conjunto de la vida institucional y social.

Pero el balance no termina aquí. Es obvio que esta vida carcelaria representa mucho más que un paréntesis preliminar del proceso; no es sólo una medida de precaución que busca capturar a alguien para juzgarlo y luego castigarlo. Resulta ser una fase activa e imprescindible del procedimiento, un verdadero acondicionamiento en la medida en que produce un debilitamiento cuando no un verdadero derrumbe de las resistencias físicas, morales y mentales.

En este sentido, no dudemos que la lentitud del procedimiento inquisitorial, y por tanto la larga duración del encarcelamiento, desempeñe un papel fundamental. No podemos afirmar que esta lentitud sea deliberadamente buscada, ni tampoco provocada por los efectos que induce: el funcionamiento institucional normal aunado en los casos graves a la información y consultación de la Suprema basta ampliamente para explicarla. Ahora bien, no deja de ser obvio que esta lentitud inevitable es aprovechada ya que favorece las descomposiciones íntimas que introducen a las confesiones. Dicho sea de otro modo, resulta muy probable que un individuo normalmente constituido y sometido a una detención prolongada y a un procedimiento secreto acabe por perder sus fuerzas profundas hasta confesar sin dificultad los delitos que lo llevaron donde se encuentra y, además, otros que desconocían sus jueces hasta entonces.

Esto es aún más cierto cuando se trata de una transgresión colectiva, en la que intervienen unas relaciones interindividuales e interfamiliares complejas: en tal caso el sistema resulta implacable, al ser respaldado por el secreto, que, como ya vimos, es un factor que produce toda una dinámica de desconfianza y traición. Salvo excepciones, basta entonces con que los inquisidores dejen transcurrir el tiempo y cuenten con la ayuda de algún soplón para que los reos caigan uno tras otro y confiesen sin demasiadas dificultades; falta sólo amplificar, profundizar y corroborar por el mecanismo de los interrogatorios.

¿Quién en esta tremenda máquina, logra mantener una coherencia interna, cosa que obviamente no significa de ninguna manera salvar la vida, ya que muchos individuos de fuerte personalidad acabaron en la hoguera? ¿Qué fuerzas últimas son las que permiten resistir en una cárcel inquisitorial americana en los siglos XVI y XVII?

Bien parece que la fe religiosa, las convicciones profundas lentamente fraguadas por uno mismo con base en la experiencia y la reflexión personal permiten a veces reaccionar, luego de haberse dejado arrastrar por el abandono, y, de modo excepcional, resistir con entereza. Pero es posible también desafiar el encierro y hasta el tormento por razones que aun cuando son más mundanas, no dejan de ser poderosas en ciertos casos: así el honor, en su acepción muy social de "honra", el apego ciego a unos bienes duramente adquiridos y a los que no se quiere renunciar.

En cambio, pronto se desmoronan las solidaridades, siendo las más firmes las que unen los padres a los hijos, los maridos a las mujeres, aquellas que protegen, por algún tiempo tan sólo, a los relapsos. La larga prisión, sus angustias y terrores desnudan a los seres, reduciéndolos a lo que constituye su esencia: según los casos, no quedan más que Dios, la conciencia o la razón, las pasiones como la vanidad, la codicia...

Tocamos aquí lo verdaderamente temible del sistema inquisitorial y que subsiste aún, monstruosamente arcaico y moderno a la vez, en ciertas actuaciones contemporáneas, a la sombra de los conjuntos discursivos tranquilizadores: para sobrevivir físicamente sólo falta renunciar a cuanto confiere normalmente algún valor a la vida, al ser humano: la fidelidad para con los demás y consigo mismo, la solidaridad, los afectos, todo esto debe cancelarse; la traición inherente a la delación se vuelve la única garantía de sobrevivencia, y más aún en este caso, de perdón, de reconciliación, de premio en el más allá y de vida eterna... Ya que el horror radica más en las implicaciones últimas del juicio inquisitorial que en un despliegue irreal de atrocidades diversas.

He aquí la razón por la que quisimos detenernos un instante en aquel universo que es juntamente un paréntesis funcional en un procedimiento judicial y un exutorio. La vida carcelaria impone una simplificación cruel de los seres y de las cosas, las reduce a unos cuantos rasgos, a veces a una caricatura, y sus leyes no tardan en consumir todo lo que no es esencial en las víctimas, en despojar la acción de los verdugos de sus apariencias lisonjeras; por tanto, en los calabozos es donde la práctica inquisitorial se matiza, se deforma y, en todo caso, se completa, donde los espejismos mundanos se desvanecen; en ellos precisamente hay que buscar la imagen y el efecto reales de todos los aparatos discursivos y normativos, pues sólo así se puede contemplar cualquier procedimiento en su totalidad.

En cuanto se refiere a la actuación inquisitorial, el espectáculo de la vida carcelaria corrobora lo que el estudio de la institución, de sus hombres, sus medios y actividad nos había dejado intuir ampliamente: la Inquisición mexicana aparece como la heredera y beneficiaria de una larga y sólida tradición que le permite en buena medida hacer frente a sus obligaciones, pero la magnitud de su corrupción y de su inercia son imputables sin duda a su impotencia para controlar una situación colonial donde todo está desvirtuado.

Falta descubrir si los comportamientos, actitudes y pasiones que la cárcel pone al desnudo corresponden efectivamente a los valores y corrientes que bajo formas plenas y muy diversas esta vez, animan a ciertos grupos y sectores sociales según las circunstancias. En otras palabras, aun cuando en la cárcel encontremos el reflejo despiadado de una institución parcialmente rebasada por la realidad, falta aún confirmar la excepcional propiedad de la casa de los muertos, la cual consiste en revelar, deformándola hasta la caricatura, la verdad de una sociedad vista en su conjunto.

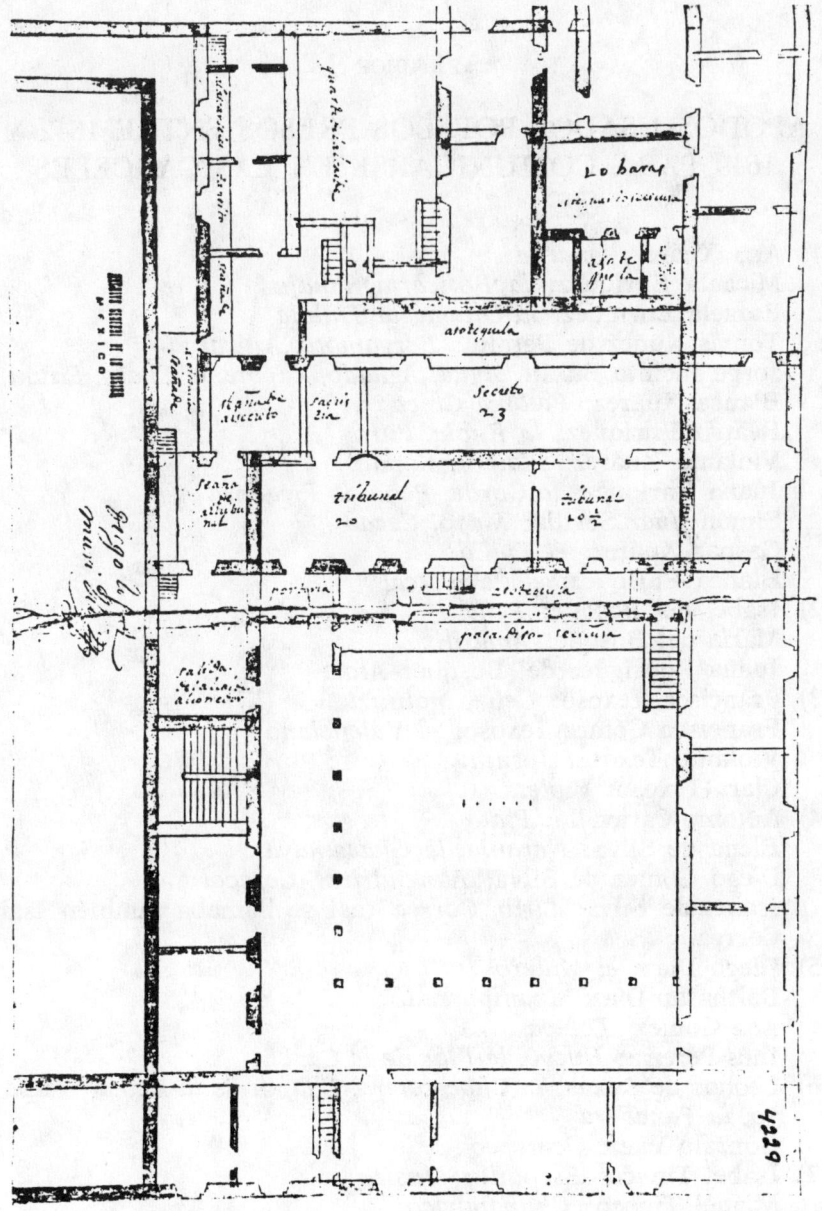

FIGURA VI. *Nuevos edificios del tribunal en 1655. Las terrazas, señaladas muy precisamente, son importantes, como es sabido, para las comunicaciones entre presos y esclavos. A.G.N., Real Fisco, vol. 27, f. 111.*

Apéndice 1

APODOS USADOS POR LOS PRESOS ENTRE 1642 Y 1649 PARA COMUNICARSE EN LAS CÁRCELES

1) Ana Xuárez: *Anarda*
   Micaela Enríquez: *la Boticaria, Tinaja*
   Rafaela Enríquez: *la Gitana, la Tullida*
   Tomás Núñez de Peralta: *Bergamota, Azúcar*
   Jorge Jacinto Bazán: *Agua, Aguado, Zapote, el Chato, Ratón*
   Blanca Xuárez: *Paloma Chica*
   Beatriz Enríquez: *la Rubia, Puro*
   Violante Xuárez: *Platera, Capuli*
   Juana Enríquez: *la Gorda, Peña, la Picadora*
   Simón Váez Sevilla: *Mayo, Cacao*
   Gaspar Xuárez: *el Tullido*
   Blanca Enríquez: *el Pavo Real*
2) Isabel del Bosque: *Peña*
   María del Bosque: *Amarilis*
   Juana Rodríguez del Bosque: *Atole*
3) Francisca Texoso: *Celia, Malintzi*
   Francisco Gómez Texoso: *el Valenciano*
   Violante Texoso: *Jazmín*
   Clara Texoso: *Violeta*
4) Antonio Caravallo: *Plato*
   Elena de Silva: *Naranja, la Guacamaya*
   Diego Gómez de Silva: *Almendritas, Caracol*
   Isabel de Silva: *Lirio, Correa* (así se llamaba también Isabel Correa.)
5) Diego Díaz: *el Mulero*
   Balthasar Díaz: *Champurrado*
   Ana Gómez: *Toluca*
   Inés Pereira: *Huevo, la Flor de la Canela*
6) Leonor de Roxas: *la Chocolatera, Chapín de la Reina,* Papagayo, la Panadera*
   Gonzalo Váez: *Ocotepec*
7) Isabel Tinoco: *Escudilla, Música*
   Miguel Tinoco: *Chupatabaco*
8) Isabel de Campos: *la Almiranta, la Cachopa*
   Francisco de Campos: *el Escudero*

* El *Chapín de la Reina,* o sea la ayuda pecuniaria que solía aportar el reino de Castilla cuando se celebraba una boda real.

APÉNDICE 1

9) María Gómez: *la Francesa, la Paloma*
   Ella y su marido Treviño de Sobremonte: *los Chamizos*
   Treviño de Sobremonte: *el Montañés, el Congo*
   Leonor Núñez: *la Espichada*
   Francisco Blandón: *el Llorón*
10) Luis Pérez Roldán: *el Caracolero, el Fraile*
    Isabel Núñez, mujer de Pérez Roldán: *el Caracol, Espumilla*
11) Isabel Duarte de León: *Angola, Atengo*
    Juan Duarte: *Montero, Cidra*
12) Antonio Váez Casteloblanco: *el Tiempo, el Gallo, Solpuesto*
    Gonzalo Váez: *el Cachopo*

Aislados

Simón Fernández: *Cabra*
Antonio López de Orduña: *Pantorrillado*
Pedro de Espinosa: *el Preso del Patio*
Isabel de Huerta: *la Rosa*
Margarita de Rivera: *la Embestidora, Perla*
Diego Correa: *Pataleta*
Gaspar Alfar: *Azúcar*
Isabel Antúnez: *la Jugadora, Petaca*
Tome Gómez: *Petate*
Diego Núñez Pacheco: *Mecate*
Simón López de Aguarda: *Bernegal*
Duarte de Torres: *Carlos Borromeo*
Isabel Núñez: *Clavellina*. (Ignoramos de cuál Isabel Núñez se trata exactamente)
Jerónimo Núñez: *Garbanzo*
Francisco López Díaz: *Cigarro*
Francisco Botello: *Pilar, el Mesonero*
Juan Pacheco de León: *Ventana*
Cardoso (¿cuál?): *Jarro*
Isabel Tristán: *la Conservera de San Lázaro, Avencora, Alverjón*
Isabel de Espinosa: *la Enferma*
Guillén de Lombardo: *Don Antonio de Castro, el Astrólogo, el Basilisco, Azucena, Carbón*

Apéndice 2

UN SONETO DE LUIS DE CARBAJAL, *el Mozo* *

Pequé, Señor, mas no porque he pecado
de tu amor y clemencia me despido,
temo según mi culpa ser punido,
y espero en tu bondad ser perdonado.

Recélome, según me has aguardado,
ser por mi ingratitud aborrecido,
y hace mi pecado más crecido
el ser tan digno Tú de ser amado.

Si no fuera por Ti, ¿de mí qué fuera?
y a mí de mí, sin Ti, ¿quién me librara
si tu mano la gracia no me diera?
y a no ser yo, mi Dios, ¿quién no te amara?
y a no ser Tú, Señor, ¿quién me sufriera?
y a Ti, sin Ti, mi Dios, ¿quién me llevara?

* Este soneto se encuentra en *Herejías y supersticiones en la Nueva España*, p. 113, de Julio Jiménez Rueda.

CUARTA PARTE

LA SOCIEDAD

XXVI. LA SOCIEDAD RURAL: DELITOS DE MAGIA Y HECHICERÍA, CELAYA, 1614

Los orígenes de Celaya

La aparición de la zona del Bajío como entidad con características peculiares, dentro del proceso de formación del México colonial, obedece a dos causas fundamentales, que se manifiestan en la siguiente forma: una primera etapa consiste en el establecimiento de presidios desparramados a lo largo de las rutas que unen a la capital del virreinato con el norte, y cuya necesidad se había hecho imprescindible para proteger las caravanas, que van alargándose en los inmensos llanos que separan la zona central poblada de las nacientes metrópolis norteñas, contra las tribus de indios bravos nómadas, entre quienes se cuentan los caxcanes, guamares, guachichiles, zacatecos y, sobre todo, los chichimecas.

La segunda etapa surge con el descubrimiento de las minas de Zacatecas en 1546 y, en años posteriores, de las de Durango, Fresnillo, Chalchihuites, San Luis, Guanajuato, etc., que viene a añadir a esta primera función estratégica otra que irá cobrando una imporancia cada vez mayor. En efecto, las minas recién descubiertas, y especialmente las de Zacatecas, no tardan en atraer a grupos humanos numerosos, quienes, aislados en páramos inhóspitos, van a depender del todo de los productos proporcionados por la metrópoli o por el virreinato, tanto para el funcionamiento de las minas (mercurio, material técnico, etc.) como para el propio sustento. En la retahíla de mercancías que emprenden la azarosa marcha hacia el norte, entre el mercurio de Almadén y luego de Huancavélica, los odres de vino riojano, de aceite andaluz, los lienzos de Ruán, los paños de Segovia y los fierros vizcaínos, aparecen muy pronto miles de fanegas de maíz y de trigo, manadas de reses enviadas por el Bajío, cuya vocación agrícola quedará estrechamente ligada de ahí en adelante con el desarrollo de las minas norteñas. Por esto las principales fundaciones de pueblos y de villas sitos en aquella depresión al noroeste de la ciudad de México, este "Bajío", brotan precisamente poco después del descubrimiento de las minas. Irapuato aparece en 1547, San Felipe en 1562, Celaya en 1571, León en 1576.

Estas dos funciones, de protección contra los indios bravos y luego de abastecimiento de las zonas mineras del norte, muy bien estudiadas por Chevalier y Powell,[1] son claramente definidas por

---

[1] François Chevalier, *La formation des grands domaines au Mexicque. Terre*

los coetáneos: el virrey don Martín Enríquez declara, en el acta de fundación de la villa de la Concepción de Nuestra Señora de Celaya, dada en México a doce días de octubre de 1570, que,

> por cuanto por ciertos hombres españoles que dicen tener labranzas en el mezquital de Apaceo, me fue hecha relación que en el dicho mezquital había tierra cómoda y de disposición para fundar en ella una villa de españoles a los quales se pudiese dar tierras de riego y sequedad, para en que sembrar trigo, maíz, viñas, olivares y otras cosas, y solares y suertes de tierras para huertas, y estavan en comarca donde se proveerían de bastimentos de las minas de Guanajuato, Zacatecas, y las villas de San Phelipe y San Miguel y otras partes, de que redundaría gran bien y que por ser en tierras donde andan levantados y rebelados del servicio de su Magestad los indios Chichimecas, Guachichiles y Guamares y de otras naciones, fundándose la dicha villa sería mucha causa para pacificar los dichos indios y asegurar los caminos, e que avía más de quarenta hombres españoles casados de acuerdo para la poblar y vivir y residir en ella, y me pidieron mandase fundar la dicha villa.[2]

La originalidad de la fundación de estos núcleos urbanos del Bajío consiste precisamente en que responde a las dos necesidades arriba mencionadas: la de proteger los caminos hacia el norte y la de proporcionar víveres a las zonas mineras, y, por consiguiente, a decisiones con carácter oficial o privado de "poblar" determinado lugar, contrariamente a la mayoría de las urbes del altiplano o del sur del país, donde los colonizadores se establecieron sobre los cimientos de poblados autóctonos con el consabido significado político-religioso: Puebla de los Ángeles representa una excepción notable, enfatizada por Chevalier.[3]

El caso de Celaya ilustra este proceso de formación, que, con algunas variantes, se repitió en muchas ciudades de la comarca. Como lo señala el virrey don Martín Enríquez, unos cuarenta estancieros, vascos la mayoría de ellos, radicados en Apaseo, solicitaron se fundase una villa en el mezquital vecino, con el nombre de Salaia —"tierra llana" en vascuence— que sirviera de presidio, junto con el de Guanajuato y el de San Felipe.[4] Otorgado el permiso, los nuevos vecinos recibieron una, dos o dos caballerías y media,[5] aproxi-

et Société aux xvi ème et xvii siècles, passim, Philip W. Powell, *Soldiers, Indians and Silver. The Northward advance of New Spain.*

[2] AGN, Tierras, vol. 674, f. 47v., 48.

[3] François Chevalier, "Signification sociale de la fondation de Puebla de los Angeles", en *Revista de Historia de América*, 23 de junio de 1947, pp. 105-130.

[4] Powell, *op. cit.*, p. 143.

[5] AGN, Mercedes, vol. 10, 1574, fs. 16, 16v., 17, 41v., 44, 56v.

madamente 107 hectáreas de terreno [6] (téngase presente que en aquel entonces, dados los medios tecnológicos de cultivo y los conocimientos correspondientes, esta extensión, que ahora resulta relativamente considerable, no debía de tener un rendimiento agrícola elevado), un solar para fincar, una huerta y, más tarde, el derecho a dos días de agua, gracias a obras de riego que aprovechaban las aguas del río San Miguel. Esta villa, con iglesia, convento,[7] plaza, casa de cabildo y autoridades, estaba rodeada de pueblitos de indios mexicanos, otomíes y tarascos; en efecto, con éstos y el establecimiento en 1591 de grupos oriundos de Tlaxcala, Cholula y Huejotzingo,[8] que recibieron privilegios semejantes a los que gozaban los españoles, se pretendía atraer a los chichimecas y procurar su asentamiento.

Más allá de los pueblitos circundantes se extendían las estancias de ganado mayor y menor de los vecinos, las tierras de labores, que llegaban frecuentemente hasta Apaseo, Salamanca, inclusive Irapuato. La nueva comunidad prosperó rápidamente y los primeros diez años registraron un crecimiento continuo a pesar de una leve tendencia al estancamiento en los albores de los años 1580, que fue superada rápidamente,[9] pues, de hecho, en 1582 la población era tan numerosa y tan estable que varias estancias de la región tuvieron que cambiar el presidio de Celaya a un sitio más estratégico para la lucha contra los chichimecas.

Chevalier nota que, si en 1580 los vecinos sólo cosecharon 17 000 o 18 000 fanegas de trigo, alcanzaron las 30 000 alrededor de 1600,[10] situación que mejoró con los años, ya que en 1644, cuando resultó ineludible el pago por las tierras, lograron pagar a la Corona 20 000 pesos, o sea el mismo caudal que la rica zona de Atlixco, para regularizar sus títulos de propiedad. En cuanto a la población, sabemos que en 1571, año de fundación, eran aproximadamente unos 36 vecinos,[11] que en 1582 ya eran unos 70, y que cincuenta años

---

[6] En 1536 y 1537 el virrey Mendoza fijó definitivamente las dimensiones de una caballería, de ahora en adelante 42.8 hectáreas. *Cf. Actas de cabildo... de la ciudad de México*, tomo IV, pp. 69 y 72; citado por Chevalier en "Signification sociale de la fondation...", *op. cit.*, p. 117, nota 26.

[7] Francisco del Paso y Troncoso, *Epistolario de Nueva España*, vol. II, p. 135: Licencia del virrey de Nueva España, don Martín Enríquez, para fundar en la villa de Celaya un monasterio de religiosos de la Orden de San Francisco, México, 18 de noviembre de 1573.

[8] Powell, *op. cit.*, p. 197.

[9] Powell, *op. cit.*, pp. 152-153. AGN, General de Parte, vol. 2, f. 297.

[10] François Chevalier, *op. cit.*, p. 76. Véase también las *Relaciones geográficas de la diócesis de Michoacán, 1579-1580*, vol. 2, p. 50.

[11] AGN, Tierras, vol. 674, fs. 45-46, Lista de los fundadores, 15 de junio de 1580, 60 vecinos, según las *Relaciones geográficas...*, *op. cit.*, vol. 2, p. 50; en 1582, 60 vecinos según Vargas en "Descripción de Querétaro", *Colección de documentos para la Historia de San Luis Potosí*, vol. 1, pp. 28-29.

más tarde, o sea, en 1621, eran unos 400.¹² Por tanto, es probable que para la fecha de 1614, que consideramos aquí, su número fuese de 300 vecinos, lo que significaba unos 1 800 españoles ¹³ que vivían a menudo con esclavos negros, mezclados con gente de casta (mestizos, tresalvos, albinos, mulatos, etc.) y rodeados por los grupos indígenas mencionados. La importancia numérica de los no españoles resulta difícil de valorar teniendo en cuenta las epidemias que asolaron a las comunidades indígenas a fines del siglo XVI. La vida de la nueva villa de labradores transcurrió entre las labores agrícolas y ganaderas, la erección de templos, casas públicas y privadas (con la ayuda provisional de indios tarascos, otorgada durante tres estaciones) y el establecimiento de obrajes a pesar de las prohibiciones oficiales; ¹⁴ es probable que la vida social en estos primeros tiempos girara alrededor de los acontecimientos locales, cosechas, epidemias, plagas, llegada o salida de colonos, viajes a otras ciudades; pero sobre este fondo, común, sin lugar a duda, a tantas otras ciudades de la región, se dibujan temas de preocupación para ciertos sectores, ciertas familias, peculiares de Celaya. En primer término vemos que muy temprano estallan disputas enconadas y pertinaces entre los vecinos de Celaya, como colectividad, y estancieros ricos como los Bocanegra a propósito del uso de las aguas del río San Miguel, necesarias para el cultivo de riego en los labrantíos y huertas. Este problema, que sólo encontrará solución en noviembre de 1603,¹⁵ está íntimamente ligado con la estratificación social tan incipiente que había entre los colonizadores de la zona. En efecto, esfumados ya los tiempos bíblicos en que, según la tradición, los primeros vecinos congregados bajo un frondoso mezquite se repartieron equitativamente las tierras que iban a ser suyas, algunos se las arreglaron para recibir varias mercedes, y la Celaya de 1614 está dominada por unas cuantas poderosas familias, como la de Pérez Bocanegra, marqués de Villamayor, dueño de muchas tierras, honrado con cargos importantes; la de Arizmendi Gogorrón, quien, partiendo de San Luis Potosí, logra poseer diez estancias en el Bajío en 1615; la de Azevedo, también minero de San Luis Potosí. Esta evolución siguió un proceso de acaparamiento de tierras sobre la base de fortunas procuradas en las minas del norte.¹⁶

---

¹² Antonio Vásquez de Espinosa, *Descripción de la Nueva España en el siglo XVII*, p. 144.
¹³ Se considera que la familia de cada vecino consta de 6 individuos, de acuerdo con Woodrow Borah, *New Spain's Century of Depression*, p. 6.
¹⁴ Chevalier, *La formation des grands domaines*, op. cit., p. 136. Existen cuatro obrajes en Celaya.
¹⁵ AGN, Tierras, vol. 674, f. 444.
¹⁶ Chevalier, *op. cit.*, pp. 184-230.

La crisis de 1614, sus modalidades exteriores

Así las cosas, en 1614 estalla una verdadera ola de denuncias y autodenuncias por hechicerías y brujería, que no tiene parangón a lo largo de los siglos XVI y XVII de actividad inquisitorial en la Nueva España.[17] Mientras entre 1567 y 1570 se reportaron tan sólo dos delitos en el Bajío,[18] y cinco entre 1571 y 1600,[19] el porcentaje quinquenal de delitos en la región respecto a los que corresponden a la Nueva España apenas oscila entre 0.3 y 1.3% hasta el año 1610. Pero entre 1611 y 1615 se registra un repentino y espectacular ascenso, llegando el porcentaje de delitos en el Bajío a 18.9% del número total de delitos en todo el virreinato. Precisemos: si este porcentaje de 18.9% parece modesto, dada la importancia socioeconómica del Bajío en aquel momento, la provincia, sea zona rural, minera, azucarera, ciudad o puerto, aparece siempre aplastada en términos estadísticos por los porcentajes alcanzados en la capital de Nueva España.[20] A tal punto que es necesario en ciertos casos disociar la provincia de la capital si queremos ver aparecer algunas oscilaciones que, de otra manera, estarían niveladas por la ciudad de México. (*Cf.* gráficas XIV y XV al final de este capítulo.)

Pasadas estas fechas de 1614 y 1615, el porcentaje quinquenal de delitos del Bajío en relación con los correspondientes a Nueva España baja tan rápidamente como ascendió, no alcanzando más del 4.6% a fines del siglo XVII.

Trataremos aquí de explicar este movimiento tan peculiar, concentrándonos en los años 1614 y 1615, que marcan la mayor actividad inquisitorial en la región a lo largo de los dos siglos mencionados.

Por otra parte, gracias a la información acerca de la naturaleza de los delitos dada por el Índice del Ramo de Inquisición, fue posible establecer las estadísticas y la curva de la frecuencia quinquenal y anual de los delitos de brujería y hechicería. Si cotejamos la frecuencia quinquenal del conjunto de todos los delitos (herejías,

---

[17] AGN, Inquisición, vol. 278, fs. 155-314; vol. 308, fs. 319-487. La foliación de estos dos volúmenes es completamente incoherente, en particular la del volumen 278, en el que varios sistemas se superponen.

[18] AGN, Inquisición, vol. 2, Proceso contra Pedro Muñoz por palabras malsonantes, Irapuato, 1569.

[19] AGN, Inquisición, vol. 70, exp. 12, Proceso contra Diego Hernández, por simple fornicación, Querétaro, 1575; vol. 79, exp. 8, Fray Pedro de Liñán se queja de insultos que le infirió Francisco de Aguilar, Celaya; vol. 84, exp. 13, denuncia por un pleito entre dos frailes de Querétaro, 1578; vol. 125, exp. 12, denuncia contra Álvaro de Abreo por blasfemias y no oír misa, San Miguel, 1580.

[20] Como señalamos en la segunda parte de este trabajo.

idolatrías, tendencias, religiosos menores, sexuales, hechiceriles y civiles), con la que corresponde específicamente a los delitos de hechicería y brujería, notamos un sensible aumento de estos últimos desde 1605 hasta 1630, llegando a representar 33.2% del total entre 1626 y 1630.[21] Pero, acudiendo en esta misma figura a la frecuencia anual, encontramos un pico en 1614 que representa 38% del total de los delitos reportados en el virreinato; este pico corresponde en gran parte al Bajío, y las cifras lo atestiguan: en 1614, de un total de 344 delitos para la Nueva España, 114 se reportaron en esta zona, siendo 94 de hechicería y brujería, lo que viene a ser 27.3% del número total de delitos.

Los documentos consultados ilustran esta extraña epidemia. El Índice del Ramo de Inquisición reseña los 114 delitos mencionados, y en 1615, 44 más, verificándose las denuncias esencialmente en Celaya, luego Querétaro y, en contados casos, en Apaseo, León, Irapuato, San Miguel. Pero, acudiendo a los documentos, los volúmenes 278 y 308 del Ramo de Inquisición que corresponden, respectivamente, a los años 1614 y 1615, proporcionan para la sola villa de Celaya 141 expedientes (o sea, casi tantos expedientes para Celaya como para toda la zona, según el Índice; prueba ésta de la inexactitud del mismo).

Estas declaraciones se verificaron en dos etapas: la primera correspondió a los meses de junio y julio de 1614; ante el comisario Pedro Núñez de la Roxa se presentan unas 26 personas, que son escuchadas con gran interés, como lo veremos posteriormente, pero faltan las indicaciones relativas a la fecha, la edad, el grupo étnico, la función social, el lugar de origen y el lugar de residencia del denunciante, el motivo de la denuncia, etc. Poco después, las autoridades inquisitoriales de México envían a fray Diego Muñoz, franciscano y comisario, quien manda leer el Edicto General de la Fe el domingo 19 de octubre de 1614, durante la misa mayor según era costumbre, después de haberse pregonado en plaza pública el martes anterior, 14 de octubre. Este acto, teóricamente verificado cada dos o tres años, en realidad pasado por alto muy a menudo, desencadenó una ola arrasadora de denuncias. Así lo expresa fray Diego dirigiéndose a la jerarquía: "lo que va resultando de la publicación del edicto general, que la novedad del ha conmovido la gente popular de todos colores a dar noticias, en que he ocupado más de quince días..."[22]

En efecto, un día después de haberse pregonado el edicto, o sea el 15 de octubre, aparece la primera testificante de una larga serie

[21] En efecto, es cuando las acusaciones por delitos de hechicería y magia son las más numerosas. *Cf.* la segunda parte del presente trabajo.
[22] AGN, Inquisición, vol. 278, f. 165, Carta de fray Diego Muñoz al Santo Oficio de México, 26 de octubre de 1614.

de ciento quince personas, quienes declaran durante tan sólo dos meses. El 28 de noviembre marca el final del periodo de denuncias, y en febrero y octubre de 1615 sólo serán interrogados unos tres individuos, llamados para un complemento de información. Entre el 20 y el 30 de octubre se reciben 77 denuncias, siendo los días 21 y 27 los que tienen mayor actividad, con 10 denuncias cada uno. En noviembre el ritmo vuelve a ser el de los primeros días de la segunda quincena de octubre, con un promedio modesto de uno a tres denunciantes por día. Este fenómeno de concentración de las denuncias se puede explicar con relativa facilidad: en pequeñas comunidades campesinas, donde los vecinos tienen lazos estrechos de parentesco o de convivencia, todo se sabe con rapidez asombrosa; es evidente que, conocidos los métodos empleados por el Santo Oficio, la noticia de las primeras denuncias despertase entre los habitantes el temor de verse involucrados en negocios delicados, y el deseo de anticiparse a posibles denuncias les impulsara a autodenunciarse, pero denunciando a los demás. Esta concentración de denuncias es el factor que nos movió a dedicar nuestro interés a esta villa, privilegiándola en relación con otras que quizá se vieron más afectadas por casos de hechicería y brujería; la originalidad del fenómeno en Celaya consiste precisamente en su concentración en el tiempo y en el espacio.

Los denunciantes

Tratemos de acercarnos a esta muchedumbre presurosa y seguramente algo acongojada que se presenta ante el familiar y el comisario del Santo Oficio. La forman en su mayoría mujeres, en relación de dos por cada hombre. No queremos insistir aquí sobre este punto (la afinidad de este sexo con las preocupaciones y actividades hechiceriles es de sobra conocida y estudiada) pero si clasificamos a cada sexo según la edad vemos que a un número elevado de mujeres jóvenes corresponde uno relativamente bajo de hombres de la misma edad. La naturaleza de los hechos en los que se ven inmiscuidas estas mujeres en una forma y otra nos proporciona una explicación: mientras los varones jóvenes desempeñan actividades variadas (faenas agrícolas, viajes, negocios, juegos, participación en la vida cívica, deportes, etc.), viendo así sus energías dedicadas a intereses diversos, las mozas, solteras, casadas o viudas, viven recogidas según la tradición hispánica y tienen un campo de actividad muy limitado. Para ellas la única manera de definirse personal y socialmente es mediante el estado civil; de ahí su preocupación constante por los temas amorosos o sexuales: ¿con quién casarán?, ¿cómo atraer al hombre codiciado o desanimar al que no es grato?, ¿cómo rendir al marido o tenerlo bien amansado o inofensivo si se trata de engañarlo? Esta preocupación llega inclusive a rayar en obsesión; en efecto, si el hombre puede contar con una amplia indulgencia por parte de la sociedad cuando busca soluciones al problema sexual fuera de las normas (divirtiéndose con mujeres de castas o indígenas fuera del cauce matrimonial), la mujer española se ve obligada a apegarse a normas mucho más estrictas que limitan forzosamente su comportamiento y la llevan a veces a buscar soluciones paralelas, acudiendo a prácticas hechiceriles. Efectivamente, entre las mujeres jóvenes es donde se registran más denuncias y autodenuncias relacionadas con la magia amorosa. (*Cf.* gráfica XVI.)

En cuanto al origen étnico, es marcada la preponderancia del elemento europeo ya que los funcionarios del Santo Oficio llaman con un mismo vocablo —español— al español nacido en España y al criollo. Sin embargo, se perfilan otros grupos independientemente del indígena, contra el cual, recordémoslo, el mencionado Tribunal no podía proceder. Se destaca el negro, cuya importancia no siempre se pondera bien en la historia colonial: en la Celaya de principios del siglo XVII, las fuentes inquisitoriales reportan un grupo de negros tan nutrido como el mestizo.

La raíz criolla de los declarantes queda atestiguada por su origen geográfico, puesto que la gran mayoría de los "españoles" nació en la propia Celaya. Los españoles que vinieron de España, poco numerosos en verdad, son oriundos de las provincias del sur, como era común en los siglos XVI y XVII, aunque la presencia de dos vascos recuerda el origen de los primeros pobladores de la villa. Entre los negros, dos individuos fueron traídos directamente de África: una mujer de Guinea y un hombre que hablaba su idioma nativo.

Como se ve, el sello original de la fundación de Celaya se vio confirmado al correr de los años, si bien es cierto que, para las fechas que venimos considerando, los vecinos son ya casi todos criollos. Pero también queda claro que este conjunto está rodeado de grupos heterogéneos, cuyo papel trataremos de aclarar. En fin, es evidente que, cuarenta y tres años después de fundarse la villa, el núcleo de pobladores es estable y dinámico, si se toma en cuenta el número de personas nacidas en Celaya; este centro urbano parece incluso haber ejercido notable atracción en toda la zona, pues numerosas personas oriundas del obispado de Michoacán radican ya en la villa.

En resumen, los datos recabados dibujan el perfil de una ciudad firmemente asentada: verdadera metrópoli regional que tiene intercambios activos con la capital y el resto del virreinato, sin por esto haber roto el cordón umbilical con España. (*Véase* la gráfica XVI.) Parece que la doble vocación original de Celaya: parada forzosa hacia el norte minero y zona de abastecimiento, se ha acentuado en un sentido: el de la estabilización y consolidación.

Acerca del estatuto social de los declarantes, los datos son numerosos, variados y, desde luego, sumamente interesantes.

El grupo indígena está integrado por varios mexicanos (todos indios ladinos) y un tarasco, que necesita de un intérprete para declarar ante el Santo Oficio. Dos son artesanos (zapatero y herrero); el tarasco desempeña algún cargo en un convento franciscano de Michoacán y, hecho notable, es el único capaz de firmar sus declaraciones, aunque con letra torpe; prueba ésta de la labor pedagógica de las órdenes religiosas, especialmente la franciscana.

Las mulatas (dos de tres) son esclavas de españoles, al igual que los negros (dos libres de un grupo que consta de siete individuos). Las mujeres son esclavas domésticas mientras que el único esclavo lo es de un obrajero español.

Las mestizas, castizas y tresalvas están casadas con españoles que parecen proceder de las capas inferiores de la sociedad: uno goza de mala fama; todos lo apellidan *el Judas*; otro es sastre, y bien se conoce el poco prestigio de los oficios mecánicos dentro de los valores sociales propios de la civilización hispánica; otro no sabe firmar, hecho casi insólito entre la población masculina española (sólo dos son incapaces de firmar de un grupo de 33 varones españoles). Este hecho cobra aún mayor relieve si consideramos que, aparte del indio tarasco Pantaleón, también el declarante mestizo y el castizo pusieron su firma, incluso con letra clara, desenvuelta.

La sociedad pueblerina

En efecto, la sociedad de los españoles se revela muy compleja a través de los testimonios de la Inquisición. Vemos, más bien, vislumbramos primero una categoría obviamente privilegiada, compuesta de poderosos terratenientes, como Pérez Bocanegra;[23] aun-

---

[23] Hernán Pérez de Bocanegra. En 1523, el general Hernán Pérez de Bocanegra conquistó las provincias de Jalisco y Juchipila junto con el presidente de la Audiencia de México, Nuño de Guzmán (Vásquez de Espinosa, *op. cit.*, p. 174). Lo volvemos a encontrar en 1534 en la lista de los fundadores de Granada, en Michoacán (Del Paso y Troncoso, *op. cit.*, vol. III, p. 158) y se desempeña como defensor de la frontera contra los chichimecas; es miembro del Ayuntamiento de México en 1543 (Del Paso y Troncoso, *op. cit.*, vol. IV, pp. 52-53), después de haber sido *Capitán General* de Nueva España durante la guerra del Mixtón. En 1560 posee las encomiendas de Acámbaro y Apaseo (Del Paso y Troncoso, *op. cit.*, vol. IX, p. 3) y desarrolla importantes haciendas agrícolas en la misma región (Chevalier, *op. cit.*, p. 76). Entre los beneficiarios de mercedes de tierras concedidas en Celaya en 1588

que no aparece directamente en los documentos que estudiamos aquí, sabemos que la buena sociedad se reúne en su casa para jugar a los trucos; allí están un tal Juan de Velasco, mercader, un hombre hermano del prior del convento de San Agustín, un boquirrubio de diecisiete años, don Diego de Azevedo Carvajal,²⁴ que, según el comisario del Santo Oficio, "ha estudiado gramática y tiene buen entendimiento"; ²⁵ y un tal Baltasar López Pallares, también de "buen entendimiento", acusado por los demás de haber proferido palabras descomedidas al calor del juego. Ninguno de estos hombres se ve inmiscuido, de lejos o de cerca, en asuntos de hechicería. Nos referimos a ellos en la medida en que sus expedientes nos permiten completar el cuadro de la sociedad local, logrado mediante el análisis de las causas de hechicería.

Esta clase alta, cuyas fortunas se forjaron al azar de las empresas bélicas y políticas (Pérez de Bocanegra) y del auge minero (Azevedo), domina la región. Su poderío se revela a través del papel político que desempeñan (Bocanegra es alcalde mayor), y parece manifestarse en forma pujante a principios del siglo XVII.²⁶ En Celaya, por ejemplo, vimos cómo el tal Bocanegra y sus herederos entablaron largos pleitos con los vecinos de la villa para disponer de las aguas del río San Miguel, que les permitía beneficiar sus tierras. El fallo definitivo, confirmado por los oidores de la Real Audiencia de México, hace hincapié sobre el hecho de que "el dicho Hernán Pérez y sus herederos usen de la dicha agua para el riego de las tierras que hoy en día tienen y poseen tan solamente y no para las que de aquí en adelante adquirieren"; ²⁷ lo que indica claramente la tendencia, por parte de esta familia, a acumular tierras, a la vez que su importancia social, que la lleva a enfrentarse nada menos que a la colectividad de labradores de Celaya.

Aunque estas pocas familias no aparezcan directamente en los testimonios que venimos estudiando, sino a través de meras alusiones, no hay duda de que su sombra pesa sobre la vida local; el

y en Apaseo en 1593 (véase el apéndice 1) encontramos el nombre de Luis Ponce de León, hijo de Hernán Pérez de Bocanegra. El poderío de esta familia es reforzado por una merced real del 27 de mayo de 1610 que otorga a don Hernán Pérez de Bocanegra, caballero de la orden de Santiago y adelantado perpetuo de Nueva Galicia, el título de marqués de Villa Mayor (Vásquez de Espinosa, *op. cit.*, p. 174). En 1618 Hernán Pérez de Bocanegra compra las dos terceras partes de la encomienda de Ecatepec mediante la suma de 9 600 pesos (Charles Gibson, *Los Aztecas bajo el dominio español, 1519-1810*, p. 427).

²⁴ Se trata sin duda de un pariente de Azevedo, minero en San Luis Potosí y socio de Arizmendi Gogorrón, *Cf.* Chevalier, *op. cit.*, p. 230.

²⁵ AGN, Inquisición, vol. 278, f. 288, Testimonio de don Diego de Azevedo, 13 de noviembre de 1614.

²⁶ Chevalier, *op. cit.*, p. 297.

²⁷ AGN, Tierras, vol. 674, f. 444, 21 de noviembre de 1608.

proceso de acaparamiento de tierras que van llevando a cabo, sus contiendas con los vecinos y su papel político han de representar para el vecino común un motivo de recelo y de inseguridad.

No tan poderoso como el primero pero impulsado por singular dinamismo, aparece otro sector social, el de los labradores enriquecidos, algunos de cuyos representantes, a diferencia de los Bocanegra y Azevedo, se hallan implicados en actividades hechiceriles. Y es que, desde la fundación de la villa, la situación social ha cambiado; si al principio los vecinos recibieron más o menos las mismas facilidades, varias familias lograron hacerse de distintas mercedes de tierras. Para 1614 los Hernández, por ejemplo, que participaron en la fundación, son dueños de unas 22 caballerías (algo más de 941 hectáreas), cuatro huertas, dos solares y cuatro molinos por lo menos.[28]

La riqueza y el prestigio social se traslucen en los testimonios de la Inquisición: una joven cuñada perdió a los diez años una gargantilla de aljófar; los hermanos Hernández tienen esclavos; Raphael es "hacendado y fue alcalde ordinario y de la Hermandad en la villa de Celaya, y no bien quisto".[29] Bernabé ha estudiado, es alférez y ha sido varias veces alcalde ordinario; Ysabel de Aguilar, de la familia Dias, "de lo más honrado del pueblo",[30] es la mujer de Raphael, sabe leer y escribir y se expresa con soltura. Todos son "de buena razón y entendimiento" y muestran actitudes despreciativas o, por lo menos, superiores para con los vecinos de *status* social menos brillante que el suyo; he aquí unos cuantos ejemplos: Ysabel, hablando de otra mujer, no vacila en declarar que es "mujer liviana y de poco lastre",[31] manifestando así la arrogancia que le confiere su buena fama personal y posición social; su marido no le queda a la zaga, pues presenta a Luis Sánchez como "hombre de campo y de corto entendimiento",[32] mientras el perspicaz comisario de la Inquisición lo considera "labrador de maíz y de buen entendimiento";[33] notemos aquí el valor de las palabras, que dan fe de un claro sentimiento clasista por parte del alcalde. Una india que vino a interceder ante él en favor de un hijo suyo que estaba

---

[28] *Cf.* Apéndice 1, mercedes de tierras.
[29] AGN, Inquisición, vol. 278, f. 110; ésta es la opinión del comisario inquisitorial fray Diego Muñoz en Testimonios de Raphael Hernández, 17 de octubre de 1614.
[30] AGN, Inquisición, vol. 278, f. 223, Relación al Santo Oficio de esta Nueva España, de fray Diego Muñoz.
[31] AGN, Inquisición, vol. 278, f. 240, Testimonio de Ysabel de Aguilar, 21 de octubre de 1614.
[32] AGN, Inquisición, vol. 278, f. 160, Testimonio de Raphael Hernández, 17 de octubre de 1614.
[33] AGN, Inquisición, vol. 278, f. 161, Testimonio de Raphael Hernández, 17 de octubre de 1614.

preso, oye una respuesta injuriosa: "perra india, que no había dejado persona que no le echase por tercero, y que no quería soltar a su hijo, sino que lo echasen a la China".[34] Los Hernández, si bien desempeñan cargos públicos secundarios comparados con los de Bocanegra, su papel no es menos importante en la vida local; sus palabras, desprecios y alardes de prepotencia les ganaron la hostilidad de no pocos vecinos, como lo nota el comisario del Santo Oficio, por lo que es probable que no les gustase en absoluto verse envueltos en asuntos de la Inquisición. En efecto, como los denunciantes refieren ante el comisario hechos supuestamente presenciados o relatados por los varones de la familia Hernández (manera de dar autoridad a tales hechos), es preciso llamar a esos hombres para averiguar el fundamento de las acusaciones. Notamos que siempre niegan el contenido de las denuncias, restableciendo la realidad trivial de los hechos. Manifiestan asimismo un notable desdén hacia los rumores relacionados con brujas y hechiceras que cunden por la villa ya que, para el ex alcalde Raphael, se trata de "plática común y de vulgo (no inclinándose a creerlo)".[35] He aquí otra manifestación del espíritu clasista que antes señalamos, disfrazado con la interesante afirmación de que para un espíritu de "buena razón y entendimiento" los actos hechiceriles son indignos de crédito.

Sin embargo, la participación de este sector muy favorecido en tales hechos no se limita a las declaraciones solicitadas por las autoridades inquisitoriales. A pesar de su condición, doña Ysabel, y con ella todas sus hermanas, se encuentra directamente implicada en procedimientos hechiceriles: casi todas dieron a sus esposos el clásico tecomate de chocolate revuelto con las no menos clásicas sustancias destinadas a amansarlos; a requerimiento suyo varios indios leyeron el peyote o echaron la suerte de los maíces para descubrir hurtos, extravíos, o saber si se habían de casar cuando eran doncellas.

Otra familia acaudalada tuvo que ver con la Inquisición igualmente a través de las mujeres; Ysabel Gutiérrez cuenta que, al notar la falta de una escudilla de plata, las negras de su casa llamaron al negro Francisco Puntilla para que descubriera dónde estaba mediante procedimientos hechiceriles. Confiesa también haber dado dinero a los indios de servicio que trabajan en las minas de su propiedad en San Luis Potosí, para que compraran el peyote y pudiesen así descubrir hurtos y el lugar donde se escondían sus mujeres huidas. En fin, dio a su nuera Francisca de Vallejo, ca-

---

[34] AGN, Inquisición, vol. 278, f. 323v., Testimonio de Leonor López, 3 de noviembre de 1614.
[35] AGN, Inquisición, vol. 278, f. 160, Testimonio de Raphael Hernández, 17 de octubre de 1614.

sada con Miguel de Soto, alcalde ordinario de Celaya, una flor amarilla que le proporcionaría paz con su marido.³⁶ Otra mujer, madre de un regidor de la villa y asimismo de familia rica, se refiere a una "hazienda" suya en Guazindeo (notemos que el término hazienda es aún muy raro para las fechas que venimos considerando), donde se encontraban varias personas, una de las cuales era doña Clara Rangel, mujer de un hermano Hernández. Allí se les leyó las líneas de las manos y, aparte de esto, una tal María de Torres confiesa haber usado de procedimientos hechiceriles y de hierbas proporcionados por una mestiza para amansar a su marido.³⁷

En el otro extremo encontramos a los sectores más desventurados de la sociedad de los españoles. Familias que gozaron al principio de las mismas ventajas que los demás, vinieron, según procesos que desconocemos, a constituir la fracción menos brillante económica y socialmente hablando. Un tal Juan de Vargas Patiño se va a descubrir minas empujado por su pobreza, conocida de todos.³⁸ Una mestiza casada con español, Agustina Franco, declara que "podía haber siete años que, pasando mucha necesidad y pobreza, le dijo un indio le daría unos polvos con que su marido (que andava ocioso) trabajase y buscase la vida".³⁹ Entre los representantes de este sector están los dos únicos españoles que no saben firmar: uno, Marcos Ramírez, está casado con una castiza tildada de hechicera y muestra tener pocos medios intelectuales, si miramos detenidamente su declaración;⁴⁰ el otro, Alonso Santos, es cazador, viudo de una mestiza y padre de unas castizas, todas hechiceras; resulta ser el suegro de Marcos Ramírez. Sin embargo, los nombres de los primeros habitantes de la villa de Celaya, entre quienes se escogieron los regidores, dan fe de un tal Domingo Sanctos, y Marcos Ramírez es hijo de Francisco Ramírez Belvis, que algo tendría que ver con el Francisco Ramírez y la viuda de Belvis que aparecen en la lista de fundadores; prueba ésta de una evolución negativa de estas familias. En fin, para rematar el escueto retrato de este sector pobre, encontramos en 1622 a Ana Macías, testigo y participante de los acontecimientos de 1614; se queja de ser "pobre y vieja" y de no tener oficio de que sustentarse, sino de las limosnas que los

---

³⁶ AGN, Inquisición, vol. 278, f. 270, Testimonio de Ysabel Gutiérrez, 23 de octubre de 1614.

³⁷ AGN, Inquisición, vol. 278, f. 163, Testimonio de María de Torres, 24 de octubre de 1614.

³⁸ AGN, Inquisición, vol. 278, f. 130, Testimonio de Juan de Vargas Patiño, 27 de octubre de 1614.

³⁹ AGN, Inquisición, vol. 278, f. 483, Testimonio de Agustina Franco, 28 de octubre de 1614.

⁴⁰ AGN, Inquisición, vol. 278, f. 280, Testimonio de Marcos Ramírez, 25 de octubre de 1614.

vecinos de la villa le hacen, a pesar de ser española y de haber sido casada con español.[41]

Entre estos dos sectores opuestos se halla la mayoría de las familias de condición media, quienes dan señales de sentirse algo incómodas en esta situación: este grupo humano, de perfiles borrosos y, por ende, difíciles de describir, desempeña un papel muy particular dentro del proceso que venimos estudiando, y que trataremos de aclarar. (*Véase* al final de este capítulo el apéndice 1, la gráfica XVII y las figuras VII y VIII.)

El papel de los distintos sectores sociales

El acto hechiceril, cuando llega al conocimiento de la autoridad inquisitorial, incluye a un mínimo de tres personas: el delincuente, su cómplice o cliente y el denunciante.

Si volvemos a considerar los tres sectores sociales mencionados, llegamos a la conclusión siguiente: las hechiceras declaradas no pertenecen nunca al sector social privilegiado sino al de menor prestigio y que se halla en la situación más precaria. Veamos las características sociales de las acusadas de Celaya: Catalina Rodríguez, tresalva de 32 años, está casada con el individuo apodado *el Judas* y goza de muy mala fama: amancebada desde hace catorce años, es hija de la mestiza difunta Juana Rodríguez, considerada por todos como gran hechicera y que estuvo casada con Marcos Ramírez, cuyas limitaciones señalamos ya. Es hermana de Inés García, también de mala fama, viuda de 40 años y madre de varios hijos. La menos conocida, Leonor de Villarreal, es mestiza, soltera, y cuando el "notable" Pedro Hernández de Uribe las sorprende a todas una noche en una casa apartada del pueblo, la plática que escucha, sin ser sentido por ellas, le parece ser "de gente común".[42] En cuanto a Mari Vázquez, ya negra libre, fue primero de don Luis de Quezada (quien tuvo, junto con don Francisco de Velasco, la encomienda de Jilotepec), lo que declara un pasado servil; en fin, *la Junca*, Ysabel Duarte de la Cruz, si bien es española y fue casada con un obrajero español, en 1614 es viuda, pobre y vieja. El mismo fray Diego Muñoz así lo dice: "esta mujer es viuda y tenida por pobre".[43] Además de esto, parece ser objeto de burlas o, por lo menos, de desprecio: "por ser tenida la dicha Ysabel Duarte

---

[41] AGN, Inquisición, vol. 343, f. 105, Testimonio de Ana Macías, 13 de enero de 1622.

[42] AGN, Inquisición, vol. 278, f. 158, Testimonio de Pedro Hernández de Uribe, 17 de octubre de 1614.

[43] AGN, Inquisición, vol. 278, f. 201, Carta de fray Diego Muñoz al Santo Oficio.

por mujer menguada".⁴⁴ Un dato interesante es que estas mujeres no son oriundas de Celaya sino de San Miguel o de Tazazalca, en el obispado de Michoacán. Las actividades que desempeñan supuesta o realmente son numerosas y variadas. No dedicaremos mayor atención a ciertos aspectos, como el detalle de las sustancias utilizadas en la confección de hechizos, los conjuros y procedimientos en sí, pues ya han sido muy estudiados por especialistas como Julio Caro Baroja⁴⁵ y Gonzalo Aguirre Beltrán.⁴⁶

Curanderos y hechiceras

Antes de emprender el estudio pormenorizado de estas manifestaciones de hechicería y brujería, es preciso definir el sentido exacto de los términos que de aquí en adelante utilizaremos. A falta de una clasificación de la naturaleza del delito por parte de la autoridad inquisitorial, clasificación que no encontramos en los archivos correspondientes nos basaremos en los conceptos de brujería y hechicería asentados por Evans Pritchard.⁴⁷ En primer término, este autor define la brujería como "una ofensa imaginaria, pues es imposible. Una bruja no puede hacer lo que se le atribuye y carece, en verdad, de existencia real"; o sea que, en otras palabras, "una bruja no cumple rito alguno, no pronuncia encantamiento alguno, no posee medicamento alguno". "Un acto de brujería es un acto psíquico". En cambio, el hechicero, continúa Evans Pritchard, puede hacer magia para matar a sus vecinos. La magia no los matará, pero el hechicero "puede —y sin duda lo hace a menudo— realizar sus actos con esa intención". La brujería, por tanto, adquiere aspectos fantásticos, inverosímiles, y niega de hecho la realidad, mientras que la hechicería trata de modificar el mundo ambiental mediante el uso de herramientas concretas, palpables.

La actividad de contornos más nítidos realizada en Celaya es la curativa, y su representante más claro, el negro Francisco Puntilla; esclavo de un obraje propiedad de un español, es oriundo de África y a menudo llamado por los vecinos para curar enfermedades del rostro o ciática. Los procedimientos que emplea parecen ser obviamente africanos, como los palillos ensartados en los pies, la gallina negra, el agua de hierbas y, sobre todo, la ventriloquia.⁴⁸ Con

---

⁴⁴ AGN, Inquisición, vol. 278, f. 206, Carta de F. Diego Muñoz al Santo Oficio.
⁴⁵ Julio Caro Baroja, *Las Brujas y su mundo*, passim.
⁴⁶ Gonzalo Aguirre Beltrán, *Medicina y magia: el proceso de aculturación en la estructura colonial*, passim.
⁴⁷ Cf. *Africa, Journal of the International African Institute*, vol. VIII, núm. 4, "Witchcraft, Oracles and Magics among the Azande", p. 21.
⁴⁸ AGN, Inquisición, vol. 278, f. 151; según el testimonio de María Ramos que cuenta que siete años antes, como su marido padecía de la cabeza, se

frecuencia recibe alguna remuneración por sus servicios, como la gallina negra que utiliza en la operación curativa. Sin embargo, Puntilla no es realmente considerado hechicero, sino curandero y zahorí puesto que también es llamado para descubrir robos y objetos extraviados. La conciencia pública no le otorga ningún aura de temor o desprecio, al contrario de lo que ocurre con las mujeres arriba presentadas.

Entre las prácticas que podemos llamar hechiceriles, aislaremos a las que tienden a modificar la realidad exterior en un sentido favorable para la persona que solicita la intervención de la hechicera o para ella misma. Las curaciones caben dentro de este renglón sin lugar a duda, aunque en Celaya, otra mujer, Ana María *la Pastelera*, sea la que desempeña el papel de curandera junto con Francisco Puntilla; es muy interesante notar que, si bien los vecinos tienen buena opinión de esta mujer, que siempre oponen a las hechiceras y a la que llaman para que neutralice con sus curas el efecto maléfico de los hechizos, la Inquisición ve las cosas de otro modo: concluidas las averiguaciones y vistos los casos, determina reprender a *la Pastelera*, pero demasiado tarde pues para entonces ella ya ha muerto.

Unos veinte años atrás, una tal Ana Macías, que encontramos luego en 1622 ya vieja, viuda y pidiendo limosna, probablemente abrumada por numerosas maternidades, le pidió a *la Junca* algo para abortar; ésta le dio, además de varios consejos,[49] la hierba

---

dirigió a Francisco Puntilla, que tomó "dos jarillos con unturas: con la del uno, untó al enfermo la cabeza, y untada, se estregó las manos y sacudió dellas unas conchuelas como de almeja y luego le untó con la untura del otro jarro, volviendo a estregar y sacudir las manos; vió que echó dellas unos gusanos blancos (que llaman gallinas ciegas), diziendo que todo lo sacaba de la cabeza y era señal que salía la enfermedad; y cuando hacía la cura, hablaba lenguaje que no se le entendía, y luego se puso unos palillos ensartados en unos cordeles a los pies separados, a la diestra y siniestra, uno enfrente de otro; y volviendo a hablar lenguaje que no entendió, vio mudarse los palillos de una parte a otra, y dezía que los preguntava si había de sanar el enfermo. Y luego pidió una gallina prieta de Castilla y poniéndola en ambas manos, ponía el pico al enfermo en las orejas y en toda la cabeza, hablando el lenguaje imperceptible; y luego se cobijó su capote y sacó una bolsa de cuero y puesto en el suelo, hablaba con ella lo que no se podía entender, y le respondió de dentro de la bolsa un chillido como de pollo pequeño, que oyó esta testigo", 27 de octubre de 1614.

[49] AGN, Inquisición, vol. 278. f. 144v.; Ana Macías, viuda de Jerónimo de Vargas declara "que puede aver veinte años poco más o menos que estando hablando esta declarante con la dicha Ysabel Duarte de la Cruz, la dicha Ysabel Duarte le dixo a esta declarante que le daría un remedio para no parir más y que le dio a esta declarante la susodicha Ysabel Duarte este remedio: que cuando estuviese con su regla, orinase en un hormiguero y que bebiese agua serenada y echase dentro las pedrezuelas del hormiguero; y esta declarante lo hizo tres veces y a la tercera vez que esta declarante bebió la

golondrina o amores secos, de lo que quedó muy enferma; el caso fue público y le valió a *la Junca* dificultades con la autoridad episcopal. Ejemplo éste del intento de remediar una situación indeseable.

En la misma perspectiva de adaptación a la realidad exterior hallamos los numerosos casos en que se trata de descubrir objetos perdidos. Ahí surgen las tentativas hechas para encontrar la gargantilla de aljófar extraviada por la niña rica,[50] las escudillas o cucharas de plata,[51] las sábanas que desaparecen de repente de las casas acomodadas. Tampoco faltan los hombres que, mecidos por la esperanza común de la época, sueñan con descubrir minas o lugares donde fueron escondidos tesoros y plata, al azar de las aventuras. Entre quienes tratan de desentrañar estos misterios encontramos gente diversa: la doncella consentida que se encapricha con su gargantilla, pero sobre todo las esclavas negras y mulatas, temerosas de ser acusadas de robo y castigadas con el rigor que se sabe; los románticos de las minas y tesoros, hombres de condición poco brillante, deseosos de hacerse ricos valiéndose de medios que escapan al esquema tradicional de ascenso social. Acuden personalmente al indio hechicero, que puede ser doméstico de su casa, o recurren a alguna hechicera, como *la Junca*.[52] Casi nunca falta la

dicha agua, se sintió muy mala y llegó a estar a la muerte y recibió los sanctos sacramentos; y esto fue muy público en esta villa y en esta dicha villa cuando vino el obispo de este obispado, denunciaron a la dicha Ysabel Duarte y el dicho obispo la tuvo presa y la castigó". Sin fecha.

También Leonor Rosales, mulata, relata que "se acuerda que abrá años que oyó decir que llevaron a Ysabel Duarte de la Cruz, viuda, mujer que fue de Diego de Junco, ante un visitador que vino a esta villa por parte del señor obispo, y fue esta declarante al convento de San Francisco y vido que el dicho visitador la avía penado y reprehendido porque dezían que avía dado unas hierbas la dicha Ysabel Duarte que llaman amores secos y yerba de la golondrina, para que no pariese una mujer llamada Ana Macías, la cual estuvo muy mal al cabo y cercana a la muerte de la bebida de las dichas hierbas; y el dicho visitador le dixo a la dicha Ysabel Duarte que si otra vez hacía otra cosa semejante acá que avía hecho, que la avía de encorozar y sacarla públicamente a la puerta de la iglesia". Sin fecha.

[50] AGN, Inquisición, vol. 278, f. 453, Testimonio de María Díaz, 20 de octubre de 1614.

[51] AGN, Inquisición, vol. 278, f. 270, Testimonio de Ysabel Gutiérrez, 23 de octubre de 1614.

[52] AGN, Inquisición, vol. 278, f. 193, Philippa de Santiago, negra esclava del alférez Bernabé Hernández, confiesa que la negra Catalina había pedido a *la Junca* algo para amansar a su ama; aquélla tomó "un huevo crudo y lo abrió y echó dentro unas pelotillas de algodón y llegado a la boca, hablaba quedo, que no se podía entender, y lo dió a la dicha Catalina, diciéndole: tomad y enterradlo y veréis cómo os va con vuestra ama; y esta testigo preguntó a la dicha Ysabel Duarte: señora, ¿qué es lo que haze allí? y respondió: ¡Ah, si supieras lo que hago, te espantarías!" 27 de octubre de 1614.

intervención del indígena; él es generalmente quien proporciona las hierbas del puyomate y el peyote y quien echa la suerte de los maíces.

Todo parece indicar que el europeo acude al indio, conocedor de procedimientos que le parecen convincentes, porque, como lo anota Julio Caro Baroja, el grupo vencido, o considerado inferior, aparece al vencedor como investido de poderes y atributos más "naturales" y que le confieren un papel predilecto cuando se trata de establecer relaciones con el mundo irracional.[53] Y, dada la situación, es natural que el negro y el individuo de casta sigan el ejemplo del europeo, que marca la pauta cultural.

No sólo los objetos oponen resistencia a la voluntad o al deseo de uno sino, esencialmente, los hombres. Y más en una sociedad rígidamente estructurada, donde ciertos individuos, las mujeres y, sobre todo, los esclavos, se hallan en la imposibilidad de modificar o de torcer las reglas del juego social, por su sexo, su condición o por ambas cosas; de ahí las técnicas para amansar al opresor, marido o amo. Las esclavas son las interesadas y piden directamente a los indígenas o a las hechiceras las sustancias para llevar a cabo sus propósitos. He aquí un caso valioso de sincretismo que pone de relieve la intervención de los tres grupos culturales: Leonor de Hinojosa refiere el caso de una negra que recibe de una española el puyomate para amansar a su ama.[54] Señalemos al respecto que Gonzalo Aguirre Beltrán nota la primera denuncia contra una negra que usa el puyomate en 1617, mientras que aquí se nos presenta un caso en 1614.

En la magia amorosa es donde más numerosos y más variados casos se dan, como ya lo indicamos al advertir la preponderancia del elemento femenino en los acontecimientos que sacuden a la Celaya de 1614. La mujer, cuando está integrada en la sociedad de los españoles, aunque no lo sea personalmente, se halla tan condicionada por su entorno que el factor sexual es lo único que le queda para acceder a alguna forma de afirmación personal, por sumaria que sea. En todos los sectores sociales las mujeres intentan amansar a sus maridos, que frecuentemente les dan malos tratos o andan "distraídos" con otras. A lo largo de las declaraciones se siente una verdadera corriente de complicidad femenina que junta, frágil y efímeramente, a la orgullosa Ysabel Aguilar y sus hermanas con la humilde y mal afamada mestiza Pascuala de Silva, o con la pro-

[53] Julio Caro Baroja, *Vidas mágicas e Inquisición*, vol. I, cap. II, p. 49.
[54] AGN, Inquisición, vol. 278, f. 197. Testimonio de Leonor de Hinojosa: "abrá como tres meses que azotando a una negra suya llamada Agustina, le halló una raíz llamada poiomate, algo gastada, y le dixo se la avía dado Ysabel Duarte para amansar a esta declarante, echándosela en el chocolate", 22 de octubre de 1614.

bable hechicera y "mujer liviana y de poco lastre" Magdalena de Roças, corriente que impulsa a la primera a aceptar de las otras polvos destinados a amansar al prepotente de su marido, Raphael Hernández.

Si "amansar" al marido constituye la mayor y más unánime preocupación femenina, existen otras, más o menos derivadas de ésta: impedir que la mujer sea descubierta en relaciones con su amante,[55] averiguar si el marido le es fiel a una, o tratar de hacerlo regresar cuando está lejos de su casa.[56] Pero también los hombres jóvenes tienen problemas semejantes cuando se trata de seducir mujeres: un tal Fabián de Oviedo solicita de *la Junca* con qué rendir una mujer reacia, y Antonio, mestizo vaquero, conoce medios infalibles para lograr favores.[57] Los indios siguen siendo grandes proveedores de hierbas requeridas para los hechizos relacionados con magia amorosa, y el peyote y el puyomate conservan un papel importante por sus notables propiedades. El copal, el algodón y la suerte de los maíces son empleados en la elaboración o realización de procedimientos adivinatorios que permiten saber si una doncella se ha de casar o no, si será con hombre de la villa o de fuera, si pasará trabajos, etc. Si la magia amorosa tiende a unir, aun provisionalmente, en una red clandestina a varios sectores sociales antagónicos o, por lo menos, poco afines entre sí, es natural que encontremos un carácter sincrético en los procedimientos utilizados. En efecto, hallamos elementos autóctonos junto con otros de raíz europea y católica; el indio Francisco santigua dos veces una jícara

[55] AGN, Inquisición, vol. 278, f. 100, "abrá como un mes que le contó Agustín Muñiz su cuñado, que sobre apuesta hecha entre él y Juan de Cuenca, vecino desta villa, avía venido de noche al cementerio de Señor San Francisco, y sacada tierra de la más llegada a un cuerpo enterrado, y le avía acompañado Ysabel de Retamosa, tía del Cuenca, y llevado la tierra y dádosela; y que él la avía inviado a una mujer que quería bien, que la pussiese a la cabecera de su madre, para no ser sentida cuando se quissiesen ver"; testimonio de Francisca Gutiérrez, 22 de octubre de 1614.

[56] AGN, Inquisición, vol. 278, f. 361, Testimonio de Ysabel María, 25 de octubre de 1614.

[57] AGN, Inquisición, vol. 278, f. 135. Diego Burgueño, joven mercader natural de Pátzcuaro, presenta el siguiente testimonio: "abrá como dos años que en esta villa, fue un mestizo vaquero de Bernabé Hernández, llamado Antonio (que no le sabe el sobrenombre), a la tienda deste declarante a comprarle un tomín de hilo, y vio que llevaba en un cordón de la pretina del sayo un reburujuncillo como de telaraña; y preguntándole para qué era, le respondió que traiendo aquello y tocando en ello una tejuela de loza de China y tirándola a la mujer que él quisiese, la alcanzaría; y por parte dello, le pedía un real de xabón y sin precio dexó allí en la tienda un pedacillo; y este declarante lo echó luego al punto por ay, sin admitirlo, no sintiendo bien dello". Notemos que siempre los declarantes pretenden no haber hecho caso de los procedimientos ofrecidos, por razones obvias; por lo mismo, no cabe dar crédito a tales denegaciones.

con agua, copal y unas pelotillas de algodón;[58] la española Ysabel Duarte procede en forma similar.[59] Sin embargo, aunque la mayoría de las sustancias que intervienen en la magia amorosa, a menudo repulsivas, como se sabe, son de origen europeo, queremos hacer

[58] AGN, Inquisición, vol. 278, f. 460. Catalina Rodríguez, que goza de mala fama, cuenta en su testimonio que "abrá diez años que estando con su comadre Clara de Mandurana, española, mujer de Diego Hortiz, estaba afligida de celos de un hombre con quien tenía amistad: ya para satisfacerse si andava con otra, por consejo de Gerónima, india tarasca, (que está en Corralejo), fueron a casa de un indio llamado Francisco (que es ya difunto y tenía fama de hechicero) y llegadas, le dijo la india Gerónima a lo que iban, que era a saber si el amigo de la Clara de Mandurana andava con otra; y el indio tomó una xícara de agua y asentado en el suelo, echó dentro dos pelotillas de algodón, una blanca y otra parda, y un pedacillo de copal blanco, y la blanca hecho en nombre della y la parda en el de su amigo, y el copal en nombre de la mujer de quien se sospecha; y el indio dixo algunas palabras mirando la xícara, que no entendió; la santiguó dos veces y luego se juntaron de suyo las pelotillas de algodón que estaban apartadas de antes, como una quarta, y el indio las bulló con una paja y nunca se apartaron, y declaró que aquello era que el hombre que andava con ella la quería mucho y que no la dexaría, y que no era verdad que andava con otra; y se acusa de averse hallado presente y le pareció que era embuste y no lo creyó". 24 de noviembre de 1614.

[59] AGN, Inquisición, vol. 278, f. 197. Leonor de Hinojosa declara en su testimonio que "abrá dos años y dos meses que estando discorde con su marido y tratándola mal, la vio llorosa en su casa un día por la mañana Ysabel Duarte su tía y le preguntó la causa y se la dixo, y se ofreció a remediarla y que tuviese paz con su marido, y aceptó la oferta, viéndose tan afligida y maltratada, y la previno la Ysabel Duarte que la aguardase a la tarde sola, que entonces volvería; y venida la hora señalada, se encerraron ambas solas en un aposento y tomó la dicha Ysabel Duarte una xícara grande pintada de Michoacán, y llena de agua, la sentó en el suelo y asentada, echó en unas brasas un poco de copal y sahumó la xícara alrededor una vez y sahumada, envolvió en un poco de algodón tres granos de maíz, distintos cada uno por si y los echó en triángulo en la xícara, nombrando al uno con el nombre desta declarante y al otro con el de su marido y al tercero en nombre de la mujer con quien andava, si era enamorado, o la que era causa de la discordia; y asentados en la xícara en triángulo, hizo sobre ella la señal de la cruz, diziendo Jesús cuatro o cinco veces, y entonces asignada con la cruz y nombre de Jesús, no sospechó ser cosa mala. Y luego bajó sobre la xícara y llegada la boca junto al agua, dixo ciertas palabras repetidas dos veces, que no entendió ni apercibió esta declarante, y dichas la primera vez, le dijo: por amor de ti hago esto, y habló a tres demonios; y espantada, le rogó mucho que lo dexase y no pasase adelante, y respondió que no podía, que ya estaba puesta en ello. Y volviendo a decir segunda vez las palabras que tampoco apercibió ni sabe si fueron las primeras, vio que inmediatamente los tres granos de maíz se movieron por sí mesmos, andando en cerca de la xícara con ligereza, y los dos granos de su nombre y el de su marido pararon en sus puestos, y el tercero también en el suyo, como avían estado antes que se moviesen; y parados se juntaron los dos dichos de su nombre y de su marido, yéndose el de ella al otro, y juntos ambos pareados, volvieron

hincapié sobre el hecho de que su identificación no reviste mayor interés para nosotros: es patente que, dadas las características culturales de la Colonia, el factor predominante es el europeo, y que los elementos indígena y africano, si bien están casi siempre presentes en el proceso sincrético, tienen una importancia muy variable.

Siempre dentro de esta categoría de hechicería empírica encaminada a enderezar la realidad exterior y, por ende, valiéndose de procedimientos igualmente concretos (hierbas, sustancias, recetas, etc.), encontramos lo que llamaremos la hechicería destructiva, que marca un cambio cualitativo en las metas perseguidas: ya no se procura el acomodo prudente de la realidad sino, en el fondo, la destrucción de la misma, en una actitud negativa y hostil. A decir verdad, en Celaya se dan pocos casos de este tipo, pero existen: Ana María *la Pastelera* y otra mujer, Catalina González (de quien tendremos que hablar largamente) "dixeron que para ligar un hombre era buena la cruz del rosario"; [60] bien se sabe a qué trasfondo psicológico corresponde semejante propósito: el odio a la vida, a sus manifestaciones. Recordemos que la bruja europea clásica está siempre relacionada con la idea de esterilidad experimentada en carne propia y luego propagada, en la medida de lo posible, al mundo que la rodea.

Esta voluntad de destrucción se expresa aún más claramente cuando provoca la enfermedad y hasta la muerte por medio de hechizos. Vemos, por ejemplo, a Marcos Ramírez con una espeluznante enfermedad en el rostro (cuyos síntomas, dicho sea de paso, dejarían perplejos a médicos modernos); Ana María *la Pastelera* declara que su mujer, Ysabel de Aguilar, y su temible suegra, Juana Rodríguez, lo han hechizado.[61] Andrés García llegó a lo último después de haber bebido un tecomate de chocolate preparado por su esposa

a dar tres o cuatro vueltas alrededor de la xícara, y el tercer grano tras ellos muy desviado; y le declaró la dicha Ysabel Duarte (echadas las suertes), que su marido era enamorado, y no lo creyó por tener certidumbre de lo contrario; y la persuadía a que no derramase el agua de la xícara por las espaldas, y la derramó por delante, y la riñó por ello, diziendo que no tenía efecto lo que había hecho; y notó y advirtió esta declarante que cuando la Ysabel Duarte entró en el aposento a echar las suertes, llevaba buen semblante e alegre y cuando las hubo echado, quedó demudada y tan fea que causaba espanto y esta declarante que la recibió grande desde que declaró que hablaba con tres demonios y presumó mal dello, visto se bullían los maíces por sí mesmos; y de la culpa de aver aceptado la oferta de la Ysabel Duarte, consentido en ella y hallándose presente, se acusa y pide misericordia". 22 de octubre de 1614.

[60] AGN, Inquisición, vol. 278, f. 137, Testimonio de Ana Benítez, 25 de octubre de 1614.

[61] AGN, Inquisición, vol. 278, f. 280, Testimonio de Marcos Ramírez, 25 de octubre de 1614.

y que contenía un hechizo.⁶² En fin, una mujer casada, Ana Rodríguez, regaló unos calzones "labrados" a su amante Martín Alonso, que se estaba alejando de ella porque trataba de casarse con otra; pero no la favorecieron las circunstancias: siendo la mañana de San Juan, Martín Alonso prefirió seguir regocijándose a caballo y entregó los calzones a su hermana para que los arreglara a su medida, pues le venían grandes. Algunos días más tarde, ésta le enseñó un hechizo que había descubierto al descoser la pretina: cuando lo vio, Ana María *la Pastelera* aseguró que, de haberse puesto la prenda el joven Alonso, se habría muerto en veinticuatro horas.⁶³ El afán de venganza llevó a la mujer despechada a procurar nada menos que la muerte del infiel. Semejantes motivaciones animan a Mari Vázquez a causar la muerte de una doncella de catorce años, dándole un uñazo en la palma so color de mirarle las líneas de la mano; tras breve y violenta enfermedad, ésta acaba por morir.⁶⁴ Si desconocemos las razones precisas del resentimiento de Mari Vázquez, sabemos que la niña era unánimemente celebrada por su hermosura, y se colige que era de una familia acomodada: motivos quizá suficientes para despertar el rencor o incluso el odio de una pobre mujer como la ex esclava negra.

Es patente que en la Celaya de 1614 la mayoría de los individuos que recurren a medios heterodoxos para solucionar problemas personales se atienen a vías adaptativas leves, siendo poco numerosos los que eligen caminos más drásticos; la hechicería en esta villa no tiene de ninguna manera el carácter sombrío y dramático que tantas veces selló sus manifestaciones en Europa.

---

⁶² AGN, Inquisición, vol. 278, f. 275, Testimonio de Catalina Martínez, 25 de octubre de 1614.

⁶³ AGN, Inquisición, vol. 278, fs. 415, 417 y 419, Testimonio de Martín Alonso, 29 de octubre de 1614.

⁶⁴ AGN, Inquisición, vol. 278, f. 368; el hermano de la víctima, Vasco Sánchez Vadillo, cuenta en su testimonio que "abrá cuatro o cinco años que su hermana Ynés Sánchez Vadillo, doncella de catorce años, se quexó a sus padres Juan Sánchez Vadillo y Francisca de Zamora, de que estando en el aposento del zaguán de su casa, la llamó Mari Vázquez, negra libre, y le pidió la mano diziéndole: veamos niña, tu buenaventura; y dada, se la avía apretado y hincándole en la palma una uña y dejádole señalada la uñada, y luego se comenzó a quejar que la avía quedado desde aquel punto todo el brazo amortiguado; y dentro de una semana después que sucedió, hizo dos días cama y al segundo se le quitó el habla y fallesció con presunción y fama que había sido de hechizo; y aunque dezían que comía tierra, no le estorbaba andar en pie y ocuparse en labrar y en lo que sus padres le mandavan; y recién fallescida, vio este testigo la uñada en la palma de la mano señalada y denegrida; y la dicha Mari Vázquez es tenida en común opinión por hechicera". 4 de noviembre de 1614.

Las brujas

Hasta ahora hemos considerado formas de hechicería que tienen, al fin y al cabo, puntos comunes; la meta perseguida es siempre la modificación de la realidad adversa, que puede llegar a la destrucción de la misma. Los medios empleados son más bien concretos e incluyen a menudo sustancias cuyas propiedades reales están fuera de duda (peyote, puyomate, hierbas de origen europeo como la malva, la verbena, etc.), aunque otras tienen objetivamente tan sólo un valor ilusorio pero simbólico (cabezas de auras, sesos de burro, gusanos, etc.). En fin, la realidad de los actos hechiceriles, aunque no siempre esté bien asentada (no se puede saber con certeza si Mari Vázquez mató realmente a la doncella Ynés o si ésta murió por otras causas, a pesar de que la negra juzgó prudente ausentarse por largo tiempo de la villa tras el lance), parece establecida en infinidad de casos en los que confesaron de forma concordante tanto testigos como los mismos actores.

Otra cosa pasa con lo que llamamos brujería; ahí caben fantasías que remedan los arquetipos desarrollados con mayor lustre y barroquismo en la Europa de aproximadamente la misma época. La mestiza Leonor de Villarreal, las hermanas castizas Ynés García e Ysabel de Aguilar, y tal vez la castiza Catalina Rodríguez son acusadas de reunirse por la noche en descampado y besarle el trasero a un macho cabrío bajo frondoso árbol. El único detalle gracioso y original de esta versión criolla del aquelarre consiste en añadir que el animal se muestra contento con tal homenaje y que defeca a cada una una boñiga con propiedades, al parecer, poco comunes: al untarse con ellas, las hermanas, sus hijos y sobrinos salen volando en forma de gansos hasta el cementerio, donde visitan a su difunta madre, abuela y notable bruja, Juana Rodríguez.[65] Otras veces, los vuelos son individuales: Leonor de Villarreal sale volando con la apariencia de papagayo después de haberse untado ciertas sustancias;[66] o, hechos unos conjuros, Ysabel de Aguilar sale a divertirse, empleando el mismo modo de locomoción.[67] También la

---

[65] AGN, Inquisición, vol. 278, f. 103v., Testimonio de Gerónimo Rodríguez, sin fecha.

[66] AGN, Inquisición, vol. 278, f. 282; relata Germana de Rentería que "contó la mujer de Sebastián Rodríguez, Ana o Catalina González (que no se sabe bien el nombre), que Leonor de Villarreal, mestiza, avía ido a dormir una noche a su casa, y untándose unos ungüentos y convertídose en figura de papagayo, y que había salido volando, y por la mañana, la avía visto toda acardenalada", 29 de octubre de 1614.

[67] AGN, Inquisición, vol. 278, f. 455; Ysabel de Aguilar pretende que "abrá como tres meses que Magdalena de Rosas, vecina desta villa, mujer de Cristóbal Benítez, le contó en su casa a solas que avía visto a Ysabel, hija de Juana Rodríguez con una calavera de difunto en la mano, y hecho ciertos

Duarte se precia de haber llevado y regresado a una amiga suya de Celaya a Querétaro (110 kms ida y vuelta) sólo en una noche.[68]

Dentro de las manifestaciones de brujería, vemos que un tal Francisco Rodríguez, que por otra parte no tiene fama de ser adicto a ella, cuenta las aventuras extravagantes de cierto viaje adelante de Zacatecas, que le permitió encontrarse (a él y a dos más que iban con él) nada menos que con el demonio, en forma de mulato negro (*sic*) y gordo, quien asistía en una cueva; siguen pactos firmados con sangre, muy conformes al arquetipo, andanzas peligrosas hasta que el nombre de Dios, invocado por casualidad, hace desvanecerse al demonio y pone fin a todo el lance.[69]

conjuros (dexada la camisa), la avía visto volar y también volver, y le dixo se había holgado mucho de verlo por tenerle el pie sobre el pescuezo", 21 de octubre de 1614.

[68] AGN, Inquisición, vol. 278, f. 520. Declara Francisca de Rayas y Arenas que "podrá aver como ocho meses que Ysabel Duarte la Junca fue a casa desta testigo a pedir favor para que soltasen un nieto suyo que echavan a la China, y dixo que lo quería matar un solimán y que lo avía de comprar con un real que mostró; y esta testigo la riñó y ella invió a comprarlo de vino y se lo bebió, y bebido, contó que avía llevado a una mujer en una noche a Querétaro, que hay ocho leguas, y vuéltola a esa villa; y que a una que se quería casar y lo contradezían sus padres, avía dado cierta hierba con que les untó las ropas y luego vinieron en ello", 25 de octubre de 1614.

[69] AGN, Inquisición, vol. 278, f. 194, "Francisco García, vecino desta villa de Salaya y vive junto al pueblo de San Juan, jurisdicción desta villa, dixo que hablando y conversando este declarante con Francisco Rodríguez, mestizo, hijo de Sebastián Rodríguez, difunto, le contó el dicho Francisco Rodríguez a este declarante que avía estado la tierra adentro en Guadiana, adelante de Zacatecas, y que él y un fulano Yáñez y otro Juan de Alvarado, mestizo, avían entrado en una cueva, donde vieron los dichos que estaba asentado en una silla dorada el demonio en figura de mulato negro gordo, y que salió un toro negro para que lo toreasen los susodichos Rodríguez y Miguel Yáñez Alvarado, ya difunto; y después de aver toreado el dicho toro, salió una mula negra ensillada y enfrenada con guarniciones negras y un palo negro para darle de garrotazos a la dicha mula; y que el dicho Francisco Rodríguez subió en la dicha mula y que corcoveaba mucho, y que no pudo derribar al dicho Francisco Rodríguez; y el dicho Juan de Alvarado le avía dicho al Francisco Rodríguez: mira, que cuando entremos en la cueva, no mireyes a un lado ni a otro, aunque os llamen, ni volváys la cara atrás; y que aviéndose apeado, el dicho Francisco Rodríguez se puso delante del demonio llamándole de señor, y el demonio le dixo al dicho Francisco Rodríguez que pidiese lo que quisiese; y el dicho Francisco Rodríguez le dixo al demonio que le diese con que las mujeres le quissiesen; y que estuvieron cada uno nueve días en la dicha cueva aprendiendo, y al cabo de dicho tiempo, salieron el dicho Francisco Rodríguez y el dicho Miguel Yáñez, que es natural de la villa de San Miguel, y que el dicho Juan de Alvarado se quedó en la dicha cueva; y que estando el dicho Francisco Rodríguez en la cueva, al cabo de los nueve días, que el demonio les dixo que el dicho Miguel Yáñez y el dicho Francisco Rodríguez le avían de hazer una escritura, el dicho Miguel Yáñez por siete años, el Francisco Rodríguez por dos, y que avía de ser con su propia sangre; y el dicho Francisco Rodríguez la hizo

Semejantes hechos son referidos no sólo por los denunciantes, sino por los propios actores: tal es el caso del encuentro con el demonio y el pacto que se deriva, el viaje nocturno de la Duarte, y los cuentos de los hijos de Ynés García, que se refieren con ingenuidad y desparpajo a los encuentros igualmente nocturnos de su madre y tía.[70] Pero aquí, para lograr los fines deseados, no parece haber procedimientos empíricos, como era el caso para la hechicería adaptativa; se desconocen los componentes de los ungüentos que permiten a Leonor de Villarreal convertirse en papagayo, y no hay indicaciones acerca de cómo se logran las reuniones con el macho cabrío. ¿Cuál puede ser el propósito de semejantes manifestaciones, cuya irrealidad está fuera de duda y que requieren medios materiales raquíticos cuando son precisos? El comportamiento de las hechiceras y brujas nos proporciona una explicación.

Perfil social y transgresión

De hecho, las mujeres que se entregan a aquellas actividades se encuentran en el límite de la sociedad de los españoles por su origen étnico, que hace de ellas el enlace natural con los grupos indígena y negro; esto se traduce por cierta marginalización en cuanto

por dos años y el otro por siete; y para hazer las escrituras, el demonio les sangró a ambos y les sacó sangre de sus mesmos brazos, y escrivió con ella en un papel; y que estando en estas cosas, salió una persona en figura de mujer, vestida toda de negro, con un copete y la cara blanca, y ellos, viendo esto, se salieron; y aunque los llamaban a una parte y a otra, no volvían, por lo que les avía avisado el dicho Juan de Alvarado; y que viniéndose el dicho Francisco Rodríguez y el dicho Miguel Yáñez para sus casas, de vuelta de Guadiana, cerca de Zacatecas les salió al camino al encuentro un hombre muy bizarro en un caballo morzillo, y viéndolos, les habló y preguntó dónde iban, los quales dijeron iban a su tierra, porque avía mucho tiempo no avían estado en ella; y el dicho hombre les dixo que se quedasen con él y le sirviesen un año, que él se lo pagaría muy bien, y que tenía unas estancias de ganado mayor de yeguas y vacas; y ellos se fueron con él, entendiendo ser verdad, y los llevó por una tierra muy áspera y unos peñascales; y el dicho Francisco Rodríguez le dixo al dicho Miguel Yáñez: ¡Válgame Dios!, ¡no es tierra ésta de estancias! y diziendo esto y mentando el nombre de Dios, desapareció el dicho hombre con su caballo, y los susodichos se volvieron por donde avían ido..." Testimonio de Francisco García, sin fecha.
[70] AGN, Inquisición, vol. 278, f. 177, Cuenta Ana de Espinosa que "abrá poco más o menos de dos años que estando un día lavando en la acequia desta villa, vio pasar llorando una niña, como de hedad de cinco años, hija de Ynés García, viuda de Simón Blanco, y llevaba en las manos una xícara; y le preguntó dónde iva y por qué lloraba, y respondió que iva por maíz cozido (que llaman metlamal), y que lloraba por averla azotado porqué no se quería untar; y preguntada para qué se avía de untar, dixo que para volar", 28 de octubre de 1614.

a estatuto civil (una soltera, dos viudas), o por matrimonios con representantes poco lucidos del grupo español, como ya vimos. ¿De qué manera viven ellas esta situación incómoda?

Son y se sienten unánimemente despreciadas; si Pedro Hernández las considera "gente común",[71] la gente ínfima tiene asimismo una opinión injuriosa de ellas. Antón Chino dijo que "Ysabel de Aguilar y su hermana Ynés García, hijas de Juana Rodríguez, eran unas putas, brujas, hechiceras".[72] Catalina Rodríguez fue sacada públicamente de la iglesia y excomulgada por amancebada,[73] e Ysabel Duarte *la Junca* fue igualmente reprendida por el obispo veinte años antes, tras haber cundido la voz de la grave enfermedad de Ana Macías a consecuencia de la terapéutica abortiva recetada por la vieja hechicera. No sólo el determinismo de su grupo étnico y su condición social sino su índole y comportamiento les atrae el denuesto general. Ni siquiera muestran ser solidarias entre sí, a pesar de estar comprometidas en los supuestos aquelarres: antes se denuncian unas a otras[74] para desviar la culpabilidad y se calumnian.[75] Las vemos reñir, como Leonor de Villarreal y Catalina Rodríguez, insultándose,[76] amenazándose: "Calla, hechicera, que os arrebataré y os meteré la cabeza y boca en el lodo", dice una mujer a otra.[77]

El desprecio de todos las lleva a sentirse muy inseguras: cuando son sorprendidas de noche por Pedro Hernández, contestan azora-

---

[71] AGN, Inquisición, vol. 278, f. 158, Testimonio de Pedro Hernández, 17 de octubre de 1614.

[72] AGN, Inquisición, vol. 278, f. 273, Testimonio de María Magdalena de Rocas, 22 de octubre de 1614.

[73] AGN, Inquisición, vol. 278, f. 462, Testimonio de Mari Gutiérrez, 23 de noviembre de 1614.

[74] AGN, Inquisición, vol. 278, f. 193*v*.; Leonor de Villarreal refiere que "oyó decir a Catalina González, viuda, mujer que fue de Pablos Pérez, que su nuera Catalina Rodríguez dezían que era bruja; y asimismo oyó decir esta declarante a la dicha Catalina González que su nuera, la mujer de Francisco Pérez, dezían la avía visto Juan Freire besar un cabrón en la trasera; y la dicha Catalina González contó a esta declarante que avía oído dezir que Alonso de Silva tenía unas tenazas que las avía quitado una noche a la Junca, llamada Ysabel Duarte, con las cuales estaba sacando los dientes de un difunto". Sin fecha.

[75] AGN, Inquisición, vol. 278, f. 146, Testimonio de Felipe Hernández, 19 de octubre de 1614.

[76] AGN, Inquisición, vol. 278, f. 144; Juana Cortés cuenta que "abrá tres años, antes más que menos, que riñendo en esta villa en la calle junto a la casa desta testigo dos mujeres, Leonor de Villarreal, mestiza soltera, y Catalina Rodríguez, mujer de Francisco Pérez (al cual por mal nombre llaman *Judas*), salió al ruido y vió y oyó que se deshonravan, y la Villarreal dixo a la otra, porque no avía querido yr con ella la otra noche a besar el rabo al cabrón, la avía echado de su casa y ydo a aporrear...", 22 de octubre de 1614.

[77] AGN, Inquisición, vol. 278, f. 323, Testimonio de Leonor López, 3 de noviembre de 1614.

das a su saludo,[78] y *la Junca*, enterándose de las diligencias llevadas a cabo por el Santo Oficio, se acongoja y acude llorosa a que la consuelen.[79] Todas intentan, mediante hierbas y recetas, llegar a ser queridas de todos, verdadero *leit-motiv* de las declaraciones.

Despreciadas e inseguras, van a tratar de imponerse a la colectividad que las rechaza. Quieren ser necesarias y, para lograrlo, la magia amorosa es su terreno predilecto. No se conforman con propiciar los medios que se les pide, sino que, en numerosos casos, se adelantan ofreciéndolos.[80] Ysabel Duarte suele proceder en esta forma y su zona de influencia abarca todos los grupos étnicos: propone a María Victoria, negra cazanga, con qué "amansar a su ama, que la dejase salir"; [81] hierbas al español Marcos de Lara [82] para alcanzar mujeres, y aquella de la doradilla a las indias con el fin de que sus maridos no las maltraten; [83] intervención que le vale una advertencia por parte de un fraile franciscano. Esta hechicera, de perfiles celestinescos, logra en parte su propósito: su flexibilidad le permite inmiscuirse en todos los sectores sociales, en los que

---

[78] AGN, Inquisición, vol. 278, f. 158; Pedro Hernández de Oribe, de la poderosa familia Hernández, presenta de esta manera los hechos que presenció: "abrá como tres meses que fue a un pueblecito de indios que está en el arrabal desta villa, a comprar unas aves, y llegando a una casa de yndios, oyó que hablaban dentro en español, y reparó a oyr la plática, y le pareció de mujeres, que dezía la una a la otra: basta que nos han citado ante Pero Núñez, familiar del Santo Oficio, y me ha llamado; y la otra dixo que también la habían llamado a ella para tomarle su dicho, y que no se contentaban aquellas señoras con eso, sino que dezían que eran voladoras; y pareciéndole que era gente común, entró donde estaban y les dixo: estén en ora buena, señoras voladoras; y ellas respondieron azoradas, sintiéndose del nombre, y él les dixo que con el propio que les avía oído les saludava, y era Leonor de Villarreal, mestiza soltera y Ysabel Rodríguez (aunque no está bien en el sobrenombre), también mestiza, mujer de Marcos Ramírez, y con esto las dejó y se fue". 17 de octubre de 1614.

[79] AGN, Inquisición, vol. 278, f. 139; según Mariana de Vargas, "abrá tres meses que fue a casa desta testigo Ysabel Duarte de la Cruz, viuda de Diego de Junco, y contó a ella y a su madre, Ana Macías, que andava afligida por averla metido Fabián de Oviedo en un negocio de que no tiene culpa...", 16 de noviembre de 1614.

[80] AGN, Inquisición, vol. 278, f. 181, Testimonio de María Jiménez, 28 de octubre de 1614.

[81] AGN, Inquisición, vol. 278, f. 213, Testimonio de María Victoria, 21 de octubre de 1614.

[82] AGN, Inquisición, vol. 278, f. 469, Testimonio de Marcos de Lara, 8 de noviembre de 1614.

[83] AGN, Inquisición, vol. 278, f. 100, Francisca Gutiérrez se acuerda que "abrá como siete años que la dicha María Magdalena su madre le comunicó que fray Sebastián de Tamaio de la Orden del Señor San Francisco, la avía advertido reprehendiese a Ysabel Duarte, de que andava dando a las yndias la yerba de la doradilla para que sus maridos no las maltratassen", 22 de octubre de 1614.

sus servicios son ampliamente solicitados; otra negra esclava, Philippa de Santiago, subraya que acude a ella, "pues decían sabía tanto".[84] Situación paradójica, pero característica de este tipo de mujer, es ser objeto de desprecio y respeto a la vez, en la medida en que resulta necesaria para la colectividad.

Si la Duarte consigue en algún modo ser aceptada, no todas lo logran, y los medios de que se valen pueden ser muy distintos; Mari Vázquez, conforme con su trayectoria de mujer oprimida y con su índole personal, se impone por el miedo. Tras haber matado a la doncella Ynés (los vecinos de la villa están convencidos de ello, lance que despierta el temor general), profiere amenazas hacia sus cómplices en hechicería, encaminadas a prevenir las denuncias y castigos, que, según presume, han de llover sobre ella: si la llevan a la Inquisición, arrastrará a otras.[85] Ella también logra su propósito pues, no pudiendo ser respetada o querida como cualquier vecina, ni siquiera necesaria como la Duarte, es temida, lo que equivale a ganarse cierta clase de deferencia. En realidad, la Duarte y Mari Vázquez son las dos caras de una misma medalla: una presenta un personaje amistoso, servicial, que inspira cierta compasión despectiva; otra, figura negativa, agresiva y temible. Ambas mujeres actúan solitarias; los medios que emplean son reales, y los efectos, resultado de sus actividades, son unánimemente atestiguados. Sus situaciones objetivas, una española venida a menos y una negra venida a más, las ha llevado, sin lugar a dudas, a elegir vías aparentemente opuestas y en realidad complementarias.

Las mestizas y castizas optan por otra solución que parece menos drástica: despertar el interés y el temor de los vecinos fingiendo que participan en acontecimientos asombrosos, como juntas diabólicas, pues también la repulsión y el pavor pueden engendrar cierta clase de respeto hacia quien no vacila en intervenir en ceremonias tenebrosas. En consecuencia, las brujas acusadas por la voz pública de entregarse a semejantes manifestaciones no hacen nada por disculparse; son las primeras en propiciar los cuentos que cunden al respecto. Los hijos de Ynés García, ya lo vimos, difunden felizmente la noticia de las peregrinaciones aéreas de su familia; la Duarte publica sus habilidades para realizar vuelos nocturnos; en el transcurso de una riña, Leonor de Villarreal reprocha pú-

[84] Véase *supra*, nota 52 de este capítulo.
[85] AGN, Inquisición, vol. 278, f. 129; relata Agustín Muñiz que "abrá veinte días que le contó Ana de Silva, tía de su mujer Marta de Hortega, que Mari Vásquez negra, dijo que si la acussasse a la Inquisición, pagaría su pecado, y cada una el suyo". También fray Diego Muñoz escribe a sus superiores que, "Demás de lo que se prueba, es muy corriente en la villa la voz y opinión de ser tenida por hechizera, y ha dado de cosa sustancia, y la an oydo amenazar que si la llevan al Santo Oficio, ha de arrastrar a otras tras sí". *Cf.* vol. 278, f. 156, sin fecha.

blicamente a Catalina Rodríguez ser "su enemiga porque no quería ir con ella a besar el rabo al cabrón".[86]

Muestran ser asimismo conscientes del carácter ilusorio de sus supuestas hazañas y, detalle interesante, de la meta que persiguen: Ynés García proclama que no es menester declarar ante el Santo Oficio, pues lo que cuentan de ellas "ni es descomunión ni es nada, sino por espantar nomas".[87]

Estas mujeres de casta se hallan en una situación marginal, si las comparamos con Ysabel Duarte y Mari Vázquez; juntas elaboran una fábula inspirada en la tradición europea, que cumple a medias con su propósito. En efecto, la Celaya de 1614 no es el País Vasco de Pierre de Lancre y el comisario del Santo Oficio encargado de llevar a cabo las diligencias se parece más a Salazar y Frías que a Delrío; los rumores inquietantes que en otra parte podían, por las mismas fechas, encender hogueras, no encuentran eco en el sesudo fray Diego Muñoz, quien se limita a refunfuñar, escribiendo a la jerarquía de México que "he ocupado más de quince días sin poderse excusar el oyr aunque sean impertinencias, pues de aver oído emana el saber y verificar".[88] "Impertinencias", a esto se reducen las fantasías peligrosas que iban a despertar el temor de la villa y atraer hacia las mestizas la atención que se les negaba por los cauces normales.

En verdad, el inquisidor Salazar y Frías ya había subrayado en 1611, en su tan notable informe al Supremo Consejo de la Inquisición, que

> no he hallado siquiera indicios de los cuales inferir que haya ocurrido realmente un solo acto de brujería... Este esclarecimiento ha fortalecido sobremanera mis antiguas sospechas en el sentido que de los testimonios de cómplices, sin prueba exterior de otras personas, son insuficientes para justificar siquiera el encarcelamiento... También abrigo la certeza de que en las actuales condiciones no hay necesidad alguna de nuevos edictos ni de prolongar los existentes; por el contrario, en el estado de enfermedad de la mentalidad pública, todo lo que se haga removiendo el asunto es perjudicial y aumentará la extensión del mal. Deduzco la importancia del silencio y la reserva por la experiencia de no haber existido brujas ni embrujados hasta que se habló y escribió de ello.[89]

El 28 de enero de 1617, varios años después de los dramáticos acontecimientos de Logroño, don Alonso de Salazar y Frías resume

---

[86] Véase *supra*, nota 76 de este capítulo.
[87] AGN, Inquisición, vol. 278, f. 179, Testimonio de Mencia Meléndez, 27 de octubre de 1614.
[88] AGN, Inquisición, vol. 278, f. 165, 23 de octubre de 1614.
[89] Henry Lea, *History of the Inquisition of Spain*, vol. IV, pp. 233-234.

contundentemente su pensamiento al afirmar: "de la disimulación ha nacido quietud".[90]

Aunque sea muy poco probable que para octubre o noviembre de 1614 el Tribunal de México recibiera de la Suprema instrucciones en este sentido, es obvio que las autoridades inquisitoriales de la Nueva España compartían esta misma actitud. De todos modos, un documento escrito por los años 1640 (no está fechado) de puño y letra del doctor Juan Sáenz de Mañozca y para uso de los ministros del Santo Oficio, atestigua una opinión similar, al dejar bien aclarada la manera como proceder en casos de brujería.[91]

Génesis y causas profundas del incendio: efectos y daños por las modificaciones en el equilibrio de una comunidad

En Celaya los acontecimientos parecen haber sido desencadenados por una torpeza inicial: el familiar que fungía, entonces Pedro Núñez de la Roxa, era acaudalado, pues se sabe por su testamento que sus bienes le producían 3 800 pesos anuales;[92] entorpecido en sus negocios por la Mesta, solicitó la protección del Santo Oficio invocando su calidad de familiar.[93] Pero, para lograr mayor seguridad

[90] AHN, Legajo 1679, núms. 2 y 4 bis, "escrito del padre Diego de Medrano, jesuita, sobre la brujería en Viscaya", 12 de diciembre de 1616, y respuesta a éste, 9 de febrero de 1617, Madrid.

[91] AGN, Riva Palacio, tomo II. Cf. apéndice 3, Carta del doctor Juan Sáenz de Mañozca.

[92] Luis Velasco y Mendoza, *Historia de la ciudad de Celaya*, pp. 109-111. El testamento de Pedro Núñez de la Rosa, quien murió en 1617, revela que "dejaba todos sus bienes al colegio que se iba a fundar y por lo tanto, los tres mil ochocientos pesos anuales que los mismos bienes producían en labores de trigo y otras pertenencias deberían destinarse al alojamiento y sustento de los colegiales". El familiar que le sigue, Gaspar de Almanza, albacea de Pedro Núñez de la Rosa, da también en 1617 ocho mil pesos para los mismos fines. Cuando muere en 1629, deja sus bienes al colegio. Testimonios éstos de la riqueza de los familiares, que generalmente eran escogidos entre los vecinos más acomodados.

[93] AGN, Inquisición, vol. 301, exp. 8, f. 107; he aquí la carta que acompaña las primeras diligencias hechas por Pedro de la Rosa, encaminadas a conseguir favores: "Por averse ofrecido tan bastante ocasión y de tan gran servicio de Dios Nuestro Señor y de Nuestra Santa Fe Católica, determiné hacer este propio, dando aviso a Vuestra Merced, como aquí me compete el ser sabidor de cosas semejantes que las que en relación envío, que por no tener comisión para enviarlas en forma, las llevan de las suertes que van, las quales Vuestra Merced verá y con su santo celo, considerará y proveerá del remedio que convenga; y el aver echo las escribir de la suerte que van, me animo a considerar que la gente desta tierra están aquí y mañana en otra parte; y porqué las personas que venían a declarar y dar noticia no se fuesen sin hazerlo, y movido de buen celo, me daba ánimo por ver era servicio de Dios, el cual me excusará ante Vuestra Merced si en alguna cosa he exce-

en su propósito, era necesario hacer méritos y se le ocurrió remover las cenizas de una acusación que se remontaba a 1608 y que había entonces reportado a México, pidiendo instrucciones para proseguir el caso; a lo que parece, no hubo respuesta. En aquel documento,[94]

dido, estando siempre muy humilde y sujeto a los pies y corrección de Vuestra Merced en todo y por todo, y como tan christianísimo y celoso de la observancia de Nuestra Santa Fe lo miraran, hago aquí pausa.

Después de haber hecho mi obligación, determiné dar noticia a Vuestra Merced como a tan mi señor y de quien espero ser favorecido como el más mínimo de esta casa y familiar della; aquí vienen algunos juezes de esta ciudad con comisiones de mesta y otras cosas semejantes, y aunque mi título reza me guarden mis esenciones y privilegios que su Magestad nos concede a los familiares, no atendiendo a ello, por tener labor y algún ganado vacuno y yeguas, me destruyen, llevándome excesivas penas; suplico a Vuestra Merced sea yo favorescido en todo aquello que uviere lugar y fuere justo en estos casos, y sea yo aviado de cómo de tan Señor mío en qué me podré valer, y confiado Nuestro Señor, dé a Vuestra Merced su divino amor y con el, acrecentamiento de salud y dignidad que Vuestra Merced merece y sus servidores y criados deseamos." De Salaya, de julio 23, de 1614. Pedro Núñez de la Rosa.

[94] AGN, Inquisición, vol. 283, fs. 273, 274, 275. Aquí, el principio de los acontecimientos de Celaya. Junto con la denuncia original, una carta del familiar Pedro Núñez de la Rosa. Presentamos este documento, a pesar de su extensión, por haber sido el origen de la epidemia hechiceril:

Por ser Vuestra Merced a quien en todas mis cosas es justo acuda como a mi señor y refugio, lo hago en ésta, dando relación a Vuestra Merced cómo abrá veinte días poco más o menos que en esta villa de Salaia, donde soy vecino, cierta persona vecina de la misma me vino a decir cómo avía tenido noticia que unas mujeres de la dicha villa, cinco casadas y dos solteras, se decía eran brujas; y que así me daba aviso a mí, Pedro Núñez, para que como familiar del Santo Oficio hiziese averiguación del caso y remitiéndolo al Tribunal Superior, se castigase un caso de tanto daño para la república; y que para que entendiese era cosa lo referido, presentava el memorial o relación que con ésta va, por el cual verá Vuestra Merced lo que en el dicho caso conviene se haga; y por no tener yo comisión particular ni autoridad para más, no he querido, sin primero dar aviso aar aviso a Vuestra Merced, inovar cosa; y así, suplico a Vuestra Merced la reciba yo en que se remediase este daño, que es ya de mucho escándalo en este pueblo, que del celo santo y de Vuestra Merced espero yo se remediará esto, pues otras cosas de mucho más peso quedan muy llanas y facilitadas en el valor de Vuestra Merced, a quien guarde Nuestro Señor, en aumento de mayor dignidad, Zalaya, (?) de octubre de 1608.

"Un domingo, a los primeros de agosto, que no me acuerdo a cuántos fue, yendo a casa de mi compadre Miguel Ramos a verlo, que estaba en la cama enfermo y su mujer parida, estando en su casa, me dio un mal de madre que me afligía, y ansí tuve necesidad de enviar llamar a Ana Pérez, mujer de Juan Bayardo, persona que se le entiende y sabe curar de esta enfermedad; y estándome curando delante de Lucía de Estrada, comadre, y de Luisa Mateos su madre, aunque ni sé si lo oyeran y estuvieron en ello, me preguntó la dicha Ana Pérez que si era verdad que mi hermano

una tal Beatriz de Medina refería que otra mujer, Ana Pérez, *le había contado* que su madre, Catalina González, le había dicho que Juan Freyle, hermano de la denunciante Beatriz de Medina, *había presenciado* un aquelarre (aunque modesto y escueto) llevado a cabo por las mestizas arriba mencionadas. En esta cadena de personas que se transmiten una supuesta información está toda la brujería, según lo había notado Salazar y Frías en Navarra.[95] Nunca se trata de relaciones directas en primera persona sino de chismes

> Juan Freyle avía encontrado con cuatro brujas: digo que no sé si lo oyeron mi comadre y su madre porque no me lo dixo en secreto sino recio, que si ellas estuvieron en ello, bien lo pudieron oyr; porque a ella se lo avían preguntado si lo avía oydo por nuestro barrio, porque así lo avían oydo por allá donde vive su madre, que fue la que ella se lo avía dicho; a lo cual le respondí que no savía nada ni mi hermano me lo avía dicho; y diciéndole qué era lo que le avían dicho, me respondió que le avía dicho su madre que decían que yendo o viniendo de la labor a deshora, avía encontrado con una mujer arrebozada, de la cual me dijo el nombre y no me acuerdo, y que el dicho Juan Freyle le avía dicho: ¿qué es esto, señora, adónde bueno a esta hora? y que le avía respondido que avía de aguardar allí a unas compañeras suyas que avían de venir allí con ella; y que el dicho mi hermano, de industria, se avía escondido en un corral de Ramírez Belvis y avía visto venir otras tres, que era la una Juana Rodríguez, la mujer de Alonso Sanctos y la otra, su hija, la de Blanco, y la otra, la bonita de mi cuñadas; y yo le dije: ¿quién?, y ella me respondió: la de mi hermano Francisco Pérez; y yo le dije: ¿pues también sabe desto? y me respondió: dola a los diablos, pues ¿ella no me mató un hijo con un tecomate de chocolate?, que su sangre está clamando delante de Dios, y a cada día pido justicia a Dios contra ella; y que desque se junta con todas cuatro, se avían metido debajo de un árbol muy copado, y estaba allí un cabrón muy grande con la cola alzada, y que cada una le iba a besar y que a cada beso que le davan, dava una vuelta alrededor muy contento; y que mi hermano avía estado muy atento a todo y las avía amenazado que las avía de acusar; entonces le pregunté muy de veras que quién se lo avía dicho, y ella me respondió que su madre, que ansí lo avía oydo en su barrio.
>
> Ansimismo, me dijo la dicha que yendo el hijo de Francisco Ramírez Belvis a buscar quien le curara de una enfermedad de achaque de unos hechizos que le dieron, fue a casa de la Pastelera, la cual le dixo que sí le curaría, mas que para haberlo de curar, había de estar escondido cuatro días, y que no supiesen dél, y que lo havía escondido en su aposento, y que andando buscándolo su mujer, la madre del mozo la desvelaba, diciéndole que era ido a Guazindeo; y que una noche de las que estuvo escondido, vino un hedor de piedra azufre, y que la Pastelera se previno de ruda que dicen es hierba contra las brujas; y que con todo esto, otro día de mañana, había venido su mujer y dicho: ¿para qué me niegan a Marcos Ramírez? ahí lo tienen escondido en casa de la Pastelera; y que decía que en la casa o calle que hediese a piedra de azufre, que eran las brujas que andavan, que se previniesen de ruda, porque era hierba contra ellas y no podían, donde havía ruda, usar de hechicerías; todo lo cual me dijo estándome curando como tengo dicho. Beatriz de Medina."

[95] Julio Caro Baroja, *Inquisición, brujería y... op. cit.*, passim.

aumentados por cada comentarista, que cunden y alborotan a pueblos enteros. Ya en 1608, la principal responsable de la calumnia inicial, de donde se derivan los acontecimientos de 1614, resultaba ser Catalina González, puesto que Juan Freyle desmintió enérgicamente ante la autoridad inquisitorial haber presenciado el famoso aquelarre, y llegó incluso a acusar a su hermana Beatriz de Medina de ser mentirosa y malintencionada.[96]

La tal Catalina González es, como la Duarte, española, viuda y cincuentona, y la numerosa familia que regenta es representativa de este sector intermedio, incómodo entre los ricos Hernández, Soto y los humildes Vargas Patiño, por ejemplo. Sus hijos tienen posiciones mediocres: una hija, Ana Pérez, la que difundió los chismes urdidos por su madre, es conocida por curar mujeres que padecen mal de madre: oficio útil poco prestigiado en aquella sociedad. Recordemos que un hijo suyo, Francisco Pérez de Lemos, *el Judas*, está casado con la mal afamada castiza y pública pecadora Catalina Rodríguez. Catalina González odia a ésta su nuera, quien representa, sin lugar a dudas, los peligros que se ciernen sobre ella y su familia: el desliz sexual público, la tentación de la hechicería y brujería, el desdoro de la casta y sus consecuencias, y la deshonra y el

---

[96] AGN, Inquisición, vol. 278, f. 190, sin fecha. Juan Freyle se expresa en estos términos: "residiendo el susodicho en una labor que está fuera desta villa tres quartos de legua, yba y venía unas veces de noche y otras de día; y que un día de fiesta, después de aver oido missa en esta villa, fue a ver a su madre y a una hermana suya, que ya es difunta; y la dicha hermana preguntó a este dicho declarante: ¿qué es esto, hermano, que dizen que vido la otra noche yendo a la labor o viniendo, que dizque encontró dos mujeres fuera desta villa, que eran brujas? y este declarante le respondió que él no sabía nada ni avía visto nada; a lo cual respondió la dicha su hermana que yendo un día ella y su madre a visitar a la mujer de Luis Hernández, le dio mal de madre a una dellas y enbiaron a llamar a Ana Pérez, mujer que fue de Juan Bayardo y de presente lo es de Francisco Hernández, vecino desta villa; y que estando curando la dicha Ana Pérez a la que estaba enferma, dixo la dicha Ana Pérez a la dicha Beatriz de Medina, hermana deste declarante: ¿qué es esto que vido el señor Juan Freyle su hermano, de noche, yendo a la labor, que dizque topó a deshora fuera desta villa dos mujeres y les habló y preguntó dónde bueno iban a tales horas? y que ellas le respondieron que iban a esperar a otras compañeras, y que el dicho Juan Freyle avía pasado adelante y se paró debajo de un árbol de mezquite, y que vido que se avían juntado otras dos o tres mujeres más con las que encontró, a las cuales se les puso delante un cabrón, y que las dichas mujeres se arrodillaron al dicho cabrón y besándole en el rabo; y que las susodichas mujeres estaban temerosas de que el dicho Juan Freyle las avía visto y las avía de descubrir; y este declarante respondió a la dicha su hermana que le contó todo esto, que era maldad y mentira, que él no avía visto cosa alguna de las dichas, y que tuviesen cuenta con lo que avían dicho, porque este declarante avía de dar noticia de ello al familiar del Santo Oficio para que se castigase semejante maldad, y la dio entonces". Compárese este testimonio con el de la hermana del declarante, Beatriz de Medina, cinco años antes.

escarnio. Estos peligros amagan tanto más cuanto que la propia Catalina González empieza a estar comprometida: en 1614, varias declarantes la denuncian, y descubrimos que también ella trae consigo objetos sospechosos,[97] pide sustancias tan inequívocas como huesos de difuntos [98] y es una de las dos mujeres de la villa que tiene el poder de hacer callar a la misma Mari Vázquez, lo que revela una segura complicidad.[99] De ahí la cantidad, variedad y virulencia de chismes que propala, con predilección por el género esperpéntico.[100] Para los cuentos más venenosos suele protegerse detrás de una autoridad: Catalina Rodríguez revela que su suegra le contó que el alguacil Alonso de Silva había sorprendido a varias mujeres de noche en el cementerio, arrancando dientes de difunto con la ayuda de tenazas, y que les había quitado el instrumento; en su declaración, Alonso de Silva no dice nada semejante desde luego, y sólo se refiere al cuento venido a sus oídos gracias a una mulata, Leonor Rosales.[101] Otro ejemplo de inconsistencia y del origen más que

[97] AGN, Inquisición, vol. 278, f. 137; Cuenta Ana Benítez que "abrá como seis años que estando en conversación en esta villa con Catalina González, viuda, le sacó de la manga de la turca (sin que ella lo sintiese), entendiendo era cosa de comer, un pañuelo en que estaba atada una rosa grande amarilla (que no conosció), y también un palillo blanco y unos huesezuelos como de casco de gallina, y los mostró a Magdalena de Rosas, su madrastra, y a Lucía, yndia ladina; y su madrastra tomó el paño y lo puso tras un petate", 25 de octubre de 1614.

[98] AGN, Inquisición, vol. 278, f. 526; habla Catalina de Quadros: "abrá como quince años que hallándose en un entierro en la yglesia del Señor San Francisco desta villa, le dixo una mujer (que es ya difunta), llamada Beatriz de Medina, que otra que estaba a sus espaldas, que se dize Catalina González, viuda de Pablos Pérez, avía pedido a un indio mexicano de los que ayudavan a enterrar, un hueso de los que avían sacado de la sepultura", 27 de octubre de 1614.

[99] AGN, Inquisición, vol. 278, f. 368; Vasco Sánchez Vadillo refiere que "abrá un mes que Juan Rubio, vecino desta villa, le dixo en San Luis Potosí que la negra Mari Vázquez le avía dicho que solas dos mujeres de la villa le podían hacer callar, la Rosa, mujer de Benítez, y Catalina González, la de Pablos Pérez", 4 de noviembre de 1614.

[100] AGN, Inquisición, vol. 278, f. 460; declara largamente Catalina Rodríguez "que asimesmo riñendo su suegra desta dicha declarante con Juana Rodríguez, difunta, la llamó la dicha su suegra a la dicha Juana Rodríguez de hechicera, y que le avían quitado un muerto que le traya a cuestas la dicha Juana Rodríguez, y lo avían depositado en el Convento del Carmen...", 24 de noviembre de 1614.

[101] AGN, Inquisición, vol. 278, f. 100v.; Alonso de Silva da la versión siguiente: "oyó decir a Leonor Rosales que una noche, yendo rondando Bernabé Hernández, vecino desta villa, siendo alcalde ordinario della, que avía hallado unas mujeres en el cementerio de San Francisco cavando una sepultura de un difunto y sacando huesos della; y que el dicho alcalde las riñó y echó de allí..." Se puede apreciar la cadena de testimonios invocados para autorizar hechos inverosímiles, siendo aquel del poderoso Hernández de mayor peso, según los vecinos; huelga decir que Bernabé Hernández no refiere nada

dudoso de una fábula que, sin embargo, se propaga con la mayor facilidad. La fuente de estos chismes, de frágil fundamento y que en otras circunstancias podrían ser tan dañinos, es Catalina González; logra a nivel personal algo semejante, al fin y al cabo, a lo que busca una Mari Vázquez: ser tomada en cuenta y hasta temida, pero aquí gracias al poder destructivo de sus calumnias.

Así las cosas, y movido por el oportunismo y su notable estrechez mental, Pedro Núñez de la Roxa determina aprovechar el clima de desconfianza creado en la villa alrededor de unas cuantas fantasías y, sin tener licencia para ello, desconociendo las formas que se siguen en casos semejantes (lo que nos explica las deficiencias informativas que afectan esta serie de primeras denuncias, señaladas a principios del presente estudio), empieza en julio de 1614 a reunir declaraciones, lo que va a encender a la población; procediendo así al revés de lo que acostumbraba el Santo Oficio, que procuraba evitar la publicidad. Muy ufano, el familiar manda el resultado de sus diligencias a la capital, junto con una carta que es todo un parangón de servilismo y galas ramplonas, encaminadas a conseguir sus fines materiales, la protección del Tribunal para sus negocios. No parece que México haya recibido aquellas noticias con beneplácito, pues hay indicios claros de que Núñez de la Roxa fue culpado, aunque no fue posible averiguar el motivo.[102] De hecho, se manda en seguida al comisario fray Diego Muñoz, primer provincial criollo de la orden franciscana y que muestra haber sido varón de dotes excepcionales; a pesar de su edad, desempeña sus funciones con suma energía (recordemos el ritmo impresionante de las denuncias que recibe ciertos días de octubre y noviembre) y sobre todo con clarividencia, buen sentido y una amplitud intelec-

semejante. Su hermano Raphael da una versión de lo que ocurrió realmente y que dista mucho de la presente, por supuesto.

[102] AGN, Inquisición, vol. 308, f. 329; escribe fray Diego Muñoz a México: "en relación de la causa de Pedro Núñez de la Rosa, familiar del Santo Oficio, va espresado todo lo ocurrido en razón della y conclusas en definitiva, como Vuestra Señoría manda; y tengo por cierto (según su vejez y enfermedad), que si Vuestra Señoría no se sirviera usar con él de equidad y gracia, relevándole de parecer personalmente, fallesciera en el camino; y ha sentido y siente mucho aver errado en lo que tanto deseó acertar, y le consuela aver sido ignorancia y creerse con facilidad de quien le engañó; desea el fin de su negocio y le espera bueno, fiado en su ynocencia y en la misericordia de Vuestra Señoría; hombre es de posible, y su llaneza y sinceridad la que he certificado y dizen todos los testigos.

"La notificación de la sentencia podría hazer, siendo Vuestra Señoría servida, el escribano que ha sido de la causa, Juan de la Cruz Saravia; y si acaso huviese condenación pecuniaria, bastaría mandar al Pero Núñez que dentro del término que se le señalase, lo haga exibir y entregar a quien Vuestra Señoría ordenare, en que terná puntualidad, que la tiene grande y en tratar verdad. Guarde Nuestro Señor a Vuestra Señoría, con aumento de su divina gracia. Salaia, 21 de febrero, 1615. Fray Diego Muñoz."

tual realmente asombrosa. Su correspondencia con la jerarquía de la capital, en la que a menudo expresa sus opiniones personales con respecto a los acontecimientos que está investigando y los actores que participan en ellos, lo atestiguan. Nota cómo la novedad de la lectura del edicto de la fe ha conmovido la gente popular de todos colores a dar noticia", limitando así el alcance de los hechos hechiceriles a un sector social bien definido, el popular; [103] efectivamente, como ya lo vimos, las familias más conocidas quedan fuera del escándalo y las pocas familias ricas que se hallan inmiscuidas lo fueron a través de las mujeres que aparecen como clientas y de ninguna manera como participantes activas; cuando se autodenuncian lo hacen para lograr mayor indulgencia por parte de la Inquisición. Por tanto, las hechiceras declaradas pertenecen sin excepción a grupos marginales y de ínfima relevancia social; mientras las que denuncian a los demás, salvo unas cuantas esclavas que aprovechan la oportunidad para perjudicar al ama, vienen del sector intermedio, el mismo que propala los chismes iniciales; sector ampliamente comprometido en realidad con el anterior y que lucha por no quedar confundido con él. (Figs. VII y VIII.)

En la misma forma, fray Diego Muñoz pondera la responsabilidad de los dos grupos étnicos mayores y culpa rotundamente a los españoles de aprovechar a los indígenas, punto que queda claramente establecido por el estudio de las declaraciones.[104]

[103] AGN, Inquisición, vol. 278, f. 165.
[104] AGN, Inquisición, vol. 278, f. 187; Fray Diego Muñoz advierte que "en lo tocante en querer saber y que parezcan cosas ocultas y descubrirlas por las suertes del maíz y bebiendo el peyotl, es cosa muy usada en Salaia, y muy necesario remedio preservativo y prohibitivo; que aunque las más veces son yndios los actores, los españoles se aprovechan dellos; y como es cosa derivada de su gentilidad, es también verisímil aver en ello pacto implícito o explícito con el demonio y verificarse con que la raíz del peyotl tomada por medicina (que lo suele ser para asma y otras enfermedades), no hace el efecto de privar de sentido ni ver visiones, como cuando la toman para los fines dichos; y es también evidente que el pacto con el demonio hace mover a los maizes en el agua, y el pronunciar palabras sanctas, claras y distintas al principio sin recelo, y después hablar con él y recetarse sobre las suertes de manera que no se entienda ni perciba, y moverse entonces los maízes por sí mesmos, haciendo cerco y juntándose y apartándose, da todo a entender pacto con el demonio; y en faltando en Salaia cualquier cosa, (hasta los gachupines recién venidos de España, para que parezca al uso de la tierra), van luego a hacer tomar el peyotl a los indios, o que se echen las suertes de los maízes".
También nota fray Diego Muñoz, a propósito de *la Junca,* que "en la declaración que hace del caso de las suertes de Fabián de Oviedo, va desviando el cuerpo, disculpándose y culpando a un yndio Pantaleón, al cual (presumo), debieron tomar los dos por cabeza de lobo para atribuirle la culpa y zafarse, como se sabe que el Santo Oficio no procede contra los indios. Examinéle y testifica aver echado la Junca las suertes, y esto es más verisímil por lo

La actitud del Santo Oficio

Tres meses más tarde, en febrero de 1615, México dicta las sentencias: 29 represiones, de las que ocho son dadas con la mención "ásperamente" o "gravemente". Algunas no se podrán llevar a cabo por estar ausentes los culpables o haber fallecido; tal es el caso de Ana María *la Pastelera*, a quien nadie había denunciado pero que había parecido suficientemente comprometida para ser sentenciada a represión. La lista de represiones (apéndice 4) llama la atención por varios motivos: de las seis hechiceras o brujas denunciadas por numerosas personas, sólo una será llamada a castigo, y por delitos de superstición, sin que se aluda siquiera a los actos de hechicería que le reprocha la voz pública.[105] En enero de 1615, el Santo Oficio pidió un suplemento de información acerca de Ysabel de Aguilar, Ysabel Duarte de la Cruz *la Junca*, Leonor de Villarreal, lo que indica que el material reunido hasta la fecha no debió de parecer suficiente para dictaminar sentencia alguna.[106] Si Mari Vázquez no está incluida entre las que reciben una represión, se puede suponer que sigue aún fuera de la villa, o, lo que es más probable, que no se le considera culpable de lo que la acu-

---

que della está testificado, y no ser notado el indio de hechicero, y siendo (como es), de nación tarasco, no se inclinan a ello, y de fray Sebastián Alemán, su guardián que lo conoce y trata de ordinario y le abona; y sirve de cantor en la yglesia, y no se a sabido dél cosa que toca a hechicero..." *Cf.* vol. 278, f. 201.

[105] AGN, Inquisición, vol. 308, f. 404; se reprende a Ynés García el 10 de febrero de 1615 por los motivos siguientes: "por aver recibido de Mari Vázquez, negra, un palillo que le dio diziendo que se untase con el los labios, y que la querría todo el mundo; y lo comunicó a una comadre suya, dándole el palillo, y lo arrojaron, no haciendo caso dello; y de aver recibido y comunicado a su comadre, se acusó como dicho es y pidió misericordia".

[106] AGN, Inquisición, vol. 484, f. 238; México pide más informaciones: "las testificaciones contra Ysabel Duarte la Junca se an visto y quedan acá. Si alguna otra más resultare tocante a ella, se nos enviará aquí mesmo. Dios guarde a Vuestra Reverencia. México, 15 de enero de 1615."
"Con ésta se vuelve a Vuestra Señoría la testificación de Marcos Ramírez tocante a Ysabel de Aguilar, su mujer, para que luego examine a Francisco Ramírez y a María de San Miguel, mulata, por lo que en ella dice el dicho Marcos Ramírez saben contra la dicha Ysabel de Aguilar su mujer; y echa esta diligencia, se nos envisrá con esta carta por cabeza. Dios guarde a Vuestra Reverencia. México, 15 de enero de 1615."
"En este Santo Oficio, se a visto la deposición de Germán de Rentería contra Leonor de Villarreal, mestiza y se vuelve a Vuestra Reverencia con ésta, para que con la brevedad que tuviese lugar, examine a Ana Catalina González, mujer de ?, en razón de lo que en ella dize, que la dicha Leonor de Villarreal, mestiza, avía ido a dormir una noche a su casa, y untándose unos ungüentos y convertídose en figura de papagayo, y que avía salido volando y por la mañana, la avía visto toda acardenalada; y hecho esto, se nos volverán con esta carta original en México, ut supra".

san los vecinos; principalmente, la muerte de la doncella Ynés. Pero, si aquellos que aparecen unánimemente como culpables no son castigados, ¿quiénes lo son? Esencialmente, los que usaron hierbas, polvos, sustancias y procedimientos para amansar, descubrir, encontrar, o sea los clientes de las hechiceras, y más si acudieron a indígenas. En esto el Tribunal no tiene miramientos para la condición social y vemos a Ysabel Gutiérrez, la minera de San Luis Potosí; a Catalina González (viuda de Gonzalo Díaz, que nada tiene que ver con la Catalina González viuda de Pablos Pérez y fuente de los chismes de Celaya), acompañada por sus seis hijas, "de lo más honrado del pueblo",[107] agachar la cabeza ante el comisario que las reprende. La arrogante Ysabel de Aguilar (también Díaz por nacimiento), esposa del ex alcalde Raphael Fernández, merece incluso la mención "ásperamente". Pero vemos asimismo a la pobre mestiza apremiada por la pobreza y la pereza de su marido; Agustina Franco, las esclavas Leonor de Chávez, Ynés María, el labrador de maíz Luis Sánchez, para citar unos cuantos, individuos cuya condena es significativa. Francisco Puntilla, el negro curandero, es llamado y reprendido por embustero; se advierte a su amo el obrajero que lo vigile e impida ejercer sus "enrredos", pues es responsable de él;[108] la viperina Catalina González es reñida, ya que ella también pidió, tiempo atrás, hierbas a un indio para amansar a su marido. Pascuala de Silva, que tiene motivos para ganarse la indulgencia, y de hecho se la gana por parte de fray Diego Muñoz, tiene la misma suerte.[109]

[107] AGN, Inquisición, vol. 278, f. 223; fray Diego Muñoz escribe: "las siete acusaciones inclusas son de Catalina González, viuda de Gonzalo Díaz, y de seis hijas suyas. La de la madre se comprueba con el dicho de Pedro Hernández de Uribe, su compadre, aunque difieren mucho en el tiempo; y él como hombre y de más entendimiento, se debió de acordar mejor que ella. Es mujer de hedad y sincera con sus hijas, de lo más honrado del pueblo, y se acusaron con demonstración de pesar y arrepentimiento, special la Ana de Aguilar, mujer de Francisco Brabo, que no trató de escusarse; la Ysabel de Aguilar es mujer de Raphael Hernández, que ha sido alcalde ordinario y de la Hermandad. Todas estas mujeres y las que más se acusaron, mostraron cristiandad y temor a las censuras y obediencia y respecto a los preceptos del Santo Oficio, y es lástima cuán introducidos están en la villa los abusos de que se acusan", sin fecha.
[108] AGN, Inquisición, vol. 278, f. 229, "por embustero, reprehensión grave; y avísanle le darán doscientos azotes si vuelve a estos embustes; y a su amo, se le mande no le consienta curar ni hacer las cosas que hace de enredos", represión del 10 de febrero de 1615.
[109] AGN, Inquisición, vol. 305, expediente II, sin foliación: "Pascuala de Silva, que también ha de ser reprehendida, reside siete leguas desta villa de Celaya, en la de Salamanca, y por estar al presente el marido (que es tenido por mal acondicionado y que la maltrata), no la he llamado; la reprehensión désta (dando Vuestra Señoría permiso), cometeré a religioso puntual y prudente", sin fecha.

Sin embargo, no todo queda claro: ¿por qué no aparecen en la lista de represiones los nombres de Fabián de Oviedo, que pidió a *la Junca* echase la suerte de los maíces para alcanzar los favores de una mujer que lo iba abandonando, o María de Torres, que se valió de hierbas para amansar a su marido y tiene una fama algo turbia, y tantos más que no se quedaron a la zaga de aquellos que fueron llamados para ser reñidos?

Empero, lo que trasluce muy nítidamente de las decisiones del Santo Oficio respecto a los acontecimientos de Celaya es lo siguiente: no hay la menor prueba de procesos. Obviamente, según el criterio de las autoridades inquisitoriales, la materia hechiceril, por lo menos en la forma que toma en Celaya, no merece el ruido de un proceso. (Bien es cierto que, como es sabido, la Inquisición de Nueva España, siguiendo el ejemplo dado por la metrópoli, entabló relativamente pocos procesos a brujos y hechiceros, los reservaba para asuntos o delitos mayores, como los de herejía, por ejemplo.)

La brujería no encuentra crédito en los inquisidores: ni una represión por participar en un aquelarre. Más bien se castiga a los participantes efectivos en acontecimientos reales y que proceden más bien de la superstición.

Las denuncias no son tomadas al pie de la letra y las represiones son, las más de las veces, dictadas sobre la base de autodenuncias, lo que indica que la Inquisición, consciente del papel de desahogo social que desempeña en aquella época, es capaz de ponderarlo y de restablecer, en la medida de lo posible, la realidad de los delitos.

Las llamadas brujas y hechiceras son vistas como seres humanos dentro de un contexto objetivo;[110] también hay indicios claros de que el Tribunal, igualmente consciente del papel que se ven obligadas a desempeñar en la colectividad, lo aquilata, y tiende a castigar antes a quienes recurren a ellas que a ellas mismas.

En fin, si el Tribunal es respetuoso del juego social,[111] no vacila

---

[110] AGN, Inquisición, vol. 278, f. 200. He aquí el parecer de fray Diego Muñoz acerca de *la Junca*: "esta mujer es tenida por algo menguada, mas no de manera (a lo que advertí y me informé), que le falte juicio y dar razón para satisfacer a lo que se le pregunta; de que infiero no peca de ignorancia, y años atrás (se dice por público en la villa), averla castigado el ordinario en pena pecuniaria por hechicera".

[111] AGN, Inquisición, vol. 305, expediente II, sin foliación; fray Diego Muñoz escribe a propósito de un caso acaecido en Querétaro: "La (represión) de Ana Sánchez, mestiza vecina de Querétaro (por más recato y secreto, que sus hijas están casadas con lo mejor del lugar), podrá dar fray Domingo Macías, de la Orden del Señor San Francisco, predicador y vicario de las monjas, religioso prudente; y le enviaré el recaudo, en teniendo el permiso de Vuestra Señoría".

en penar a personas de condición relativamente alta, sobre todo si han comprometido a indígenas y dado ejemplos reprensibles.

Conclusión

En resumidas cuentas, ¿qué alcance tuvieron los acontecimientos de Celaya para la comprensión de la sociedad novohispana?

Una comunidad de españoles empieza a convivir allá por el año 1571, rodeada de grupos indígenas, negros y de casta; al correr de los años, surgen inevitables diferencias sociales, pues algunos vecinos logran alcanzar varias mercedes de tierras. La fecha de 1606 refuerza considerablemente este proceso ya que se reparten un total de 53 mercedes (o sea unas 2 000 hectáreas), viéndose entonces varias familias dueñas de extensiones importantes de tierras. Obviamente, la comunidad debió de haber sufrido cambios internos, con la consecuencia de una diferenciación social cada vez más patente. En este clima de desajuste en las condiciones económicas y en las relaciones sociales, brota la primera denuncia en 1608, tan sólo dos años después del gran reparto de mercedes. En la Celaya de 1614, rincón apartado del Imperio donde triunfa la Contrarreforma, es inconcebible que la insatisfacción relativa de un grupo reducido se exprese por los cauces mayores de la oposición religiosa, como ocurre en algunas regiones europeas. Esta insatisfacción no tiene siquiera un carácter de clase, lo que podría conferirle un sello de violencia o, por lo menos, de radicalismo; en efecto, el sector resentido forma parte, pese a todo, de la sociedad de los españoles, aunque sea el sector más pobre del grupo dominante, siendo aquí los oprimidos los indígenas, los negros y la gente de casta.

El resentimiento se expresa entonces por las vías menores, aunque heterodoxas, de la hechicería y de la brujería. Esta reacción no es peculiar de Celaya: Alan Macfarlane nota en su interesante estudio que, en sociedades rurales como la campesina inglesa entre 1560 y 1650, el ascenso socioeconómico de un grupo privilegiado lo lleva ante una alternativa: seguir con los patrones tradicionales, que consisten en ayudar a los individuos que se quedan a la zaga del camino (mujeres ancianas desvalidas por lo regular pero que no caben dentro del sector más pobre) u optar por una actitud individualista, más conforme a la nueva situación, e invertir en tierras y negocios personales. Quienes quedan entonces al margen de la evolución, abandonados de hecho por los poderosos, aparecen como elementos afines a la brujería y a la hechicería.[112]

[112] Alan Macfarlane, *Witchcraft in Tudor and Stuart England: a regional and comparative study*, Harper and Row, 1970, XXXI, pp. 205-206. "Firstly, it seems that population growth and changes in land ownership created a group

Ya vimos cómo los acontecimientos de Celaya tomaron el derrotero señalado: la coincidencia del interés particular del familiar Pedro Núñez de la Roxa con los conflictos latentes entre vecinos, que se venían formulando a través de los patrones de la hechicería y de la brujería.

Tenemos la seguridad de que, de haber faltado la chispa del móvil personal de Núñez de la Roxa, no hubiera estallado la crisis; lo más probable es que los informes mandados por él no hubieran hallado eco en el Tribunal de México, como pasó tantas veces. Pero, por otra parte, no hay duda de que para que se pueda dar una verdadera ola de denuncias contra brujos y hechiceros (y no casos individuales aislados, por interesante que sea su estudio pormenorizado) es preciso un trasfondo no forzosamente de crisis económica sino de cambio profundo de la situación socioeconómica de un grupo determinado: éste es el caso de Celaya, en pleno crecimiento a principios del siglo XVII y con desajustes respecto a la situación que había privado hasta entonces. En este sentido, el teatro inquisitorial refleja fielmente estos movimientos y reajustes profundos, como se puede ver nuevamente medio siglo más tarde a algunos centenares de kilómetros de allí, hacia el sur, en Tepeaca.

of poorer villages whose ties to their slightly wealther neighbours became more tenuous. People increasingly had to decide whether to invest their wealth in maintaining the old at a decent standard of living or in improvements which would keep them abreast of their yeomen neighbours... This was the period of witchcraft accusations. People still felt enoined to help and support each other, while also feeling the necessity to invest their capital in buying land and providing for their children. The very poor were not the problem. They could be whipped and sent on their way or hired as labourers. It was the slightly less afluent neighbours or Kins who only demanded a little help who became an increasing source of anxiety". [Al parecer, el crecimiento poblacional y los cambios habidos en la tenencia de la tierra crearon grupos de aldeanos más pobres cuyos lazos con sus vecinos más ricos se fueron debilitando con el tiempo. Poco a poco la gente se veía en la disyuntiva de gastar su dinero en proporcionar un nivel de vida digno a los ancianos o en mejorar su situación individual para colocarse por encima de los pequeños terratenientes vecinos... Éste fue el periodo en que proliferaron las acusaciones por brujería. La gente aún sentía el llamado a apoyarse unos a otros pero también la necesidad de comprar tierras y mirar por sus hijos. Los muy pobres no representaban ningún problema: a ellos se les podía azotar, abandonar o contratar como obreros agrícolas. Eran los vecinos o parientes ligeramente menos ricos, que sólo requerían un poco de ayuda, quienes se convirtieron en un creciente motivo de angustia.]

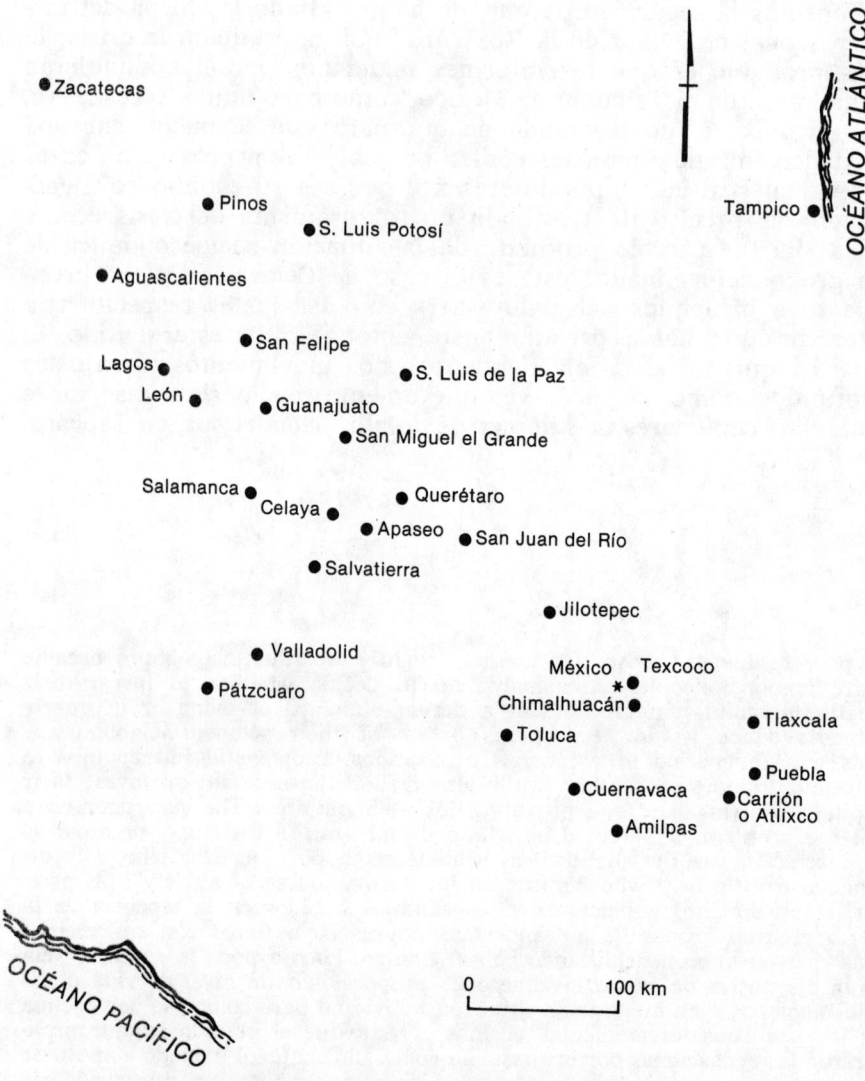

MAPA I. *Zona central y ruta hacia el norte.*

Apéndice 1

MERCEDES DE TIERRAS Y AGUA DE RIEGO. CELAYA, 1574-1615

Favorecidos	Caballerías	Suerte de tierra	Huertas	Solares para casa o molino	Estancia	Días de riego	Año
Francisco Aguilar	5						1574
Francisco Arias	2						
Cristóbal Benítez	2						
Villa de Celaya	2						
Frutos Delgado	2.5						
Cristóbal del Olmo	2.5						
Juan Díaz	2.5						
Gonzalo Díaz	2.5						
Sebastián Díaz	2.5						
Vasco Domínguez	2.5						
Baptista Figueroa	2.5						
Juan Franco	2.5						
Juan Gallego	2.5						
Alonso García	2.5						
López García	2.5						
Gonzalo George	2.5						
Alonso Gutiérrez	2.5						
Martín Hernández	4.5			2			
Pedro Hernández	5						
Juan Ibáñez	1						
Juan Jerez	2.5						
Miguel Juan	2.5						
Alonso Muñoz	2.5						
Miguel Muñiz	2.5						
Pedro Orive	2.5						
Martín Ortega	1						
Gonzalo Peinado	2.5						
Diego Pérez	2.5						
Francisco Ramírez	2.5						

Favorecidos	Caballerías	Suerte de tierra	Huertas	Solares para casa o molino	Estancia	Días de riego	Año
Juan Sahagún		1	1	1			
Miguel Sánchez	2.5						
Pedro Sánchez		2					
Domingo Silva		2					
Bartolomé Urdiña	2.5						
Gonzalo Díaz	1						1575
Martín Hernández			1	1			
Cristóbal Benítez			1	1			1576
Martín Hernández	2.5	1	1	1			
Pedro Hernández				1			
Miguel Juan	1						
Cristóbal Sánchez		2		1			
Pedro Téllez	1						
Domingo Montoya	2	1		1			
Alonso Díaz	2.5						1577
Martín Hernández	2		1	1			
Luis Reyes			1	1			
Antonio Alderete					1		1581
Cristóbal Sánchez	2.5						
Alonso Ceballos					1		1583
Beatriz Rivera	1				1		
Miguel Juan							1584
Luis Reyes				1			
Juan Espinosa	2						1585
Cristóbal Estrada	1.5						1588
Pedro Estrada	1.5						
Luis Ponce de León						6	
Nicolás Salazar	2.5						
Martín Hernández				1			1589

Favorecidos	Caballerías	Suerte de tierra	Huertas	Solares para casa o molino	Estancia	Días de riego	Año
Cristóbal Estrada	2						1590
Pedro Estrada	2						
Bartolomé García	1.5						
Alonso Gómez					1		1591
Hernando Guzmán	2.5						1592
Juan Sánchez	1.5						
Cristóbal Sánchez	2.5						
Pedro Vaitia	2.5						
María de la Cruz	2						1593
Pedro Enríquez				1			
Nicolás Iraire	2						
Pablo Pérez	2						
Juan del Río	2						
Juan Rodríguez						2	
Juan Silva	2.5						1594
Antonio Aguilar	2.5						1606
Luisa Aguilar	2.5						
Alonso Almanza	2.5						
Gaspar Almanza	2.5						
Sebastián Arreola	2.5						
Juan Bautista	2.5						
Simón Blanco	2.5						
Francisco Bravo	2.5						
Alonso Cordero	2.5						
Diego Cuéllar	2.5						
Juan Cuenca	2.5						
Diego Cuenca	2.5						
Pedro Díez	2.5						1607
Pedro Enríquez	1.5						
Andrés García	2.5						

Favorecidos	Caballerías	Suerte de tierra	Huertas	Solares para casa o molino	Estancia	Días de riego	Año
Cristóbal García	2.5						
Juan García	2.5						
Andrés González	2.5						
Francisco González	2.5						
Juan González	2.5						
Bernabé Hernández	2.5						
Rafael Hernández	2.5						
Juan Jiménez	2.5						
Alonso López	5						
Juan López	5						
Melchor López	2.5						
Pablo López	2.5						
Thome López	2.5						
Alonso Macía	2.5						
Alonso Maldonado	2.5						
Juan Martín	2.5						
Ana Núñez	2.5						
Francisco Núñez	2.5						
Pedro Núñez	2.5						
Luisa Osorio	2.5						
Francisco Piedra	2.5						
Gil Ramírez	2.5						
Juan Romero	2.5						
Gonzalo Rubio	2.5						
Diego Rueda	2.5						
Juan Salazar	2.5						
Juan Sánchez	2.5						
Rodrigo Sánchez	2.5						
Alonso Silva	2.5						
Ana Silva	2.5						
Sebastián Soto	2.5						
Antonio Tello	2.5						
Pedro Tirado	2.5						
Luis Vallejo	2.5						
Diego de Vaz	2.5						
Pedro Vargas	2.5						

Favorecidos	Caballerías	Suerte de tierra	Huertas	Solares para casa o molino	Estancia	Días de riego	Año
Rodrigo Vázquez	2.5						
Gerónimo Vergara	2.5						
Alonso Almanza	2.5						1608
Gaspar Almanza	2.5						
Luisa Aguilar	2.5						
Juan Benítez	2.5						
Diego Delgado	2.5						
Pedro Díaz	2.5						
Rafael Hernández	2.5			1			
Alejo Lora	1						
Pedro Núñez	2.5						
Juan Salazar	2.5						
Antonio Téllez	2.5						
Pedro Valdéz	2.5						
Juan Salazar	2.5						
Antonio Tello	2.5						
Pedro Valdéz	2.5						
Juan López	2.5						1609
Francisco Aguilar	2.5						1614
Francisco Giménez		1	1	1			
Tomás López	2.5						
Vecinos de Celaya		Amparo de tierras					
Pedro Arizmendi Gogorrón		Amparo de tierras y siembra de 10 sitios					1615

FUENTE: AGN, Mercedes, vols. 10-30.

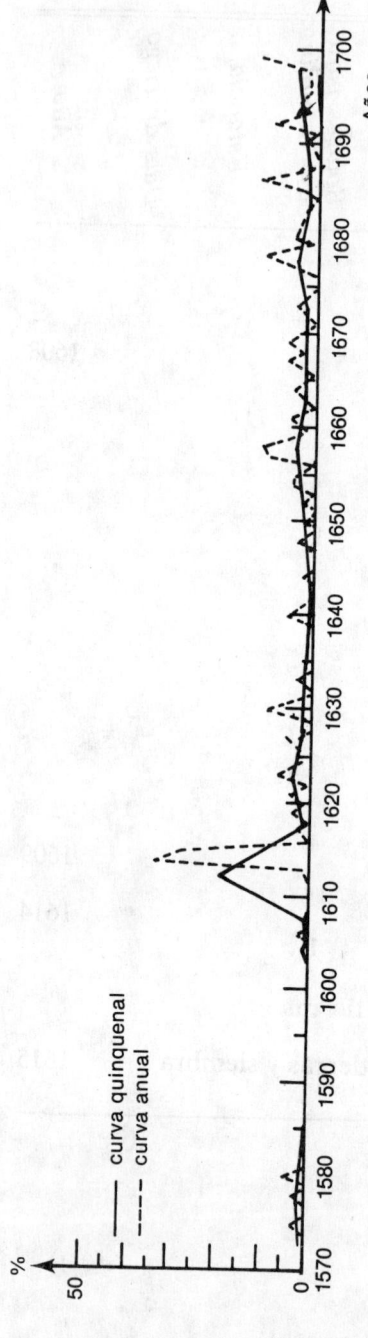

GRÁFICA XIV. *Porcentaje de trámites en el Bajío en relación al total de trámites en la Nueva España.*

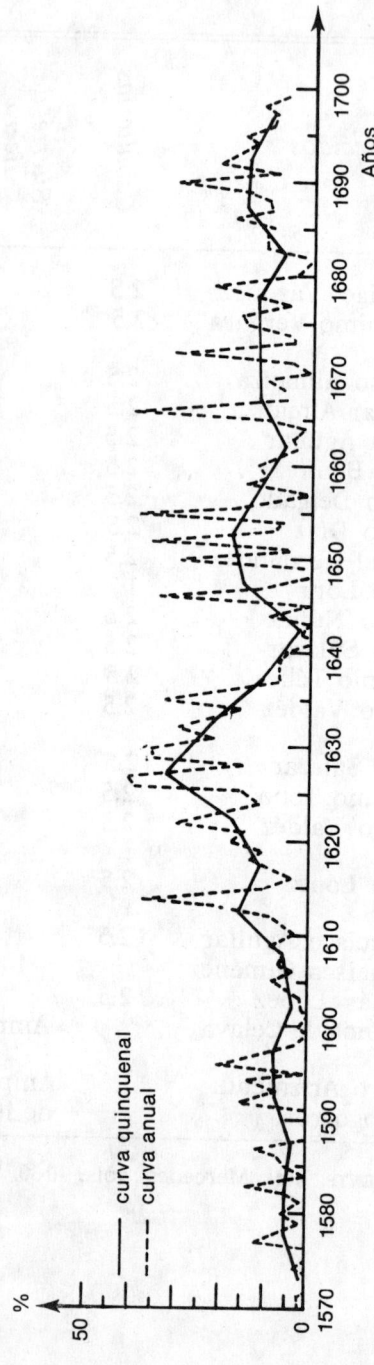

GRÁFICA XV. *Porcentaje de trámites de magia y hechicería en relación a trámites de todo tipo.*

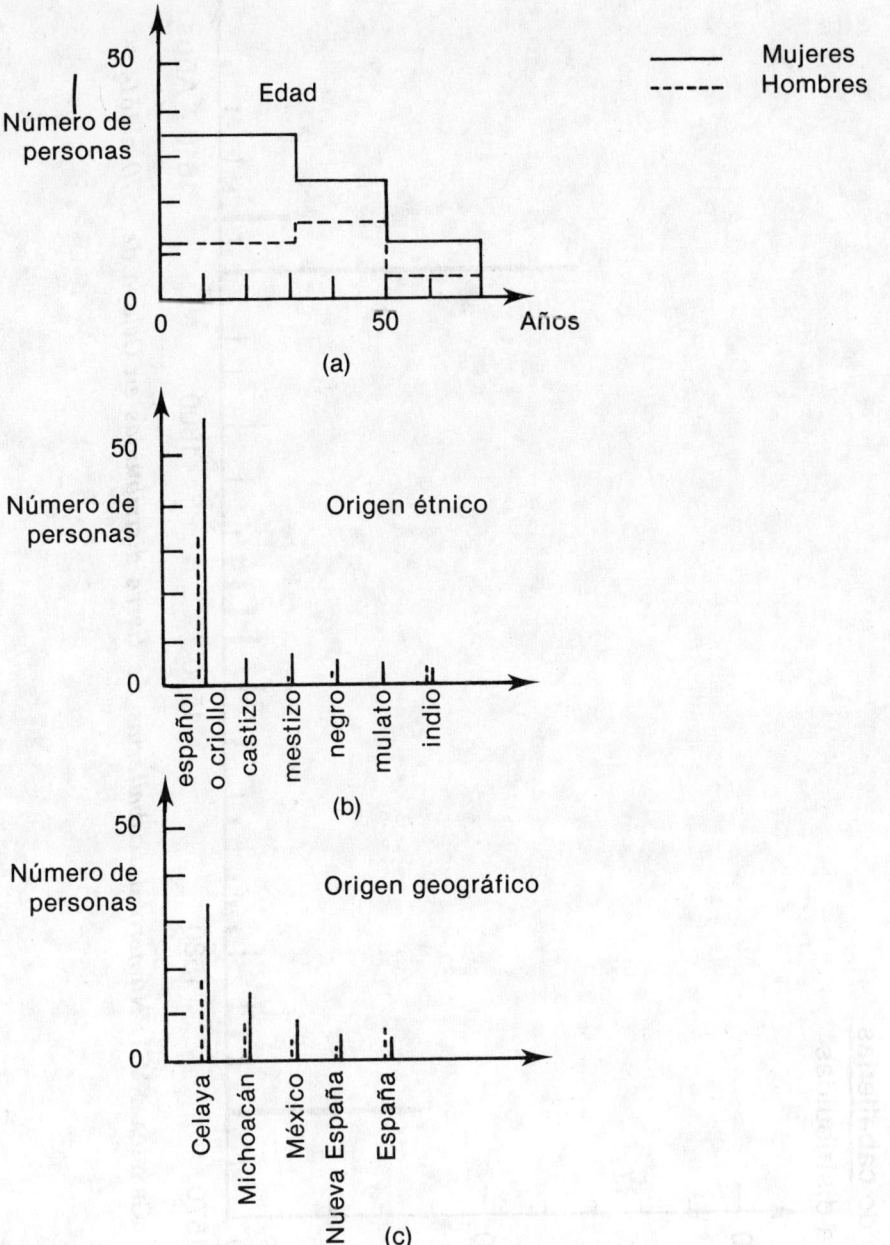

GRÁFICA XVI. *Delitos de hechicería en Celaya, por edades, origen étnico y geográfico.*

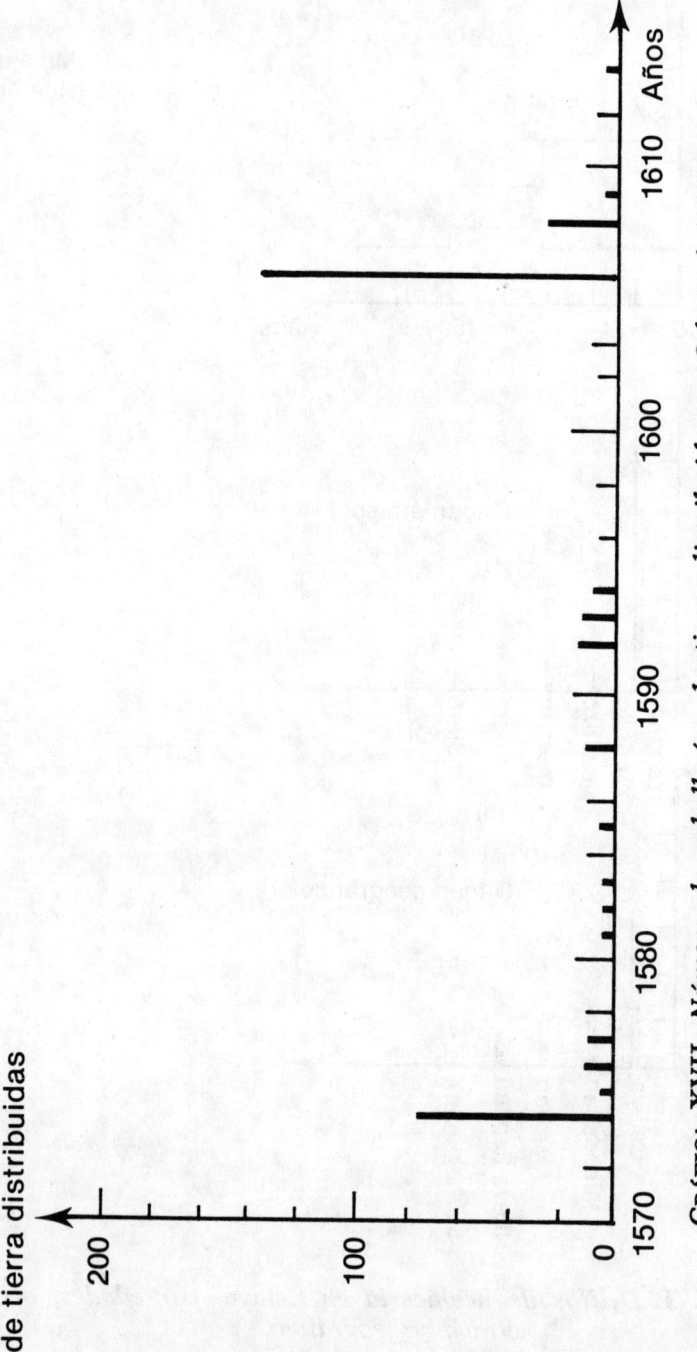

GRÁFICA XVII. *Número de caballerías de tierra distribuidas en Celaya de 1570 a 1614.*

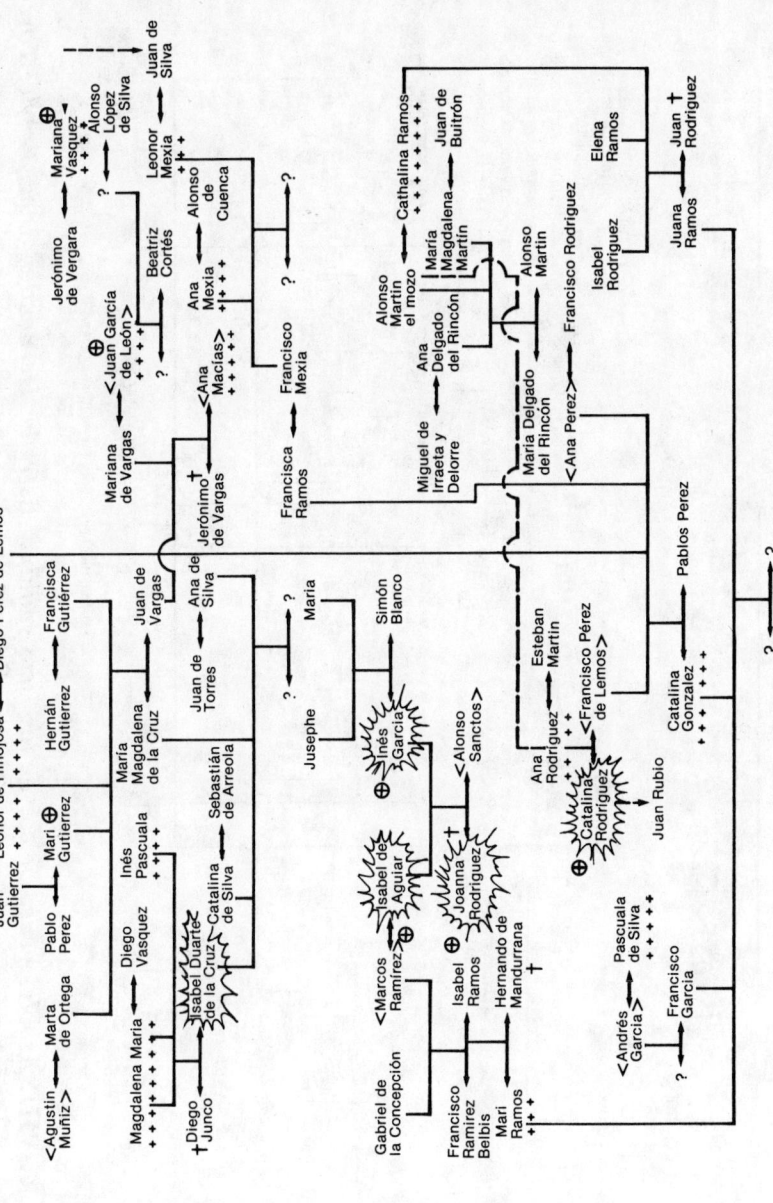

FIGURA VII. *Arboles genealógicos de las familias de Juan Rodríguez, Catalina González e Isabel Duarte de la Cruz, La Junca.*

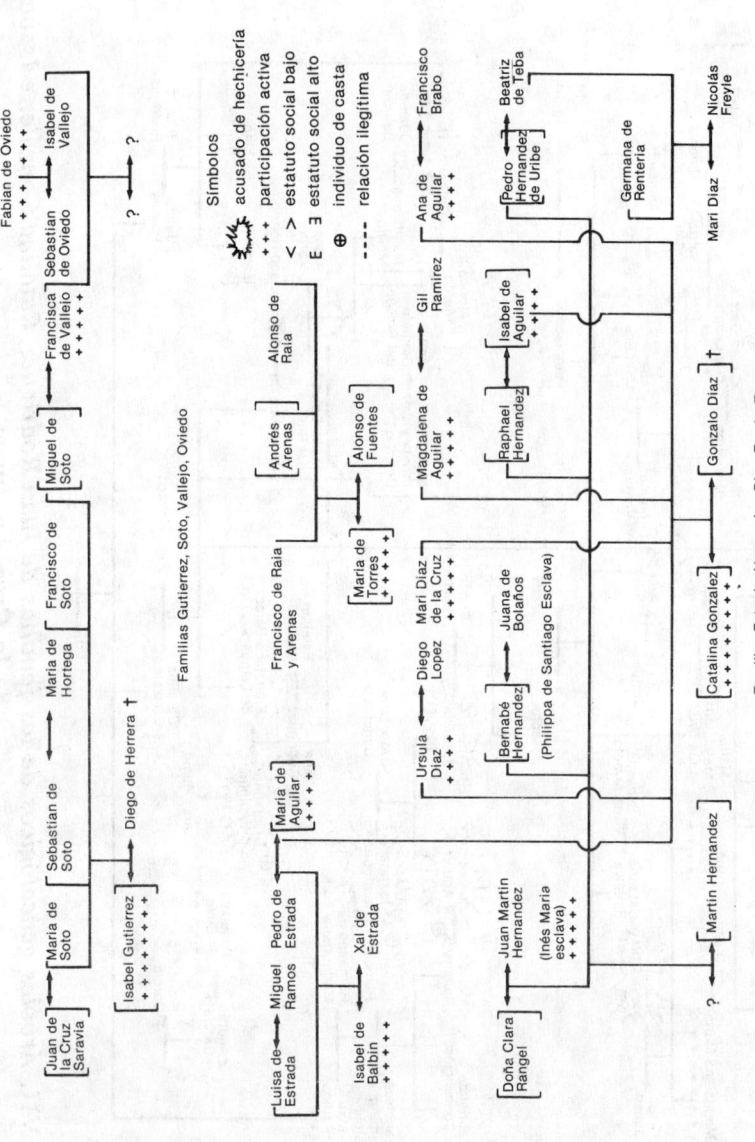

FIGURA VIII. *Arboles genealógicos de las ricas familias Estrada, Hernández, Díaz, Freyle, Torres, Gutiérrez, Soto, Vallejo y Oviedo.*

APÉNDICE 2

PRÁCTICA EN CAUSA DE BRUJOS *

En las causas de brujos es necesario ir con muy gran circunspección, por la gran variedad que hay de opiniones escritas, y muchas más por escrebir, sacadas de la experiencia de estos tiempos, en particular de las grandes complicidades que hubo en la Inquisición de Logroño, desde el año de 1608 hasta el 12, que en este tiempo se quemaron algunas negativas y una confidente gran maestra y dogmatista de muchas, pero fue en estatua, por haver muerto en la cárcel.

I. No se puede negar que hay mil engaños y embelecos (que el demonio, como maestro de esta secta, enseña) para sacar dello tan gran provecho, como es la variedad de opiniones, y que haya quien las defienda con decir que todo es sueño; pero tampoco me podrán los tales negar que, aunque todo lo que hacen de noche sea sueño, y dado caso que la fuerza de las unturas haga creer que lo que dormidas sueñan pasa en realidad de verdad (no lo siendo), todo esto se deshace, con que después, estando despiertas, se ratifican en ello, teniéndolo por bueno y complaciéndose en ello, tratándolo y comunicándolo unas con otras, y untándose con propósito de ir a tener sus juntas con el demonio, y hazerle reverencia, y en su servicio las maldades y daños que, cuando no las hagan, basta creer que las hacen, como lo dicen los que más piadosamente escriben desto, como es Comense en el Lucerna Inquisitorum, en el tratado de Strigis, n.º 9. (Al margen aparece lo siguiente: Sobre estos engaños que suele aver en las causas de brujas, véanse el padre Castro Palao in Opere Morali, tomo I, tract. 4, disp. 8, punto 16, 2. donde dice que muchas personas condenadas en la ciudad de Logroño por brujas, después con el tiempo se descubrió que lo fueron con muchos engaños, y por ello no se les confiscaron los bienes ni se pusieron en las iglesias sus reconciliaciones y sambenitos, y fueron declaradas por hábiles para cualesquier oficios de Inquisición; y Francisco Ferrer, doctísimo jurista español, en sus Coment. ad Constit. Cathol. Sol. Matrim.-tempore declarat, 2, n.º 44, donde exhorta a todos los jueces se abstengan de las tradiciones del padre Delrío en esta materia— a Barbosa in collect. in Cap. episcopi 26 sq.).

* Este documento no tiene fecha ni firma pero la letra es, sin lugar a dudas, del doctor Juan Sáenz de Mañozca, quien fungió como fiscal a partir del 28 de noviembre de 1640. AGN, lote Riva Palacio, tomo II, 2.

II. Por los engaños que el demonio sabe hacer en esta propiamente secta suya, es necesario mucha más probanza que en los demás delitos. Y así, porque el demonio suele representar en aquellas juntas algunas personas inocentes, no bastará la probanza de cómplices en los demás delitos, conforme al capítulo In Fidei Favorem, 9 de Heret. in 6. Vide Glossam finalem legis 8 tto. 16, par 3, *Farinacium de Heresi*, 188, 64.

Si no concurren otras circunstancias de actos, y que los mismos cómplices hayan tenido, y en que hayan concurrido de día, o algunos otros indicios de los que trae el dicho Comense in Lucerna..., y aun en tal caso es necesario antes de ejecutar la prisión, consultarla al Consejo Supremo, para mejor acierto, conforme a una instrucción que hay en Logroño, que es la diecinueve, y juntamente ordena se verifiquen primero los daños que confesaron aver hecho, para que conste de corpore ociso. Vide Simancam *Enchiridime*.

III. Confesando el reniego con ánimo, intención, creencia, pertinacia y apostasía (como es ordinario en éstas); pidiendo misericordia y reduciéndose espontáneamente; si son mayores de doce años las hembras, y de catorce los varones, se admiten a reconciliación, consultándolo primero al Consejo Supremo (instrucción 14, de brujas ubissupra).

IV. Si éstas así reconciliadas son relapsas, sin embargo de la abjuración que hicieron, y la disposición del derecho, la práctica es que se reconcilian dos y más veces, siendo espontáneas; consultándolo primero al Consejo Supremo por ser contra derecho, donde no hay las dichas instrucciones del año de 1613 imponiéndolas algunas penas.

V. Si ante los comisarios espontáneamente confiesa haber ido a las Juntas, sin que haya acto de apostasía (como en alguna sucede), por muchas preguntas y réplicas que se les hayan hecho; suele cometerse la absolución ad cautelam a los comisarios, y aun hay orden para cometerles la reconciliación (instrucción 14).

VI. Si son algo menores de doce años las hembras y de catorce los hombres; y aun sean algo mayores, y confesaren los errores, y hechos de esta secta, cometidos en la menoridad (sin embargo que en las demás herejías suelen abjurar los errores cometidos en la menoridad, siendo doli capaces, conforme a la instrucción 12 de Valladolid, folio 11), se practica la absolución ad cautelam, dicta instrucción 14 de Logroño.

VII. Ya he visto estos tiempos, estando algunos reos presos con más de veinte testigos cómplices, que testificaban largamente de diversos actos, y cosas muy particulares, que mandó el Consejo darles tormento; y venciéndole, se los dio pena extraordinaria bien leve. Y así se requiere que haya más probanza que de cómplices, y actos exteriores (instrucción 20 de Logroño).

VIII. Aunque, conforme a derecho, en reconciliando a uno, es forzoso que sea con confiscación de bienes, no se practica en estos tiempos el ejecutarlo teniéndolos alguna bruja. Y aun en la inquisición de Santiago, si un proceso más antiguo de un brujo que mandó el Consejo Supremo no le confiscase los bienes, aunque fue reconciliado, confesando después de preso.

—Maleficia, seu incantationes ad bonum finem, an fieri possint? et quando? Vide Albertinum in rubra de Hereticis, in 6, q. 10, n.º 10...

IX. (Al margen de las primeras líneas del texto: sacado de los apuntamientos del Señor Inquisidor, Doctor Isidro de San Vicente, que falleció siendo del Consejo de Inquisición. Cap. 13, de los brujos.)

APÉNDICE 3

LISTA DE REPREHENSIONES POR EL SANTO OFICIO DE LA INQUISICIÓN DURANTE EL MES DE FEBRERO DE 1615 *

Mariana Vázquez, tresalva, ha de ser reprehendida de aver puesto a su marido tierra de un muerto debaxo de las almohadas para no ser sentidos ella y un hombre con quien andaba, y averle dado sesos de asno y puesto entre los colchones de la cama raízes para el mismo efecto de no ser sentidos, y haber hecho que echasen suertes con granos de maízes envueltos en algodón, en una xícara de agua para ver si se ausentaría su marido; y para el mismo effecto, le echó unas raízes en la comida, y de las que puso debaxo de los colchones, echadas en agua con su sangre menstrual, la dio de beber a su marido, y trajo al cuello una nómina con manto de niño recién nacido para tener paz con él; y haver traydo en la faja un palillo que pidió a un indio hechicero para que le quissiessen bien, y preguntó a un yndio viejo que tomava peyote la suerte que havía de tener en tomar estado.

Ysabel de Aguilar, española, ha de ser reprehendida por aver pedido a Magdalena de Rocas polvos de raízes para ser querida de su marido, y los recibió con una flor amarilla la qual trajo en la bolsa; y de haver consentido en su cassa se hiziessen polvos de cabezas de pájaros y otras confecciones, y le dieron parte dellos y ella los dio a su marido en su tecomate de chocolate para tener paz con él.

Mari Díaz de la Cruz, española, donzella, hija de Gonzalo Díaz, ha de ser reprehendida por haver hecho parecer una gargantilla que se le perdió por medio de suertes de maízes echados en una xícara de agua.

Ana de Aguilar, española, ha de ser reprehendida de haver hecho buscar cabezas de auras y tórtolas y cochinillas de las tinajas y gusanos gruesos blancos que se cosían en el estiércol, y juntamente con otra mujer, llamada Pascuala de Silva, hicieron de todo ello polvos, y los dio a su marido una vez, y pareciéndole que no hazían efecto, les añadió más cabezas de tórtolas, se las volvió a dar, y haver pedido a una yndia ladina mexicana polvos para que la quisiera bien su marido, y se los dio dos o tres vezes en el chocolate; y

* AGN, vol. 305, exp. 11.

también haver querido saber por medio de una yndia que tomaba la raíz del peyotl para descubrir cosas perdidas, si se había de casar y con quién.

Magdalena de Aguilar, viuda, ha de ser reprehendida de haver querido saver por medio de suertes de maíz echadas en agua por un yndio si cierto hombre havía de casar con ella, y echadas las suertes, le dixo que sí, y por medio de otro yndio que tomaba la raíz del peyotl, quiso saver si se havía de casar con hombre que estava en el pueblo o fuera dél.

Úrsula Díaz, española, mujer de Diego López, ha de ser reprehendida de haver pedido a María de Luna, india, unos polvos para que su marido la quisiese bien y se amansase, y se los dio quatro vezes en el chocolate y haver hecho tomar la raíz de peyotl a un yndio para que pareciese un paño de manos y otras cosas que se le avían perdido.

Doña Catalina del Campo, mujer de Hernando de ?, ha de ser reprehendida de haver pedido a una yndia unos polvos para que su marido la quisiese bien, la qual los pidió a un yndio hechicero, y recibidos, determinó de echárselos a su marido en el chocolate, y remordiéndole la conciencia, no lo puso en efecto.

Catalina González, viuda de Gonzalo Díaz, ha de ser reprehendida de haver encargado a un compadre suyo le matase un burro y truxese los sesos para amansar a un yerno suyo.

Ysabel de Balbín, española, viuda, ha de ser reprehendida que mandó a unos yndios tenidos por hechiceros echar suertes con unos maízes en una xícara de agua para que la quisiese bien su marido.

Ysabel Gutiérrez, viuda de Diego de Herrera, ha de ser reprehendida de haber hecho que un negro llamado Puntilla, que dizen es zahorí, por medio de meter en un cántaro varillas encendidas, volviéndole boca abaxo y haziendo ruydo, pretendió pareciese una escudilla de plata que havía faltado en su cassa; y haver dado dineros a sus yndios de servicio para comprar la raíz del peyotl para que la tomasen y supiesen los hurtos que hazían o si les llevaban sus mujeres; y de haber recibido una rosa que le dio una yndia para tener paz con su marido y mostrándosela a Francisca de Vallejo, su nuera.

Mariana Martínez, española, mujer de Gaspar de la Rocha, ha de ser reprehendida de haver acetado una raíz que le ofreció María de San Miguel, mulata, para darle a su marido por tener paz con él, aunque no lo puso en efecto.

Catalina González, viuda de Pablos Pérez, ha de ser reprehendida de que en vida de su marido, para tener paz con él, pidió a un yndio que es ya difunto unas hierbas para amansarle, y las trujo consigo algunos días.

Leonor de Chaves, mulata soltera, esclava de Fabián de Oviedo, ha de ser reprehendida de aver hecho echar a una yndia unas suertes con unos maízes y copal y palma bendita en una xícara de agua, para que pareciesse un plato de plata.

María Magdalena de Rosas ha de ser reprehendida de aver echado a su marido polvos de hierbas en el cacao para amansar y haverlos pedido para otra persona a Juana Rodríguez, y a un yndio tuerto hechicero pidió polvos para que una deuda suya amansase a su marido.

Agustina Franco, mestiza, mujer de Juan Agustín, ha de ser reprehendida de aver recibido de un yndio unos polvos para que su marido travajase y buscase la vida, echándolos en el chocolate, aunque no lo puso en efecto.

Pascuala de Silva, que está en las labores de Salamanca, ha de ser reprehendida de haver hecho polvos de cabezas de auras y tórtolas y cochinillas y gusanos para echar en el chocolate con que los maridos quisiessen bien a sus mujeres.

Leonor Mexía, española, ha de ser reprehendida de haver hecho que una yndia echase suertes con unos maízes y pedacillos de copal en una xícara de agua, porque la maltrataba su marido, y para ver si él andava con alguna mujer.

Ynés María, negra de Juan Martín Hernández, ha de ser reprehendida por haver pagado a un yndio porque echase suertes, en una xícara de agua para que pareciesen unas sábanas y una cuchara de plata, y echado de su sangre menstrual en el chocolate que havía de beber su amo para amansarle, porque no maltratase a una hija suya.

Juana González, española, ha de ser reprehendida de aver pedido a Mari Vázquez, negra, con qué apartar a su marido Domingo de Aguirre de una mujer con quien andava, y le dio una yerba que echó en agua, y dio muchas vezes a beber a su marido y ella...?, y le pareció hizo efecto de apartar a su marido del distraimiento en que andava.

María de Aguilar, española, mujer de Pedro Estrada, ha de ser reprehendida de que, siendo moza recién casada, teniendo noticia que la raíz del puyomate tenía virtud para que los maridos quisiessen bien a sus mujeres, las trajo consigo quince días para el dicho efecto.

Luis Sánchez, español, ha de ser reprehendido de aver dicho en presencia de algunas personas que, aunque estuviera de Dios cierto casamiento que se avía hecho contra su voluntad, lo avía que estorbar y matar los que se casaron.

Juan García de León ha de ser reprehendido por mirar las rayas de las manos y certificar por ellas futuros sucesos.

Baltasar López Pallares, español, ha de ser reprehendido de haver dicho en cierta ocasión de juego que lo que dezía era tan verdad como Dios era hijo de la virgen María, y como el credo.

Diego Valadés, sastre, ha de ser reprehendido de haver dicho, concurriendo tres fiestas en pocos días, en presencia de otras personas, valga el diablo tantas fiestas.

Francisco Puntilla. Por embustero. Reprehensión grabe. Y abísanle le darán 200 açotes si buelbe a estos embustes. Y a su amo se le mande no le consienta curar, ni hacer las cosas que hace de enredos.

Ana María, morisca, debía de ser reprehendida; fallesció en las minas de San Luis.

XXVII. LA SOCIEDAD RURAL: RIVALIDADES DE PODERES EN TEPEACA, 1656-1660

Los REGISTROS inquisitoriales muestran con nitidez que una situación peculiar impera en la región de Puebla.[1] En 1626, 64 personas y en 1650, 73 se presentan ante el comisario del Santo Oficio de Tepeaca para denunciar delitos variados.[2] Si bien este fenómeno aparece muy marcado en la población que nos interesa, se presenta asimismo, aunque en menor grado, en Cholula, Huejotzingo, San Martín y San Salvador, lo que traduce un origen ligado a causas profundas y comunes a toda la región y cancela la hipótesis de una causalidad accidental.

Como las testificaciones fueron recibidas con una relativa falta de método, carecemos de los datos valiosos que suelen constituir la identidad precisa de los denunciantes y los denunciados. Sin embargo, parece que en las acusaciones están implicados tanto españoles como mestizos e indígenas, puesto que en ellas se menciona igualmente a estos tres grupos, lo que sugiere de inmediato que tales acusaciones tienen origen en una situación que afecta a todos los sectores étnicos.

PRELIMINARES: 1626-1650

En 1626, las denuncias versan principalmente sobre hechos supersticiosos y de magia común. Junto con procedimientos rutinarios (sangre menstrual administrada a un hombre en el chocolate, peyote, puyomate y hierbas distintas), encontramos cierto número de prácticas que delatan una influencia indígena: el uso del huevo de zopilote contra la melancolía, de ranas contra padecimientos cardiacos, de oraciones dirigidas a la luna para remediar los dolores de muelas, de chalchuihuites[3] para las curaciones, puestos regularmente al sol, de invocaciones en náhuatl a los rayos para que desaparezcan las verrugas. Por otra parte, los indígenas son quienes proporcionan la mayoría de los procedimientos y sustancias utilizados para tales prácticas, lo que corresponde a una sociedad en la que la coexistencia entre españoles e indígenas es estrecha

---

[1] La curva de los delitos en la región de Puebla es un testimonio de ello. Véase la gráfica XVIII al final de este capítulo.
[2] AGN, Inquisición, vol. 356, f. 74 y ss. y f. 116 y ss.; AGN, Inquisición, vol. 435, f. 111 y ss.
[3] Que son, como se sabe, generalmente turquesas.

e impera un sincretismo cultural avanzado. Sin embargo y a la luz de los acontecimientos ulteriores, dos elementos llaman la atención.

En primer lugar, el tema del extranjero queda ligado a comportamientos censurables aun cuando su heterodoxia es benigna: varios testigos cuentan que fue un genovés quien introdujo el procedimiento que consiste en suspender un huevo en la casa el día de la Asunción con el propósito de protegerla del rayo y ciertas gitanas son asociadas a la lectura de las líneas de la mano.

Por otra parte, vemos esbozarse dos autoacusaciones y una denuncia de prácticas que bien pueden estar relacionadas con el judaísmo: Isabel de Carrión se acusa de quitarle la landrecilla a la pierna del carnero sin saber por qué, María Ramírez recomienda hacerlo con el fin de facilitar la cocción e Isabel de Vargas, a la que se acude para amortajar a los muertos, declara que suele lavarles los pies, las manos y el rostro.

Estas denuncias de 1626 corresponden a una colectividad obviamente agitada por conflictos aunque ningún grupo aparezca precisamente implicado en el proceso: sólo la participación importante de los indígenas que proporcionan procedimientos y sustancias mágicas y la presencia de varios denunciantes asociados a la función de arriero indican tal vez algunas dificultades con y en el mundo indígena y en el que vive del transporte de mercancías en esta región, verdadera encrucijada entre México, Veracruz y Acapulco.

En 1650, el cuadro delictivo se presenta con colores mucho más fuertes. Aunque las acusaciones por hechos supersticiosos y de magia común siguen siendo abundantes, dos temas sobresalen ahora con nitidez. El del extranjero maligno, apenas esbozado en 1626, se halla ahora desarrollado y reforzado. El portugués Pita Pereira, obligado de las carnicerías de Puebla, es acusado de haber proferido palabras irreverentes acerca de las excomuniones, muy probablemente las que fulminó Palafox en el transcurso de una querella encendida que repercute aún en toda la región. Antonio Rodríguez, del que no se sabe a ciencia cierta si es portugués o vizcaíno, aunque su carácter de extranjero es evidente para todos, es objeto de rumores tan numerosos como insistentes: que vomitaba después de recibir la comunión, rezaba el Ave María al anochecer de cara a una esquina y cada noche azotaba un crucifijo. Los caciques don Pedro de Cárdenas y don Andrés de Carbajal son quienes formulan estas acusaciones puesto que la mayoría de los denunciantes puntualizan que éstas llegaron a su conocimiento de oídas por indígenas que se las oyeron a los caciques. Se trata aquí de la precisión y radicalización del tema esbozado en 1626. El extranjero maligno de poco relieve se convirtió en el portugués de funestas prácticas judaicas y su fusión con el elemento significativo que constituye la participación indígena se halla en gran medida reforzada en 1650.

Por tanto, queda armada una estructura de denuncia en la que los indígenas desempeñan un papel importante y en la que el contenido de los delitos es determinado por los acontecimientos que sacuden entonces al virreinato, o sea, la persecución de los judeocristianos y los autos de fe que la rematan.

En fin, surge otro tema cuya magnitud se impone, el del incesto. Ante la imposibilidad en que nos hallamos de conocer con precisión el origen étnico de los denunciados y de los denunciantes, resulta difícil proponer una explicación; sin embargo, la indicación apuntada con mucha frecuencia por las instancias inquisitoriales al margen de los documentos puntualiza que dichos casos no les competen, lo que revela probablemente el origen indígena de los delincuentes puesto que los indígenas no estaban bajo la jurisdicción inquisitorial.

Uno de los personajes denunciados con mayor frecuencia es Luis de Manzanedo, mestizo intérprete de los indígenas, quien, como veremos, desempeña un importante papel en la vida de Tepeaca; estas numerosas denuncias en su contra sugieren la existencia de un clima hostil en derredor suyo.

La frecuencia del delito de incesto corresponde sin duda a una sociedad replegada sobre sí misma, con tendencias endogámicas, en la que la sexualidad se aparta en la práctica tanto de las normas impuestas por la Iglesia como de las estructuras prehispánicas, según tendencias y finalidades que quedan por descubrir. Así y todo, bien parece que la transgresión de un tabú riguroso por los españoles, más aleatorio en cuanto toca a los indígenas —en la medida en que el término "incesto" no recubre las mismas realidades que en la cultura europa, marcada por la Contrarreforma—, constituye un síntoma unívoco de desagregación cultural y de instauración de un clima propicio a la crisis mimética.[4]

El contexto

Desde 1591, los labradores españoles que poseen tres o cuatro haciendas están sumamente alarmados pues el problema de la composición de tierras cuestiona la legitimidad de sus títulos de propiedad.[5] El asunto es tanto más delicado cuanto que, aparte de las expoliaciones y abusos que muy a menudo acompañaron la aparición de las haciendas, un aspecto jurídico y más ampliamente cultural le confiere una complejidad inextricable: así, una vez terminada la Conquista, numerosos caciques vendieron las tierras que les pertenecían o eran de la comunidad. Sin embargo, la compra

---

[4] René Girard, *Des choses cachées depuis la fondation du monde*, passim.
[5] AGN, Mercedes, vol. XLIV, fs. 40-42 y ss., 57 y 69.

o la venta, que constituía para un castellano una operación claramente delimitada por toda la tradición occidental, carece de sentido para un indígena cuya cultura prescribe fórmulas radicalmente distintas por lo que se refiere a la concesión, propiedad o usufructo de una tierra. De ahí una serie ininterrumpida de conflictos y equivocaciones que llenan procesos a veces durante varios siglos, en los que algunas familias indígenas nobles reclaman tierras que los españoles aseguran poseer legalmente y con documentos fehacientes.[6] Muy a menudo se llegaba a arreglos locales entre particulares pero, según advierten los labradores españoles, si Su Majestad se empeña en llevar a cabo investigaciones minuciosas respecto a las propiedades, es evidente que no se descubrirán, como lo espera, tierras baldías y susceptibles de ser vendidas en provecho suyo: hace tiempo que todas están ocupadas y renacerá la discordia puesto que los caciques despojados, pero prevenidos, no dejarían de reclamar con toda razón aquellas que eventualmente resultaren sin dueño. Mejor estaría, de una vez para siempre, olvidar el pasado comprando definitivamente la estabilidad de la situación presente.[7]

Por todas estas razones, los labradores de Tepeaca temen sobremanera las averiguaciones y mediciones anunciadas por la Corona y, tras negociaciones trabajosas, logran pagar la fuerte cantidad de 30 000 pesos para componer sus tierras y librarse por tanto de trámites engorrosos. En el transcurso de un verdadero regateo, alegan la sequía y por tanto las malas cosechas que los afectan desde hace varios años —estamos en 1643—, el desasosiego que originan los rumores acerca de mediciones y averiguaciones, el temor de verse despojados de las tierras que provocaron la suspensión de los créditos y anticipos y, por consiguiente, la reducción de las superficies cultivadas y, para terminar, unas deudas enormes que llegan, para el conjunto de los labradores, a 1 300 000 pesos.

¿Era real esta miseria o sólo un argumento para conseguir que la Corona bajase el monto de sus exigencias? La segunda hipótesis

---

[6] AGN, Tierras. Documentos muy numerosos ilustran los conflictos que oponen a los caciques, los macehuales y los labradores españoles que pelean por sus tierras; citemos, además del volumen 63 mencionado por François Chevalier (*La formation de grands domaines au Mexique. Terre et Société au Mexique au xvi ème et xvii siècles*, p. 281), los volúmenes 66, 77, 85, 87, 96, 121 y 127, etc., el 2730, en el que vemos las diligencias realizadas en 1702 por "el gobernador y el común de la ciudad de Tepeaca para que les concedan las cuatro leguas de tierras y ejidos que como a ciudad les corresponden. Traslado de las Reales Cédulas de 1559 y de otras provisiones posteriores que conceden a Tepeaca el título de Ciudad y le aseguran sus privilegios. Los labradores y dueños de haciendas circunvecinas presentan contradicción y exhiben la composición de tierras y aguas de 1643 en la cual fueron comprendidas". Se mencionan varias haciendas, etc. En el volumen 2770, varios expedientes tratan de los mismos problemas.

[7] AGN, Mercedes, tomo XLIV, fs. 45 y ss.

parece mucho más verosímil ya que la comunidad de los propietarios españoles fue capaz de pagar, pese a todo, la enorme suma de 30 000 pesos, en dos remesas, en 1644 y 1645. El hecho es que impera cierta efervescencia tanto entre los labradores españoles como entre los caciques, alertados ante la oportunidad que se les brinda de reclamar sus tierras ancestrales.

Fuera de los caciques, la masa de los indígenas se encuentra asimisma sometida a fuertes presiones; encarcelados contra su voluntad en los obrajes de Puebla, Tepeaca y de toda la región, retenidos en las haciendas como mano de obra, objeto de rivalidades entre los españoles, que se los disputan con el propósito de hacerles trabajar en sus propiedades, acosados por los mercaderes deseosos de cobrar deudas, cuestionados y perseguidos en sus derechos más legítimos y humildes como son la vida conyugal, la libertad de sus movimientos y el derecho de vender carbón de leña, maíz, etc., en sus tianguis, sus quejas y clamores junto con las medidas que oficialmente se toman para atenderlas llenan volúmenes enteros.[8]

En fin, un último elemento de desequilibrio a considerar en esta comarca feraz que se dedica a la producción de trigo, grana y cochinilla, a la ganadería, la artesanía y el comercio, es que al atravesarla precisamente el eje México-Veracruz, la delincuencia hace peligroso cualquier camino, hasta el paraje más concurrido. Las cárceles rebosan de bandidos de toda calaña, quienes, organizados en temibles pandillas, atacan tanto a los viajeros en grupo como a los aislados y roban el ganado de las haciendas cercanas. El número y la insistencia de las medidas oficiales que buscan reprimir estos ataques indican claramente el peso que ejercían sobre la vida de la región.[9] Como lo vio acertadamente Arístides Medina Rubio,

> hasta las primeras décadas del siglo XVII, hay un crecimiento sostenido y violento, para continuarse en una segunda etapa de fuertes fluctuaciones, asociadas probablemente a los fenómenos de expansión de las propiedades eclesiásticas, diversificación de cultivos y de desequilibrios internos y externos de la región...[10]

He aquí el escenario y a algunos de los actores y figurantes: una rica región central bien poblada y sólidamente conectada con los

---

[8] Véase en particular AGN, Indios, sobre todo, los volúmenes 10, 11, 13, 15, 16, 17, 18, 19, 20, 21, 23, 24, etc. AGN, General de Parte, vol. III: expediente 366, f. 260v., vol. VIII; expediente 201, f. 140; expediente 226, f. 156, etc. También los datos preciosos en Silvio Zavala y María Castelo, *Fuentes para la hisoria del trabajo en Nueva España*, 8 vols., y naturalmente en Alonso de la Mota y Escobar, *Memoriales del Obispo de Tlaxcala*, tomo I.

[9] AGN, General de Parte, t. VIII, exp. 43, f. 27; expediente 6, f. 42; expediente 235, f. 161.

[10] Arístides Medina Rubio, *La Iglesia y la producción agrícola en Puebla, 1540-1795*, p. 262.

grandes centros urbanos de México y Puebla; unas comunidades indígenas importantes aunque debilitadas por una larga e intensa coexistencia con los españoles y profundamente agitadas por fermentos de ira; unos labradores españoles endurecidos ante el temor de ver cuestionada la legitimidad de sus títulos de propiedad, aferrados a la posición adquirida. Finalmente, factores externos de carácter político y religioso, como son la revuelta de Portugal y la ola de persecuciones de los judeocristianos que muy probablemente se deriva de ella, van a encauzar las inquietudes, los conflictos en ciernes y las frustraciones aún confusas, abriéndoles a todos la cómoda vía de la acusación por judaísmo.

En este clima tormentoso estalla una contienda de gran magnitud: Domingo Márquez, alguacil mayor de Tepeaca, es acusado de judaísmo "y otros graves delitos". Su proceso duraría más de cinco años (desde febrero de 1656 hasta mayo de 1661), llenando unas 1 600 fojas mientras que los testimonios de los testigos falsos que declararon en su contra cubren alrededor de 1 000 fojas.[11] Unas 260 personas intervienen directamente, sin considerar a las que son mencionadas de un modo u otro; todos los grupos étnicos se hallan representados. Por consiguiente, tenemos la oportunidad excepcional de descubrir merced a una crisis descrita minuciosamente en muchos de sus aspectos, las tensiones y los conflictos que trastornan a Tepeaca y su región desde tiempos atrás y que veníamos presintiendo desde 1650.

El personaje principal: Domingo Márquez

Domingo Márquez es un recién llegado cuyo rápido ascenso en la escala social chocó de seguro con los intereses ya establecidos en la comarca.

Ante los inquisidores de México, declara ser de edad de cuarenta años; nacido en Viana, Portugal, sus padres fueron Domingo Márquez, maestro oficial fabricante de rosarios y luego mercader, e

---

[11] AGN, Inquisición, vol. 460, totalmente dedicado al proceso "contra Domingo Márquez, Alguacil Mayor de Tepeaca, por judaizante y otros graves delitos contra la fe católica". El volumen 593, expediente 2, contiene los procesos contra Luis Cancino de Rioja y Jacinto Muñoz Siliceo. El volumen 580, expediente 3, el que interesa al notario inquisitorial Juan Bautista Vásquez; el volumen 591, aquellos formados contra Pedro de Sierra y Juan Ibáñez Durán. El proceso contra el mulato Luis Francisco, esclavo de Juan Ibáñez Durán, se encuentra en el volumen 605, expediente 6. Finalmente, en el volumen 512, expediente 3, hallamos el copioso proceso contra Juan Márquez de Andino, principal testigo falso inducido por Luis Cancino de Rioja. Es probable que queden por descubrir otros procesos por testimonio falso, en particular en documentos sin clasificar.

Isabel Turina. Sus abuelos, cuyos nombres ignora, habían sido unos "pobres labradores y arrieros de borricos", "bestidos de jerga y cuando mucho bestidos de palmilla para el día de fiesta, llevando los zapatos a la cintura para calçárcelos para entrar en la yglesia". Uno de sus hermanos, Jacinto Márquez, estudió en Braga y huyó a Sevilla, donde casó, embarcándose luego en la flota. El otro, Joseph Márquez, se casó y vivió en Paraiba, Brasil, donde era mercachifle —vendía sobre todo vino y pescado— y murió en Lisboa. Un tercer hermano, Gonzalo, fue sacerdote en Viana. En cuanto a Domingo, tenía quince años cuando murió su padre y fue mandado por su madre a vender azúcar y mercancías de Portugal y Flandes a las ferias de la Miña, Villanueva de Cerbera y Valencia de Urmiño. Luego se enlistó como soldado en Viana para irse a Brasil, donde vivió dos años, en Bahía de Todos Santos y Paraiba, con su hermano. Habiendo regresado a su patria, fue a Viana y luego a buscar a su otro hermano a Sevilla. De ahí ambos pasaron a la Nueva España y después de estar en Veracruz, Domingo llegó a Puebla, donde se quedó y vivió como mercachifle acudiendo a los mercados indígenas, los tianguis.[12]

Tuvo comienzos difíciles y se le vio trabajar duramente, recorriendo a caballo toda la región para comprar ropa indígena, frazadas y mantas que llevaba en alforjas, llegando hasta Amilpas y a veces incluso a Acapulco. Volvía a vender estas prendas junto con telas de Rúan y paños de Campeche en todas las ciudades y poblaciones y tomó el oficio de sastre. Dieciséis o diecisiete años antes era común verlo tender su mercancía en el suelo o sobre una mesilla para ofrecerla a los parroquianos. Gracias a su empeño en el trabajo, su sentido del comercio y su destreza para burlar las prohibiciones de comerciar con los indígenas, logró la prosperidad. También adquirió el derecho de percibir las alcabalas y compró en 1652 la vara de alguacil mayor de Tepeaca. Casó luego con una linda viuda que le llevaba algunos años, madre de tres hijos mayores ya, oriunda de Huejotzingo, donde su primer marido fuera mercader.[13]

Ahora bien, una carta del comisario del Santo Oficio de Tepeaca, Cristóbal de la Carrera, fechada el 10 de febrero de 1656, avisa al Tribunal de México del envío de testificaciones originales en contra de Domingo Márquez, realizadas por testigos españoles de buena fama. También añade que el alguacil mayor es un "hombre temerario y de malísima fama muy mal querido en esta ciudad y provincia y reputado por vario y de poca palabra; y que assí por su condición como por tener grueso trato con los vecinos y labrado-

[12] AGN, Inquisición, vol. 460, Proceso contra Domingo Márquez (1656), fs. 174-175v.
[13] AGN, Inquisición, vol. 460, Proceso contra Domingo Márquez, fs. 174-175v.

res, de que le deben gruesas cantidades, y que con mano de su oficio los maltrata, tiene a todos los más atemorisados..."[14]

Notemos que el mismo funcionario inquisitorial menciona como causa de la hostilidad que rodea a Domingo Márquez el factor económico, concretamente las deudas que con él contrajeron los vecinos, y el uso que éste hace de su cargo para maltratar a sus deudores.

Los acusadores iniciales son poco numerosos, unos doce aproximadamente, y de ellos, los testimonios sustanciales se reducen a los que provienen de Juan Márquez de Andino y Luis Cancino de Rioja. El primero, cuyas acusaciones son de mayor peso, declara ser de edad de 40 años y natural de Arcos, en los límites sureños de Castilla. Ocho años antes era socio de Domingo Márquez y comerciaba con ropa y géneros diversos. En cuanto a Luis Cancino de Rioja, escribano público del Cabildo, de 46 años, sugiere e insinúa mucho más que otra cosa.[15]

Las acusaciones

¿Cuáles son estas acusaciones que van a provocar el encarcelamiento de un hombre durante más de cinco años, que lo llevan casi a la locura, originan su ruina material y, finalmente, la destrucción y tal vez la muerte de algunos de sus acusadores?

Todas se reducen no a una afirmación de judaísmo sino a insinuaciones y deducciones tendenciosas que rayan en lo absurdo. No hay duda de que sólo el clima que sigue a la gran persecución de los judeocristianos entre 1640 y 1650 y los autos de fe que la rematan aparatosamente pueden explicar a la vez la formulación de estas acusaciones capciosas y el efecto que tuvieron, echando a andar una máquina tan considerable como aquel proceso.[16]

Los movimientos más triviales, los comportamientos más insignificantes de Domingo Márquez son denunciados como extraños, por tanto como inquietantes *a priori* y, por consiguiente, como reveladores probables de una práctica judaica; el alguacil mayor solía mezclar largamente el agua con el vino y luego vertía todo en el

---

[14] AGN, Inquisición, vol. 460, Proceso contra Domingo Márquez, f. 1.
[15] AGN, Inquisición, vol. 460, Proceso contra Domingo Márquez, f. 2.
[16] Por los años 1660, se rumoreaba precisamente que existían "en San Salvador dos o tres lugares enteros poblados de portugueses judaizantes, que se suponía ser de los que habían sido sentenciados en Lima, en México y otras partes...", lo que justificaba la insistencia del inquisidor Medina Rico ante la Suprema en Madrid para obtener la autorización de visitar el distrito de Puebla por segunda vez, a pesar de la desaprobación de esta institución. Medina, *op. cit.*, p. 269.

frasco del que servía a los huéspedes, relata Márquez de Andino; acostumbraba también cortar los huevos fritos en pedazos muy pequeños y los cortes eran singulares, jamás vistos, dejando que pensar; trozaba un ave en las articulaciones y de este modo la trinchaba en un abrir y cerrar de ojos, declara Cancino de Rioja...[17] Un día de disputa conyugal y pública, Domingo Márquez tiró un plato de pollo guisado sobre su mujer, quien le gritó: "quién puede hacer esto sino uno de tu ralea, bástate ser perro judío". También causa extrañeza verle recogerse e ir de un lado a otro con las manos cruzadas en la espalda; unos notan que hablaba durante la misa, otros lo acusan de nunca trabajar en sábado. Un herrero de Atlixco *habría* dicho que *habría* sabido que un joven esclavo de Domingo Márquez *habría* revelado que su amo azotaba un crucifijo. Un mercader portugués de Puebla que luego se había marchado a Zacatecas *habría* declarado a Márquez de Andino que asociarse con Domingo Márquez no podía sino ser benéfico pues a éste no le faltaría el maná... Sin embargo, los dos testigos mencionados, Antonio Rodríguez, que se hallaba efectivamente en Zacatecas (¿sería aquel portugués-vizcaíno objeto de denuncia en 1650?), según pesquisa del Santo Oficio, y Hernando Rodríguez de la Peña, el herrero cuñado de Márquez de Andino, niegan haber dicho jamás lo que se les imputa.[18]

Otros testigos, unos delincuentes que se encuentran entonces en la cárcel de Tepeaca, acusan asimismo al alguacil mayor de haber permanecido insensible ante la invocación de la Virgen y de Cristo, implorados para lograr la suspensión de un castigo. Le reprochan también haber declarado que su Majestad el rey de España era responsable de la sublevación de Portugal y que el rebelde duque de Braganza no perjudicaba en nada a sus vasallos.[19]

Más dañina aún es esta declaración de una tal doña María de Briceño, que por propia voluntad acude ante el Tribunal de México: Márquez se mostraba sin piedad para con los "miserables indios" cuando se trataba de cobrarles lo que le debían. Ella sabía y había visto cómo echando espumarajos por la boca, los insultaba, les daba bofetadas, patadas, puñetazos y garrotazos, los dejaba en cueros, quebraba sus ollas y metates y permitía que su ganado entrara a sus milpas "como si no fueran católicos". Los pobres indios corrían entonces a quejarse ante el alcalde mayor de Tecali, don Juan de Santiago, que también era objeto de fiera persecución por

---

[17] AGN, Inquisición, vol. 460, Proceso contra Domingo Márquez, fs. 2, 3, 11 y 11v.
[18] AGN, Inquisición, vol. 460, Proceso contra Domingo Márquez, fs. 3-3v., 4-4v., 122v., 136v.
[19] AGN, Inquisición, vol. 460, Proceso contra Domingo Márquez, fs. 38-40, 47, 48, 49, etcétera.

parte de Domingo Márquez, como si tampoco fuera católico... De ahí a considerar judío a Domingo Márquez, tan feroz con los católicos, poco faltaba y doña María de Briceño queda fácilmente convencida de que "veía a Tremiño (de Sobremonte) en verlo a él" y que algún día perecería en la hoguera como aquél.[20]

Márquez de Andino había inaugurado este procedimiento capcioso de asimilación pérfida al escribir que el alguacil mayor de Tepeaca cobraba utilidades excesivas en sus tratos; sabiéndose que los judíos practican tasas usurarias, resultaba obvio que Domingo Márquez era judío...[21]

Finalmente, Cancino de Rioja declara haberle oído decir que había estado en Holanda, lo cual comprueba de modo irrefutable su familiaridad con los peores enemigos de Su Majestad y de la religión católica.[22]

En realidad, el balance es irrisorio. En cuanto se refiere a hechos precisos, sólo se denuncian comportamientos insignificantes ya que el núcleo más consistente de las acusaciones consta, por una parte, de datos logrados mediante una serie de intermediarios que en última instancia niegan haber dicho lo que se les imputa y, por otra, de actitudes a las que se atribuye por principio un carácter judaico mientras los verdaderos móviles del pleito quedan deliberadamente ocultos. Al responder a estas acusaciones, Domingo Márquez revela la vida de la región en sus aspectos a veces más cotidianos y, sobre todo, proporciona la clave de este tenebroso asunto. Así, descubrimos muy pronto que el origen de los conflictos que culminan en 1656 con el encarcelamiento del alguacil mayor está en la rivalidad aguda que existe entre él y el escribano público Luis Cancino de Rioja, en un contexto generalmente favorable a este último. Dicha rivalidad abarca varios terrenos y Domingo Márquez parece llevar la ventaja en cuanto toca al poder económico.

El poder económico

Efectivamente, luego de unos modestos principios en Puebla, sus negocios prosperaron y tuvo que buscar un socio; tomó entonces consigo a Gabriel Jiménez, un español pobre y enfermo recién llegado de la metrópoli, al que ofreció seis reales diarios para sus alimentos y algo para el mantenimiento de su caballo. Así, Jiménez empezó a recorrer todos los pueblos de la región vendiendo a los indios unos "guipiles, mantas, camissas de manta, calçones anchos de paño, palmilla y jergueta y cobijas de lienço para las yndias y

[20] AGN, Inquisición, vol. 460, Proceso contra Domingo Márquez, f. 109v.
[21] AGN, Inquisición, vol. 460, Proceso contra Domingo Márquez, f. 29.
[22] AGN, Inquisición, vol. 460, Proceso contra Domingo Márquez, f. 12.

cardas para lana y palmillas y algún paño..."²³ El precio de venta había de ser el doble del que se pagaba a la compra pues los indios compraban a crédito y los arreglos estipulaban que se comprometían a pagar dos, tres o cuatro reales cada vez, que era todo lo que podían dar. Muchos morían o "se ausentaban" y por consiguiente dejaban de pagar su deuda, lo que explica, según Domingo Márquez, la necesidad de calcular por principio un beneficio del ciento por ciento con el fin de compensar las pérdidas que representaban los contratos incumplidos. Por otra parte, era preciso integrar en el cálculo de las utilidades las sumas entregadas como sobornos a las autoridades que perciben las alcabalas de Puebla y a los funcionarios indígenas, así como los regalos que se ofrecían a los gobernadores de las comunidades, para que los primeros dejasen entrar a la ciudad las mercancías sin pagar impuestos y los segundos cerrasen los ojos ante estas actividades comerciales ilícitas.²⁴

Además, no era fácil cobrar las deudas. Los indígenas suelen acudir el viernes a sus tianguis, donde logran hacerse de algún dinero con los productos que allí venden y el sábado y aun a veces el domingo resultan ser los únicos días en que se puede abrigar la esperanza de que las mujeres, quienes manejan estas cosas, le paguen a uno. Fuerza es, por tanto, recorrer sin cesar caminos pésimos, infestados de ladrones, entre Tecamalchaco, Acatzingo, Tecaxete, Santa Ysabel del Monte, Tlaxcala y Tecali; muy a menudo, Domingo Márquez, agotado, se enfurecía "porque no le pagaban y se escondían y hacían otras burletas haciéndole ir y venir en balde, porque en viendo el caballo en que yba, como le conocían, partían; y no pudiendo vengarse dellos en sus personas, les quebraba las ollas y alguna vez, pudo ser que algún metate; pero que buelto en sí, se arrepentía luego y le pesaba mucho y quando le pagaban, les rebajaban lo que ellos decían balían las ollas que les avía quebrado y que más de cien pesos a pagado, en Dios y en su conciencia, de ollas que a quebrado de yndios, bengándose en ellas porque no los podía cojer y lo hacían correr por barrancas, principalmente en Tecali".²⁵

Así y todo, los negocios eran prósperos y en 1648 Domingo Márquez le encomendó a Gabriel Jiménez, que no se daba abasto ya, que buscase otro socio. En el hospital de San Roque, de Puebla, donde los españoles recién llegados de la metrópoli reparaban sus fuerzas sometidas a duras pruebas por la larga travesía y el clima

---

²³ Se trata seguramente de imitaciones locales y burdas del paño azul de Cuenca y no de textiles importados de la metrópoli, demasiado caros para los parroquianos que tenía en aquel entonces Domingo Márquez. AGN, Inquisición, vol. 460, Proceso contra Domingo Márquez, f. 245.
²⁴ AGN, Inquisición, vol. 460, Proceso contra Domingo Márquez, fs. 245-269.
²⁵ AGN, Inquisición, vol. 460, Proceso contra Domingo Márquez, fs. 290-290v.

insalubre de las tierras calientes del Golfo, descubrieron a Juan Márquez de Andino, el principal testigo en contra del alguacil mayor en 1656, y le pusieron una tienda en Tepeaca con un capital de 5 000 pesos. Sin embargo, se ofrecían allí mercancías más variadas y costosas que las que Domingo Márquez tendía en el mismo suelo del mercado de Puebla algunos años antes, testimonio del notable crecimiento del negocio: junto con la ropa de factura local, producto de los obrajes pueblerinos o de la artesanía indígena, se exhibían géneros de Castilla e incluso de China.[26]

Durante este corto periodo, dos años cuando más, imperó la concordia entre los socios, a los que se unió otro, llamado Carrelero. Cuando Domingo Márquez llegaba el viernes de Puebla para cobrar sus deudas el sábado, acostumbraba traer pescado asado, sandías y melones, vino, manjares comunes en Puebla pero raros en Tepeaca. A veces, cuando tenían tiempo el sábado, se divertían, una vez terminadas las faenas: cuenta el alguacil mayor que "tenía el dicho Gabriel Ximénez una guitarra y castañuelas y espadas para esgrimir... sacaba el dicho Gabriel Ximénez su guitarra y castañuelas y todos dançaban, tocaban y cantaban y esgrimían, menos este confesante que no entiende de esgrima; y alguna vez, se vistió este confesante a modo de mujer, poniéndose la capa como saya, poniéndose un paño de narices o otra cosa que hallaba por toca y bailaba como mujer y el dicho Gabriel Ximénez como hombre con sus castañuelas y se entretenían de esta manera..."[27]

No faltaba el elemento femenino, puesto que la mujer y las cuñadas de Juan Márquez de Andino vivían en la casa en la que se reunían los socios, confiriendo su presencia un encanto peculiar a las diversiones de los hombres y a la estancia de Domingo Márquez en el pueblo.

Pero Márquez de Andino resultó ser un "arragán que no trabaja a cossa pequeña ni grande" y cuando el alguacil mayor descubrió que "jugaba y enamoraba", el capital ya no rebasaba los 3 000 pesos. Domingo Márquez lo mandó entonces encarcelar por deudas y aceptó luego liberarlo, reduciendo notablemente el monto de la suma que aquél le debía: Márquez de Andino sólo debería pagar 400 pesos en cuatro remesas. Sin embargo, el plazo fijado para ello transcurrió sin pago alguno y, tras mandar buscar a Márquez de Andino, que se andaba escondiendo con el objeto de escapársele, Domingo Márquez lo hizo arrestar nuevamente y lo encarceló en medio del escándalo pues el deudor se revolcó en el suelo pidiendo el auxilio de la Inquisición. Aquí vemos de nuevo la invocación oportunista de una instancia eclesiástica en un conflicto puramente civil y de derecho común, lo que patentiza la confusión alentada

[26] AGN, Inquisición, vol. 460, Proceso contra Domingo Márquez, f. 245.
[27] AGN, Inquisición, vol. 460, Proceso contra Domingo Márquez, f. 203.

con fines interesados y hecha posible por el clima que imperaba en la sociedad colonial algunos años después de la persecución de los judeocristianos.[28]

A partir de este incidente y de la pérdida de la tienda que tenía a su cuidado, Márquez de Andino se convirtió en el enemigo acérrimo del alguacil mayor, dispuesto siempre a unirse a cualquier coalición en su contra, por lo cual se puede interpretar su papel de principal testigo de cargo a la luz de estos antecedentes.

Aunque conocemos los pormenores de algunas operaciones comerciales de Domingo Márquez, poco sabemos de su fortuna, fuera del hecho de que posiblemente era cuantiosa. Dueño del rancho de la Purísima Concepción, de rebaños de ovejas, funda una capellanía de 4 000 pesos para celebrar misas por el descanso de su alma después de muerto, manda pintar un cuadro que representa la huida a Egipto, en el que su mujer y él mismo aparecen como los donadores, posee esclavos y carroza. Durante su encarcelamiento, pide conservas de durazno y membrillo con el fin de poder absorber agua después de sus comidas, un tecomate diario de chocolate para sus dolores de estómago y zapatos nuevos, cosas todas que atestiguan hábitos de comodidad. No vacila en solicitar que se interrogue a testigos a su favor y, desconfiando con razón del comisario del Santo Oficio de Tepeaca, Cristóbal de la Carrera, reclama que se mande a alguien especialmente de Puebla para proceder a las indagaciones que le atañen, proponiendo pagarlo todo de su bolsillo "pues tiene hacienda para que se costeen estas diligencias".[29]

Más aún, sus posibilidades económicas le permitieron adquirir en 1650 el cargo de cobrador de las alcabalas, lo cual, al darle la oportunidad de desviar una parte de los impuestos y recibir mordidas o sobornos, aumentó su fortuna. Así es como estuvo en condiciones, dos años más tarde, de comprar la vara de alguacil mayor, que le abriría las puertas del poder represivo y, en alguna medida, también del poder político.[30]

El poder político

Es probable que la conjunción de un temperamento fuerte, violento y propenso a la ira con la voluntad de hacer respetar los intereses propios llevase a Domingo Márquez a ejercer sus nuevos poderes de un modo tal vez injusto y seguramente enérgico. El hecho es que se vanagloria de ello, pues según un testigo de cargo, se porta como un tirano "jactándose de su poder y mano y de que

[28] AGN, Inquisición, vol. 460, Proceso contra Domingo Márquez, f. 183v.
[29] AGN, Inquisición, vol. 460, Proceso contra Domingo Márquez, f. 189v.
[30] AGN, Inquisición, vol. 460, Proceso contra Domingo Márquez, f. 177.

sin él, ninguna justicia de aquella Provincia avía de ganar de comer".[31]

Aunque lleva a cabo arrestos como el de Márquez de Andino o de un antiguo alcalde mayor de Tepeaca, Maldonado de la Carrera, y cuida personalmente de que los bandidos y salteadores que llenan la cárcel del lugar permanezcan fuertemente encadenados, nada parece enfurecerlo más que el amancebamiento. Su actitud en este sentido le granjea enemigos irreconciliables que se unen a la coalición que no tarda en desatarse en su contra, ya que numerosos individuos, notables o no, están amancebados.[32]

Por ejemplo, el alcalde mayor de Tecali, don Juan Díaz de Santiago,[33] quien recibe las quejas de los "miserables indios" maltratados por Domingo Márquez, vive con dos mujeres, madre e hija, de las que no se sabe a ciencia cierta cuál es la amiga en título. Un buen día, el alguacil mayor hace una irrupción notable en casa de don Juan Díaz de Santiago, ante las dos mujeres, el escribano Juan Bautista Vásquez, que funge asimismo como notario para el comisario inquisitorial de Tepeaca Cristóbal de la Carrera y que también está amancebado, amén de un tercer individuo, tan pecador como los demás. Airado, Domingo Márquez declara "que aquella casa era Jinebra, que dónde se había visto en el mundo que alcalde mayor, escribano —que era el dicho Juan Bautista Vásquez— y alguacil, que era un Bartolomé Sánchez, estubiesen todos amancebados, teniendo todos las amigas dentro de aquella mesma cassa, y que qué ejemplo daban al pueblo".[34]

Ejerciendo por tanto sus funciones, Domingo Márquez manda echar a madre e hija, las amigas del alcalde mayor de Tecali, una de las cuales resulta ser precisamente la que se presenta ante los inquisidores de México para referir los malos tratos que el alguacil mayor infligía a los "miserables indios" y expresar su convicción de que Márquez es judío, un verdadero Treviño cercano ya a la hoguera... Más adelante, Domingo Márquez arremete de nuevo contra don Juan Díaz de Santiago y vuelve a expulsar a su nueva amiga, lo que origina un odio tenaz entre ambos hombres: Díaz de Santiago respalda a los indios cuando eluden el pago de sus deudas con Domingo Márquez, quien a su vez lo amenaza con que "lo havía

---

[31] AGN, Inquisición, vol. 460, Proceso contra Domingo Márquez, fs. 109-109v.

[32] Sin embargo, el alguacil mayor hace notar que perseguía a los culpables por orden del alcalde mayor, lo que no impedía que los resentimientos se fijaran sobre él a pesar de ser mero instrumento. AGN, Inquisición, vol. 460, Proceso contra Domingo Márquez, f. 190v.

[33] Ignoramos si tenía parentesco alguno con el linaje de los Santiago, caciques de Tecali desde hacía tiempo. Cf. Mercedes Olivera, *Pillis y macehuales. Las formaciones sociales y los modos de producción de Tecali del siglo xii al xvi*, pp. 184, 192, ss.

[34] AGN, Inquisición, vol. 460, Proceso contra Domingo Márquez, f. 291.

de hacer freir en aceite", "quemar con lechugas verdes". El alcalde mayor de Tecali se une a la conspiración contra su enemigo, se alegra con su arresto al saborear su muerte, que ve asegurada, y reparte con los demás conjurados sus despojos mientras Domingo Márquez se va pudriendo en las cárceles inquisitoriales.[35]

El segundo notable en ganarse la ira de Domingo Márquez es nada menos que Cristóbal de la Carrera, comisario del Santo Oficio en Tepeaca, el que justamente recibió las acusaciones en su contra. Fuerza es pensar que soportaba mal el celibato puesto que el obispo Palafox se había visto obligado a intervenir una primera vez para obligarlo a separarse de la persona que compartía su vida.

Por el momento que nos ocupa, De la Carrera (un apellido conocido en la región, asociado a uno de los fundadores de Puebla y a una serie de notables)[36] mantiene una relación ilícita con una mestiza, una tal Margarita, hija de Juan de Valdivieso, hombre "diabólico y entendido en papeles, y sabe mucho y a veces sirve de procurador e se crió en la audiencia de los alcaldes mayores de Tepeaca". De esta relación ilícita nació un hijo y, como resultaba difícil guardarlo bajo el techo del eclesiástico, se buscó un compromiso que satisfacía a la vez las aparienciencias y los sentimientos legítimos de la paternidad: la misma mujer del alguacil mayor, María Juárez, accedió a declarar públicamente que el recién nacido era su ahijado apenas traído de Puebla y que se lo dejaba a Cristóbal de la Carrera, una de cuyas esclavas, la mulata Mónica, estaba en condiciones de amamantarlo. Pero, cuando las relaciones de Domingo Márquez y su mujer con las hijas de Valdivieso se deterioran, el alguacil mayor amenaza a la pecadora Margarita con mandarla encerrar en la casa destinada a las recogidas y arremete contra sus hermanas, que viven en situación irregular y tienen hijos; también intenta arrestar al notario inquisitorial Juan Bautista Vásquez, que fungía, según vimos, como ayudante del alcalde mayor de Tecali para las escrituras y estaba amancebado con una mestiza.[37]

Por consiguiente, ejerce sus poderes represivos menos para desterrar situaciones teóricamente escandalosas —pero tan difundidas que finalmente son vistas como normales— que para respaldar sus propias querellas e intereses, ya que cuando las relaciones eran buenas, no había dudado en encubrir el origen del nacimiento del hijo de Cristóbal de la Carrera y facilitar su presencia en el domicilio paterno.

Acomete nuevamente al alcalde mayor de Tecali, don Juan Díaz

---

[35] AGN, Inquisición, vol. 460, Proceso contra Domingo Márquez, f. 366v.; vol. 593, Proceso contra Luis Cancino de Rioja, fs. 346v.-347.

[36] Miguel Zerón Zapata, *La Puebla de los Ángeles en el siglo xvii. Crónica de la Puebla*, pp. 40, 68.

[37] AGN, Inquisición, vol. 460, Proceso contra Domingo Márquez, fs. I(), 291.

de Santiago, y a su escribano, Juan Bautista Vásquez, y los amaga con un juicio de residencia: no sólo los dos hombres invaden su jurisdicción sino que se entregan a "tratos y contratos y sobre el vingui que hacían los yndios de la bolilla del árbol del Piru, vevida, que están excomulgados los que la hacen y consienten... lo qual consentían el dicho alcalde mayor Don Juan de Santiago y el dicho Juan Bautista Vásquez que cobraba un tostón de cada cassa de yndio en cada un año, que montaba mucha cantidad..."[38] [y esta vevida] es tan nociva a los yndios que los mata".[39]

Persecución del amancebamiento con amenazas y expulsión de las personas involucradas, vigilancia y amagos de persecución de actividades ilícitas si bien remuneradoras, subordinación del poder represivo a sus propios intereses y a las vicisitudes de sus relaciones sociales..., todo ello explica el recrudecimiento de las hostilidades contra el alguacil mayor con la constitución de un núcleo irreductible formado por el alcalde mayor de Tecali, don Juan Díaz de Santiago, y su ayudante cómplice y notario del Santo Oficio de Tepeaca, Juan Bautista Vásquez, sin olvidar a Juan Márquez de Andino, personajes todos que no escapan de las garras del poderoso mercader ni de las del temible alguacil que resulta ser Domingo Márquez.

Las mujeres

Además y para acabar de encender las pasiones, las mujeres, cuya importancia presentimos con la extensión del concubinato, sus represiones y consecuencias, intervienen sin tregua, comunicando a los conflictos la agudeza de las rivalidades amorosas y una nueva dimensión, la de los enfrentamientos étnicos.

En efecto, las relaciones entre hombres y mujeres en Tepeaca no son nada apacibles y confieren sin duda un encanto apreciable a la vida diaria.

El mismo Domingo Márquez, tan intrépido cuando se trata de perseguir las relaciones ilegítimas, participa alegremente en el carrusel amoroso. Ya vimos cómo el sábado, después de cobrar las deudas, él y sus socios gustaban de disfrazarse, cantar, tocar la guitarra, esgrimir y bailar, a usanza de Galicia y Andalucía. Ahora bien, la mujer y las cuñadas de Márquez de Andino constituían un público entusiasta y no tardó en nacer un amorío entre el alguacil mayor y la joven y guapa mujer de su socio. Procurando quedarse a solas con ella para estar "retozando y solicitándola", daba a menudo uno o dos reales a la cuñada, doña María, para que se alejara y colmaba a doña Ana, su prenda amada, con cantidad de

[38] Tostón: moneda de plata de uso corriente que valía 50 centavos.
[39] AGN, Inquisición, vol. 460, Proceso contra Domingo Márquez, fs. 191-191v.

regalos, como eran dinero, chocolate y hasta "un bestido de raso de Italia, naranjado y flores". Pero pese a "algunos abraços y vesos, ella se resistió a llegar a la obra", lo que llenó a Domingo Márquez de despecho. Enojado, le propuso un trato de villano: la joven dama se rendía o él encarcelaba a su marido por deudas, obligándolo a pagarle lo que le debía. Una vez resuelto el conflicto —ignoramos de qué manera— Ana de la Peña le contó todo al marido, con las consecuencias que podemos imaginar. Sin embargo, hay que decir en honor a la verdad que Domingo Márquez no hacía sino vengarse puesto que su propia mujer, María Juárez, de unos cuarenta años bien llevados, era rondada por Márquez de Andino, quien parece haber tomado la iniciativa en esta lid amorosa pues era, según sabemos, todo un don Juan con fama, además, de rufián.[40]

El hecho es que la conducta licenciosa no respetaba nada en Tepeaca (ya vimos que el tabú del incesto se hallaba muy debilitado) y una ira descomunal se apoderó del alguacil mayor al descubrir que durante una de sus numerosas ausencias originadas por sus actividades comerciales, el mismo comisario del Santo Oficio, Cristóbal de la Carrera, no solamente mantenía a una concubina con su hijo sino que miraba a la propia María Juárez con ojos llenos de concupiscencia: la había llevado en carroza, en compañía, bien es cierto, de alguna prima alejada para salvaguardar las apariencias, "a unas huertas fuera de Tepeaca... y la había festejado porque era melancólica". La pareja tuvo entonces una disputa violentísima que fue la comidilla de todo el pueblo.[41]

Así y todo, es preciso superar el aspecto anecdótico de estos lances para descubrir que corresponden de hecho a rivalidades de poderes y de prestigio que, si bien interesan ante todo a las mujeres, atañen también a sus compañeros, legítimos o no. He aquí una característica constante de la sexualidad colonial, que refleja una serie de relaciones, tensiones y ambiciones en el campo que le es propio y, en particular, en el ascenso social de los grupos étnicos desfavorecidos: el enfrentamiento de María Juárez y su marido Domingo Márquez con las mestizas hijas de don Juan de Valdivieso es revelador de este proceso.

Las rivalidades étnicas

Dos etapas señalan la progresión de las hostilidades entre los dos grupos femeninos. Al principio, la simple negativa por parte de las hijas Valdivieso de ir a presentar sus respetos a la mujer del alguacil mayor al regresar todas a Tepeaca, cuando las reglas de

[40] AGN, Inquisición, vol. 460, Proceso contra Domingo Márquez, fs. 184, 243.
[41] AGN, Inquisición, vol. 460, Proceso contra Domingo Márquez, f. 218.

cortesía prescribían esta muestra de respeto de las mestizas para con la esposa legítima de un funcionario español. A raíz de este incidente se estableció un clima tenso, que sin embargo se disipó cuando intervino el acuerdo entre María Juárez y Cristóbal de la Carrera por lo que se refiere al hijo de éste y de su amiga, Margarita de Valdivieso.

Empero, la crisis estalló durante una ceremonia religiosa celebrada en una ermita, seguida de la representación de una loa y entremeses de circunstancias. Contraviniendo los usos, la mujer del alcalde mayor de Tepeaca hizo sentar a su lado a la mujer e hija del escribano público Luis Cancino de Rioja y a las Valdivieso, y no invitó a María Juárez a juntarse con ellas. Un poco más tarde, al disponerse todos a presenciar la comedia, las Valdivieso se negaron a dejar el lugar que pedía el esclavo negro Mathías para colocar el cojín de su ama María Juárez.

La situación se había tornado abiertamente hostil: el grupo de las esposas e hijas del alcalde mayor, del escribano público y del papelista mestizo y "diabólico" rechazaba públicamente a la mujer del alguacil mayor. Se intercambiaron entonces palabras irremediables, relatadas por Domingo Márquez: "la dicha (mi) mujer hablando con el dicho negro, le mandó que lo pusiese [el cojín] donde ella estaba y les dijo a las hijas del dicho don Juan de Baldivieso y como que se decía al dicho negro, que aquellas señoras devían de ser alguacilas maiores y españolas y ella devía de ser alguna mestiza; y a esto, respondieron las hijas del dicho don Juan de Baldivieso que por lo menos no eran hijas de algún portugués; y la dicha (mi) mujer les bolvió a decir que no era ninguna deshonra ser portugués, que havía portugueses que tenían más honra en sus çapatos que yndios en la cabeça".[42]

Interviene entonces el impetuoso alguacil mayor y decide que aunque María Juárez no fuese su mujer, merecía el lugar que pedía "por quien era", o sea española y no mestiza, reforzando aquí el carácter étnico de la disputa entre las mujeres. Al levantarse las Valdivieso y protestar Margarita con arrogancia, el tono sube, llegando Domingo Márquez a llamarlas "basura". Tras el lance, se retira con María Juárez y es preciso que dos tenientes de alguacil escolten su carroza, temiendo no sucediese algún accidente en un clima preñado de violencia.[43]

Con este episodio suscitado por mujeres, se urde una verdadera conspiración que llevará finalmente a Domingo Márquez ante los inquisidores; y el papel de acelerador en este proceso de hostilidades en su contra lo desempeña un factor corrosivo: los enfrentamientos étnicos. En efecto, hace tiempo que el dinamismo y la

[42] AGN, Inquisición, vol. 460, Proceso contra Domingo Márquez, f. 181.
[43] AGN, Inquisición, vol. 460, Proceso contra Domingo Márquez, f. 181v.

ambición del alguacil mayor, respaldados por un natural violento, le granjearon la enemistad de quienes se asustan ante esta nueva fuerza social.

Los ataques de 1650 a 1652

Ya en 1650, o sea unos diez años apenas después de haber iniciado su fortuna con los comienzos difíciles que sabemos, Márquez se enfrentó con varios rivales entre los que se encuentra Luis Cancino de Rioja, igualmente deseoso de adquirir el derecho de cobrar las alcabalas, particularmente interesante en esta rica región agrícola y artesanal cruzada además por los ejes comerciales más importantes del virreinato. Domingo Márquez fue quien lo obtuvo, pagando una suma superior a los 5 000 pesos que ofrecía un regidor de Puebla, lo que originó la primera embestida en su contra. En efecto, los vecinos de Tepeaca protestaron ante la jurisdicción civil aduciendo que no se podía otorgar cargo semejante a un portugués.[44]

Domingo Márquez logró dos años más tarde la vara de alguacil mayor, con gran desagrado de sus enemigos, quienes llevaron el pleito ante la Real Audiencia y lo acusaron, esta vez, de obtener beneficios ilícitos en sus tratos con los indígenas. Márquez fue encarcelado pero, al comprobar su inocencia, lo absolvieron. Empero, la guerra estaba sólidamente instalada y 1656 señala la victoria provisional de sus enemigos, que lo atacaron ante las autoridades inquisitoriales luego de haberlo llevado sin éxito ante la Real Sala del Crimen con el pleito de las alcabalas y la Audiencia Real con el proceso por ganancias escandalosas.[45]

Ahora bien, ¿quiénes son los enemigos de Domingo Márquez, fuera de los que conocemos y cuyo papel, si bien importante, no deja de ser secundario puesto que se limitan a unirse a una coalición, a testimoniar? ¿Quién sostiene realmente los hilos de la maquinación? ¿Qué fuerzas sociales intervienen en estas tormentas cuyos vórtices superficiales vemos con claridad y cuyas simas, si bien ocultas, acaban por quedar al descubierto?

Luis Cancino de Rioja

El alma de la confabulación es sin lugar a duda el escribano público Luis Cancino de Rioja. Este sevillano, de 46 años en 1656, se había casado con doña Mariana de Villanueva, de una familia esta-

---

[44] AGN, Inquisición, vol. 460, Proceso contra Domingo Márquez, f. 322.
[45] De hecho, la Real Sala del Crimen dependía de la Real Audiencia, lo que significa que llevaron al alguacil mayor ante las mismas instancias si bien en distintos niveles.

blecida en la región poblana desde hacía tiempo.⁴⁶ Su carácter y su talento, más que nada, hicieron de él un personaje temible, precursor del "licenciado" cuya fortuna estriba esencialmente en su maestría para manipular el documento escrito. Un natural frío, extremadamente rencoroso y calculador le permite ejecutar en el momento justo sus planes; una ambición inmensa respaldada por un cinismo notable lo lleva a buscar el poder —bajo todas sus formas— y la dominación.

Como único escribano público en la jurisdicción de Tepeaca, él, más aún que los alcaldes mayores, tiene que ver con cuanto atañe a los bienes, los estados y las famas. Como lo expresa acertadamente en una intuición preñada de implicaciones un antiguo alcalde mayor de Tepeaca que fue a México a testificar, don Álvaro del Castrillo Villafana, Cancino de Rioja "tiene las llaves de las honras de todos en el archivo".⁴⁷

Dueño del escrito oficial, sus excesos son innumerables y es tan odiado como temido, según el mismo testigo. Cobra derechos por escrituras, falsifica todo lo que quiere y transgrede la legalidad que le prohibía entregarse a semejantes actividades pues trafica con trigo, harina y ganado lanar, que le dejan beneficios enormes, es dueño, además, de una panadería y de varias haciendas compradas por un bocado de pan a indios y españoles (de todos es sabido que logró en doscientos pesos una propiedad que pertenecía a un noble indígena de Tecamachalco, don Francisco de Mendoza; luego que fue suya, la dividió en dos ranchos que alquiló en cuatrocientos pesos cada uno, sin pagarle jamás un real a don Francisco, quien por su miseria se veía obligado a comprar velas a crédito...).⁴⁸

Para llevar a cabo sus propósitos, dispone de una red extensa de individuos de toda calaña que supo allegarse o volver dóciles por interés o por prudencia.

Subalternos y clientela

Por su mujer, cuenta con numerosas relaciones de connivencia o dependencia con los trabajadores de las haciendas de la región, quienes, de un modo u otro, tuvieron que ver con su familia, establecida desde hace tiempo en la comarca; don Álvaro del Castrillo, que conoció perfectamente la situación por haber tenido a Cancino de Rioja bajo sus órdenes, la caracteriza en estos términos: "tiene

---

⁴⁶ Miguel Zerón Zapata, *op. cit.*, pp. 65, 66, 67, 71, 72.
⁴⁷ AGN, Inquisición, vol. 593, Proceso contra Luis Cancino de Rioja (1662), f. 369.
⁴⁸ AGN, Inquisición, vol. 593, Proceso contra Luis Cancino de Rioja, f. 273.

muchos compadres y en algunas haciendas de labor muchos criados, sirvientes y dependientes; perece la justicia en que de ordinario toca a algunos de sus dependientes..." Es tan poderoso que no vacila en declarar que "no ay más alcalde mayor que él, que en teniéndole contento, durmiessen a sueño suelto".[49]

Don Álvaro del Castrillo Villafana cuenta también que cuando fue alcalde mayor, quiso "remediar muchas cosas del servicio de Nuestro Señor y no lo pudo conseguir por ser tan mal hombre el dicho Luis Cancino; porqué se vale de que se nombren los ministros de bara las personas de su contemplación para que le rebelen las diligencias que el Alcalde Mayor les mandare hacer y sólo se executa lo que él gusta..."[50]

Por otra parte, sus funciones lo familiarizaron con el hampa y entendió el partido que podía sacar de ella. Así, "conocía muy bien a los ladrones y hombres de mal vivir y que él los mandaba y ocupaba en sus negocios sin darles nada y le servían de buena gana". Tal colusión aparece directamente en el proceso que nos interesa ya que todos los bandoleros, ladrones de poca monta y otros delincuentes que se hallaban entonces encarcelados tuvieron el derecho de salir para ir a contarle al comisario del Santo Oficio Cristóbal de la Carrera "cuán impío era el alguacil mayor, que se negaba a suspender los castigos que éstos merecían pese a sus invocaciones a la Virgen y a Jesús Cristo". Sin embargo, Cancino no dudaba en intervenir, en oposición con lo que se jactaba de hacer, a favor de quienes lo servían debidamente, como lo atestigua el caso de los temibles salteadores que mandó soltar.[51]

Además de la red doméstica y de su señorío sobre el hampa, que le aseguraba una influencia tan extensa como profunda en el tejido social más oculto, Cancino de Rioja supo hacerse de una clientela unida por intereses y lazos diversos.

En primer lugar, el escribano público se hace acompañar por un verdadero guardaespaldas, también sevillano, de unos treinta años, un matamoros atrevido que defiende a su patrón, más diestro en el manejo de la pluma que en el de la espada, un tal Pedro de Sierra.

Juan Márquez de Andino, aunque nació en Castilla, es conside-

---

[49] AGN, Inquisición, vol. 593, Proceso contra Luis Cancino de Rioja, f. 370.
[50] AGN, Inquisición, vol. 593, exp. 2, Proceso contra Luis Cancino de Rioja, f. 369.
[51] AGN, Inquisición, vol. 593, exp. 2. Nuevamente, don Álvaro del Castrillo Villafana puntualiza: "algunas de las personas que caen pressas por delictos de robos y otros, los aiuda el dicho Luis Cancino y los saca y lleva a sus haciendas, adonde de ordinario se acojen los delincuentes por estar seguros de la justicia y le sirven..." Así, el escribano público se jactaba de vivir "seguro de que no le hurtassen a él nada..." Los dos salteadores que Luis Cancino amparó, Juan Martín del Valle y Francisco Montalbo Camacho, fueron más tarde ahorcados en México. AGN, Inquisición, vol. 593, exp. 2, f. 370.

rado andaluz ya que Arcos, de donde es natural, sólo queda a unas doce leguas de Sevilla: es protegido de Cancino por ser su "ahijado de velación".[52] Los dos hombres se ayudan mutuamente de mil maneras: Cancino intercede ante Domingo Márquez cuando Andino está en la cárcel por deudas, éste hace de testigo falso en dos asuntos que interesan al escribano público y acicateado por la promesa de verse premiado con una fuerte cantidad de dinero por su padrino, formula las denuncias más graves en contra del alguacil mayor. Ambas familias, la de Cancino de Rioja y la de Márquez de Andino, viven casi juntas y las mujeres son uña y carne.[53]

A este núcleo Cancino-Andino se agrega la familia de los Valdivieso, que consta del padre, un hijo y tres hijas. Para medrar en la sociedad estos mestizos escogieron las hermosas vías coloniales de la burocracia para los hombres y el amancebamiento para las mujeres. Mientras el padre, don Juan de Valdivieso, resulta "diabólicamente" hábil en lo que se refiere a los escritos de toda clase, sirviendo asimismo de procurador de los presos, lo que le permite efectuar con Cancino los arreglos más fructíferos con ellos, el joven hijo sigue el modelo del padre y se convierte también en "papelista, escribiente y ayudante de Cancino". Los Valdivieso tienen además un cuñado de gran peso en Tepeaca, asimismo auxiliar en cierto modo de Cancino, cuya protección comparte con los demás: se trata del "nahuatato", el intérprete que conocemos desde 1650 por las frecuentes denuncias del incesto de las que fue objeto, Luis de Mançanedo.

Por tanto, a partir del triángulo Cancino-Andino-Valdivieso, respaldado por el complaciente comisario del Santo Oficio Cristóbal de la Carrera y su diligente notario Juan Bautista Vásquez —un estafador diestro también en papeleo—, reforzado por el sólido odio del alcalde mayor de Tecali, don Juan de Santiago, y por una serie compleja de relaciones familiares, de intereses, de connivencia o dependencia, una amplia red se extiende sobre la sociedad pueblerina, lo que explica las numerosas declaraciones —unas treinta en total—, insignificantes la mayoría de ellas, que provienen de individuos que de una manera u otra, se ven obligados o invitados a unirse a la coalición cuando Cancino da la señal de la embestida final.

Si presentimos los poderes extensos y turbios del escribano, sus connivencias con los trabajadores de las haciendas y con el hampa

---

[52] "Ahijado de velación", según la terminología de estas relaciones tan numerosas como poderosas que constituyen los distintos sistemas de compadrazgo. *Cf.* Hugo Nutini, Pedro Carrasco, James M. Taggart, *Essays on Mexican Kinship, passim.*

[53] AGN, Inquisición, vol. 593, exp. 2, Proceso contra Luis Cancino de Rioja, fs. 372, 376.

y si conocemos a sus allegados, ¿qué sabemos de sus relaciones con los más débiles, los indígenas, entre quienes imperaba cierta efervescencia perceptible ya en 1650? ¿Qué lazos lo unen con los poderosos que desde hace tiempo cuentan entre la gente principal de Puebla o hasta de México?

Los indígenas

Como ya vimos, los indígenas constituyen una fuente de beneficios numerosos y variados, como productores, consumidores y mano de obra que todos se disputan ásperamente para el trabajo agrícola en las haciendas, y como beneficiarios de tierras susceptibles de ser usurpadas paulatinamente. Son también una masa importante que los españoles pueden manipular y movilizar para fines que les son ajenos, como cuando se trata de granjearse a los caciques indios. Así logró Cancino de Rioja la amistad de estos instrumentos valiosos ya que él hacía elegir a los gobernadores de las comunidades según su conveniencia. En su defensa, elaborada desde el calabozo, Domingo Márquez pide que se interrogue a nueve testigos (entre quienes se encuentran dos labradores de Tepeaca, un vecino de Puebla, uno de México, dos mujeres, un mulato hijo de la comadrona de Tepeaca, un sacerdote y un cirujano), para que refieran cómo los caciques don Diego de Guzmán y su tío don Luis de Luna son amigos de Cancino, "y que le están sujetos porque los saca gobernadores y que lo es el que él quiere y que dichos indios son mui de su casa..." Una amiga de su misma mujer, la española Juana Bravo, es la amante del cacique don Diego de Guzmán, sobrino de don Luis de Luna, también cacique. Huelga decir que ambos son íntimos del escribano público. El intérprete Luis de Mançanedo, intermediario imprescindible con el mundo indígena, ayuda a Cancino en las escrituras, y es considerado por ello un paniaguado suyo. Una vez que los caciques indígenas son aliados y cómplices de Cancino, los macehuales se conforman y callan. He aquí cómo los indígenas, manipulados por sus caciques, intervinieron en los procesos formados en 1650 y 1652 contra Domingo Márquez, quien puntualiza que Cancino es el que, "con mala yntención fomentó a los indios", caciques, se entiende. Una carta firmada por los gobernadores y el cabildo indígena y dirigida a las autoridades capitalinas declara que Domingo Márquez no podía recibir la vara de alguacil mayor por ser portugués y, para respaldar sus peticiones, los caciques llegaron a desplazar a la ciudad de México a gran número de macehuales. Más aún, al acarrear tales procesos gastos cuantiosos (10 000 pesos aproximadamente), los mismos caciques decidieron que el conjunto de los indígenas debía cooperar con una suma determinada; esto provocó disputas todavía encendidas en 1656 pues algunos se negaron con toda razón a pagar la contribución que se les pedía en un asunto que, sin duda y a todas luces, les resultaba ajeno.[54]

Así es como supo Cancino utilizar a la masa indígena conforme a sus intereses, por medio de los caciques a los que dominaba y controlaba gracias a sus funciones burocráticas. La colaboración de los caciques con la dominación colonial constituye sin lugar a duda uno de los factores más violentos de descomposición y enajenación de las comunidades indígenas; colaboración de clase finalmente cuyo carácter y responsabilidad tendrán que ser reconocidos tarde o temprano, al abandonar el estereotipo falaz y dañino de un mundo indígena solidario y uniformemente aplastado por el poder español.

Falta precisar, en aras de la justicia, que no todos los caciques aceptaron desempeñar este papel, o no tuvieron la oportunidad de aceptarlo puesto que numerosos fueron los que, como el noble don Francisco de Mendoza, de Tecamachalco, cayeron en la miseria igualitaria de sus macehuales, luego de haber sido burlados y despojados por los labradores españoles, los funcionarios u otros caciques.[55]

---

[54] AGN, Inquisición, vol. 460, Proceso contra Domingo Márquez, f. 372v.

[55] Acerca del papel ambiguo, fundamental y aún mal conocido de los caciques, véanse los tres estudios de Pedro Carrasco: "Las tierras de dos indios nobles de Tepeaca en el siglo XVI", *Tlalocan*, IV, 2, pp. 97-119; "Más documentos sobre Tepeaca", *Tlalocan*, VI, I, pp. 1-37; "Documentos sobre las tierras de los indios nobles de Tepeaca en el siglo XVI", *Comunicaciones*, núm. 7, Fundación Alemana para la Investigación Científica, pp. 89-92. Pedro Carrasco muestra cabalmente que al principio (hasta 1571) la Corona sostuvo los privilegios de los caciques contra los macehuales que rechazaban su autoridad por considerarla obsoleta a consecuencia de la Conquista; pero con la muerte masiva de indígenas en los últimos decenios del siglo XVI, la Corona perdió numerosos tributarios e impuso el pago del tributo a los mismos caciques. El drama demográfico es lo que, al privar a los caciques de los servicios y prestaciones que recibían de sus súbditos, los orilló a vender sus tierras a los españoles o a enajenarlas por matrimonios mixtos, rematando de esta manera el ocaso definitivo de la nobleza indígena.

Por otra parte, Mercedes Olivera (*op. cit.*, pp. 210-213) reconoce el papel que desempeñaron los caciques como agentes transmisores entre la dominación colonial y las masas indígenas. Pensamos sin embargo, si bien la Corona y la Iglesia se apoyaron en ellos, como lo subraya la autora, fueron los notables españoles locales, movidos por intereses particulares e inmediatos, quienes buscaron y lograron ante todo su colaboración; los caciques se la otorgaban en la medida en que —mediante los cargos del cabildo indígena, elegidos y manipulados por estos notables españoles según vimos— esperaban conservar, parcialmente al menos, el control y el poder sobre los macehuales.

Los poderosos

Sin embargo, Cancino de Rioja no es, a pesar de su poderío insidiosamente tentacular, más que un recién llegado en la región, y aunque su cargo le permite intervenir en el terreno legal, no le confiere ningún poder de decisión en lo político. Su enfrentamiento personal con Domingo Márquez origina efectivamente el pleito de 1656 y la ausencia de figuras relevantes, socialmente hablando, entre los testigos denota una neutralidad benévola por parte de los verdaderos amos de la comarca. Éstos, activos cuando las composiciones de tierras alrededor de 1643, suelen residir en Puebla pero ostentan el título de "labradores de Tepeaca".[56] Aunque no intervienen en un asunto finalmente delicado y que puede resultar comprometedor, se mantienen entre bastidores y sus manifestaciones, con ser discretas, nos revelan sus intenciones e intereses.

Cuando entregado a cavilaciones obsesivas en su calabozo Domingo Márquez trata de entender lo que le ocurre y descubrir a los verdaderos responsables de sus infortunios, menciona varias veces a un tal Luis de Vargas y de la Cueva, aparte de Cancino de Rioja, verdadero cerebro del complot, según él. El alguacil mayor está convencido de que don Luis de Vargas y de la Cueva fue el promotor de los procesos de 1650 y 1652.[57] Este personaje, que goza de gran autoridad, era "la cabeza por quien se gobernaban todos"; también fue nombrado comisario por el conjunto de los labradores de la región, con el fin de llevar a cabo con la Corona las negociaciones concernientes a las composiciones de tierras en 1643. Descendiente del capitán y conquistador don Francisco de Vargas, y sobrino del capitán don Juan de Vargas Basurto y de la Cueva, su familia fue dueña durante mucho tiempo de varias haciendas pues aún encontramos su rastro a principios del siglo XVIII. Participó en una extraña conjuración que resultó probablemente una trampa destinada a Domingo Márquez, según éste lo entendió después: junto con otros ricos labradores y, en particular, el poderoso don Gaspar de Rivadeneyra[58] y su yerno don Joseph Mellado,[59] se le hizo saber al alguacil mayor que se estaba tramando una conspiración en contra

---

[56] AGN, Mercedes, vol. XLIV, fs. 40 y ss.

[57] Miguel Zerón Zapata, *op. cit.*, pp. 65, 67, 69 y, sobre todo, 73; también el documento citado, en Mercedes, vol. XLIV y AGN, Tierras, vol. 2730, exp. 1, en el que un documento de 1701 proporciona datos precisos sobre toda la familia.

[58] Don Gaspar de Rivadeneyra, miembro de una familia poderosa y familiar del Santo Oficio desde 1642. *Cf.* François Chevalier, *op. cit.*, p. 192; Miguel Zerón Zapata, *op. cit.*, p. 72. Guillermo S. Fernández de Recas, *Mayorazgos de la Nueva España*, p. 184; del mismo, *Aspirantes americanos a cargos del Santo Oficio*, pp. 117-118.

[59] Guillermo S. Fernández de Recas, *op. cit.*, p. 181.

de Cancino de Rioja y se le invitó a unirse al grupo, pues era notorio el odio que existía entre los dos rivales. Domingo Márquez se asoció y pagó los doscientos pesos que correspondían a cada uno de los participantes y que estaban destinados a emprender los trámites contra el escribano público: todo se deshizo por milagro cuando un cobrador mestizo se apresuró a contarle todo a Cancino. Así pues, se trató probablemente de una simulación hábilmente organizada por los poderosos deseos de ayudar a Cancino en su querella de un modo eficaz pero discreto, con el fin de sondear la enemistad y veleidades agresivas de Domingo Márquez.[60]

Por otra parte, no deja de ser interesante el descubrir las relaciones que sostenía Cancino de Rioja con los alcaldes mayores de Tepeaca, cuya lista, por la calidad de los nombres que figuran en ella, es además reveladora de la importancia socioeconómica de la comarca que pagó, cabe recordarlo, la suma más elevada por lo que se refiere a la regularización de los títulos de propiedad.[61]

Don Álvaro del Castrillo y Villafana, si bien acudió a testimoniar a favor de Domingo Márquez al ser llamado por el Santo Oficio, revelando precisamente los funestos tejemanejes de Cancino, juzgó conveniente mantener relaciones cordiales con el escribano público cuando ejerció las funciones de alcalde mayor de Tepeaca y su propia mujer originó el incidente de la ermita entre María Juárez, la esposa de Cancino y las hijas Valdivieso al dejar de invitar a la primera a tomar asiento junto a ella.

Don Agustín de Valdés Portugal, un apellido ilustre del virreinato, intervino magistralmente con Cancino en 1652 al dar forma a las acusaciones contra Domingo Márquez y preparar el proceso que siguió, acusándolo de ganancias ilícitas en sus tratos.[62] En cuanto a don Gonzalo de Gómez de Cervantes, otro representante de una de las casas más nobles de la Nueva España, sólo sabemos que era muy amigo de Cancino de Rioja.[63]

Finalmente, don Diego Maldonado de la Carrera[64] —otro ape-

[60] AGN, Inquisición, vol. 460, Proceso contra Domingo Márquez, fs. 359v.-360.
[61] AGN, Mercedes, vol. XLIV, fs. 40 y ss., y François Chevalier, *op. cit.*, p. 355. Mientras la Nueva Galicia tuvo que pagar 40 000 pesos, Tepeaca sola entregó 30 000 pesos.
[62] Miguel Zerón Zapata, *op. cit.*, p. 70. Guillermo S. Fernández de Recas, *op. cit.*, p. 132. Sabemos que fue corregidor de Oaxaca, corregidor de Puebla, justicia mayor de Puebla, familiar del Santo Oficio, mayor de la villa de Celaya y corregidor de México. *Cf.* Jonathan Israël, *Race, class and politics in Colonial México, 1610-1670*, p. 235 y *passim*. Pedro López de Villaseñor, *Cartilla vieja de la nobilísima ciudad de Puebla* (1781), p. 381. Gregorio M. de Guijo, *Diario*, 1648-1664, vol. I, p. 262.
[63] Nos parece inútil insistir sobre la familia Gómez de Cervantes, una de las más antiguas y nobles de Nueva España.
[64] Pedro López de Villaseñor, *op. cit., passim*, y Miguel Zerón Zapata, *op. cit., passim*.

llido famoso en la región, todo un canalla que estafaba a los indígenas de modo escandaloso— encontró un defensor en el escribano público: al tener una deuda de 5 000 a 6 000 pesos con el fisco, fue encarcelado por el alguacil mayor Domingo Márquez, que cumplía las órdenes del alcalde mayor de entonces, don Fernando de Azcue y Armendáriz.[65] Cancino de Rioja ofreció pagar la suma que debía Maldonado, hizo numerosas diligencias para lograr su libertad y le mandó quitar los grillos. Sin embargo, subsiste la pregunta: ¿por qué estos poderosos que llevan apellidos a veces ilustres respaldan, aunque sea con su neutralidad benévola, su discreta solicitud o hasta su silencio, los dañinos propósitos de Cancino de Rioja?

Entre los dos rivales, el escribano público y el alguacil mayor, e independientemente de las cuestiones de carácter —que, por otra parte, son de mucho peso en un clima saturado de afectividad en el que el andaluz frío y astuto se desenvuelve mejor que el norteño directo e impulsivo—, ¿por qué elegir el partido de Cancino de Rioja cuando se tienen bienes y hasta incluso algún pergamino no muy nuevo en un arcón?

Porque el escribano público personifica sin duda posible la esencia de un poder reciente, en la segunda mitad del siglo XVII, época de conflictos latentes, expoliaciones solapadas y rapiña encubierta y constante, que constituyen la vida de la región de Tepeaca, desgarrada por mil rivalidades. Ya pasó el tiempo de las armas, el de los enfrentamientos directos se va esfumando y un Cancino domina a punta de pluma los bienes y haciendas de todos. Al cerrar los ojos ante sus intrigas y facilitar sus maquinaciones, se previene la reciprocidad para el futuro y se asegura la discreción en lo referente al pasado; además, se obtiene la libertad de seguir obrando impunemente en lo que fundamenta en parte la prosperidad de los ricos labradores españoles: las expoliaciones, las compraventas más o menos fraudulentas, los arreglos turbios, etc. Más que una intervención directa en la rivalidad que opone el escribano público al alguacil mayor, los poderosos casi invisibles aunque vigilantes asisten al duelo, pues están interesados en su resultado pero no dispuestos a intervenir a toda costa a favor del que es sólo un instrumento valioso y no, todavía al menos, un igual.

Finalmente, no queda excluido el que estos pudientes vieran con buenos ojos la ruina reputada, cercana e infalible de Domingo Márquez. Si es posible entenderse con Cancino de Rioja, que busca integrarse en el tejido social por todas las relaciones que sostiene, Domingo Márquez resulta ser un individualista impulsado por inquietante dinamismo, que se abre camino por sí solo. Ahora bien, la rivalidad entre labradores es dura en Tepeaca y este portugués, que empezó pobremente, constituye a largo plazo una amenaza in-

[65] AGN, Inquisición, vol. 460, Proceso contra Domingo Márquez, f. 358v.

cluso para los notables bien establecidos. En menos de veinte años lo vimos pasar de su mesilla en el polvo del mercado poblano al rango de propietario, de mercader que se desenvuelve en amplias regiones y cuenta con verdaderas pequeñas sucursales y, sobre todo, que percibe las alcabalas y desempeña el cargo de alguacil mayor. Quiso incluso comprar el de escribano público para romper con el monopolio ejercido por su enemigo Cancino y, despreciando los denuestos de todos los que lo criticaban por ser portugués, emprendió diligencias para lograr el nombramiento de familiar del Santo Oficio, intentando de esta suerte irrumpir vigorosamente en los terrenos del poder burocrático y del prestigio social. No queda descartado que el grupo relativamente reducido de los amos verdaderos de Tepeaca haya considerado a largo plazo este rápido ascenso como un peligro para sus mismos intereses.

Por esta razón, luego que la Real Sala del Crimen y la Real Audiencia frustraron las esperanzas que Cancino de Rioja y algunos otros abrigaban de destruir al alguacil mayor, éstos se dirigieron al Santo Oficio en 1656, pues veían en él una institución cuyo prestigio y rigor acababan de reforzarse con la reciente persecución de los judeocristianos. Ya que en este preciso momento hacía falta ser judío para ser mandado a la hoguera, el portugués Domingo Márquez fue denunciado como judío...

Pero la asimilación portugués-judío que forma el núcleo mismo de la acusación resultó demasiado somera para los especialistas inquisitoriales, que no suelen obrar a la ligera ni adoptar llanamente los prejuicios del vulgo. Por ello, Domingo Márquez permaneció cinco años en los calabozos del Tribunal, mientras se llevaba a cabo la gigantesca indagación necesaria para esclarecer el caso.

Todo indica que los inquisidores entendieron muy pronto que enfrentaban una verdadera conspiración y que se consideraba al Tribunal como mero instrumento susceptible de ser manipulado. En efecto, la carta de Cristóbal de la Carrera, comisario del Santo Oficio en Tepeaca, que acompañaba las testificaciones contra el alguacil mayor, lleva la fecha del 10 de febrero de 1656 y mediante una carta fechada del 25 de agosto del mismo año, es decir tan sólo seis meses más tarde, las autoridades capitalinas le pidieron al comisario de Cholula que se encargara de la indagación, sustituyendo a Cristóbal de la Carrera, cuya parcialidad y mala fe ya no eran dudosas.[66]

La personalidad de Domingo Márquez desempeñó un papel determinante en la opinión que surge, crece y acaba por asentarse entre los inquisidores, ya que, pese a su neutralidad, trasciende en las actitudes que adoptan respecto a él. Éste toma entre sus manos sus negocios con la energía que lo caracteriza, les dedica todas sus

---

[66] AGN, Inquisición, vol. 460, Proceso contra Domingo Márquez, fs. 1, 64.

fuerzas, hurga en los rincones de su memoria para reunir sus recuerdos, intentando entender los mecanismos de la acusación. Lo logra además puesto que declara durante una audiencia pedida expresamente que "ha caydo en el modo que an tenido sus enemigos en lebantarle estos falsos testimonios; y es valerse de cosas pequeñas verdaderas y sobre ellas añadiendo falsedades y testimonios y como dicen, harmando de una pulga un caballo". También sitúa sus desgracias en el clima mezquino de Tepeaca, "pueblo corto y todo chismes y embustes y enemistades por ellos, y todos están eslabonados y emparentados y en tocando a uno, era tocar una campanilla para llamar a todos".[67] Tiene también conciencia de ser solitario, hecho que explica por su nacionalidad portuguesa y su mal carácter; sus arrebatos de ira y su natural celoso lo llevaron a azotar a su propia mujer, desnuda, en la caballeriza, es brutal con los esclavos, rudo en su modo de hablar. Pero es a la vez un hombre leal, de buena fe y generoso y los numerosos testigos a su favor, provenientes de todos los grupos étnicos y clases sociales, van pintando poco a poco una personalidad vigorosa y atractiva. La misma María Juárez se dedica a defenderlo lo mejor que puede; uno de sus esclavos, un tal Mathías, resulta ser uno de los principales artífices de su liberación al revelar ciertos detalles fundamentales relativos a Cancino de Rioja y sus cómplices.

En fin, es imposible que los inquisidores hayan permanecido insensibles ante los acentos sinceros de las declaraciones de Domingo Márquez, algunas de las cuales escandalizaron a la sociedad asfixiante y envenenada de Tepeaca: poseen un aroma a cristiano viejo indiscutible y parecen sacadas de una réplica de Lope de Vega: "el rey hace hidalgos pero no cristianos viejos".[68]

El Tribunal deja asomar su simpatía al otorgar a Domingo Márquez cuanto pide, con tanta más facilidad ciertamente cuanto que él mismo acabará pagando las cuentas finales: papel en gran cantidad, tinta y plumas para preparar su defensa, un compañero de celda agradable, algunas comodidades. Cuando el alguacil, cuya razón empieza a turbarse por el largo encarcelamiento, se queja de insomnios, zumbidos, crisis depresivas y alucinaciones, se le manda al médico, quien le receta un tratamiento; se le explica que lo más difícil ya pasó y que la lentitud del procedimiento tiene por causa el gran número de testigos dispersos en toda la región poblana que él mismo citó a su favor. También se le conforta y autoriza a hacer trámites relativos a su vara de alguacil mayor.[69]

Finalmente, los inquisidores se reúnen el 17 de mayo de 1661 y acuerdan la inocencia de Domingo Márquez, mandando que sea de-

[67] AGN, Inquisición, vol. 460, Proceso contra Domingo Márquez, fs. 190v., 233v.
[68] AGN, Inquisición, vol. 460, Proceso contra Domingo Márquez, f. 285.
[69] AGN, Inquisición, vol. 460, Proceso contra Domingo Márquez, fs. 246v., 247v.

clarada públicamente en Tepeaca y que se le restituyan tanto sus bienes como su vara de alguacil mayor. Éste regresa entonces presuroso a casa pues "se quiere ir a ver a su muger y familia" y seguramente también, está ansioso de saborear su victoria y urdir alguna venganza...[70]

Pero las cosas cambiaron mucho durante su ausencia pues, antes de que terminara su proceso, el Santo Oficio había mandado arrestar a los principales testigos falsos. Cancino de Rioja, aterrado ante el curso imprevisto de los acontecimientos y el abandono de todos, visitaba con frecuencia a Cristóbal de la Carrera, prudentemente desplazado de Tepeaca y ahora beneficiado del pueblo de Totomehuacán, a unas diez leguas aproximadamente de allí. Siempre ignoraría que el Tribunal de México había empezado a reunir testimonios en su contra para acusarlo de haber disipado los bienes que pertenecían al alguacil mayor, depositados con él durante el tiempo que estuvo en prisión, y de haber sido "testigo falso e inducido a otros...", llevado de su natural malo y falso y perjuro", según declara la Inquisición al empezar un proceso que nunca acabaría, pues el escribano público murió antes de que lo arrestaran.[71]

Mientras tanto, el conflicto sigue en pie entre los dos enemigos y Domingo Márquez hace constantes viajes a México para avisar a los inquisidores, ahora conocidos suyos, del curso de las cosas. De esta manera, nos enteramos de que intentaron matarlo unos hombres armados que se introdujeron de noche a su casa por el gallinero y que su hacienda y cargo fueron repartidos entre Cancino de Rioja, don Juan de Valdivieso y don Juan de Santiago. Hace hincapié en el odio que le tienen, revelando que el cuadro de la huida a Egipto en el que estaba retratado junto con su mujer María Juárez en calidad de donadores fue muy dañado: sus rostros fueron arañados y las pupilas de sus ojos reventadas.[72]

Pero los odios más encendidos se aplacan con el tiempo: muerto Cancino, probablemente de despecho por haber visto frustradas sus esperanzas, los procesos formados contra los demás testigos falsos no parecen haberse seguido. Sólo Juan Márquez de Andino, principal testigo de cargo, sufrió una condena que lo obligó a dejar Tepeaca[73] y Juan Bautista Vásquez, arrestado por haber traicionado

[70] AGN, Inquisición, vol. 460, Proceso contra Domingo Márquez, fs. 638, 639, 675.
[71] AGN, Inquisición, vol. 593, exp. 2, Proceso contra Luis Cancino de Rioja, f. 263.
[72] AGN, Inquisición, vol. 460, Proceso contra Domingo Márquez, f. 352v.
[73] AGN, Inquisición, vol. 512, exp. 3. La condena inicial pronunciada contra Márquez de Andino es reveladora, por su excepcional gravedad, de la voluntad del Santo Oficio de sancionar el falso testimonio y, por tanto, el intento de manipulación de la institución inquisitorial. En efecto, el 29 de agosto de

el secreto inquisitorial que debía respetar, permaneció cinco años en la cárcel, sin que sepamos cómo terminó su proceso.

En cuanto a don Juan de Valdivieso, uno de los principales conjurados, digno representante de este grupo mestizo que asienta su fortuna en la colaboración con el poder colonial y en su papel de intermediario con el mundo indígena, supo sortear todos los escollos: habiendo tenido la insigne prudencia de abstenerse de atestiguar contra Domingo Márquez, escapó de las persecuciones inquisitoriales ulteriores y fue el único en salir reforzado de la tormenta: recibió el tenientazgo de Huamantla de manos del poderoso don Tristán de Luna y Arellano, constituyendo su caso una ilustración del rápido ascenso de los mestizos en la región de Puebla.[74]

Ya nada sabemos de la suerte que corrió Domingo Márquez; cabe pensar sin embargo que, pese a la larga prisión que lo había afectado visiblemente y a la pérdida casi total de sus bienes, consumidos por sus enemigos, le quedaron las suficientes fuerzas para volver a empezar otra vida. ¿No había declarado acaso, en el calor de una disputa con su enemigo de siempre, que "quando él gastara con Cancino su hacienda en pleitos, no por eso havía de dexar de sustentar una mujer que Dios le havía dado; que con un matalote y 100 pesos que le quedaran con unas alforjas, siendo mercachifle, la havía de sustentar".[75]

La Inquisición

Es notable el papel que desempeñó en este asunto la institución inquisitorial. Llevó a cabo, con la lentitud y meticulosidad que suele, la averiguación de la información y muy pronto, como lo vimos,

---

1664, Andino fue condenado a salir en un auto de fe con las insignias de testigo falso y, tras asistir a una misa, a estar expuesto a la burla durante tres o cuatro horas, amarrado, desnudo de la cintura para arriba, con el torso cubierto de miel y plumas; luego debía ser paseado por las calles de la ciudad montado en un burro y recibir doscientos azotes; finalmente, lo mandarían a las galeras de Terrenate en Filipinas, por diez años, es decir para el resto de su vida puesto que el trato que se daba a los galeotes hacía poco probable que sobrevivieran más de unos pocos años. Aduciendo su edad, unos sesenta años —lo que contradice sus declaraciones de 1656, en las que pretendía tener cuarenta años (pero el reo explicó que Cristóbal de la Carrera, el mismo comisario del Santo Oficio, fue quien juzgó conveniente rejuvenecerlo en aquel entonces ¡al considerar sin duda más digno de crédito el testimonio de un hombre de cuarenta años!)—, Márquez de Andino logró que la condena a las galeras fuese conmutada por el destierro de México, Tepeaca, Puebla y una zona de veinte leguas a la redonda, por un periodo de diez años.

[74] Desconocemos la suerte de don Juan de Santiago, alcalde mayor de Tecali, quien, aunque agente activo de la conjuración, se abstuvo asimismo de testimoniar en contra de Domingo Márquez.

[75] AGN, Inquisición, vol. 460, Proceso contra Domingo Márquez, f. 387.

tomó las providencias necesarias para asegurar la objetividad de las diligencias. Cuando hubo establecido la inocencia de Domingo Márquez, confirmada por el examen efectuado por un cirujano que certificó que el alguacil mayor no estaba circuncidado, la proclamó públicamente y persiguió a los testigos falsos, manifestando de este modo que estaba consciente del papel que habían intentado hacerle desempeñar y que rechazaba. Pues si bien la Inquisición admite ser el receptáculo de las frustraciones, resentimientos y tensiones sociales que llegan a ella a través de las denuncias y que nutren sus propias actividades represivas, no está dispuesta a convertirse en instrumento de rivalidades que son ajenas a ella y castiga con rigor, según vimos, a quienes buscan manipularla. La dificultad constante para el Santo Oficio consiste en establecer el desfase que existe entre estos papeles, siendo el primero inevitable, a menudo necesario y a veces útil y el segundo enajenante, en la medida en que le hace perder su soberanía si desvía al Tribunal de sus finalidades peculiares para reducirlo a intereses que no le atañen. El mismo desfase nos permite también descubrir una capa espesa de vida ya que el clima político-religioso de los años 1650 llevó la rivalidad entre Cancino de Rioja y Domingo Márquez ante las instancias inquisitoriales, mientras que otro momento de la historia de Nueva España hubiese sugerido otros desenlaces: asesinato, huida, partida de uno de los contrincantes, etcétera.

Conclusión

En resumidas cuentas, este pleito tan exuberante como complejo presenta dos temas principales dignos de interés.

Los conflictos de una región cuyos rasgos socioeconómicos parecen ya establecidos en la segunda mitad del siglo XVII se despliegan ante nosotros: pingüe zona productora de trigo y ganado, consciente de su fuerza y papel en la economía del virreinato, sus amos son familias poderosas que residen en Puebla o México que se abstienen de intervenir abiertamente en maquinaciones mal armadas que no les interesan directamente pero cuyo desenlace no las deja indiferentes. El mundo indígena en plena descomposición aparece como una fuerza susceptible de ser manipulada con fines que le son ajenos mediante los caciques, que resultan ser sin duda los agentes transmisores del poder español y los artífices tal vez más eficientes de la desculturización.

Independientemente de la propiedad de bienes raíces como fuente de poder, las rivalidades conciernen cada vez más a las funciones burocráticas ligadas a los procesos de escrituración, consignación, recaudación de impuestos, represión, control y decisión, reveladores de una sociedad densa y estable en la que las tierras son escasas y la movilidad y facilidad de los tiempos épicos dejaron lugar a un equilibrio que va endureciéndose.

En esta dinámica se inscriben las trayectorias de los recién llegados Luis Cancino de Rioja y Domingo Márquez, y ya vimos de qué aliados y armas se valieron, las etapas de su enfrentamiento y su desenlace.

Algunas de estas armas son tradicionales: acumulación y repartición de distintos poderes, político, económico, administrativo, represivo, hasta pararreligioso —recordemos que Domingo Márquez había llegado, en la contienda que lo oponía a Cancino por los poderes, a solicitar el título de familiar del Santo Oficio—, respaldo y manipulación de grupos sociales, indígenas, delincuentes, neutralidad complaciente de los poderosos, corrupción, arbitrariedad, etcétera.

Pero si tales caracteres hubiesen podido ser también los de cualquier pleito en alguna provincia de Europa de la misma época, desgarrada por la rivalidad de leguleyos codiciosos y de tenderos avorazados y ambiciosos, el que presentamos aquí no deja de llevar el sello original del México colonial.

En efecto, los antagonismos sexuales, los líos amorosos, íntimamente mezclados con las rivalidades étnicas, según vimos, se inscriben asimismo en las luchas por el dominio.

La intervención constante y activa de las mujeres, a menudo rodeadas de sus hijos —fruto de las relaciones caprichosas de la vida colonial—, ayudadas o traicionadas por un mundillo de sirvientas, criados, esclavos mestizos, negros o mulatos, comunicaba un tono pasional a los conflictos y traducía una rivalidad étnica aguda entre ellas; resulta imposible disociar el antagonismo étnico de la relación amorosa y de la lucha por el poder pues la situación colonial originó obviamente una red de influencias que enlazaba estrechamente a los sexos, los grupos étnicos, los sectores sociales, propiciando una movilidad imprevista en el proyecto colonial inicial.

Al perder respectivamente la vida y la fortuna los dos personajes principales, los españoles Cancino y Márquez, el grupo mestizo, con la familia Valdivieso, es finalmente el que salió reforzado del conflicto, de acuerdo con un proceso histórico de largo plazo que desemboca en el México mestizo de la Independencia y de la época actual. Es probable que la región poblana, por sus mismas características, constituyese antes que otras el crisol de tal evolución, de seguro precoz y, en todo caso, perfectamente visible ya en 1650.

La acusación de judaísmo lanzada contra Domingo Márquez, la chispa que enciende todo y su consecuencia inevitable, que viene a ser la intervención del Santo Oficio con la instrucción de un largo y pesado proceso, nos sitúan en el contexto novohispano justo después de la represión de los judeocristianos, o sea, la "Gran Complicidad" de los años 1640-1650; recurrir a semejante acusación y a la institución inquisitorial sólo se puede explicar con referencia a este drama.

Por otra parte, la actitud del Santo Oficio refleja la conciencia clara, aunque jamás explícita, de los papeles que le toca desempeñar. En este sentido, el Santo Oficio tiene una función desmistificadora y saludable puesto que la proclamación de la inocencia de Domingo Márquez es lo que restituye al asunto su carácter exclusivamente civil.

Finalmente, conviene no despreciar el elemento profundamente afectivo, ocasional y particular que permite el estallido de la crisis: la oposición de dos fuertes personalidades es lo que funde al calor de las pasiones las tensiones, los conflictos emergentes o latentes, las corrientes subterráneas que agitan a la sociedad pueblerina, en un ejemplo nítido de la articulación de lo individual con lo colectivo, ya que lo psicológico procede obviamente de lo social y cultural. ¿No es acaso Cancino de Rioja mucho más que un personaje particular, símbolo y precursor de todo un tipo social muy difundido posteriormente, sobre todo en América Latina? ¿No recuerda Domingo Márquez a aquellos mercaderes tan ávidos como emprendedores que zahería Pablo Neruda?

Una vez más, volvemos a encontrar la actividad inquisitorial asociada a los procesos más claramente reveladores de la formación de la sociedad colonial.

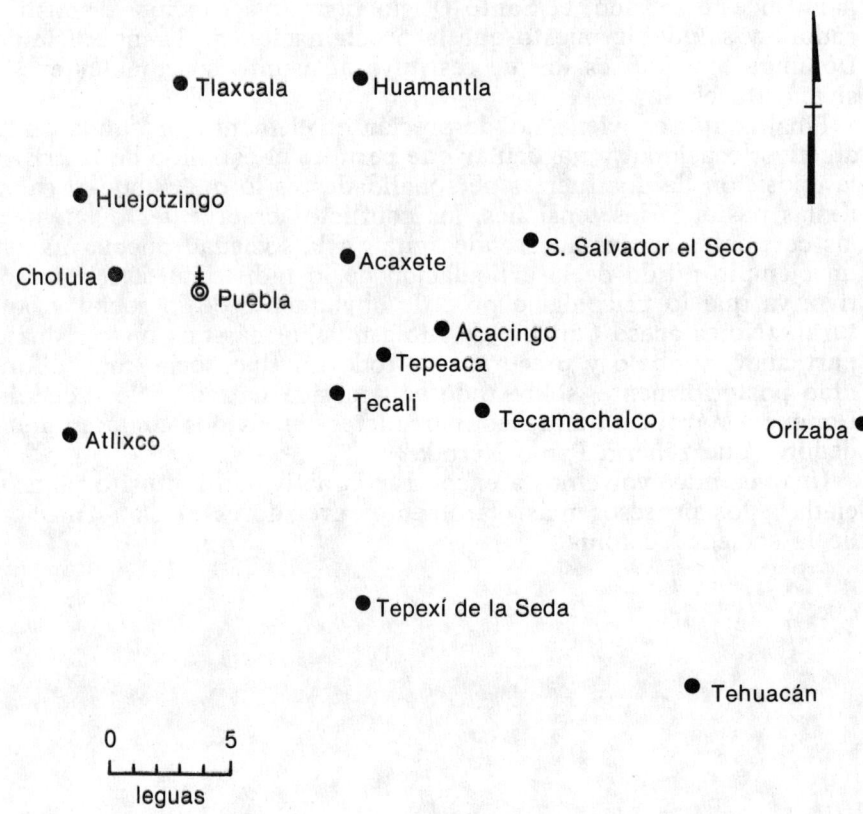

MAPA II. *Región de Tepeaca.*

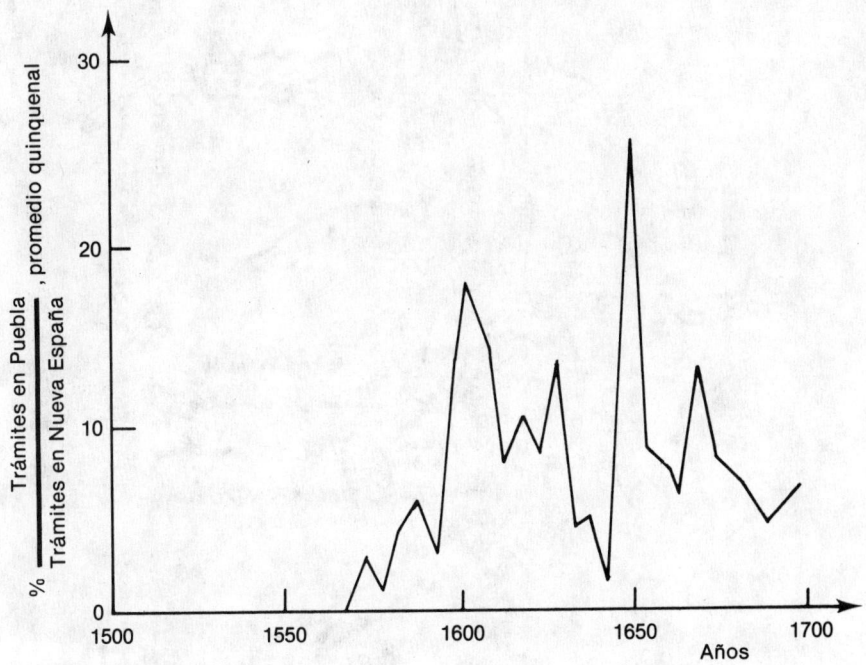

GRÁFICA XVIII. *Porcentaje de trámites en la región de Puebla en relación al total de trámites en Nueva España, 1550-1700.*

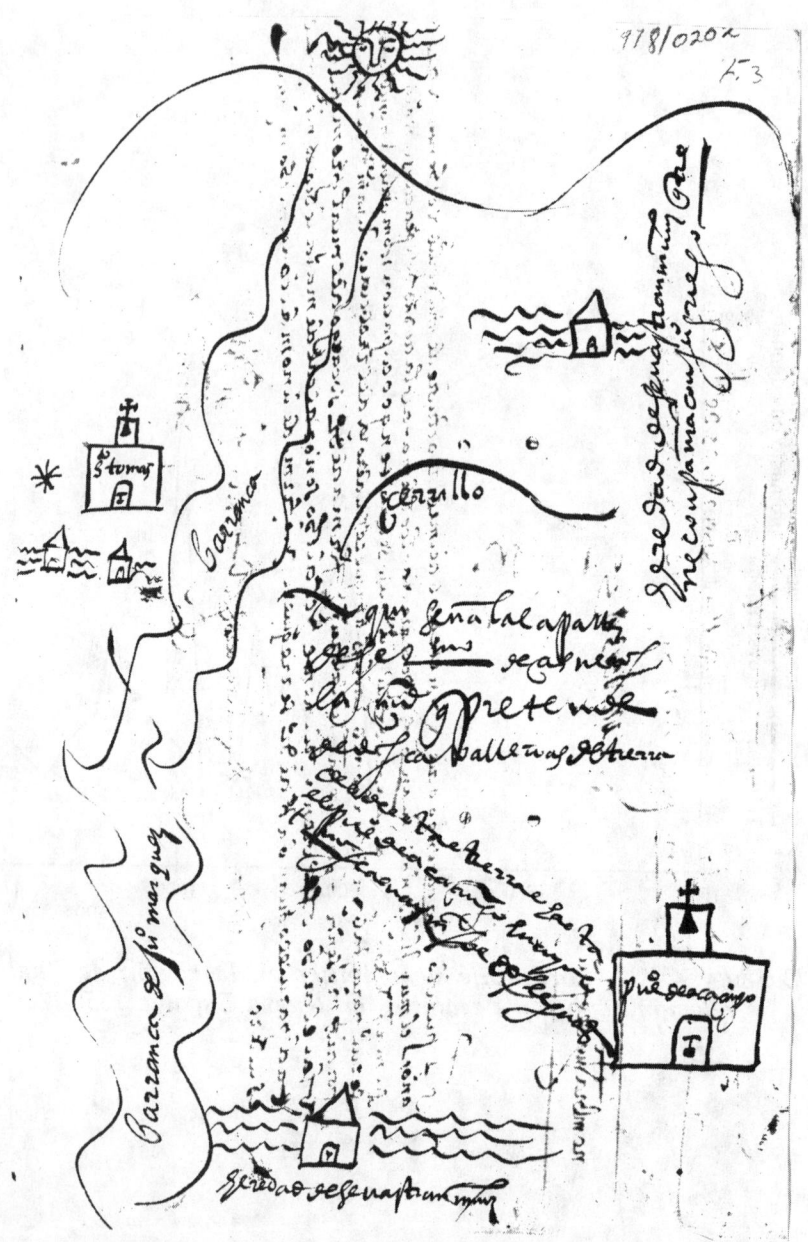

FIGURA IX. *Plano de Tepeaca que data de 1583. El pueblo de Acatzingo está señalado, a la izquierda una gran cañada divide el territorio.* A.G.N., Tierras, vol. 2677, exp. 5, f. 3.

XXVIII. LA MINA Y LA FRONTERA: ZACATECAS, FRONTERA DE DOS MUNDOS

EN LA historia de la Nueva España, Zacatecas desempeña un papel relevante. Bien se conoce la trayectoria de la ciudad, fundada en 1546 por un puñado de capitanes vascos (de los cuatro fundadores, sólo Baltasar de Temiño de Bañuelos era castellano), en el sitio de ricas vetas de plata cuya existencia había sido descubierta por unos indios. Perdida en medio de desiertos cuna de tribus hostiles, precariamente conectada en los principios con la lejana capital y las zonas pobladas, la ciudad aparece muy rápidamente como núcleo último de civilización hispánica y el punto a partir del cual se procederá a un avance constante hacia el norte.

Pero sobre todo, Zacatecas y su región representan una zona estrictamente minera de primera importancia, cuya fortuna dejó huellas profundas en los destinos de la colonia entera. Para nosotros, estudiosos de las fuentes inquisitoriales, Zacatecas es un tema privilegiado ya que tenemos a la mano el material documental dejado por el Santo Oficio, tradicionalmente rico, y también el hermoso trabajo de P. J. Bakewell,[1] que nos proporciona datos acerca de la actividad económica de dicha comarca, lo que nos permite establecer correlaciones entre la producción de plata, por una parte, y los hechos inquisitoriales por otra.

ZACATECAS Y EL VIRREINATO

Hemos señalado anteriormente[2] que era preciso considerar las relaciones de Zacatecas —al definirse por la sola actividad minera— con el resto del país como encauzadas a garantizar y afianzar tal vocación. Era, pues, un centro productor y no un centro intermediario dentro de un proceso económico determinado, como los casos de Veracruz y Puebla. Por consiguiente, era necesario traducir esta relativa autonomía por medio del balance de los hechos inquisitoriales en la zona aludida, sin referirse a la situación que privaba en la Nueva España en su conjunto. En otras palabras, el balance de los hechos inquisitoriales de dicha región había de aparecer en valores numéricos absolutos y no relativos.

Vemos la sorprendente coincidencia de la curva que expresa ta-

---

[1] Peter J. Bakewell, *Silver mining and society in Colonial Mexico: Zacatecas, 1546-1700*, passim.
[2] En el presente trabajo, *cf.* II Parte, capítulo VIII.

les hechos con la variación económica que da cuenta del movimiento de la producción de plata (gráfica XIX), lo que nos había permitido afirmar que cuando imperaba la estabilidad en la producción minera, el volumen de hechos inquisitoriales registrados se elevaba poco; en cambio, al variar la producción minera de modo sensible (en el sentido de un incremento o de una baja, poco importaba), asistíamos a un crecimiento notable del volumen de los hechos inquisitoriales.

Una vez establecida esta relación, hemos intentado puntualizar el papel de Zacatecas en conexión, ahora, con el resto de la colonia. Para este propósito, hemos cotejado la curva que corresponde al número total de los hechos inquisitoriales por un periodo de cinco años en Zacatecas con aquella que traduce la media intraquinquenal de estos mismos en la Nueva España en su conjunto (gráfica XX). Es de notar que, por lo que se refiere a Zacatecas, calculamos una cifra total, siendo poco elevado el número de hechos delictivos, mientras en el caso del virreinato, preferimos recurrir a una media. En efecto, el número de hechos es importante y, de ser expresado en valores absolutos, dificultaría el establecimiento y la lectura simultánea de las dos curvas en una misma figura.

Si se considera que el máximo de la curva A en 1650 corresponde a los trámites ligados a las grandes persecuciones de judaizantes, se ve claramente que las dos curvas tienen un perfil muy parecido. Desde luego, hay una leve contradicción alrededor de los años 1650 y 1680, que no podemos explicar, por ser demasiado débil (menos de diez) el volumen de hechos delictivos en Zacatecas para que el análisis de su contenido arroje alguna luz sobre dicho fenómeno. Es de notar también que, conforme a la situación económica de la región y, precisamente, al auge minero de Sombrerete y Fresnillo a fines del siglo, la mayoría de los hechos delictivos registrados entre 1660-1700 lo fueron efectivamente en esta zona.

Por otra parte, existe un leve desfasamiento de menos de cinco años en la coincidencia entre las dos curvas para el periodo que va desde 1615 hasta 1630; la curva que corresponde a Zacatecas está ligeramente atrasada en comparación con la que traduce la evolución general. Es posible que tal desfasamiento tenga su explicación en el alejamiento de Zacatecas, lo lento de las comunicaciones, lo que se podría llamar el tiempo de respuesta: ignoramos sin embargo por qué dicho factor se hizo notar en aquel preciso periodo y, a la verdad, la similitud de las dos curvas nos parece satisfactoria, pese a las diferencias que acabamos de mencionar.

Por lo tanto, queda claro que la evolución delictiva de Zacatecas sigue la línea general de la Nueva España, y el ligero desfasamiento temporal que se observa a veces entre las manifestaciones que atañen a las instancias inquisitoriales en la zona estudiada y el resto del país no parece indicar que Zacatecas desencadene el proceso general tanto delictivo como económico, sino que lo sigue más bien.

Al leer los documentos inquisitoriales, sorprende lo cerrado de las conexiones entre Zacatecas y su comarca (Fresnillo, Sombrerete, Ramos, Jerez, etc.) y la de San Luis Potosí, por una parte, y la de Nombre de Dios, Durango y sus alrededores (valle de Poanas, San Martín, Nieves), por otra.

Los comisarios del Santo Oficio visitan igualmente estas zonas y, más que todo, la población, tradicionalmente inestable, a menudo se desplaza: una mujer, denunciada en Zacatecas aparece en Sombrerete,[3] un delito cometido en Nombre de Dios por unas hechiceras es relatado por unos testigos en Sombrerete.[4] De hecho, estas tres regiones son casi exclusivamente mineras y participan del mismo contexto geográfico, económico y social. Por tanto, nos pareció legítimo cotejar las curvas que traducen el número de hechos inquisitoriales registrados en cada una de estas tres entidades (gráfica XXI). Su lectura es fácil: el máximo es común a las tres zonas, entre 1625 y 1630. Los máximos, aunque débiles, concuerdan: el de 1660-1665 entre Zacatecas y San Luis Potosí, y el de 1690-1695 entre Zacatecas y Nombre de Dios, lo que nos permite afirmar que, de las tres zonas cotejadas, Zacatecas es la más sensible, la más dinámica. Una vez más, el espejo inquisitorial confirma lo que ya sabíamos: la ciudad minera es, sin lugar a dudas, de una vitalidad que irradia sobre todo el norte, dejando muy rezagados a los otros dos centros, que aparecen mucho más inertes.

Por fin, hemos escogido entre las posibilidades que teníamos a la mano y decidimos establecer una curva que traduciría esta vez la media de los hechos inquisitoriales en Zacatecas, en relación con el conjunto de los mismos hechos para toda la Nueva España (gráfica XXII). Notamos que las proporciones relativas a la zona estudiada aumentan regularmente en el transcurso de los siglos XVI y XVII, para llegar a constituir el 11.5% del total de los hechos registrados en el virreinato. Si tal porcentaje puede parecer justamente algo débil, conviene recordar que la capital aplasta numéricamente a la colonia, primero por su importancia demográfica y, luego, porque una gran parte de los casos remitidos al Tribunal por la provincia llega ante las instancias de la ciudad de México, en cuanto su carácter delictivo de gravedad necesita la intervención efectiva de las autoridades inquisitoriales. En este sentido, México representa mucho más que la suma de los casos que le corresponden estrictamente. Así las cosas, notamos que la importancia de Zacatecas, considerada, recordémoslo, como la segunda ciudad del

[3] AGN, Inquisición, vol. 513, exp. 31; vol. 697, f. 95, Denuncia contra Francisca *la Partera*, Zacatecas, 1665.
[4] AGN, Inquisición, vol. 482, f. 132; vol. 605, exps. 7 y 17.

virreinato,[5] tiende a acrecentarse durante el periodo estudiado. Sin embargo, este dato, confirmado por la producción de plata en la región registrada por Bakewell, queda sometido a averiguación por parte de otros investigadores, que tendrán que basarse en fuentes distintas de las nuestras.

En resumidas cuentas, el examen de nuestros datos estadísticos nos muestra cómo Zacatecas, pese a su carácter de centro productor y a rasgos sociales muy peculiares —que posiblemente son los mismos de la sociedad virreinal, sólo que mucho más marcados y más densamente representados en la ciudad norteña, con sus grupos humanos revoltosos y aventureros— queda estrechamente solidaria del resto de la Nueva España. Es también el líder indiscutible del norte minero y su papel crece regularmente en relación con el conjunto del país, aun durante el siglo XVII, cuya mitad fue marcada, como se sabe, por una depresión económica sensible en la zona estudiada.[6]

A primera vista, los hechos inquisitoriales recabados en Zacatecas no presentan rasgos particulares: los máximos (gráfica XIX) de los años 1630 y 1650 son, a la verdad, caracterizados por delitos de tipo mágico, mientras los que corresponden a los años 1620 y 1670 son más específicamente de tipo religioso menor: palabras "inconvenientes", superstición, etcétera. Sin embargo, el número de ellos es débil y, por tanto, no resultaba posible, como lo había sido para Celaya en 1614,[7] vislumbrar en seguida un carácter especial y por consiguiente significativo del conjunto delictivo de la zona. Al contrario, se trataba de un muestreo bastante variado que abarcaba algunos delitos de herejía, desviaciones dogmáticas nimias, hechos violentos corrientes y, sobre todo, como en todas partes, lo grueso del contingente, constituido por deslices religiosos de toda índole y manifestaciones benignas de magia y hechicería. Pero, hay que recalcarlo, era precisamente aquel conjunto de hechos inquisitoriales, desprovisto a primera vista de rasgos muy marcados y de originalidad, el que se apegaba fielmente a la variación económica. En otras palabras, los hombres y las mujeres que cometen o se ven acusados de cometer delitos sin gravedad constituyen justamente la masa sensible a las oscilaciones de la producción de plata que domina la vida de la región. Su personalidad, a menudo poco individualizada, su estado social, que los vuelve vulnerables, los hacen adoptar comportamientos directamente regidos por la coyuntura económica.

Aquí encontramos otra vez la confirmación de nuestros análisis anteriores: Zacatecas es un microcosmos relativamente indepen-

[5] Bakewell, *op. cit.*, p. 40.
[6] Bakewell, *op. cit.*, passim.
[7] *Cf.* los capítulos dedicados a Celaya y Tepeaca, *supra*.

diente por su función de centro productor de plata, pero también solidario del resto del territorio, ya que la naturaleza de los delitos que la caracterizan no es sensiblemente diferente de aquella propia de los hechos inquisitoriales que corresponden al conjunto del país. En fin, su panorama delictivo refleja a la vez la situación económica local y la actividad inquisitorial del virreinato, lo que recalca la relación orgánica estrecha de la ciudad minera con la colonia toda.

Por medio del análisis de los documentos, trascendió por fin la singularidad de la zona. Al leerlos, uno queda sorprendido por el clima que parece imperar por doquier: individuos surgidos de sectores sociales diferentes se expresan, tanto por lo que se refiere a la forma como al contenido, con extraña soltura, y actúan con el mayor desparpajo.

De la irreverencia al escándalo

En las minas de la hacienda de Cieneguilla, propiedad de Juan Ruiz Conde, vive un tal Bartolomé Centurión, que trabaja en la amalgamación; es un hombre de condición áspera, que suele hablar en forma descomedida. En 1617 declara, entre otras cosas, que si Jesucristo fuera español, no creería en Él (Centurión es probablemente genovés), y que si san Pedro y san Pablo fueran indios, serían los mayores cornudos del mundo. Llama a menudo al diablo, le ofrece su alma e invoca "el amor del diablo" como móvil ya que, según él, nadie hace nada por el "amor de Dios". En fin, jura a diestra y siniestra y pretende que si se busca en el cielo, no se hallará ni a Dios ni a la Virgen.[8]

Un tal Morillo, del que se sabe poco, excepto que trabaja también en una hacienda propiedad del poderoso don Diego de los Ríos Proaño,[9] exclama, presa de la ira, en la primavera de 1625, que de ahora en adelante ya no hará bien "a estas putas ánimas del purgatorio, porque estoy trabajando de balde, y no me ayudan ellas, ni San Antonio que es un borracho".[10]

En 1669, burlándose esta vez ya no de la corte celeste y de los valores religiosos sino del muy concreto Tribunal del Santo Oficio, con el que había tenido dificultades, una mulata, viuda de un mulato libre que había sido desjarretador en el matadero de la ciudad, armó un escándalo a media calle: peleando con otra mulata que le sa-

[8] AGN, Inquisición, vol. 316, f. 372, Denuncia contra Bartolomé Centurión, Zacatecas, 1617.
[9] Miguel Othón de Mendizábal, *Compendio histórico de Zacatecas. Obras completas*, tomo V, p. 188.
[10] AGN, Inquisición, vol. 510, exp. 105, Denuncia contra Morillo, Zacatecas, 1625.

caba en cara sus prácticas hechiceriles, Juana pregonó que no le importaban el comisario del Santo Oficio ni el vicario de Zacatecas "porque en llegándola a ver, se reían con ella, y le hacían mil agasajos" y que, además, los tenía puestos, a ellos y a otras personas de la ciudad, en un huevo, haciendo con ellos lo que ella quería.[11]

Y para terminar, citemos testimonios de una piedad popular infantil que raya en la irreverencia. Estos abusos son observados en Sombrerete en 1698 por el bachiller Matheo de Aguirre, vicario, juez eclesiástico y comisario del Santo Oficio, y comunicados a las autoridades de México en una carta de junio 1698: la cifra de Jesús y María aparece sobre bizcochos, pastillas; unos *Agnus Dei* llevan la inscripción: "andar en pastillas os toca pues andáis de boca en boca". Se agasaja a los huéspedes con chocolate y santos de dulce, las mujeres bordan el nombre de María sobre sus camisas, llevan las imágenes de la Inmaculada y del Santísimo como dijes, en sus trenzas, sobre la cabeza, en el pecho. La respuesta de México nos parece sumamente reveladora de las normas que rigen las manifestaciones de piedad popular a fines del siglo XVII en Nueva España. En un documento con fecha de 24 de enero de 1699, Pedro de Aguirre, franciscano y calificador del Santo Oficio, declara, basándose en el Concilio de Trento, que dichos testimonios no son de ninguna manera sospechosos, que nacen de la sola ingenuidad y que, por consiguiente, no hay lugar a sanción, puesto que sólo un rigor rayano en luteranismo puede hallar motivo para ello.[12]

Si la gente del pueblo se toma libertades respecto de la religión, la gente de bien participa en forma ejemplar en el relajamiento general.

En 1615, un joven perteneciente a una de las familias más poderosas de Zacatecas es objeto de una denuncia; se trata de don Vicente Zaldívar, hijo de don Juan Guerra de Resa, rico minero y ganadero,[13] y de doña Ana de Zaldívar, de la noble y antigua familia Zaldívar.[14] Tenía apenas veinte años y había estudiado en San Ildefonso, el colegio jesuita de la capital, sin perseverar mucho en esta vía. De regreso a las haciendas de su familia, profirió palabras peligrosas, que no dejó de criticar su propio hermano mayor, don Juan de Resa.[15] Estando con carpinteros y otros trabajadores en la

[11] AGN, Inquisición, vol. 612, f. 490, Denuncia contra Juana, mulata, Zacatecas, 1669.

[12] AGN, Inquisición, vol. 540, f. 206, Carta del Comisario del Santo Oficio, Matheo de Aguirre, Sombrerete, 1698.

[13] François Chevalier, *La fondation des grands domaines, op. cit.*, pp. 144, 203, 218, 232, 235, 237, 247, 248, y para los Zaldívar, pp. 218, 237, 393.

[14] José Dávila Garibi, *La sociedad de Zacatecas en los albores del régimen colonial*: árbol genealógico de la familia Zaldívar.

[15] AGN, Inquisición, vol. 312, f. 545, Denuncia contra Vicente de Zaldívar, Durango, 1616.

hacienda de Peñol Blanco, declaró una noche que el diablo podía salvarse, como cualquiera, inclusive los moros, los judíos y los gentiles: que la sola esperanza bastaba y que la fe no era necesaria para lograrlo. Haciendo camino en otra ocasión entre Sombrerete y Aviño, dijo que si se pusiera a estudiar "enmendara muchas cosas de la Sagrada Escritura" ignoradas de los doctores, que Dios no podía cambiar una piedra en ser vivo, y que si los chismes no existieran, no habría santos; hasta llegó a decirle a un tal Mathías Hernández que le probaría que no lo había creado Dios. Por otra parte, era pública su tibieza para las prácticas religiosas. El joven, husmeando la denuncia en contra suya, decidió tres años más tarde, acudir al Tribunal de México; un día que se encontraba en Zacatecas, "con mulas y recado para poder hacer jornada, se determinó a venir a esta ciudad", testimonio, aunque banal, siempre sorprendente de la movilidad de los hombres de los siglos XVI y XVII, quienes no vacilaban en emprender viajes larguísimos en circunstancias sumamente precarias y por motivos cuya urgencia no siempre parece evidente. Una vez en México, declara su culpabilidad, disculpa sus libertades de palabra con sus estudios truncados, una enseñanza mal asimilada, y denuncia el hecho de que sus acusadores eran enemigos suyos con quienes ya había tenido "pesadumbres". Sea lo que fuere, el comisario Çugastimendia había escrito a México desde Zacatecas, en 1615 que, "considerando que el delatado es de condición suelta, atrevida y poderoso en estos derramaderos, que si lo viene a entender [denunciar], dará la causa en muchos inconvenientes". Así las cosas, don Vicente de Zaldívar no parece haber sido objeto de una indagación rigurosa.

En 1640, un verdadero escándalo estalla en Zacatecas entre autoridades eclesiásticas y civiles: se enfrentan don Juan Sánchez, duque de Estrada, del consejo de Su Majestad y obispo de Guadalajara, con don Sancho Guevara Dávila, caballero de Alcántara y corregidor de Zacatecas,[16] casado con doña Francisca del Peso de Vera (¿tendría ella algún parentesco con el sonado oidor don Santiago de Vera, que impuso su poder absoluto sobre la Nueva Galicia desde 1593 hasta 1605-1606, valiéndose de su tentacular familia?[17] No logramos dilucidarlo). El corregidor, que llegó al extremo de llamar al prelado "vil canalla clerical", se ve excomulgado. El mismo día que se hace pública tal sanción, el corregidor asiste a una corrida de toros, se pasea en carroza: sus partidarios, también excomul-

---

[16] AGN, Inquisición, vol. 390, f. 387; vol. 498, f. 136, Denuncias contra doña Francisca del Peso de Vera y don Sancho Guebara Dávila, Zacatecas, 1640-1641.
[17] "Acusación contra el doctor Don Santiago de Vera, Presidente de la Real Audiencia de Guadalajara, enviada al Rey Don Felipe II por Jerónimo Conde, alguazil mayor y regidor perpetuo de Guadalajara". Documento presentado por Juan B. Inguiñiz, en *Estudios de historia novohispana*, vol. IV, UNAM, México, 1971.

gados, no le vienen a la zaga. El regidor Miguel de Iraçoqui recorre la ciudad vestido de colores brillantes, entra a las tiendas, obligando así a la gente a dirigirle la palabra, y hasta declara que "se limpiaba el rabo con las censuras". En cuanto al escribano Juan de Herrera, se pasea también descaradamente y se sienta en el umbral de su puerta para cantar con guitarra. El corregidor prosigue en el ejercicio de todas sus funciones, asiste a actos públicos, como si nada hubiera pasado. Su mujer, el mismo día en que se fijó el edicto de excomunión en la puerta de la iglesia de San Agustín, se abalanza sobre el documento y lo rasga, prorrumpiendo en palabras escandalosas. El rector de la Compañía de Jesús, que, indignado por semejante actitud, había pronunciado el día de la Santísima Trinidad un sermón en el cual manifestaba su sentimiento al ver burladas y mofadas las censuras eclesiásticas y la Iglesia, recibió un papel escrito por doña Francisca en el que lo insultaba y lo acusaba de predicar una doctrina falsa.

Otro poderoso individuo había provocado también un escándalo en 1618.[18] Don Francisco de Pareja era, en efecto, el retoño de una casa famosa, ya que era

> ...hijo del licenciado Francisco de Pareja, oydor de la Real Audiencia de Guadalaxara, y de doña Beatriz de Ribera [19] nieta de Diego de Ribera, caballero del hábito de Santiago y mayorazgo y deudo de don García de Ribera en segundo grado, embajador de Flandes, y criado del duque de Lerma, del hábito de Santiago, y sobrino de don Gonzalo de Perch de Valenzuela en primer grado, que actualmente es mayorazgo en Madrid, y Alcalde de Casa y Corte, sin otros muchos deudos que tiene, hidalgos y muy conocidos en la corte.

Hay que recalcar que todas estas declaraciones son verídicas, detalle digno de tomarse en cuenta ya que muchos aventureros suelen forjarse parentescos ilustres una vez en las Indias. Este joven de veintitrés años, de tan selecta alcurnia, es también alcalde mayor de las minas de Fresnillo y temido por sus enojos. Éste parece ser un rasgo familiar ya que una hermana suya se ahorcó en un arrebato de ira. Cierto día, un hombre perseguido por nuestro alcalde mayor se acoge al amparo de una iglesia, durante la misa. El vicario del real que oficiaba decide con cordura alargar la ceremonia para dejar que el alcalde se sosiegue, conociendo el carácter de este último. Acabada la misa, irrumpe un religioso de la Merced, quien empieza en seguida otra misa con el mismo propósito de dejar

---

[18] AGN, Inquisición, vol. 318, f. 221, Carta del Comisario del Santo Oficio, Fray Lope Izquierdo, contra don Francisco de Pareja y Rivera, Fresnillo, 1618.
[19] Se trata de una extensa y poderosa familia de Nueva España. *Cf.* el cuadro genealógico de las familias Sáenz de Mañozca— Bonilla y Bastida en el presente trabajo, figura II al final de la I Parte.

tiempo al alcalde para que se tranquilice. Pero éste declara entonces a gritos que "aunque lluevan misas del cielo, le tengo que sacar", lo que ejecuta en el acto, con gran escándalo de los asistentes. En otras ocasiones había dicho que más quería ir al infierno que pobre al paraíso; y que aunque Jesucristo bajara del cielo, no le impediría cobrar sus deudas. Desde luego, estas declaraciones son poco sospechosas si se las compara con las que profieren ciertos individuos que pronto toparemos. Sin embargo, el estado social del alcalde mayor les confiere un sello ejemplar y, por consiguiente, una gravedad fuera de lo común. Estas consideraciones son tanto más válidas para el corregidor de Zacatecas, don Sancho de Guevara Dávila: se aprecia claramente que los representantes de la autoridad se comportan a menudo escandalosamente.

Pero hasta los clérigos participan de este descaro generalizado, y nos concretaremos a dar unos ejemplos representativos. El sacerdote Juan de Dios Sosa, beneficiado del Real de Tepeque, sostiene en un sermón predicado el día de San Simón y San Judas de 1625 que, si Dios no castiga las malas lenguas que calumnian a sus sacerdotes, éste no existe ni tiene honor.[20]

Fray Gabriel Arias, padre guardián del convento franciscano, pese a las críticas que se le hacen, se empecina en sostener proposiciones aberrantes, con las que confunde a los fieles: San José había sido concebido sin pecado original, San Francisco merecía ser objeto de adoración, la Virgen sobrepasaba con mucho a todos los santos en cuanto a perfecciones.[21]

Pedro Loarte, que asiste en el Real de Ramos, afirma el Jueves Santo de 1617 que los mayordomos de la Compañía del Santísimo Sacramento y de Nuestra Señora del Rosario, ocupados en los preparativos del Lavatorio de Pies, se entregan a ceremonias más excesivas aún que aquellas de la ley judía.[22] Por otra parte, no se confiesa, no se le ve leer sus horas, y declara que las imágenes de los pastores del Nacimiento colocado por los fieles son unos ídolos. A pesar de los datos que se le han proporcionado al respecto, no deja de casar a una india ya casada. En fin, habla soezmente, está amancebado y sostiene públicamente que quiere a su mujer tanto o más que a Dios. Un hecho significativo es que el minero Pedro de Vielma acude escandalizado a un religioso de Santo Domingo, Diego de Monroi,[23] para denunciar estos hechos: el monje sólo se encoge

---

[20] AGN, Inquisición, vol. 356, f. 145, Denuncia contra el beneficiado Juan de Sosa, Zacatecas, 1625.
[21] AGN, Inquisición, vol. 312, f. 41, Denuncia contra fray Gabriel Arias, Zacatecas, 1616.
[22] AGN, Inquisición, vol. 316, f. 389; vol. 318, fs. 279 y 344, Denuncia contra el beneficiado Pedro Loarte, minas de Ramos, 1616.
[23] Ignoramos si este Diego de Monroi era el familiar del Santo Oficio que

de hombros, lo cual traduce obviamente la indiferencia de las autoridades eclesiásticas y la generalización de semejantes delitos.

Testimonio de la rivalidad entre el clero regular y el clero secular —aguda como se sabe a fines del siglo XVI, cuando el primero se ve paulatinamente desplazado por el segundo— son estas torvas declaraciones del padre Baltasar Tenorio,[24] vicario encargado de las minas de Chalchihuites, en medio de una zona franciscana: el día de Todos los Santos de 1583 entra a su iglesia, que encuentra casi vacía, porque la mayoría de los fieles se había ido al vecino convento franciscano. Grita entonces: "qué bellaquería era aquella, que dexasen su yglesia para yrse a una zahurda y choza y cueva de ladrones a oyr doctrina falsa".

La misma Inquisición no deja de recibir algunas salpicaduras: recordemos aquella mulata que declaraba en 1669 que el comisario se reía con ella. Desde luego, se trata aquí de una fanfarronería, ya que sabemos que la tal Juana había sido castigada una vez por hechicera; sin embargo, el simple hecho de que pueda referirse a aquel personaje en estos términos indica con claridad que el comisario no infundía pavor, ni siquiera el temor respetuoso que se pudiera desear.

Pero, por lo que se refiere a eclesiásticos, los sacerdotes encargados en 1624 de la iglesia de San Agustín, Diego de Herrera y Pedro de Alvarado, llegan a extremos asombrosos.[25] Mientras Alvarado afirma que, según un concilio, la fornicación no es pecado mortal, Herrera va mucho más allá. Un día, diciendo la misa, se da cuenta de que no hay vino en el cáliz, sino agua y cuando el acólito le ofrece remediar la situación rápidamente, contesta Herrera: "así pasará". En fin, en cierta ocasión unas mujeres indígenas habían llegado a la iglesia cargando a un infante en peligro de muerte, para que no muriese sin bautismo; el sacristán, viéndose solo, toca las campanas para llamar a Herrera y a Alvarado. Éstos llegan entonces, vociferando y airados por verse molestados, y Herrera exclama que no importa que mueran niños sin bautizar, "que por su cuenta corría". Ya desde 1613 había sido objeto de varias y graves acusaciones.[26] Castigado por medio de censuras eclesiásticas, lo cual deja suponer que sus deslices no eran nuevos ni recientes, había hablado en forma sumamente irrespetuosa en contra del obispo, negando su autoridad y la validez de las censuras. Otra vez, cuando doña

cita Mendizábal, *op. cit.*, p. 188, en la lista de personalidades importantes en 1608.

[24] AGN, Inquisición, vol. 133, exp. 2, Carta de Fray Buenaventura de Paredes, custodio de las minas de Sombrerete, 1583.

[25] AGN, Inquisición, vol. 303, f. 392, Denuncia contra el Lic. Diego de Herrera y Artiaga y el Lic. Francisco de Alvarado, Zacatecas, 1624.

[26] AGN, Inquisición, vol. 510, f. 512, Denuncia contra Diego de Herrera, Zacatecas, 1613.

Francisca, mujer del minero Agustín de Zavala, estaba en trance de muerte, le había mandado el Santísimo Sacramento sin ninguna pompa ni acompañamiento y sin tocar las campanas siquiera. Llegado demasiado tarde al lado de la enferma, no había dudado en dar los óleos al cadáver, a pesar de los estrictos mandamientos respecto a este punto. Suele entremeterse en las peleas, las riñas, e incita incluso alguna vez al corregidor a detener a un hombre, cuando su estado eclesiástico le prescribe prudencia e indulgencia. Aficionado a las disputas y a los chismes, los propaga a diestra y siniestra, manda escritos anónimos y recados en donde remeda la letra ajena, con el fin de azuzar las discordias. Suele acudir a los juegos públicos, hace trampas en los naipes, pelea con todos y llega a pegar a las mujeres con sus propios chapines. Se jacta de que nadie, ni siquiera el rey ni el papa, puede quitarle el beneficio del curato de Zacatecas; acostumbra decir misa con los dedos cargados de sortijas, haciendo ademanes para lucirlas; tilda a Lorenzo Tostado, alcalde ordinario a quien estorba en el ejercicio de sus funciones, de "hijo de un basurero sacamecate". Pero lo más asombroso es que el tal Diego de Herrera Arteaga logró el título de familiar del Santo Oficio en 1625, y el de comisario después, ya que lo vemos por los años 1628-1630 recibir declaraciones, ¡unas de las cuales van en contra suya por cierto! Esto lo mueve a mandar desde Zacatecas, con fecha del 30 de junio de 1630, una carta a las autoridades inquisitoriales de México para defenderse de la acusación de que fue objeto: haber celebrado la misa con agua en vez de vino. Puntualiza que su principal acusador, Juan de Sandoval, es un hombre maldiciente y mordaz, apodado en la ciudad *la Trompeta del Juicio*,[27] y que es un declarado enemigo suyo.

Es evidente que las diferencias entre individuos a menudo daban lugar a semejantes acusaciones, pero las que recaen sobre Herrera son demasiado numerosas y constantes (desde 1613 hasta 1630) para pensar que se trata únicamente de un conflicto entre personas o grupos de intereses. Reduciendo incluso el alcance de las acusaciones para tomar en cuenta los factores subjetivos, no se puede dudar que el sacerdote se desenvuelve en forma escandalosa y su nombramiento para las funciones inquisitoriales plantea el problema de la mala calidad del personal eclesiástico en Nueva España.

De hecho, el comisario del Santo Oficio, fray Lope Izquierdo, escribe en 1617 que no se mueve de Zacatecas, pues "ninguno de los señores comisarios clérigos se dispone a salir un paso de su casa por acá por la distancia de la tierra".[28] Testimonio de la inercia y de la indiferencia del personal eclesiástico.

[27] AGN, Inquisición, vol. 369, exp. 17.
[28] AGN, Inquisición, vol. 316, f. 359, Carta del Comisario del Santo Oficio, Fray Lope Izquierdo, Zacatecas, 1617.

Aquí tenemos la primera originalidad de la zona: la distancia, el alejamiento geográfico, el aislamiento en una estepa infinita facilitaban los relajamientos, los deslices, prácticamente asegurados de verse impunes. Ya hemos visto que todos los sectores de la sociedad parecen afectados por esta situación, pero es significativo que las notabilidades y los eclesiásticos ostenten actitudes descaradas de irreverencia y soberbia. Dicha situación no es nueva y ya François Chevalier ha recalcado la independencia, la arrogancia y la rebeldía potencial de los poderosos de Nueva Galicia.[29] En efecto, esta desmedida y lejana región constituyó durante mucho tiempo una verdadera zona de frontera;[30] restauró y hasta reforzó comportamientos sociales en vía de desaparición en la metrópoli, como los famosos grupos de paniaguados, el tipo de sus propiedades, su poder, sus ideologías y costumbres, que son obviamente feudales. Esta situación es lógicamente tanto más clara cuanto más nos alejamos de la capital del virreinato, y Nuevo México brinda ejemplos luminosos de este estado de cosas: veamos la descripción del desorden que priva allí[31] hecha por Benavides, comisario del Santo Oficio, la

[29] Chevalier, *op. cit.*, y caps. VI, VII y VIII de la II Parte, *supra*.
[30] Pierre Chaunu, *L'Europe Classique*, *passim*, véase el sentido que da al término "frontera".
[31] AGN, Inquisición, vol. 356, fs. 291-293. Carta del Comisario Alfonso de Benavides, desde Nuevo México, dirigida a las autoridades inquisitoriales de México:

Muy ilustres señores:
Con ésta va todo lo procedido de los edictos generales que por mandado de Va. Sa. he publicado en este Nuevo México, que ha sido y es de muy grande importancia el averlo mandado assí Va. Sa., por lo que el demonio tiene introducido en estas partes entre los españoles menosprecio de la jurisdicción eclesiástica y sus censuras, creyendo ser la principal y sola cabeça la jurisdicción temporal; y en raçón de apoyar esto, hazen y dizen cosas que resultan en desestimación de la yglesia y sus ministros en estas converçiones, cosa que pide remedio por Va. Sa.
El mismo remedio conviene para las heziceras, que como estos indios naturales desta tierra son tan grandes hezicheros, pegase el daño facilmente en estas mugeres españolas que son de poco talento, por vivir acá tan apartadas de pulicia; y las indias denunciadas Villafuerte y la doña Ynés sólo en el nombre lo son, que en lo demás, son más ladinas que las españolas y se tratan con manto, y sus hijos mestizos casados con españolas; y siendo Va. Sa. servido, convenía para atajar semejante daño hacer en ellas algún castigo para ejemplo, y mayormente que se sabe públicamente que an enseñado este officio a las hijas y a otras españolas muchachas ignorantes.
En la instrucción de molde que m̃e dio el secretario, se dise que los comissarios no ratifiquen los testigos sin es en caso de peligro de muerte o que el testigo vaya algún viaje largo, y assí, no van ratificados agora, si bien que por estar esta tierra tan apartada que no se puede tener ni saber mandado de Va. Sa., si no es passados cuatro años y algunas vezes más, por el largo camino y no andarse sino en este tiempo; me avía determinado ratificarlos pero tengo por más acertado esperar el mandado de Va. Sa.

imposibilidad de imponer cualquier autoridad, y, sobre todo, la rebelión de los gobernadores, en particular la de don Juan de Eulate por los años 1620, hasta aquella ejemplar, en 1668, de don Diego

Las denunciaciones que van contra Juan de Eulate son de lo más esencial que me parece porque según se disen de cosas y la mala vos y fama que tiene, fuera nunca escrevir todo. En lo que más se señala este hombre en sus conversaciones, es traer siempre a propósito y fuera dél, caydas de obispos y gente eclesiástica, que parece ha estudiado de propósito todas las historias a este su mal fin, gloriándose de referirlas entre esta gente española de acá ignorante, con que conciben mal pensamiento de gente eclesiástica, y él los ha perseguido mucho en estas conversciones.

Conmigo passó a esta tierra un religioso de mi orden llamado fr. Alonso Estremera, hombre docto y antigo y de mui áspera condición; ha publicado en esta tierra que fue muchos años calificador del Santo Oficio, y que por un disgusto que tubo, de que se quiso valer de su título, y que no lo avía querido ser más; y aunque a mi me lo dixo algunas vezes, no he querido hazer diligencia alguna por esperar lo que Va. Sa. me mandare.

En esta tierra hallé a un hombre llamado Juan donaire de las missas, que también va denunciando de don Juan de Eulate y contra si propio; estoy totalmente persuadido a que es un Francisco de Soto doctor en medicina, natural de las islas canarias, a quien en la isla española castigó como inquisidor hordinario el arçobispo de allí, don Fr. Agustín de Avila, en cuia causa hice yo officio de alguacil mayor del Santo Oficio siendo secular; y después de averle dado tormento por inconfitente, le echaron sambenito y desterrado a Sevilla a un ospital que señalassen los señores inquisidores de allí, y fue convencido en grandes herejías. Por acá, se hace simple y de otra tierra, como está en su dicho, y diziéndole yo que sin falta le he visto en la isla española, me lo niega todo y parece lleva muy grande artificio en su vida, y que es hombre sospechoso como parece por el escrito que del va, assí en su dicho como por el de esteban de Perea.

Por haber causado en esta tierra escándalo su nombre, Donayre de las Missas, persuadiéndose muchas personas querer significar burla de las missas, le mandé que mudase nombres, y assí dixo quería que le llamasen Juan Peccador y desta suerte le llaman y se firma. Yo sin falta estoy persuadido a que es el mismo hereje de Santo Domingo, aunque como a que no le veo 27 años, podré engañarme, y él lo dissimula notablemente aunque algunas veces muestra su sutileza en algunas socarronerías; acerca desto, se hará lo que Va. Sa. mandare.

De los dichos del sargento mayor Francisco Gómez y del capitán Alonso Varela, tengo evidente sospecha que se an perjurado y an dejado de declarar muchas cosas de don Juan de Eulate, por ser conocidamente afficionados suios y quizás cómplices; estos dos hombres tienen necesidad de alguna penitencia del Santo Tribunal, assí por lo escrito como porque son los dos que más son opuestos a la autoridad y jurisdicción ecclesiástica, y que en esta parte an causado mucho daño contra; el Varela va denunciado aver affirmado no ser pecado jurar falso y lo ha hecho hazer algunas vezes..."

Nuevo México, 29 de junio de 1626.

Esta carta es un resumen de la situación que impera en Nuevo México, a la llegada del activo y eficiente comisario Benavides en 1626. Esta situación no es fundamentalmente distinta de la que describimos para Zacatecas, pero nos parece corresponder a una degradación mayor aún de la autoridad y de las normas represivas. En efecto, si Zacatecas constituye ya una zona de

de Peñalosa en contra del poder monárquico, de la Iglesia y de sus representantes.[32]

refugio en comparación con la zona central del virreinato, Nuevo México es, como dice Scholes, *a heaven for social outcasts from the mining camps of Zacatecas, Santa Bárbara and Parral* ("The first decade of the Inquisition in New Mexico", *op. cit.*, p. 216). Es decir, ¡la zona refugio de la zona refugio! Por tanto, es lógico encontrar allí ejemplos de rebelión y de desprecio de la autoridad eclesiástica más marcados aún que en la zona minera del norte.

Hacia 1620, el gobernador Juan de Eulate sostuvo: *1)* que el rey es su gallo, y que si le pidiera luchar contra el papa y saquear Roma, lo hiciera como Borbón; *2)* que no se debe adorar a la cruz sino tan sólo reverenciarla; *3)* que ningún eclesiástico puede excomulgar a nadie sin su licencia; *4)* que los devotos de la orden de San Francisco son sus enemigos mortales; *5)* que los religiosos no trabajan y se pasan la vida comiendo y durmiendo, mientras los casados trabajan; *6)* que cuatro personas componen a la Santa Trinidad.

Por otra parte, se le acusa de estorbar de mil maneras la tarea evangelizadora de los franciscanos, de alentar la idolatría de los indios, de vivir amancebado, de no cumplir con las obligaciones religiosas más elementales, de contar con un empeño realmente maniático y obsesivo chistes verdes contra eclesiásticos, etc... Como se ve, Eulate comete delitos mucho más graves, por su carácter sistemático, que aquellos que se reprochan a un Dávila Guevara, corregidor mayor de Zacatecas; pero el Tribunal del Santo Oficio no emprende nada contra él, probablemente por estar convencido de la vanidad de semejante intento.

Al lado de este gobernador vemos a oficiales soberbios y a un fugitivo, un tal Donayre de las Missas, cuyo nombre constituye en sí una burla a la religión, probablemente un protestante que se siente lo bastante seguro como para divertirse con el comisario azuzándolo socarrona y astutamente.

Las indias brujas triunfan en estos grupos europeos aislados en un mar indígena, están ampliamente asimiladas por casamiento, vestimenta, usos y costumbres, y su influencia domina obviamente a las españolas.

En fin, he aquí a un calificador del Santo Oficio quien, luego de haber peleado con medio mundo y haber sido rechazado en todas partes, se acoge también a aquellos páramos.

Como se puede apreciar, estos personajes han recorrido unos pasos más en los caminos de la rebeldía, el individualismo, el desparpajo y la marginalización, en relación con lo que encontramos en Zacatecas hacia las mismas fechas. Una diferencia más: aquí el carácter individual salta a la vista, pues no parecen haber existido grupos constituidos como el de los judeocristianos en la zona minera estudiada; a lo más, asociaciones precarias y oportunistas de intereses políticos inmediatos, durante las numerosas disputas que alborotaron a lo largo del siglo XVII a la pobre y débil colectividad europea, que viene a representar el avance último hacia el norte.

[32] Medina, *op. cit.*, p. 273. La tendencia constante a la rebelión en Nuevo México fue muy bien estudiada por Francisco Scholes en los siguientes trabajos: *1)* "The first decade of the Inquisition in New Mexico", *New México Historical Review*, vol. VII, núm. VII. *2)* "Problems in the Early Ecclesiastical History of New México", en *New Mexico Historical Review*, vol. VII. *3)* "Church and State in New Mexico, 1610-1650", *Publications in History*, vol. VII. *4)* "Troublous times in New Mexico, 1659-1670", *Publications in History*, vol. XI.

Por otra parte, la relación represión-delincuencia es conocida: en el caso presente, el Tribunal del Santo Oficio y lo que representa, los valores que defiende y las prohibiciones que impone, ya no aparecen como una ideología eficazmente represiva por lo alejado de la zona. Por consiguiente, es lógico que las manifestaciones individuales de inconformismo tiendan a no usar el cauce tradicional de los delitos de Inquisición. En otras palabras, los hechos delictivos pierden su carácter de delitos socialmente y, por tanto, ideológicamente estructurados para convertirse en estallidos espontáneos de violencia, frecuentes en la zona estudiada y que intentan modificar la realidad en el acto, sin recurrir a la elaboración que constituye la transgresión de un delito ideológicamente definido. Por medio de la violencia individual es como se expresan entonces las frustraciones, las tensiones, los inconformismos, lo que corresponde efectivamente a una sociedad de valores feudales.

La violencia se hace a veces sensible al azar de los testimonios inquisitoriales, como veremos. Pero sabemos, sobre todo por la historia de la ciudad, que era consuetudinaria y natural. Así, las riñas mortíferas que oponen, alrededor de los años 1620[33] a los trabajadores indígenas de las minas, vecinos de los barrios de Tonalán y Tlacuitalpan: estas verdaderas batallas, llamadas "sasemes", sirven de entretenimiento y se ven casi promovidas por los mercaderes, pulqueros y vinateros del lugar, que aprovechan gozosos la oportunidad de vender pólvora, cohetes, armas, vino y tabaco. Así también las prohibiciones del uso de armas, repetidas en diversas ocasiones y el intento del licenciado don Diego de Medrano, visitador general, de reducir el vagar nocturno de las personas "inquietas".[34]

En cuanto al carácter individualista de los delitos, salta a la vista en todas partes. En efecto, era natural que, dadas las condiciones de aislamiento que le eran propias, el norte minero fuese favorable a cierta clandestinidad y al amparo de los que no querían o no podían vivir a la luz del día.

Sin duda, fueron numerosos aquellos que buscaron en estos páramos la paz y la libertad para creencias o comportamientos que el rigor de las normas ideológicas de entonces hacía difíciles o imposibles de asumir. Volvemos a rastrear a algunos de ellos a través de la documentación inquisitorial: el análisis de tales casos, aunque aislados, es de hecho revelador del carácter original de la zona de Zacatecas. Así pues, toda una retahíla de marginados aparece ante nuestros ojos.

[33] Elías Amador, *Bosquejo histórico de Zacatecas*, vol. I, p. 346.
[34] Amador, *op. cit.*, pp. 347 y 368, y Biblioteca del Museo de Antropología, rollo núm. 3, documentos microfilmados del Archivo del Ayuntamiento de Zacatecas.

Oriundo de Écija, pequeño, barbudo, medio vagabundo, Joseph Díaz Pimienta, de 35 o 36 años, parece algo trastornado y borracho empedernido;[35] dice haber aprendido la ciencia herbolaria en Argel, durante su cautiverio, y asombra al vulgo de Zacatecas con sus predicciones y profecías, en la primavera de 1650. No sólo lee las líneas de las manos y anuncia las desgracias privadas y públicas, como aquella funesta fiesta de la Santa Cruz en la que dos hombres murieron, sino que promete a las mujeres partos fáciles merced a cierta oración escrita y pretende conseguir mediante algunos polvos que una mujer se pasee en cueros por la plaza. Para conferir a sus talentos un carácter lícito, asegura que cada viernes una cruz se le dibuja en el paladar, y dice no tener nada que temer del Tribunal del Santo Oficio, que está muy bien enterado de sus actuaciones y "gracia natural".

O también aquel histérico conmovedor Juan Bautista, natural de Génova.[36] En 1617 es un anciano de sesenta años, alto, encorvado, de pobreza humilde y virtuosa, que se sostiene de las clases que da a unas niñas. Se cree de casa real y viajó cuando joven por Alemania, España e Italia antes de quedar en la Nueva España. Desde temprana edad tuvo visiones: unos reyes y príncipes le anunciaron que algún día se vería con una altísima posición. El mismo Jesucristo se le apareció, dejándole un estigma en el muslo. Para acabar, Juan Bautista cree que le espera una suerte brillante y, en particular, que se volverá un "reformador universal del estado secular y eclesiástico". Pese a su edad, aguarda con paciencia su hora y dirige un memorándum acerca de esto a los teatinos, quienes no ven en él más que "quimeras sin fundamento".

En comparación con estos fantasiosos, Gonzalo Sánchez es más bien un aventurero cínico y despabilado, héroe de una historia peregrina que vale la pena contar.[37] Oriundo de Zafra, en Extremadura, cristiano nuevo por su madre, el zapatero Sánchez decide pasar a las Indias con todo y familia. Ignoramos sus móviles y, aunque la Inquisición sospecha que es moro, es más verosímil que haya sido judaizante, o más sencillamente deseoso de correr su suerte en un lugar en donde sus orígenes no le estorbasen. Tras acontecimientos confusos, la familia viene a dar a las islas Canarias, sin dinero ni barco. Entonces es cuando Sánchez forja un cuento insólito y muy realista a la vez, tomando en cuenta el clima propio del siglo XVI: logra de un compadre una especie de acta según la cual la familia

---

[35] AGN, Inquisición, vol. 435, f. 457, Denuncia contra Joseph Díaz Pimienta, Zacatecas, 1650.
[36] AGN, Inquisición, vol. 318, f. 332, Denuncia contra Juan Bautista, extranjero, Zacatecas, 1617.
[37] AGN, Inquisición, vol. 58, exp. 3, Proceso contra Gonzalo Sánchez, zapatero. Guadalajara-México, 1574.

quedaba cautiva de los moros y Sánchez había sido libertado con el fin de conseguir el rescate de los suyos. El zapatero va entonces a Madrid y logra conmover (!) al Consejo Supremo de la Inquisición que le deja disponer de algunos hábitos de penitenciados, a guisa de limosna; tales hábitos, impuestos a algunas personas de Llerena por el Tribunal, podrán ser quitados de la iglesia, donde constituyen una afrenta permanente para los interesados, mediante algún pago que beneficiara a Sánchez. El zapatero acude también al rey de España y al de Portugal, quienes lo favorecen con liberalidad. El documento inquisitorial nos lo describe en acción:

> ...llorando siempre sus trabajos, la barba muy crecida y el cabello hasta los hombros, vestido de luto de pies a cabeza y haciendo corrillos de gentes por las calles y plazas para contar los trabajos de su cautiverio y otros muchos que decía haber pasado por la mar, siendo robado de corsarios franceses, contándolo de tal manera y refiriendo las tierras, nombres y costumbres de los moros, y modo de juramento que le havian tomado para venir por el rescate, que todos le creían y de lástima le acudían con limosnas.

Luego de reunir bastante dinero, Sánchez y familia se embarcan para las Indias y en 1574 topamos con él en Zacatecas, a donde llegó para probar su suerte y buscar tal vez la impunidad para su timo. Pero el Tribunal lo encontrará y lo castigará duramente por la burla. Al cabo de un proceso, se le sanciona con doscientos azotes y seis años de galeras.

Vemos también a un individualista, don Gregorio Faxardo, que vive allá por el año 1623 en la hacienda de Santa Catalina, jurisdicción de Sombrerete.[38] Natural de Córdoba, dice ser de la casa real mora que reinó sobre aquella ciudad. Si bien es cierto que una cédula de Carlos V, redactada en Gerona en 1533,[39] autorizaba a los descendientes de los reyes moros a desempeñar cargos inquisitoriales, lo cual indica claramente que gozaban de todos los derechos y, en especial, del de pasar a las Indias, es evidente que Faxardo dista mucho de ser un cristiano cabal y el hecho de que viva en una hacienda de la región de Sombrerete incita a creer que busca huir de la opinión pública y del comercio de sus semejantes. Todos en el lugar lo tienen efectivamente por moro, por lo notorio de su impiedad, que lo lleva a rechazar los auxilios espirituales en el trance de una grave enfermedad que hace peligrar sus días. Infunde temor por sus modales brutales y crueles; cuenta que en su juven-

---

[38] AGN, Inquisición, vol. 303, f. 395, Denuncia contra don Gregorio Faxardo, Sombrerete, 1624.

[39] AGN, Riva Palacio, tomo VI, núm. 1, f. 134. Cédula real de Carlos V, 8 de abril de 1533, Gerona.

tud: "en la ciudad de Córdoba por un disgusto que le dio un moro criado de su padre, lo ahorcó por su mano o dio de puñaladas y lo enterró en un jardín del dicho su padre". En su misma hacienda de Sombrerete, inspira el terror: "es tan cruel y tiene tan poco Dios que a cualquier enojo, a sus esclavos, particularmente a un mulatillo llamado Bartolo, le cortó una oreja, y con un hierro de herrar mulas ardiendo se lo plantó en el cuerpo ocho veces, que es castigo infernal". He aquí un ejemplo de esta violencia ciega que evocábamos anteriormente, característica de una sociedad esclavista y rural poco sometida a la presión de las complejas represiones estructuradas por el Tribunal del Santo Oficio, el cual hubiera podido, al encauzar estos impulsos, conferirles un carácter más social y, por tanto, más "civilizado". Ya hemos señalado que estos testimonios no son muy frecuentes en los documentos inquisitoriales; se debe primero al hecho de que la acción del Tribunal se dejaba notar parcamente en la zona estudiada, pues la noticia de lo que ocurría en las haciendas le llegaba raras veces. Por otra parte, no cabe duda de que la violencia es general, natural; no aparece como una transgresión a un código moral determinado susceptible de denunciarse, además de que se ejerce casi libremente en contra de individuos desprovistos de derechos: los esclavos. A decir verdad, los esclavos eran más o menos protegidos por ciertas instancias, entre las cuales se contaba la Iglesia. Pero hemos visto ya cómo las autoridades en general y las de la Iglesia, en particular, eran burladas. Por todas estas razones el comportamiento de Faxardo, aunque especialmente odioso, parece bastante representativo del de los dueños de hacienda.

Hasta ahora hemos encontrado a individuos que se pueden colocar, *grosso modo*, en dos categorías: los primeros ponían en entredicho la autoridad religiosa con sus palabras y acciones a menudo escandalosas. Si el status social de algunos de ellos confería a sus delitos una gravedad excepcional, éstos no dejaban de ser benignos pues habían sido el producto de un estado de exaltación: arranque de ira, desesperación, rivalidades. Hasta las declaraciones de Vicente de Zaldívar aparecen, en resumidas cuentas, sin trascendencia, si se admiten los criterios de las instancias inquisitoriales: se trata, es obvio, de un adolescente, gallito parlanchín que procura deslumbrar a quienes lo rodean, unos hombres rústicos, ingenuos y, sobre todo, subordinados a su hermano mayor. Estos delitos traducen un desprecio hacia la autoridad inquisitorial y eclesiástica, que sólo se expresa en situaciones conflictivas para sus autores y que no llega a desembocar en un rechazo consciente y global de los valores ideológicos impuestos.

El segundo grupo está constituido por aventureros de toda índole, individualistas y marginados cuyos actos se oponen a los mismos valores, pero que no intentan tampoco reemplazarlos, aunque sea para su uso personal, por otros que aceptarían más íntimamente. Estas dos clases de individuos sacuden el yugo cuando les molesta, sin que de ellos nazca otro sistema de referencia ideológica.

La cosa es distinta con los ejemplos que siguen, que atestiguan un principio de elaboración en la crítica y el rechazo de los valores religiosos vigentes.

De la burla a las palabras sospechosas

Diego López de Medina, por ejemplo, es probablemente ateo.[40] ¿Será de ascendencia judaica, conocerá las ideas de la Reforma? Algunos dicen que se propone fundar una secta, por lo extraño de su proceder. En 1617 es un anciano, oriundo de Monterrubio del Monte, en la Mancha de Toledo, que trabaja en la obra de carpintería de la iglesia mayor de Zacatecas. Sus transgresiones religiosas son graves y numerosas. Rehúsa asistir a los oficios durante la Semana Santa de 1615 y declara francamente: "quien tiene acargo pasar las pasiones vea como las ha de pasar y las pase, que yo no vine de Castilla a estas cosas sino por dineros". En lugar de ir a confesarse, se encierra durante los días santos con una mujer y se dedica a pecar. En otra ocasión, durante una plática, niega que Dios no haya tenido principio y le extraña que, siendo así las cosas, los ángeles se hayan rebelado. Dice también que cuando era fraile en Nuestra Señora de Astorga, nunca vio milagros obrados por la madre de Dios y señala, entre otras cosas, que las velas benditas no sirven de nada. En fin, pone en tela de juicio el valor del sacramento de la confirmación. Igualmente se niega a rogar a los santos ya que, según él, se acude a ellos únicamente por interés, con el fin de lograr su intercesión. Tampoco deja de burlarse de quienes llevan escapularios y encarga mucho a su gente que no asista a misa. Como vemos, se trata aquí del rechazo consciente, deliberado, de algunas normas religiosas, que traduce un anticonformismo más radical y coherente que el de Vicente de Zaldívar, por ejemplo.

En cuanto a Miguel Bazán de Larralde, es administrador de las haciendas de Truxillo, propiedades del virrey don Luis de Velasco; hijo de un padre famoso y servidor de la Corona, llega a ser en 1619, año que sigue a la denuncia que nos interesa aquí, contador de la Real Caja de Zacatecas, cargo que comprará en 6 000 pesos.[41] Es un soltero cuarentón, flaco, enfermizo y manco. Es de mente aguda

---

[40] AGN, Inquisición, vol. 316, f. 401, Denuncia contra Diego López de Medina, Zacatecas, 1617.
[41] Biblioteca del Museo de Antropología, rollo 3, documentos microfilmados del Archivo del Ayuntamiento de Zacatecas.

pero de carácter difícil y dado a los accesos de cólera, y es notable su aborrecimiento a los religiosos, a los que no puede ni ver.⁴² Habiendo llegado unos frailes franciscanos a una casa de Fresnillo para pedir limosna, Larralde comenta luego de su salida: "en qué andan estos embusteros que andan pidiendo limosna y la gastan en chocolate con la primera dama que topan". Como un asistente le hacía notar que tales limosnas le ganarían el cielo, prosigue Larralde: "miren quien me quería llevar al cielo, esto me parece como querer que estén mujeres en la tercera orden, para tener más mano con las religiosas para hacer sus gustos con ellas". También pretende que no es necesario rogar a los santos sino a Dios sólo. Si bien estas palabras pueden haber nacido de un anticlericalismo tradicional, nos parece probable, tomando en cuenta la condición social de Larralde —un notable con alguna instrucción de seguro—, que una influencia erasmista asoma aquí. Significativo también es el hecho de que este administrador y futuro funcionario profiera estas palabras descocadas, que vienen a confirmar nuestra anterior observación: la gente de bien transgrede abiertamente las prohibiciones religiosas y da ejemplo de rebelión y falta de respeto.

"Sapit Haeresim"

Los individuos entrevistos hasta ahora se ilustraron por transgresiones menores, pese a todo. Sin embargo, Diego López de Medina y Miguel Bazán de Larralde estaban ya en camino hacia la heterodoxia, y ésta sale a la luz con un último grupo constituido por un protestante y, sobre todo, por los judeocristianos más o menos declarados.

Con Nicolás Chavarría ya no cabe duda.⁴³ Este protestante es un hombre interesante, de índole tímida, afable y pacífico, que goza de excelente fama en la Zacatecas de 1617. Aunque de apellido vasco, parece haber nacido en Sevilla y llegó a contar que después de que lo tomaran cautivo unos corsarios ingleses, tocó el laúd algunas veces para la reina Isabel. En Zacatecas, donde —detalle digno de notarse— se le considera extranjero, tiene tienda de mercader y se le pide a menudo que ejerza sus talentos de músico en las celebraciones religiosas o en las casas de los mineros acaudalados como Agustín de Zavala. Nunca va a la iglesia, salvo cuando se le llama para tocar el laúd, y se las apaña entonces para no adorar al Santísimo. No se le conoce ninguna práctica espiritual, no suele ir a

---

⁴² AGN, Inquisición, vol. 318, f. 321, Denuncia contra Miguel Bazán de Larralde, Zacatecas, 1618.
⁴³ AGN, Inquisición, vol. 316, f. 431, Denuncia contra Nicolás de Chavarría, Zacatecas, 1617.

las procesiones ni tiene imágenes en su casa. A pesar de su precaución de no salir jamás sin un rosario de cuentas descomunales, es unánimemente tenido por discípulo de Lutero.

En fin, los cristianos nuevos parecen haber sido muy numerosos en Zacatecas, lo que confirma la idea de una zona frontera, o sea de refugio. Su presencia trasciende frecuentemente, y nos concretaremos a dar unos pocos ejemplos.

En una tienda de las minas de Ramos un portugués de cuarenta años, Francisco García, se luce en 1618 con un buen chiste que le contó un mercader flamenco, Lorenzo Chávez: "una virgen de quien era pública voz y fama que havía de nacer el hijo de Dios, y que estando recogida en su aposento, havía entrado por los techos del aposento un estudiante vestido en hábito de patriarca, y le dijo que era Dios del cielo y que venía a que concibiese y que quería tener que ver con ella; y que venido a averiguar, no havía sido Dios del cielo, sino hombre humano..." García puntualiza que Chávez cuenta el chiste mejor que él y añade que: "Sabiéndose que estaba preñada, y por orden del cielo, le pusieron cuatro cardenales de guarda, hasta que parió... había sucedido en Roma, y que havía parido una hija, y que era cosa muy cierta y averiguada".[44] ¿Coincidencia? Nos enteramos que Lorenzo Chávez, el relator original del chiste, está rematando sus mercaderías para ausentarse de las minas, posiblemente después de haber olfateado la denuncia de la que García es objeto... Y, si Chávez es flamenco, es muy probable que García, el portugués tan receptivo a la burda ironía del chiste, sea de un medio de cristianos nuevos. Recordemos a este efecto que los llamados "portugueses" en las Indias eran a menudo recién convertidos, descendientes de los judíos españoles expulsados en 1492, refugiados luego en Portugal, y que habían pasado a las Indias, sobre todo durante el periodo de unión de las dos coronas.

El caso de Fernando de Lezcano[45] no es claro (un solo testimonio en contra de él, desmentido por lo demás), pero nos deja de todos modos perplejos: hacia 1685 este rico minero de Chalchihuites, de sesenta años de edad, vive muy retirado. Cada viernes por la mañana se recoge en su aposento y prohibe a todos que lo molesten. En una ocasión, queriendo los moradores del lugar componer un oratorio que estaba ruinoso, decidieron depositar la imagen de Nuestra Señora en la casa de Lezcano durante las obras, por ser la mejor del real. Como se buscaba el sitio más adecuado de la morada para dejar ahí la estatua, el minero declaró soezmente que: "no havía lugar más decente en su casa que su bragueta,

---

[44] AGN, Inquisición, vol. 318, f. 347, Denuncia contra Francisco García, minas de Ramos, 1618.
[45] AGN, Inquisición, vol. 660, f. 146, Denuncia contra Fernando de Lezcano, minero de Chalchihuites, 1685.

y que no le viniesen con disparates". Vive rodeado de mulatos y esclavos negros, excluyendo a cualquier español. Pero este misántropo tiene una extraña afición a los perros y posee una cantidad asombrosa de ellos. Al parir una perra, celebra el acontecimiento con grandes regocijos y coloca dos cirios a cada lado de la parturienta. En su insensatez, llama hijos a sus perros, duerme y come con ellos, los alimenta con chocolate y carne, para lo cual suele comprar un becerro cada semana; les deja una herencia y cuando ocurre alguna muerte entre ellos, organiza el sepelio y recibe el pésame. Hasta llegó a azotar cruelmente a un esclavo de confianza y a malbaratarlo por haber dado algunos golpes a un animal. Además de estas locuras y muchas otras, no se le ve cumplir con sus obligaciones religiosas y cuando asiste a misa, evita hincarse de rodillas con pretexto de las almorranas que lo afectan, disculpa aberrante, como lo subraya el sesudo denunciante. En fin, al pedirle alguien su participación monetaria en la hechura de un dosel para el Santísimo, contesta con desdén que "qué Santísimo ni que christos, que se fuese de allí, que no daba limosna, que no había más christos que sus metales". Este singular misántropo es seguramente un cristiano nuevo, atendiendo al remedo de las ceremonias cristianas que realiza con sus perros; aparte, rumorean que su abuelo fue quemado en Medina Sidonia. Tras las grandes persecuciones de mediados de siglo en contra de los judaizantes, se acogió probablemente al amparo de la soledad, amargado, limitándose a mantener vivo el odio hacia la religión impuesta y continuar con algunas prácticas menguadas de su propia religión, como el respeto del Sabbath, desde el viernes hasta el domingo. Su comportamiento, de rasgos probablemente patológicos, es para nosotros un claro indicio del aislamiento y la desesperación de este hombre y de sus semejantes hacia fines del siglo XVII, después de fracasar el intento de mantener viva alguna colectividad de judaizantes en el virreinato, a causa de las persecuciones, por supuesto, pero más aún por la imposibilidad de estimular la vida espiritual de las sinagogas locales merced a los contactos con las comunidades del exterior, condición indispensable a la sobrevivencia de la religión judía, como se sabe.

Francisco Pérez es también un solitario y su caso recuerda el de Lezcano.[46] En 1666, es decir, hacia los finales críticos del siglo, es dueño de una hacienda de ganado mayor en la jurisdicción de Sombrerete, luego de haber sido minero. Su ex capellán, el licenciado Juan Lasso Cordero, es quien denuncia la situación que reina en su casa, tras haber abandonado la hacienda, muy disgustado por lo que ocurre ahí y por su impotencia para cambiar nada. Por ejemplo, durante la Cuaresma y los días de vigilia, todos comen carne,

---

[46] AGN, Inquisición, vol. 605, f. 281, Denuncia contra Francisco Pérez, Sombrerete, 1666.

mientras no hay cosa más fácil que consumir chile y frijol, como lo hacen todos los hacendados y sus gentes en la comarca. Cuando protesta el capellán, Pérez le contesta que no se meta a regentar, pues "todo pasa en este reino". Aunque ya casado (su mujer parece estar en Michoacán y nunca se la ha visto en la hacienda), Pérez está amancebado con una india sinaloa casada también y cuyo marido reside en la región. Es maestra en hechicerías, de carácter dominante y tiene varios hijos de Pérez. El mismo padre los bautizó y enterró a uno de ellos, que había fallecido, en un rincón de la casa. Cierto Miércoles de Ceniza, el capellán intenta enseñar la doctrina a la gente de la hacienda, totalmente ignorante en la materia. El hacendado arma entonces tal escándalo que el sacerdote desiste de su propósito. Pero lo más sospechoso en este sunto es, junto a una antigua amistad con el portugués Manuel de Acosta,[47] de una famosa familia de judaizantes y minero en Sombrerete, la falta notable de tocino en la olla y la negativa de Pérez a comerlo, con el pretexto de que lo indispone. Igualmente sospechosas son su familiaridad con los salmos y sus preguntas mañosas, que sorprenden y confunden en este hombre: si ya dejó de ser válido el Antiguo Testamento, ¿cómo se veneran algunos santos sacados de él?

Estos maniáticos solitarios que rayan en casos patológicos son unos refugiados, no cabe duda. Para ellos, resultaron acogedoras las sierras minerales y los desiertos lunares que rodean Zacatecas, donde percibimos el eco desvanecido de sus impotentes iras y de sus irrisorias y últimas rebeliones.

El carácter de zona de refugio se ve definitivamente consagrado con la presencia de judaizantes, cuya identidad y prácticas están claramente manifiestas. Bien sabíamos, por las comunicaciones de cárceles, las de Treviño de Sobremonte en particular,[48] que en la ciudad de Zacatecas se hallaba una sinagoga. Sin embargo, el estudio de los documentos inquisitoriales, que se refieren en la mayoría de los casos a simples denuncias que no dan lugar a mayores desarrollos, nos induce a pensar que la zona considerada debió desempeñar un papel mucho más importante que el que se le suele atribuir

---

[47] Manuel de Acosta, alias Francisco de Torres; se trata muy probablemente del marido de Isabel Tinoco, nieta de Blanca Enríquez y Antonio Rodríguez Arias, vecinos de Zacatecas. Fue admitido a reconciliación en 1648 y teóricamente desterrado para siempre de las Indias Occidentales. Pero sabemos que a menudo se lograban arreglos al respecto, y el hecho de que en la acusación contra Francisco Pérez las autoridades inquisitoriales hayan subrayado el nombre de Manuel de Acosta parece indicar que efectivamente se trataba de un personaje conocido de ellas y bien idntificado por algún motivo. *Cf.* Genaro García, *La Inquisición de México*, p. 244.

[48] *Boletín del Archivo General de la Nación*, tomo VII, núm. 1, Causa criminal contra Treviño de Sobremonte por judaizante, p. 98.

por lo que se refiere a la presencia permanente o episódica de conversos. En efecto, su carácter de frontera ofrecía por lo menos dos ventajas indiscutibles: por una parte, el alejamiento de las instancias inquisitoriales de la capital, cuya eficiencia se veía notablemente reducida, hacía siempre posible la huida hacia el norte, el anonimato en el extremo del mundo. Por otra parte, la existencia de numerosos molinos de metales, de haciendas agrícolas y de pueblos, desoladas manchas de adobe desparramadas en la inmensidad del espacio, pero cuya población, provista de recursos monetarios importantes, necesitaba y ansiaba todo cuanto hacía la vida posible y algo más amena: herramientas para los trabajos de la mina y de la hacienda, alimentos, ropa, desde luego, pero también mercancías de lujo que asombran a veces, muy preciadas por mentalidades rústicas, pródigas y aficionadas a la ostentación, a menudo características de los hombres cuyos destinos están ligados a la mina, y que nos recuerdan otra vez a aquellos feudales que derrochaban en telas preciosas, armas y esencias orientales. Como se sabe, Zacatecas dio frecuentes ejemplos de magnificencia, y la arquitectura que la impone hoy día como una de las más hermosas ciudades mexicanas, por su garbo y señorío, es uno de los últimos testimonios de ello. Recordemos la costumbre de cierto acaudalado minero, de tocar la campana a la hora de comer y de recibir así al que se presentase a su mesa, y la prohibición de 1620 para impedir que negras y mulatas usasen seda, oro, paños teñidos de grana, joyas, perlas, etcétera,[50] lo que atestigua lo generalizado de los usos suntuarios.

Era pues una zona privilegiada para los mercaderes ambulantes o mercachifles, y dicha ocupación era a menudo propia de los cristianos nuevos, por evidentes razones de seguridad. Sabemos desde luego que incluso el gran Treviño de Sobremonte estuvo varias veces en Zacatecas, cuando tenía tienda en Guadalajara.[51] En 1625, el alguacil de Cuencamé denuncia a un mozo de doce o trece años, un tal Gabriel, natural de México y vecino de Zacatecas, donde vive con su madre y una hermana, doña Blanca y doña Clara. El niño, que llegó a ofrecer baratijas de encajes y perfumes al alguacil y a su mujer, es víctima de una repentina dolencia y rechaza la conserva y el vino que se le ofrece pues, según él, no tiene licencia de su padre para tomar vino ni tocino. Rumorean que la familia de

[49] Chevalier, *op. cit.*, p. 217.
[50] Biblioteca del Museo de Antropología, rollo núm. 3, documentos microfilmados del Archivo del Ayuntamiento de Zacatecas. Véase también Amador, *op. cit.*, p. 349.
[51] *Boletín del Archivo General de la Nación*, Causa Criminal contra Treviño de Sobremonte, tomo VII, núm. 1, pp. 108-125, 130; tomo VII, núm. 3, p. 411.

Gabriel es recién convertida y que su abuela fue penitenciada por el Santo Oficio de México.[52]

Otro mercader portugués, Francisco de Villegas,[53] se ve acusado hacia 1628: al azar de las ventas de ropa, hace numerosos recorridos entre México y Zacatecas, Indé, Guanacevi y el norte en general. En una ocasión, caminando en compañía de otros hombres, se compra un carnero y Villegas ruega que se le deje asar al animal pues, dice él, lo hace muy bien; procede entonces al preparativo ritual de la pierna, de la cual "saca la landrecilla", lo que observan y luego denuncian algunos de sus compañeros. Más tarde, en 1650, al término del periodo de persecuciones contra judaizantes, otro mercader, Thomás de Sosa, es denunciado por un viejo amigo suyo:[54] al hospedarlo en su casa, el denunciante pudo comprobar que Sosa no cumplía con los preceptos religiosos los viernes ni los días de vigilia, comía carne y se juntaba con mujeres. Cierto viernes que salieron juntos para las minas del Fresnillo y de Cuencamé, Sosa se negó a compartir los bastimentos de Pineda, huevos, queso y hortalizas, apropiados para semejante día, y mandó matar una gallina. Se da el caso de que este hombre, casado en Zacatecas, no es sino el sobrino del gran Luis de Carbajal *el Mozo*, puesto que su madre es Ana de León Carbajal, muerta a la edad de sesenta y siete años en la hoguera, el año anterior a la denuncia que se registra en contra de su hijo Thomás.

Pero, junto a un Treviño de Sobremonte o a un descendiente de los Carbajal, que van de vez en cuando a Zacatecas por sus negocios, sabemos a ciencia cierta que otra gran familia de judaizantes residió algún tiempo en dicha ciudad, en donde ejerció profunda influencia: los Enríquez. En el transcurso del año 1624, Catalina, hija de Antonio Rodríguez Arias y de Blanca Enríquez, es objeto de denuncia ante la autoridad inquisitorial local.[55] Una vez que asistió a misa en compañía de otras mujeres, se portó en forma muy extraña durante el ofertorio: en lugar de adorar al Santísimo, volteó la cara hacia la izquierda y escupió tres veces. Otra vez que asistió a otra misa que se celebraba en una nave lateral, procedió idénticamente y clavó su mirada en un perro que se encontraba detrás de ella, evitando así mirar a la hostia que se presentaba a los fieles. Esta familia Enríquez fue el punto alrededor del cual se reunieron unos judaizantes y la probable organizadora de la

[52] AGN, Inquisición, vol. 510, f. 334, Denuncia contra Gabriel, mozo, Cuencamé, 1625.
[53] AGN, Inquisición, vol. 365, exp. 24, Denuncia contra Francisco de Villegas, Zacatecas, 1628.
[54] AGN, Inquisición, vol. 435, f. 445, Denuncia contra Thomás de Sosa, Zacatecas, 1650.
[55] AGN, Inquisición, vol. 303, f. 610. Catalina Enríquez es la madre de Isabel Tinoco.

sinagoga. Se sabe que los esposos Enríquez y sus hijas llegaron a ser cabales guías espirituales para los demás criptojudíos, sobre todo por lo tenso de su piedad, que rayaba a veces en el mesianismo y la superstición.[56] Las hijas procuraron emparentarse con familias famosas y piadosas en extremo: Juana estuvo casada con Simón Váez Sevilla y Beatriz con Thomás Núñez de Peralta, para limitarnos a las alianzas más brillantes, ya que estos dos hombres se cuentan entre las figuras más prestigiosas de la historia de los judaizantes hispanoamericanos.

Aunque la familia Enríquez y su numerosa parentela vivieron en México luego de abandonar Zacatecas, fue en el norte minero: Parral, Cuencamé, Fresnillo y desde luego Zacatecas, en las manos de amigos seguros y casi siempre portugueses, donde los yernos Thomás Núñez de Peralta y Simón Váez Sevilla depositaron sus bienes, cuando las primeras persecuciones los obligaron a poner sus haciendas a salvo, como lo atestiguan una carta de un religioso de la Merced fechada el 20 de julio de 1642 y un edicto del 29 de enero de 1659, firmado por el visitador Medina Rico, despachado con el fin de encontrar el paradero de los bienes de Simón Váez Sevilla.[57]

Procurando la paz y la seguridad, vemos también al judaizante Jorge López, de veinticinco años, oriundo de Torre de Moncorbo, en Portugal, desembarcar en Veracruz allá por 1621.[58] Acompaña al doctor Fernán Juárez Tabares, vecino de Zacatecas, de seguro también judaizante, quien le propuso ayuda poniéndole una tienda de cacao y azúcar en esta misma ciudad. ¿Coincidencia? Entre los viajantes que emprenden juntos el camino hacia el altiplano se encuentra doña Ana Enríquez, portuguesa y madre de una tal Isabel Duarte, madre a su vez de Manuel Antúnez, es decir, una representante de otra famosa familia de judaizantes.[59] De la misma manera, Francisco López Díaz *el Chato* va a Zacatecas al llegar de España con una recomendación para Simón Váez Sevilla, quien se hace efectivamente cargo de él, pasando a ser luego allegado de la familia Enríquez.

El antisemitismo, catalizador social

En 1626 se registran tres denuncias de corte idéntico en contra de descendientes de judaizantes: las tres brotan del medio conflictivo de los oficiales de cabildo: Diego Machón de Urrutia, depositario

[56] Genaro García, *op. cit.*, pp. 225, 230, 234, 237, 247, 250. S. Liebmann, *The Jews of New Spain*, pp. 232, 255, 267, etcétera.
[57] AGN, Inquisición, vol. 435, f. 587; Edictos, I, núm. 9.
[58] AGN, Inquisición, vol. 333, exp. I, Denuncia contra Jorge López, México, 1621.
[59] Genaro García, *op. cit.*, p. 238.

general, tilda de perro judío al rico minero Diego León, cuyo abuelo fue bautizado de pie.[60] La acusación se ve presentada otra vez y amplificada ante el comisario del Santo Oficio por Juan Moreno de Villegas, otro minero, quien añade que León es acaudalado, padre del presente alguacil mayor, y que usa oro y seda, pese a las prohibiciones que pesaban sobre los descendientes de los cristianos nuevos penitenciados por la Inquisición. Se trata muy posiblemente de aquel Diego León, pariente y hombre de confianza del temible Santiago de Vera, presidente de la Real Audiencia y gobernador de Nueva Galicia desde 1593 hasta 1605, personaje que ya conocemos. Este poderoso, valiéndose de un nepotismo descarado erigido como sistema, nombró al tío de sus hijos, Diego León, alcalde mayor primero de Sombrerete y, luego, de Fresnillo.[61] El dicho León, luego de haber sido hasta la fecha "el hombre más pobre de México", se vio a la cabeza de una fortuna de 80 000 pesos de oro común. Más tarde, en 1615, lo vemos en el puesto de alcalde ordinario de Zacatecas,[62] y al año siguiente compra el cargo de alguacil mayor para su hijo Antonio León Covarrubias en la suma de 32 000 pesos, lo cual corresponde al contenido de la denuncia hecha ante el Santo Oficio. En 1634 Antonio deja el puesto a su hermano Francisco de León Covarrubias y esta constancia en la fortuna y en el ejercicio de cargos oficiales que se derivan de ella, bastante excepcional, como lo apunta Bakewell [63] en unos mineros sometidos siempre al capricho de la suerte, atestigua el poderío de la familia León, que debió despertar sin ninguna duda la envidia de rivales menos afortunados. ¿Tiene fundamento tal denuncia? No lo sabemos pues son mudos los documentos inquisitoriales en cuanto a León se refieren. Sin embargo, de tenerlo, muestra claramente cuán fácil podía resultar para un reprobado cambiar su suerte en aquel norte minero, cuna de tantas aventuras.

El mismo denunciante, Juan Moreno de Villegas, las emprende también contra una tal Isabel Rodríguez, quien viste suntuosamente pese a ser de estirpe cristiana nueva castigada por el Santo Oficio.

Para concluir esta serie, la última de las tres denuncias es la presentada por la viuda de Pedro Venegas, quien fue regidor de Zacatecas, en contra de Cristóbal Herrera, dueño de muchos bienes, huertas y esclavos, aficionado a vestir ropa de seda, a traer joyas y armas y a montar a caballo. Si bien quedan dudas por resolver en el caso de Diego León, Herrera parece, en cambio, un verdadero

[60] AGN, Inquisición, vol. 356, f. 155, Denuncia contra Diego León, Zacatecas, 1626.

[61] Acusación contra don Santiago de Vera, *op. cit. Cf.* nota 17, pp. 199-200.

[62] Bibiloteca del Museo de Antropología, rollos 3 y 4, documentos microfilmados del Archivo del Ayuntamiento de Zacatecas.

[63] P. J. Bakewell, *op. cit.*, p. 99.

judaizante; ya en 1614 había preguntado públicamente por qué si Jesús era el Mesías anunciado por los profetas, había nacido en un lugar vergonzoso, se había visto compelido a huir a Egipto y se había dejado crucificar.[64]

Durante los años 1620-1630, a pesar de los altos índices alcanzados por la producción de plata (será necesario esperar hasta el fin del siglo para volver a encontrar semejante bonanza), empieza sin embargo la gran depresión, que se acentuará en los decenios venideros, antes del consabido y asombroso resurgimiento. Esta época parece haber sido fértil en calamidades naturales y en dificultades de toda clase.

En 1619-1620 se registra una ola de carestía, se inunda Veta Grande, unas epidemias azotan a los trabajadores negros, mulatos e indígenas y se esboza cierta tendencia a emigrar hacia las minas de Ramos.[65] El año 1622 es marcado por violentos temblores (excepcionales en esta región) y unos meses más tarde, una lluvia de cenizas (¿o de polvo?) cae sobre la ciudad, seguida, en julio, por granizo e inundaciones.[66] Entre 1620 y 1623, ya lo hemos visto, los indios de los barrios de Tonalán y Tlacuitalpan y los trabajadores de las minas se lanzan a la calle, peleando ferozmente con cuchillos y guijarros.[67] En 1623 las recién descubiertas minas del Parral atraen a muchos pobladores de Zacatecas; encima de esto, la sequía lo asuela todo, faltan los granos y las epidemias matan a muchos.[68] En 1629 la sequía y las enfermedades afectan nuevamente a la zona hasta tal punto que se hace imprescindible tomar medidas en 1630 para impedir que la mano de obra huya de la ciudad.[69] Todos estos acontecimientos funestos no dejaron de conmover las sensibilidades, azuzar los temores y agriar las envidias, sobre todo en los grupos cuya situación socioeconómica no estaba muy firmemente asentada.

Estas tres acusaciones nos parecen interesantes por el contenido de rencor social que suele tomar el cauce institucionalizado y frecuente para la época estudiada, del odio hacia el cristiano nuevo, como sobra recordarlo. Esta frustración, expresada en Zacatecas en un periodo de variación económica bastante fuerte, nace aquí en un sector social determinado: el de los oficiales de cabildo, los Venegas, Tostado, Machón de Urrutia, el minero Villegas. Estos

[64] AGN, Inquisición, vol. 309, exp. 4; vol. 356, exp. 154, Denuncia contra Cristóbal de Herrera, Zacatecas, 1614.
[65] E. Amador, *op. cit.*, p. 345.
[66] Amador, *op. cit.*, pp. 352-353.
[67] Amador, *op. cit.*, p. 346.
[68] Amador, *op. cit.*, pp. 357-358.
[69] Ribera Bernárdez, *Compendio de las cosas más notables contenidas en los libros del Cabildo de esta Ciudad de Nuestra Señora de los Zacatecas, desde el año de su descubrimiento 1546 hasta 1730*, p. 19, y Amador, *op. cit.*, p. 358.

funcionarios, escogidos entre los notables de la ciudad, no pertenecen sin embargo a las muy poderosas y estables familias que dominan desde hace mucho la vida pública: los Zaldívar, los Zavala, los Bañuelos, los Tolosa Cortés Moctezuma, entre otras. Se trata, pues, de un sector medio del grupo dominante que se siente probablemente afectado por la variación coyuntural, y su reacción de inseguridad se manifiesta por medio de este cauce privilegiado constituido por el antisemitismo en su modalidad hispánica, la hostilidad hacia los cristianos nuevos.

Conclusión

En resumidas cuentas, los documentos inquisitoriales muestran claramente que Zacatecas y su zona siguen estrechamente los destinos de la Nueva España en su conjunto. La actividad delictiva de la región se relaciona desde luego con la fluctuación económica local, lo mismo que con el movimiento delictivo del virreinato.

Sin embargo, las condiciones específicas que la distinguen, o sea el aislamiento geográfico y sus consecuencias: debilitamiento de las autoridades y constitución de grupos sociales de modalidades arcaicas, aparecen igualmente a plena luz tan pronto se dejan de lado los datos globales para el análisis de los documentos particulares.

Todos los individuos vistos aquí ilustran el fracaso de las autoridades con grados distintos en la trangresión, y nos permiten entender cómo funcionó la ciudad y su comarca en cuanto a zona de frontera y, por tanto, de refugio. Se trataba, pues, para recordarlo por última vez, de un sinfín de individuos diversos, buscones más o menos charlatanes, inconformistas diversos, ignorantes y de clase social humilde, las más veces. Se destacaban en seguida personajes cuyas transgresiones tenían un carácter más radical en la medida en que ponían las normas religiosas en tela de juicio, dejando de cumplir con ellas, torciendo su función y sentido o hasta negándolas y rechazándolas: como los poderosos arrogantemente rebeldes y los sacerdotes de proceder desvergonzado. Sin embargo, estas personas, aunque mostraban un desprecio de hecho por la ideología vigente, no llegaban a rechazarla clara y conscientemente; a lo más, expresaban su distanciamiento de ella con arranques de cólera y de altiva insolencia, que al final no eran más que llamarada de petate. Estos dos grupos tenían puntos en común: buscaban en Zacatecas lo que buscaron hasta fechas aun recientes todos aquellos marginados a los que atraían, cual lámpara las mariposas, aquellos lugares predilectos, de aventuras, que son las minas de piedras y metales preciosos, la ilusión de la fortuna, la suerte y, quizás más aún, la libertad de la selva, donde imperan la fuerza y el ingenio. Todos ellos, dueños de hacienda, tiránicos o llenos de manías, poderosos engreídos y trabajadores solitarios, encontraban allí un clima propicio a la manifestación de intereses, sueños o anhelos que una sociedad más estable y más estructurada reprimía y limitaba necesariamente.

Pero, junto a estos delitos de violencia individual que no dejaban de ser menores, teníamos a un Chavarría y, sobre todo, al grupo de judeocristianos, cuyas transgresiones de las normas religiosas eran conscientes, coherentes y deliberadas. Por tanto, la presencia numerosa de este último grupo de "grandes" delincuentes indicaba con claridad que Zacatecas fungía eficientemente como zona de refugio.

Como se ve, los documentos inquisitoriales confirman, con una riqueza de datos fuera de lo común, lo que ya sabíamos, pero sólo en parte: la ciudad minera del norte quedaba fuertemente ligada al virreinato en conjunto, tanto por su actividad económica predominante como por su panorama delictivo, pero se destacaba con una vigorosa personalidad de zona de frontera, o sea de refugio. Una vez más, como acabamos de ver, la actividad inquisitorial no es más que un espejo que refleja con mucha fidelidad la cara de la sociedad: en este caso, una sociedad sin cohesión, débilmente controlada, compuesta de individuos animados por móviles estrictamente personales, quienes adoptan comportamientos desviantes que abarcan desde las faltas simples hasta el rechazo y la burla en cuanto se refiere a las normas morales y religiosas. Tal sociedad, propia de las zonas mineras y, más aún, de la frontera, es muy diferente de las pesadas comunidades rurales, a la vez fuertemente unidas y divididas por una red antigua de intereses y tensiones, en las que las denuncias multitudinarias y lentamente filtradas señalan delitos y chivos expiatorios determinados. Nada emerge de la turbulenta Zacatecas si no es el destello múltiple y peregrino de las fantasías individuales, de las rebeldías y enojos particulares, al expresarse sin duda los verdaderos problemas en otra parte y de otra manera, de acuerdo con la ley de la selva.

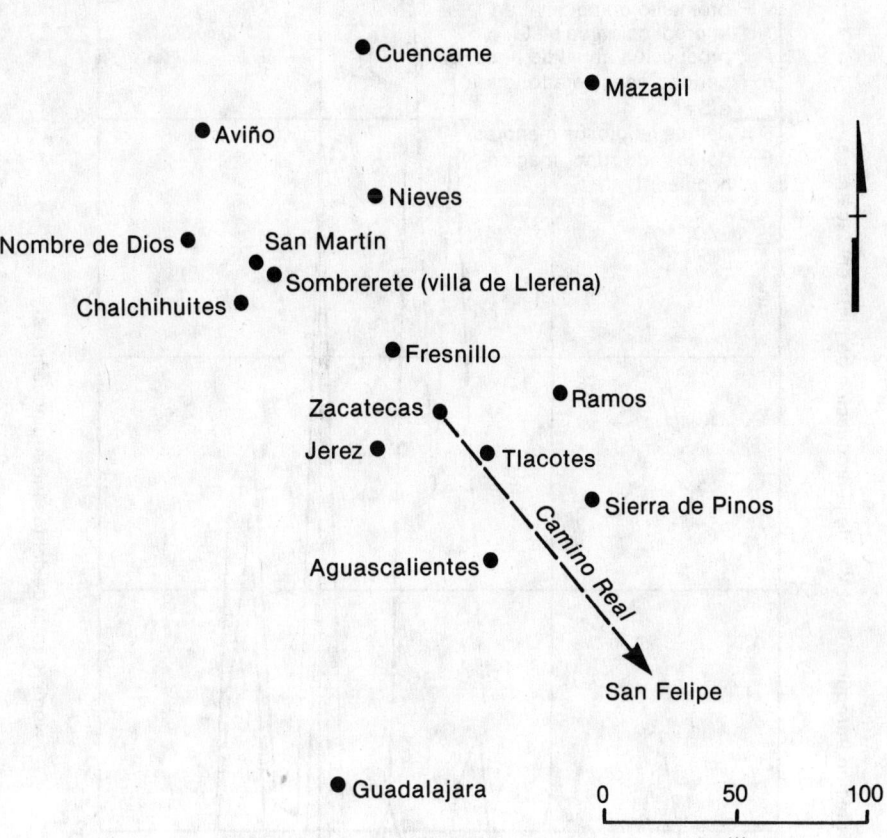

MAPA III. *Región de Zacatecas.*

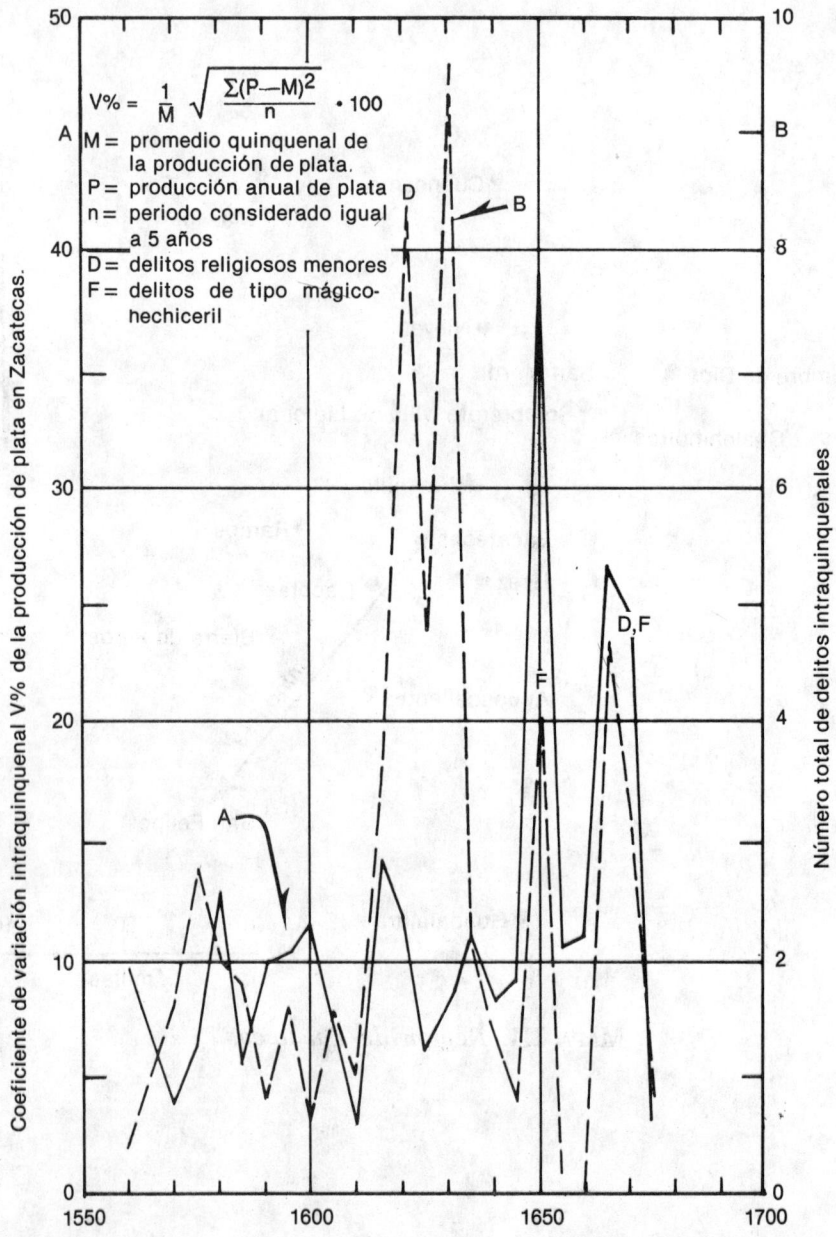

GRÁFICA XIX. *Número total de delitos y coeficiente de variación (intraquinquenales) de la producción de plata en Zacatecas, en función del tiempo.*

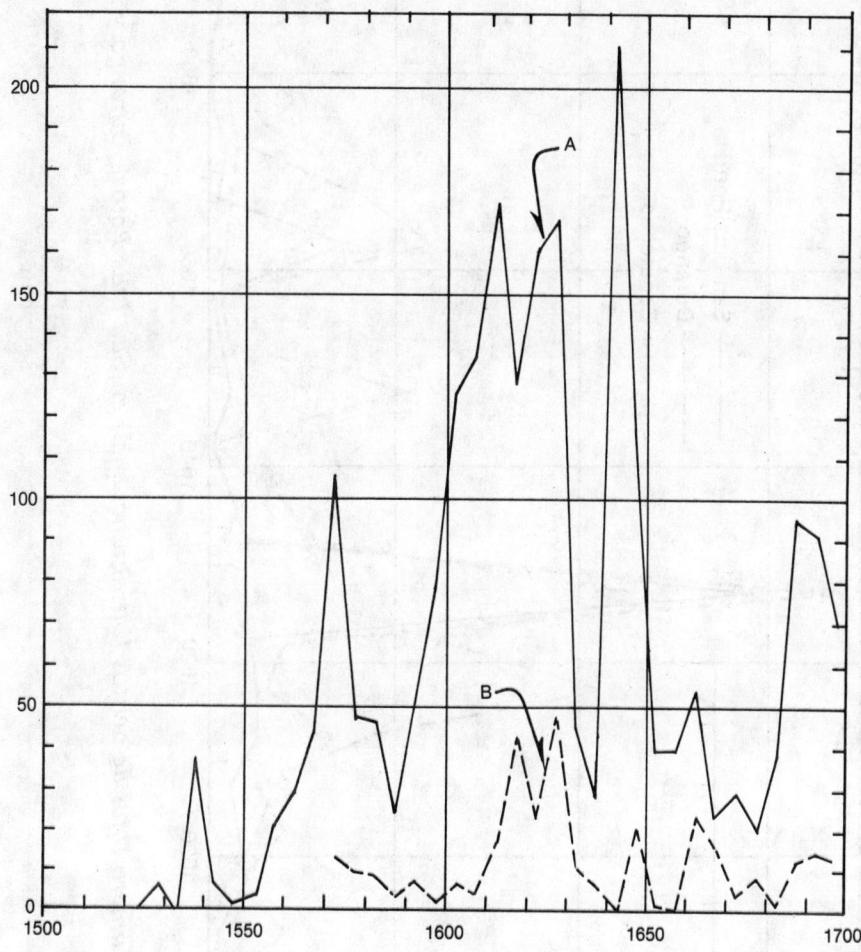

GRÁFICA XX. *Promedio quinquenal del número total de delitos en la Nueva España y número total de delitos (intraquinquenal) en Zacatecas.*

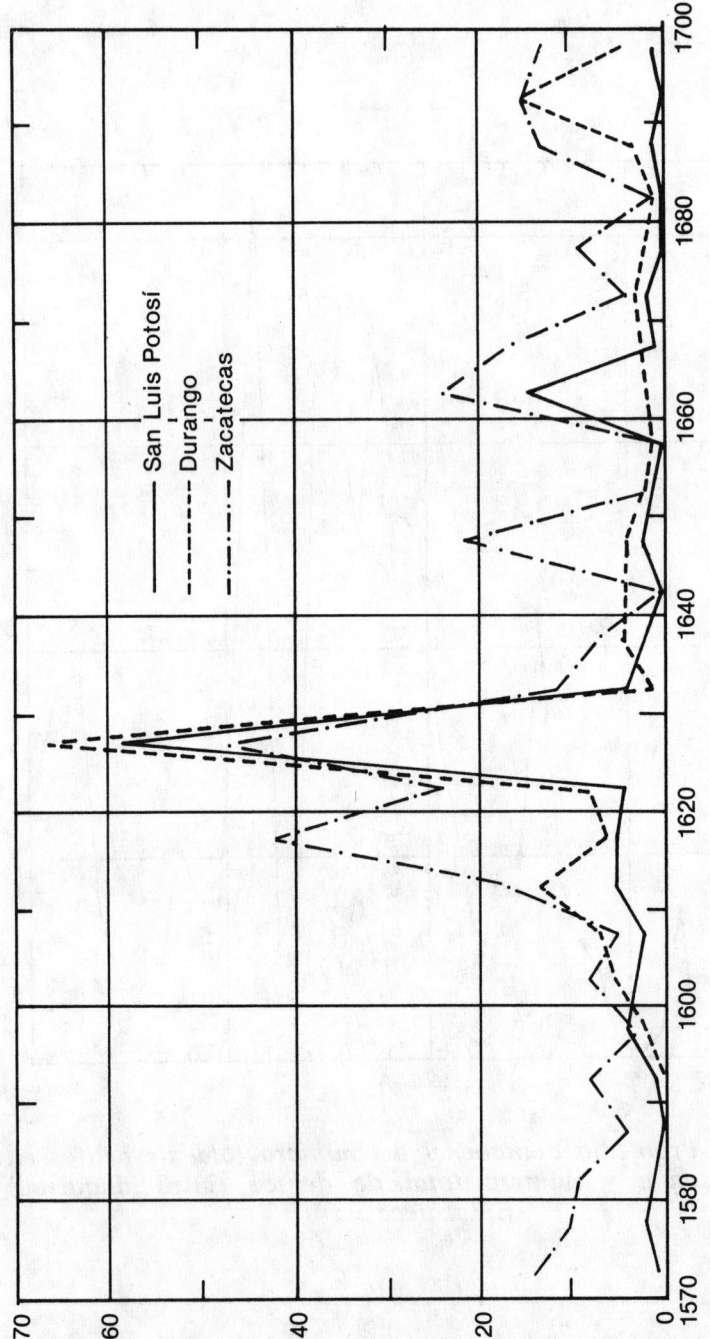

GRÁFICA XXI. *Número total de delitos (intraquinquenal) en San Luis Potosí, Durango y Zacatecas.*

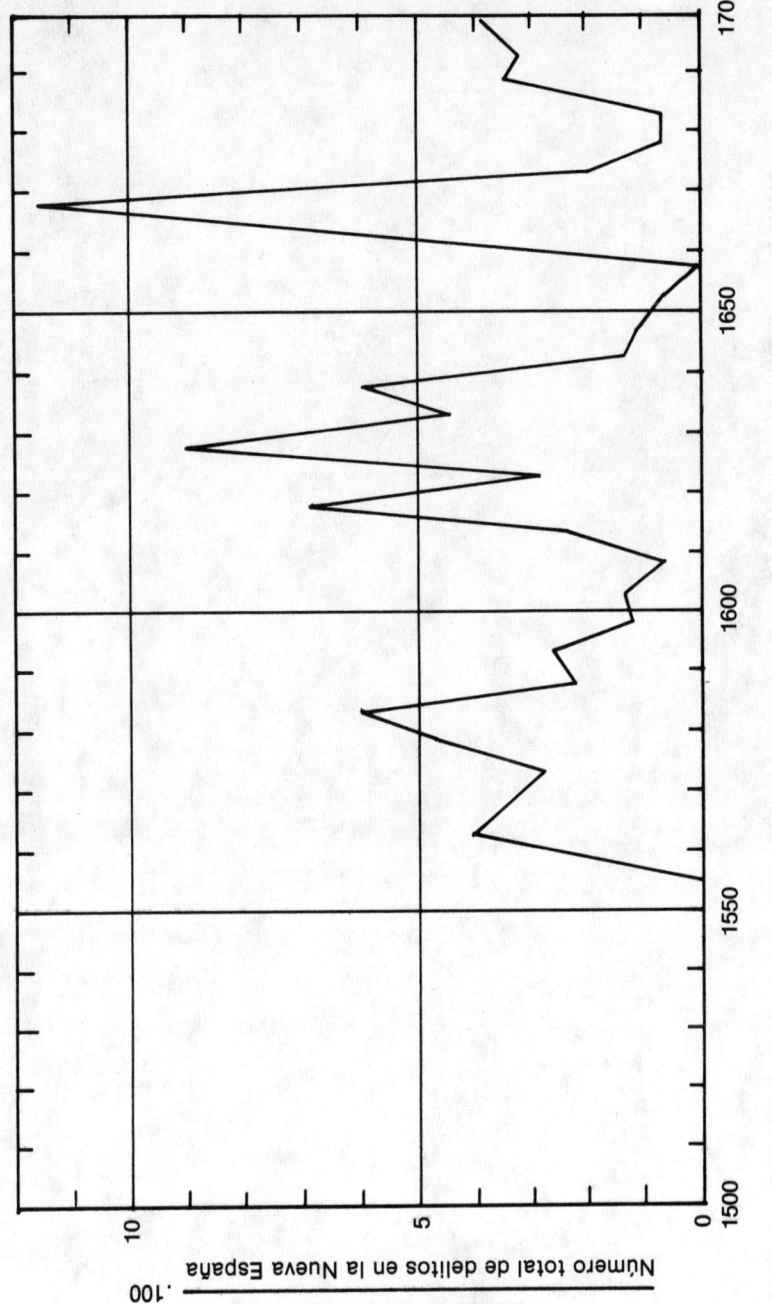

GRÁFICA XXII. *Promedio quinquenal de delitos en Zacatecas en relación al total de delitos en la Nueva España.*

Quinta Parte
RESISTENCIA Y ASIMILACION

XXIX. LOS JUDEOCRISTIANOS Y EL DILEMA DE LO IMPOSIBLE

Cuando el 31 de marzo de 1492 los Reyes Católicos compelieron a los judíos españoles a optar entre convertirse al cristianismo o abandonar definitivamente el país, les propusieron una alternativa cuyos términos iban a ser rechazados durante más de trescientos años, por millares de ellos, los marranos. En efecto, a diferencia de los que optaron por dejar España para no renegar de su fe y de los que abrazaron sinceramente el cristianismo, los marranos se negaron a elegir y se aferraron a una ilusión: la de seguir siendo judíos en España bajo las apariencias del cristianismo, lo que los convirtió a partir de entonces en objeto de desprecio y persecución tanto por parte de los judíos como de los cristianos al aparecer como traidores a los creyentes de ambas religiones.

La historia de las comunidades judías de la diáspora parece indicar que, para que subsista la comunidad como tal, dos condiciones complementarias deben ser respetadas. En primer lugar, la vida religiosa del grupo, fuente de su peculiaridad, ha de poder existir con sus estructuras y sus mecanismos propios de reproducción: rabinos, sinagogas, enseñanza del hebreo, estudio de los textos sagrados, prácticas rituales colectivas y domésticas. Ahora bien, para que esta vida religiosa sea posible hace falta desde luego una libertad de conciencia y culto que descansa necesariamente en el reconocimiento y la aceptación de la diferencia del grupo judío como tal en relación con el medio que lo rodea, musulmán o cristiano en su mayoría. Esta aceptación imprescindible de su peculiaridad implica una discriminación de la comunidad y, por tanto, cierta distancia entre ella y las demás, distancia que debe ser respetada pues en caso contrario amenazaría su existencia. Ésta es la situación de las comunidades sefarditas del norte de Italia en el siglo XVII: reconocidos y admitidos como judíos, sus miembros aceptan ser señalados como distintos de los cristianos: llevan una indumentaria particular y viven en barrios reservados pero gozan en cambio de la libertad de practicar su religión. Tales condiciones les permitieron subsistir como judíos hasta la segunda Guerra Mundial.

Ahora bien, el Edicto Real de 1492, que coincide con el final de la reconquista del territorio sobre los moros y el descubrimiento del Nuevo Mundo, busca unificar las distintas Españas. Y como el único punto común entre los pueblos ibéricos resulta ser el cristianismo, la necesidad política de unificación implica su imposición a las minorías judías y más tarde a las musulmanas. Por tanto, se propone a los judíos la asimilación y en consecuencia, la negación de su peculiaridad milenaria; al perder la libertad religiosa pierden la posibilidad de perpetuar su diferencia ontológica; de ahora en adelante deben asimilarse a los demás cristianos, si bien se puntualiza que ellos son "nuevos" y, como tales, más sospechosos que los "viejos" por lo que se refiere a la ortodoxia y al prestigio social que se derivan de una observancia antigua. Así dejan de existir las condiciones necesarias para la sobrevivencia del grupo judío: práctica religiosa dinámica y reconocimiento de su peculiaridad. La historia de los marranos se convierte entonces en la historia trágica y a menudo sombreada de esquizofrenia de hombres y mujeres que en lo externo aceptan ser como los demás mientras rechazan ardientemente tal idea en su fuero interno. Más aún, llegan a creer que precisamente en la medida en que se parezcan más a los cristianos lograrán engañarlos y permanecer distintos, o sea, judíos, al contrario de los insignes judíos portugueses para quienes una diferencia ostentosa constituía la mejor defensa de su identidad oculta y quienes, bajo extraños ropajes armenios, lograban desenvolverse libremente sin suscitar sospechas y enseñar la ley de Moisés a sus correligionarios.[1] Durante tres siglos los marranos dudaron constantemente, según las circunstancias, ante las distintas actitudes a adoptar frente a la imperiosa alternativa de la asimilación o del rechazo: aun cuando habían escogido desaparecer puesto que ya no tenían los medios para seguir viviendo como judíos, pasaban de la asimilación más o menos activa al rechazo más o menos pasivo y viceversa, esforzándose siempre en una lucha agotadora y desesperada por sobrevivir. El imposible proyecto desgarra a cada ser, cada familia, a la comunidad entera, comunica a cada aspecto de la vida un sello intenso y contradictorio, produce al traidor y al mártir, al humilde y al soberbio, al cobarde y al atrevido, actitudes que se hallan a veces dentro del mismo individuo; el hombre privado se opone frecuentemente al hombre público, el esposo y el padre de familia devoto reprueban por la noche al mercader bien relacionado de la mañana, la mujer piadosa censura a la coqueta que hay en ella. En este drama escasean los tibios y los desapasionados y son numerosas las figuras que despiden sombríos destellos.

Condiciones de la supervivencia en Nueva España

Los marranos establecidos en Nueva España —a menudo portugueses cuyas familias, tras ser expulsadas de España, se refugiaron

---

[1] AGN, Riva Palacio, vol. 23, exp. 3, "Comunicaciones de cárceles entre doña Catalina de Campos y doña María su hija...", por Gaspar Alfar, f. 6v.

en Portugal, donde las condiciones estaban provisionalmente mejores, y luego habían aprovechado la unión de las dos coronas para pasar a las posesiones americanas— se encuentran sin duda en una situación aún más precaria que los de la metrópoli. En efecto, en el transcurso del siglo XVII estos últimos logran mantener y hasta reavivar su práctica religiosa gracias a los contactos que conservan con los judíos establecidos en Francia, Italia y Holanda, quienes pueden practicar libremente el mosaísmo.[2] Sin quedar realmente aislados —sus relaciones familiares y comerciales los integraban en una amplia red que abarcaba a las islas Filipinas, los países europeos, las colonias americanas y las costas del África—, los marranos mexicanos tienen menos oportunidades que sus hermanos de la metrópoli de ir a las juderías europeas o de recibir la visita de correligionarios expertos en materia religiosa; de hecho, cuando uno de ellos llega al virreinato, los marranos novohispanos lo interrogan con avidez acerca de los ritos, las fiestas, las costumbres observadas por los judíos que viven en "tierras libres", pues son grandes su ignorancia y su sed de aprender. Uno de ellos, Juan Pacheco de León, criado en Liorna, nos revela que, a falta de una verdadera enseñanza religiosa, la lectura de los edictos de fe promulgados por el Santo Oficio, en los que se describen las principales prácticas mosaicas, constituye el medio más importante para los judaizantes mexicanos de conocer su religión, en un extraño ejemplo de situación en que la herramienta represiva se transforma en agente dfiusor de los comportamientos que pretende reprimir, al convertirse la institución inquisitorial en auxiliar involuntario de la disidencia...[3]

Si bien es cierto que el marrano de España se halla inmerso en una sociedad más profundamente cristianizada que la colonial y por tanto más susceptible de reconocer y denunciar prácticas sospechosas, si está por consiguiente más expuesto a la persecución, el judaizante mexicano se encuentra amenazado por otros peligros. Los que lo rodean son desde luego neófitos en su mayoría: indígenas, mestizos, negros y mulatos, poco capacitados para percibir las faltas al catolicismo y las acciones heterodoxas. Sin embargo, las relaciones de dominación van en contra de los marranos, a quienes

[2] Julio Caro Baroja, *Los Judíos en la España moderna y contemporánea* libro 1, p. 460. Esta obra, fundamental por lo que toca a la historia de los marranos, llega a conclusiones regularmente confirmadas por el estudio de tal grupo en tierras americanas.
[3] Antes de ser la idea de Michel Foucault, en *La Volonté de Savoir*, passim, fue del inquisidor Alonso Salazar y Frías, quien ya en 1610-1612 afirmó que la publicidad otorgada a las circunstancias que rodean una transgresión aseguraba su difusión. *Cf.* Julio Caro Baroja, *Las Brujas y su mundo*, pp. 233-239 y AGN, Inquisición, vol. 400, exp. 2, Proceso contra Juan Pacheco de León (1642), f. 625v.

por los dominados asocian con el grupo dominante blanco, europeo, y, por tanto, el esclavo mulato, la cocinera negra, la sirvienta indígena o el vecino mestizo aprovechan de buen grado, cuando tienen la oportunidad de hacerlo, el pretexto religioso para vengarse de una opresión que toleran con una facilidad relativa. La piadosa y rica matrona Blanca Enríquez prefirió deshacerse de todas sus esclavas para poder entregarse con toda seguridad a sus devociones, lejos de sus miradas indiscretas.[4] Este punto queda fuera de duda, si bien a veces unas relaciones ambiguas de solidaridad y odio unen a amos y esclavos: los notables españoles, funcionarios, ricos mercaderes, hacendados, los denuncian pocas veces al Santo Oficio y no parecen escandalizarse ante las condenas de las que son objeto, en la medida en que ellos también se sienten unidos a los cristianos nuevos por afinidades de clase y casta: la respetable Juana Enríquez se refiere a esta situación cuando piensa en el auto de fe en el que serán pregonadas su culpabilidad y afrenta: "no savía cómo no se caía muerta en pensando en eso, por la risa del vulgacho, que la gente principal y noble no hará aspavientos de nada y más de cosa tan conocida en ellos".[5] El personal doméstico y el vecindario son los que proporcionan los detalles más peligrosos, el pueblo bajo, quien acude a denunciar ante los inquisidores al tener la certeza de no ser descubierto, y quien se enardece ante el espectáculo del auto de fe, cuya pompa está destinada a él; sabemos que unos indios —tanto más celosos por la fe cuanto que estaban fuera de la jurisdicción del Santo Oficio— intentaron golpear al impenitente Treviño de Sobremonte camino a la hoguera, en la que apilaron prontamente los leños para apresurar su muerte.[6]

Así, pese a las esperanzas que abrigaba al embarcarse para las Indias, el judaizante del virreinato no se encuentra librado de las persecuciones, al menos si vive en una ciudad como México, Puebla, Veracruz o Guadalajara o en una región densamente poblada. En cuanto a los que, de seguro numerosos, se refugiaron en lugares

[4] AGN, Inquisición, Proceso contra Juana Enríquez (1625-1642), vol. 488, exp. 4, f. 494.

[5] AGN, Inquisición, Proceso contra Juana Enríquez (1625-1642), vol. 488, exp. 4, fs. 178v. y 179.
N. B. El volumen 400 en el que se encuentran los procesos de Juana Enríquez y Juan Pacheco de León, alias Salomón Machorro, consta de dos tomos: el primero está dedicado a parte del proceso de Juana Enríquez —que empieza en el volumen 488—, el segundo incluye el final de este proceso y la totalidad del de Juan Pacheco de León. El proceso de Margarita de Rivera se halla en 2 volúmenes, el núm. 394 y el 408.

[6] *Boletín del Archivo General de la Nación*, tomo VIII, núm. 1, pp. 157-158: "indignado el pueblo con esta rebeldía y las voces de los predicadores, le mataran muchas veces si yo no me pusiera en medio... echando de abajo los hombres, mujeres y muchachos la leña..." Véase también: Segunda Parte de este trabajo, apéndice 2, revelador del antisemitismo de los indígenas.

remotos, sierras del sur, minas del norte, haciendas aisladas, zonas indígenas, lograron escapar individualmente de todo control pero a costa de su desaparición como judíos pues fueron rápidamente presa de un sincretismo ineluctable al que no pudieron oponer sino una individual e irrisoria resistencia.

Los que nos ocuparán aquí son por consiguiente los marranos urbanos agrupados en comunidades de importancia variable, tan "nuevos" o hasta "viejos" cristianos como los demás españoles en su conducta exterior, pero que, aun participando objetivamente de los intereses y del status del sector dominante, se hallan privados de toda posibilidad real de llevar derechamente una práctica judaica consistente y dinámica. Siendo sometidos a semejante presión mimética, no es de extrañar que algunos de ellos optaran deliberadamente por la asimilación definitiva.

La asimilación buscada

El deseo de asimilación puede no sólo llevar a un catolicismo sincero sino también a la búsqueda de posiciones relevantes en su seno, las que imponen en seguida el respeto y protegen eventualmente de cualquier sospecha a los miembros de la familia que pudiesen seguir fieles al mosaísmo. El ejemplo ilustre del gran rabino de Burgos, Salomón Ha Leví, quien un siglo antes del decreto de expulsión se convirtió en Pablo de Santa María, obispo de Cartagena y Burgos, tutor del hijo de Enrique III de Castilla y legado papal, fue imitado modestamente por algunas familias marranas establecidas en Nueva España.[7] Ya a fines del siglo XVI, Gaspar, uno de los Carbajal, fue domínico,[8] y por lo que se refiere a la mitad del siglo XVII, sabemos que varias hermanas de Antonio Caravallo eran monjas[9] y que un hermano de Rodrigo Serrano era religioso de San Pedro de Alcántara.[10] Pero la familia Campos ilustra mejor que ninguna esta actitud. De origen portugués, llegó a México a principios de los años treinta y las dos hermanas ya ancianas, Ana y Catalina, habían sido penitenciadas por el Santo Oficio de Portugal. Ahora bien, un tío paterno era decano de Coimbra y del lado materno, el hebraico precisamente, la lista de los servidores de la Iglesia no dejaba de ser impresionante: Alonso, hermano de las dos matronas, era arcediano en Filipinas, un primo agustino, Diego del Rosario, había muerto en olor de santidad y conservaban su cabeza

[7] Henry Kamen, *La inquisición española*, p. 29.
[8] Alfonso Toro, *La Familia Carvajal*, tomo I, pp. 210-211.
[9] AGN, Riva Palacio, vol. 23, exp. 3, "Comunicaciones de cárceles entre doña Catalina de Campos y doña María de Campos su hija", por Gaspar Alfar, f. 96.
[10] AGN, Inquisición, vol. 393, exp. 7, sin foliación, Testimonio de Isabel de Silva (1642-1646).

como reliquia en su lejano convento de Manila mientras circulaban rumores acerca de su posible canonización. En cuanto a la segunda generación, un hijo de Catalina, Felipe, hermano de las judaizantes clandestinas Isabel y María, llevaba el hábito de San Agustín en Michoacán.[11] La familia Campos sufre un proceso de asimilación obvio si consideramos su evolución en dos generaciones; mientras la primera, la de Ana, Catalina y Alonso, se divide entre judaizantes activos y católicos militantes, la segunda está representada por el fraile Felipe, Isabel, que murió joven y sin descendencia, y María, quien pese a su fidelidad al judaísmo optó por casarse con un cristiano viejo. Aunque se empeñaba en practicarlo a espaldas de su marido junto con su madre y algunos judaizantes del pueblo agrícola de Atlixco, ella y toda la familia establecida en Nueva España estaban perdidas a corto plazo para el mosaísmo.

Es notable que cuando María vivía soltera en México al lado de su hermana Isabel, su madre y su tía —pues su tío Francisco estaba siempre de viaje por Filipinas—, el grupito femenino que formaban atraía a otros judaizantes, quienes como ellas gozaban de mucha consideración social y practicaban su religión con el mayor sigilo, porque todos anhelaban asimilarse a los sectores más relevantes: los ricos mercaderes solteros Sebastián Váez de Acevedo, Mathías Rodríguez de Olivera y Rodrigo Serrano eran parte de ese grupo, tenían relaciones amorosas con María e Isabel y todos ayunaban juntos a menudo. Según lo deseaban ardientemente estos hombres, dos lograron casar con cristianas viejas de alcurnia y Olivera abrigaba esperanzas semejantes cuando el Santo Oficio lo arrestó.

Sin llegar a servir a la Iglesia en las filas de sus ministros, es común que algunos cristianos nuevos adopten sinceramente el catolicismo. Si bien ignoramos sus motivaciones individuales, podemos suponer que lo hacían movidos por un afán real de hacerse cristianos, como resultado de la fuerte presión ejercida sobre ellos por el medio que los rodeaba. También sabemos que en las familias de judaizantes duramente castigadas por las persecuciones inquisitoriales ocurría que los descendientes abrazasen verdaderamente la religión impuesta con el fin de librarse del dramático destino que tuvieron sus padres: éste fue el caso de los hijos de Ana de León, la última hija de los Carbajal. Los vástagos de esta mujer, penitenciada en 1602, luego de haber visto a su familia aniquilada en las postrimerías del siglo XVI, que siguió observando la ley de Moisés y fue relajada en 1659, fueron casi todos buenos católicos.[12]

[11] AGN, Inquisición, vol. 393, exp. 7, sin foliación, testimonio de Isabel de Silva (1642-1646) y Riva Palacio, vol. 23, exp. 2, Proceso contra María de Campos (1646), sin foliación.
[12] AGN, Inquisición, vol. 408, exp. 1, Proceso contra Margarita de Rivera (1642), f. 37.

Junto con el paso activo o incluso militante al catolicismo, el matrimonio exogámico constituye otro camino privilegiado para llegar a la asimilación. La importancia de este tipo de matrimonio, excepcional en verdad, es claramente percibida por el conjunto de los marranos mexicanos, que lo reprueban en general mientras ven con cierta tolerancia las relaciones amorosas ilícitas entre judaizantes y cristianos. Fuera de las que son dictadas por circunstancias adversas —un judaizante aislado en una región remota no tiene a veces más remedio que casarse con una mestiza, una indígena o una española no observante, ante la imposibilidad en que se halla de hacerlo con una mujer de su mismo grupo—,[13] las uniones entre judíos y cristianas constituyen un medio deliberado de lograr el paso definitivo del judaizante a la sociedad mayoritaria. En efecto, si el matrimonio entre un cristiano y una judaizante no deja de ser algo grave, no implica forzosamente la extinción de la religión mosaica; numerosos ejemplos indican que al ser la madre la que transmite la ley, hay fuertes posibilidades de que los hijos la observen más tarde, a espaldas de su padre claro está, como aconteció en el caso notable de Mathías Rodríguez de Olivera, hijo de un padre abad y de una madre marrana, observante asimismo si bien muy deseoso de asimilación.[14] Pero que un judaizante opte por casarse con una cristiana vieja cuando podía tomar a una judía por mujer, muestra una voluntad deliberada de romper con su comunidad confesional, ya que hace imposible la transmisión de su religión a sus descendientes y muy improbable su propia práctica ante la mirada y bajo la dirección doméstica de una infiel. Por lo regular, los hombres que alcanzaron un *status* socioeconómico apreciable a fuerza de trabajo son los que buscan este tipo de alianza: Sebastián Váez de Acevedo, hijo de un humilde hombre que alquilaba costales para transportar trigo, y convertido luego en uno de los personajes más relevantes del virreinato, miembro del Consulado, proveedor general de la Flota de Barlovento, nombrado capitán de la infantería por el virrey, el marqués de Villena, amigo de los poderosos y de los inquisidores, casó con una cristiana vieja —fea y de edad madura ciertamente— pero rica y emparentada con una familia muy afamada;[15] Rodrigo Serrano, también

---

[13] Éste es el caso de Enrique de Miranda, casado con una indígena: AGN, Inquisición, vol. 393, exps. 1 y 2, sin foliación, Proceso contra Beatriz Enríquez (1642), y el de Duarte de Torres, casado con una india o mestiza. *Cf.* AGN, Inquisición, vol. 400, exp. 1, Proceso contra Juana Enríquez (1642), f. 357.

[14] AGN, Inquisición, vol. 409, exp. 1, Proceso contra Mathías Rodríguez de Olivera (1642), fs. 118*v.* y 119, y Henry E. Huntington Library, Proceso contra Margarita Moreira (1642), f. 39.

[15] AGN, Inquisición, vol. 393, exp. 7, sin foliación, Testimonio de Isabel de Silva (1642-1649); Stanley Hordes, *The Crypto Jewish Community of New Spain 1620-1649; a collective biography*, pp. 133-134. AGN, Inquisición, vol. 489,

mercader próspero, tomó por mujer a otra dama madura y de casa ilustre, vinculada con un virrey, con inquisidores y diversas familias poderosas y antiguas.[16] Sin embargo, Váez de Acevedo y Serrano se habían entregado a prácticas judaizantes con las mujeres Campos antes de contraer tales alianzas, y si el primero fue objeto de persecuciones y sanciones por parte del Santo Oficio, el segundo no fue siquiera molestado, muy probablemente porque pertenecía entonces a un sector social cuyo cuestionamiento hubiese sacudido los cimientos del orden colonial.

Pero al lado de quienes buscan conscientemente la asimilación al medio cristiano y procuran los medios para lograrla, quedan los demás, que son mayoría, los que se desenvuelven en el espacio incómodo que separa la aceptación del rechazo, y adoptando según las circunstancias comportamientos variables, a veces contradictorios, improvisando constantemente un frágil equilibrio.

Así las cosas, resulta difícil puntualizar las etapas y los niveles de semejante evolución, más aún, seguir las oscilaciones de quienes la viven día tras día. Intentaremos sin embargo subrayar sus modalidades más frecuentes.

La asimilación parcial y consciente

Al lado de la asimilación definitiva y buscada mediante el paso al catolicismo y las alianzas exogámicas, existe una asimilación parcial que atañe a los comportamientos públicos, característica sobre todo del grupo masculino. Éste es el caso de los mercaderes, grandes negociantes o tenderos de poca monta, mercachifles, dependientes, que se ven obligados a tratar constantemente con los cristianos. ¿Cómo, una vez cerrado el trato, terminada la reunión del consulado o de la cofradía, oponerse a las relaciones inevitables de una sociabilidad latina? ¿Cómo no entrar juntos a rezar un instante en la iglesia que se encuentra en el camino cuando uno regresa a casa junto con algún compañero, rechazar el bocado ofrecido, tal vez carne de puerco —aun cuando uno quería ayunar este día—, no dedicarse a las faenas acostumbradas el sábado o cualquier otro día festivo judío, sin llamar imprudentemente la atención de un

---

Carta del marqués de Villena al obispo Palafox, 20 de noviembre de 1641, fs. 93-96; Jonathan I. Israel, *Race Class and Politics in Colonial Mexico, 1610-1670*, donde trata de Sebastián Váez de Acevedo en las páginas 205, 211, 213, 214, 246; AHN, Legajo 1737, Visita de Medina Rico (1658); G. Guijo, *Diario 1648-1664*, tomo I, p. 40; Luisa S. Hobermann, "Merchants in seventeenth century Mexico City: a preliminary portrait", en HAHR, vol. 57, núm. 3, p. 494.

[16] AGN, Inquisición, vol. 397, exp. 7, sin foliación, Testimonio de Isabel de Silva (1642-1646); Fernández de Recas, Guillermo, *Mayorazgos de la Nueva España*, p. 156.

medio que practica de manera conformista y mayoritaria otra religión? Para los hombres que gozan ya de alguna importancia social, cierto grado de asimilación resulta inevitable. Tomás Núñez de Peralta, mercader ampliamente conocido, se ve obligado a tomar el chocolate con el provincial de la orden de la Merced, buen amigo suyo, en su propia celda, a pesar de haber determinado, como todos los de la familia, ayunar aquel día por el alma de su suegra, fallecida poco tiempo antes.[17] En su misma boda con la judaizante Beatriz Enríquez, hubo que invitar a la vez a gente principal cristiana y desde luego a correligionarios, y hubo que ingeniarse mucho para servir en el banquete manjares compatibles con los preceptos mosaicos junto con los que acostumbran comer los cristianos en semejantes ocasiones sin que éstos sospechasen nada.[18]

El ayuno mismo, que para la comunidad marrana privada de guía espiritual formal constituye lo esencial de la práctica, llega a volverse problemático. Uno puede fingir que ya ha comido, que está convidado en otra parte o enfermo, y escabullirse para dar un discreto paseo en lugares solitarios a la hora del almuerzo; se puede también engañar a los celosos criados y hacer desaparecer el alimento.[19] Sin embargo, la solución adoptada con más frecuencia por quienes están obligados a vivir en medio de los cristianos consiste en renunciar a ayunar personalmente y mandar una limosna a alguna mujer pobre de la comunidad, que podrá ayunar sin riesgo en lugar de quien esté impedido.[20]

Como lo recomienda Tomás Núñez de Peralta a su mujer Beatriz Enríquez y a Margarita de Rivera, cuyas prácticas religiosas juzga imprudentes, "se puede hazer un recatto y tenerlo en nuestros corazones, que quinze años a que no hago nada sino encomendarme a Dios quando me acuerdo en medio de mis negocios; y con tenerlo en mi corazón, basta".[21]

Las relaciones comerciales y sociales pueden desembocar en una amistad entre judaizantes y cristianos, el germen de la asimilación

[17] AGN, Inquisición, vol. 394, exp. 2, Proceso contra Margarita de Rivera (1642), f. 465v.

[18] AGN, Inquisición, vol. 423, exp. 3, Diez Cuadernos de Comunicaciones de cárceles..., Gaspar Alfar, f. 156v.

[19] AGN, Inquisición, vol. 487, exp. 21, Proceso contra Isabel Duarte (1642), la de Antúnez, fs. 611 y 650v.

[20] AGN, Inquisición, vol. 409, exp. 1, Proceso contra Mathías Rodríguez de Olivera (1642), f. 81v.; AGN, Inquisición, vol. 487, exp. 21, Proceso contra Isabel Duarte, la de Antúnez, fs. 584 y 584v. Según Isabel Duarte, que lo sabía por Rafaela Enríquez, amante de Álvarez de Arellano, éste no ayunaba porque "andaba siempre entre cavalleros y gente principal; no se atrevía a ayunar pero que lo reduzía a dineros, dando limosnas a los observantes de la dicha ley".

[21] AGN, Inquisición, vol. 408, exp. 1, Proceso contra Margarita de Rivera (1642), fs. 30v. y 31.

social: Simón Váez Sevilla, que prestó ayuda a don García de Valdés Osorio, conde de Peñalba, cuando tuvo dificultades con el virrey, el conde de Salvatierra, le dejó sus bienes en depósito al enterarse de que se cernía sobre él una amenaza de arresto inquisitorial y su hijita Anica permaneció bajo el cuidado de su amigo durante su prisión.[22]

Los amores ilícitos entre judaizantes y cristianos, sin llegar al matrimonio, que revela, según vimos, un deseo consciente de pasarse al otro grupo, atestiguan también cierta voluntad de asimilación; son, más que todo, propios de los hombres, si bien las mujeres incursionan a veces en estos territorios escabrosos. Así lo subraya una experta en la materia, Isabel Duarte, la de Antúnez, "pocas o ningunas bezes se mesclan para casamienttos los judíos y los católicos, pero para malas amistades, no se repara en nada".[23]

Los capitanes negreros, a menudo portugueses judaizantes en la época que nos interesa, mantienen entre dos viajes relaciones con católicas, con las que tienen a veces hijos, cosa que deploran las mujeres de la comunidad marrana puesto que los vástagos habidos de tales uniones no pueden ser criados por su madre en la religión mosaica.[24]

Si son discretos los testimonios acerca de las relaciones amorosas entre mujeres judaizantes y cristianos,[25] causa cierta extrañeza descubrir que unas observantes tan devotas como eran las madres de familia Rafaela Enríquez y su hermana Micaela, hijas de la dogmatista Blanca Enríquez, fueron amigas del notario inquisitorial don Eugenio de Saravia y del inquisidor don Francisco de Estrada y Escobedo.[26] El carácter insólito de tal relación entre judías militantes y eclesiásticos-ministros persecutores es, cabe notarlo, revelador de la situación colonial, en la que, de hecho, las complicidades de clase y de casta y la libertad de costumbres constituyen correctivos poderosos que urge tomar en cuenta cuando se trata de entender la realidad social en Nueva España y muy probablemente en todas las colonias imperiales. Así y todo, ¿cómo interpretar, a nivel individual, la peregrina familiaridad de las dos hermanas Enríquez con los ministros? ¿Cálculo político para granjearse, para

---

[22] AGN, Inquisición, vol. 423, exp. 3, Diez Cuadernos de Comunicaciones de cárceles..., Gaspar Alfar, fs. 265 y siguientes.

[23] AGN, Inquisición, vol. 487, exp. 21, Proceso contra Isabel Duarte, la de Antúnez (1642), fs. 722 y 722v.

[24] AGN, Inquisición, vol. 408, exp. 1, Proceso contra Margarita de Rivera (1642), f. 303v.

[25] AGN, Inquisición, vol. 408, exp. 1, Proceso contra Margarita de Rivera, f. 235.

[26] Medina, *Historia del Tribunal del Santo Oficio de la Inquisición en México*, p. 218; AGN, Inquisición, vol. 402, exp. 1, Proceso contra Rafaela Enríquez (1642), fs. 95, 95v., y 100.

ellas y los suyos, la indulgencia de personajes peligrosos en el caso, siempre probable, de que los amigos pasasen a ser jueces? ¿Connivencia de casta, en el seno de un grupo europeo dominante y minoritario, más allá de los antagonismos religiosos? ¿Coquetería de mujeres bonitas —Rafaela es apodada *la Rafa, la Gitana,* por su acentuado tipo mediterráneo, y su atractivo, la causa de numerosos éxitos—[27] que se divierten seduciendo a los ogros y gozan estremeciéndose ante el peligro? Todo es posible y nada está aclarado; de todos modos, cuando sonó la hora de la persecución y del encarcelamiento, los antiguos amigos mitigaron las condiciones carcelarias y dieron prudentes consejos, revelándose finalmente preciosos.[28]

Sin embargo, tales deslizamientos hacia la asimilación —compromisos dictados por la vida pública, relaciones de negocios, amistad, amor—, aun cuando llegan a estorbar la práctica religiosa, son controlables y, por tanto, relativamente benignos desde el punto de vista de la supervivencia de la comunidad, en la medida en que tienen un carácter consciente.

Es mucho más alarmante comprobar que un proceso inconsciente, percibido como benéfico porque parece una respuesta al contexto local, corroe la médula misma de la identidad judía, la religión. Efectivamente, algunas modalidades adaptativas o sincréticas corresponden, en una primera etapa, a una respuesta adecuada al desafío que representa la situación en la cual se halla la comunidad: ante la imposibilidad de ser guiados por verdaderos rabinos y de reunirse en sinagogas auténticas, la religión se oculta en lo más recóndito del hogar y las mujeres, liberadas de las sujeciones de la vida pública y por tanto más apegadas a la práctica religiosa, son las que ante todo practican los ritos, enseñan la ley a los niños, convierten o fortalecen a los neófitos o descuidados en las creencias de sus antecesores... Esta verdadera promoción de la mujer, consecuencia bien conocida de los tiempos difíciles, se traduce para ella en una libertad notable, sobre todo en una cultura como la hispánica. Las vemos a casi todas, hermanas, hijas, tías, primas, reunidas alrededor de la abuela, a la vez guía espiritual y abeja reina con ribetes de Celestina, ir y venir libremente, participar en reuniones, meriendas, juegos, visitas, bailes, en los que la religión se mezcla de modo inextricable con la charla liviana, en una amena

---

[27] AGN, Inquisición, vol. 402, exp. 1, Proceso contra Rafaela Enríquez (1642), f. 490.

[28] AGN, Inquisición, vol. 402, exp. 1, Proceso contra Rafaela Enríquez (1642), fs. 95, 95v. y 100. En efecto, como lo señalamos anteriormente, don Eugenio de Saravia acogió en su casa a la hija de Micaela Enríquez cuando ésta fue encarcelada por el Santo Oficio y el inquisidor Estrada la avisó de que en las cárceles inquisitoriales algunos individuos tenían por misión espiar las conversaciones entre presos y referírselas a los inquisidores.

promiscuidad con recién llegados, parientes, socios y dependientes de los maridos, quienes suelen estar trajinando afuera. Un alegre desparpajo prevalece en aquel mundillo que, lejos de recordar las austeras costumbres de un *Médico de su honra*, se acerca más bien a las de las *Novelas ejemplares*.

Las normas que pueden suponerse respetadas en otras partes se deshacen aquí ante las prioridades del proselitismo pues todo es válido para reconquistar las almas tibias o enfriadas para el judaísmo. Así por ejemplo, Isabel Núñez acompañaba a sus hijas casadas Ana y María Gómez con sus amantes respectivos, un tanto alejados de sus deberes religiosos —mientras los maridos estaban debidamente en viajes de negocios—, cuando se otorgaban todos una semana de vacaciones devotas en las placenteras huertas del gobernador de Tlatelolco: ayunaban, se amaban y los dos hombres gozaban mucho el espectáculo de las mujeres bañándose desnudas en las acequias...[29]

El adulterio, los retozos de las doncellas, hasta la pérdida de la virginidad son cosas baladíes siempre y cuando ocurran con un correligionario, tratándose entonces de un acto piadoso cuyo fin es avivar una fe en general desfalleciente.

Daremos un ejemplo de esta amena libertad: cierto martes de carnestolendas, algunas mujeres, entre casadas y solteras, se hallaban juntas en un aposento de la casa de Simón Váez Sevilla y su respetable esposa, Juana Enríquez; Juan Pacheco de León, recién llegado de la judería de Liorna, estaba con ellas y la plática mezclaba las bromas con las consabidas cosas de la religión. Pero venció el espíritu festivo y las damas acordaron, a carcajadas, averiguar si el joven estaba efectivamente, como decían, circuncidado; trataron entonces de "desatacarlo para ver una cosa descapillada".[30]

Esta alianza perturbadora de la religión y la sensualidad es, sin duda, antigua y característica también de los tiempos de persecución: la anciana Catalina de Campos se acuerda con evidente nostalgia que antaño, en Portugal, los judaizantes acostumbraban reunirse la noche del sábado en una casa aislada en la que "después de leer la ley y de hacer las ceremonias, apagaban la luz y hombres y mujeres se acostaban (y lo demás) por parejas; salían de allí con mucho gusto y no es afrenta allá esto, Dios no repara en esto... porque es natural de hombres y mujeres..."[31]

Queda por tanto establecido que la fe ancestral se acoge al hogar

---

[29] AGN, Inquisición, vol. 423, exp. 3, "Diez Cuadernos de Comunicaciones de cárceles...", fs. 187, 194.

[30] AGN, Inquisición, vol. 394, exp. 2, Proceso contra **Margarita de Rivera** (1642), f. 459v.

[31] AGN, Riva Palacio, vol. 23, exp. 3, "Comunicaciones de cárceles... entre doña Catalina de Campos y doña María de Campos su hija", fs. 72, 72v.

y se convierte entonces en cosa de las mujeres, las cuales siempre tendrán a la mano los recursos de la **sensualidad y del erotismo** cuando las circunstancias impiden que esa fe pueda expresarse normalmente.[32] Este retiro es sin duda ventajoso puesto que resulta ser la única manera de mantener viva la religión perseguida; pero, si puede aparecer como una solución provisional de espera, no puede de ningún modo asegurar la integridad y el dinamismo de la fe a largo plazo. ¿Por qué ésta se vuelve asunto de las mujeres, quienes, pese a su piedad y fidelidad a menudo exaltadas, nunca tuvieron acceso a los conocimientos —reservados en el judaísmo, como en las demás religiones, a los hombres—? No conocen la lengua hebrea, están desprovistas de libros, de textos y son incapaces de suscitar la especulación y el comentario. Sus celosos esfuerzos giran en torno a la observancia de los ritos: ayunos, baños rituales, preceptos relativos a los alimentos y al sexo, ritos mortuorios; transmiten a lo más unos fragmentos de discurso religioso bañado de leyenda e invadido por la incertidumbre. En estas condiciones la religión judía, privada de sus dimensiones especulativas y polémicas, se convierte en un conjunto formal de prácticas domésticas, terreno obviamente fecundo para la aparición de mártires o hasta de místicos como Luis de Carvajal y Tomás Treviño de Sobremonte, pero poco propicio a la de un Baal Shem Tov, un Shabbatai Zevi o un Espinosa, quienes, aunque muy distintos unos de otros, tienen en común haber encontrado en la tradición religiosa judía la savia con la que alimentaron corrientes innovadoras.

El terreno de los preceptos relativos a los alimentos es sin duda el que mejor muestra los éxitos y los peligros de la adaptación a las condiciones locales: junto con productos y alimentos tradicionalmente consumidos en la península ibérica, se integran viandas y guisos de origen americano de los que no se puede dudar que facilitan la observancia de los preceptos para el judaizante que vive en Nueva España: tortillas, camotes, calabazas y calabacitas, chiles, frutas tropicales, quelites, tamales, atoles, caldos y frituras diversas y, sobre todo, el chocolate, que es, a la vez, bebida, alimento, golosina y medicamento. Éste se prepara de distintos modos y si normalmente lleva bizcocho, pan y maíz, se le pone desde luego cacao pero también chile, canela y semillas de ajonjolí para la fiesta del pan ázimo, o sea, pesah. Sin embargo, esta integración apreciable de elementos locales e indígenas va acompañada de una atenuación y hasta de un abandono de prohibiciones sin embargo rigurosas en otros países, como consecuencia de la **ausencia de autoridades religiosas guardianas de la ortodoxia**.

Aunque se sacrifique frecuente, pero no universalmente, a los

---

[32] AGN, Inquisición, vol. 402, exp. 1, Proceso contra Rafaela Enríquez (1642), f. 282.

animales degollándolos, ciertas familias que son sin embargo muy practicantes, consumen carne de cerdo: éste es el caso de Blanca de Rivera y sus cinco hijas, que comían tocino de buena gana.[33] De manera general, la opinión era que consumir carne de cerdo no pasaba de ser un pecado venial[34] y sólo la morcilla parece haber sido rechazada por todos, probablemente porque atañe a dos prohibiciones, la del cerdo y la de la sangre. El pescado viene a ser alimento muy común en México, en donde los judaizantes lo sirven como manjar de fiesta en lugar de las viandas que provienen de otros animales debidamente sacrificados que comen en tales ocasiones los judíos de Liorna.[35] Se menciona frecuentemente el pescado blanco de las lagunas, desprovisto de escamas, y un solo testimonio muestra el rechazo, por parte de Rafaela Enríquez y su familia, de un regalo que consistía en pescado en salmuera, porque éste no tenía escamas.[36] No es general la elaboración del pan ázimo, sino propia de individuos muy observantes, como Blanca Enríquez y su hija mayor Catalina, o que vivieron en juderías europeas, como Antonio Váez Casteloblanco, quienes lo reparten entre los miembros de su familia.[37] Cabe notar también que no sólo las prohibiciones tienden a desaparecer sino que lo mismo sucede con la fiesta del sábado, que dista mucho de ser respetada por todos: nuevamente la familia Rivera solía dedicarse a sus labores el sábado pues Margarita aduce que la pobreza apremiaba demasiado para que se descansase aquel día.[38]

La asimilación inconsciente

La adaptación integrativa de nuevos elementos y la desaparición de ciertas prohibiciones son más nítidos aún en el terreno de las prácticas supersticiosas, terreno por excelencia de las mujeres, que son las guardianas de las normas rituales. En este caso, bien parece que el deslizamiento todavía lúcido que hacía ver el consumo de carne de puerco como un pecado venial —pero un pecado al me-

---

[33] AGN, Inquisición, vol. 394, exp. 2, *Proceso contra Margarita de Rivera* (1642), f. 414v.

[34] AGN, Inquisición, vol. 400, exp. 1, *Proceso contra Juana Enríquez* (1642), f. 87v.

[35] AGN, Inquisición, vol. 400, exp. 2, *Proceso contra Juan Pacheco de León* (1642), alias Salomón Machorro, f. 691v.

[36] AGN, Inquisición, vol. 395, exp. 3, *Proceso contra Melchor Rodríguez López* (1642-1668), sin foliación.

[37] AGN, Inquisición, vol. 488, exp. 4, *Proceso contra Juana Enríquez* (1642), fs. 612 y 612v., 634v.

[38] AGN, Inquisición, vol. 408, exp. 1, *Proceso contra Margarita de Rivera* (1642), f. 15.

nos—, va escapando a cualquier control. Algunas prácticas, como el uso de los cabos de vela que ardieron durante fiestas y ayunos, para descubrir las muertes cercanas o protegerse de la tormenta,[39] el recurso al ayuno llevado a cabo exclusivamente para encontrar bestias extraviadas o para lograr revelaciones del Todopoderoso,[40] no dejan de tener un aroma poco ortodoxo; pero mezclar sangre menstrual con el chocolate destinado al marido que se quiere amansar o al hombre que se procura seducir [41] constituye una violación de la prohibición concerniente a la sangre, la cual se respeta por otra parte cuando se trata de la morcilla, del sacrificio de animales por degüello, de la carne puesta a remojar en agua durante una noche entera para quitarle todo rastro de sangre antes de guisarla.[42] Más aún, estas bebidas a menudo utilizadas, como sabemos, por mujeres de toda clase en Nueva España con fines semejantes, son usadas en este caso por piadosas judaizantes que asocian las tentativas de seducción con las acciones proselitistas: en efecto, el hombre que queda cautivado de esta manera debe primero participar en un ayuno ritual, considerado como la confirmación de su fe ya publicada, antes de lograr el premio por su sumisión, es decir los favores de la dama.[43] Vemos aquí cómo la violación de una prohibición rigurosa se convierte en hechizo infalible para conquistar los corazones y reconquistar las almas, mediante un proceso sincrético que escapa por completo al control consciente y que viene a ser el resultado de la situación en la que vive la comunidad marrana: el aislamiento en el seno de una sociedad mayoritaria cristiana y la imposibilidad de mantener el principio de su identidad, la religión judía.

Aceptar vivir en un contexto que impide la reproducción de tal identidad acarrea por tanto yerros inevitables. Hemos visto la manera en que el sincretismo —que parecía tener aspectos positivos cuando permitía mantener los ritos al amparo del hogar e integrar a la dieta alimentos que facilitaban la observancia ritual— escapa paulatinamente del control de quienes creen dominarlo cuando se expresa en prácticas claramente delimitadas por el ritual y los códigos. También lo vemos actuar en un terreno más difuso y más

---

[39] AGN, Inquisición, vol. 408, exp. 1, Proceso contra Margarita de Rivera (1642), f. 55.

[40] AGN, Inquisición, vol. 423, exp. 3, "Diez Cuadernos de Comunicaciones de cárceles...", f. 250.

[41] AGN, Inquisición, vol. 423, exp. 3, "Diez Cuadernos de comunicaciones de cárceles...", fs. 208v. y 209; AGN, Inquisición, vol. 400, exp. 1, Proceso contra Juana Enríquez (1642), f. 394v.

[42] AGN, Inquisición, vol. 393, exps. 1 y 2, Proceso contra Beatriz Enríquez (1642), sin foliación.

[43] AGN, Inquisición, vol. 423, exp. 3, "Diez Cuadernos de Comunicaciones de cárceles...", fs. 208v. y 209.

peligroso, en la medida en que ya no está encauzado por los preceptos y las prohibiciones: el terreno de las concepciones y comportamientos religiosos.

En este caso también, se presenta como un auxiliar que facilita la observancia, al disimularla bajo las apariencias del catolicismo. Es lo que ocurre con la devoción a la Virgen del Carmen, que permite a sus fieles ayunar el miércoles y, por tanto, que los judaizantes justifiquen sus propios ayunos aquel día, aduciendo su piedad para con la Virgen.[44] El hábito carmelita es asimismo considerado como menos impuro que los demás pues, según Margarita de Rivera, "fue de Elías y Eliseo y de los demás profetas de la otra ley": buen ejemplo de la confusión de las dos tradiciones.[45] Ésta es la razón por la que los judaizantes prefieren ser amortajados en el hábito carmelita, que oculta a menudo otras vestimentas acordes con los ritos funerarios hebraicos, y buscan ser sepultados en tierra virgen del convento del Carmen de México.[46] Si algunas actitudes permanecen inocuas, como el pasearse con gran cantidad de rosarios y medallas para engañar,[47] otras indican ya alguna incertidumbre: la familia Rivera se divirtió poniendo un nacimiento en casa una Navidad;[48] Isabel de Silva hizo el voto de llevar el hábito de santa Teresa hasta encontrarse en Flandes, es decir, libre de practicar su religión.[49] Pero la confusión prevalece sobre todo en el terreno de las creencias: Blanca Enríquez, considerada sin embargo por sus correligionarios y los inquisidores como famosa dogmatista, piensa que el matrimonio católico es válido,[50] cree que Cristo es el Anticristo;[51] Margarita de Rivera, también dogmatista, conoce varias versiones acerca del nacimiento y muerte de Cristo, cuya resurrec-

---

[44] AGN, Riva Palacio, vol. 23, exp. 3, "Comunicaciones de cárceles... entre doña Catalina de Campos y doña María de Campos... Gaspar Alfar", fs. 35v. y 46.

[45] AGN, Inquisición, vol. 408, exp. 1, Proceso contra Margarita de Rivera (1642), f. 338v.

[46] AGN, Inquisición, vol. 423, exp. 3, "Diez Cuadernos de Comunicaciones de cárceles...", f. 160; AGN, Inquisición, vol. 403, exp. 3, Proceso contra María de Rivera (1642), fs. 349v. y 350.

[47] AGN, Inquisición, vol. 400, exp. 1, Proceso contra Juana Enríquez (1642), f. 375v.

[48] AGN, Inquisición, vol. 403, exp. 3, Proceso contra María de Rivera (1642), f. 307.

[49] AGN, Inquisición, vol. 408, exp. 1, Proceso contra Margarita de Rivera (1642), f. 234.

[50] AGN, Inquisición, vol. 393, exps. 1 y 2, Proceso contra Beatriz Enríquez (1642), sin foliación, audiencia del 14 de noviembre de 1642. Son significativos los datos que proporciona Blanca Enríquez a su hija Beatriz: le describió las ceremonias de la boda judía "pero dijo que ya no se usaba porque no había sacerdotes judíos; que se usaba el estilo católico, que era bueno".

[51] AGN, Inquisición, vol. 402, exp. 1, Proceso contra Rafaela Enríquez (1642), f. 339.

ción no niega, lo que resulta significativo; "había resucitado —decía ella— con unas palabras de el señor que le havían dicho al oydo".[52] Confundiendo a los santos con los patriarcas del Antiguo Testamento, Isabel de Medina posee un "San Moisés" en un guadamecí, objeto de envidia de numerosos judaizantes.[53]

Para ponderar la gravedad de tales deslizamientos, conviene recordar que no están corregidos por ninguna enseñanza religiosa verdadera ni autoridad competente alguna; aparecen como el resultado intermediario de la descomposición del judaísmo y de la integración de conceptos cristianos y resultan tanto más peligrosos cuanto que son el hecho de individuos realmente inquietos en materia de religión, los mismos que proponen respuestas nuevas a situaciones concretas y cuentan con la suficiente autoridad moral en el seno de la comunidad como para asegurar su difusión. Bien se ve cómo este proceso sincrético incontrolable resulta ser el fruto tardío y envenenado del rechazo de la alternativa tal como se planteara al principio: asimilación o rechazo, y de la ilusión de la sobrevivencia de la identidad judía en circunstancias que la volvían de hecho imposible.

Así, la aceptación y la asimilación acabaron por imponerse, inspirando compromisos parciales, a veces positivos a corto plazo, o llegando a carcomer de modo insidioso los cimientos de la identidad judía. Entre estos dos polos, se fueron manifestando en grados diversos, que poco a poco escaparon a la conciencia y voluntad de los judaizantes y, finalmente, la asimilación que habían creído engañar los engañó y aniquiló como grupo.

El rechazo

Frente a este monstruo capcioso, y aun cuando, sin saberlo, se encuentran ya aprisionados en sus tentáculos, algunos reaccionan con el rechazo, que también toma formas distintas y se expresa en grados variables. Sin embargo, el rechazo concierne a la asimilación tal como es vivida al día y no a la situación que la produce; en otras palabras, uno intenta luchar en contra de la asimilación pero se queda en Nueva España sometido a su efecto ineluctable. Con frecuencia se habla de dejar el país para ir a vivir a Flandes o a Italia y a veces se llevan a cabo los proyectos, reuniéndose algunos con aquellos parientes que moran en estos lugares en los que im-

---

[52] AGN, Inquisición, vol. 394, exp. 2, Proceso contra Margarita de Rivera (1642), fs. 284v. y 285.
[53] AGN, Inquisición, vol. 402, exp. 1, Proceso contra Rafaela Enríquez (1642), f. 456v.; vol. 408, exp. 1, Proceso contra Margarita de Rivera (1642); f. 270v.; vol. 398, exp. 1, Proceso contra Simón Váez Sevilla (1642), f. 228v.

pera la libertad de culto. Pero son más numerosos los demás, los que dudan y esperan hasta disponer de suficientes bienes para no llegar con las manos vacías, como Duarte de León Jaramillo, quien, durante su encarcelamiento por 1635 en México, había jurado salir de Nueva España: una vez liberado, se quedó, compensando el abandono de su promesa con ayunos regulares y una piedad exacerbada, con acentos patológicos que lo llevaron nuevamente ante los jueces inquisitoriales y, esta vez, a la hoguera.[54] Digamos en seguida que estas distintas formas de rechazo están condenadas al fracaso puesto que no se ejercen en contra de lo que constituye la médula de la alternativa; llevan un sello de inutilidad absurda, reveladora de la desesperación de quienes creen, pese a todo, lograr vencer a la asimilación fatal.

Aquí, de nuevo, partiremos de las modalidades más conscientes de rechazo para llegar a las que escapan a todo control de la voluntad.

La primera, la más generalizada y más fácilmente compatible con las apariencias que impone el grupo cristiano dominante, es la endogamia. Los marranos del virreinato son endógamos en un 96%,[55] los matrimonios entre primos, tíos y sobrinos resultan relativamente frecuentes, según una tradición milenaria de las comunidades judías, y, si las relaciones amorosas entre cristianos y judaizantes no faltan, hemos visto que el matrimonio entre ellos es excepcional y corresponde a las necesidades que mencionamos anteriormente. Que la endogamia protege el santuario doméstico en el que se mezclan, de modo tan inextricable como poderoso, lo religioso, lo sexual y lo afectivo es tan evidente que no hace falta insistir en este punto. Se puede practicar sin riesgos puesto que sólo los miembros de una misma familia extensa o a lo más, de una fracción de la comunidad, conocen la naturaleza de los lazos consanguíneos que los unen, y es sin lugar a duda eficiente en la medida en que mantiene la homogeneidad del grupo en el nivel de la célula familiar y preserva las condiciones biológicas y sociales de su supervivencia. Así las cosas, el factor endogámico constituyó seguramente el baluarte más sólido de su identidad.

Mención especial merecen algunas formas de resistencia pasiva, aunque deliberada, al catolicismo, las más frecuentes con la endogamia por ser las más adaptables a las circunstancias y las más discretas. Se trata de oponer una reticencia más o menos acentuada a las prácticas católicas: así, se evita asistir a misa valiéndose de mil ardides, o se llega muy tarde a ella y se sale muy pronto, se

[54] AGN, Inquisición, vol. 408, exp. 1, Proceso contra Margarita de Rivera (1642), f. 259v.
[55] Stanley Hordes, *The Crypto Jewish Community of New Spain, 1620-1649*, op. cit., p. 210.

voltea la cabeza cuando el sacerdote alza el Santísimo; uno se confiesa callando bastantes comportamientos heterodoxos, deja de observar los ayunos que manda la Iglesia, se abstiene de llevar la extremaunción a los moribundos llamando al párroco cuando ya es demasiado tarde, etc.[56] Un tal Simón Montero —tal vez el único rabino de la comunidad pero cuyas actividades se limitan a un círculo familiar estrecho— reza ostensiblemente sus oraciones católicas ayudándose de un rosario curiosamente desprovisto de cruz. Se omite comúnmente el nombre de Jesús en las numerosas ocasiones triviales en las que los cristianos suelen invocarlo;[57] Elena de Silva quita un cuadro de tema religioso que se encontraba a la cabecera de la cama de su hija Isabel para que ésta no conciba un hijo mal formado;[58] Treviño de Sobremonte olvida mandar reparar un lienzo semejante que había sido muy dañado al derrumbarse la casa, etc.[59] Obviamente, mucho más que una lucha precisa, se trata de un lento desgaste a la vez individual e insidioso, de la práctica católica, el que aquí usan como arma los judaizantes; tiene la ventaja indiscutible de que entraña pocos riesgos, pues es difícil descubrirlo y proporciona satisfacciones seguras a quienes recurren a ello, si bien los mantiene en la ilusión de una identidad preservada, lo cual es falso al no acompañar a tales acciones un dinamismo religioso.

Pero el rechazo se expresa de modo privilegiado en el terreno religioso, en el centro mismo de la oposición entre cristianos y judaizantes clandestinos, donde dos de las modalidades a las que éstos recurren: el proselitismo y el mesianismo, son características de los grupos minoritarios y perseguidos.

Lo mismo que sus lejanos antepasados palestinos,[60] los marranos practicaron el proselitismo, una manera de luchar contra la extinción extendiendo la fe amenazada. Las tierras americanas eran pro-

---

[56] Estos delitos relativamente sin importancia son muy frecuentes. *Cf.* por ejemplo, AGN, Inquisición, vol. 488, exp. 4, Proceso contra Juana Enríquez (1642), fs. 366 a 379v. En 1625 y, más tarde, en 1635, hubo varias denuncias en contra de Juana Enríquez, su cuñada Elena de Silva y familiares, muy reveladoras de estos comportamientos: Simón Váez, marido de Juana Enríquez, comía carne los viernes; doña Juana salía a oír misa después de mediodía, cuando ya no la había; al estar en ella, solía parlotear incluso durante la elevación y no rezaba el rosario. Doña Elena de Silva procuraba también no asistir a misa porque, según ella, no importaba no hacerlo. Su hija Isabel de Silva no sabía el avemaría y, según algunos testimonios, solían azotar a los negros de su casa lo viernes santos.
[57] AGN, Inquisición, vol. 408, exp. 1, Proceso contra Margarita de Rivera (1642), f. 326.
[58] AGN, Inquisición, vol. 408, exp. 1, Proceso contra Margarita de Rivera (1642), f. 283.
[59] *Boletín del Archivo General de la Nación*, tomo VII, núm. 3, Proceso contra Tomás Treviño de Sobremonte, p. 408.
[60] Marcel Simon, *La Civilisation de l'Antiquité et le Christianisme*, p. 59.

picias para tales empresas y algunos judaizantes, casados o amancebados con mujeres indígenas, mestizas o mulatas, de catolicismo reciente y poco sólido, lograron convertirlas y educar en el mosaísmo a los hijos que de ellas tuvieron. Un tal Francisco Blandón circuncidó al hijo natural que le dio su amante, la mulata Agustina de la Cruz, también convertida al judaísmo,[61] y la amiga, asimismo mulata, de varios judaizantes se preciaba de "ser de la nación", habiéndose ganado el respeto de la gente honrada pues organizaba en su casa ayunos muy concurridos.[62] De la misma manera, un judaizante que contraía nupcias con un cristiano nuevo no observante conseguía por presiones y chantajes muy variados, que su cónyuge regresase de hecho a la fe ancestral.[63]

El proselitismo llegó incluso a expresarse de modo insólito, como cuando un judaizante del Valle, al sorprender a su mujer en brazos de otro, allá por los años 1630, en Pachuca, perdonó la vida de su rival con la condición de que se convirtiese a la ley mosaica, lo que hizo efectivamente, y además siguió gozando de los favores de la dama. Más tarde, fue arrestado y sufrió los mismos rigores que los demás judaizantes.[64] Aunque sea difícil valorar la importancia de este proselitismo, practicado con tanta más facilidad cuanto que se llevaba a cabo con frecuencia en regiones alejadas pobladas por neófitos indígenas o de casta, y cuyos ecos nos llegan de manera esporádica a merced de los testimonios, se impone su valor simbólico: a la amenaza de desaparición, el judaísmo responde con la conversión, es decir la conquista de nuevas almas, como voluntad de supervivencia.

El fenómeno del mesianismo, por su parte, es similar al del proselitismo en la medida en que rechaza la muerte del mosaísmo al confirmar su legitimidad en el terreno de las creencias: se trata aquí de anunciar la inminente llegada del Mesías en abierta contradicción con el cristianismo, que considera que su llegada ha ocurrido ya. Durante la década de 1640-1650 cundieron varias veces rumores a este respecto y las familias, muy religiosas, de Justa Méndez y de Blanca Enríquez creyeron que el Mesías nacería de una de sus nietas.[65] Por otra parte, surgió un mesianismo político,

---

[61] AGN, Riva Palacio, vol. 23, exp. 4, "Comunicaciones de cárceles... entre doña Catalina de Campos, doña María de Campos su hija y Francisco de León... Gapar Alfar", sin foliación.

[62] AGN, Riva Palacio, vol. 23, exp. 4, "Comunicaciones de cárceles... entre doña Catalina de Campos, doña María de Campos su hija y Francisco de León... Gaspar Alfar", sin foliación.

[63] AGN, Inquisición, vol. 402, exp. 1, Proceso contra Rafaela Enríquez (1642), fs. 118v. y 119.

[64] AGN, Inquisición, vol. 423, exp. 3, "Diez cuadernos de comunicaciones...", f. 167v.

[65] AGN, Inquisición, vol. 423, exp. 3, "Diez cuadernos de comunicaciones...

que contribuyó a perturbar a la población española de la colonia y a alentar a los inquisidores en sus persecuciones, al tiempo que unas esperanzas confusas pero persistentes aludieron a la pronta liberación de los judíos mexicanos presos por los "faraones" (los inquisidores), a manos de un nuevo Moisés, el duque de Braganza.[66] Se creyó asimismo próximo el día en que todo el virreinato se volvería judaico y, de manera general, un sentimiento difuso de liberación inminente y de universalización del judaísmo confortó en sus calabozos a algunos de los presos del Santo Oficio.[67]

Mientras el proselitismo se negaba a admitir la victoria del cristianismo como definitiva, al rivalizar con él por lo que se refiere a la conquista de nuevas almas, el mesianismo renovaba la legitimidad del mosaísmo y al mismo tiempo proclamaba la falsedad de la religión rival, que veía al Mesías en la persona de Cristo. En este sentido, el mesianismo adopta una actitud ya activa frente al cristianismo, mientras el proselitismo se limita de manera exclusiva a competir con él.

Otras manifestaciones atestiguan una voluntad semejante de negar los fundamentos del cristianismo. Éste es el caso de algunas versiones relativas al nacimiento de Cristo, que tienen como fin proclamar su carácter humano y no divino y, además, ontológicamente malo ya que es el fruto de una transgresión, reintegrando por tanto el episodio a un contexto judío.

Margarita de Rivera aprendió de su primo y esposo que

> nuestro Señor Jesucristo no era concebido por obra del espíritu sancto sino que era hijo de un carpintero y havido estando nuestra señora con la costumbre ordinaria de las mugeres; y por esta ocasión, no havía querido San Josephe llegar a ella, por ser ceremonya de la ley de Moysen no llegan los hombres en semejantes ocassiones y que los que la guardaban dejaban las puertas de sus cassas abiertas; y biendo el carpintero que vivía cerca de la casa de Nuestra Señora que estaba sola y la puerta abierta, entró haverla y de esta junta, engendró a Nuestro Señor Jesucristo, pensando Nuestra Señora que el hombre que con ella estaba era su marido San Josephe; y por haverse concebido contra la costumbre de la ley, salió un tal mal hombre y embustero como Nuestro Señor Jesucristo... como

Gaspar Alfar", fs. 261v. y 264; Genaro García, *La Inquisición de México, op. cit.*, pp. 158 y 234.

[66] AGN, Inquisición, vol. 400, exp. 2, Proceso contra Juan Pacheco de León, alias Salomón Machorro (1642), fs. 740v. y 744; AGN, Inquisición, vol. 400, exp. 1, Proceso contra Leonor Núñez, mujer de Duarte de León (1642), f. 77v.

[67] AGN, Riva Palacio, vol. 23, exp. 4, "Comunicaciones de cárceles... entre doña Catalina de Campos y doña María de Campos su hija... Gaspar Alfar", f. 2; AGN, Inquisición, vol. 408, exp. 1, Proceso contra Margarita de Rivera (1642), f. 317; AGN, Inquisición, vol. 417, fs. 560, 560v. y 561, "Comunicaciones de cárceles entre Isabel de Rivera y Luis Núñez Pérez".

San Josephe havía visto preñada a su mujer, ella se havía ydo huyendo porqué no la matara...[68]

Esta versión, de la que existen variantes, niega por tanto el fundamento del cristianismo que constituye el punto de divergencia con el judaísmo; la divinidad de Jesucristo. A falta de textos sagrados susceptibles de proporcionarles una argumentación sólida para oponerse a la religión mayoritaria, los marranos mexicanos elaboran o más probablemente refieren versiones existentes del nacimiento de Cristo, en un intento activo y hasta agresivo de rechazo.

Por consiguiente, es posible desafiar al cristianismo de modo personal y pasivo, pero también rivalizar con él en el terreno de las conversiones e incluso manifestar su esencia engañosa; estas actitudes implican cierta distancia en relación con él y, por tanto, la conservación de la identidad judaica.

Pero cuando uno se siente dominado ya por él, cuando la frontera entre las dos religiones se vuelven borrosas, sólo quedan las armas de los débiles y vencidos, el escarnio, la burla, el recurso a las transgresiones que el cristianismo define como tales, blasfemias, sacrilegios, o sea, finalmente el reconocimiento implícito de los valores que proclama. Por esta razón, los judíos de Liorna condenan severamente las acciones de los infelices marranos, por percibir en ellas graves yerros desde el punto de vista de la ortodoxia judía y las huellas indiscutibles de los embates de un sincretismo destructivo. Juan Pacheco de León, que, tras haber vivido por mucho tiempo en la judería del puerto ligurino, en la que recibió una sólida formación religiosa, llegó a abrir una tienda en Querétaro, declara a los inquisidores de México que los judíos de "allá en su tierra, sólo cuidan de enseñar la ley vieja y en guardar sus preceptos, haziendo sus ritos y zeremonias, esperando al messiás, pero no se meten con Jesús Cristo Nuestro Señor; que los judíos que azotan cristos y hacen otros delictos de esta calidad se crían acá y viven como cathólicos, porqué son los peores; y en yendo a vivir a essas tierras, son los más desaforados y los tienen los otros judíos por gente de poca ymportancia"; ¡de tan poca importancia además y tan despreciados que los buenos judíos de Liorna corren a denunciarlos como malos católicos ante el obispo![69] Este testimonio notable muestra que los infelices marranos, incómodos entre las dos religiones, son vistos como traidores por los dos bandos y, además, perciben dolorosamente esta situación, como lo declara Rafaela

---

[68] AGN, Inquisición, vol. 394, exp. 2, Proceso contra Margarita de Rivera (1642), fs. 449v. y 450.

[69] AGN, Inquisición, vol. 400, exp. 2, Proceso contra Juan Pacheco de León, alias Salomón Machorro (1642), fs. 700, 705 y 105v.

Enríquez, quien dice haber vivido "desconsolada porqué ni seguía bien la ley de Moysen ni se determinaba en su corazón a dejar la de Nuestro Señor Jhesús Cristo".[70]

Efectivamente, la presión mimética impuesta por el cristianismo dominante es la que provoca estos comportamientos unánimemente reprobados, reveladores de una furia interiorizada y una impotencia total. Cuando las procesiones de Semana Santa pasean por las calles de México las imágenes de los principales personajes de la Pasión, algunas de las mujeres más fervientes del grupo cristiano nuevo —las Rivera, las Enríquez— se mofan de Cristo, al que apodan en portugués "pescado podrido" (*pexe podrido*), "el descabellado" (*descabelado*) "don Manuel", mientras la Virgen es rebajada al rango de cualquier "doña María".[71] Lamentan que las joyas que adornan su bulto estén tan mal empleadas, cuando podrían lucir en sus propias personas.[72] Durante la misa, escupen cuando el sacerdote alza la hostia,[73] hacen bajo el manto ademanes obscenos al Santísimo,[74] profanan hostias y las Rivera azotan un crucifijo cuando se encuentran abrumadas por los apuros materiales.[75] Duarte de León y su familia hacen lo mismo,[76] Agustín de Rojas y su mujer Leonor se levantan de noche para arrastrar de los cabellos un Cristo en el patio de su casa, mientras sus esclavos horrorizados los acechan para ir luego a denunciarlos ante la Inquisición.[77] Estas acciones indican sin lugar a duda una etapa avanzada de la asimilación religiosa pues muestran que los marranos que las perpetran otorgan un valor a los signos y objetos de los que se burlan y que intentan destruir simbólicamente, explicando la severidad de sus clarividentes correligionarios italianos: hasta cierto punto, los cristianos nuevos españoles y mexicanos participan ya del catolicismo.

[70] AGN, Inquisición, vol. 402, exp. 1, Proceso contra Rafaela Enríquez (1642), f. 218*v*.
[71] AGN, Inquisición, vol. 394, exp. 2, Proceso contra Margarita de Rivera (1642), f. 370*v*.; vol. 408, exp. 1, Proceso contra Margarita de Rivera (1642), f. 301*v*.
[72] AGN, Inquisición, vol. 409, exp. 2, Proceso contra Antonio Caravallo (1642), f. 225.
[73] AGN, Inquisición, vol. 487, exp. 21, Proceso contra Isabel Duarte, la de Antúnez, fs. 664, 665, y AGN, Inquisición, vol. 423, exp. 3, "Diez Cuadernos de Comunicaciones de cárceles... Gaspar de Alfar", fs. 212*v*. y 213.
[74] AGN, Inquisición, vol. 423, exp. 3, "Diez Cuadernos de Comunicaciones de cárceles... Gaspar Alfar", fs. 163*v*. y 261*v*.
[75] AGN, Inquisición, vol. 408, exp. 1, Proceso contra Margarita de Rivera (1642), fs. 286 y 286*v*.
[76] J. Horace Nunemaker, "Inquisition Papers of Mexico; the trial of Simón de León, 1647", *Research Studies of the State College of Washington*, XIV, núm. 1, pp. 63 y 64.
[77] AGN, Inquisición, vol. 399, exp. 1, Proceso contra Leonor Váez, mujer de Agustín de Rojas (1642), sin foliación (declaración de Domingo Sevilla, negro esclavo).

Lo aberrante

Como era de esperarse, estas acciones van acompañadas por síntomas evidentes de desintegración del judaísmo. Dejando a un lado las transgresiones de la prohibición relativa a la sangre, los sincretismos que originan a un san Moisés o la devoción a la Virgen del Carmen, llaman la atención algunos casos aberrantes desde el punto de vista de la ortodoxia judía. Margarita de Rivera cuenta que el "rabino" Simón Montero refiere la circuncisión de las mujeres en Roma de esta manera: las meten "desnudas en siete tinas de agua, tres frías y cuatro calientes, rezándolas algunas orasiones de la ley los sacerdotes della, con que quedaban limpias y purificadas de las culpas que habían cometido entre ellos" (los cristianos).[78] Pero Duarte de León Jaramillo, cuya razón se halla sin duda perturbada por un primer arresto, se vale de un modo extraño para circuncidar a las mujeres de su familia. Respecto a ello, los testimonios de sus hijos son explícitos y los corroboran las declaraciones del cirujano del Santo Oficio encargado de examinar a las hijas y mujer de Duarte: aquél les cortaba un trozo de carne del hombro derecho que ponía luego a asar en las brasas, salaba y comía.[79] Esta "circuncisión" femenina, verdadero acto de canibalismo ritual cargado de graves implicaciones psicoanalíticas, tenía también un fin propiciatorio: el hijo, Simón de León, revela que su padre procedió a tal operación sobre su hermana Antonia para conseguir que fuese liberada la madre, Isabel Núñez, presa entonces del Santo Oficio.[80]

Estos actos excepcionales son el fruto de una situación muy particular: Duarte de León y su mujer Isabel Núñez, así como Leonor Núñez y sus hijas, especialmente María Gómez, habían estado encarcelados en 1634-1635 y todos vivían aterrorizados ante la posibilidad de un nuevo arresto, que —ellos lo sabían— sería fatal pues esta vez los acusarían de relapsos y los mandarían a la hoguera. Duarte de León —hombre extraño que durante su primer encarcelamiento se entretenía en su calabozo bordando primores con hilos de seda y que se había quedado, según vimos, en Nueva España, pese a la promesa que había hecho de irse— no se atrevía a hablar de religión con su mujer sino una vez acostados, por la noche y debajo de las cobijas, para ahogar el sonido de sus voces.[81] Por su parte, Leonor Núñez temía tanto a la Inquisición que había buscado refugio en las acequias de la ciudad, con agua hasta la

---

[78] AGN, Inquisición, vol. 408, exp. 1, Proceso contra Margarita de Rivera (1642), f. 327v.

[79] J. Horace Nunemaker, "Inquisition Papers of Mexico; the trial of Simón de León, 1647", *op. cit.*, p. 57.

[80] Genaro García, *La Inquisición de México, op. cit.*, p. 228.

[81] AGN, Inquisición, vol. 487, exp. 21, Proceso contra Isabel Duarte, la de Antúnez (1642), f. 746.

cintura, cuando se enteró de que iban a prenderla en 1634,[82] mientras su hija María Gómez tenía constantemente pesadillas nocturnas con las que despertaba despavorida, al creer que el Santo Oficio iba nuevamente a detenerla.[83] Este clima de terror entre los relapsos, muchos menos evidente entre quienes no conocen aún las cárceles inquisitoriales, explica en parte tales comportamientos patológicos y desviantes en relación con la ortodoxia judía.

Por otra parte, no es extraño que el aislamiento de la comunidad y la falta de dirección y enseñanza religiosa que la afecta lleven a algunos de sus miembros, sin duda casos psicológicos y hasta patológicos específicos, a otorgar a las mujeres un estatuto religioso cercano al que tradicionalmente han tenido los hombres, debido al importante papel que ellas desempeñan en esta materia dentro de la comunidad marrana: la circuncisión femenina, o lo que pretende suplirla, vendría entonces a ser una verdadera promoción de la mujer, cerrándose el círculo vicioso, ya que una aberración religiosa sancionaría un proceso adaptativo percibido en un principio como benéfico: la apropiación por parte de las mujeres de la práctica ritual. Con el problema de la circuncisión femenina es obvio que este proceso adaptativo, imprescindible e ineluctable a partir del momento en que se descartó la alternativa original asimilación/rechazo, conduce de hecho a la asimilación, que puede expresarse según dos modalidades esenciales: el sincretismo, que se vuelve paulatinamente incontrolable y/o la degeneración de los principios religiosos, que es lo que acontece aquí. Estas dos vías estaban inscritas en las mismas condiciones de existencia de las comunidades marranas: por una parte, el sincretismo era consecuencia de la presión ejercida por el contexto cristiano mayoritario y, por otra, la degeneración, no menos inevitable, resultaba de la imposibilidad de llevar a cabo una vida religiosa auténtica que asegurase su dinamismo y renovación mediante la enseñanza doctrinal y el estudio de los textos sagrados.

La permanente oscilación de los individuos entre los dos extremos —asimilación/rechazo—, la alternativa que constituye la raíz del destino de los marranos y su lucha incansable por encontrar el equilibrio imposible no podían dejar de infligirles a ellos y a la comunidad entera una herida en todas partes perceptible.

Ésta ha sido considerada hasta ahora en la relación que sostienen los judíos mexicanos con los demás, es decir, los católicos; veamos ahora cómo se va insinuando dentro del grupo, en sus mentes y sus almas.

[82] AGN, Inquisición, vol. 408, exp. 1, Proceso contra **Margarita de Rivera** (1642), f. 248.
[83] AGN, Inquisición, vol. 402, exp. 1, Proceso contra **Rafaela Enríquez** (1462), f. 282v.

El aniquilamiento

Al enfrentar a los marranos con el imperativo de la supervivencia, la catástrofe de 1642 proyectó una luz intensa sobre las tensiones y los conflictos hasta entonces latentes, pero ahora agravados hasta el punto de aniquilar la cohesión de la comunidad. Cuando no había ningún peligro, la solidaridad era activa, lo cual significa que los recién llegados de Europa, que no dejaban de encontrar en Nueva España a algún pariente cercano o alejado, o un conocido de su ciudad o aldea, tenían aseguradas la casa, la comida, la introducción en las familias amigas y la colocación en un primer empleo; la comunidad movilizaba las influencias cuando algún miembro del grupo tenía que vérselas con la justicia, premiaba con regalos diversos a los judaizantes que, como los que estuvieron en los calabozos inquisitoriales en 1634-1635, habían callado lo que sabían acerca de sus correligionarios, o también ayudaba con limosnas de toda clase a los más desvalidos, los enfermos, las viudas pobres, etcétera.[84]

Esta solidaridad real ocultaba sin embargo una realidad mucho más compleja de lo que las apariencias y, sobre todo, los prejuicios antisemitas que describen a las comunidades judías como sólidamente unidas, generalmente hacen pensar.

En efecto, las líneas de fractura que vislumbramos en cuanto se refiere a los comportamientos individuales y las conciencias dibujaban a través del grupo marrano una red de fisuras que, si bien eran apenas perceptibles en tiempos normales, no dejan de ser profundas y producen zonas particularmente frágiles destinadas a derrumbarse con los primeros golpes de la persecución.

En efecto, la alternativa asimilación/rechazo tiende a acentuar las diferencias socioeconómicas y de esta manera, los ricos, sobre todo los hombres, se inclinan por la asimilación al medio cristiano mientras los pobres, las mujeres más precisamente, permanecen con mayor frecuencia dentro del grupo y son más asiduas en la práctica religiosa. No cabe duda de que, como en cualquier sociedad humana, ciertos individuos se imponen por su comportamiento peculiar: recordemos a Treviño de Sobremonte, cuyas actitudes atípicas y personales le granjearon una imagen excepcional. Pero, fuera de casos extremos como éste, es evidente que el rico mercader marrano, con buenas correspondencias, muy ocupado en sus negocios y constantemente rodeado de cristianos, a menudo llega a considerar la observancia del judaísmo como una cuestión esencialmente íntima y que debe permanecer secreta en la medida de lo posible; si

---

[84] AGN, vol. 423, exp. 3, "Diez Cuadernos de Comunicaciones de Cárceles... Gaspar Alfar", *passim*. Acerca de este punto, abundan los testimonios; AGN, Inquisición, vol. 409, exp. 2, Proceso contra Antonio Caravallo (1642), f. 383v.

estima no poder ayunar sin llamar la atención, pagará a alguna mujer pobre de la comunidad para que ayune en su lugar, y con inquietud e incluso reprobación verá a las mujeres de su familia llevar a cabo ritos y ceremonias que juzga imprudentes.[85] Para él, la religión judía dejó de ser, o no fue probablemente nunca, prioritaria y, si bien acepta entregarse a algunas manifestaciones, lo hace en la medida en que se siente aún prisionero de lazos tenues, afectivos y morales, que lo unen a su pasado y se arraigan en su inconsciente, pero con la condición del secreto y porque no se siente amenazado en lo inmediato.

En cambio, las cosas son muy distintas en el otro extremo de la escala social: los pobres y entre ellos los más desvalidos, o sea las mujeres, viudas o abandonadas, ven en la observancia religiosa el único medio de supervivencia. Gracias a su fama de devotas diestras en materia de culto, reciben las limosnas de quienes prefieren descargarse sobre ellas de la obligación del ayuno y de las familias cuyos difuntos asisten a la hora de los ritos funerarios, la hospitalidad por periodos variables en casas acomodadas, disfrutan de dones diversos y pueden solicitar algún dinero para constituir la dote de una hija o hermana. Consejeras cuando se trata de realizar ceremonias o ritos específicos, confidentes y cómplices de numerosas mujeres ricas y pobres, amigas o amantes de los hombres, consiguieron volverse las animadoras imprescindibles de la vida comunitaria en sus dimensiones domésticas, religiosas y afectivas, logrando así su supervivencia material y su acceso a un estatuto relativo con base en su competencia y devoción, a pesar de sus intromisiones enfadosas en las vidas ajenas y de que sus costumbres sean a menudo objeto de censura. Es que el mercader más soberbio no puede abiertamente despreciar a una mujer pobre si todos la tienen por una devota experimentada; bien puede criticarla íntimamente por acciones que le parecen imprudentes, pero no puede rechazarla pues ello significaría proclamar y admitir que lo que ella representa, o sea la fidelidad a la ley mosaica, se volvió secundario para él.[86]

Ahora bien, la distancia entre el mercader próspero que mantiene

---

[85] Es el caso, entre otros, de Tomás Núñez de Peralta, *Cf. supra*, nota 20 de este capítulo.

[86] Es el caso de Mathías Rodríguez de Olivera (AGN, Inquisición, vol. 409, exp. 1, Proceso contra Mathías Rodríguez de Olivera (1642), f. 1 y *passim*), de Simón Váez Sevilla (AGN, Inquisición, vol. 398, exp. 1, Proceso contra Simón Váez Sevilla (1642), f. 1 y *passim*), de Melchor Rodríguez López (AGN, Inquisición, vol. 395, exp. 3, Proceso contra Melchor Rodríguez López (1642-1668), f. 157 y *passim*); de Luis de Amézquita (AGN, Inquisición, vol. 499, exp. 1, Proceso contra Luis de Amézquita (1642), f. 1 y *passim*), de Manuel de Acosta (AGN, Inquisición, vol. 418, exp. 1, Proceso contra Manuel de Acosta (1642), f. 1 y *passim*), etcétera.

secretas algunas prácticas y creencias y la mujer humilde aferrada a su religión se acentúa forzosamente ante el impacto de la alternativa asimilación/rechazo: mientras uno tiende a disimular con creciente cuidado sus actos y convicciones íntimas a medida que logra identificarse con el medio cristiano gracias a las alianzas comerciales, las amistades o los amores, la otra, en cambio, busca mantener y, de ser posible, reforzar su estatuto precario, exclusivamente basado en la observancia religiosa. Más aún, al constituir lo religioso para las mujeres en general y las pobres en particular la única manera de conseguir algún poder dentro del grupo, surge la emulación entre ellas, que las impulsa a prácticas culturales cada vez más abiertas —los ayunos prolongados y concurridos por un número cada vez mayor de participantes, las burlas colectivas en el paso de las imágenes de Semana Santa, etc.— y, por tanto, obviamente más peligrosas. Esta rivalidad tiene por consecuencia el refuerzo de la identidad judaica al mantener vivo el principio religioso y asegurar la permanencia de las actitudes de rechazo, al contrario de lo que constituye tal vez la aspiración más o menos consciente de algunos sectores acomodados en vías de asimilación. Si la fidelidad a la ley mosaica es secundaria para unos, pero fundamental y vital para otros, esta contradicción debe estallar en cuanto se rompe la rutina de la vida comunitaria, lo que aconteció entre mayo y julio de 1642. Entonces, todo se derrumba y las pobres mujeres que antes eran toleradas y con quienes los marranos sostenían a menudo relaciones amistosas o amorosas, se vuelven despreciables y responsables de todos los males.[87] Eslabones frágiles, pronto abandonadas por los demás, se convierten en el principal revelador de las tensiones y contradicciones que dividían solapadamente al grupo, verdaderas parteras de la tragedia. En el odio que suscitan es posible ver, además de la cólera que provocan por originar la persecución masiva, el rencor por haber obligado, mediante sutiles presiones morales, a participar hasta cierto punto en acciones juzgadas imprudentes y excesivas en relación con el deseo real que se tenía de permanecer judío; estas infelices representan posiblemente esta misma identidad judaica que no se atreven a rechazar pero que tampoco quieren adoptar incondicionalmente. Es al menos lo que percibimos en las palabras agrias de Mathías Rodríguez de Olivera, aún en libertad, en contra de las Rivera, cuya casa no podía evitar frecuentar, pese a todo: "la casa de las bellacas, que assí llaman a las Blancas, era una sinagoga que no se va-

---

[87] Aquí también abundan los testimonios, en particular en AGN, Inquisición, vol. 423, exp. 3, "Diez Cuadernos de Comunicaciones de cárceles... Gaspar Alfar", *passim* y AGN, Inquisición, vol. 381, exps. 8 y 9, Proceso contra María Gómez (1634-1646), sin foliación; AGN, Inquisición, vol. 409, exp. 2, Proceso contra Antonio Caravallo (1642), f. 270v., 283, etcétera.

ciaba de noche ni de día de gente de la nación de toda broza, picarillos y gente ruin que no tenían qué perder; no se les daba nada que supiesen que eran como ellas; que sus muchas demacías y poco recato ha sido causa de que los prendiesen".[88]

Gran parte del drama radica aquí: optar por permanecer entre los cristianos simulando ser como ellos llevaba tarde o temprano a tener "qué perder" y, como en 1492, se sacrificaban las cosas de la religión a las del mundo. Ahora bien, quienes nada tenían o muy poco que perder, vivían *de* o *por* la religión y la ambigüedad de esta situación acabó por convertirse en uno de los agentes más destructivos de la comunidad.

Por tanto, el drama de 1642 manifiesta las oposiciones entre ricos y pobres, aquéllos que tenían algo que perder y éstos cuyo poco quedaba condicionado por la observancia religiosa... Sin embargo, mucho antes de estos años sombríos habían surgido algunos síntomas inquietantes: profundas disensiones, incluso odios, oponían a ciertos miembros de la comunidad; la violencia no era rara y hasta familias enteras eran desgarradas por agrias disputas. Si algunas de tales manifestaciones son desde luego el resultado de diferencias psicológicas inevitables propias de cualquier grupo humano, otras tienen por origen la presión ejercida por la alternativa original y las elecciones que se derivaban constantemente de ella. Es notable que el afán, consciente o no, por asimilarse al medio cristiano mediante el ascenso social haya llevado a individuos pertenecientes a sectores prósperos y bien afamados a negar relaciones de parentesco menos brillantes que las que deseaban manifestar, a abandonar a los miembros de la familia venidos a menos: así, Blanca Enríquez, viuda acomodada rodeada de hijas bien casadas, oculta el hecho de que Blanca de Rivera, también viuda pero casi indigente y con hijas solteras, viudas, abandonadas o mal casadas es en realidad su prima.[89] Las hijas de Blanca Enríquez: Juana, Beatriz, Micaela y Rafaela, siguiendo en esto el ejemplo materno, nada hacen por ayudar a su hermana mayor, Catalina, viuda con varios hijos jóvenes, quien, desvalida y abandonada por toda la familia, no tenía más remedio que sustentarse con las pocas ganancias que le dejaba una pobre panadería.[90] El poderoso mercader Simón Váez Sevilla, tal vez de difícil carácter, mantiene relaciones pésimas con su mismo hermano Antonio Váez Casteloblanco —que lo amenaza con

---

[88] AGN, Riva Palacio, vol. 23, exp. 3, "Comunicaciones de cárceles... entre doña Catalina de Campos y doña María de Campos su hija...", f. 80.
[89] AGN, Inquisición, vol. 487, exp. 21, Proceso contra Isabel Duarte, la de Antúnez (1642), fs. 619v. y 620.
[90] AGN, Inquisición, vol. 411, exp. 2, Proceso contra Isabel Tristán (1642), f. 397 y AGN, Inquisición, vol. 408, exp. 1, Proceso contra Margarita de Rivera (1642), f. 365v.

hacerlo quemar cuando el primero no le entrega las sumas que le pide—,[91] con sus sobrinos y sobrinas,[92] que lo odian por su soberbia y prepotencia, y no tiene más que dificultades con su yerno;[93] todas estas disensiones son provocadas por las diferencias de fortuna entre parientes y, si los ricos tratan a sus deudos más humildes con insolencias, éstos sienten hacia ellos un rencor pertinaz.

Esta realidad, en contradicción con la solidaridad que antes señalamos, se traduce a veces en unas racionalizaciones por parte de los privilegiados quienes, impugnando abiertamente el espíritu evangélico, no dudan en declarar que sólo los ricos pueden entrar al paraíso.[94] Una vez más, vence la contradicción en cuanto toca a los comportamientos individuales pues los marranos en vías de asimilación —ascenso social en buen camino y desprecio o, al menos, tibieza para con los correligionarios de situación más modesta— son los que en el plano conceptual adoptan las posiciones más radicalmente distintas del cristianismo.

El terreno religioso se presta cabalmente a las actitudes extremas que pueden desembocar en la violencia: un tal Thome Gómez solía, cuando necesitaba dinero, plantarse en el patio de la Inquisición después de haber anunciado que iba a denunciar a algunos, de modo que los judaizantes se apresuraban a ir con él para comprar su silencio, meta perseguida obviamente por el tal Thome Gómez.[95] Infinitamente más grave fue el caso de Manuel Díaz quien, a menudo importunado por un medio hermano mestizo y judaizante que, como Thome Gómez, usaba el chantaje de la denuncia para conseguir dinero, determinó, aconsejado por varias personas respetables entre las que se hallaba la dogmatista Blanca Enríquez, matar al hermano peligroso, proyecto que llevó efectivamente a cabo con la ayuda de varios. Tras el lance, los miembros más poderosos de la comunidad se movilizaron, Isabel Tristán y Simón Váez Sevilla hicieron intervenir sus relaciones, se mandaron los necesarios regalos a quienes convenía, se agenciaron testigos falsos y Manuel Díaz pudo huir impune.[96]

---

[91] AGN, Inquisición, vol. 394, exp. 2, Proceso contra Margarita de Rivera (1642), f. 441.

[92] AGN, Inquisición, vol. 398, exp. 1, Proceso contra Simón Váez Sevilla (1642), f. 156.

[93] AGN, Inquisición, vol. 418, exp. 1, Proceso contra Manuel de Acosta (1642) fs. 113 y 113v.

[94] AGN, Inquisición, vol. 402; exp. 1, Proceso contra Rafaela Enríquez (1642), f. 433v.; Inquisición, vol. 408, exp. 1, Proceso contra Margarita de Rivera (1642), f. 305v.

[95] AGN, Inquisición, vol. 393, exps. 1 y 2, Proceso contra Beatriz Enríquez (1642), audiencia del 19 de septiembre de 1647.

[96] Es extraño que este episodio grave, referido por varios testigos, no haya sido mencionado hasta ahora en las investigaciones sobre el tema. Citemos

Si las tensiones y contradicciones eran de tal naturaleza que podían llegar a provocar el asesinato de un hermano cuando ningún peligro particular amenazaba al grupo, ¿cómo asombrarse ante su embate al desatarse la persecución? Con los primeros rumores de arresto y luego, de calabozo en calabozo, transmitidas durante las funestas "comunicaciones de cárceles", las amenazas de venganza y muerte aprietan el tornillo de la angustia: el que hable, denuncie, el que ya habló o supuestamente confesó, recibirá la muerte al abandonar la cárcel.[97] Los recados se cruzan, se contradicen, es preciso ocultar este episodio, mencionar aquel otro, callar la presencia de uno y revelar la de otro, olvidar esto, aumentar la importancia de aquello... Todos se previenen, suplican, amenazan, hasta tal punto que el sentimiento de desesperación y desgracia que nace de tal situación es mayor a veces que la que generan el encarcelamiento interminable y el miedo al castigo inquisitorial. Por ello Margarita de Rivera, consciente de haber provocado la ruina de gran número de gente por sus confesiones realmente desastrosas, llega a implorar la protección de los inquisidores:

> Haviendo descargado su conciencia sin temor de la muerte, se la an de dar por los medios que pudieren, con la facilidad que Simón Váez y la parentela de su mujer tienen en matar; y assí, pide y suplica a este Tribunal se atienda a los testimonios que en élla an de levantar y después de salir de él, amparar a la por los medios que fueren posibles para que no la suceda el desastrado fin que se está pronosticando de las malas almas de aquesta gente...[98]

los testimonios más importantes: el de Antonio Caravallo, que participó directamente en el asesinato (AGN, Inquisición, vol. 409, exp. 2, Proceso contra Antonio Caravallo (1642), fs. 384 y 385), y el de Gonzalo Díaz (AGN, Inquisición, vol. 431, Proceso post mortem contra Gonzalo Díaz (1649), fs. 576-577v.). Gonzalo Díaz es la víctima misma, encausada por prácticas judaicas.

[97] Sobre este punto los testimonios son sumamente numerosos; citemos en particular los que aparecen en AGN, Inquisición, vol. 423, exp. 3, "Diez Cuadernos de Comunicaciones de cárceles... Gaspar Alfar" y en los procesos contra los miembros de la familia Enríquez, contra Isabel Duarte, las Rivera, María Gómez...

[98] AGN, Inquisición, vol. 408, exp. 1, Proceso contra Margarita de Rivera (1642), fs. 348v. y 349. Margarita no se equivocaba acerca de los sentimientos de odio que ella y sus hermanas suscitaban y que podían provocar acciones violentísimas en su contra. Isabel de Silva revela que, después del encarcelamiento de las primeras Rivera, la opinión era que "si a Catalina y María de Rivera les hubieran dado bocado antes de prenderlas por este Santo Oficio quissas no se temieran tanto como se temían de ellas... todo lo cual se lo refirió así a esta confesante la dicha Beatriz Enríquez, a propósito de quán fácil habría sido matar a las dichas María y Catalina de Rivera, para que se librasen todos los de su linaje del mal que les podían hacer", en AGN, Inquisición, vol. 431, f. 559, Proceso post mortem contra Gonzalo Díaz (1649), fs. 576 y 576v.

El drama de la Gran Complicidad, entre 1642 y 1649, descansa precisamente en la existencia de estas fuertes presiones en el seno de la colectividad y en el derrumbe de la solidaridad, logrado mediante la delación y soplonería, comportamientos clásicos y latentes de todos los grupos minoritarios sometidos a intensas presiones y productos directos del proceso de asimilación y rechazo. Por ejemplo, Gaspar de Robles, que se había confesado con un sacerdote en el transcurso de sus largos viajes y que probablemente se había arrepentido de su observancia mosaica, recibió la orden de dirigirse a México para reiterar sus confesiones ante los inquisidores. Así lo hizo y éstos le encargaron que observara con cuidado a sus correligionarios para informar puntualmente a los jueces, que pudieron de este modo acumular en el secreto una información importante acerca de los numerosos judaizantes con quienes Robles debía, por orden de ellos, mantener las mismas relaciones que antes, como si no hubiese sucedido nada.[99] Luego, sólo hubo que actuar, lo que fue decidido al favor de circunstancias complejas hacia mediados de mayo de 1642. Es muy de notar que los inquisidores, conocedores antiguos del medio marrano, hayan procedido valiéndose de la delación —cosa por la que fueron reprendidos por las autoridades inquisitoriales superiores de la metrópoli—[100] sabiendo por experiencia que aquello era posible y eficaz; y que, por otra parte, hayan recomendado a Gaspar de Robles la mayor prudencia en sus acciones pues, según le avisaron, su vida corría riesgo si sus correligionarios llegaban a concebir la menor sospecha respecto a él.[101] Al obrar de esta manera, manifestaban el conocimiento que tenían de la fractura íntima del grupo y del alma marrana, del provecho que podían sacar de esta situación y del clima de tensión y violencia en que se desenvolvían los judaizantes. Más adelante, la traición será nuevamente propiciada mediante un ardid vergonzoso y la familia Rivera, que a duras penas había logrado forjarse un modesto estatuto con base en la observancia religiosa, se volvió el chivo expiatorio de la comunidad, casi unánimemente maldecida y amenazada por la venganza y la muerte. Ahora bien, las confesiones —efectivamente lamentables pues iban a provocar el arresto de numerosos judaizantes— de las Rivera empezaron cuando la madre, doña Blanca, y la hija mayor, María, quedaron convencidas de que los miembros influyentes de la comunidad, Simón Váez Sevilla y su socio, Juan Méndez Villaviciosa, con los que estaban muy unidas por devociones comunes y quienes les habían asegurado

---

[99] AGN, Inquisición, vol. 416, fs. 449-453, Carta a la Suprema avisando de la Complicidad (1643).
[100] Biblioteca Nacional, Cedulario, Nueva España, Inquisición, MS 1259, f. 29.
[101] AGN, Inquisición, vol. 394, exp. 2, Proceso contra Margarita de Rivera (1642), f. 334v.

que las ayudarían en caso de que las encarcelasen, las rechazaban ahora que se hallaban en los calabozos inquisitoriales. De hecho los inquisidores son los que introdujeron la cuña de la discordia en la solidaridad precaria del grupo, logrando de este modo la cristalización de las tensiones y conflictos latentes. Enterados por las comunicaciones de cárcel entre las Rivera del pánico que cundía entre los judaizantes que habían permanecido libres, interceptaron dos billetes dirigidos por María a Simón Váez Sevilla y a su hombre de confianza, Juan Méndez Villaviciosa, en los que pedía la ayuda prometida y que consistía en cierta suma de dinero para cohechar al alcaide, con el fin de que la dejase ir al calabozo de su hermana Clara, algo mensa y de la que se temía confesara, para poderla aleccionar. Mediante el mismo alcaide, la Inquisición mandó contestar a María que Váez Sevilla y Villaviciosa nada querían saber de ella, lo que estaba encaminado a "irritar a las Blancas y ocasionarlas a que con esso lebantasen muchos testimonios".[102]

La traición inducida de los pobres por los ricos acarreó por tanto la de los ricos por los pobres y finalmente la ruina de la comunidad toda. Este antagonismo de casta, enraizado en la misma situación del grupo confrontado con el problema de la asimilación, aniquila el frágil edificio socavado por las contradicciones y tensiones, si bien algún tiempo preservado, de las complicidades religiosas, tan pronto se vio amenazado por un peligro inminente.

Delación, traición de los demás pero también de uno mismo como último y trágico triunfo de la alternativa desgarradora: ante los jueces inquisitoriales y no siempre en la cámara del tormento, se imponen las verdaderas prioridades y se disipan las ilusiones. Para un puñado, emerge la fidelidad a la ley ancestral, como para los que, en 1492, la antepusieron a cualquier otra preocupación; para los demás, o sea la mayoría, prevalecen la vida, la honra, los bienes mundanos. Los reniegos y adhesiones moldean entonces personajes distintos, animados esta vez de una coherencia nueva y menos gloriosa que la heroica y a menudo dolorosa confusión que dictaba sus comportamientos de marras. El soberbio y bizarro capitán negrero cubierto de diamantes Mathías Rodríguez de Olvera, el hijo mayor de un abad y de una marrana portuguesa, el amante celebrado de varias judías, el que zahería a la "canalla", la gente menuda a cuyas celebraciones religiosas acudía sin embargo con frecuencia,

---

[102] AGN, Inquisición, vol. 402, exp. 1, Proceso contra Rafaela Enríquez (1642), fs. 269 y 269v.; AGN, Inquisición, vol. 403, exp. 3, Proceso contra María de Rivera (1642), f. 392v.; AGN, Inquisición, vol. 407, exp. 3, "Papeles que tocan al secreto del Santo Oficio de la Inquisición... que exivió doña María de Paz...", f. 220; AGN, Inquisición, vol. 416, fs. 449-453, Carta a la Suprema avisando de la Complicidad (1643). Volveremos a tratar más adelante de este episodio fundamental.

el miembro de una cofradía sumamente cerrada, dueño celoso de una medalla de inscripciones hebraicas: éste resiste al tormento por el deseo de recobrar sus bienes y mientras sus confesiones abruman a la "canalla", perdona a la gente de pro cuyas acciones culpables conoce no obstante muy bien...[103] Isabel Tristán, pese a su constitución débil, se fortalece en sus convicciones y orgullo de casta hasta el punto de vencer también al tormento y los interrogatorios más severos —lo que provocará su condena a la hoguera, al ver los inquisidores su impenitencia como una circunstancia agravante—; Juana Enríquez, con fama casi de santa, pero asimismo española altiva que prefiere la muerte a la pérdida de su honra de índole exclusivamente social, adúltera probable y hechicera impía que mezcla los fines amorosos con los proselitistas en los filtros que suministra a sus galanes/devotos, es doblegada finalmente por la tortura y, en su caso, la flaqueza de la carne vence sobre cuanto creía esencial.[104]

Si el tormento constituye un revelador temible para ciertos judaizantes, muchos descubrieron sus verdaderas prioridades sin padecerlo: es lo que sucedió con Isabel de Silva, Isabel Duarte, Manuel de Acosta, etcétera.[105]

La contradicción anclada en el seno del grupo marrano y de los seres mismos no podía dejar de traducirse en la visión que de sí tienen; refleja, esta vez sin matices ni grados, la radical desnudez de los dos polos de la alternativa. La asimilación conduce naturalmente a juicios despreciativos y el rechazo desemboca lógicamente en la valoración: los judíos son por tanto los mejores hombres,[106] no pueden ser esclavos,[107] su religión, mayoritaria en el mundo, está

---

[103] AGN, Inquisición, vol. 409, exp. 1, Proceso contra Mathías Rodríguez de Olivera (1642), *passim*.

[104] AGN, Inquisición, vol. 400, exp. 1, Proceso contra Juana Enríquez (1642), fs. 300-425.

[105] Isabel de Silva, cuyo proceso desgraciadamente desapareció, resultó ser una temible habladora; a pesar de pertenecer a una familia muy religiosa —una de las muy pocas que parece haber tenido libros escritos en hebreo, "como en la judería" (AGN, Inquisición, vol. 423, exp. 3, "Diez Cuadernos de Comunicaciones de cárceles...", f. 223v.)—, no vaciló en comprometer a numerosos judaizantes con el fin de lograr un trato y una sentencia más indulgentes. Cf. AGN, Inquisición, vol. 393, Testimonio de Isabel de Silva, sin foliación. Sus buenas disposiciones le granjearon, mientras estuvo encarcelada, la cohabitación con su marido, de lo que resultó el nacimiento, durante su cautiverio, de un niño, bautizado el 8 de agosto de 1644, cuyo padrino fue el notario inquisitorial Felipe de Zabalza Amézquita, AGN, Inquisición, vol. 409, exp. 2, Proceso contra Antonio Caravallo (1642), f. 326. Isabel Duarte, la de Antúnez, y Manuel de Acosta observaron actitudes semejantes.

[106] AGN, Inquisición, vol. 423, exp. 3, "Diez Cuadernos de Comunicaciones de cárceles...", f. 252.

[107] AGN, Inquisición, vol. 408, exp. 2, Proceso contra Esperanza Rodríguez (1642), f. 465.

a punto de serlo en Nueva España,[108] y aventaja mucho al catolicismo puesto que incluye sesenta ritos y ceremonias, ayunos completos y muy largos mientras la religión contraria no tiene más que diez mandamientos y ayunos tan limitados como imperfectos,[109] ...el cielo es para los judíos [110] y basta con tener algunas gotas de sangre hebraica para que esté asegurada la salvación.[111] Pero, por otra parte, los marranos mexicanos recurren con toda naturalidad a los prejuicios antisemitas más comunes; son frecuentes los insultos "perro judío",[112] "Judizuelos rateros",[113] "rabí gran perro" [114] —la relación que se establece aquí entre el *rabino* y el *perro* es sumamente significativa—, y Leonor Váez y su hermano Gonzalo describen de la manera siguiente a María de Rivera, considerada como dogmatista: "cuando leía la ley, puesta con los anteojos, parecía bruja hechicera y a la vez, aquella cara de demonio y aquellas narices, que parecía judía triste", de acuerdo con los peores tópicos por lo que se refiere a los rasgos físicos que se atribuyen a los semitas.[115]

Las exigencias del presente trabajo contribuyeron tal vez a dar la impresión artificial aunque necesaria si se buscaba descubrir las características, etapas y grados de determinado proceso, de cierta dinámica, incluso de una lógica, que englobaría las situaciones aquí descritas en un conjunto de relativa coherencia. No hay tal cosa y la contradicción constante de los valores y de las elecciones es vivida en cada momento por cada ser humano en una búsqueda dolorosa que intenta conciliar lo incompatible con lo incombinable, lo ilusorio con lo imposible.

Esta búsqueda desesperada fue brutalmente interrumpida por la

[108] AGN, Inquisición, vol. 394, exp. 2, Proceso contra Margarita de Rivera (1642), f. 415, y vol. 393, sin foliación, Testimonio de Isabel de Silva.

[109] AGN, Riva Palacio, vol. 23, exp. 3, "Comunicaciones de cárceles... entre doña Catalina de Campos y doña María de Campos su hija... Gaspar Alfar", f. 100v.

[110] AGN, Inquisición, vol. 408, exp. 1, Proceso contra Margarita de Rivera (1642), f. 276v.

[111] AGN, Inquisición, vol. 408, exp. 1, Proceso contra Margarita de Rivera (1642), f. 72.

[112] AGN, Inquisición, vol. 418, exp. 1, Proceso contra Manuel de Acosta (1642), f. 126; vol. 423, exp. 3,, "Diez Cuadernos de Comunicaciones de cárceles...", f. 262 y J. Horace Nunemaker, "Inquisition papers of Mexico I. The trial of Simón de León, 1647", *op. cit.*, p. 46.

[113] AGN, Riva Palacio, vol. 23, exp. 3, "Comunicaciones de cárceles... entre doña Catalina de Campos y doña María de Campos su hija...", f. 92v.

[114] AGN, Inquisición, vol. 423, exp. 3, "Diez Cuadernos de Comunicaciones de cárceles...", fs. 239, 260v., 261 y 263.

[115] AGN, Inquisición, vol. 423, exp. 3, "Diez Cuadernos de Comunicaciones de cárceles...", f. 232.

crisis y la persecución y sonó entonces la hora de la verdad, a menudo cruel, indignante: disipó las ambigüedades y compromisos que velaban piadosamente la permanencia implacable de la elección necesaria y hacía, pese a todo, que la vida fuese humana. Desde las simas revueltas de la comunidad, surgieron entonces las contradicciones y los conflictos ya victoriosos y cada uno descubrió, en un temible nacimiento, sus propias elecciones.

Conclusión

Intentamos vislumbrar las distintas maneras como los marranos, mexicanos recientes, enfrentaron la realidad colonial y los vimos errantes entre la asimilación buscada o padecida, total o parcial y el rechazo pasivo o activo que llevaba a unos a cometer actos aberrantes, tristes testimonios de una profunda confusión y degeneración religiosa. Estas diferentes actitudes aplicadas sucesivamente o de modo contradictorio al terreno social, familiar, religioso —abarcando lo ritual y conceptual—, mental y afectivo, son ora lúcidas, deliberadas y por tanto aún controlables, como la endogamia y la exogamia, el paso al catolicismo y las inercias que se oponen al ejercicio de la religión dominante, ora instintivas e inconscientes, como en el caso de la elaboración de versiones acerca del nacimiento de Cristo, del proselitismo y del mesianismo, de las prácticas supersticiosas y de la circuncisión femenina. Todas tienen en común el hecho de organizarse alrededor de los términos ineluctables de la alternativa original y de constituir respuestas espontáneas del grupo y los individuos a las circunstancias externas; no aparece en ningún momento ni una estrategia ni un discurso coherente, elaborados por una *élite* impulsada por el proyecto deliberado de salvaguardar la identidad judía. Al ser objeto del desprecio de sus lejanos correligionarios y al verse abandonada a sus propias fuerzas, la resistencia de los marranos mexicanos llega a ser un conjunto de medios y de recursos inspirados más que todo por el instinto de conservación, la astucia y el arte de los compromisos, cualidades —o defectos— desarrollados por la larga costumbre de la clandestinidad y la disimulación.

Si logran sobrevivir a título individual o comunitario en condiciones precarias, no pueden asegurar la renovación y transmisión de un mensaje que los supera, sobre todo cuando están inmersos en un medio en el que la asimilación, lejos de manifestarse bajo aspectos violentos, que al menos tienen la ventaja de señalar brutalmente las diferencias que se pretenden reducir, se presenta con la cara amena del sincretismo, en el que se cree descubrir nuevos recursos para la supervivencia; en este sentido, es probable que el

Santo Oficio no hiciera más que acelerar trágicamente los éxitos arrasadores del sincretismo, el verdadero genitor de la sociedad colonial mexicana.

En efecto, la gran persecución inquisitorial de los años 1642-1649 desintegró al grupo marrano; sin embargo, la gran mayoría de sus miembros sobrevivió y, si bien ignoramos su suerte ulterior, sabemos que de los 103 judaizantes condenados a abandonar el virreinato sólo 26 se embarcaron hacia la metrópoli para cumplir allí su penitencia, de los cuales un número insignificante llegó efectivamente a España mientras que los demás lograron desembarcar en las distintas escalas en el camino de regreso, hasta perderse de vista. Entre quienes permanecieron en América es probable que, valiéndose de cohechos y complicidades, algunos partieran de las costas atlánticas y caribes para alcanzar las islas inglesas y holandesas y, de allí, pasarse a los países europeos, en los que pudieron por fin practicar libremente su religión. Pero es evidente que la mayoría de los penitenciados se quedó en Nueva España, en donde, al desconocer aquellos felices tiempos el estado civil y los controles burocráticos, pudieron con toda facilidad proseguir sus existencias oscuras si bien infinitamente más apacibles, ocultándose bajo nombres distintos en parajes en los que no eran conocidos. Al través de los testimonios cada vez más aislados, nos enteramos, en la última mitad del siglo XVII y principios del XVIII, de sus acciones desprovistas a veces de la discreción conveniente, de sus costumbres y actitudes insólitas y hasta sospechosas.[116] Su decisión de permanecer en Nueva España bien puede haber sido originada por la dificultad de pagar los altos costos de una travesía para ellos y tal vez toda una familia o, una vez más, el deseo inconsciente aunque profundamente enraizado de quedar en una tierra que brindaba las amplias posibilidades deparadas por el orden colonial, tierra que, además, era la prolongación cultural de la España materna de sus orígenes.

Debido a la falta de estudios acerca de las otras minorías que se fundieron en el crisol de la sociedad virreinal, no podemos afirmar que los caracteres que intentamos subrayar aquí pertenezcan exclusivamente a la comunidad marrana. Sin embargo, en la medida en que el grupo africano —con el que curiosamente los judaizantes mantuvieron relaciones muy ambiguas de dominación pero también, en algunos casos, de complicidad y simpatía—[117] se vio con-

---

[116] Stanley Hordes, *The crypto Jewish community of New Spain, 1620-1649*, op. cit., pp. 147-152, y Seymour Liebmann, *The Jews in New Spain*, pp. 267-285; AGN, Inquisición, vol. 502, exp. 18.

[117] Solange Alberro, "Noirs et mulâtres dans la société coloniale mexicaine", *Cahiers des Amériques Latines*, núm. 17, París, 1978, pp. 69-73, y el siguiente capítulo del presente trabajo.

frontado asimismo a la alternativa asimilación/rechazo, y en que circunstancias imperiosas no le dejaron más salida que la opción masiva por la asimilación, los marranos parecen haberla resistido con un vigor y una constancia notables; la endogamia y su resultado, el complejo original familia-sexualidad-religión saturado de afectividad, resultaron seguramente el santuario y bastión de su resistencia. Quisimos en este estudio subrayar los caracteres aculturativos, hasta sincréticos, que acuñaron tal resistencia, las debilidades que fueron socavando al grupo, factores que al unirse con la dura intervención inquisitorial de los años 1640-1650, provocaron, según vimos, la ruina de la comunidad. Esta resistencia, que se expresa esencialmente en la práctica religiosa, tuvo con frecuencia un sello de fervor compulsivo y buscó desesperadamente preservar la herencia ritual. En este sentido, resulta posible encontrar entre los marranos mexicanos lo que formaba el meollo de la observancia mosaica; sin embargo, sólo aceptando ver los síntomas sincréticos que la afectaban gravemente —los que se perciben con claridad en los documentos inquisitoriales siempre y cuando el historiador esté dispuesto a echar mano de toda la información con la que cuenta— y reintegrándola en su contexto, el de una comunidad sometida a tensiones y conflictos latentes y además inmersa en un medio mayoritario cristiano, se manifiestan los principios explicativos del drama de la Complicidad Grande.

Así y todo, cualquier resistencia, por heroica y tenaz que sea, está condenada a acabar en cenizas si el relevo no viene a reanimar a los sobrevivientes; en Nueva España no fue avivada la llama mosaica y los seres humanos fueron desapareciendo uno tras uno, llevándose consigo el tenue mensaje que no habían podido transmitir. Además, lo que queda de ellos y de su fe, el fruto de sus amores y celo proselitista, los indígenas y mestizos de Venta Prieta y tal vez los de algunas aldeas del valle de Puebla y del desierto californiano,[118] que permanecieron por siglos fieles a una esperanza mesiánica y al recuerdo de la ley de Moisés, siguen siendo, al igual que sus antepasados, rechazados por algunos ashkenanazes que se acercaron a ellos y quienes, al igual que los buenos observantes de Liorna, se niegan a ver en ellos a sus hermanos...

---

[118] La comunidad de Venta Prieta, si existe realmente, no ha sido aún objeto de estudios de carácter científico y sólo unos rumores se refieren a los grupos del valle de Puebla y del sur californiano.

XXX. NEGROS Y MULATOS: LA INTEGRACIÓN DOLOROSA

GRAN parte de los documentos inquisitoriales se refiere a la población negra y mulata. No es de extrañar tal hecho si se toma en cuenta la importancia demográfica de los africanos propiamente dichos, revelada por Gonzalo Aguirre Beltrán.[1]

Por otra parte, cabe recordar que el Tribunal del Santo Oficio sólo se ocupaba de los delitos en materia de fe de los españoles, negros y castas, con exclusión de los indígenas, lo que contribuye a explicar la abundancia de documentos relativos a los grupos que nos interesan.

Notemos que, si bien los documentos puntualizan siempre el grupo étnico del individuo cuyo caso es registrado por las instancias inquisitoriales, el índice que consultamos para establecer las estadísticas es mucho más expedito y no lo menciona sino en una proporción de 10 a 20% en relación con el total de los casos. Además, ignoramos si la persona que realizó tal índice hacia finales del siglo XIX estaba exenta de prejuicios y si la mención y el olvido que interesan al grupo étnico se debe a la casualidad o a la subjetividad.

Así y todo, vemos que, en relación con el volumen total de trámites relativos a individuos cuyo grupo étnico se halla mencionado, el de los negros, que representó el 30% del conjunto a principios del siglo XVII, tiende luego a disminuir regularmente, lo cual corrobora las observaciones de G. Aguirre Beltrán en el sentido de que las llegadas masivas de africanos a Nueva España se verificaron sobre todo en la primera mitad del siglo XVII (gráfica XXIII).

Pero si el número de negros cuyos casos llegaron ante el Tribunal inquisitorial decrece al correr del siglo, el de mulatos no cesa en cambio de aumentar a lo largo del periodo considerado, lo que corresponde a un mestizaje activo de los negros y, por tanto, a la presencia cada vez más numerosa de los mulatos (gráfica XXIV).

El total de negros y mulatos constituye, como vemos, casi la mitad del conjunto de los casos en los que el origen étnico de los individuos se encuentra precisado.

Habría sido atractivo cotejar estos datos con los que hubiesen reflejado la repartición de la población según las castas para descubrir si los negros y los mulatos fueron denunciados y perseguidos por la Inquisición con mayor frecuencia que los demás sectores de la población. Desgraciadamente, las variaciones que existen entre

[1] G. Aguirre Beltrán, *La población negra de México*.

estos últimos son tales que impiden semejante tentativa.² Por tanto, fuerza es atenernos a los solos datos, parcialmente aleatorios como sabemos, que nos proporciona el índice inquisitorial.

El estudio pormenorizado de dichos documentos descubre en seguida la naturaleza de los delitos denunciados. Sobre un fondo abrumador de reniegos y de blasfemias, peculiares de los esclavos, se dibujan delitos de hechicería, de bigamia y de violencia de toda índole. Es decir, comportamientos que expresan ante todo el rechazo y que caracterizan a los individuos más desvalidos de la colonia, aquellos que carecen de *status* oficial si son libres y vienen a ser mercancías si son esclavos, frente a las repúblicas bien establecidas de indios y españoles.

Los archivos inquisitoriales nos permiten conocer de cerca a estos hombres y mujeres; en efecto, el "discurso de su vida", incluido en el procedimiento, resultó ser probablemente la única oportunidad que tuvieron jamás —en circunstancias penosas, sin lugar a duda— de hacerse oír, emergiendo así de la masa abigarrada y conmovedora de la gente menuda condenada, en las épocas que nos interesan, al silencio de los documentos oficiales.

La condición de los negros y mulatos: el desarraigo

Es el desarraigo o, mejor dicho, la ausencia de raíces lo que los caracteriza. Mientras la mayoría de los españoles pueden recordar el nombre de sus antepasados hasta dos generaciones atrás y saben más o menos lo que ha sido de sus familiares, negros y mulatos parecen solos en el mundo.

Francisco de la Cruz es esclavo en 1660 en un ingenio de azúcar, en Temascaltepec.³ Tiene treinta años, nació en México y sirvió primero a un labrador de Toluca, para luego trabajar en un obraje capitalino. Sus padres eran esclavos, oriundos de Guinea; no sabe nada de sus abuelos, ignora si tiene tíos o tías, desconoce la suerte de sus tres hermanos: el mayor huyó a Campeche, en donde se esfumó, los otros dos fueron vendidos al morir su ama para pagar los gastos del entierro.

Phelipe, mulato esclavo de veintitrés años, trabaja también en un molino de azúcar, en Pantitlán.⁴ Nació en México y es hijo de un espadero español que vino de Lucenas y de Margarita, esclava guinea, cocinera de un tejedor. No sabe nada de sus abuelos, tíos y tías, no tiene hermanos. Soltero, es padre de tres niños que tienen

---

² *Cf.* Aguirre Beltrán, *op. cit.*, y J. Vicens Vives, *Historia económica y social de España y América*, vol. III, pp. 402 y 505.
³ AGN, Inquisición, vol. 586, exp. 7, Proceso contra Francisco de la Cruz, 1660.
⁴ AGN, Inquisición, vol. 502, f. 385, Proceso contra Phelipe, 1663.

nueve, siete y cinco años en 1663, quienes viven en casa de un alfarero del barrio de San Juan, en México, habiendo muerto su madre, una mulata libre.

El caso de Antonio Rosado es ejemplar.⁵ Este esclavo de unos sesenta años trabaja en un obraje capitalino alrededor de 1651, y su carácter se ha amargado con el transcurso de una vida espantosa.

Nació en Goa, en la India; su padre era un mulato oriundo también de Goa que desempeñaba el cargo de capitán del rey; su madre era una "mora cristiana" libre, de Terrenate, en las Filipinas; Rosado sabe quiénes fueron sus abuelos: del lado paterno, Andrés Hurtado, vecino de Goa, hijo de una negra mozambique y de un portugués, capitán general de Goa tras haberlo sido de Malaca, gran caballero, quien murió al regresar de la India a Portugal.

Del lado materno, todos son de Terrenate. Rosado, luego de haber vivido siete u ocho años en Goa, donde fue discípulo de los franciscanos, pasa a servir sucesivamente a distintos amos y recorre la India, Indonesia, Filipinas y la península de Indochina durante varios años. En Manila, y pese a su condición libre, el amo del momento lo vende a traición, lo traen entonces a México y no dejará nunca de intentar recobrar la libertad, hasta el día en que sus infortunios lo hacen comparecer ante el Tribunal inquisitorial.

El desarraigo familiar es patente en el caso de Rosado, y se ve subrayado, además, por las andanzas geográficas. Claro que cuando subsisten, las estructuras familiares no constituyen *per se* una red protectora para el individuo: una mulatilla libre de catorce años, Gertrudis de Escobar,⁶ fue vendida por sus propias tías y primas.

La misma relación madre-hijo se adultera en el caso del esclavo: Diego de la Cruz es una persona de índole difícil pero "la dicha su madre y hermanas deste negro le dixeron como la dicha su madre nunca le havía querido libertar como la havía hecho con los demás sus hijos, sino dexarle esclavo por ser tan malo y temer no matasse a la dicha su madre a quien perdía el rrespecto y acometía".⁷

Es su tío beneficiado en Tequila quien compra a la mulata Isabel de Ávila, hija de su propio hermano, para convertirla en su barragana.⁸ Por otra parte, Beatriz de Padilla, atractiva morisca libre,

⁵ AGN, Inquisición, vol. 454, f. 445, Información contra **Antonio Rosado**, México, 1651.
⁶ AGN, Inquisición, vol. 446, f. 161, Causa criminal contra **Gertrudis de Escobar**, 1659.
⁷ AGN, Inquisición, vol. 504, f. 202, Proceso contra **Diego de la Cruz**, 1650, f. 204.
⁸ AGN, Inquisición, vol. 339, exp. 82, Denuncia de **Isabel de Ávila**, Guadalajara, 1621.

señala a su propia hermana como a su enemiga y la acusa de participar en la conspiración que se urdió en contra suya.⁹

El lazo conyugal parece ser también aprovechado tanto de una parte como de otra, independientemente de su contenido afectivo: si el amo de Gertrudis de Escobar la casa a la fuerza con un esclavo ciego para imponerle definitivamente la condición servil que ella rechaza denodadamente,¹⁰ los amigos de Juan de Morga conciertan, al contrario, una boda que le permitirá escapar de su amo.¹¹ Valiéndose de la misma regla impuesta por la Iglesia: permitir a los esclavos hacer vida conyugal manteniéndolos unidos, Joseph de Mesa, esclavo en un obraje de Coyoacán, logra atraer la atención de las autoridades inquisitoriales esperando así reunirse con su mujer, que se halla en las minas de Compostela.¹²

Así las cosas ¿qué sentido pueden tener los lazos familiares para los negros y los mulatos? y por consiguiente, ¿qué representación del modelo familiar pueden formarse?

Beatriz de Padilla es un caso probablemente característico de muchos de ellos.¹³ Morisca libre y soltera de unos veintiocho años, es madre de cuatro hijos: el mayor, Agustín Ortiz, tiene catorce años cuando surge la denuncia en contra de Beatriz; es hijo del licenciado Diego Ortiz de Saavedra, sacerdote y comisario del Santo Oficio de Lagos, quien murió tras haber vivido varios años con la joven. Siguen Diego, de cuatro años, y Micaela, de cinco, hijos que tuvo de don Diego de las Máriñas, alcalde mayor de Juchipila, con quien está amancebada en el momento en que cae en la red inquisitorial. Otra niña, de siete años, cuyo padre es Hernando López de Lara, se cría en casa de la madre de Beatriz. Ella misma es hija de don Lorenzo de Padilla y nieta de don Diego de Padilla, de Guadalajara, casado con Ana de Bracamontes, quienes "fueron estimados por la gente más lúcida y estimada en la dicha ciudad".

Como bien se ve, poco importa que la madre haya sido de condición servil (caso de la madre mulata de Beatriz); sólo cuenta el padre, a la vez respetado, enaltecido y siempre ausente. Así, el mulato Juan de Morga exclama, en medio de grandes tormentos y dirigiéndose a la majestad de Dios, "que cómo permitía aquello, haviéndole criado tan buenos y principales amos",¹⁴ refiriéndose a

---

⁹ AGN, Inquisición, vol. 561, f. 219, Proceso contra Beatriz de Padilla, 1652, fs. 355v. y 336.
¹⁰ AGN, Inquisición, vol. 446, f. 161, Causa criminal contra Gertrudis de Escobar, 1659, fs. 214 y 214v.
¹¹ AGN, Inquisición, vol. 454, exp. 14, Proceso contra Juan de Morga, 1650, f. 265v.
¹² AGN, Inquisición, vol. 530, exp. 23, Declaración de Joseph de Mesa, Coyoacán, 1695.
¹³ AGN, Inquisición, vol. 561, f. 219, Proceso contra Beatriz de Padilla, 1652.
¹⁴ AGN, Inquisición, vol. 454, exp. 14, Proceso contra Juan de Morga, 1650.

su primer amo, que lo trataba bien, pero también a su padre el beneficiado, quien lo había abandonado a su suerte de esclavo.

El padre, referencia abstracta, admirado y probablemente odiado en secreto por su indiferencia, los hijos más o menos reunidos alrededor de un eje materno precario, la valoración del rango social: estamos cerca de la situación descrita por los sociólogos y psicólogos contemporáneos.

Privados de la solidaridad familiar y los sentimientos de seguridad que se derivan de ella, ¿qué queda?

El vagabundeo geográfico nos parece lo suficientemente claro en los ejemplos dados para que no sea necesario destacar más el fenómeno. Sólo cabe añadir que a partir del gran desarraigo inicial, al arrancarse de la tierra africana, las mercancías que resultan ser los esclavos son llevados a donde las necesidades económicas las requieren, comunicando a su grupo una movilidad mayor aún de la que afecta a los europeos en general.

La inestabilidad marca igualmente las manifestaciones culturales y profesionales propias de los negros y mulatos, que podrían constituir el principio de una integración social.

Francisco de la Cruz, esclavo de un molino de azúcar, aprendió a leer y a escribir solo, "sin maestro" y "su frenesí es leer libros de iglesia", lo que atestigua un comportamiento en oposición con el empleo que le impone la sociedad.[15]

Phelipe aprendió a leer y escribir en casa del amo que lo vio nacer.[16] Se dedicó durante tres años al aprendizaje del oficio de tejedor, para ser luego vendido a un molino de azúcar, donde desempeñaba una tarea pesada pero que no requería ninguna habilidad particular.

También Juan de Morga sabe leer, escribir y contar, y tras haber llevado una vida bastante holgada en México con un amo bondadoso, se halla ahora empleado en las faenas más arduas de la mina.[17]

El muchacho Joseph de la Cruz, que trabaja en el molino de azúcar del marqués del Valle, sabe leer y escribir muy bien, pues lo mandó a la escuela su primer amo, el inquisidor Estrada y Escobedo; aprendió luego el oficio de sastre para acabar, como tantos, en los molinos de azúcar de tierra caliente.[18]

El nivel cultural resulta ser frecuentemente superior al papel impuesto por la sociedad a los esclavos, lo cual traduce el bajo nivel de desarrollo de las fuerzas productivas coloniales, que desperdician obviamente habilidades que son incapaces de utilizar de otra ma-

[15] AGN, Inquisición, vol. 586, exp. 7, Proceso contra Francisco de la Cruz, 1660.
[16] AGN, Inquisición, vol. 502, f. 385, Proceso contra Phelipe, 1663.
[17] AGN, Inquisición, vol. 454, exp. 14, Proceso contra Juan de Morga, 1650.
[18] AGN, Inquisición, vol. 502, f. 430, Proceso contra Joseph de la Cruz, 1663.

nera; este hecho constituye para los esclavos y los hombres libres, negros y mulatos, un motivo más de desequilibrio, por el violento sentimiento de injusticia que despierta en ellos.

He aquí rápidamente escorzadas las modalidades del desarraigo tal como suelen aparecer en los testimonios inquisitoriales. A partir de la gran separación original del suelo nativo y de los abandonos tremendos que se derivan de ella, la colonia ofrece una situación de hecho que invalida los intentos por implantar el modelo familiar europeo entre los esclavos, cuyo *status* de mercancía destruye las redes más sólidas de solidaridad, y los comportamientos que caracterizan a los negros y mulatos, sean libres o esclavos, vienen a ser el vagabundeo, consecuencia de desplazamientos obligados, las fugas, la búsqueda de medios precarios de existencia, la inestabilidad profesional y el desperdicio de sus habilidades y capacidades.

Los documentos consultados nos presentan una gran variedad de situaciones que van desde el trabajo en la mina hasta el servicio doméstico, pasando por el molino de azúcar, la hacienda agrícola y el obraje urbano.

En la medida en que la voz de los esclavos de las minas se deja oír, lo que sucede muy rara vez, podemos confirmar algo ya sabido: su suerte es la más pesada de todas. Al hecho de que el trabajo mismo sea muy duro se añade el alejamiento frecuente de la mina en relación con los grandes centros urbanos, lo que casi imposibilita la fuga y el acudir a una autoridad civil o religiosa capaz de moderar la arbitrariedad del amo. El caso de Juan de Morga no deja de ser una excepción, pues gracias a su milagrosa constancia y férrea resistencia, unidas a cierta cultura, logra escapar al infierno de la mina, propiedad de un amo sádico.[19]

En efecto: como hemos señalado, el alejamiento de toda institución represiva oficial viene a ser una garantía segura, en la época que nos interesa, de violencia ciega, arbitraria y sin freno.

Gracias a una mulatilla también rescatada de un molino de azúcar, Gertrudis de Escobar, conocemos la situación que allí reina.[20] Como Juan de Morga, gracias a su carácter y a su conocimiento del medio urbano y de sus normas, logrará salir de su condición desesperada.

En cuanto a los demás, percibimos los sufrimientos de los menos rebeldes, menos resistentes o menos ladinos, a lo largo de testimonios abundantes.

A veces, son tales que la tentación del asesinato los asedia: un carpintero, llamado como testigo en el asunto de Juan de Morga, asegura que los esclavos están tan desesperados que, a pesar de los

[19] AGN, Inquisición, vol. 454, exp. 14, Proceso contra Juan de Morga, 1650.
[20] AGN, Inquisición, vol. 446, f. 161, Causa criminal contra Gertrudis de Escobar, 1659.

consejos de entereza que éste les dio en varias ocasiones, le han dicho hablando del amo: "que no pueden más, y que algún día, lo an de matar".[21]

También los trabajadores de los obrajes viven en condiciones sumamente pesadas; pero están en la ciudad y, pese a las cadenas, tobas y azotes, la presencia de instituciones como la Real Corte y la Inquisición constituye para ellos una esperanza débil pero tenaz de amparo contra la arbitrariedad del amo mediante la intervención oficial.

Por lo que se refiere a los esclavos domésticos, su suerte es muy variable y en muchos casos, sorprendente. Algunos son víctimas de la mayor brutalidad, como Juan de Leyba, quien fuera repetidamente azotado con toda crueldad por el poderoso Gaspar de Rivadeneyra, quemado con tea, encadenado con una argolla alrededor del cuello, y echado a un cuartucho helado con el solo abrigo de un costal, lo cual acabó por causarle la muerte.[22] La mayoría de los negros y mulatos esclavos recibe comúnmente azotes, golpes, quemaduras y los consabidos insultos.

Pero otros gozan de sorprendente libertad. Escuchemos a Diego de la Cruz cuyo amo, un vizcaíno mercader de cacao, acabará por venderlo, cansado de tener un esclavo tan desobediente y parrandero.[23] Cuenta que un domingo su cómplice, Pascual de Rosas, vino a casa a buscarlo

> y le dixo que si se quería yr a pasear con este confesante, y se fueron a pasear por todo el día dexando de servir aquel día a su amo este confesante, y estubieron en la alameda sentados hasta las cuatro de la tarde, y luego se fueron paseando hazía aquello de San Diego, y ya que iba anocheciendo se vinieron poco a poco hacia la calle de San Francisco y toparon con unos amigos negros y mulatos y les dixeron que de dónde benían, y que se fuesen con ellos, y se olgarían un rrato con una arpa y guitarra que llevaban y yéndose juntos todos andubieron asta ora de las diez de la noche, y biendo este confesante que era tarde llamó a su camarada a solas y le dixo que ya no podía más y tenía ahilado el estómago, que se fuesen a senar y le dixo a este confesante que se esperase un rrato y binieron a su cassa del dicho su camarada allí en la de los Cuebas y puso la mesa la dicha mulata y les dieron a senar un pollo a modo de lampreado... senaron solos este confesante y el también y este confesante se quedó dormido... y por la mañana, así que Dios amanesio, le dixo este confesante que se yba a servir a su amo.

[21] AGN, Inquisición, vol. 454, exp. 14, Proceso contra Juan de Morga, 1650, f. 289.
[22] AGN, Inquisición, vol. 353, exp. 6, Información contra Gaspar de Rivadeneyra, 1625, México.
[23] AGN, Inquisición, vol. 504, f. 202, Proceso contra Diego de la Cruz, 1650, fs. 213 y 213v.

Da la casualidad de que todo este relato es mentira; sin embargo es de notar que semejante descripción del "domingo de un esclavo" no parezca de ninguna manera inverosímil a los inquisidores, quienes descubrirán la falacia valiéndose de indicios que nada tienen que ver con dicho relato.

A veces la situación socioeconómica de los interesados es tal que modifica radicalmente el juego de las relaciones. Sebastián de los Reyes es un mulato esclavo propiedad de Mariana de Salazar, una vieja española que vive por las chinampas de San Pablo, es sombrerero y entrega su jornal a su ama, la cual cuenta con este único medio de existencia. Al ser detenido por la Inquisición tras haber proferido reniegos y blasfemias durante una borrachera, permanece tres años en el calabozo y, al cabo del juicio, su ama resulta incapaz de pagar los gastos de cárceles: se procede entonces a la subasta del esclavo para que el fisco inquisitorial pueda cobrar su deuda. De ahí que Mariana de Salazar, "doncella de pobreza solemne", se vea en la obligación de pedir limosna por las calles. Más tarde, el Tribunal restituirá el esclavo a la anciana, tomando en cuenta lo anómalo de esta situación.[24] Es fácil, sin embargo, imaginar la relación entre esta anciana disminuida y su esclavo de veinticinco años, activo, violento, borracho y que la sustenta económicamente...

Sin pretender atenuar la horrorosa condición de los esclavos negros y mulatos, es preciso admitir que ciertos matices colorean este cuadro sombrío; son reveladores de las tensiones y luchas que a largo plazo modificarían la situación social del virreinato, pues es evidente que un destino vivido en la total desesperación no puede inspirar sino actitudes que tienden al aniquilamiento del grupo que lo padece, mientras los tenues asomos de rebeldía y adaptación que percibimos aquí revelan una voluntad de supervivencia.

Pese a todo, este mundo tan miserable de los esclavos negros y de los mulatos libres está preñado de esperanzas, perceptibles en varios niveles.

El rechazo y la rebelión

Lo percibimos primero mediante actitudes de rechazo, puesto que aquel que aún tiene las fuerzas para rechazar algo expresa así su voluntad de existir.

El primer intento de rechazo, sobre el cual no insistiremos y que aparece a veces en los documentos inquisitoriales, consiste en el imposible regreso a los orígenes, "el palenque", es decir, la reconstrucción burda de la comunidad africana. Es conocido el fracaso de semejantes intentos, pues incluso Yanga, el más logrado de ellos,

[24] AGN, Inquisición, vol. 498, exp. 5, Proceso contra Sebastián de los Reyes, 1656.

acepta finalmente compromisos con los españoles que amenazaban, a corto o largo plazo, su existencia misma. En efecto, al comprometerse a no acoger en su seno a nuevos cimarrones y hasta a restituirlos a sus amos, Yanga colaboraba con el sistema esclavista y se limitaba a no ser más que un desahuciado islote africano, ante la imposibilidad de compensar la corrosiva aculturación emanada de un medio mayoritariamente indígena y blanco, con la integración de nuevos miembros africanos en la comunidad.

La actitud más frecuente es el reniego y su esquema es casi siempre el mismo: por cualquier motivo el amo azota al esclavo, quien reniega de Jesucristo, de la Virgen y de los santos. Se trata aquí de un rechazo global de la ideología del grupo dominante que determina todos los aspectos de la cultura europea impuesta, la concepción del más allá, el orden temporal, la estructura social y familiar, la moral y la vida diaria; el reniego viene a ser un resumen simbólico de ello. Es por tanto una agresión a una agresión y es vivida como tal. En efecto, el esclavo declara separarse voluntariamente de la colectividad cristiana, que justifica su existencia como esclavo con la promesa de una justicia superior en el más allá que tomará en cuenta sus actuales sufrimientos. Se trata de un rechazo de las reglas del juego y así lo atestigua el comportamiento del amo: en muy contados casos suspende el castigo para evitar más reniegos, a veces arrecian los golpes con el fin de provocar la retractación, las más de las veces cesan y denuncian entonces al esclavo ante el Santo Oficio, quien buscará también la retractación e impondrá un castigo. En los tres casos se trata de restablecer la situación anterior al reniego de modo que el esclavo mismo reconozca la validez de las normas ideológicas que rigen la sociedad y legitiman su *status* de esclavo.

El suicidio o la amenaza de suicidio es también una actitud de rechazo bastante frecuente en los esclavos que acaban así con sus sufrimientos, al mismo tiempo que atentan en contra de la hacienda de su amo al destruir una mercancía valiosa, generadora de riqueza por medio de su trabajo y, además, capaz de reproducirse.

Juan de Morga, de nuevo, es víctima de tales persecuciones por parte de su amo en Zacatecas que confiesa haber tenido por lo menos seis veces la tentación de dejarse aplastar la cabeza por los mazos del molino de metales o de tirarse al pozo de la mina.[25] Cuenta que otro esclavo, tras haber sido golpeado cruelmente, "como desesperado y negro de verse tan perseguido y acosado, adrede y de hecho pensado, metió una mano debajo de los maços del molino en que trabajaba y le quebró y lastimó mucho dos o tres dedos dellas, lo qual visto por el dicho Diego de Arratia le mandó sacar

[25] AGN, Inquisición, vol. 454, exp. 14, Proceso contra Juan de Morga, 1650, fs. 264v. y 265.

de la hazienda y que le volviesen a la cárcel pública". Sin llegar hasta el suicidio, el esclavo procede aquí a un verdadero sabotaje de su fuerza productiva, y este elevado precio le permite salir del infierno del trabajo forzado.

En 1605 una esclava negra se niega a obedecer la orden banal que se le da (se trataba de barrer); pide "que se le dé antes un cuchillo para matarse y darse de puñaladas".[26]

Los hechos de violencia son unánimemente reprochados a las castas, negros y mulatos en particular, y los numerosos testimonios de la época (correspondencia oficial, cédulas reales, ordenanzas, etc.) no dejan de reportar el fenómeno y de promover soluciones que resultan casi siempre irrisorias.

La misma naturaleza de los delitos que persigue el Santo Oficio hace que la presencia de la violencia declarada en los negros y mulatos sea más rara en los documentos inquisitoriales que en las fuentes arriba mencionadas. Sin embargo, se rastrea su huella en aquel esclavo negro de Veracruz, Lucas, quien negándose a dejarse amarrar para que lo azotaran, se hace de un cuchillo y se enfrenta a varias personas;[27] o aquellos esclavos desesperados de Zacatecas que contemplan la posibilidad de matar a su amo en días venideros.[28] Pero se trata aquí de una violencia defensiva, que constituye una respuesta a las agresiones; la violencia ofensiva toma las vías más elaboradas de los delitos de tipo religioso, mágico, rara vez sexual.

La hechicería es una de estas frecuentes modalidades; el número de documentos que se refieren a ella es muy elevado. Nos concretaremos aquí a subrayar los aspectos que nos parecen característicos del grupo negro y mulato y que atestiguan una voluntad de rechazo más o menos consciente y, por tanto, una violencia explícita o implícita.

Ya hemos señalado antes que la magia y la hechicería colonial están desprovistas del boato dramático que acompaña sus manifestaciones en la Europa de la misma época. Sin embargo, percibimos en los grupos que nos interesan una tendencia a usar de procedimientos cuya esencia es claramente destructora. Recordemos que en la Celaya de 1614, Mari Vázquez, negra libre, es universalmente considerada como responsable de la muerte de la joven Inés.[29]

La mulata esclava Pascuala es objeto de fuertes sospechas, pues, dice el testigo,

---

[26] AGN, Inquisición, vol. 275, exp. 2, Proceso contra María, 1605, f. 49.
[27] AGN, Inquisición, vol. 302, f. 85, Denuncia contra Lucas, Veracruz, 1613.
[28] AGN, Inquisición, vol. 454, exp. 14, Proceso contra Juan de Morga, 1650, f. 289.
[29] *Cf.* el capítulo sobre Celaya en el presente trabajo.

yo supe que avía venido de Castilla en el galeón dorado en que yo vine a este reyno, la cual decían venía a estas partes por orden de su amo porque avía enhechizado a su amo en la ciudad de Sevilla— y después, avía oydo decir a muchas personas que la dicha mulata Pascuala, estando en casa del licenciado don Juan de Alvarez Serrano, oydor que fue en la ciudad de México, y en particular a doña Isabel López, quien era mujer de Bartolomé de Cervantes, que oy vive en su hazienda de las palmillas, camino del puerto de Acapulco, enfermó en un parto doña Juana Montes, mujer de dicho oydor, y que se le imputó a la dicha mulata porque dezían la avía enechizado echándole polvo en las partes en que le resultó el daño que padezió, por cuya causa la enviaron a vender al puerto de Acapulco.[30]

Otra mulata, una tal Francisca,[31] proporciona a Joseph Ramos los medios con que matar a su mujer en Zacatecas; una negra de Querétaro, Juana Rodríguez,[32] procura la muerte de su yerno valiéndose de un sapo, mientras en la misma ciudad la negra libre Juana de Chaide[33] logró envenenar a su marido con un bebedizo y atontó a su antiguo amo para luego tratar de ahorcarse; en fin, la mulata herrada Leonor[34] consiguió la muerte de una mujer usando mantequilla, y se la acusa de haber querido chupar a una criatura.

La voluntad de destrucción es también evidente en los escasos procedimientos de ligadura, frecuentemente hechos por mujeres de color.

En 1628, la negra Luisa da lombrices tostadas y molidas a un hombre para volverlo impotente,[35] y Leonor de Islas, la famosa mulata de Veracruz y hechicera profesional (cobra sus servicios y enseña su arte), explica y practica los procedimientos de ligadura que vio usar en La Habana.[36]

Para cerrar este capítulo, escuchemos al sevillano Joseph Batista de Cos, mercader de cacao en México, de unos veintiséis años, quien acude al Santo Oficio a denunciar a una mulata blanca de veintiocho años, Juana, esclava del conde de Miravalle, don Alfonso Dávalos.[37] Mantuvo una relación con ella por bastante tiempo y, como le tenía

[30] AGN, Inquisición, vol. 435, f. 146v., Testimonio contra Pascuala, Tixtla, 1650.
[31] AGN, Inquisición, vol. 435, f. 436, Denuncia contra Joseph de Ramos, Zacatecas, 1650.
[32] AGN, Inquisición, vol. 360, f. 230, Denuncia contra Juana Rodríguez, Querétaro, 1626.
[33] AGN, Inquisición, vol. 435, sin foliación, Proceso contra Juana de Chaide, 1650.
[34] AGN, Inquisición, vol. 435, f. 121, Denuncia contra Leonor, San Salvador el Seco, 1650, f. 198.
[35] AGN, Inquisición, vol. 365, exp. 8, Denuncia contra Luisa, Nombre de Dios, 1628.
[36] AGN, Inquisición, vol. 341, exp. 1, Proceso contra Leonor de Islas, 1622.
[37] AGN, Inquisición, vol. 530, exp. 5, Denuncia contra Juana, México, 1695.

cariño, le propuso dinero para que pudiese comprar su libertad. Pero Juana quiere matrimonio, cosa que rechaza el muchacho. Las desgracias del sevillano empiezan la noche en que la mulata le manda una bebida de leche para curarle de sus frecuentes insomnios. No puede entonces pegar el ojo en toda la noche, sufre diversos trastornos y angustias y amanece en un estado de postración total. Acude a una india curandera que diagnostica una ligadura y logra sanarlo, pero recae víctima del mismo mal seis meses más tarde. Como dejó de ver a Juana, acusa a otra Juana, su propia cocinera y mulata también, de haberle administrado un bebedizo por parte de la primera Juana, con el fin de volverlo impotente. Fracasa en sus intentos amorosos con unas diez mujeres, regresa a ver a la india curandera, de la que acaba por pensar que es cómplice de Juana, y termina con un cirujano que confiesa su incapacidad para curarlo, tras varias tentativas frustradas. Entonces acude al Santo Oficio y declara que la tal mulata ha sido puesta a salvo en un convento por sus amos, ya que Joseph los avisó que procuraría matarla, movido de ciega cólera.

En consecuencia, encontramos en las prácticas mágicas propias de negros y mulatos elementos de rechazo que se manifiestan claramente en tentativas de asesinato y ligadura que, al impedir el juego normal de la sexualidad, traducen una voluntad profunda de atentar contra un proceso vital.

Las complicidades con el diablo son igualmente reveladoras de la solidaridad con las fuerzas destructoras. Aquí también, el número de documentos referentes a invocaciones al demonio, a pactos, cédulas, sellados con la sangre del interesado que ofrece su alma en el más allá a cambio de una ayuda terrenal, de pinturas corporales, etc., es elevado. Limitémonos a dos ejemplos: Joseph de Mesa [38] y Juan de Morga,[39] ambos esclavos, declaran haber hecho una escritura al diablo, quien no deja de acosarlos desde entonces. Joseph de Mesa

> hallándose muy afligido en una ocasión llamó al Demonio con estas palabras: ¿no habrá un Demonio que me ayude y me saque de estos trabajos y le entregaré mi alma? y, que haviendo hecho esta invocación se le apareció visiblemente el Demonio y le dijo que como le entregase el alma, él le sacaría de sus trabajos; y que para esto se quitase un enboltorio que traía colgado al cuello y que haviéndose dado esta palabra y promesa el Demonio, el dicho negro le havía hecho escriptura de que le daría el alma cuando muriese si le sacasse de sus trabajos. Y este denunciante advirtió que el dicho negro al referir la forma de las palabras, con el dedo de la mano derecha hizo

[38] AGN, Inquisición, vol. 530, exp. 23, Declaración de Joseph de Mesa, Coyoacán, 1695.
[39] AGN, Inquisición, vol. 454, exp. 14, Proceso contra Juan de Morga, 1650.

señal y ademán que escrivía y adelantó el negro disiendo que desde la ocasión y tiempo que havía hecho la escriptura, veía al demonio en forma visible y muy continuamente en la cama, en la messa, en los rincones y en otras muchas partes de la cassa, y que lo traía muy atemorisado...

Si Joseph de Mesa lo teme, María Juana de San Ignacio, mulata esclava nacida en Filipinas y que sirve a una religiosa en el convento de San Bernardo, pretende, después de haber sido azotada, que "no quería a Dios sino al Diablo, que era lindo y que le haría un pacto".[40]

Pero los negros y los mulatos libres y esclavos no expresan su rechazo de las normas ideológicas impuestas sólo por la vía estrictamente negativa de los reniegos, de las prácticas mágicas destructoras y de las complicidades demoniacas: también lo proyectan con actitudes admirativas ante ciertos grupos o individuos. No son desde luego los indios, los vencidos, ni tampoco los españoles, opresores, quienes van a constituir la referencia valorada y admirada: los judeocristianos, asimilados a los portugueses rebeldes, víctimas de la opresión como los negros y los mulatos, pero que participan sin lugar a dudas del esplendor que confiere el prestigio y el poderío social, cristalizan los destinos trágicos, el deseo de rebelión y los ensueños de triunfo de estos parias que son los esclavos y los hombres libres de origen africano.

Son varios los ejemplos que en forma contundente comprueban esta aseveración.

El esclavo Diego de la Cruz se autodenuncia en 1651, o sea pocos meses después de apagarse los rescoldos de los grandes autos de fe, y declara al Santo Oficio haber deseado adoptar la Ley Vieja para ser rico ya que "ésa era la causa para que los portugueses tubiesen tanto dinero".[41]

Durante la primera ola de persecuciones en contra de los judeocristianos, en 1596, el esclavo mulato Francisco Jasso había proclamado ante el Tribunal que

> avía 17 o 18 años que guardaba la ley de Moyssén, por enseñanza de Diego Hernández, vecino de Zaçara, que residió en Teba, en cassa de Miguel Ramos, el qual avía sido presso por la Inquisición de Sevilla y salido libre y vuelto a la dicha villa de Teba; y tres leguas de allí, en un cortijo del dicho Miguel Ramos, amo de éste, que el dicho cortijo está en el río de Guadalorce, que es el río de Antequera, y dando quenta a éste de su prission y de como no le habían podido

[40] AGN, Inquisición, vol. 520, exp. 116, Denuncia contra María Juana de San Ignacio, México, 1686, f. 177.

[41] AGN, Inquisición, vol. 504, f. 202, Proceso contra Diego de la Cruz, 1650, f. 212v.

probar nada, le declaró como judío y guardaba la dicha ley de Moyssen y le dijo a éste que la guardase si quería verse libre y tener muchos bienes; y éste le dixo que se la enseñasse que él la quería guardar y assí el dicho Diego Hernández le enseñó a éste que creyesse en un solo Dios, excluyendo la persona del hijo y del Espíritu Santo, y que esperasse al Mesías prometido en la dicha Ley de Moyssén y que no creyese que era venido ni que lo era Jesús, y que en su guarda avía de ayunar los martes y jueves, y no se acuerda si le dixo otros días; y que el sábado le avía de guardar como día de fiesta, poniéndose en él vestidos pulidos y de fiesta, y se vistiesse camissa limpia, y que no comiesse toçino ni cossas de puerco, y que los ayunos avían de ser desde todo el día hasta la noche, y entonces avía de cenar cossas que no fuessen carne, y que la cena avía de ser después de la oración, salida la estrella, y que no avía de beber en todo el día; y que no se confessasse ni comulgasse ni oyesse missa, que era cosa de rissa, y que si lo hiziesse, fuesse por cumplimiento y no por entender hera de algún provecho.[42]

Jasso afirma haber seguido todos estos preceptos a escondidas de todos hasta su llegada a Nueva España.

Estos testimonios son tanto más sorprendentes cuanto que son enteramente falsos, tanto los de Diego de la Cruz como los de Francisco Jasso. Mientras descubrimos el motivo por el cual los dos esclavos forjaron estas peligrosas fábulas en periodos tan críticos, apreciamos en Jasso un conocimiento real aunque superficial de las prácticas más difundidas de la religión judía. Esto no nos ha de sorprender sobremanera si tomamos en cuenta el hecho de que la lectura pública de los edictos de fe familiarizaba a los fieles reunidos en la iglesia con la esencia de las doctrinas y el comportamiento perseguidos. Por otra parte, y en el caso presente, la promiscuidad de las cárceles inquisitoriales favorecía las comunicaciones entre presos y Jasso aprendió de un compañero de celda las mentiras que enhebró ante los inquisidores. Sin embargo, el hecho de recordar pormenorizadamente estos ritos y de preferir esta disidencia en lugar de pretender ser luterano, por ejemplo, indica una receptividad que revela una afinidad profunda con ella.

Lo que atrae del judaísmo a ambos esclavos es la relación de tipo mágico que establecen entre esta religión y la posesión de la riqueza. El razonamiento inductivo es el siguiente: si los judaizantes son ricos, basta con convertirse al judaísmo para volverse rico. No discutiremos aquí este prejuicio, aburrido de tan difundido. Desde la antigüedad es el sino de los poderosos reyes y reinas de la tragedia griega, de los acaudalados mercaderes de las persecuciones antisemitas, de las cabezas coronadas de la prensa sensacionalista

---

[42] AGN, Inquisición, vol. 145, exp. 7, Proceso contra Francisco Jasso, 1596, fs. 30 y 30v.

moderna lo que atrae la atención de las muchedumbres, y la suerte menos teatral de los humildes, sometidos sin embargo a los mismos o peores infortunios que las grandes figuras, se esfuma detrás del resplandor de estas últimas. Por un rico mercader judeocristiano ¿cuántas mujeres de vida laboriosa, apretada, cuántos buhoneros, cuántos artesanos oscuros?

Uno de estos encumbrados personajes de particular realce dentro de la comunidad judeocristiana suscitó por largo tiempo comentarios a menudo admirativos. Se trata de Treviño de Sobremonte, opulento mercader, piadoso y arrogante creyente, que se burló del Santo Oficio hasta la hoguera, desde donde gritó a sus verdugos estas sombrías y corrosivas palabras comentadas por todos: "¡Echad leña, que mi dinero me cuesta!"[43] Cuando el esclavo mulato Sebastián de los Reyes desvaría en los vapores de la borrachera, declara "no soy cristiano, soy Treviño" y más tarde sostiene que Treviño es ejemplar.[44] El alcohol favorece aquí la identificación con el "macho" que resultó ser Treviño.

Algunos casos atestiguan una participación directa en el judaísmo; así, Esperanza Rodríguez,[45] nacida en Sevilla e hija de un judío español y de una oriunda de Guinea, observa la religión judía y la transmite a sus hijos, por lo cual se ve involucrada en la gran ola de persecuciones que azota a la colonia a mediados del siglo XVII; el mulato esclavo Juan, que sirve al mercachifle viandante Francisco Blandón, sabía preparar los alimentos de su amo siguiendo los preceptos de la religión judía, comportamiento que revela un clima de confianza y complicidad entre ambos.[46]

Pues esta complicidad existe en niveles profundos y variados, a veces difíciles de dilucidar. Recordemos que las comunicaciones entre los presos judaizantes que se encontraban en los calabozos del Santo Oficio se hacían a veces en idioma angola, hablado por varios de los inculpados, Blanca Juárez en particular.[47] En efecto, algunas familias se dedicaban a la trata de esclavos y a veces los hijos de portugueses nacidos en tierra africana eran criados por esclavas negras que les enseñaban su idioma. Posteriormente los más ricos de ellos seguían rodeados de esclavos y tanto las necesidades domésticas como las que imponía la prudencia en algunos periodos mantenían vivo el uso de este idioma.

[43] Manuel Romero de Terreros, Prólogo al *Diario, 1648-1664*, de Gregorio de Guijo, vol. 1, p. VIII.
[44] AGN, Inquisición, vol. 498, exp. 5, Proceso contra Sebastián de los Reyes, 1656, f. 68v.
[45] Genaro García, "La Inquisición de México", p. 155, en *Documentos inéditos o muy raros para la historia de México*.
[46] AGN, Inquisición, vol. 561, fs. 222-240v., Denuncia contra Juan, mulato, un Proceso contra Beatriz de Padilla, 1652.
[47] Genaro García, *La Inquisición de México*, op. cit., p. 235.

La comunidad del idioma contribuye en esta forma a reforzar esta insidiosa y desconcertante alianza. Thomás Núñez de Peralta, otro rico mercader, se comunica durante su prisión con su mujer Beatriz Enríquez, aún libre, por medio de Sebastián Domingo, alias Munguía.[48] Se trata de un congoleño esclavo que trabaja en un obraje de Puebla, inculpado por bígamo. Como las cárceles están atiborradas de judaizantes y el personal no se da abasto, se le encarga ayudar al alcaide y aprovecha su faena de aseo en los calabozos para transmitir mensajes, llevar papel, pluma y tinta. A pesar de ser él mismo preso, sale sin dificultad de la cárcel, establece el contacto con la mujer de Núñez de Peralta, merced a una esclava de esta última, una tal Antonia, "joven y regordeta"; va a casa de doña Beatriz y de su cuñado Simón Váez Sevilla para recibir órdenes. Este estado de cosas es común y el inquisidor y visitador Sáenz de Mañozca lo describe en términos lúcidos y en parte desengañados "por tener el dicho negro Sebastián comunicación con otros negros dentro y fuera de los patios y corrales de esta Inquisición, los cuales negros infaliblemente son de personas que por observantes de la Ley de Moyssén, dessean saber de los presos en dichas cárceles y se valen de dichos negros, como de gente con quien de ordinario se tiene poca o ninguna cuenta, con quienes tratan de su mesma color y nación; y por esta vía procuran los observantes de la dicha Ley alcanzar sus designios, como con notables daños se ha experimentado en las Inquisiciones de Lima, Cartagena y ésta".[49]

¿Pensaron los portugueses organizar algún movimiento de acuerdo con los esclavos? Cabe la duda. Una carta escrita por la Inquisición de México y recibida en Madrid el 23 de abril de 1643, anuncia que se encontró entre los judaizantes detenidos "una lista de los esclavos que había y hay en todos los molinos de azúcar".[50]

Un poco más tarde, en 1662, Juan Francisco, esclavo precisamente de un molino de azúcar, declara que un español —Francisco Ruiz— le propuso "que se fueran a vivir con él a Roma a una judería, en la ley que quisieran".[51] Aunque Juan Francisco tiene una larga historia de falsos testimonios, es evidente que la idea de una complicidad entre judeocristianos y esclavos mora en algunas mentes.

En fin he aquí, como último testimonio de esta afinidad entre parias, el cautivador caso de aquel estudiante mulato libre, o sea de

[48] AGN, Inquisición, vol. 399, exp. 2, Proceso contra Sebastián Munguía, 1642, sin foliación.
[49] AGN, Inquisición, vol. 399, exp. 2, Proceso contra Sebastián Munguía, 1642, sin foliación.
[50] AHN, Legajo 1054, f. 31, Carta del tribunal de México recibida en Madrid el 23 de abril de 1643.
[51] AGN, Inquisición, vol. 592, exp. 12, Denuncia contra Francisco Ruiz, Amilpas, 1622.

una condición social notablemente superior a la de los individuos que hemos evocado hasta ahora, lo cual lo hace más receptivo aún a las contradicciones sociales: Gaspar Rivero de Vasconcelos.[52]

En 1650 se le denuncia ante el Tribunal como "astrólogo judiciario, calumniador del Santo Oficio y de sus ministros y que engendra sospechas en materia de fe": todo un programa de transgresiones que corresponde cabalmente a la personalidad de este muchacho inteligente, culto y desarraigado, de unos treinta años, y que prefigura obviamente a los rebeldes e inconformes que abundarán en el siglo XVIII.

Nació en Tánger de padre portugués y madre angoleña, que le enseñó su idioma; vivió sucesivamente en Angola, Pernambuco y Cartagena de Indias, fue educado y confirmado en La Habana por un tío suyo, desembarcó en Veracruz y vino a México. Estudió artes, gramática y retórica, vivió con el judaizante Sebastián Váez de Azevedo, residió en Campeche y Mérida, lugares conocidos por haber abrigado comunidades de judeocristianos. En el momento en que es objeto de la denuncia está estudiando en México derecho canónico y vive de lecciones dadas a adolescentes y de escrituras que hace aquí y allá.

En 1650, cuando retumba aún el estrépito de los últimos grandes autos de fe, tiene la valentía de seguir viendo a Sebastián Váez de Azevedo, condenado el año anterior por los tribunales inquisitoriales, almuerza con él a diario y le redacta su correspondencia. El principal denunciante de Vasconcelos es un odioso malsín, el zapatero Benítez, cuyos dos hijos reciben la enseñanza del mulato, "de tan mal natural y currioso de todo quanto be y dicen, lo escribe en unos cartapacios". Cada vez que Vasconcelos va a su casa, el zapatero le da cuerda, azuzándolo maliciosamente y el joven llega a expresar opiniones tan interesantes como peligrosas. Entre otras cosas declara que es tan injusta la suerte de los Azevedo que le inspiran compasión, se indigna ante el secuestro de sus bienes por parte de la Inquisición, se alegra cuando un judaizante logra escapar de las garras del Tribunal y se refugia en las Filipinas; denuncia los robos precisos y numerosos cometidos por los inquisidores, sus decisiones arbitrarias, sus errores, mentiras y venalidad, niega la utilidad del tormento y establece una relación estrecha entre la construcción de nuevas cárceles por el Santo Oficio y la sublevación de Portugal.

Es significativa la sanción impuesta a Vasconcelos: reprimenda y destierro de la ciudad de México por dos años con interdicción, bajo pena de excomunión mayor, de tratar de palabra o por escrito con personas que hayan sido presas o sentenciadas por el Santo

---

[52] AGN, Inquisición, vol. 435, f. 488, Proceso contra Gaspar Rivero de Vasconcelos, 1650.

Oficio y de entremeterse en asuntos inquisitoriales y de ocuparse de astrología. La benignidad del castigo muestra la validez de las críticas de Vasconcelos, por lo que los inquisidores renunciaron a cometer la infamia de castigar con dureza a una persona de hecho perfectamente enterada y que no proclamaba sino verdades.

Resulta obvio al fin y al cabo que los negros y los mulatos, pese a las actitudes de rechazo y violencia que adoptan a menudo, busquen la identificación con un grupo próximo a ellos por la solidaridad en la opresión sufrida y la rebeldía en contra de la ideología mayoritaria, pero que resplandezca ante sus ojos deslumbrados por todos los éxitos sociales que les están prohibidos. Hemos señalado las distintas modalidades, que van desde la participación directa en la religión judía a la complicidad activa pasando por la simpatía declarada y la proyección individual, "soy Treviño". Es finalmente el indicio claro de una oscura voluntad de integración social.

Las modalidades de la integración

Esta voluntad aparece claramente en la mayoría de los delitos sexuales reprochados al grupo considerado: bigamia o múltiple matrimonio, amancebamiento. En efecto, tales actitudes son ante todo manifestaciones de rechazo de las normas establecidas en lo relativo a moral sexual; pero, si bien son comunes a todos los grupos étnicos que integran la sociedad colonial, están tanto más difundidas entre los negros y los mulatos cuanto que se inscriben lo mismo en el desmoronamiento del núcleo familiar ya mencionado, como en su carácter de mercancía particularmente sensible por lo que se refiere a las mujeres.

Al *status* de concubina o de amante efímera del amo corresponden las relaciones ocasionales del esclavo masculino, al azar de los desplazamientos regidos por los intereses económicos del dueño. De hecho, la norma para los negros y los mulatos es el vagabundeo sexual en todas sus formas, siendo la excepción la relación estable. Pero tales comportamientos no representan realmente una elección deliberada; son más bien la respuesta a una situación objetiva que revela una de las grandes contradicciones de la sociedad colonial: ¿cómo pedirles a unos seres carentes de libertad (esclavos) o de *status* oficial (las castas) que respeten las normas morales y sociales que suponen el ejercicio de la libertad y el goce de derechos precisos? De ahí la ambigüedad y la vanidad de las numerosas tentativas para reducir a los negros y a las castas a comportamientos que no tienen en realidad los medios de adoptar.

En esta perspectiva, la bigamia, el múltiple matrimonio, el concubinato y la fornicación reprochados a estos grupos vienen a ser modalidades de integración en la medida en que constituyen respuestas biológicas, sexuales y sociales adaptadas a su situación objetiva. Respuestas empíricas y aproximadas, desde luego, pero eficientes, ya que aseguran la supervivencia del individuo y, en cierta medida, del grupo a través del mestizaje. Son tan eficientes que tendrán por resultado la constitución de un grupo tan poderoso y activo que hará estallar las estructuras de la vieja sociedad colonial a principios del siglo XIX, luego de revelar su impotencia para integrarlos según medios legales y concertados.

El reniego, que, como vimos, puede representar un rechazo global de la ideología dominante, puede también ser usado como arma de presión que atestigua por parte del esclavo el conocimiento de los resortes ideológicos del amo y por ende un principio de adaptación a la sociedad. Presión sobre el amo, que vacilará en provocar reniegos al imponer un castigo. Don Joseph de Montemayor afirma: "Por haver echo un mulato mi esclavo un hurto de azúcar, en esta hazienda queriéndole castigar, dijo delante de algunas personas que renegaba de Dios, nuestro Señor y de la Virgen Santísima, con lo cual no se le hizo mal ninguno".[53] A otro esclavo negro le encuentran a medianoche en casa de un mercader español que lo regaña y quiere llevarlo a casa de su dueño, un vecino: el esclavo declara entonces "déxeme, que renegaré".[54]

María Juana de San Ignacio, que encontraba "lindo" al diablo, confiesa haber renegado para que la echen del convento donde sirve a una monja a la que no quiere.[55]

Pero los reniegos y los delitos de tipo religioso en general, que atestiguan un principio leve de integración, son sobre todo usados para provocar la intervención de la institución inquisitorial y lograr así el desplazamiento del esclavo. He aquí el caso notable de Juan de Morga, quien por segunda vez huyó de Zacatecas y se encuentra en los alrededores de México cuando lo arresta la Hermandad. Desesperado, escribe entonces al padre guardián del convento de Jilotepec la conmovedora carta que presentamos aquí:

> Conociendo la bondad de vuestra paternidad, me atrevo a declarar ante vuestra paternidad, dios a querido me hayan preso por que tengo graves delictos que declaralle a vuestra paternidad, que cometido contra dios; lo primero, que tengo echa escritura con el demonio, lo segundo que soy casado dos veces, lo tercero que no creo en dios ni e de creer asta que me asuelva la inquisición, lo quarto que a mucho tiempo que no oigo misa porque sirvo a un hombre cruel en Zacatecas; se que me an de llevar allá, e de vivir en esta ley y e de

[53] AGN, Inquisición, vol. 502, f. 385, Proceso contra Phelipe, 1663.
[54] AGN, Inquisición, vol. 275, exp. 6, Proceso contra Juan, 1605.
[55] AGN, Inquisición, vol. 520, f. 176, Denuncia contra María Juana de San Ignacio, México, 1686.

negar a dios y a sus santos; y así mi padre, yo tengo muchas cosas que declarar i decir al santo oficio y a vuestra paternidad, hago cargo y a los que leyeren este papel de mi alma porque me voy a los infiernos si no lo declaro; de parte de dios, de su madre, le pido a vuestra paternidad que lo remedie y a vuestra paternidad le ago cargo de mi alma i de todo esto porque tengo muchas cosas que declarar i dezir porque no creo en dios, ni soy cristiano y el demonio me persigue mucho; ya quiero que me castiguen y absuelvan, de vuestra paternidad humilde esclavo Juan de Morga.[56]

Los negros pecados que se atribuye Juan de Morga son tan ilusorios como las prácticas judaicas de Francisco Jasso y de Diego de la Cruz o el pacto diabólico de Joseph de Mesa. Llevados ante el Tribunal, todos acaban por confesar, a menudo entre lágrimas, que dichas mentiras tenían por fin provocar la intervención del Santo Oficio y sustraerse de esta manera a los malos tratos de que eran víctimas.

Si Juan de Morga huye de un amo realmente sádico, que procura su muerte, Diego de la Cruz quiere salir del obraje de Texcoco, donde está, una casa "tan infame en el trabajo tan grande que tiene en ella y que los lebantan a las quatro de la mañana, y les dan dies libras del cardado de techio, y acudir a suvir lana a las azoteas, y sacar la lana de tinte, agotados, y muertos de hambre".[57] Francisco Jasso, quien, antes de fingir que era judío, había declarado que "más quería ser moro porque el Santo Oficio le prendiesse y le librasse del obraje en que estava", intentó ganar tiempo alargando el pleito ante el Tribunal gracias a las fábulas de prácticas judaicas. En efecto, por delitos cuya naturaleza desconocemos, lo espera la justicia civil, quien ya lo tiene juzgado y condenado a recibir 500 azotes y a que se le corte la lengua.[58] En cuanto a Joseph de Mesa, el Santo Oficio escribe que "no hay más prueba de la escriptura al diablo que averlo dicho el negro y con variedad en las circunstancias, consta que estaba muy mal hallado en el obraje, y ausente de su mujer, y que quando lo persuadió a fray Antonio de la Torre, quedó muy contento, estando antes muy triste, con que es verosímil que todo es embuste para salir del obraje".[59] Huir del amo, salir del obraje: otras tantas tentativas para modificar su situación presente a favor de un estado de cosas más conforme a sus intereses, valiéndose de los principios ideológicos de la sociedad en que viven.

[56] AGN, Inquisición, vol. 454, exp. 14, Proceso contra Juan de Morga, 1650, fs. 255 y 255v.
[57] AGN, Inquisición, vol. 504, f. 202, Proceso contra Diego de la Cruz, 1650, f. 224.
[58] AGN, Inquisición, vol. 145, exp. 7, Proceso contra Francisco Jasso, 1596.
[59] AGN, Inquisición, vol. 530, exp. 23, Declaración de Joseph de Mesa, Coyoacán, 1695, f. 416.

Si las desviaciones sexuales, los reniegos, los pactos diabólicos y los delitos religiosos en general atestiguan un modesto principio de integración social, la magia y la hechicería —que bien pueden tomar apariencias negativas traduciendo una voluntad de destrucción activa— revelan también un deseo seguro de integración a través de ciertas manifestaciones: por ejemplo, las prácticas curativas, que son significativas a la vez de un anhelo de participación benéfica y de una tentativa para lograr el *status* precario y marginal, aunque necesario a la colectividad, del curandero.

En cuanto a la magia amorosa, tiene por objeto facilitar las manifestaciones de la sexualidad, caracterizada, como vimos, en el caso de los negros y los mulatos por relaciones ilegítimas. Así, los procedimientos mágicos están encaminados a menudo a forzar una situación en un sentido favorable para aquel o aquella que los emplee, esperando obtener de esta manera resultados que las normas vigentes prohibirían. Ya hemos visto cómo la mulata Juana procuraba el matrimonio con un español que la rechazaba mediante métodos reprobados.[60]

El éxito de Beatriz de Padilla es indiscutible: morisca libre de Lagos, se revela vivaracha, lista, maliciosa y sincera. Recordemos que luego de haber sido por varios años la barragana tiernamente amada del comisario del Santo Oficio de Lagos, de quien tuvo un hijo, pasó a ser la compañera del alcalde mayor de Juchipila, al morir el sacerdote. La familia de este último la denuncia, acusándola de haber producido la muerte del comisario por envenenamiento. Beatriz está acostumbrada a semejantes sospechas y declara ante el Tribunal que "hablando en los Lagos de que a esta confesante la querían las personas con quien tratava en mala amistad y que qué encantamientos y echizos tenía para esto, ella solía dezir muchas veces en chanza que los echizos y encantos los tenía entre las piernas".[61] En efecto, Beatriz es inocente del delito que se le reprocha, el asesinato del comisario, pero es probable que haya usado algunas prácticas banales de magia erótica; sin embargo, es significativo que la opinión pública no pueda explicarse los éxitos de una guapa morisca con gente encopetada más que por el recurso a procedimientos mágicos asociados con un desenlace trágico.

Finalmente, nos parece interesante destacar un esquema muy frecuente en el funcionamiento del proceso mágico: la india proporciona las sustancias y procedimientos necesarios y la española los recibe por medio de la mujer negra o mulata. Este esquema refleja exactamente la realidad social en que las castas no pueden ser sino intermediarias entre productores y consumidores, y el campo marginal y en cierta medida clandestino de la magia y de la hechicería

---

[60] AGN, Inquisición, vol. 530, exp. 5, Denuncia contra Juana, 1695, México.
[61] AGN, Inquisición, vol. 561, f. 219, Proceso contra Beatriz de Padilla, 1652.

es precisamente el que les permite muy temprano iniciar esta función social de intermediario. Ya en 1536 son esclavas negras las que establecen la relación entre un indio proveedor de hierbas y de polvos y las mujeres de mercaderes españoles.[62]

Ya que los negros y los mulatos buscan la integración en la sociedad en su conjunto, ¿cuáles son la relaciones que mantienen con los distintos grupos étnicos en los que se llegan a infiltrar, independientemente de las relaciones complejas y ambiguas que los unen a los judeocristianos?

Por lo que se refiere a su propio grupo, el desprecio asoma a menudo y descansa sobre una adhesión a los prejuicios racistas de los españoles. La mulata Ana de Herrera, acusada en 1594 en Veracruz de hechicería, se opone a sus acusadores en estos términos: "negros y mulatos, gente vil y baxa y de poco crédito".[63] En las haciendas de don Fernando de Rivadeneyra, a orillas del río Alvarado, siete hombres que habían ido a arrestar a un delincuente descubren a un mulato al lado de su amiga; se apoderan de él y lo matan, lo cual motiva una carta indignada del vicario de Cotastla a las autoridades capitalinas, puesto que el mulato no pudo ni siquiera confesarse.[64] He aquí la lista de esos hombres de horca y cuchillo:

> Un español, Toribio, de Puebla;
> Juan de Herrera, mulato vaquero de Tlaliscoya;
> Francisco Ríos, negro libre, vaquero de Juan de Zabala;
> Agustín de Hermosillo, negro libre;
> Diego Hernández, mulato libre y vaquero;
> Sebastián Veloso, mulato libre y vaquero;
> Antonio Ruiz, mulato libre y vaquero.

Por otra parte, cuando señoreaba en casa del comisario de Lagos, la morisca Beatriz de Padilla no era nada compasiva para con sus esclavas, a pesar de haberlo sido en su niñez. Solía castigarlas con crueldad, en particular a la mulata Catana La Garay, "a quien esta confesante la castigaba todos los días, y la pringaba muchas veces y la hizo herrar en el rostro porque era mala hembra embustera, y por nonada levantaba un testimonio, y la tenía con prisión".[65]

A partir de este rechazo del grupo original, necesario para disolverlo en los demás, hay una valoración más o menos implícita de

---

[62] AGN, Inquisición, vol. 38, exp. 2, Proceso contra María la Moralla, etc., 1536.
[63] AGN, Inquisición, vol. 207, exp. 1, Proceso contra Ana de Herrera, 1594, f. 80.
[64] AGN, Inquisición, vol. 335, exp. 60, Denuncia del vicario de Cotaxtla, 1622.
[65] AGN, Inquisición, vol. 561, f. 219, Proceso contra Beatriz de Padilla, 1652, f. 330.

los españoles. Topamos otra vez con Beatriz de Padilla, que se ensoberbece de su familia paterna porque "es gente muy conocido por caballeros principales de la dicha ciudad de Guadalajara".[66]

Si bien hemos destacado la fuerte atracción que ejerce el grupo judeocristiano sobre los negros y los mulatos, suele ocurrir que éstos se adhieran a los prejuicios antisemitas, lo que es prueba de apego a los criterios sociales vigentes.

Así, Carlos de Bayén, sastre mulato en Campeche, pretende que el mercader portugués Antonio Fernández Ferrer le venda una tela muy por debajo de su precio y a crédito, por si fuera poco. Para lograr sus fines, el sastre esconde en los pliegues del género fragmentos de oblea o de hostia, y cuando el portugués lo extiende para medir la cantidad pedida por el mulato, quien declara estar dispuesto, por fin, a comprarlo, caen al suelo los pedazos. El sastre hace entonces "muchos actos de admiración, diciendo: ¿cómo tiene Vuestra Merced estos pedaços de ostia entre la bayeta?", esperando en esta forma amedrentar al mercader y obligarlo, por miedo al Santo Oficio, a que le deje la tela por nada.[67]

Pedro Barreto, negro, y Paula, negra, denuncian a un portugués de Veracruz, Pedro de Herrera.[68] La muchacha, amante del mercader, expresa las sospechas de los de casa, quienes están convencidos de las relaciones incestuosas que sostiene Herrera con su hijo. Detalle significativo: mientras el cuerpo del delito parece ser efectivamente el incesto, Herrera es señalado como judío, atestiguándolo estas palabras de un mestizo amigo de la negra Paula, y sabedor de la situación: "Si tu amo no es judío o puto, no hay judíos en la Veracruz".

Negando sus propios orígenes y adoptando incluso los prejuicios de los españoles por lo que se refiere a ellos, atraídos por los portugueses judaizantes aun cuando a veces manifiestan sentimientos antisemitas propios de la sociedad colonial, los negros y mulatos tratan de integrarse sobre todo al grupo indígena, que les brinda mayores oportunidades reales de integración. Por otra parte, se conoce la tendencia de los negros y mulatos, siempre combatida por las autoridades, a infiltrarse en las colectividades indígenas.

Los documentos inquisitoriales reflejan estos deseos de integración a través de casos bastante numerosos de mulatos y negros idólatras: por ejemplo, los tres mulatos Balthazar Martín, Nicolás Lozano y Manuel Canche, acusados de adorar ídolos mayas en Yu-

---

[66] AGN, Inquisición, vol. 561, f. 219, Proceso contra Beatriz de Padilla, 1652, f. 291.

[67] AGN, Inquisición, vol. 592, exp. 10, Testimonio contra Carlos de Bayén, Campeche, 1660.

[68] AGN, Inquisición, vol. 435, f. 254, Denuncia contra Pedro de Herrera, Veracruz, 1650.

catán en 1674,⁶⁹ o también aquel mulato en Yucatán sospechoso en 1673 de ser idólatra,⁷⁰ o aun aquel mulato casado con india de la región de Oaxaca y que poseía un ídolo.⁷¹ Su integración llega a ser tal que, al vestirse los tres primeros como indígenas, las autoridades acaban por no saber lo que son.

La integración lograda existe, pero aparece a través de otras fuentes documentales, lo cual es lógico si se considera que la actividad inquisitorial se aboca a individuos colocados en condiciones conflictivas que los arrastran a la transgresión de las normas sociales y religiosas. Los fondos que reflejan los problemas diarios de la vida colonial nos hablan a veces de verdaderos éxitos, tal el caso de un mulato de Jiutepec, Juan de Zaldívar, casado y con hijos, hijo de un español noble, Cristóbal de Zaldívar, y de su mujer legítima, la negra Gerónima Otalora.⁷² Este Juan de Zaldívar "es hombre honrado, quieto y pacífico y de buenas costumbres" y alrededor de 1631 produce en sus tierras toda clase de granos y legumbres. En 1642 su prosperidad aumentó notablemente y tiene de caudal "más de 12 000 pesos y una requa con que trajina a flete los puertos de San Juan de Ulúa y Acapulco, con hazienda agena de mucho valor". Se le confirma la licencia para llevar daga y espada tanto para el "ornato de su persona", como "por ser los caminos ocasionados y asaltamientos y otros agravios", pues debe "gozar de las gracias, mercedes y franquezas que deven gozar los nobles, por serlo como es hijo legítimo de tal..."

Este caso es excepcional por el concurso de circunstancias que supone: un español noble casado legítimamente con una negra. Su hijo, aceptado por la sociedad, es dueño de tierras y este contexto positivo determina en él un comportamiento honorable e industrioso. Cabe notar, sin embargo, que los criterios que permiten tal integración quedan estrechamente apegados a la ideología vigente: la *nobleza* del padre y la *legitimidad* de su matrimonio hacen admitir al hijo, y la función de transportista, es decir, de *intermediario*, acuña el éxito social del mulato.

En resumidas cuentas, los comportamientos de los negros y mulatos libres o esclavos son a menudo ambiguos. Expresan a la vez el rechazo de las normas impuestas por el grupo dominante y un deseo profundo de identificación y de integración. Esta ambigüedad constituye un intenso fermento que obra sobre la sociedad colonial, haciendo estallar algunas de sus contradicciones. La abundancia de reglamentos y ordenanzas que pretenden solucionar los proble-

---

[69] AGN, Inquisición, vol. 269, exp. 4, "Autos remitidos por el comisario de Yucatán contra Baltazar... etc.", Mérida, 1674.
[70] AGN, Inquisición, vol. 516, exp. 556, Proceso contra Juan de Argaez, 1673.
[71] AGN, Inquisición, vol. 329, f. 424, Testificación contra Juan Ventura, 1620.
[72] AGN, General de Partes, vol. 8, exp. 95.

mas planteados por los negros y mulatos señala claramente el apuro de las instituciones, compelidas a improvisar y constantemente confundidas ante la realidad movediza engendrada por el explosivo incremento de la gente de color.

El papel del Santo Oficio

El aparato inquisitorial se enfrenta igualmente a estas contradicciones.

Los negros, tan nuevamente convertidos como los indios, están sin embargo sometidos al Santo Oficio; su *status* de esclavos reduce desde luego el juego del libre albedrío necesario para establecer la responsabilidad del inculpado. Así el Tribunal se ve orillado a ponderar las circunstancias que presidieron los delitos. El declive es resbaloso, bien se echa de ver, y los esclavos intentaron muy rápidamente desviar la intervención inquisitorial en su favor.

Por otra parte, el mismo Tribunal está en el meollo de la contradicción. Sus ministros poseen esclavos y se da el caso de que la misma institución llegue a vender algunos cuando sus dueños no pueden pagar los gastos de cárceles. Tales ventas distan por otra parte de ser claras, si se toma en cuenta una carta sin firma escrita desde México el 9 de marzo de 1661 y dirigida al Santo Oficio, en la que se dice que hasta personas de condición libre son vendidas por estos motivos al molino de azúcar de Amanalco, administrado por el Tribunal.[73] La Inquisición representa por tanto doblemente al grupo dominante: como defensora de la ideología que garantiza la estabilidad social y como propietaria de esclavos.

Así las cosas, al valorar las responsabilidades en los delitos cometidos por esclavos, a veces el Tribunal asume su defensa en los hechos, lo que explica los esfuerzos denodados de algunos de ellos para lograr ser oídos y juzgados por él.

El caso de Juan de Morga motiva una información que establece que el amo, el mestizo Diego de Arratia, persigue al esclavo con odio implacable: guardan a Morga en México, lo niegan al emisario del dueño que intenta recuperarlo y lo venden un año más tarde a otra persona, prohibiéndole vender al esclavo, entregarlo a Arratia o a nadie que dependa de él.[74]

Joseph de Mesa, por el barullo que hizo, consigue ser mandado por su amo a las minas de Compostela, donde se halla su mujer.[75]

[73] AGN, Inquisición, vol. 498, exp. 5, Carta del Santo Oficio, del 9 de marzo de 1661, sin firma.
[74] AGN, Inquisición, vol. 454, exp. 14, Proceso contra Juan de Morga, 1650, fs. 291 y 292v.
[75] AGN, Inquisición, vol. 530, exp. 23, Declaración de Joseph de Mesa, Coyoacán, 1695, f. 415.

El dueño de Diego de la Cruz, el bachiller Bartolomé de Balfermoso, se ve convocado por los inquisidores, quienes le declaran que

> el dicho su esclavo se levantó falso testimonio en materia tan grave como el que había hecho ayunno de la Ley Vieja, dando por motibo el mal tratamiento que en su casa y obraje se le hacía; y que haviéndosele de entregar como se le entregaba para que le volviese a servir, se le requería del buen tratamiento, y que considerado el mal natural del negro le estaría más bien que le vendiesse, y que por esta caussa no le castigasse pues ya lo estaba por este Santo Oficio; y que procurasse que no se le diesse baya y grita en el obraje de suerte que se le caussasse impaciencia y andubiessen las cossas del Santo Oficio en chacota.[76]

Por otra parte, Balfermoso recibe la orden del arzobispado de dejar a Diego de la Cruz cohabitar con su mujer. Si aquí la victoria no es total, algo se logró.

Con Antonio Rosado, aquel viejo mulato oriundo de Goa que había sido injustamente vendido en Manila, el éxito es rotundo.[77] El esclavo había renegado públicamente un domingo durante la misa en Santo Domingo con el consiguiente escándalo y su traslado a la cárcel inquisitorial. Luego de ser juzgado y castigado con los doscientos azotes, clásicos en este caso, se ordena al dueño "le tratasse con toda caridad christiana o le vendiesse, supuesto que de tan mala gana le servía y ser esclavo ya irritado y desesperado". Antonio Rosado declara entonces "que no quiere entrar otra vez en casa del dicho su amo porque no se pierda su alma otra vez". El Tribunal manda llamar de nuevo al amo y le dice que "se le hizo notorio lo determinado por este Tribunal cerca de que tratasse con caridad christiana a Antonio Rosado su esclavo, y que parecería muy bien que lo bendiesse, supuesto que era esclavo ya aburrido y que no le tenía buena voluntad, y ser de casta chino, de quien se tiene experiencia los lamentables cassos de que mataban sus amos en aborreciéndolos, fuera de que otros esclavos que han estado en su obraje han renegado, y se tiene noticia de su pesada condición; y no siempre lo han de pagar los desdichados esclavos sino que se procederá contra él pues lo ocasiona". A lo cual contesta el amo "que vendería al dicho chino y que ya no le tenía en casa, y por no verse en empeños con esclavos renegados en este Santo Oficio, quitaría el obraje".

La mulatilla Gertrudis de Escobar, también vendida injustamen-

---

[76] AGN, Inquisición, vol. 504, f. 202, Proceso contra Diego de la Cruz, 1650, f. 244.
[77] AGN, Inquisición, vol. 454, f. 445, Información contra Antonio Rosado, México, 1651, fs. 458 y 458v.

te, logra igual victoria.[78] Siendo de condición libre, había sido castigada a la edad de catorce años por reniego y su tía y sus primas la habían vendido a un molino de azúcar del valle de Cuernavaca. Durante tres años no dejará de gritar la libertad de su condición y huirá a menudo, siendo siempre detenida y castigada, lo cual motivará nuevas huidas, etc... En una de estas fugas se entera de que fue vendida por su propia familia, la cual alega que fue vendida por el Santo Oficio cuando quiso recuperar los gastos de cárceles al procesarla por reniego. Gertrudis decide entonces acudir al molino de Amanalco, administrado por la Inquisición, y pedir ayuda allí; el licenciado Andrés Gamero de León la acoge y la pone a trabajar con sueldo mientras México decide lo que conviene hacer con ella. Pero los infortunios que sufrió la joven la hicieron rebelde y difícil y su presencia en el molino de azúcar no tarda en convertirse en pesadilla para Gamero de León, que describe la situación en estos términos:

> la mulata Gertrudis de Escobar que asiste en este ingenio por mandado de Vuestra Señoría a dado en un notable bizio de embriagarse si ya no es que lo traía, y estando así prorrumpe en muchísimas desesperaciones, dándose a los demonios por muchísimas y continuadas vezes. Ansele hecho algunos remedios y cuando an bastado cesa y se enmienda por ocho días y después buelve porque como es libre y se trae suelta, se ba cuando le parece por un día o por dos. Aunque no son santas las negras de este yngenio, sírveles de malísima doctrina quando acaso la encierran con las demás solteras y biudas estando embriagada. De más de esto bibe disolutamente quando no está con las demás. A cuatro días que aunque no le echado prisión la traigo con todo cuidado sin dejarla andar lizenziosamente como antes, más como es libre y no se puede sujetar como a las demás, estoi dudoso qué aré con ella, porque considero que la ropa que le e comprado para bestirse, la a buelto a vender en parte, y parte empeñada, y que si le doi el dinero se lo bebe luego, con que no sé que hazer con esta mulata...

La respuesta de México es clara: "que procure con prisiones y castigo moderar la mulata... y que trabaje hasta desquitar lo que debe —y haviéndolo desquitado la deje ir libre y no la detenga en el yngenio". Gertrudis ganó y seguramente pasó a engrosar las filas ya numerosas de los vagabundos que viven de milagro en el campo y, sobre todo, en la ciudad.

La evidencia se impone a través de los numerosos documentos en los que el Tribunal se conforma con juzgar y castigar delitos de poca monta: se ve arrastrado a frenar la opresión que abruma

---

[78] AGN, Inquisición, vol. 446, f. 161, Proceso contra Gertrudis de Escobar, 1659.

a los esclavos. Además, tiene conciencia del papel que desempeña a pesar suyo, y el procurador de la Inquisición, el licenciado Andrés de Çabalça, escribe en 1663 que los esclavos acuden al Santo Oficio porque "pretenden evadirse del servicio de los amos y pretenden salir de su dominio a título de servicio y otros pretextos, y an dado y dan mucho que hacer a este Santo Oficio, embarazándole con este género de causas repetidamente".[79]

Hasta se nota el intento de la institución inquisitorial por eludir tal papel, cuando se le advierte a Juan de Morga que "el Santo Oficio jamás quita los esclavos a sus amos ni se los haze vender porque sólo es su ocupación el tratar de las causas de la fe católica; y que teniendo esto por cierto, y que el Santo Oficio no le ha de librar del poder de su amo, porque para esto hay justicia real y eclesiástica ante quien pueda recurrir a pedir su justicia...", todo lo cual no impide al Tribunal intervenir a su favor y prohibir que su amo vuelva a apoderarse de él.[80]

A veces, el Santo Oficio se niega efectivamente a entrar en el juego de los esclavos, y el joven Joseph de la Cruz, que pide "que se le dé orden a su amo venderle a otros que lo quieren comprar y le tienen afecto", es restituido a su amo.[81]

Otra contradicción se presenta en esta carta del licenciado Joseph Ramírez de Arellano, del molino de azúcar de Pantitlán, la cual contribuye también a limitar la arbitrariedad en contra del esclavo: el licenciado entrega una información acerca de un negro que renegó y pide "que sean castigados (los culpables de reniego) por orden de Vuestra Señoría los reos en la misma parte donde cometen el delicto para escarmiento de los demás, que como gente bárbara y sujeta al trabajo, por huir de él, fácilmente se dexarán a cada paso caer en semejante crimen, en grave daño de la religión cathólica y de sus dueños —y assí se dice haverse últimamente echo en el trapiche de Santa Bárbara en otro casso, como el presente, pues aunque en essa ciudad sean castigados, no se sabe por acá tan generalmente, y se les imprime más para la enmienda el castigo teniéndolo a los ojos que oyéndolo".[82] El procurador de la Inquisición se vale de estos argumentos en México e insiste en que el mulato sea castigado en el lugar del delito, pero de nada sirve: entre la preocupación por la eficiencia represiva que dictaría un castigo impuesto localmente y a la vista de todos y el delegar sus atribuciones, el Tribunal reacciona como cualquier aparato burocrático

---

[79] AGN, Inquisición, vol. 502, f. 385, Proceso contra Phelipe, 1663, f. 397.

[80] AGN, Inquisición, vol. 454, exp. 14, Proceso contra Juan de Morga, 1650, f. 270.

[81] AGN, Inquisición, vol. 502, f. 430, Proceso contra Joseph de la Cruz, 1663, fs. 448 y 451.

[82] AGN, Inquisición, vol. 502, f. 385, Proceso contra Phelipe, 1663.

celoso por conservar el monopolio de sus funciones, en detrimento, en el caso presente, de la eficiencia. Las contradicciones de la institución inquisitorial favorecieron por consiguiente al esclavo, cuyo castigo, los consabidos doscientos azotes aplicados por un profesional en el anonimato de la capital, fue de seguro menos riguroso, físicamente hablando, y menos vergonzoso de lo que hubiera resultado en caso de ser administrado en el patio del molino, de mano de algún capataz y ante todos los compañeros. Falta añadir que durante el encarcelamiento en México el esclavo "se hallaba casi desnudo, y con los grandes fríos que hace, se moría de frío por falta de ropa"; por mandato del Tribunal el alcaide le compra "una frazadilla mestiza, una jaquetilla de palmilla, unos calçones de palmilla y una camisa de manta". Una cuenta indica también que recibió medicinas, tabaco y la visita del barbero para afeitarlo, pagado todo por el amo.

Pese a todo, las sanciones impuestas por el Santo Oficio de México parecen excesivas al Consejo Supremo de Madrid. Por medio de tres cartas, el Consejo hace patente su reprobación y da indicaciones precisas.[83] María, negra esclava de don Antonio de Saavedra, renegó en México y recibió doscientos azotes; Madrid opina que una represión hubiera bastado. Diego, negro esclavo de Diego Caro, maestre de obraje, fue castigado con cien azotes y una abjuración *de levi*, pareciéndole rigurosa la sentencia al Consejo. Por lo que se refiere a Juan Azpeitia, sastre de México, de unos treinta años, quien profirió numerosas blasfemias y fue sentenciado a cien azotes, a abjurar *de levi* y al destierro de la ciudad por cinco años, Madrid escribe que "este hombre parecía más loco que cuerdo y así se pudiera aver ussado con el de más misericordia". Se añade que "generalmente parecen rigurosas estas sentencias aviendo blasfemado por el rigor del castigo —y que cuando vieren crueldad en los amos de estos esclavos, les adviertan no les den ocasión a que blasfemen contra Dios Nuestro Señor, sino que los traten bien".

Resulta obvio, por consiguiente, que al aplicar sanciones más pesadas de las que sugiere el Consejo, el Tribunal mexicano se adapta a la realidad social de la colonia, ejerciendo la represión de acuerdo con las tensiones y las luchas que la agitan. Sin embargo, sus rigores no pueden impedir que sea usado muy a pesar suyo, y por el juego de sus contradicciones internas, a favor de los esclavos más atrevidos y más ilustrados, que vislumbran en él un baluarte digno de consideración contra la arbitrariedad del amo.

Entendámonos: no se trata aquí de pintar un cuadro idílico de la situación de los negros y mulatos, esclavos y libres, ni de presentar al Santo Oficio como el campeón suyo. Conocemos de sobra

[83] AGN, Inquisición, Riva Palacio, vol. 7, fs. 96 y 126, Cartas de la Suprema del 18 de junio de 1612 y del 13 de julio de 1616, al Santo Oficio mexicano.

la abundancia de documentos en los que salta a la vista lo horroroso de su sino. También sabemos de sobra cuán precaria podría resultar la protección inquisitorial, al disolverse en lo pesado de las resistencias, el vacío de las estructuras sociales, la inmensidad del país...

Por un Juan de Morga que corre desde Zacatecas y logra hacerse oír de milagro ¿cuántas tragedias ignoradas o apenas sospechadas, en los extremos de Nicaragua, las haciendas y las minas desparramadas en los llanos, los desiertos y cordilleras, cuántos crímenes contra los débiles, mujeres, niños condenados al silencio, y que ni el Santo Oficio ni institución alguna pudieron jamás conocer y menos aún castigar?

Porque resultaría pueril creer que el Tribunal evitaba sistemáticamente castigar al grupo dominante: el familiar del Santo Oficio Pedro Serrano del Arco, cuñado del poderoso Rivadeneyra, es detenido por el Tribunal por haber asesinado odiosamente a un esclavo en 1625.[84] Sintiéndose humillado por tales procedimientos, el arrogante personaje se muestra insolente para con el Santo Oficio y acabará por perder su título de familiar en 1634, no sin antes haber sido encarcelado algunos años.

En otro asunto, que ataca los cimientos de la moral sexual vigente, el Tribunal evita intervenir.[85] Habiéndose convertido un mulato esclavo en amante de una joven española separada de su marido, son sorprendidos ambos por el tutor de ella; la muchacha alega entonces que siempre odió al mulato pero que fue hechizada por él. Su madre, escandalizada, la encierra en un convento capitalino, denuncia el caso ante el Tribunal, invocando también los hechizos, en tanto que el esclavo recibe azotes de su amo, quien lo vende luego a un molino de metales. Se apaga todo cuando el marido de la joven española pide reanudar la vida común. El Santo Oficio se concretó a recibir la denuncia, evitando tomar cartas en un asunto que pone sin embargo en tela de juicio criterios profundos y esenciales de la sociedad colonial.

De hecho, tales actitudes por parte del Tribunal están perfectamente justificadas: si una institución represiva quiere mantener algún carácter de validez, debe respetar en cierta medida la imagen de justicia y de imparcialidad que se empeña en dar. Esto no entorpece su dedicación a los intereses de una clase o de un grupo social determinado, y vimos cómo la inquisición mexicana, al aplicar a los esclavos sanciones excesivas en relación con las normas metropolitanas, revelaba su participación en la sociedad esclavista. Sin embargo, celosa de su aura popular, se ve obligada a asentar

---

[84] AGN, Inquisición, vol. 297, último documento, sin foliación, "Diligencias contra Francisco Serrano del Arco", México, 1630.

[85] AGN, Inquisición, vol. 536, exp. 22, El señor fiscal contra Antonio, 1697.

golpes de vez en cuando sobre los poderosos, "no debiéndolo pagar siempre los desdichados esclavos", según dijo...

Mas hace falta poderlos alcanzar, y los archivos están llenos de denuncias que no se siguieron, por hallarse los culpables a centenares o millares de leguas, muertos o salidos a otras partes, cuando la pesada máquina inquisitorial opta por echarse a andar. Otra vez, topamos con el peso abrumador de las contingencias que se derivan de la misma naturaleza de la colonia.

Hemos intentado vislumbrar, en este mar de amargura y soledad que resulta ser casi siempre el destino de los negros y mulatos, las tendencias que anuncian la evolución, es decir, aquellas que corren bajo tierra para provocar el estallido en 1810. Durante siglos, millares de vidas sacrificadas contribuyeron a alimentarlas y a darles fuerza, hasta transformarlas en aquellos raudales arrasadores que acompañaron a Morelos y a Hidalgo.

La rebeldía sin esperanzas y el anhelo pujante de integración, fundidos en pulsiones profundamente vitales, guiaron estos pasos, y es probable que el Santo Oficio fuera el testigo, a menudo lúcido e impotente, el enemigo deliberado y, a veces, el cómplice involuntario de aquella larga marcha.

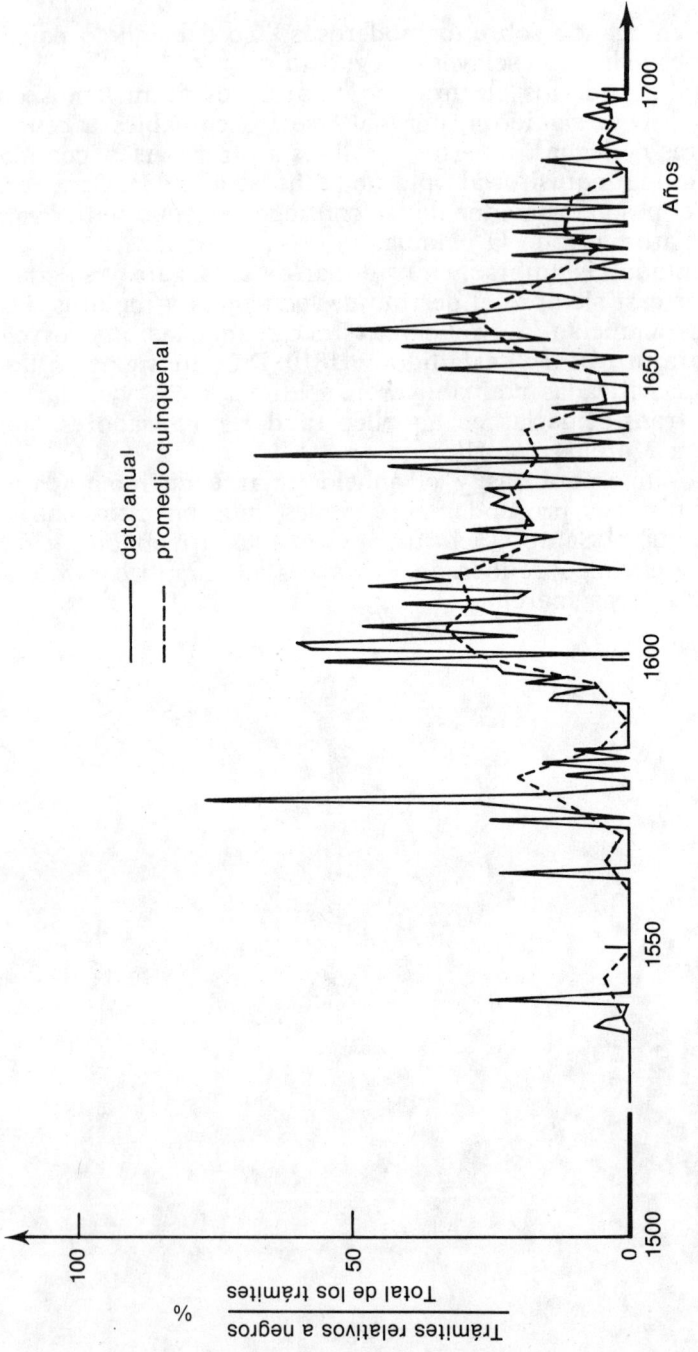

GRÁFICA XXIII. *Porcentaje de trámites concernientes a negros en relación al total de trámites en la Nueva España, 1550-1700.*

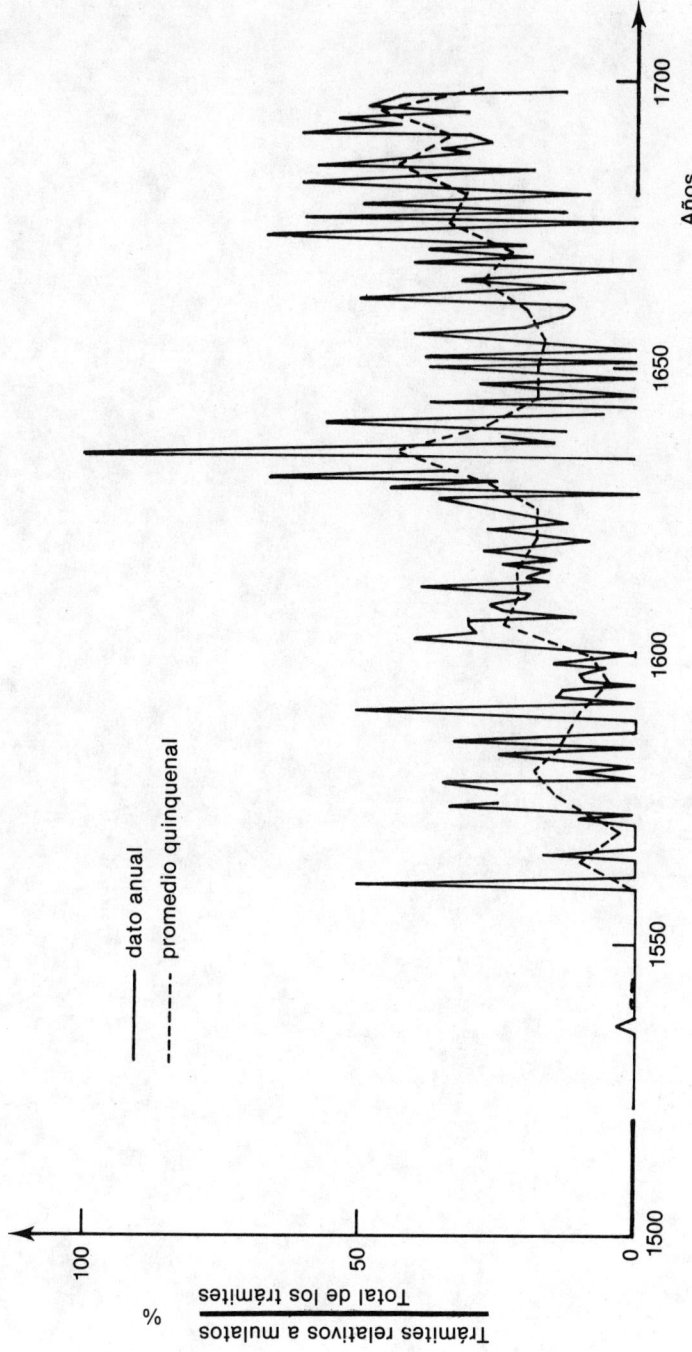

Gráfica XXIV. *Porcentaje de trámites concernientes a mulatos en relación al total de trámites en la Nueva España, 1550-1700.*

Sexta Parte
TRES BEATAS DEL SIGLO XVII

XXXI. UN ASPECTO DE LA CONDICIÓN FEMENINA EN NUEVA ESPAÑA

La Nueva España de los Austrias no podía dejar de conocer estos asuntos, comunes a toda Europa durante los siglos XVI y XVII y que implicaban aspectos religiosos, patológicos, sociales y hasta políticos, al menos en España y en Francia; se trata obviamente de aquellos procesos famosos contra alumbrados, "ilusos", beatas verdaderas o falsas, monjas poseídas por el demonio, que necesariamente debemos considerar por ahora con una mirada superficial, en ausencia, sin duda provisional, de un estudio general que coloque la proliferación de estas diversas manifestaciones en el contexto del auge religioso y del siglo de hierro que les pertenece.

Para quedar en el marco preciso de la referencia hispánica, recordemos que, si durante el siglo XVI se verificaron procesos en contra de los grupos importantes de alumbrados de Llerena y Sevilla, quedando los monarcas de entonces exentos de la menor sospecha por lo que se refiere a la heterodoxia —¡basta con pensar en Felipe II!—, las cosas cambiaron en el siglo siguiente: en efecto, Felipe III, Felipe IV y, más aún, Carlos II se desenvolvieron en una atmósfera turbia de magia, sometidos a unos privados todopoderosos que los rumores persistentes declaraban asistidos por prácticas culpables, a monjas que se mantenían en los límites precarios de la espiritualidad y la impostura.

Esto muestra hasta qué punto el siglo, largamente agitado en España por las convulsiones de una decadencia —que, si bien parece hoy tal vez menos profunda y, sobre todo, menos prolongada de lo que se creyó por mucho tiempo, no dejó de ser intensamente percibida por las mentes más lúcidas de entonces—, está marcado por las turbulencias irracionales, refugio y pretexto de su renuncia o impotencia para gobernar sus destinos, puesto que los mismos monarcas sucumbieron ostentosamente a ellas.

No se trataba aquí de estudiar de modo sistemático estas manifestaciones ambiguas —y tanto más ricas— de la religiosidad, que no podemos llamar "popular" ya que en Nueva España el "pueblo" es ante todo indígena y por consiguiente, está fuera de nuestro alcance; se trata más bien de una religiosidad cotidiana, común entre los españoles y las castas y que, a pesar de llevar el sello de la que en España es considerada "popular", resulta ser el producto de un proceso sincrético eficaz.

Antes bien, buscamos analizar algunos casos representativos a la vez del funcionamiento inquisitorial, del contexto social y mental en el que se inscriben y, finalmente, de la articulación de lo institucional con este mismo contexto social, quedando desprovistos estos fenómenos de significado y peso desde un punto de vista estrictamente estadístico.

Por tanto, al anteponer la riqueza del testimonio a todo lo demás, seleccionamos tres casos de beatas de la segunda mitad del siglo XVII, después de que se aplacara la ola intensa de persecuciones en contra de los judaizantes y de que la Inquisición mexicana volviese a lo que el visitador Sáenz de Mañozca llamaba su "flogedad antigua", lo que no significa en absoluto que tales mujeres fuesen las primeras en llamar la atención por razones semejantes en el virreinato.

En efecto, ya a fines del siglo XVI y en los primeros años del siguiente, los nombres de Juan Núñez de León, Marina de San Miguel, Catalina de Lidueña, Juan Plata y Agustina de Santa Clara habían dado mucho que hablar en la capital y la ciudad de Puebla, provocando en consecuencia la intervención inquisitorial.[1]

Pero como las acciones de estos alumbrados estaban ligadas a las desviaciones sancionadas en Llerena y Sevilla —la mayoría de ellos provenían personalmente o por su familia de Andalucía y tuvieron de algún modo contactos con uno de estos focos de heterodoxia—, preferimos estudiar el caso de beatas criollas, cuyos perfiles y comportamientos correspondían claramente a una situación específicamente colonial.

---

[1] AGN, Inquisición, vol. 210, exps. 2 y 3, Procesos contra Juan Núñez y Marina de San Miguel (1598); vol. 180, exps. 1 y 2, Procesos contra Juan Plata y contra sor Agustina de santa Clara, 1598; vol. 209, exp. 6, Proceso contra Catalina de Lidueña, 1597; vol. 209, exp. 6c., Proceso contra Alonso de Espinosa, 1597.

Por otra parte, parece que ya en 1532, la Corona pensaba en otorgar facilidades a un grupo de beatas instaladas en la capital y que se dedicaban a la educación de las hijas de caciques. *Cf.* Genaro García, "El Clero durante la dominación española", pp. 399-400, en *Documentos inéditos, op. cit.*

XXXII. TERESA ROMERO, ALIAS TERESA DE JESÚS

La primera de estas mujeres es objeto de un proceso en 1649, cuando ella tenía dieciocho años: se trata de Teresa Romero, alias Teresa de Jesús, que ya conocemos. Treinta y dos testigos intervienen en este proceso voluminoso que afecta a toda una familia, puesto que tres de sus hermanas fueron acusadas de los mismos delitos que Teresa. El proceso duró diez años.[1] ¿De qué se la acusa exactamente? Cuando el fiscal pide que se la arreste, le reprocha haber

> hecho, dicho, cometido y creído contra lo que nuestra santa madre la Iglesia católica cree, predica y enseña, siguiendo la secta de los alumbrados; trataba de revelaciones llenas de cosas increíbles y contra toda buena teología, con proposiciones expresamente heréticas y de otras notas que se suelen dar en este Santo Oficio, engañando a muchísimas personas, vendiéndose por espiritual, afirmando tener dichas revelaciones del cielo, y pláticas muy de ordinario con Jesucristo Nuestro Señor y con su Santísima Madre la Virgen María Nuestra Señora y con otros muchos santos de la Corte Celestial, en cuyos nombres daba respuestas a diversas cosas que le preguntaban diferentes personas que la tenían por santa, trayéndolas engañadas porqué la regalasen y la diesen dádivas, aprovechándose por este camino de sus haciendas, recibiéndolas con título y nombre de limosnas; y comer y beber esplendísimamente...[2]

Por tanto, desde el principio se nos presenta a Teresa de Jesús como sospechosa de iluminismo y herejía y la acusación que introduce el proceso opone sus acciones, mencionadas en tono crítico y reprobatorio, a la vida que lleva realmente.

Vamos a intentar descubrir, entre los 196 capítulos nutridos que constituyen la acusación final sumamente copiosa, algunos puntos particulares de los que se desprenden innumerables ramificaciones.

Después de las primeras apariciones de una criatura de dudosa identidad —entre demonio y duende—, las relaciones de Teresa con lo sobrenatural pronto se aclaran: Jesucristo, la Virgen María, algunos santos y santas, en particular santo Tomás de Aquino, san Nicolás de Tolentino, san Pedro de Alcántara, santa Teresa de Jesús y ciertas almas del purgatorio, tratan muy a menudo con ella. Luego llegan los diablos, que se apoderan de su persona, y le dejan

---

[1] El proceso de Teresa Romero, alias Teresa de Jesús, que se encuentra en el AGN, Riva Palacio, vol. 24, núms. 1 y 2 (1649-1659), fue publicado en el *Boletín del Archivo de la Nación*, tomo XVII, (1946), núms. 1, 2 y 3.
[2] *Boletín* del AGN, tomo XVII, núm. 3, pp. 387-388.

llagas bien visibles en los pies, manos y costados. Al dejar de alimentarse, recibía directamente su sustento del cielo, se volvía de repente simple y hablaba entonces como un pequeño. Cuando comulgaba, tomaba la hostia en sus manos, se la presentaba a quienes la rodeaban para que la adorasen y ya en su boca, la forma se disolvía en sangre; además, arrojaba a menudo sangre por la boca "por puro amor de Dios".[3] Pero no paraban ahí los prodigios corporales: diversas formas de parálisis, parciales o totales, solían afectarla con una rapidez tan asombrosa como la que acompañaba la recuperación del uso de sus miembros y su voz; tenía raptos, se arrastraba con celeridad pasmosa, adoptaba de pronto posiciones que desafiaban las leyes de la gravedad, se ponía rígida como un muerto, padecía graves enfermedades enviadas por el cielo y hasta a veces mandaba su corazón al paraíso, quedándose sin nada en su lugar.

También recibía de las regiones celestes madera que provenía de la cruz de Cristo, se desplazaba en espíritu adonde quería, conocía la suerte de los difuntos, proclamaba la existencia de un lugar anexo al purgatorio y más riguroso que éste, el "penaculario",[4] iba al paraíso terrenal, concedía indulgencias, obraba milagros, sabía que había de morir como mártir en Japón, usaba de parábolas que luego ella misma explicaba, predicaba, exhortando a todos a que fuesen virtuosos, etcétera.

Luego de haber llevado durante algún tiempo el hábito de beata del Carmen, no tardó en vestir galas mucho más mundanas pues, según decía con sutileza, "Cristo Nuestro Señor la había mandado se quitase el hábito que solía traer, de beata, porque no diera nota de su santidad..."[5]

Pero ¿quién es Teresa de Jesús? Su padre, Juan Romero Zapata, era un "labrador" natural de México y al enviudar, tomó el hábito clerical pues, según parece, pensaba hacerse clérigo. Su madre venía de Cholula, sus abuelos paternos y maternos eran todos criollos de la capital, de Puebla, Cholula y cierto abuelo había nacido en Sevilla, foco de turbulencias religiosas, como sabemos. Sus numerosos tíos y tías eran todos oriundos de los valles de México y Puebla, algunos eran religiosos o desempeñaban puestos humildes en instituciones diversas, pero la mayoría eran labradores, herreros y boticarios. Por tanto, se trata aquí de un entorno familiar blanco, criollo, sólidamente enraizado en la colonia y de estatuto socioeconómico precario. Teresa pertenece a una numerosa tribu que consta

---

[3] *Boletín* del AGN, tomo XVII, núm. 3, p. 404; la acusación del fiscal —pp. 404-435— hace la lista y describe las numerosas transgresiones cometidas por Teresa de Jesús.
[4] *Boletín* del AGN, *op. cit.*, p. 423.
[5] *Boletín* del AGN, *op. cit.*, p. 427.

de doce hijos, de los que cuatro murieron a temprana edad; tres de sus hermanas, las mayores, Nicolasa de Santo Domingo, Josefa de San Luis Beltrán y su gemela María de la Encarnación, escogieron asimismo el camino de la vida beata sembrada de acciones prodigiosas y... de la aventura inquisitorial.[6]

Sabe cabalmente rezar las oraciones, acude a los sacramentos con la debida frecuencia, no sabe escribir pero sola aprendió a leer y se mantiene con labores de costura. Habiendo nacido en Cholula, vivió en Atlixco y, después de quedar algún tiempo en Puebla, la familia permaneció cuatro o cinco años en Tepetlaoxtoc para luego trasladarse a la capital, donde la Inquisición arrestó a Teresa.

Ante los jueces, admite sin dificultad que sus raptos fueron fingidos y expone con inteligencia la manera como llegó, en Tepetlaoxtoc mismo, a simular sus estados extraordinarios. Las declaraciones de los testigos enriquecen sus confesiones, las corrigen y suscitan otras, permitiéndonos descubrir paulatinamente un asunto complejo. Así, nos enteramos de que Teresa y su familia no eran en absoluto personas de conducta intachable pues

> estando en el pueblo de Tepetlauxtoc, con sus padres, hermanas y hermanos, cuya casa era de juego y entretenimiento, chacorreando con las personas que allí acudían a jugar la dicha Teresa y sus hermanas, en presencia de sus padres, procediendo con todo desenfado en sus acciones, obras y palabras, de que se había seguido en dicho pueblo mala opinión de sus costumbres, entrándose esta rea en las casas de los indios, de que no se hablaba bien, antes con mofa de su persona; siendo constante que un indizuelo pilguanejo (que en dicho pueblo servía a cierto religioso morador del convento que allí hay), la había estuprado y que estaba en mala amistad con ella; que después se lo trujo esta rea a esta ciudad y lo tuvo en su casa en continuación de su amancebamiento.[7]

También nos enteramos de que la llegada de la familia Romero a la capital fue de hecho todo un éxodo ya que había sido expulsada de Tepetlaoxtoc

> con ocasión de que dicho su padre (hombre que sin ningún escrúpulo robaba los pobres indios de los pueblos donde vivía con título de amparador de ellos) le había usurpado a un indio su casa y sus tierras, causando grande alboroto al tiempo del lanzamiento hecho por

[6] En efecto, sus tres hermanas padecieron los rigores inquisitoriales: Josefa de San Luis Beltrán murió en las cárceles secretas el 7 de noviembre de 1657, María de la Encarnación falleció en el hospital unos meses antes y Nicolasa de Santo Domingo fue penitenciada en el auto particular del 29 de octubre de 1656.

[7] *Boletín* del AGN, *op. cit.*, pp. 405-406.

el alcalde mayor de Tezcuco, a quien se había cometido por el gobierno; concurrieron a verlas salir casi todos los indios e indias, porque estaban sumamente odiadas y aborrecidas.[8]

Todos llegan pues a la capital, sin olvidar al "indizuelo". Teresa prosiguió entonces "en el camino que había experimentado serle tan útil y cómodo, aun en la cortedad de dicho pueblo de Tepetlauxtoc, y con la dirección y fautoría de dicho su padre",[9] o sea, se lanzó esta vez a lo grande a la carrera de beata. Vistiendo a partir de entonces el burdo sayal del Carmen, no tardó en cautivar la atención asombrada y admirativa de personas que, si bien eran ingenuas, no procedían todas de sectores modestos ni ignorantes.

La acusación inquisitorial la pinta con el rostro macilento y el continente en extremo edificante, entregada a

> ayunos, cilicios y penitencias que hacía, armando un modo de celdilla en su casa con suma pobreza, con que fue captando crédito y voluntades y grandes socorros; y echando por allí el traje humilde, vistió después galas con profanidad, paseando en carrozas, asistida y regalada a título de Santa de muchas personas, llevándola a sus casas y teniéndola por muchos días y meses consigo, donde se arrobaba y aun robaba, pues a título de santa pedía lo que no le daban; haciéndola banquetes y convocando gente para verla arrobada, como si fuera una comedia, ya en su propia casa ya en otras, donde iba el dicho su padre, que la llevaba, citándose de un día para otro, besando los rostros a los hombres, llamándolos de tatas, fingiéndose simple y diciendo gracias...[10]

Aparece aquí una de las razones del número montado por el padre Romero a partir de las aptitudes evidentes de su hija Teresa para la simulación: se trataba llanamente de encontrar un medio de sobrevivencia, y éste resultaba excelente puesto que llovían los regalos y convites, para provecho de toda la familia.

Pero, independientemente de los propósitos paternos, Teresa de Jesús tenía por su lado buenos motivos para provocar en su derredor todo este escándalo. Como vimos anteriormente, su conducta en Tepetlaoxtoc distaba mucho de ser ejemplar y como el comercio con el "indizuelo" prosiguió en la capital, no tardó en embarazarse, de lo que se percató la familia; luego de intentos infructuosos por abortar, dio a luz y "metieron la criatura en un sótano de su casa hasta que la enviaron a cierto pueblo cercano a esta ciudad, llevando la criatura uno de dichos sus hermanos y el mesmo mesticillo su padre; y que lo que parió esta santa revelacionera y extática, fue

---

[8] *Boletín* del AGN, *op. cit.*, pp. 407-408.
[9] *Boletín* del AGN, *op. cit.*, p. 408.
[10] *Boletín* del AGN, *op. cit.*, pp. 408-409.

un hijo, a quién se puso por nombre Nicolás; y dentro de unos siete u ocho días, lo volvieron a esta ciudad y lo echaron a la puerta de cierta casa".[11] Cuando el vecino hubo recogido al niño, todo continuó como antes y el joven amante —indio, mestizo, ya no se sabe exactamente en aquella segunda mitad del siglo XVII...— permaneció al lado de Teresa en el seno de la familia; recordemos por otra parte que la beata entró embarazada a las cárceles inquisitoriales, en donde dio a luz a otro niño llamado esta vez Juan, y que los ministros solícitos procuraron buscar una nodriza para que lo amamantase al no poder hacerlo su propia madre.

Por tanto, "uno de los principales motivos que esta rea tuvo para urdir tanto diabólico embuste fue el encubrir sus deshonestidades",[12] y la misma Teresa confiesa que quería "que la tuviesen por santa y por encubrir sus flaquezas y maldades, y no las creyesen si acaso tuviesen noticia de ellas".[13] Efectivamente, no dudemos que el despliegue de prodigios devotos resultó ser una manera provechosa —piénsese en Tartufo— de disimular costumbres infaliblemente censuradas por la moral.

En fin, el proceder de Teresa de Jesús obedece a otra razón: admite haber querido suplantar a su hermana Josefa, quien, luego de haber sanado de una enfermedad por la intercesión de un santo recién canonizado, Luis Beltrán, se había puesto en seguida bajo su protección, haciéndose llamar en adelante Josefa de San Luis Beltrán. Por su parte, Teresa declaró haber sido también salvada de cierta enfermedad por san Nicolás de Tolentino, emprendiendo entonces una verdadera competencia con su hermana, lo que incitó a las otras, Nicolasa y María, a entrar en la lid. Confiesa asimismo "que también la movió a estas ficciones el que la tuviese amor el dicho Juan Romero Zapata su padre, que la aborrecía",[14] levantando aquí de modo conmovedor el velo sobre sentimientos íntimamente dolorosos y una realidad que, en muchos aspectos sin duda, se aparta de las ideas preconcebidas.

Ante sus jueces, durante el largo encarcelamiento, Teresa admite algunos hechos sin dificultad, que constituyen la parte medular de la acusación. Luego se retracta, se contradice, confunde las pistas, modifica sus declaraciones, admite nuevos puntos, y los testimonios la pintan, cuando asombraba a los crédulos, como dotada de alegre cinismo. La vemos, mientras estaba hospedada en "cierta casa; y habiendo fingido un arrobamiento, como a las siete de la noche que le duró más de una hora en el estrado, se levantó y se fue a la cocina y estuvo con mucha chacota y risa con los negros y negras

[11] *Boletín* del AGN, *op. cit.*, p. 431.
[12] *Boletín* del AGN, *op. cit.*, p. 430.
[13] *Boletín* del AGN, *op. cit.*, p. 401.
[14] *Boletín* del AGN, *op. cit.*, p. 389.

que estaban allí, y con un mesticillo de quien estaba actualmente enamorada y con un negrillo llamado *el Chato*, que estaba cantando y glosando algunas coplas; y habiendo entrado en dicha cocina cierta persona, que no le parecían bien estos raptos, halló a esta rea que estaba encendiendo un cigarro en una vela que allí había encendida...",[15] en una escena pintoresca que muestra nuevamente que el mundo servil, el de "los negros", constituye de hecho un espacio, para los mismos blancos, de libertad y desenvoltura.

Sin embargo, y como siempre en el caso de las beatas, cierta ambigüedad subsiste: aunque Teresa reconoce que sus arrebatos son fingidos y que su santidad no es más que impostura, mantiene la realidad de ciertas intervenciones sobrenaturales, esencialmente demoniacas, de acciones y efectos extraordinarios. Cabe ver en esta actitud, desde luego, la expresión de una religiosidad y una superstición personal, pero probablemente más aún, la manifestación de un conjunto de creencias comunes a la mayor parte de la sociedad colonial blanca y mestiza, que reflejan finalmente una sensibilidad colectiva de la que no participan en absoluto los letrados inquisidores.

La Inquisición castiga a Teresa de Jesús con relativa severidad por el escándalo provocado tanto en la capital como en el pueblo de Tepetlaoxtoc y resume, con la precisión clarividente que le es propia, los motivos de la aventura: "para encubrir sus deshonestidades, mala vida y costumbres y robar para salir de la miseria en que estaba, y por envidia y emulación de otra hermana suya".[16]

Unos diez años después de su entrada a las cárceles, Teresa recibió doscientos azotes —que en realidad no le fueron aplicados, considerando su estado convaleciente pues salía de una grave enfermedad—; tuvo que servir por diez años en un hospital y abstenerse de leer libros que trataran de revelaciones y arrobos.[17] La obligaron también a renunciar al nombre de Teresa de Jesús y a tomar de nuevo el suyo, más prosaico, de Teresa Romero, ya que la canonización reciente de santa Teresa (1622), como la de san Luis Beltrán (1671), con la abundante literatura apologética que surgió al respecto, tuvieron obviamente efectos indudables en este caso.

Por tanto, para Teresa Romero el estado de beata fue una solución individual a una situación socioeconómica precaria, a una problemática personal, unas costumbres desenvueltas y una voluntad de poder unidos a un deseo de afecto paterno. No se trata aquí de actitudes auténticamente devotas y el núcleo irreductible de creencias y conductas irracionales de Teresa forma parte, ante todo, de

---

[15] *Boletín* del AGN, *op. cit.*, p. 429.
[16] *Boletín* del AGN, *op. cit.*, p. 404.
[17] Salió en el auto de fe del 19 de noviembre de 1659 y estuvo expuesta a la vergüenza pública el día siguiente, el jueves 20 de noviembre.

una religiosidad común a los sectores criollos y mestizos de la colonia, influida por las canonizaciones recientes o en curso y por la publicidad otorgada a ciertas formas de piedad barroca; no son de ninguna manera la manifestación original y personal de una experiencia privilegiada. Así es como abandonamos las cumbres de la religión para encontrarnos en las esferas conocidas de la definición social y psicológica, que corresponden a la necesidad inmediata de sobrevivencia.

XXXIII. ANTONIA DE OCHOA

Veremos ahora el proceso de Antonia de Ochoa, alias de Jesús, que se verificó en México en los años 1686-1696 y es de un tono mucho más mesurado que el anterior. Esta criolla soltera, de unos treinta y cuatro años, que sabe leer, escribir y tiene conocimientos bastante extensos en materia de religión, se mantiene con algunas labores de costura, y sus buenas costumbres y su hábito de terciaria franciscana le granjean la consideración de todos.[1]

Un médico, don Antonio de Córdoba, es quien la denuncia ante el Santo Oficio el 10 de noviembre de 1686; describe escenas a las que asistió y que chocan con sus convicciones profesionales. Relata en particular cómo, en cierta capilla, vio a Antonia de Ochoa

> sentada arrimada en una esquina y muy tapada; para comulgar, la llevaron como cargada dos subjetos que no nombra, a la gradilla del altar, para que recibiese la comunión; y vio el testigo que hacía grandes visajes y movimientos con la cara y todo el cuerpo, como forzejando y uyendo de recibir la comunión; y que teniéndola los suso dichos como subjetándola, dixeron al testigo tubiese la cabeza a la suso dicha, porqué la dejaba caer casi atrás; y con efecto, teniéndosela el testigo y aplicándole las manos a la quixada, se le abrió la boca y entonces el sacerdote le dio la sagrada comunión, entrando la forma con violencia, por lo poco abierta que tenía la boca, estando esta rea haciendo los mesmos visajes referidos y con los ojos cerrados y torciendo la cara para no recibirla.[2]

Aparte de estas dificultades notables para recibir la comunión, de las que se entiende, sin duda, que son obra del demonio, Antonia lee los pensamientos y sentimientos de quienes la rodean; como Teresa de Jesús algunos decenios antes, sufre estados prolongados de puerilidad, pasando directamente de los sollozos a las carcajadas; pronostica muertes y enfermedades, encuentra objetos extraviados, presenta llagas y principios de estigmatas, padece, al igual que la otra, del corazón "por amor de Dios" y experimenta naturalmente numerosos arrebatos —alrededor de unos cincuenta—, siempre públicos. Todo acontece en su propia casa, o durante las misas celebradas por un hermano suyo, sacerdote, en los conventos

---

[1] AGN, Inquisición, vol. 538, exp. 1, Proceso contra **Antonia de Ochoa** (1695); la relación de causa se encuentra en el vol. 539, exp. 25 (1698).

[2] AGN, Inquisición, vol. 539, exp. 25, Relación de causa de Antonia de Ochoa, fs. 362-362v.

a los que acude en compañía de otras mujeres, y hasta en la morada de don Andrés Pardo de Lagos, eminente personaje que ya conocemos, oidor y consultor del Santo Oficio.³

Varios años transcurren luego de esta denuncia, lo que le permite a la Inquisición recibir algunos testimonios suplementarios y seis años más tarde, los calificadores reunidos declaran a Antonia de Ochoa "embustera, ypócrita, jactanciosa de cosas sobrenaturales, viciones, rrebelaciones, profesías, éxtasis y arrobos falsos y de algunos actos sobrenaturales, como el conocer lo ynterior y levantarse del suelo que parecía obró ayudada del Demonio".⁴

Sin embargo, no votan por la cárcel hasta dos años después —lo que manifiesta la lentitud notable con la que procede la institución—; adelantándose al arresto, Antonia se presenta por su voluntad al Tribunal, avisada seguramente de las amenazas que penden sobre ella. Confiesa llanamente haber engañado a los demás de manera en cierto modo involuntaria y cuenta que cuando vivía bajo el techo de don Andrés Pardo de Lagos y estuvo enferma —lo que le ocurría a menudo— sus huéspedes le preguntaron la causa de sus males; habiendo ella contestado que todo venía de sus dolencias de estómago, se negaron a creerla, "pareciéndoles que esta rea no quería declararles la verdad y que lo que tenía y padecía era cosa de gusto y sobrenaturales y rrebelaciones divinas y que continuándose esta plática como un cuarto de ora, esta rrea llevada de la vanidad y sin saver lo que se hacía, fingió suspensión y se quedó recostada sobre las faldas de la mujer de dicho don Andrés con los ojos serrados y otras demonstraciones en su cuerpo para llevar adelante su fingimiento..."⁵

Nuestra beata sabe sobradamente que tales prácticas son condenables, puesto que tiene la prudencia de acusarse de ellas ante el Santo Oficio; expone también entonces la manera en que éstas se hallan relacionadas con sus malestares fisiológicos, en los que sus admiradores no quieren ver sino efectos sobrenaturales y finalmente confiesa haber hallado suficientes satisfacciones de vanidad en esta confusión para incitarla a mantenerla deliberadamente.

En la cárcel que ocupa a partir de mayo de 1695 se muestra sumisa y humilde, aduciendo ser "mujer frágil, llevada del propio amor"⁶ y admite haber usado de semejantes ficciones cuando:

---

³ AGN, Inquisición, vol. 539, exp. 25, Relación de causa de Antonia de Ochoa, *op. cit.*, fs. 365, 373, 377, 378v., 384, etcétera.

⁴ AGN, Inquisición, vol. 539, exp. 25, Relación de causa de Antonia de Ochoa, *op. cit.*, f. 379v.

⁵ AGN, Inquisición, vol. 539, exp. 25, Relación de causa de Antonia de Ochoa, *op. cit.*, fs. 384-384v.

⁶ AGN, Inquisición, vol. 539, exp. 25, Relación de causa de Antonia de Ochoa, *op. cit.*, f. 389v.

aviendo ido a la cathedral a oyr misa, le dio mal de corazón (que avía muchos años que padecía), y perdió el sentido; y quando volvió en él, se alló rrodeada de diferentes personas, que algunas la tenían porque no se maltratase y la preguntaron quien era y adonde vivía y aviéndoselo dicho esta rrea, la llebaron a su casa y antes que la llevasen algunas de las personas que estavan allí, oyó esta rrea que decían: ésto no es mal de corazón sino que ésta es una buena cristiana sierba de dios, que el enemigo malo la deve de perseguir y maltratar; de lo qual resultó que esta rrea con el amor propio, tubo noticia para comenzar dichos fingimientos y dar a entender que algunas cosas que decía y subcedían eran sobrenaturales...⁷

He aquí, y proporcionada por la misma interesada, la explicación del asunto: por una parte, disposiciones patológicas y psicológicas particulares de Antonia de Ochoa; por otra, la presión de un entorno social impregnado de una religiosidad en la que lo sobrenatural prevalece sobre lo natural y lo normal.

Es que Antonia padece diversos males, **dolencias estomacales**, "**distilaciones de cabeza**",⁸ es decir los consabidos "humores" y, sobre todo, ataques de epilepsia que la privan de sentido. Los inquisidores parecen ver con extrañeza la figura peregrina de la beata, a la que pintan minuciosamente y que lleva

un manto de vurato, un ávito entero con escapulario, de el horden de San Francisco, una toca de bretaña, ya ussada; en la cabeza, un pañuelo de Cambray y en el cuello, un rosario de Jerusalén, con una santa cruz grande de Caravaca y una medalla grande de Nuestra Señora de los Dolores y un Cristo de la Columna y otra crusecita de Caravaca y otra medallita pequeña, todo de bronce; otro rossario que trahe en la mano de Jerusalén, con una medalla de Nuestra Señora de Guadalupe y San Hipólito, y una crucecita de San Toribio y en un hilito aparte, seis cuentas coloradas y una medallita de bronce; en un dedo de la mano derecha, una tumbaga y un anillo de carey y en una manga de el ávito, una cajuela pequeña de polvos, de latón; y en otra bolsa de el ávito, un papel escripto en medio pliego; un paño de polvos viejo; y debajo de el ávito, una saya de sayal, y un jubón entero de sayal; y debajo de dicha saya, un faldellín de grana de cochinilla guarnecida con galón de plata fina, ya usado; naguas y camissa de cotenza, las naguas y la camissa de Ruán ordinaria, labrada de azul; medias de bruselas azules, zapatos de cordován, viejos; otro rossarito al cuello, que llaman de Cachinbo, con dos medallas de bronce pequeñas; una crucecita de San Toribio, pequeña y en un hilo, cuatro quentas asules que llaman de amill (*sic*);

---

⁷ AGN, Inquisición, vol. 539, evp. 25, Relación de causa de **Antonia de Ochoa**, *op. cit.*, fs. 389v. y 390.

⁸ AGN, Inquisición, vol 539, exp. 25, Relación de causa de Antonia de Ochoa, *op. cit.*, f. 393.

y un corazoncito de plata, esculpido un Jesús; un medio pañuelo viejo al cuello y en una de las bolsas de la saya de abajo, un poco de tabaco y un real, y un papelito escripto; un cordón de San Francisco, con que tiene señida la cintura, grande, y una faja de hilo y seda cruda... es una mujer pequeña de cuerpo, española blanca, ojos pardos, el rostro rossado, sin pelo en la cabessa; y junto al lagrimal de los ojos, dos rijas como fuentes...

¡Vaya mujercita más extraña, con su aspecto enclenque e ingrato —piénsese en la calvicie, en las rijas...— sus ropas estrafalarias, cubierta toda de las cien chucherías sugeridas por la manía enfermiza y santurrona de esta virtuosa doncella de treinta y cuatro abriles!

El hecho es que, al contrario de Teresa de Jesús, ninguna sombra sospechosa empaña su honra y a lo más se le pueden notar algunos fantasmas inocentes que mueven a la sonrisa. Cuenta por ejemplo el alcaide que cierto día, cuando entró al calabozo de Antonia para llevarle la cena y una vela, ésta lo llamó a un rincón y

> le dixo esta rea le diese rremedio para una grave tentación con que el Demonio la sujería;[9] y que juzgando el alcaide sería de alguna desesperación, le preguntó quál era la tentación, a que respondió esta rrea con muchos artificios que la tentación era lascivia y que el Demonio le ponía presente el sujeto con quién la molestava, pero que no era ninguna de esta casa sino uno que la abía ablado o comunicado allá fuera y que el Demonio le decía que la misericordia de Dios era para los que pecaban, y que ella decía que no quería esta misericordia para no ofenderle; a que el alcaide la rrespondió que no era theológo...[10]

Bien es cierto que su constitución enfermiza y sus achaques diversos, en particular sus ataques de epilepsia, la hacen perder el sentido, poniéndola en situaciones que llaman la atención y mueven a la compasión a quienes la rodean; pero a esta predisposición patológica se añade un factor psicológico importante: bajo su aspecto ostentosamente humilde asoman en Antonia la presunción y la vanidad, exactamente como ese extraño faldellín colorado adornado con galón de plata fina asoma bajo el burdo sayal. Ella misma lo confiesa, está dominada por el "propio amor", es decir por el ansia de reconocimiento, admiración y autoridad.[11] Esto fue particularmente evidente el día en que "en un locutorio del convento

---

[9] O sea, la tentación del suicidio.
[10] AGN, Inquisición, vol. 539, exp. 25, Relación de causa de Antonia de Ochoa, *op. cit.*, f. 393v.
[11] AGN, Inquisición, vol. 539, exp. 25, Relación de causa de Antonia de Ochoa, *op. cit.*, f. 389v.

de monjas de Jhesús María, estando presentes diferentes personas que no nombra [el testigo], estando cantando una niña de la parte de adentro letras y canciones divinas y estando con dicho accidente y como arrobada, esta rrea respondió cantando versos divinos y dando muchas rrisadas durante lo rreferido, como dos oras...[12]

No cabe duda de que Antonia de Ochoa se propone ejercer aquí el monopolio por lo que se refiere a la práctica extraordinaria de las "cosas divinas": cuando la voz pura de una niña arriesga distraer una atención que Antonia considera corresponderle a ella sola y suscitar por tanto un tierno asombro, entra en liza con su rival, aturde a los asistentes con dos horas de cantos divinos entrecortados de carcajadas y restablece su imperio un instante amenazado.

Se trata, en efecto, de un verdadero imperio ejercido por la beata puesto que individuos tan graves como don Andrés Pardo de Lagos —nada menos que oidor y consultor del Santo Oficio[13] y promotor fiscal del arzobispado, entre otros títulos— daban crédito a las singulares demostraciones de la piadosa criatura.[14] Más aún, el comisario general de san Juan de Dios visita con frecuencia a Antonia de Ochoa, con quien "tratava del gobierno de su religión y pesadumbres que le daban sus religiosos con sus excesos y esta rrea le aconsejaba lo que se le ofrecía". Los mismos religiosos, que conocían la influencia de Antonia sobre su superior, acudían a ella, para que interviniese en su favor.[15]

La beata resulta ser finalmente una ambiciosa que logra sus fines a la sombra de la humildad, fenómeno frecuente, según sabemos, en la edad clásica. Por ello, la sentencia inquisitorial de la "vergüenza pública", que significa arruinar el crédito construido con tanto esmero, la hiere profundamente y pide sin lograrlo que los inquisidores la eximan de ella.[16]

Pero si nuestra discutible beata consiguió establecer un imperio indiscutido, es obviamente porque la situación se prestaba a ello; tocamos aquí el tercer factor susceptible de explicar este asunto, o sea, las creencias y la religiosidad, en sus aspectos más difusos, que prevalecen en los medios aficionados a Antonia de Ochoa. En efecto, la cuestión fundamental estriba en esto:

No sólo el entorno es crédulo sino que es el que sugiere, o hasta

---

[12] AGN, Inquisición, vol. 539, exp. 25, Relación de causa de Antonia de Ochoa, *op. cit.*, fs. 372v. y 373.

[13] Véase el apéndice de los consultores, núm. 5, al final de la Primera Parte de este libro.

[14] AGN, Inquisición, vol. 539; exp. 25, Relación de causa de Antonia de Ochoa, *op. cit.*, fs. 384v. y 385.

[15] AGN, Inquisición, vol 539, exp. 25, Relación de causa de Antonia de Ochoa, *op. cit.*, fs. 403v. y 404.

[16] AGN, Inquisición, vol. 539, exp. 25, Relación de causa de Antonia de Ochoa, *op. cit.*, f. 408v.

impone el recurso a lo sobrenatural, incluso cuando se presenta naturalmente la explicación racional de un fenómeno. Ya vimos que don Andrés Pardo de Lagos y su mujer son quienes, al no quedar satisfechos con la respuesta dada por Antonia de Ochoa acerca de los males que padece, declaran que ésta se niega a decirles la verdad y que en realidad sufre de "cosas deliciosas y sobrenaturales"; son los curiosos quienes, ante el cuerpo inanimado de la beata, determinan que es víctima del maligno; cuando ella reparte, a guisa de reliquias, unos panecillos que declara expresamente confeccionar con un molde que lleva esculpidas las iniciales o la efigie de santa Teresa —no se sabe exactamente—, nadie la cree y se habla de prodigio.[17] La manera incluso en que se dirigen a ella no le deja alternativa, según veremos en el caso siguiente: durante cierta estancia piadosa en casa de don Andrés Pardo de Lagos, "preguntó la suegra de don Andrés a esta rrea como avía pasado la noche y si un niño Jesús de bulto que estava en dicho quarto le avía dado la mano; a que esta rrea le respondió que si Dios no le diera la mano, ¿qué fuera de ella?"[18] Sin importar lo que diga o haga, todo lo que la atañe se interpreta dentro de un sistema en el que lo sobrenatural es algo natural, que se manifiesta en la vida cotidiana en sus aspectos más prosaicos; así las cosas, es muy fácil, como en este caso, dar una respuesta tan sólo ambigua, que baste para confirmar lo excepcional...

Aunque las mujeres parecen inclinarse obviamente más a este tipo de interpretación y dedicarse de buen grado a una sociabilidad propicia a estas demostraciones —numerosas devociones domésticas, tertulias en las que tratan de estas materias, visitas frecuentes a monjas, estancias con pretensiones espirituales, etc.—, los hombres no quedan sin embargo ajenos a esta inflación de lo extraordinario.

Un honrado mercader de la ciudad de México llamado don Joseph de Villalta, es decir alguien que, por otra parte, no carece totalmente de buen sentido, es quien, junto con su esposa, lleva a cabo reuniones con Antonia de Ochoa y un "fray Francisco Jordanes, del orden de san Agustín, que también se arrobaba, como le avía sucedido en una rreja del convento de monjas de santa Clara de esta ciudad, donde se avía elevado tanto que se descalabró en el techo superior..."[19]

Villalta cuenta también que otra vez, "en el convento de Jhesús María, se avía querido arrobar dicho rreligioso y se avía abrasado

---

[17] AGN, Inquisición, vol. 539, exp. 25, Relación de causa de Antonia de Ochoa, op. cit., f. 401.
[18] AGN, Inquisición, vol. 539, exp. 25, Relación de causa de Antonia de Ochoa, op. cit., f. 385.
[19] AGN, Inquisición, vol. 539, exp. 25, Relación de causa de Antonia de Ochoa, op. cit., f. 364.

con él y le dijo: esso no, en esta ocasión, no se a de elebar o emos de ir juntos, y con esto, no se elebó..." [20]

Por tanto, se trata de una actitud común, al menos en los medios acomodados e ilustrados con los que trata Antonia, y que traduce lo que no podemos llamar propiamente un recrudecimiento —al no saber nada de la religiosidad criolla de los siglos XVI y XVII— sino, en todo caso, una presencia constante de lo sobrenatural y más especialmente de lo diabólico, en absoluta coincidencia por lo demás con lo que acontece en el mismo momento en España.

Sin embargo, subsiste una ambigüedad que no somos capaces de resolver —la que se encuentra en cualquier proceso mental individual o colectivo en la medida en que lo mental es inseparable de lo afectivo y de aquellas regiones oscuras en donde todo empieza. En efecto, la creencia en tales manifestaciones sobrenaturales es variable y abarca desde la credulidad total hasta la reserva benévola. Más aún, cierta aceptación de semejantes prácticas no excluye el reconocimiento de su falsedad; Antonia de Ochoa, que está convencida, como sus coetáneos, de la posibilidad de lo sobrenatural, admite con facilidad ante sus jueces que por lo que se refiere a ella, todo se reduce a "ficciones", "embustes", y que se entregó a ellos llevada de la vanidad, para "alborotar", haciendo por tanto suyo el discurso inquisitorial y las premisas que postula.[21]

No cabe ver en esta adhesión el solo efecto de la intimidación y del oportunismo prudente, que la impulsarían a declarar su culpabilidad y a adoptar el lenguaje de sus jueces.

Antonia de Ochoa, si dejamos a un lado su orgullo y voluntad de poder, es realmente una buena cristiana, que obedece a su confesor; es una mujer inteligente y virtuosa que participa, al menos conscientemente, de los criterios inquisitoriales, que no puede sino aceptar. Sin embargo, siempre permanece oculta en lo más profundo del alma esta atracción hacia la sombra, esta secreta tentación de apostar en otra parte...

Esto es aún más cierto tratándose de los notables, mercaderes o religiosos que proyectan, invierten, desvían o catalizan en creencias ambiguas unas fuerzas o unas faltas que deberán ser interpretadas en un enfoque necesariamente afín a la sociología religiosa y al estudio de las mentalidades. En efecto, ¿que se puede decir de un oidor, un consultor del Santo Oficio o un promotor fiscal del Arzobispado que abonan, aunque sea por su tolerancia benévola, un alboroto finalmente tan necio?

En una época y un mundo en los que lo sobrenatural se ve acre-

---

[20] AGN, Inquisición, vol. 539, exp. 25, Relación de causa de **Antonia de Ochoa**, *op. cit.*, f. 364.

[21] AGN, Inquisición, vol. 539, exp. 25, Relación de causa de Antonia de Ochoa, *op. cit.*, fs. 390-392.

ditado por las mayores autoridades, en que la santidad es aún proclamada con cierta frecuencia, en que la duda, la discusión o hasta la disensión pueden prevalecer en un asunto como el de la monja María de Agreda,[22] resultaba muy difícil distinguir entre la autenticidad y la superchería, difícil incluso para personas, así estos dos hombres, pertenecientes a sectores ilustrados y cercanos a las instituciones que tenían por misión resolver estos puntos delicados...

---

[22] José Deleito y Piñuela, *La Vida religiosa española bajo el Cuarto Felipe. Santos y Pecadores*, p. 65.

XXXIV. JUANA DE LOS REYES

El pleito de Juana de los Reyes tiene otra magnitud pues implica la participación activa o pasiva de toda la población de Querétaro, junto con la de instancias civiles, del clero y, desde luego, del Santo Oficio.

Situada a dos pasos de la capital, en el camino real que llega a las minas del norte lejano y próxima al Bajío, feraz depresión productora de trigo, Querétaro se perfila como una ciudad en pleno auge en la segunda mitad del siglo xvii, con una fortuna esencialmente ligada a la fabricación de lana y la producción de paño en los obrajes, pues la región entera se dedica al ganado lanar.

También es una ciudad criolla dinámica, con fuerte influencia de los numerosos grupos indígenas vecinos —el otomí es allí prácticamente la *lingua franca*—, a orillas del mundo chichimeca y el puesto avanzado de aquel baluarte hostil que constituye aún la Sierra Gorda, tierra de misión.

Desde su fundación en 1531 los franciscanos logran la preponderancia, si bien otras órdenes religiosas, dominicos, carmelitas, jesuitas, no tardaron en implantarse en la ciudad, sin llegar por ello a amenazar la situación de los frailes menores quienes, mediante la cofradía del Santísimo y la tercera orden, dominan la práctica religiosa de la sociedad lugareña desde sus dos conventos de san Francisco y la Santa Cruz.[1]

Sin embargo, cambian las cosas en los últimos decenios del siglo. Los Padres Apostólicos de la Propaganda Fide, adeptos también de la regla de san Francisco, establecen precisamente en el convento de la Santa Cruz su primer colegio americano en 1683, de donde salen hacia Zacatecas y la capital, con el colegio de San Fernando; son movidos por el doble celo de la "predicación popular a los fieles y las misiones de infieles".[2] Esta rama franciscana, llegada después de las otras, emprendió por tanto una vigorosa acción misional con los indígenas aún paganos, junto con un intento por controlar a la población urbana, aplicando, según veremos, una táctica tanto más terrorista cuanto que se trataba de conquistar un terreno ya ocupado por otras órdenes religiosas establecidas desde hacía tiempo.

Por otra parte, los franciscanos mismos ven amenazada su in-

---

[1] John Clay Super, *Querétaro, Society and Economy in early Provincial Mexico, 1590-1630*, pp. 204-206.
[2] Lino Gómez Canedo, *Sierra Gorda, un típico enclave misional en el centro de México, siglos xvii/xviii*, pp. 29, 40.

fluencia en la región en primer lugar por los dominicos, quienes, tras años de diligencias y pese a la oposición de los frailes menores, reciben en 1692 la autorización de la Corona de fundar también un colegio misional en Querétaro y ocupan desde hace tiempo posiciones en la Sierra Gorda, y luego por los agustinos, los que desde la Huasteca no dejan de introducirse en esta misma Sierra, bastión del paganismo que en el corazón del virreinato solicita imperiosamente el celo misional de este final de siglo.[3]

Por tanto, nos encontramos al principio con una situación de reajuste por lo que se refiere a la presencia y acción de las distintas órdenes religiosas en Querétaro y su región: si bien los franciscanos están perdiendo terreno, reciben un apreciable refuerzo con la llegada de los Padres Apostólicos, a menudo españoles peninsulares ansiosos de distinguirse en hazañas piadosas, y los vemos reaccionar intentando recuperar la preponderancia indiscutida que había sido la suya hasta entonces. Así las cosas, se entiende que cualquier situación o incidente favorable a la estrategia franciscana, o sea de los frailes menores propiamente dichos y de los padres apostólicos, será aprovechado por ellos.

El origen de este asunto, que, digámoslo de una vez, hubiera podido degenerar perfectamente en un drama semejante al de Loudun, se remonta a la llegada de los padres apostólicos, quienes,

> como recién venidos de España, sin tener conocimiento de la gente ni de la disposición, bondad y blandura de corazón, empezaron a atemorizarla; y queriendo de una vez hacer santa a toda la gente desta ciudad, empezaron a moverla e inclinarla (principalmente a las mujeres) para que fuesen cada día a la Santa Cruz, cuya iglesia tenían abierta desde por la mañana hasta la noche, obligando a las casadas a que contra la voluntad de sus maridos, dejasen todo el día sus casas sin cuidar de sus hijos ni de lo que avían de comer, por estarse en la iglesia, gastando dilatadas horas en el confesionario la penitente; a las hijas las hacían salir de las casas de sus padres contra todo su dictamen y si algún día dejaban de yr, las embiavan a llamar, reprehendiendo a quien las impedía; en su portería, davan de comer a muchas, teniendo allí lección espiritual, de que se originó que algunas enfermasen con penitencias indiscretas, otras se echavan el ábito de beatas y a poco tiempo arrepentidas, se volvían a su traje antiguo, con nota de la ciudad. Otras andavan algo desvanecidas de la cabeza y algunas con opinión de averse vuelto locas; de aquí se engendraron escrúpulos gravísimos y oposiciones peligrosas, porque predicavan que era pecado mortal traer puntas en los mantos, (en el margen: esto predicaron también en Zacatecas: nota del Santo Oficio), sin distinguir los fines de cada una ni los estados en que se hallavan, con que en el púlpito se contrapuntearon con las demás

---

[3] Lino Gómez Canedo, *op. cit.*, pp. 29, 30, 35, 36.

religiones y principalmente con la del Carmen, por defender su dictamen. De aquí, sembraron en los corazones de los fieles menos devoción con las demás religiones, impidiéndoles el que se fuesen a confesar a sus iglesias. De aquí, algunas y principalmente una mujer moza y de buen parecer, a título de abstracción y retiro, hizo una bibienda en la huerta de su casa donde a vivido sola, sin la compañía de los de su casa, con riesgo y peligro evidente, por ser las cercas de las huertas desta ciudad demasiadamente bajas y faciles de saltar, de donde se pueden inferir no mui buenas consecuencias. Aún entre los mismos padres apostólicos, que así los llaman en esta ciudad avía zelos y oposiciones sobre las hijas de confesión, en las casas se entravan con demasiada llaneza a comer y beber chocolate, apartándose a solas con las hijas espirituales...[4]

He aquí la situación deliberadamente creada por los franciscanos recién llegados: con el fin de quitar a las órdenes religiosas su clientela acostumbrada, atraen sobre todo a las mujeres, en un clima tenso de misión; para ello, no dudan en trastornar las relaciones establecidas entre ellas, sus maridos y parientes, impugnan las convenciones sociales y arremeten contra sus rivales, es decir los religiosos que ocupan pacíficamente el lugar.

Empero, las costumbres de la población no justifican en absoluto acciones tan drásticas puesto que nada perturba entonces la vida pueblerina; sólo cabe notar una tendencia allí tal vez más fuerte hacia las prácticas hechiceriles, al favorecer la presencia de numerosos grupos indígenas en la región y la misma ciudad un comercio activo de sustancias y procedimientos, como el peyote y la hierba pipilzizintli, que tienen propiedades alucinógenas, como es sabido, y son objeto de tratos particularmente numerosos.

Esto es precisamente lo que va a originar el arresto y luego el proceso inquisitorial de una "coyota" —padre español y madre mestiza—, de unos veinte años, una tal Josepha Ramos alias de San Joseph, también llamada *la Chuparratones*.[5] Esta mujer, que sirve a un boticario de la ciudad, usó de polvos sospechosos y hierbas, hizo impotente a un vecino, sostiene que el diablo se le apareció bajo la forma de un perrito negro y goza de una sólida fama de bruja y hechicera. En tiempos normales no había nada grave en todo ello, pero desde que llegaron los padres apostólicos a Querétaro los tiempos ya no son normales. Esta historia banal y casi rutinaria se produce en el clima de terror y tensión creado y desarrollado por los padres apostólicos y, al rebasar el marco que

[4] AGN, Inquisición, vol. 527, fs. 482v. y 483, Carta de fray Manuel de Jesús María al Santo Oficio, 3 de enero de 1692.
[5] AGN, Inquisición, vol. 523, exp. 3, Proceso contra Josepha de san Joseph, alias Josefa Ramos, alias Josefa de la Cruz, alias *la Chuparratones* (1686). La Relación de su causa se encuentra en el vol. 539, exp. 26 (1698).

debía ser el suyo, sirve de catalizador de dicha agitación ya que se articula naturalmente con la historia de Juana de los Reyes.

En efecto, en este mismo momento es cuando una joven española criolla de unos diecisiete años, de familia pobre aunque hidalga que cuenta con cinco hijos —de los que uno es franciscano y una clarisa—, empieza a padecer de males diversos y persistentes. Pese a los tratamientos y medicinas no logra recobrar la salud y llega a afirmar —palabras en seguida repetidas y amplificadas alrededor suyo— que es víctima de los maleficios de *la Chuparratones*.[6]

Se va por tanto estableciendo una relación entre el problema de Juana de los Reyes y el asunto de *la Chuparratones*; el recurso a la explicación irracional —el hechizo de la bruja— sigue teniendo un carácter muy banal y baladí, al menos y todavía en tiempos normales.

Pero ahora todo se vuelve mucho más grave: lo persistente de los males que afligen a Juana de los Reyes a pesar de los cuidados que recibe, y el hecho de que se les empieza a suponer un origen extraordinario no podía dejar de llamar la atención de los franciscanos y padres apostólicos, obviamente al acecho de la intervención de lo sobrenatural en el clima de pánico que procuraron suscitar. Ahora bien, estos religiosos —consultados con toda facilidad puesto que la familia de la enferma mantiene con su orden unas relaciones privilegiadas al llevar dos de sus miembros el hábito de san Francisco— pasan el Rubicón que separa las creencias populares banales —los maleficios y hechizos de brujas y hechiceras— de los oscuros conocimientos que les pertenecen: lo que Juana llamaba simplemente "hechizo" se vuelve, mediante su intervención autorizada, el Diablo.

Cabe apreciar la lucidez del comisario inquisitorial, quien desde Querétaro informa a sus superiores capitalinos acerca de los acontecimientos que perturban a la ciudad provinciana, escribiéndoles con toda mesura; según el funcionario todo ocurrió "de aver algunos meses que esta rrea y otras dos mugeres doncellas avían estado enfermas; y con lo dilatado de sus achaques y remedios que las hicieron vinieron en conocimiento de estar echisadas, añadiendo los religiosos que les avían estado asistiendo y asistían, estar endemoniadas".[7]

A partir de ahora, la máquina está lista: de malestares extraños

---

[6] AGN, Inquisición, vol. 539, exp. 26 bis, Relación de la causa de Juana de los Reyes al Consejo (1698). Véase también el vol. 527, fs. 460-463, "Autos en razón de los alborotos sucedidos en la ciudad de Querétaro, sobre decirse estar algunas personas poseídas de el Demonio", 8 de noviembre de 1691.

[7] AGN, Inquisición, vol. 539, exp. 26 bis, Relación de la causa de Juana de los Reyes, *op. cit.*, f. 452v.

rebeldes a todos los remedios, pasamos a los maleficios y luego, por la intervención de los franciscanos, desembocamos en lo demoniaco. De ahora en adelante, los frailes menores que sacaron la situación de su contexto banal y popular se aprestan a dominarla y a desarrollar una doble estrategia en función de sus fines personales.

Paralelamente a las atenciones espirituales y muy especialmente a los exorcismos de los que Juana de los Reyes, ahora terciaria de san Francisco, y pronto otras dos mozas que no tardan en seguir su ejemplo, son objeto,[8] se trata de controlar a la población para imponerle la versión franciscana y, más aún, de eliminar sus reticencias y eventuales dudas.

En efecto, estamos lejos de la unanimidad por lo que se refiere a la realidad de las posesiones diabólicas de Juana de los Reyes. En primer lugar, los carmelitas, dominicos, jesuitas y algunos seculares se niegan a darles crédito y varios de ellos, alarmados ante el giro que van tomando los acontecimientos, escriben al Santo Oficio mandándole un relato pormenorizado de lo que ocurre y pidiéndole su intervención.[9]

Fuera de ellos, muchos siguen discutiendo, interrogándose, dudando, ya que ahora la ciudad entera no hace más que hablar de las "poseídas", y si bien la opinión pública ve unos maleficios, de ninguna manera reconoce la intervención del demonio y sigue incrédula, pese a todo, en ciertos sectores.

Por tanto, los franciscanos y los padres apostólicos, respaldados por algunos descalzos y un buen número de seculares, han de redoblar esfuerzos y valerse de procedimientos de verdadera intimidación. Empiezan por afirmar que el que no crea en las posesiones comete un pecado mortal, lo que produce una confusión extraordinaria entre los fieles y la intervención enérgica de los confesores pertenecientes a las demás órdenes, por la obligación que sienten de ilustrar y serenar a sus ovejas.[10] Los frailes menores añaden también que sólo los ignorantes y los incrédulos se niegan a creer en las posesiones, lo que puede atraer la justicia divina sobre ellos;[11] piden que se denuncie a los incrédulos[12] y divulgan las

---

[8] Se trata de Francisca Mejía, cuyo proceso quedó suspenso por orden de la Suprema en 1697. No sabemos nada de la otra, Francisca de la Cerda, demasiado niña —siete años— para ser objeto de un proceso.
[9] AGN, Inquisición, vol. 527, "Autos en razón de los alborotos...", *op. cit.*, fs. 463, 463v., 481-483v. y 487.
[10] AGN, Inquisición, vol. 539, exp. 26 bis, Relación de causa de Juana de los Reyes, *op. cit.*, f. 457v.
[11] AGN, Inquisición, vol. 539, exp. 26 bis, Relación de causa de Juana de los Reyes, *op. cit.*, f. 454v.
[12] AGN, Inquisición, vol. 539, exp. 26 bis, Relación de causa de Juana de los Reyes, *op. cit.*, f. 454.

palabras de los demonios, que declaran negarse a abandonar el cuerpo de sus víctimas a causa de la incredulidad de algunos y asegurando su intención de penetrar en el de cuantos no creyesen que dichas mujeres eran poseídas por el Diablo.[13] Los religiosos llegan incluso a exclamar ante los fieles: "Señor, abrid los ojos de esta gente siega e yncrédula para que crean esta verdad".[14]

He aquí un procedimiento notable que aúna la amenaza a la intimidación y que tiende a encerrar a todos en una red de terror y culpabilidad, puesto que el incrédulo aparece ante la comunidad como el responsable de las posesiones.

La voz pública comenta asimismo que los demonios, siempre a través de sus intérpretes franciscanos, declaran cercanos el fin del mundo y el juicio final, al mismo tiempo que su predilección por las doncellas, cosa que origina aún más desórdenes porque "oyeron decir a una doncella que si en las doncellas avía de entrar el Demonio y que estando en su mano el no serlo, no lo sería luego aquella noche".[15]

Así, prevalece la confusión, se va insinuando el caos de los tiempos últimos y nuevos, las relaciones familiares quedan trastornadas y se están desmoronando las convenciones sociales elementales.

Pero, al mismo tiempo, se trata de reagrupar a tantas almas acongojadas en movimientos colectivos organizados por los religiosos: los novenarios, rosarios, las procesiones de penitentes en las que numerosas mujeres caminan descalzas con sogas y cilicios, las disciplinas que azotan los hombros y arrancan gotas de sangre, claman por la clemencia divina.[16] Las misiones se vuelven los momentos paroxísticos de esta campaña: duran hasta las ocho o nueve horas de la noche, "de que se seguían los desórdenes que se dejaban entender de estar hombres y mujeres congregados y andar a tales oras fuera de sus casas..."[17] Durante estas funciones teatrales se exorciza a Juana de los Reyes y sus émulas y "como la gente concebía que estaban endemoniadas, al oyrlas lebantar la voz, que lo solían hacer ordinariamente al fin del sermón, con la oscuridad de la noche, les causaba tal espanto que todos procuraban uyr de tropel; y como el concurso era numeroso, a unas les daba mal de corazón, otras salían maltratadas, otras malparían y otras salían atur-

---

[13] AGN, Inquisición, vol. 539, exp. 26 bis, Relación de causa de Juana de los Reyes, *op. cit.*, fs. 456v. y 457.
[14] AGN, Inquisición, vol. 539, exp. 26 bis, Relación de causa de Juana de los Reyes, *op. cit.*, f. 457v.
[15] AGN, Inquisición, vol. 539, exp. 26 bis, Relación de causa de Juana de los Reyes, *op. cit.*, f. 457.
[16] AGN, Inquisición, vol. 539, exp. 26 bis, Relación de causa de Juana de los Reyes, *op. cit.*, f. 455.
[17] AGN, Inquisición, vol. 539, exp. 26 bis, Relación de causa de Juana de los Reyes, *op. cit.*, f. 456v.

didas y asombradas y en todo el vulgo, corrían propoziciones temerarias, escandalosas y malsonantes".[18]

En fin, el fenómeno se iba nutriendo y amplificando por su dinámica propia, según un proceso conocido puesto que, aparte de las discípulas de Juana de los Reyes, se empezaba a hablar de siete religiosas también poseídas por el demonio [19] y "en los sermones y predicación de noche avía muchas mugeres que les dava mal de corazón, de que salía nueba enferma y decían era endemoniada..."[20]

Es evidente que se trata aquí de una verdadera estrategia por parte de los franciscanos y padres apostólicos, cuyas dos fases principales podemos distinguir con claridad: en primer lugar y cuando la población se halla ya preparada por una acción misional agresiva, la intimidación y sumisión de los tibios y escépticos —lograda mediante un proceso de culpabilización y terrorismo respaldado por cierto milenarismo— con el fin de imponer la creencia entera en la posesión demoniaca, cuyo tratamiento exclusivo se reservan los religiosos; paralelamente, se procede a aislar a las ovejas —sobre todo a las mujeres— de lo que normalmente constituye su marco de referencia afectiva, espiritual y social, o sea, los maridos, padres, confesores pertenecientes a otras religiones, las convenciones sociales; finalmente, una vez logrados el aislamiento y la ruptura, se intenta reagrupar a toda esta gente en manifestaciones colectivas, procesiones, misiones nocturnas en las que impera el terror estableciendo relaciones frecuentes y privilegiadas con los confesores franciscanos. Ahora bien, el acto fundador de la nueva orden es obviamente el exorcismo, meollo de la campaña franciscana.

Ahora la ciudad vive al ritmo de los acontecimientos extraordinarios que se producen a cada instante en casa de Juana de los Reyes y, en menor medida, en la de Francisca Mejía y Francisca de la Cerda, las otras dos mozas españolas criollas asimismo poseídas. La primera padece continuamente los tormentos infligidos por los demonios mandados por *la Chuparratones* y su madre, a las que obedecen ciegamente. Hemos señalado antes la operación sincrética que consiste en mezclar la versión personal y popular que proporciona Juana de sus achaques —obra de las hechiceras— con la otra, teológica, de los franciscanos —los diablos—, lo cual permite que los religiosos justifiquen su mediación y establezcan su influencia indiscutida.

---

[18] AGN, Inquisición, vol. 539, exp. 26 bis, Relación de causa de Juana de los Reyes, *op. cit.*, f. 456v.
[19] AGN, Inquisición, vol. 539, exp. 26 bis, Relación de causa de Juana de los Reyes, *op. cit.*, f. 457.
[20] AGN, Inquisición, vol. 539, exp. 26 bis, Relación de causa de Juana de los Reyes, *op. cit.*, f. 453.

Al igual que sus congéneres de la época, nuestros demonios queretanos son numerosos, aunque disciplinados puesto que están formados en legiones bajo el mando de capitanes cuyos hombres son significativos: al lado de Lucifer, que no podía faltar, aparecen cierto Crascorbo y un Mascorro, un Fortuna pero también un Mozambique —recordándonos que en España misma el diablo era frecuentemente visto bajo los rasgos de un hombre negro— junto con algún Tongoxoni, de estirpe muy probablemente otomí.[21] Tales criaturas se dedican, según acostumbran, a un ir y venir agitado en el cuerpo de la poseída; aceptan a veces ceder ante las invocaciones del exorcista y salir, pero son inmediatamente sustituidos por otros recién llegados.

Divirtiéndose de vez en cuando bajo las apariencias de un fraile franciscano, hablan mucho, para anunciar nuevos tormentos, confesar sus maldades, prevenir; no son particularmente desagradables, su modo de expresarse es torpe, más bien popular y, si bien entienden el latín a la perfección, se niegan rotundamente a hablarlo alegando no tener licencia para ello o declarando llanamente, como si fuesen niños: "no quiero".[22] Seamos justos con ellos, pues no imponen las horribles contorsiones ni los agotadores prodigios con los que atormentaban a las monjas de Loudun unos sesenta años antes, sino que, al contrario, hacen gala de una sencillez muy colonial; su imaginación dañina se conforma con mantener a Juana de los Reyes postrada en su lecho, reacia a tomar alimento durante varios días, desmayada y sin habla.

El hecho es que durante el año de 1691 y a pesar de las numerosas atenciones de las que es objeto, la salud de la joven no mejora, sino al contrario: en varias ocasiones, terribles vómitos la hacen arrojar bolas de lana empapada de solimán crudo, bultos de cabellos, agujas y alfileres en gran cantidad.[23] Por tanto, los exorcistas franciscanos tienen mucho que hacer con ella y a veces las sesiones —verdaderos duelos con los demonios— llegan a durar de siete a ocho horas, dejando a los religiosos tan agotados como a los verdugos y a la víctima; además los frailes se ven obligados a participar en las tareas médicas que necesita la recuperación de las sustancias diversas que ahogan a la enferma.[24]

Bien es cierto que tienen por herramienta la experiencia adquirida en España y como instrumentos valiosos, el *Malleus Malefica-*

---

[21] AGN, Inquisición, vol. 539, exp. 62 bis, Relación de causa de Juana de los Reyes, *op. cit.*, fs. 453v., 460, 463, 467v. y 469v.
[22] AGN, Inquisición, vol. 539, exp. 26 bis, Relación de causa de Juana de los Reyes, *op. cit.*, f. 479.
[23] AGN, Inquisición, vol. 539, exp. 26 bis, Relación de causa de Juana de los Reyes, *op. cit.*, fs. 467v., 468v., 469, 471v., 473, 473v. y 474.
[24] AGN, Inquisición, vol. 539, exp. 26 bis, Relación de causa de Juana de los Reyes, *op. cit.*, fs. 470 y 473v.

rum y el *Flagellum Demonum*.[25] También tienen la posibilidad de turnarse a la cabecera de Juana de los Reyes mientras el resto de la comunidad se dedica a los novenarios, rosarios, las penitencias y misiones cuyas virtudes propiciatorias deberían, al reforzar los efectos del exorcismo, disipar pronto estas calamidades.

Pero nada de esto ocurre; las demás órdenes religiosas se mantienen reservadas hacia todo este alboroto, a pesar de las pruebas que presentan los franciscanos de las fechorías diabólicas; siguen, por tanto, negando lo evidente de las posesiones y aceptan, a lo más, la posibilidad del maleficio, mientras que Juana de los Reyes, lejos de recobrar la paz y la salud, es objeto de tormentos cada día más crueles por parte de los demonios y de *la Chuparratones*, que constantemente viene a morderla, a hurtadillas de todos.[26] Huelga decir que la inutilidad aparente de los exorcismos origina nuevas dudas y refuerza las reticencias...

Hacia el otoño de 1691, cuando su vientre presenta una hinchazón inquietante que se había empezado a manifestar unos meses antes, Juana de los Reyes arroja, en medio de grandes dolores y con la ayuda de su madre, un huso de fierro que las hechiceras habían introducido en su natura.[27] A partir del veinticinco de diciembre, la situación empeora con rapidez; el vientre ya es monstruoso y duro, los demonios entran y salen del cuerpo de la infeliz en una zarabanda propiamente infernal.[28] Pero el día veintiséis es terrible: no sólo se extrae de las partes íntimas de Juana un malacate grueso de arriero, de fierro y muy agudo, sino que arroja una bola de lana negra que se hallaba en sus pulmones y la venía ahogando. Los diablos, alborotados, avisan de su salida escalonada a las seis, nueve y diez horas y el primero, enfurecido por los conjuros, sólo acepta salir con la intervención del arcángel san Rafael y de la Virgen María. Por si fuera poco, todos se confabulan para robar el libro de exorcismos...[29]

Al día siguiente, mientras los religiosos no cejan en sus intervenciones, la enferma arroja cabellos, agujas y lana.[30] El día primero de enero corresponde a un empeoramiento indudable de la

---

[25] AGN, Inquisición, vol. 539, exp. 26 bis, Relación de causa de Juana de los Reyes, *op. cit.*, f. 461.
[26] AGN, Inquisición, vol. 539, exp. 26 bis, Relación de causa de Juana de los Reyes, *op. cit.*, f. 470.
[27] AGN, Inquisición, vol. 539, exp. 26 bis, Relación de causa de Juana de los Reyes, *op. cit.*, f. 468v.
[28] AGN, Inquisición, vol. 539, exp. 26 bis, Relación de causa de Juana de los Reyes, *op. cit.*, fs. 470 y 471.
[29] AGN, Inquisición, vol. 539, exp. 26 bis, Relación de causa de Juana de los Reyes, *op. cit.*, fs. 471v., 472 y 473.
[30] AGN, Inquisición, vol. 539, exp. 26 bis, Relación de causa de Juana de los Reyes, *op. cit.*, f. 473.

situación, lo que deja entrever un fin tan próximo como fatal a todo esto: doscientos demonios avisan de su salida: tal número de huéspedes infernales es todo lo que queda ahora en el cuerpo de la poseída. Finalmente, durante una crisis espantosa en la que la pobre fue presa de convulsiones que le impidieron respirar hasta volverse toda negra, arrojó un bulto envuelto en papel azul en el que iban unas veinte agujas;[31] tras el lance, perdió el conocimiento durante media hora al menos. Su fin estaba a todas luces cercano y la ayudaron a bien morir; a la mañana siguiente dio a luz a un niño.[32]

¡Vaya golpe para los franciscanos y los adeptos incondicionales de la poseída! El acontecimiento era tal que podía destruir el edificio pacientemente construido por los religiosos en los años anteriores y tan felizmente afianzado al darles los demonios la oportunidad de lucir sus talentos de exorcistas y guías espirituales. ¿Cómo recibieron tan increíble noticia?

Cuando el padre de Juana de los Reyes fue, la mañana del 2 de enero, a anunciárselo a fray Pablo Sarmiento, guardián del convento, que había participado activamente en las sesiones de conjuro, éste primero se escandalizó pero "acordándose de los casos que rrefería el *Malleus Maleficarum*, se sosegó y consoló al padre de esta rea".[33] Así, superado el primer momento de estupor y rebelión, todo retorna a la normalidad demonológica y el parto de la terciaria resulta ser una maldad entre tantas de las criaturas infames que viven dentro de ella e incluso, pensándolo bien, una nueva y notable prueba de su intervención.

Puesto que el incidente se inserta de manera natural en la larga serie de fenómenos extraordinarios que agitan a la ciudad y afectan particularmente a Juana de los Reyes, basta con redoblar esfuerzos para convencer a quienes pudiesen manifestar reservas ante este nuevo prodigio. Porque nunca hubo unanimidad y el parto reforzó las dudas y dio más que pensar a unos cuantos.

Pero ante todo, veamos la realidad material del acontecimiento y las reacciones que suscita ya que ante el nuevo hecho, la opinión pública se divide rotundamente.

Cuando empezaron los dolores, Juana se encontraba, como solía serlo, asistida por varios religiosos. Unos de los exorcistas más diligentes y el principal motor del negocio, fray Matheo Bonilla, entendió que algo como un parto estaba preparándose y habló en estos términos al padre de la enferma, un pobre diablo —valga la

---

[31] AGN, Inquisición, vol. 539, exp. 26 bis, Relación de causa de Juana de los Reyes, *op. cit.*, fs. 473, 473v. y 474.
[32] AGN, Inquisición, vol. 539, exp. 26 bis, Relación de causa de Juana de los Reyes, *op. cit.*, f. 474.
[33] AGN, Inquisición, vol. 539, exp. 26 bis, Relación de causa de Juana de los Reyes, *op. cit.*, f. 474.

expresión— que nunca asumió una actitud decidida: "Vuestra Merced se prebenga, porque esta niña, según parece, a de echar algún Diablo, con lo qual el testigo cojió un palo en prebención y lo puso junto a si; y el dicho Padre Bonilla y el testigo tenían puestas las manos sobre la rropa de esta rrea, jusgando sería alguna cosa mala, tanto que apretavan los dos, que pudieron aogarlo" [el niño, se entiende].[34]

Ahora bien, aunque los religiosos y la familia de Juana explican por adelantado dentro del esquema demoniaco lo que va a ocurrir, la voz de la gente llana, sobre todo la de las mujeres, no sólo empieza a dejarse oír sino que llega a imponerse pues ellas, aunque muy alejadas de los conceptos cultos que manejan los exorcistas, reconocen al punto lo que les es propio, o sea, el embarazo y el parto. Así, es su voz la que se escucha en el círculo influyente, si bien modesto, de las pláticas de comadres en la calle, la cocina, la trastienda, el mercado...

La partera Mariana de Quadros cuenta por ejemplo que unos meses antes, "en una ocasión, vio en una visita a esta rrea que estava con la barriga y veviendo chocolate, hacía como que tenía algún azco; y que la testigo dijo entre si, esta no tiene rremedio, sino que está preñada, por la mucha experiencia que tenía de tantos años de partera".[35]

Más adelante, la vemos, asistida sólo por sus conocimientos prácticos, enfrentar a los religiosos que detentan la verdad ontológica de la situación, en una escena plena de significado. Así, cuando fue llamada para atender a Juana de los Reyes

> Fray Bonilla le preguntó si entendía de parto porque aquello que estavan allí teniendo sobre la rropa era un cuchinito que avía echado esta rrea; y que la testigo, con temor y rrezelo, metió las manos por abajo y que así que entró las manos por los hombros de la criatura, luego al instante se le quitó el temor por rreconocer era criatura y les dijo: suelten y quiten las manos, no aogen a esta criatura, la qual estubo en puntos de aogarse según la tenían apretando, jusgando que era el cuchinito que decían; y luego dixo la testigo, quiten Vds, porque esta mujer está pariendo y que la madre de esta rrea dixo, no puede ser eso porque mi hixa es doncella; y que la testigo dixo, pues señora, parto es y la puso una naranja y una oja de tabaco para que echase las pares y luego las echó y faxó a esta rrea y luego la acostó y que limpió a la criatura.[36]

---

[34] AGN, Inquisición, vol. 539, exp. 26 bis, Relación de causa de Juana de los Reyes, *op. cit.*, fs. 488, 488v.

[35] AGN, Inquisición, vol. 539, exp. 26 bis, Relación de causa de Juana de los Reyes, *op. cit.*, f. 486v.

[36] AGN, Inquisición, vol. 539, exp. 26 bis, Relación de causa de Juana de los Reyes, *op. cit.*, fs. 485v. y 486. La Inquisición mandó hacer una averiguación

Finalmente, Mariana de Quadros, dueña de la situación, cosa que manifiesta con un tono resuelto y las órdenes que da a los frailes, afirma, para terminar con las dudas: "la criatura es hija de hombre racional y no de bruto".[37]

Esta oposición de opiniones y actitudes surgida ante el acontecimiento capital que constituye el parto, confirmada por la reacción de fray Pablo Sarmiento, que logra casi en el acto, según vimos, reintegrar el episodio en las secuencias previstas por el *Malleus Maleficarum*, acrecienta de modo notable la confusión que impera en la ciudad.

Como era de esperarse, los franciscanos en su afán de justificar el extraordinario nacimiento, se ven impulsados a desarrollar una estrategia de emergencia que esta vez rebasa los límites de lo que el Santo Oficio puede tolerar.

Tal estrategia postula desde el principio nada menos que la virginidad de Juana de los Reyes y su absoluta inocencia en cuanto ocurrió.[38] Esto mismo sostiene ella y el diablo Mozambique al ser convocado por el exorcista fray Pablo Sarmiento, se ve obligado a confesar conforme a derecho lo que se convierte ahora en la versión oficial del acontecimiento:

> Yo, Mozanbique, Demonio del ynfierno, traje el semen de un hombre y por mandado de mis amas, lo entré en el vientre de esta criatura, lo qual a cinco meses no cabales; y los hierros, alfileres y veneno que le he entrado por mandado de la hechicera, era para que la criatura muriera en el vientre, y luego la madre; y juro a Dios todopoderoso y esta santísima cruz que es verdad y que asta esta ora que parió esta criatura, no a savido ni sentido tal preñez, porque al tiempo que yo entré el semen, estava sin sentidos, como estuvo por espacio de ocho días, sin comer ni vever; en ella, no a abido pecado, sí en mis amas que an echo esto; y no es sola ésta, que otras dos ay que parirán sin aver conocido varón; la una es la Mejía, todo lo qual soy impelido a declarar por mandado de Dios todopoderoso para que no pierdan el crédito estas criaturas...[39]

Cabe apreciar el tono contrito, cooperativo y respetuoso de este diablo que lleva un nombre exótico, muy deseoso de preservar a su víctima de cualquier sombra de culpabilidad mientras denuncia

acerca del parto, razón por la que disponemos del interesante testimonio aquí presentado.

[37] AGN, Inquisición, vol. 539, exp. 26 bis, Relación de causa de Juana de los Reyes, *op. cit.*, f. 486v.

[38] AGN, Inquisición, vol. 527, f. 483, Carta de fray Manuel de Jesús María al Santo Oficio, y vol. 539, exp. 26 bis, Relación de causa de Juana de los Reyes, *op. cit.*, f. 479v.

[39] AGN, Inquisición, vol. 539, exp. 26 bis, Relación de causa de Juana de los Reyes, *op. cit.*, fs. 475 y 475v.

claramente a los autores de la perfidia: las hechiceras, o sea, *la Chuparratones* y su madre.

Pero, según lo escribe acertadamente uno de los corresponsales del Santo Oficio, "deste parto nuevo, se forman cada instante mil disparates peligrosos y temerarios".[40] Cuentan por ejemplo que el niño, nacido de una virgen inocente y víctima de los demonios, no puede ser sino de origen sobrenatural: por lo demás, lleva en la frente la letra R, para indicar que debe llamarse Rafael, como el arcángel, y cuando vino al mundo, el infierno todo fue sacudido por temblores.[41]

Al repetirse aquí nuevamente el carácter epidémico de las posesiones, se habla del próximo nacimiento de otro niño cuya madre es tan virgen como Juana, el que se llamará Miguel, por llevar en la frente una M; un tercero está por nacer de una niña de siete años obviamente poseída y se llamará Francisco ya que, como los anteriores, está señalado por la letra F esta vez. Además, dos de aquellos niños excepcionales —el primero ya habló durante una noche entera— serán sacerdotes y muy valiosos para la Iglesia.[42]

La colusión de las autoridades civiles con los franciscanos tiende a volver la situación mucho más tensa en los días que siguen al parto, comunicándole un giro realmente grave. El alcalde ordinario arresta a *la Chuparratones* en un clima preñado de violencia que puede desembocar en el linchamiento, y ésta recibe malos tratos y golpes con el fin de hacerla confesar lo que quieren; así, declara haber sido ayudada en sus fechorías por unos diablos llamados Zefe, Mosca y, sobre todo, por un tal Cuatzin; admite haber atormentado efectivamente a Juana de los Reyes, ser la causa de su embarazo y haber intentado matarla.[43] Pero otras mujeres son arrestadas, "a las quales dizen hazen declarar en favor de este parto, para que apoyen no aver sido por obra de varón, ministrándoles las palabras con que an de deponer, obligándoles a que pongan las que les dictan y no otras; y lo que se discurre es que como el Alcalde Ordinario que las prendió, que lo es un escribano llamado Diego García de la Paz, es cuñado del Provincial de san Francisco,

---

[40] AGN, Inquisición, vol. 527, fs. 481-483v., Carta de fray Manuel de Jesús María al Santo Oficio, 3 de enero de 1692.

[41] AGN, Inquisición, vol. 527, fs. 481-483v., Carta de fray Manuel de Jesús..., *op. cit.*

[42] AGN, Inquisción, vol. 527, fs. 481-483v., Carta de fray Manuel..., *op. cit.*

[43] AGN, Inquisición, vol. 523, exp. 3, Proceso contra Josepha de san Joseph (1686), fs. 522v., 525, 525v., 526, 531v., 536, 537, donde *la Chuparratones* revela que "cuando la prendió dicha justicia rreal de Querétaro, causó mucho escándalo su prisión, diciendo a gritos que esta rea era bruja y hechicera" y que "aunque era verdad que ante dicho alcalde había declarado lo que se refería en dicha acusación, fue por los golpes, palos y malos tratamientos que dicho alcalde le hacía".

que es de los que con eficacia y empeño favorece estas endemoniadas, aunque en el caso presente se halla fuera desta ciudad, haze todo lo posible para que el dictamen de su cuñado venza contra el sentir de tantos como están clamando contra este suceso".⁴⁴

No es posible ser más claro: la versión franciscana, demasiado inverosímil esta vez y rayando en sacrilegio además, parece muy sospechosa; de ahí la campaña emprendida por los religiosos, que rebasa a la anterior por los procedimientos de intimidación, terrorismo y presión efectiva que moviliza. Ahora su amplitud es mucho mayor puesto que se trata de una verdadera máquina que implica la participación de las autoridades civiles y cuyo fin no es otro que el control de la opinión pública en su conjunto.

Al mismo tiempo, se emprende otra campaña dirigida contra las órdenes religiosas que intentan convencer de la realidad de las posesiones diabólicas y, sobre todo, del carácter sobrenatural del alumbramiento. Durante las sesiones de enfrentamiento, los diablos convocados niegan las pruebas que se les exige y los especialistas se entregan a verdaderos duelos de erudición en el curso de discusiones tensas e inacabables: todo es inútil; los jesuitas, los dominicos y sobre todo los carmelitas se mantienen muy reservados por no decir francamente hostiles a cualquier explicación de carácter sobrenatural.⁴⁵

Entonces es cuando el Santo Oficio, que sabía desde hacía tiempo lo que acontecía en Querétaro por avisárselo regularmente un religioso carmelita, decide finalmente intervenir. Con la lentitud e inercia que le son propias, había convocado el 19 de diciembre de 1691, es decir unos quince días antes del nacimiento extraordinario, a una reunión de calificadores, con base en las numerosas informaciones que obraban ya en su poder. Se dictaminó entonces que Juana de los Reyes y sus émulas se fingían "endemoniadas en dichos y echos, blasfemos ereticales, y no aviendo fundamento sierto y ebidente de verdadero endemoniado, como son hablar varias lenguas estrañas, o otras acciones preternaturales, antes con decir el Demonio que no tenía licencia de Dios para estas señales, parecía confirmar las sospechas de su falsedad y fingimiento y que no avía demonio sino xristiano sano cuias blasfemias y echos ereticales pertenecían al juicio de este tribunal".⁴⁶

Respaldándose en la sólida tradición inquisitorial española, que

---

⁴⁴ AGN, Inquisición, vol. 527, fs. 483, 483*v.*, Carta de fray Manuel de Jesús..., *op. cit.*

⁴⁵ AGN, Inquisición, vol. 539, exp. 26 bis, Relación de causa de Juana de los Reyes, *op. cit.*, fs. 477*v.*, 478, 478*v.*, 479; vol. 527, f. 482, Carta de fray Manuel de Jesús..., *op. cit.*

⁴⁶ AGN, Inquisición, vol. 539, exp. 26 bis, Relación de causa de Juana de los Reyes, *op. cit.*, fs. 457*v.* y 458.

mira todo lo que se pretende diabólico con la mayor suspicacia no exenta de cierto desprecio sarcástico, el Tribunal niega por tanto la dimensión sobrenatural al pleito de Querétaro, reduciéndolo a delitos comunes, blasfemias y fechorías afines a la herejía y el engaño.

En este mismo enfoque, que consiste en reducir lo extraordinario a una transgresión prosaica, la institución inquisitorial determinó "que se debe proceder contra dichos hereticales y los que venden y compran hierbas pipilzizintli y el peyote",[47] considerando justamente que su comercio tan difundido no era ajeno al clima que se había establecido en Querétaro y que había favorecido notablemente los acontecimientos ulteriores que conocemos.

Por tanto, la Inquisición actúa y sus armas resultan ser las que acostumbra, por conocer su eficacia en semejantes materias: la prohibición que ahoga el incendio, el silencio que serena las pasiones y que, al conjugarse con el tiempo, permite el regreso a cierta quietud sin la cual no se puede emprender nada. Ya a principios de enero de 1692, promulga un edicto de fe particular en contra de las hierbas culpables[48] y el comisario de Querétaro recibe la orden de prohibir "que se hable en el púlpito si están o no endemoniadas las mujeres".[49] También se les prohíbe a los franciscanos la práctica de exorcismos, las autoridades empiezan una averiguación acerca del parto y del asunto en general, y las poseídas son solemnemente despojadas de sus hábitos de terciarias.[50]

Si bien Juana de los Reyes sigue siendo presa de los demonios, el escenario que la rodea pierde forzosamente cierta calidad trágica y ella debe conformarse, al igual que sus defensores, con algunas sesiones, aparatosas aún, en las iglesias que pertenecen a los frailes menores; allí, suele arrojar algún sapo u otras sabandijas, se expresa en griego, latín o lengua indígena pame y no logra recibir la eucaristía sino en medio de gesticulaciones y aspavientos.[51]

Finalmente, cuando amaina la agitación y el Santo Oficio considera haber reunido la necesaria información, el padre de Juana recibe en el otoño de 1693 la orden de llevar a su hija ante el Tribunal de México, encareciéndole la mayor discreción; una vez más la institución procede con la lentitud, tal vez deliberada, que suele caracterizar todos sus trámites. Juana ocupará un calabozo durante

---

[47] AGN, Inquisición, vol. 539, exp. 26 bis, Relación de causa de Juana de los Reyes, *op. cit.*, fs. 458v. y 459; vol. 527, f. 495, "Autos en razón...", *op. cit.*
[48] AGN, Inquisición, vol. 527, "Autos en razón...", *op. cit.*, fs. 494 y 495.
[49] AGN, Inquisición, vol. 527, "Autos en razón...", *op. cit.*, f. 502.
[50] AGN, Inquisición, vol. 539, exp. 26 bis, Relación de causa de Juana de los Reyes, *op. cit.*, fs. 459, 484, 499v. y 500.
[51] AGN, Inquisición, vol. 539, exp. 26 bis, Relación de causa de Juana de los Reyes, *op. cit.*, fs. 489v., 490, 490v., 491 y 491v.

tres años, al igual que *la Chuparratones*, asimismo sustraída a la ira pueblerina y sometida a los rigores judiciales.[52]

Conocemos en parte lo que sigue:[53] Juana de los Reyes siguió tratando de engañar a todos con el fin de ocultar el origen de sus males y continuó tomando sustancias dañinas y observando las malas costumbres que no dejaban de enfermarla. Fingió o padeció un nuevo embarazo, nervioso esta vez, mintió a sus jueces, al médico y al alcaide y, acosada por la táctica hábil de ellos que consistía en enfrentarla con sus mismas contradicciones, acabó por confesar la triste verdad: su hermano, con quien "retozaba" a veces, fue quien luego de unos juegos más atrevidos que de costumbre la había embarazado; después se fue a Valladolid, en donde tomó el hábito franciscano bajo el nombre de fray Buenaventura.[54] Esta era la versión en torno de la cual solían girar desde hacía tiempo las pláticas en la trastienda del boticario al que servía *la Chuparratones*, versión que ella misma refirió a los inquisidores, por ser muy difundida.[55] Aunque negó que hubiera intentado abortar introduciéndose pedazos de fierro, malacates y agujas en gran cantidad, Juana admitió que trató de matarse tomando solimán.[56] No se equivocaba el Santo Oficio: todo este teatro diabólico se reducía a un lamentable incesto, con tentativa de aborto y suicidio, y la infeliz torpe e ignorante que se había entregado a ello con la esperanza casi lograda de engañar a todos no merecía sino la compasión. Es lo que opinó el Tribunal, que ya no tenía motivo para intervenir al enfrentarse con delitos que no le incumbían.[57]

El 15 de enero de 1696, o sea cuatro años después del parto que

---

[52] AGN, Inquisición, vol. 539, exp. 26 bis, Relación de causa de Juana de los Reyes, *op. cit.*, fs. 497 y 497v.

[53] Hemos hablado del encarcelamiento de Juana de los Reyes en los capítulos dedicados a las cárceles, III Parte de este libro, "El descenso a los infiernos".

[54] AGN, Inquisición, vol. 539, exp. 26 bis, Relación de causa de Juana de los Reyes, *op. cit.*, fs. 506v. y 507.

[55] AGN, Inquisición, vol. 523, exp. 3, Proceso contra Josepha de san Joseph (1686). *La Chuparratones* se explica con un buen sentido, que parece haber sido exclusivo de algunos grupos de mujeres experimentadas y de los religiosos hostiles al tinglado franciscano; declara, en efecto, que "le parecía a esta rea que todo lo que hacía y decía dicha mujer (Juana de los Reyes), era quimera y enbuste suia para disimular el parto que tubo, atribuyendo a que las brujas y hechizeras de Querétaro, por arte del diablo la enpreñaron, porque corría voz que cierto hombre (que nombra) fue quién la enpreñó", f. 539. Anteriormente —f. 496—, *la Chuparratones* había nombrado al hermano de Juana de los Reyes, al que el rumor público acusaba de haber embarazado a su hermana.

[56] AGN, Inquisición, vol. 539, exp. 26 bis, Relación de causa de Juana de los Reyes, *op. cit.*, f. 526.

[57] AGN, Inquisición, vol. 539, exp. 26 bis, Relación de causa de Juana de los Reyes, *op. cit.*, fs. 527v. y 530.

había sido la culminación de los disturbios de Querétaro, durante un auto de fe celebrado en la iglesia capitalina de Santo Domingo, Juana oyó su sentencia, la que fue preciso explicarle luego, por no gozar ella de facultades muy notables;[58] después de la misa y de algunas penitencias espirituales, debería retirarse por un año al convento de las clarisas de su ciudad. Junto a ella, *la Chuparratones* oía su condena a doscientos azotes por hechos de magia y hechicería[59] y, un poco más lejos, también se podía vislumbrar la extraña figurita baja de la beata Antonia de Ochoa.[60]

El Tribunal quiso también confirmar su acción en Querétaro con la lectura de edictos de fe concernientes a las hierbas culpables de tantos desatinos, prohibiendo asimismo los exorcismos sin licencia del Arzobispo de México y, desde luego, las misiones nocturnas, generadoras de desórdenes y terrores colectivos.[61]

Los franciscanos fueron a su vez reprehendidos por sus "excesos imprudentes" y se le abrió un proceso a fray Matheo Bonilla, proceso que nunca terminó pues poco después murió el alma de tales maquinaciones.[62]

Finalmente, el caso de Juana de los Reyes es de singular amplitud en la medida en que se inscribe en un contexto muy particular: en efecto, el uso difundido de hierbas con propiedades alucinógenas, resultado de un vecindario indígena numeroso y de su coexistencia con la comunidad pueblerina, crea un ambiente sin lugar a dudas propicio a la aparición y el desarrollo de comportamientos no racionales. Sobre este trasfondo cultural surge el drama individual de una infeliz embarazada por su mismo hermano, que intenta disimular su estado mediante el despliegue —creciente naturalmente— de manifestaciones patológicas cuyo origen se atribuye a las hechiceras relacionadas con el comercio de las hierbas. Hasta aquí permanecemos en el marco tradicional y de hecho banal de las creencias populares en las hechiceras y los maleficios, difícilmente generadoras en Nueva España de desarrollos dramáticos.

Pero las cosas cambian del todo cuando los franciscanos y los padres apostólicos de la Propaganda Fide, estos últimos recién lle-

---

[58] AGN, Inquisición, vol. 539, exp. 26 bis, Relación de causa de Juana de los Reyes, *op. cit.*, f. 532.

[59] AGN, Inquisición, vol. 523, exp. 3, Proceso contra Josepha de san Joseph (1686), fs. 544 y 544v.

[60] AGN, Inquisición, vol. 539, exp. 25, Relación de causa de Antonia de Ochoa, fs. 410 y 411.

[61] AGN, Inquisición, vol. 539, exp. 26 bis, Relación de causa de Juana de los Reyes, *op. cit.*, fs. 530v. y 531.

[62] AGN, Inquisición, vol. 678, f. 385, Proceso contra fray Matheo Bonilla. Fue acusado de proclamar que "tan de fe era que tenían el Demonio o que estaban endemoniadas las enfermas como creer en el Santísimo Sacramento, tan de fee como estar en la ostia el Santísimo Sacramento", fs. 437 y 437v.

gados a Querétaro y al virreinato, donde anhelan ocupar un sitio privilegiado, se apoderan del caso que se les presenta providencialmente. Añaden al discurso popular el de la demonología, que con sus esfuerzos y su dinámica propia, no tarda en inflarse y reproducirse hasta originar un proceso epidémico.

Al mismo tiempo, aplican una estrategia que implica en primer lugar la desestabilización, la culpabilización y finalmente, el acondicionamiento de la población, con el fin de imponer de modo indiscutido su credo: Juana de los Reyes y sus émulas están poseídas por los demonios por culpa de las hechiceras y de los incrédulos, los franciscanos son los únicos que pueden librarlas mediante el exorcismo y devolver la paz a las infelices y a la comunidad; de ahí la necesidad ineludible de confiar totalmente en ellos, verdaderos intermediarios entre lo sobrenatural y el mundo, a través de este acto excepcional que constituye el exorcismo. Así, los diablos se vuelven los agentes de su propaganda puesto que declaran rotundamente que "estos padres nos han hecho tanta guerra con sus sermones, nos an quitado tantas almas: no pudiéndolos sufrir en los cuerpos donde estamos, nos hemos descubierto por permisión y mandado de Dios; y ésto a sido grande beneficio suyo, porque nunca nos descubriéramos y estas criaturas padecieran asta morir".[63]

El parto de la principal poseída suscita un endurecimiento de la posición franciscana que produce a su vez la hostilidad creciente de las demás órdenes religiosas y un ambiente de fuerte rivalidad entre todas, un rebasamiento cualitativo de ciertos límites por lo que se refiere a lo creíble y la simple ortodoxia, y también una adhesión peligrosa de las instancias civiles a los intereses de los frailes menores, con el recurso a medidas intimidatorias particularmente graves: por consiguiente, la emergencia de una situación explosiva que puede eventualmente desembocar en hechos violentos.

La intervención inquisitorial, que se manifiesta por etapas y grados, al implantar medidas esencialmente restrictivas y prohibitivas que tienen en el acto efectos apaciguadores, restablece lentamente cierta quietud y permite restituir al pleito entero su carácter original: el drama de una infeliz con el que se articuló deliberadamente la política franciscana del momento. Es preciso reconocerlo: sin ella, el ala de la tragedia amagaba oscurecer el cielo radiante de Querétaro...

---

[63] AGN, Inquisición, vol. 539, exp. 26 bis, Relación de causa de Juana de los Reyes, *op. cit.*, fs. 464v. y 465.

XXXV. CONCLUSIÓN

La historia de las tres posesas, Teresa de Jesús, Antonia de Ochoa y Juana de los Reyes nos permite vislumbrar algunos aspectos significativos de la realidad colonial tal como la percibe la lente inquisitorial.

En efecto, estas tres mujeres tienen en común varias cosas: son españolas criollas, oriundas de los valles centrales de Puebla, México y Querétaro, que son, como ya lo sabemos, el crisol de la sociedad mestiza. Son solteras —nunca se menciona la eventualidad de un matrimonio o el recuerdo de un verdadero pretendiente— y pobres, nacidas en el seno de familias numerosas, dedicándose dos de ellas a labores de costura para sustentarse. Sus familias son, de un modo u otro, cercanas a los medios eclesiásticos: mientras el padre Romero pretendía ordenarse y el sacerdote Bruñón de Vértiz era a la vez el director de conciencia, maestro y adepto convencido de las hermanas de Teresa, las beatas María de la Encarnación y Josefa de San Luis Beltrán, Antonia de Ochoa y Juana de los Reyes tienen cada una hermanos y hermanas religiosos; finalmente, todas llevan un hábito de terciaria de san Francisco o del Carmen.

Las tres son enfermizas: Teresa padece constantemente achaques durante su encarcelamiento, Antonia es epiléptica y sufre de una fístula lacrimal y Juana presenta señales evidentes de histeria tales como un embarazo nervioso y un falso tumor. Dos de ellas usan comúnmente el tabaco, del que se sabe era entonces tanto un remedio como un placer.

Aunque viven en un mundo claramente dominado por figuras masculinas —el padre, el confesor, los hermanos—, dos son las que de hecho llevan una vida en oposición con los principios esgrimidos por su grupo social y la definición que escogieron de beata terciaria; en efecto, pese a su fama de santidad y virtud, tienen amantes —Juana confesó en la cárcel haber "retozado" también, después del ruidoso parto, con cierto estudiante amigo de la familia, por lo que ella había hablado de un nuevo embarazo, según vimos—, y los partos clandestinos o extraordinarios y las tentativas de aborto no tienen secretos para ellas.

Cabe notar que estas relaciones culpables van asociadas a cierto menoscabo social: los amantes no son prestigiosos, un "indizuelo" o mestizo para una, el hermano y el amigo de la familia para la otra. Tal vez sea preciso ver en la aparente dificultad de estas *declassées* para casarse decorosamente la señal de una evolución de la sociedad colonial, en la que el criollo pobre —aunque blanco— sufre la degradación de su estatuto socioeconómico a fines del siglo XVII. El hecho es que, si bien las mujeres de casta parecen acceder a una posición superior mediante las relaciones a menudo ilegítimas que mantienen con hombres de situación social mejor que la suya, las cosas son distintas para las españolas criollas, que parecen, en cambio, ocultar estas relaciones poco halagadoras a las que de alguna manera se ven obligadas tal vez por las circunstancias.

Finalmente, estas posesas son —al menos dos de ellas— listas y educadas, tomando en cuenta las limitaciones que pesan sobre ellas, y buscan en una cultura apologética —vidas de santos y prácticas, sermonarios, conversaciones devotas— los materiales que reúnen con destreza más adelante para armar su teatro personal. Excluimos obviamente a Juana de los Reyes, que no superó el sistema de referencias populares y que sólo mediante la intervención de los franciscanos vio su discurso alzado al nivel de la demonología.

Por lo que se refiere a las manifestaciones provocadas por sus estados sobrenaturales y posesiones, presentan asimismo puntos comunes que llaman la atención.

De manera notable y según un esquema cultural tan estable como antiguo, estas mujeres son necesariamente pasivas y masoquistas: todas sufren, son atormentadas sin fin ni razón, siendo a veces brutalmente agredidas. Pierden el conocimiento, el apetito, dejando entonces de sustentarse, quedan paralizadas, presentan a veces llagas y principios de estigmatas y la sangre resulta ser un elemento privilegiado de sus prodigios. Hincadas de rodillas, acostadas, retorcidas en terribles convulsiones o abandonando el suelo demasiado prosaico en estado de levitación, no son muy adictas a la posición vertical.

Padecen todo aquello con resignación porque constituye precisamente la prueba de que son elegidas; el diablo y sus acólitos —los demonios secundarios y las hechiceras— sólo las atormentan por los pecados ajenos o despechados por verlas demasiado buenas cristianas.

Esta elección, que traduce a la vez la ira diabólica y la preferencia divina, se acompaña —condición presente siempre que se trata de mujeres, desde la pitonisa hasta la Virgen María— de humilde sencillez, de inocencia y hasta inconsciencia, ya que el cuerpo de la elegida no es más que el receptáculo o el espejo de algo trascendental.

Ésta es seguramente la razón por la que nuestras posesas, al ser atrapadas por estos vórtices sobrenaturales, se comportan como niños y no conservan ningún recuerdo de sus propias palabras ni de las acciones por ellas cometidas en el transcurso de la crisis, una vez concluida. Pueden también recibir revelaciones del cielo o del infierno, que suelen versar sobre temas de hecho tan decepcionantes como los accidentes futuros, los objetos extraviados y los pensamientos secretos. Cabe notar que la mayoría de estos rasgos se encuentran asimismo en las santas y algunos santos, según el mismo esquema de pasividad, masoquismo e infantilismo, en oposición con modelos más activos y por tanto más viriles ilustrados por un san Ignacio de Loyola o un san Francisco Xavier; he aquí el sello de una cultura y, sobre todo, de una época de maceración y recogimiento religioso.

Los móviles profundos a los que obedecen tales mujeres parecen ser dobles. Por una parte, es evidente que el estado de beata exitosa acarrea beneficios muy concretos, regalos diversos, convites, cosas todas que no son de ninguna manera despreciables en el caso de Teresa de Jesús y, sólo en parte, de Antonia de Ochoa. De la misma manera, el amplio e informe hábito de terciaria y la reputación de santidad velan con provecho las evidencias de los vientres abultados y las promiscuidades demasiado vistosas; además, los diablos cargan alegremente con responsabilidades extrañas.

Pero hay mucho más. Vislumbramos sin dificultad una voluntad de poder, patente en Teresa de Jesús y confesada en Antonia de Ochoa, que consiste en seducir en alguna forma y luego ejercer influencia sobre ciertos sectores sociales considerados superiores a ellas. ¡Vaya satisfacción, despertar miradas admirativas, suscitar un tono reverente y una amistad respetuosa en oidores, ricos mercaderes, graves eclesiásticos! ¡Vaya revancha para estas venidas a menos: ser consultadas por mujeres principales y, sobre todo, por varones que quedan suspensos ante un discurso infantil pero también inspirado! Se trata realmente aquí de una revancha social y sexual, cuyo efecto no puede menospreciarse.

Pero en relación con las demás mujeres, existe asimismo una actitud reveladora. En efecto, la emulación y rivalidad siempre están presentes: Teresa busca imitar o hasta superar a sus hermanas y todas se traban en verdaderas contiendas durante las cuales los prodigios de unas son puestos en tela de juicio por las otras; Antonia asombra a las monjas, a las esposas de los hombres importantes que suelen acompañarla y aplasta en el acto a la pequeña rival cuya voz cristalina pretendía arrebatarle por un instante el interés a ella sólo debido; en cuanto a Juana, origina una epidemia de posesiones que llegan hasta los conventos, si bien mantiene pese a todo la supremacía indiscutida gracias al favor —fuerza es reconocerlo— de los franciscanos.

Además, el carácter mismo de los prodigios declara nítidamente esta voluntad de cautivar la atención, esta sed de admiración exclusiva: se sabe que la beata o la poseída se exhiben como espectáculo y sus contorsiones cirqueras, sus hechos asombrosos constituyen la envoltura barroca de un mensaje oculto que ellas solas tienen por misión revelar.¹

Sin embargo, estos ejercicios son peligrosos en todos los sentidos. Es que tales manipuladoras —más o menos conscientes, según la etapa del desarrollo de su estrategia— arriesgan ser a su vez manipuladas pues es muy difusa la frontera que separa el estado de sujeto activo y soberano de aquel de víctima. Así, Teresa de Jesús y Antonia de Ochoa aparecen más bien como agentes activos y propiamente manipuladores —si bien se puede recalcar con razón el papel y la responsabilidad del padre de la primera en las maquinaciones de su hija— debido tal vez a las enfermedades que padecen, y que les proporcionan la idea del camino a seguir. En cambio, Juana de los Reyes es una figura verdaderamente patética que fue objeto de una intriga que rebasó su pobre imaginación y bien pudo haber originado un Loudun colonial.

Cabe ahora señalar la originalidad de estos casos de beatas poseídas, en relación con lo que sabemos de fenómenos semejantes en España y Francia.

Todos participan de un fondo similar de creencias que abarca lo mismo nociones afines a la teología que elementos populares y tradicionales; extraña mezcla en verdad que es parte de una sensibilidad barroca y representa para la época considerada una referencia común a casi todos los sectores sociales. Sabemos que esta irrupción e inflación de creencias insidiosamente tangenciales respecto a la ortodoxia estricta se puede atribuir a las crisis profundas que agitan al siglo de Descartes y Newton, en el que lo político sustituye a lo religioso, y esto último deja de constituir la medida universal de todas las cosas; de ahí aquellas incertidumbres y fisuras por las que se escapan estas criaturas extrañas: las brujas, las posesas, las beatas, los místicos y también algunos santos.²

Pero en Nueva España y probablemente porque en ella estos movimientos profundos carecen de base real, limitándose la situación colonial a reflejar, a la vez que lo altera, lo que acontece en la metrópoli, el fenómeno de las beatas no tiene un carácter radical ni colectivo y el Diablo prefiere, según parece, recorrer los desiertos al lado de los vaqueros mulatos que frecuentar los conventos; sólo unos cuantos individuos, sobre todo criollos, se valen de sus medios torcidos con fines fácilmente identificables y muy personales.

Por otra parte, la verdadera originalidad de las posesiones colo-

---

¹ Michel Certeau, *L'Ecriture de l'Histoire*, III Parte, "Système de sens: l'écrit et l'oral", VI: La langage altéré. La parole de la possédée, pp. 249-273.
² Michel de Certeau, *op. cit.*, II Parte, "Production du temps; une archéologie du pensable. l'Histoire religieuse du XVII éme siècle", IV: La formalité des practiques. Du système religieux a l'éthique des lumières (XVII-XVIII siécles), pp. 131-212.

niales consiste en que, entre este contexto de credulidad general en lo maravilloso y las manipulaciones individuales, se yergue el Santo Oficio, protector de la paz pública. En efecto, ya vimos cómo la Inquisición, avisada puntualmente por sus discretos corresponsales, vigila desde lejos aquel alboroto sospechoso e interviene con prudente energía. Por tanto, en Nueva España las embaucadoras y demás posesas no se enfrentan con simples jueces ordinarios de mezquino saber y grandes terrores, afortunadamente para ellas; tienen que ver con los inquisidores, que son unos burócratas ilustrados respaldados por una larga tradición en la materia, los cuales, pese a todas las fallas y limitaciones anteriormente denunciadas y valiéndose de dictámenes médicos —en los tres casos aquí expuestos—, dictan sentencias llenas de cordura: las prohibiciones, el secreto, el silencio y el tiempo; he aquí lo que con más seguridad derrota a las legiones demoniacas y sus secuaces.

Finalmente, desde la perspectiva de una sociología colonial, no podemos concluir sin subrayar la profunda fraternidad que existe, pese a las oposiciones que parecen alejarlas, entre la beata y la bruja hechicera.

La beata es sobre todo española, urbana y soltera, pasiva, hasta masoquista, y padece el mal; inocente e incluso inconsciente, se define, socialmente hablando, por su vocación religiosa; ha renunciado —teóricamente— a los gozos de la carne y se exhibe en un espectáculo completamente superfluo aunque edificante.

En cambio, la hechicera es una mujer de casta que vive en el campo las más de las veces, a menudo viuda, es decir, que conoce la sexualidad y comercia con la de los demás; es socialmente activa, puesto que interviene en la vida de los individuos y de la colectividad al proporcionar recetas y sustancias diversas, y, sin llegar a oponerse a la religión, la ignora ya que actúa fuera de ella. En fin, detenta un saber reconocido y es considerada necesaria a la comunidad.

De hecho, ambas se adaptan al contexto sociocultural que las rodea para intentar simplemente existir, aunque ambas aspiran de igual modo al reconocimiento de una función, sea positiva o negativa. En este sentido, es posible ver el estatuto de beata o hechicera como el intento por parte de algunas mujeres de acceder a cierta existencia social, descartando las vías acostumbradas del convento y del matrimonio, soluciones que por razones diversas no pueden convenirles o son inaccesibles para ellas tomando en cuenta su contexto específico. En otras palabras, bien parece que la hechicera mestiza y la beata criolla son de hecho una misma criatura o, al menos, hermanas que se parecen mucho, si se las mira con detenimiento.

Séptima Parte

EL DRAMA DE LOS AÑOS 1642-1649

XXXVI. EL DRAMA DE LOS AÑOS 1642-1649

TRATEMOS de ver, finalmente, la manera como el quehacer inquisitorial se articula no sólo con la sociedad colonial sino también con las vicisitudes de la política metropolitana; cómo interviene por tanto en la maquinaria imperial al mismo tiempo que en la vida del virreinato en su peculiaridad social y humana. Lo que tratamos de hacer no es proponer una pobre demostración con pretensiones de que sea definitiva sino sugerir relaciones y correspondencias entre la Inquisición y las esferas económicas y políticas. Para ello, vamos a recurrir al método que consiste en observar el desarrollo de los acontecimientos en un momento dado; practicaremos el examen justificado de lo incidental y hasta anecdótico dentro de un marco estrechamente cronológico, el único que permite considerar relaciones causales a través de las contradicciones o coincidencias que patentiza. Con este propósito, elegimos el periodo que corre de 1640 a 1650, periodo privilegiado por varias razones, según veremos, la más importante de las cuales para nosotros es la que atañe a la actividad intensa que corresponde a lo que se ha convenido en llamar la "Complicidad Grande", o sea la culminación de la presencia inquisitorial en Nueva España. Así, trataremos de seguir un calendario en el que los acontecimientos, ampliamente desplegados, apenas señalados o agolpándose en el drama, irán formando paulatinamente, así lo esperamos, un cuadro pleno de sentido. Es decir, presentaremos aquí una especie de película cuyas secuencias, huelga precisarlo, fueron escogidas en función del significado que el guionista, cual debe ser, cree descubrir.

PRELIMINARES: 1580-1640

Unión de las coronas de Castilla y Portugal; de ahora en adelante, los portugueses pueden pasar a las Indias españolas sin dificultad; entre ellos se encuentran numerosos descendientes de los judíos que habían abandonado España en 1492 después del decreto de expulsión, quienes ven en el paso al Nuevo Mundo la esperanza de poder practicar con mayor libertad la religión de sus antepasados, a la que no habían renunciado jamás pese a su conversión forzosa al catolicismo.

1580

Libertad de emigración otorgada a los marranos por Felipe III, de carácter teóricamente irrevocable, mediante la suma global de 200 000 ducados.[1] Precisamente en 1580 desembarcó en las costas de Nueva España Luis de Carvajal y de la Cueva, nombrado el 3 de mayo de 1579 gobernador de Nuevo León; lo acompañaban su hermana y sus numerosos sobrinos junto con colonos destinados a poblar los nuevos territorios, dispensados todos de la obligación de comprobar su pureza de sangre pese a la norma impuesta por la Corona, probablemente por haber sido comprado el descuido del privado Antonio Pérez.[2]

24 de febrero de 1590

Se celebra un auto de fe en el que Luis de Carvajal, llamado *el Viejo*, o sea el gobernador de Nuevo León, es reconciliado por la Inquisición de México por haber encubierto las prácticas mosaicas de su hermana Francisca y sus sobrinos Isabel, Leonor, Catalina, Mariana y Luis, penitenciados también en el mismo auto.[3]

1º de febrero de 1595

Luis de Carvajal *el Joven*, sobrino del anterior, es de nuevo arrestado por el Tribunal: él, su madre y hermanas retornaron al judaísmo a pesar de haber sido reconciliados anteriormente. Durante su encarcelamiento, Luis *el Joven*, encendido en un misticismo entrecortado por profundas depresiones, escribe a su madre y hermanas billetes conmovedores que intenta hacerles llegar en unas frutas, interceptadas luego por los alcaides, que las entregan a los inquisidores; así, éste, dirigido a la menor de ellas, Anica, que padecía fuertes dolores de garganta:

> Alégrate y gózate, bendita hija, que éste es el camino del paraíso y gloria que te espera. Por aquí pasaron todos los santos que agora gozan de ella. ¡Oh! qué lindas gargantillas de perlas y oro de Ofir, te ha de mandar poner tu Señor Dios, mi mártir, en esa garganta dolorida! ¡Oh! qué lindas cadenas de oro! ¡oh qué joyeles por lo que

---

[1] Henry Charles Lea, *History of the Inquisition in Spain*, p. 271. Seymour B. Liebmann, *The Jews of New Spain*, p. 188.

[2] S. Liebmann, *op. cit.*, p. 142. Joaquín Meade, *La Huasteca veracruzana*, p. 228.

[3] José Toribio Medina, *Historia del Tribunal del Santo Oficio de la Inquisición en México*, p. 108.

has padecido en ella! ¡Ea!, ¡Ea!, mi inocente, paciencia, que yo te mando albricia.⁴

8 de diciembre de 1596

Primer auto de fe solemne desde el establecimiento del Tribunal del Santo Oficio en México, en la Plaza Mayor. Doña Francisca y cuatro de sus hijos son relajados al brazo seglar y mueren junto con otros judaizantes, en la hoguera; sin embargo, la religión perseguida enraizó en Nueva España y los reconciliados de ahora la mantendrán secretamente viva, transmitiéndola a sus descendientes.⁵

25 de marzo de 1601

Mariana de Carvajal perece en la hoguera, como su madre, hermanas y hermano mayor; sólo sobrevive la pequeña Anica, entonces reconciliada.⁶

1604-1605

Nueva e importante autorización en el mismo sentido que la anterior, confirmada en este caso por un decreto papal del 23 de agosto de 1604. El perdón queda asegurado para todos los marranos que en un plazo de dos años —para quienes se encuentran en las Indias— acudan a confesar sus errores, en otras palabras, sus prácticas judaicas. Si bien el Santo Oficio puso trabas a la ejecución de estas medidas, dieciséis familias al menos pidieron beneficiarse con ellas y se estableció cierto *modus vivendi* con el Tribunal, que duró hasta 1630.⁷

1621

Sube al trono Felipe IV y Olivares se vuelve todopoderoso. Éste, que era nieto del judío converso Lope Conchillos, secretario de Fernando el Católico, distaba mucho de compartir los prejuicios de buena parte de sus coetáneos por lo que se refiere a la pureza de

---

⁴ Alfonso Toro, *La familia Carvajal*, II, p. 139; el billete se encuentra en la página 210.
⁵ Medina, *op. cit.*, pp. 124-133. Toro, *op. cit.*, II, pp. 263-277.
⁶ Medina, *op. cit.*, p. 160. Toro, *op. cit.*, II, p. 307.
⁷ Liebmann, *op. cit.*, p. 188. AGN, Inquisición, vol. 279, exp. 9, f. 113, "Testificaciones contra personas reconciliadas en este Santo Oficio, después de sus reconciliaciones, 1606; están aquí ansimesmo las licencias que se les dieron (a) algunos de estos reconciliados para yr a España para goçar del breve de su sanctitad."

sangre y los marranos: se sabe que, siendo consciente junto con algunos individuos lúcidos, de su papel socioeconómico fundamental, y deseoso de librarse de la dictadura de los banqueros genoveses, buscó llamar de vuelta y retener a los marranos en España, procurando gozasen de cierta seguridad durante su privanza. Su actitud de apertura benévola hacia ellos no podía dejar de enfrentarlo directamente al Santo Oficio, como lo muestra este episodio referido por R. Trevor Davies:

> En cierta ocasión, Olivares entró en conflicto con la Inquisición, exigiendo a los inquisidores que le entregasen los legajos de algunas causas, a lo que se opuso el inquisidor general, Sotomayor; pero viéndose éste sin el poder necesario para resistir al omnipotente valido, cuando los papeles en cuestión le fueron entregados a Olivares, puso encima de ellos el inquisidor un crucifijo. A pesar de tal demostración, el conde-duque, sin inmutarse, hizo quemar aquellos documentos y dejó en libertad a varios prisioneros que tenía encerrados en sus cárceles el Santo Oficio.[8]

1622

Una denuncia hecha ante la Inquisición mexicana menciona la existencia de una sinagoga en la ciudad de México, en la calle de Santo Domingo, es decir a dos pasos del Tribunal. Un transeúnte podía oír el sábado los rezos de los fieles que se reunían allí y se estimaba que unos quinientos judíos vivían entonces en la capital. La denuncia no tuvo efecto y conformáronse con archivarla.[9]

16 de septiembre de 1625

Hernando Polanco, oficial mayor de la Tesorería de la ciudad de México, se presenta ante el Santo Oficio: trabajó durante siete meses como cajero con el rico mercader Simón Váez Sevilla y acude a dar cuenta de las cosas sospechosas que pudo observar en su casa. Por ejemplo, no ponen nunca tocino en la olla y cierto día en que guisaron un jamón destinado a un huésped en una olla que acostumbraban usar para preparar los alimentos de la familia, la señora de la casa, Juana Enríquez, se enojó mucho y quebró el cacharro; emplean aceite en lugar de manteca para guisar, Simón Váez come carne los viernes, su mujer va a misa después de me-

---

[8] R. Trevor Davies, *La Decadencia española, 1621-1700*, pp. 86-87.
[9] AGN, Inquisición, vol. 335, exp. 86. Se trata del borrador de una carta sin fecha ni firma.

diodía para estar segura de llegar demasiado tarde y cuando puede de casualidad oírla, no deja de charlar ni siquiera durante la elevación, jamás reza el rosario, trata con penitenciados conocidos y ella y su marido viven recelosos y aislados.[10] Lo mismo que la denuncia anterior, ésta no provocó diligencia alguna y permaneció en los archivos inquisitoriales. En 1625 es cuando se lleva a cabo también el proceso de Manuel Álvarez Prieto, en el que se menciona a la "Cofradía de los Judíos de Holanda", que recababa fondos con tres fines distintos: *ayudar a los holandeses para que se apoderasen militarmente de las posesiones españolas y portuguesas en el Nuevo Mundo* (las cursivas son nuestras), rescatar a los judíos esclavos, tarea que incumbía a la comunidad judía de Amsterdam, y finalmente, constituir una caja de la que los donadores podían sacar las sumas que en ella habían depositado, al instalarse en los Países Bajos o para cualquier otra necesidad.[11]

1628

Buscando excluir a los extranjeros del comercio con las Indias Occidentales, Felipe IV autoriza a los hombres de negocios portugueses a movilizarse y tratar libremente por tierra y por mar. De ahí su establecimiento y poderío en Sevilla, Cádiz, Sanlúcar, los Países Bajos, los puertos alemanes, Brasil, las Indias Occidentales, La Habana, Cartagena de Indias, Portobelo, Charcas, Buenos Aires, Perú y Nueva España. Aun cuando Olivares intentó atraer a los marranos a España, éstos, temerosos con razón de la Inquisición, no establecieron más que sucursales en la península y mantuvieron a la mayor parte de su familia y bienes en los países del norte de Europa, lo que tuvo por consecuencia que:

> llevando hacia aquellas partes la sustancia de España, lejos de beneficiar a ésta, aumentaron mucho más las fuerzas de los holandeses y demás herejes.

También en 1628 es cuando el gobierno de Madrid se queja de

> lo que hasta aquí han hecho y hacen de enviar a España moneda de vellón y otros fraudes más dañosos que pueden ser para esta Monarquía, como lo hacen de todas las partes donde se hallan, aun los que viven en la misma España, sin que por su mucha industria y cautela se pueda a todo poner remedio.[12]

---

[10] AGN, Inquisición, vol. 488, exp. 5, Proceso contra Juana Enríquez (1642), fs. 366-367.
[11] Liebmann, *op. cit.*, pp. 220-221.
[12] Julio Caro Baroja, *Los Judíos en la España Moderna y Contemporánea,*

Las ideas del conde-duque tocantes a los marranos no eran obviamente compartidas por todos y es probable, en efecto, que las medidas insuficientes que se vio obligado a adoptar en su favor propiciaran una situación ambigua para ambas partes. Así y todo, Antonio Domínguez Ortiz acabó con aquellos rumores persistentes de "conjura" por parte de los judíos españoles en el exilio, reduciéndolos a lo que eran esencialmente: la expresión de los temores paranoicos de una sociedad que se sentía entrampada, tanto interior como exteriormente.[13] Sea lo que fuere, es preciso recalcar el clima que prevalece en vísperas de los desastres.

Durante los años veinte...

Miguel Díaz —alias Ishack de Matatya Aboab— recorrió 300 leguas en 10 días para llegar de Holanda a Madrid con el fin de interceder a favor de sus hermanos Manuel y Simón, perseguidos por la Inquisición de México; Miguel Díaz descendía de la familia Aboab, que había dirigido antaño una academia talmúdica en Castilla. Si bien éste pereció de agotamiento tras semejante hazaña, uno de sus hermanos, entonces en peligro, Manuel, arrestado en 1621 en Guatemala y entregado al Tribunal de Nueva España, acabó su vida en Hamburgo.[14]

1630

Después de numerosos asaltos más o menos fructuosos en las costas pacíficas y atlánticas, toma de Pernambuco por una escuadra holandesa de 65 naves, respaldada por 1 200 cañones.

Los judíos portugueses que viven en el pueblo celebran la proeza, se alegran de pasar a ser súbditos de los príncipes de Orange y se aprestan a auxiliar a los rebeldes, que planean dirigirse a la península y apoderarse del puerto de Setubal.[15]

---

tomo II, p. 56. El autor refiere aquí la opinión de Pellicer de Ossau en su *Comercio impedido* (Madrid, 1640), en Sempere y Guarinos, J., *Biblioteca española económico-política*, III, pp. 140, 142, 144. Este texto se encuentra también en J. Alcalá-Zamora y Queipo de Llanos, *España, Flandes y el mar del Norte*, (1618-1639), p. 133.

[13] Antonio Domínguez Ortiz, *Los Judeoconversos en España y América*, páginas 218-224.

[14] Liebmann, *op. cit.*, p. 210. AGN, Inquisición, vol. 337, exp. 7, Proceso contra Miguel Díaz Enríquez (1621).

[15] Alcalá Zamora, *op. cit.*, p. 291.

1633

Teóricamente, termina el subsidio real a las inquisiciones americanas y las dificultades financieras de éstas empiezan a crecer.[16]

1635

Principian las hostilidades entre España y Francia en lo que será la Guerra de los Treinta Años.

Agosto de 1635

Diecisiete de los principales mercaderes de Perú son encarcelados por el Santo Oficio acusados de practicar el judaísmo. Un año más tarde ya son 81 los detenidos y se previene el encarcelamiento de otras 80 personas; a causa de las correspondencias comerciales y familiares, el movimiento se extiende inmediatamente a Cartagena de Indias.[17] En México también se emprenden persecuciones en contra de judaizantes y doce de ellos son reconciliados —mientras cinco son relajados en estatua al brazo seglar— en el auto de fe del 2 de abril de 1635.[18] La diferencia de trato que se dio a los marranos de Lima, donde fueron numerosos los que sufrieron procesos largos, y a los de México, cuyo Tribunal se mostró a la vez indulgente y poco deseoso de llevar el asunto adelante se debe sin duda a la presencia en Perú del temible inquisidor Sáenz de Mañozca, en lugar de los ministros complacientes de Nueva España, y a la presión indiscutible de los asaltos perpetrados por los piratas

---

[16] Maurice Birckel, *Recherches sur la Trésorerie inquisitoriale de Lima*, II, pp. 339-340. Sin embargo, en la nota 2 de la página 340 el historiador considera que en México "algunos pagos pueden haber sido efectuados hasta 1649, según el libro 282, f. 59v., en AHN, Madrid, Inquisición" (la traducción es nuestra). Hace poco María Asunción Herrera Sotillo, en su tesis doctoral: *Ortodoxia y control social en México en el siglo xvii: el Tribunal del Santo Oficio*, acaba de aclarar definitivamente el problema de las finanzas de la Inquisición mexicana; muestra claramente que a partir de los secuestros de los años 1630 mejoró notablemente la situación del Tribunal hasta volverse francamente próspera en la década siguiente, y que, de todos modos, los inquisidores acostumbraban quejarse de su miseria ante la Suprema y de las autoridades en general aun cuando distaban mucho de ser tan pobres como decían. *Cf.* el capítulo vi en su totalidad, pp. 155-199, de la mencionada tesis. Sin embargo, hemos señalado que era preciso establecer una diferencia entre la prosperidad individual de los ministros, resultado de prácticas fraudulentas, y la de la institución propiamente dicha. *Cf. supra*, nota 47 del cap. II.
[17] Domínguez Ortiz, *op. cit.*, p. 139.
[18] Medina, *op. cit.*, p. 184.

heréticos en las costas peruanas. En México, en cambio, los ministros mandaban de vuelta a Leonor Núñez a casa para que se curara, Duarte de León Jaramillo bordaba en su calabozo y se las ingeniaba para comunicarse con sus familiares de mil maneras, los presos recibían la comida y una que otra chuchería de su casa. Gran número de testificaciones en contra de judaizantes que no fueron entonces inquietados permanecen en los archivos. En esta misma época, algunos enemigos ingleses u holandeses podían ponderar los efectos desastrosos de la guerra sobre la monarquía española: sus tierras "se hallaban faltas de trato (comercio, nota nuestra) desprovistas de bajeles y sus vasallos, altos y bajos, padecían grandes daños y empobrecían..."

Así las cosas, no sería de extrañar que "los mismos naturales de las Indias, faltándoles el trato de los españoles, procuren tratar con nosotros y se rebelen contra España..."

Sería fácil que algunos gobernadores de las Indias "se alzasen con las tierras que se les hubiesen confiado, los cuales en tal caso procurarían negociar y tratar con nosotros... lo cual sería para nuestra amada patria la más favorable ocasión que pudiéramos imaginar..."[19]

Se trata, aquí, de Perú.

25 de marzo de 1638

Auto de fe en Cartagena de Indias en el que varios judaizantes son penitenciados.[20]

23 de enero de 1639

Monumental auto de fe —el más importante de la Inquisición peruana—, que pone fin a la "Complicidad Grande"; la comunidad marrana queda destruida para siempre.[21]

Este mismo día —coincidencia— la Suprema se extraña, en una carta dirigida al Tribunal de México, ante el hecho de que no haya presos allí y los ministros son amonestados por ello.[22]

---

[19] Alcalá Zamora, *op. cit.*, p. 373.
[20] Charles H. Lea, *Historia of the Inquisition in the Spanish Dependencies*, pp. 466-467; Medina, *Historia del Tribunal del Santo Oficio de la Inquisición de Cartagena de las Indias*, pp. 222-227.
[21] Domínguez Ortiz, *op. cit.*, p. 140.
[22] AHN, Inquisición, libro 1054, Cartas de la Nueva España, 1640-1648, f. 14.

Abril de 1640

Bajo los soles mojados de pálidas riberas, luego de sufrir la prueba de la abjuración pública de sus pecados, la de los 39 azotes rituales aplicados en su torso desnudo mientras se elevaban los salmos fervorosos y todos los fieles de la sinagoga pasaban, levantando el pie, encima de su cuerpo postrado en el polvo, Uriel da Costa, aquel "personaje digno de horror", nacido marrano, portugués y rebelde ante las leyes, determinó, ebrio de humillación y soledad, entregarse a la nada que toda su vida se había honrado en mirar cara a cara.[23]

Junio de 1640

La misma flota trae a Nueva España a don Diego Pacheco y Bobadilla, marqués de Villena, duque de Escalona —cuya difunta mujer era hermana del duque de Braganza—, quien viene a ocupar el cargo de virrey, junto con el visitador y obispo de Puebla, don Juan de Palafox y Mendoza. Éste, un protegido de Olivares enteramente entregado a la causa de una España desfalleciente, fue uno de los varones más brillantes del siglo XVII mexicano.[24]

30 de septiembre de 1640

Ya van 18 años que no se leen los edictos de fe en Nueva España, al no determinar la Suprema si se puede llevar a cabo su lectura sin asistencia del virrey.[25]

25 de noviembre de 1640

Carta de los inquisidores mexicanos a la Suprema: no le quedan al Tribunal ni siquiera fondos para pagar ciertos sueldos y asegurar el mantenimiento de los presos pobres. Su Majestad mandará suprimir unas canonjías en Guadalajara y Michoacán y ordenará que sus rentas se entreguen de ahora en adelante a la Inquisición.[26]

---

[23] Marcelino Menéndez y Pelayo, *Historia de los heterodoxos españoles*, tomo III, pp. 213-215; J. Caro Baroja, *op. cit.*, I, p. 496. Bayle es quien ve a Uriel da Costa como a un "personaje digno de horror" en su *Dictionnaire Historique et critique*, tomo I, pp. 184-192.
[24] I. Jonathan Israel, *Race, class and Politics in Colonial Mexico, 1610-1670*, pp. 199-200.
[25] AHN, Inquisición, libro 1054, *op. cit.*, f. 14.
[26] ANH, Inquisición, libro 1054, fs. 21-24.

1º de diciembre de 1640

Rebelión en Portugal, donde el duque de Braganza es proclamado rey bajo el nombre de Juan IV.

Durante este año de 1640, Pellicer revela que los tribunales de Lima y Cartagena de Indias habían señalado al rey que numerosos judaizantes portugueses penitenciados por ellos mantenían "grandes correspondencias y tratos con los judíos de Holanda y Levante".[27]

AÑO DE 1641: NUBES DE TEMPESTAD SE ACUMULAN EN EL HORIZONTE

7 de enero de 1641

Como consecuencia de la rebelión de Portugal, una cédula real prohíbe la instalación en Nueva España de los portugueses que no fuesen residentes en ella, así como la entrada de sus naves a los puertos del virreinato, y ordena interceptar la correspondencia de los mercaderes de esta nación con el resto del mundo; en cuanto a los partidarios del duque de Braganza, deben ser desterrados y sus bienes secuestrados.[28]

12 de marzo de 1641

Pellicer declara saber de buena fuente que se está considerando otra vez el proyecto de llevar de vuelta a España a los judíos de Holanda y de otras partes y que la Inquisición se opone a ello.[29]

26 de marzo de 1641

Un muchacho, Gaspar de Robles, acude por su voluntad a denunciarse ante el Santo Oficio de México, como se lo aconsejara su confesor; tiene quince años de judaizar y fue iniciado en la religión de sus antepasados por dos tíos suyos, en Nueva España. Habiendo fenecido uno, se arresta pronto al otro, un tal Francisco Home, quien a su vez denuncia a varios judaizantes y en particular a dos

---

[27] Caro Baroja, *op. cit.*, tomo II, p. 44.
[28] AGN, Inquisición, vol. 489, f. 97. Cédula real.
[29] Caro Baroja, *op. cit.*, tomo II, p. 44.

relapsos, Francisco Nieto e Isabel Núñez. Home no tarda en morir en los calabozos inquisitoriales a consecuencia de las lesiones que sufrió cuando le dieron tormento.[30]

4 de abril de 1641

Llega a México la noticia de las sublevaciones de Portugal y Cataluña; el virrey, pariente del rebelde duque de Braganza, lleva aquel día, por casualidad, traje de gala... Villena era ya odiado por su codicia, su pereza y sus criados voraces, que se abalanzaron sobre el virreinato cuando éste atravesaba una grave crisis económica y lo sometieron a un saqueo inaudito. Por ello, abundan los chismes acerca de él, los que, ciertos o no, tienen el mérito de pintar al personaje y, a la vez, de traducir la desconfianza despreciativa que lo rodeaba. Así, se contaba que "le ofrecieron dos caballos, que el uno se llamaba Castilla y el otro Portugal, y como le preguntaron cuál de los dos prefería, contestó al punto: dejo a Castilla por Portugal."
Se decía que él mismo relataba cómo:

> luego que le hubieron nombrado virrey, estando en Madrid, le encontró en la calle un gran señor y le dijo: "¿Vos, a qué váis a las Indias; o váis a ser ladrón o a alzaros con ellas?" y que él le respondió: "sí me alzara, si no fuera más lo que dejo en Castilla: y más vale gallina en paz que pollos en agraz".[31]

Desde que llegó al virreinato, no dejó de favorecer a los portugueses, a los que confió cargos importantes, como a los hermanos Váez de Azevedo, a uno de los cuales nombró proveedor general de la flota de Barlovento y a otro, capitán de la infantería.[32] Se empieza a hablar de traición por parte de Escalona y unos temores confusos se apoderan de buena parte de la población castellana. Escalona recibe también las cédulas reales del 7 de enero, referentes a los portugueses; decide ignorarlas y mantenerlas en secreto, sin avisar siquiera al visitador Palafox ni a la Audiencia de México.

---

[30] AGN, Inquisición, vol. 390, exp. 11. Testimonio de Gaspar de Robles (1641); vol. 391, exp. 1, Causa criminal contra Francisco Home, alias Vicente Henríquez (1641).
[31] Luis González Obregón, *Rebeliones indígenas y precursores de la independencia mexicana*, pp. 214-216.
[32] L. González Obregón, *op. cit.*, p. 215; Israel, *op. cit.*, p. 205.

23 de abril de 1641

Gaspar de Robles es absuelto y liberado pero los inquisidores le piden que finja seguir siendo judío y que "estubiese con cuidado para avisarnos si supiesse o entendiesse después de algunos que guardasen la dicha ley, para que nos lo avisara". La Suprema reprochará más tarde este ardid al Tribunal mexicano al que se le ordenará "ahora, callar..."[33]

19 de junio de 1641

Palafox, que se puso a trabajar con notable energía, toma muy a pecho los intereses de la Corona, amenazada por las recientes rebeliones. Escribe a Madrid recordando que el virrey, el duque de Escalona, es cuñado del rebelde Juan IV.[34]

3 de agosto de 1641

Gaspar de Robles sigue puntualmente las órdenes de los inquisidores. Acude de nuevo ante el Tribunal y denuncia a la familia Rivera, que consta de la madre y cinco hermanas, de las que es pariente lejano.[35] Pero los tiempos aún no han llegado, según parece, para que la Inquisición intervenga; ésta se conforma por ahora con juntar denuncias.

26 de agosto de 1641

Gaspar Alfar, falso sacerdote y timador, entra en las cárceles inquisitoriales.[36]

28 de agosto de 1641

Carta de Fernando de Mezquita, desde Veracruz, a su hermano Luis de Mezquita, que vive en México. Cunden rumores en el puerto acerca de cierto navío portugués con 150 soldados a bordo que

---

[33] AGN, Inquisición, vol. 416, fs. 449-453. Carta del Santo Oficio de México al Consejo, avisando de la Complicidad (1643); Biblioteca Nacional, MS. 1259, Cedulario de Nueva España, Inquisición, Carta de la Suprema al Santo Oficio de México, f. 29.
[34] Israel, *op. cit.*, p. 210.
[35] AGN, Inquisición, vol. 416, fs. 449-453, Carta al Consejo..., *op. cit.*
[36] AGN, Inquisición, vol. 387, exp. 11, "Memorial del día en que entraron los presos de esta Complicidad, desde el año de 1639 hasta el de 1647".

habría llegado a las islas Canarias, tal vez camino a Nueva España; añade Fernando: "Dios quiera que así sea, y que nuestros amigos lleguen a esta tierra de modo que tengamos mucha satisfacción".[37]

Agosto de 1641

Palafox va a la ciudad de México para convencer al virrey de la necesidad de tomar medidas: hace falta, primero, retirar a Váez de Acevedo y a los demás portugueses de los puestos estratégicos que ocupan; luego es preciso obligarlos a todos a entregar sus armas, a abandonar los puertos, y prohibirles finalmente el acceso a los puestos que puedan colocarlos en posición ventajosa si alguna rebelión llegara a producirse. El duque de Escalona recibe con suma frialdad al obispo, cuyos consejos apremiantes no serán más acatados que las órdenes reales que venían en las cédulas de enero de 1641. Tras este fracaso, Palafox se dedica, con el empeño que le corresponde, a convencer al rey de que el duque no es la persona apropiada para gobernar el virreinato, tomando en cuenta la situación tensa que en él prevalece.[38]

20 de noviembre de 1641

El visitador don Juan de Palafox, cada vez más inquieto, manda al virrey el billete siguiente, una copia del cual se entrega al Santo Oficio:

Excelentísimo señor,
El pliego que e resevido de España, confiesso a Vuestra Excelencia que me a puesto en mucho cuidado y pena, considerando el estado de aquellos reynos, si bien no dexo de estar con mucha confianza de que Dios a de ayudar su caussa y a la corona de España que defiende su yglesia.

El haver venido también estas nuebas del levantamiento del brazil, que los Portugueses an degollado 3.000 españoles, y que 2 vezes an intentado en Carthagena levanttarse con el barrio de Jetsemaní, y los avisos siertos antteriores de la rebelión de Portugal y las terçeras, me ponen en tanta atención que no é podido dexar de escribir este papel a Vuestra Excelencia, así por lo que amo el servicio del Rey Nuestro Señor, Paz y Seguridad de estos reynos, como lo que desseo sus aciertos de Vuestra Excelencia y que los buenos efectos de su

---

[37] AGN, Inquisición, vol. 499, exp. 1, Proceso y causa criminal contra Luis de Mezquita (1642), fs. 5 y 6.
[38] Stanley M. Hordes, *The crypto Jewish Community of New Spain, 1620-1649; a collective biography*, p. 135.

prudencia y celo resplandescan en ttodo el mundo y sean aprovados por su Magestad y su Real Consejo, como lo an sido hasta aquí.

Pongo a Vuestra Excelencia la poca tristeza y aflicción que a causado a los Portugueses de esta Nueva España (que como consta a Vuestra Excelencia, son muchos en si), el levantamiento de Porttugal, hablando según e enttendido con alguna libertad, no sólo en sus banquettes y enttretenimientos, sino publicamentte en algunas ocasiones partticulares; y e savido que a muy pocos días que ha avido cuchilladas sobre esto.

Considero que al número que es tan grande, ayuda su caudal y riquezas que son quanttiosas y la mano, maña y diligencia, sumo cuidado y secreto con que obran y executan qualquier cossa. Están llenos de esclavos y otros dependientes y finalmente, no sólo en esta ciudad sino en la tierra adentro, tienen todo el poder que vasta para hazer embarazo a la seguridad de estos Reynos y al pacífico y prudente govierno de Vuestra Excelencia.

Estas consideraciones y notisias, que en la congoxa y turbación de los tiempos se rrepresentan más bivas y parescen mayores, me obligan a proponer a Vuestra Excelencia quantto combernía asegurar este punto con aquellos medios más cuerdos proporsionados, prevenidos y suaves que paresiere a Vuestra Excelencia y a los demás ministros con bien lo consiviere.

Los vezinos de esta ciudad castellanos no dexan de estar con alguna tristeza de que aya Capitán Portugués Compañía viva denttro della, y más haviendo passado el lance que Vuestra Excelencia save sobre battir el porttugués su bandera al pendón quando yba la Real Audiencia y Ciudad acompañándole, y estava Vuestra Excelencia en Santana.

Otro porttugués y tan conoscido como Sebastían báez de Azevedo, hermano de este Capitán, es probeedor General de la Armada de Barlovento en esta misma ciudad y con esta ocasión, va y puede yr almazenando todas las munisiones y pertrechos y lo demás nesesario para una guerra muy viva y repenttina y que no sepamos si será conttra Vuestra Excelencia y los demás ministros del Rey. E enttentido que van los porttugueses comprando todas las piedras de pedernal y arcabuzes y haziéndosse secrettamentte dueños de las armas y ya de esto, los castellanos comienzan a estar rezelossos y yrse previniendo, y más después que se a publicado en esta ciudad que se alsaron los porttugueses en el brasil y degollaron tres mill castellanos.

La Veracruz es la llave principal de estos reynos y se hallan oy más porttugueses que castellanos y según e enttendido (que de esto Vuestra Excelencia se mandará informar de lo siertto), dos capitanes vivos de ynfantería Porttugueses, y como aquél es puerto y enttran en él todas las primeras noticias de los daños o de los remedios, es donde puede causar este riesgo más pernisiosso e efectos al servisio de Su Magestad.

Todas estas cossas y otras que dexo a la prudencia y consideración de Vuestra Excelencia me parescen no sólo bastantes sino que nos obligan a los ministros a que confiramos sobre esto y que Vuestra Excelencia con el celo, cristiandad, sangre y obligasiones de su estado y cassa se sirva de que se ponga esta matheria en el Real acuerdo, con el secretto y ponderación que meresce: que con la asistencia, prudentte consejo y dirección de Vuestra Excelencia y el parescer de tanttos y tan graves ministros como concurren en él, podrá tomar la resolución que se deve esperar de su attención y zelo; y en el mismo Real acuerdo, podrá Vuestra Excelencia conferir las órdenes que a ttenido de Su Magestad quando vino el primero avisso, y sobre ellas y lo que de nuevo a sucedido y viene cada día con rrepetidos avissos, resolverá Vuestra Excelencia lo que más convenga.

Siertto, Señor, que la matheria se va estrechando mucho y que es puntto éste que puede dar cuidados a Vuestra Excelencia y a los ministros que estamos sirviendo, y que los Porttugueses son pocos si nos hallan prevenidos y muchos si nos cojen descuidados; Vuestra Excelencia con buena forma, brevedad y disposición podrá servirse de rreformar este capitán Porttugués y que no salga otro alguno (ni para Philipinas ni otra partte no sólo capitán ni aún soldado) y dar este conssuelo al pueblo.

Podría llamar Vuestra Excelencia en secretto a los 2 Capitanes de la Vera Cruz y tenerlos aquí enttretenidos, probeyendo en el yntterim sus plazas en castellanos, hasta que esto se halle asegurado y Dios por su misericordia nos abra alguna luz en las tinieblas que vivimos, enttre tan tristes y travajosos subcessos.

Puntto tan grande y que mira a la seguridad de estos Reynos, muy bien parescerá (y aunque no lo fuera tantto), que Vuestra Excelencia lo confiera con un tribunal tan grave, religiosso y santto como el de la Ynquisición, y donde tantto secretto se guarda, en el qual concurren sujettos de tal experiencia y con cuyo parescer en ttodos tiempos justifica Vuestra Excelencia su resolución, pues es un tribunal tan grande y ttan yntterior notisia tiene de los Porttugueses, su calidad e ynclinasiones; ella es materia muy unibersal y grave y en la qual es necesario obrar con tal prebención que no desconfíe del todo a los Porttugueses, pero con tal attención y seguridad que no bivan alenttados y sobervios ni sean dueños de las armas ni las gobiernen, porqué puedo asegurar a Vuestra Excelencia (y juzgo que lo abrá entendido por ottras partes y por ser tan público y notorio, que aunque quiero creer que ttodos sean muy leales al servisio de Su Magestad, pero que la tristeza de los castellanos es tan grande que nessesita de que se repare en ello...

Del puño y letra del visitador:

Mi señor, la prudencia de Vuestra Excelencia y suceso, fásilmente lo prebendrá todo y no abrá ministro que no le asista y yo el primero. Verdaderamente, que los vezinos castellanos de esta ciudad me dizen a cada passo que andan muy recelossos de los porttuguesses: anttes que algo suceda, será bien que Vuestra Excelencia lo attaje...

Respuesta del Tribunal al obispo de Puebla:

> En este Tribunal emos visto el papel de Vuestra Señoría, que volvemos con el presente y nos a parescido muy ajustado a la materia y muy conforme a la prudencia, suabidad y cristiano celo de Vuestra Señoría; y el señor ynquisidor Don Francisco de Estrada yrá como Vuestra Señoría lo ordena, vesar su mano esta tarde a las 2.[39]

21 de noviembre de 1641

Sintiendo que la situación se va agravando e informado tal vez por sus numerosas relaciones de las inquietudes y diligencias de Palafox, el rico mercader Simón Váez Sevilla ordena a su agente de Zacatecas rematar en el acto todas las mercancías que tiene almacenadas sin importar el precio en que se vendan, y mandarle a México el dinero recabado. También le pide que cobre una deuda, precisando que no habría pensado en ello si el anuncio en Nueva España de la noticia relativa al levantamiento de Portugal no lo hubiese obligado a obrar de tal manera.[40]

25 de noviembre de 1641

Respuesta del Santo Oficio al billete del virrey, el marqués de Villena, duque de Escalona:

> El papel de Vuestra Excelencia de 23 deste mes con las cédulas de Su Magestad tocantes a los portugueses, y la respuesta al del Señor obispo visitador hemos recibido con la estimación i respecto debido y vesamos a Vuestra Excelencia la mano por la onrra y merced que nos haze en comunicarnos negocio tan grave e importante al servicio de Su Magestad, fiando de nuestras boluntades que acudiremos a él con las veras que tenemos obligación, como sus criados y capoellanes tan reconocidos i que quedamos advertidos de todo lo que Vuestra Excelencia nos refiere; i en execución de lo que nos manda, aviéndolos visto y considerado con la atención i cuidado possible, aunque estas matterias son tan distantes de nuestra profesión i ministerio tan retirado, diremos lo que alcançare nuestra capacidad, desseosos de servir a Vuestra Excelencia y que tenga los felices aciertos que nos prometemos de su zelo, prudencia y desvelos en el servicio de Su Magestad.
> No se puede dudar, Señor Excelentísimo, que con la primera nueva del levantamiento de Portugal i con las que an sobrevenido del es-

[39] AGN, Inquisición, vol. 489, fs. 85-88v., "Carta del Obispo Palafox al Virrey Escalona... y Respuesta del Santo Oficio al Obispo de Puebla" (1641).
[40] Hordes, *op. cit.*, pp. 130-131.

trago del Brasil y commoción de Cartagena, se hallará Vuestra Excelencia lastimado i receloso, como lo están todos los buenos basallos de Su Magestad, por las sospechas que engendran estos sucesos y la poca confianza que en general se debe tener de los Portugueses, pues tan costosas experiencias han manifestado su infidelidad; y si bien en esta ciudad y Reynos, ai gran número de ellos i más de los que convenía, esperamos en Dios que serán fieles i reconoscidos a las muchas honrras i beneficios que gozan por la clemencia de Su Magestad, que les permite vivir en ellos con tantas riqueças i comodidades y en especial dándoselo a entender, como lo manda en una de sus Reales cédulas. Pero como las cosas humanas están sujetas a alterarse por mui pequeños accidentes, no se puede prometer perseverencia en ellas ni afianzar su duración i firmeça, i menos en las de semejante qualidad, que se suelen mover más facilmente con qualquier pernicioso exemplar que refrenarse con la razón i justicia.; y todo quanto antes vee la prudencia en semejantes casos, no es temerlos sino prevenirlos i remediarlos porque no sucedan. Muchas cosas se han dicho estos días atrás del contentamiento de esta gente, de su arrojamiento en hablar, i que se han prevenido de armas; pero no savemos qué certeza tengan y Vuestra Excelencia dize i mui bien que ni se debe creer sin bastante fundamento ni tampoco menospreciarlo. Lo que emos alcansado es que an causado mucho desconsuelo i cuidado a los castellanos i vasallos de Su Magestad. Ninguna cosa, Señor, haze peores a los hombres que manifestarles claramente que están tenidos por malos, i éstos a veces se mexoran dándoles a entender que son buenos. Oi entendemos que se halla Vuestra Excelencia en este punto con los Portugueses, en el que su vigilancia y christiana prudencia obrará de manera que ni ellos desconfíen ni los vecinos de esta ciudad, vasallos de Su Magestad, vivan descuidados ni desprevenidos, que la vana confianza suele ser más perjudicial que los mesmos enemigos, i aquí se ha vivido siempre con tanto descuido quanto algunas occasiones atrasadas se ha manifestado.

Su Magestad (que Dios guarde felices años), previene en sus Reales Cédulas quanto en esta materia puede discurrir la prudencia humana i fía de la grandesa y obligaciones de Vuestra Excelencia que obrará en ella lo que más convenga a su Real servicio, paz i seguridad destos sus Reynos; i así no tenemos que dezir a Vuestra Excelencia de que como quien tiene la cosa presente i la ha desentrañado i con las noticias que ha dado y de nuebo pide Vuestra Excelencia al Señor obispo visitador i resultaren de las diligencias del Lic. don Pedro de Oroz, Alcalde desta Corte, se verificará más bien la sustancia deste negocio, para poder mejor executar Vuestra Excelencia lo que su Magestad se sirve de mandar en sus Reales Cédulas, de que [...] tan satisfechos; que ninguna cosa nos tiene tan asegurados i libres de temor como ver que Vuestra Excelencia gobierna estos Reynos i los ha de conservar en mui próspero estado. Suplicamos a Vuestra Excelencia se sirva de mandarnos avisar lo que se ofreciere del maior servicio de Su Magestad, para que este Santo Oficio i todos sus ministros, acudamos a él con las personas, vidas i haciendas, como tenemos obligación, pidiendo continuamente a Nuestro Señor en nuestros sacrificios el augmento i conservación de la monarquía de España.[41]

Fines de noviembre de 1641

Las cosas están claras: el Obispo de Puebla pide que se tomen medidas en contra de los portugueses y solicita discretamente la intervención inquisitorial. El virrey permanece sumamente reacio y el Santo Oficio evita comprometerse, si bien manifiesta bastante tibieza respecto a los puntos de vista y las sugerencias de Palafox. Aún no han llegado los tiempos de persecución para los marranos portugueses.

27 de noviembre de 1641

Sin embargo, Escalona, aparentemente influido por las representaciones de Palafox, manda que los portugueses, incluyendo a los que habían nacido en el virreinato, se presenten ante el corregidor dentro de tres días y entreguen las armas que pudiesen tener. En la sola ciudad de México, 419 cabezas de familia se presentan a las autoridades y 16 armas de fuego —muy poca cosa en verdad, para gente de la que se sospechaba estaba tramando una insurrección— son requisadas.[42]

AÑO DE 1642: EL DRAMA

16 de enero de 1642

A partir de ahora, la lucha entre el Virrey y el Obispo visitador se vuelve implacable, al tratar cada uno de lograr que el otro sea destituido; se rebasa una nueva etapa cuando Palafox hace responsable a Escalona del arresto de un carmelita descalzo por el corregidor de Veracruz, siendo el tal fraile portador de unas cartas mandadas por el Obispo de Puebla a Madrid en las que éste pedía con urgencia que el Virrey fuese llamado a España.[43]

---

[41] AGN, Inquisición, vol. 489, fs. 99-100, "Carta del Obispo Palafox...", *op. cit.*
[42] Israel, *op. cit.*, p. 211.
[43] AGN, Inquisición, vol. 489, fs. 102-104, "Carta del Obispo Palafox...", *op. cit.*

28 de enero de 1642

En un ambiente tenso, la posición del Santo Oficio sigue siendo la misma. El Tribunal escribe al Virrey que no ha recibido ninguna noticia: "Si la hubiera entendido y que fuesse de ymportancia al servicio de Su Magestad, la huviera avissado a Vuestra Excelencia sin esperar que me lo mandasse",[44] asegura el inquisidor don Bartolomé González Soltero.

10 de febrero de 1642

Llegan nuevamente cédulas reales tocantes a los portugueses de Nueva España, de quienes la Corona, obviamente convencida por Palafox, teme un levantamiento. Se debe proveer el puerto de Veracruz con una plataforma protegida con baterías y los portugueses que residen en los puertos y minas habrán de alejarse unas veinte leguas tierra adentro. El tono de las cédulas traduce cabalmente la desconfianza que priva entonces y Felipe IV se dirige en estos términos al Virrey:

> Cerca de los extranjeros, se me ofrece que deciros lo que las ocasiones y experiencias advierten: vos sabéis el número grande que hay en esas provincias de este género arraigados y comerciantes ya con licencia y ya sin ella; y aunque en lo particular de lo que se debe hacer señaladamente con los portugueses se os advierte en otra carta de la fecha de ésta qué havéis de ejecutar, y todavía se queda mirando en algo más tocante a este punto, me ha parecido añadir a lo que dije allí, que estéis con advertencia a reconocer el gran cuidado que pueden dar los portugueses respecto de ser como son en gran número y hallarse en los puertos más armados de gente, más caudalosos de dinero que los naturales y más unidos entre sí que todo el resto; que en los Reales de Minas, están muy ricos y estoy informado que vienen a ser la esponja de todo el oro y plata de rescate y los que extravían mis reales quintos y no se recatan en hablar contra la fidelidad, que están muy mezclados con los negros con quienes tienen gran unión, y ellos los respetan; y como quiera que si no está segura en ellos la fidelidad, como se debe temer de tantos indicios, reconociendo el riesgo por ser tan interior y doméstico, me ha parecido demás de lo que os dije en la carta citada, advertiros en ésta todas estas consideraciones (que juzgo yo todo lo tendrá previsto vuestro cuidado), para que concurramos todos a un mismo fin... pues nadie se atreverá a asegurar que estarán constantes los portugueses que se hallan tan lejos de mi persona, cuando los que están tan cerca han sido tan desleales... [45]

[44] AGN, Inquisición, vol. 489,.f. 111, "Carta del Obispo Palafox...", *op. cit.*
[45] AGN, Reales Cédulas Originales, vol. 1, núm. 288, f. 528.

El tono del monarca es seco, la suerte del Virrey ya está sellada.

18 de febrero de 1642

Cédula de Olivares que nombra al obispo Palafox virrey de Nueva España, en lugar del duque de Escalona.[46]

17 de marzo de 1642

Don Juan Sáenz de Mañozca, formado por su tío don Juan Mañozca y Zamora, el artífice de la "Complicidad Grande" peruana, toma posesión de su cargo de inquisidor en México.[47]

18 de marzo de 1642

El aviso *San Francisco* zarpa de las costas andaluzas hacia la Nueva España.[48]

4 de mayo de 1642

El "San Francisco, que vino por primero de aviso y se visitó el 4 de marzo de 1642..." No cabe duda de que el navío traía la cédula de Olivares respecto a Palafox.[49]

6 de mayo de 1642

Carta del Tribunal de México a la Suprema con el balance de las relaciones entre el virrey, el duque de Escalona, y el obispo Palafox; al mismo tiempo, se puntualiza el papel desempeñado por el Santo Oficio:

---

[46] AGN, Reales Cédulas Duplicadas, vol. 63, f. 3v., "La Corona al Obispo Palafox..."; AGN, Riva Palacio, vol. 1, Cuaderno 1, f. 126. Cédula real a los inquisidores, anunciándoles el nombramiento de Palafox como virrey en lugar del marqués de Villena.
[47] *Boletín* del AGN, tomo XXVI, núm. 1, p. 70.
[48] Pierre Chaunu, *Séville et l'Atlantique*, tomo V, *Le traffic de 1621 á 1650*, pp. 388-392.
[49] AGN, Contaduría, 885. A. Oficiales Reales de Veracruz, "Cargo de almojarifazgos por mercancías transportadas, año 1642".

Señor,
Las nuevas del lebantamiento de Portugal que llegaron a esta Ciudad el año passado de 641 caussaron en los ánimos de los fieles basallos de Su Magestad el sentimiento y dolor que deben a sus obligaciones, desseando derramar su sangre y offrescer sus vidas y haciendas en su Real servicio y defensa; y como a éstas sobrevinieron las de haverse revelado las yslas de la Madera, tercera y Bracil y haver intentado lo mismo los Portugueses de Cartagena de las Indias, se aumentó el desconsuelo de los castellanos y naturalmente comenzaron a rezelarse de los Portugueses por ser muchos y hazendados los que ay en este Reyno y en especial en esta Ciudad y la de la Puebla de los Angeles y Nueba Veracruz y Puerto de San Juan de Ulúa; y fue creciendo este rezelo con ocasión de ver e juzgar a los Portugueses placenteros o nada tristes de tan penossas nuebas; y algunos de ellos imprudentes devieron de hablar con tanta passión o poco recato (según corrió la voz pública en esta Ciudad), que alteraron totalmente los ánimos de los Castellanos poniéndolos en cuidado y desseando que les fuessen a la mano; y no trataban de otra cossa pública y secretamente sino que combenía prevenirse y resguardarse de ellos para en qualquier acontecimiento; y como el temor forma gigantes del aire, se esparció voz de que los Portugueses se prevenían de armas de fuego y municiones y que hablaban libremente abonando la Rebelión de Portugal. No sabemos qué verdad o fundamento tuviessen estos rumores, por no tocarnos su averiguación, si bien nos dio cuidado por lo que se podía temer de alguna discordia o pendencia entre los castellanos y Portugueses; y en las ocaciones que se offrescían, procurábamos dar a entender que todo estaba quieto y que los Portugueses eran fieles basallos de Su Magestad y no faltarían a sus obligaciones.

Y en 18 días de noviembre del dicho año passado, don Juan de Palafox y Mendoza, Obispo de la Puebla de los Angeles y Visitador de este Reyno nos escrivió tres villetes a los dos ynquisidores y fiscal, en que nos pedía asistiéssemos juntos a las once del día en el quarto del ynquisidor más antiguo porque tenía cierto negocio grave e ymportante que comunicarnos del servicio de Su Magestad, y que procurássemos que esta concurrencia fuesse con algún dissimulo, por escussar nota de ella; hisosse assí con todo recato y estando juntos y solos, hablando el Señor Obispo como al Tribunal del Santo Officio, nos refirió las demasías de los Portugueses, y que eran mucho mayores de lo que parecían y que le havían dado noticia muy cierta de ellas y del desconsuelo y temor de los Castellanos por verlos en officios públicos de milicia, en tiempo tan peligrosso; y que tenía determinado de avissar al Virrey Marquéz de Villena y ponderarle quanto ymportaba al servicio de Su Magestad y conserbación de este Reyno ir les a la mano y quitar las armas y officios y prevenir de ellas a los castellanos para qualquier acontecimiento; y que conocía la fidelidad y amor con que el Santo Officio y todos sus ministros servían a Su Magestad, nos havía querido comunicar este negocio y el intento que tenía para que le aconsejássemos como basallos, criados y capellanes del Rey Nuestro Señor y los más ynteressados en su Real servicio y en la seguridad de nuestras personas pues en casso que los Portugueses intentassen algún mal hecho, los Primeros al Peligro havían de ser nosotros y los demás ministros y las cassas y secreto de esta ynquisición por el aborrecimiento que en general tienen al Santo Officio los que están notados de esta nación. Viendo su proposición y que miraba al servicio de Su Magestad y al bien público y seguridad de esta Ciudad y Reyno y que no se entendía a más que avissarlo al dicho Virrey, le respondimos que nos parecía bien que le viesse, y como a persona de tanta autoridad y prudencia, le comunicasse lo que savía en la materia para que la previniesse y procurasse remediar con la prudencia y zelo que se podía creher de sus grandes obligaciones; y advertimos al dicho Obispo que procurasse hacerlo con mucha blandura, recato y silencio por escussar la nota e yncombenientes que podían seguir de lo contrario y que en especial, en ninguna manera le diera a entender que nos havía comunicado su intento porque aunque era bueno, podría engendrar algunos rezelos en el Virrey con quien teníamos mucha paz y buena correspondencia, y en los ánimos de los portugueses más atención, por el temor de el Santo Officio. Agradeció Nuestra voluntad y la advertencia y se despidió dando a entender que nos havía vissitado con ocasión de querer ir a su yglesia de la Puebla.

A los veinte del dicho mes, nos escrivió el villete cuya copia ba con ésta y con él, nos ymbió el papel que escrivió al Virrey para que le viessemos; y nos pareció combeniente que el fiscal Doctor Don Francisco de Estrada le fuesse a ver como lo insinuaba en el dicho villete; y haviéndolo hecho, le dixo que havía considerado por medio más assentado el escrevir al Virrey que verle, por escussar algunos incombenientes, y que para avissarnoslo, le havía llamado; respondiósele a su villete otro muy brebe cuya copia ba con los demás; y a los 22 del dicho mes (después de haver ymbiado al Virrey su papel), escrivió otro al Tribunal avissándole de el efecto que havía obrado, cuya copia ba assimismo con su respuesta.

Y a los 24 del dicho mes, nos escrivió el Virrey de su mano y letra, el que Vuestra Alteza verá por su traslado, y con el, nos ymbió un tanto de la respuesta que dio al Obispo y dos copias de tres zédulas de Su Magestad en que se sirvió de mandar lo que se havía de hacer con los Portugueses; y haviéndolo visto con la atención que devíamos, se le respondió lo que Vuestra Alteza verá por la copia de su Respuesta; y a los 27 del dicho mes y año, hiso publicar el Virrey en las partes más públicas de esta Ciudad y en frente de las cassas de esta ynquisición el bando ympresso que es con ésta, mandando al Alguacil maior de Corte que nos le diesse, como lo hiso; y de su publicación y de las diligencias que se hicieron en virtud de sus comissiones, se augmentó tanto el rezelo de los castellanos que el dicho Obispo y algunas personas graves y muchos de los familiares y ministros de esta ynquisición nos advirtieron que combenía vivir con cuidado y vigilancia por lo que podían intentar los Portugueses; y assí, nos pareció combeniente advertir con mucho recato y secreto a los familiares de mayor capacidad y obligaciones que para qualquier ocurrencia que se pudiesse offrecer del servicio de Su Magestad y de este Santo Officio, estuviessen prevenidos de sus armas para sí y sus criados, sin dar nota de su cuidado ni mostrarse rezelossos; y les mandamos debajo del juramento de fidelidad y secreto que tenían hecho que no lo rebelassen ni comunicassen con persona alguna (como en efecto lo cumplieron), pues no se encaminaba esta diligencia a más que a una prudente prebención para el servicio de Su Magestad; y ha sido Dios servido que no aya sido menester por haverse quietado estos rumores y rezelos. Y habiéndose conserbado el Virrey y el dicho Obispo en mucha paz y concordia algunos messes, con grandes demostraciones de amistad, o ya por razón de sus jurisdicciones de sus cargos o por haver avibado tanto el Obispo las diligencias contra los Portugueses, se empessaron a enconar las voluntades; y como de ordinario ay malos terceros que con chismes y siniestras relaciones procuran yntroducirse para ganar la gracia de los que goviernan, no deben de haver faltado en esta ocación entre ambos, con que se turbó la paz y conformidad que tenían, con mucho sentimiento nuestro y de todos los bien intencionados de esta República. Y estando las cossas en este estado (no del todo desahuciado de concordarse), sucedió por el mes de henero de este presente año del 42 que don Juan Fernández de Córdoba, criado del Virrey y corregidor de la Veracruz y puerto de san Juan de Ulúa, detubo allí un religiosso lego u donado de los carmelitas descalsos, que so color de passar a Campeche a pedir limosna, yba a la Habana y a España con cartas y despachos del dicho Obispo de la Puebla y de otras personas contra el Virrey, de quien no llevaba licencia para embarcarse, como Su Magestad lo tiene mandado; y dicen hiso exactas diligencias catándole y registrando las cartas que llevaba, pero que no le hallaron cartas algunas sino una patente de su provincial para hacer su viaje y una libranza de dineros para sus gastos, de que el dicho corregidor dio avisso al Virrey, el qual con esta relación y sucesso aumentó mucho más sus sentimientos y rezelos; y tuvimos noticia que los havía representado secretamente a la religión del Carmen, que se escussó con decir que no sabían de aquel negocio sino sólo su Provincial, que estaba ausente; y el dicho Obispo Visitador se sertificó de este casso y se alteró de manera que por mediado del mes de henero, escrivió un papel tan vivo y resuelto a don Francisco de Zerecedo, secretario del Virrey, para que se lo mostrasse con una carta que escrivió al dicho Don Juan Fernández de Córdoba y el auto que le mandaba notificar, que nos pessó mucho de verle y de que se le huviesse ymbiado tan apresuradamente, cuias copias nos ymbió el dicho día con un villete, cuios traslados y lo que se le respondió al dicho Obispo remitimos a Vuestra Alteza; y nos dieron noticia que havía ymbiado otros semejantes a los cavildos y comunidades de esta Ciudad.

Después entendimos que havía despachado a un secretario suio sacerdote a la Veracruz, con orden de fixar en la tablilla por excomulgado al dicho Don Juan de Córdoba como lo hiso, el qual haviendo apelado al metropolitano y protestado el auxilio de la fuerza, fue mandado absolver *ad reincidentiam* en la forma ordinaria, y que se tragessen los autos. Y dentro de pocos días, llegó a la Ciudad el fraile lego o donado del Carmen y haviéndolo oido el Virrey, le mandó llebar a su conbento a sus prelados; de estas diligencias del Obispo, nació determinarse el Virrey a hacer ynformación de qué tribunales o personas se le havían quejado les ocultaban o detenían los pliegos o cartas que venían de España; y para hazerla, dio comissión al Doctor Andrés Gómez de Mora, oidor de esta Real Audiencia y assimesmo para continuar y hacer de nuebo lo que tocaba a los Portugueses; y en su execución, a los 26 del dicho mes de henero, el dicho oidor nos vissitó a cada uno de nosotros de por si en nuestros quartos y al fiscal en su cassa, y de parte del Virrey nos dixo la diligencia que estaba haziendo y que nos pedía declarássemos por escrito ante él y su escrivano lo que supiéssemos y entendiéssemos; respondímosle (sin havernos visto ni comunicado) lo que teníamos obligación, y que los ynquisidores no eran personas que testificaban ni comparecían en juicio ante juez alguno y en especial en matherias tan distintas de su profesión; y que lo que podía certificar de palabra al Virrey era que el Tribunal del Santo Oficio no tenía ocasión de quexarse de la falta de las cartas y pliegos, por ser tan público y notorio el no haver venido de España flota ni avissos, y que quando la tuviera, no se quexara sino a Su Magestad y a Vuestra Alteza; y que en lo tocante a Portugueses, en papel de 25 de noviembre del año passado de 41, le tenía respondido el Tribunal, con que se despidió el dicho oidor.

Después a los 27 de henero de este presente año, nos escrivió el Virrey Marquéz de Villena a los dos ynquisidores y fiscal un papel firmado de su nombre, con un tanto de las comissiones que havía dado al dicho oidor y sin duda alguna, por lo que le diría, devió de hacer esta diligencia pidiéndonos que al pie de ellos le respondiéssemos lo que sentíamos; y como quiera que nos olgáramos y mucho de que los dichos Virrey y Obispo no nos consultaran semejantes cossas como en diferentes ocaciones se lo suplicamos, en llegando a proponer el servicio de Su Magestad y el bien público de este su Reino, no parecería justo escusarnos, y en especial con un Virrey que representa su Real persona y a quien tanto respecto se le deve; y así, respondimos lo que Vuestra Alteza verá por las copias que en esta ocación remitimos.

Y considerando que de los empeños referidos podrían venir las cossas a mayor rompimiento, si algunas personas zelossas del servicio de Dios y de Su Magestad no procuraban atajarlo, nos paresció combeniente y necessario que nuestro collega el ynquisidor Soltero, electo Obispo de Guatimala, viesse en secreto al Virrey y Obispo y les representasse lo mucho que ymportaba al servicio de Dios Nuestro Señor y bien público, que se conformassen, viessen y comunicassen (que no lo hacían), pues de su discordia se havían de seguir graves yn-combenientes y escándalos; y el dicho ynquisidor Soltero los vissitó a entrambos diferentes veses y procuró con el esfuerso posible concordarlos, representándoles lo referido con la modestia y respecto devido, pero no lo pudo conseguir por estar tan vivos los sentimientos con los papeles referidos, si bien consiguió que se viessen u visitassen quando se offresciesse, sin tratar en las vissitas de los dichos sentimientos ni satisfacciones; en que ambos vinieron christiana y prudentemente, de que el dicho ynquisidor les dio las gracias; y en esta conformidad, se vieron y vissitaron dando muy buen exemplo y consuelo a la República y a los desseossos del servicio de Dios y de Su Magestad, con que haviendo acabado el dicho Obispo la residencia del Marqués de Cadereita y sus criados y sentenciado, se determinó de yrse a su yglesia y antes de hacerlo, vido al Virrey y se despidió y él le fue a ver a su cassa, con que salió de la Ciudad y con su ausencia, parece que las cossas se han quietado de todo punto.

Hemos juzgado por forsosso hacer a Vuestra Alteza relación de estos negocios porque sirba de enterarse de que no hemos podido huir el rostro al Virrey y Obispo...[50]

Resulta evidente que, hasta el 6 de mayo de 1642, el Santo Oficio fue ante todo el mediador y moderador, a menudo hastiado y molesto, en las disputas que oponían al Virrey con el Obispo visitador —de ahora en adelante, adversarios irreductibles—, con cierta preferencia sin embargo por la autoridad máxima del virreinato y una desconfianza perceptible hacia el fogoso prelado. En cuanto se refiere a los portugueses, la actitud del Tribunal es particularmente serena y prudente y nada deja entrever un cambio brusco al respecto, aun cuando los archivos inquisitoriales guardan desde tiempo atrás testimonios sospechosos acerca de las prácticas mosaicas de algunos de ellos...

12 de mayo de 1642

El Tribunal recibe una carta del comisario de Veracruz, fechada el 6 de mayo y que empieza de este modo: "muchas cartas e escrito a Vuestra Señoría dando aviso de las nuevas de España...".[51]

Tenemos la íntima convicción de que la llegada de la cédula de Olivares fue señalada por el comisario a las autoridades capitalinas, tanto más cuanto que él era precisamente el encargado de llevar a cabo la visita inquisitorial del *San Francisco*. Si es poco verosímil que el contenido del documento haya sido divulgado,

---

[50] AGN, Inquisición, vol. 407, exp. 12, fs. 438-441, "Carta del Santo Oficio de México a la Suprema".
[51] AGN, Inquisición, vol. 413, f. 607, "Carta del comisario de Veracruz al Tribunal de México".

resulta en cambio probable que su llegada originara rumores precisos acerca de nuevas y enérgicas medidas por parte de la Corona. Ahora bien, éstas no podían sino seguir la tendencia ya esbozada de la represión de los portugueses, del poderío creciente del Obispo visitador y de la caída del Virrey.

16 de mayo de 1642

Como consecuencia de lo anterior, Isabel Núñez, mujer de Duarte de León Jaramillo, y Francisco Nieto, denunciados por Francisco Home el año anterior como relapsos, son encarcelados por la Inquisición en México.[52] ¿Por qué haber esperado tanto?

17 de mayo de 1642

Blanca de Rivera y sus hijas Margarita, Clara e Isabel también son encarceladas. La mayor, María, que permanece en libertad, consulta a un grupo de judaizantes que son sus íntimos para buscar los medios de impedir que su hermana Clara, de poco entendimiento, hable con exceso. Para ello, se lleva a cabo una reunión nocturna en casa de Simón Váez Sevilla, a la que asisten unas dieciséis personas; se decide que éste ofrecerá, por conducto de María, una buena suma al alcaide para que la deje introducirse al lado de su hermana menor con el fin de aleccionarla. El miedo empieza ya a cundir entre la comunidad y María es acompañada muy entrada la noche a su casa por Francisco López, *el Chato*, uno de los numerosos dependientes de Simón Váez... En las calles anegadas por las primeras lluvias de la temporada, bajo los olores nuevos de la tierra mojada y del lodo revuelto de las acequias, María, acongojada, abrazaba estrechamente al muchacho que la llevaba a caballo, sintiéndose rozada por el ala negra de una inmensa desgracia... El día siguiente trataría también de encontrar a los negros que en el año de 1635 habían hecho llegar numerosos mensajes a los presos de la Inquisición, pero cuando se presentó a los penitenciados de entonces con el propósito de pedirles su ayuda para hallar a los esclavos, fue mal recibida por ellos y no logró establecer contacto con Clara.[53]

---

[52] AGN, Inquisición, vol. 387, exp. 11, "Memoria del día...", *op. cit.*
[53] AGN, Inquisición, vol. 387, exp. 11, "Memoria del día...", *op. cit.*, vol. 403, exp. 3, Proceso contra María de Rivera (1642), fs. 339-341v.

19 de mayo de 1642

María de Rivera y su hermana Catalina son arrestadas a su vez.[54] Doña Juana Enríquez, mujer de Simón Váez Sevilla, se retira, presa de desesperación, a la cocina; allí, sentada en un cajón en el que se guardan los cacharros, se dirige llorando a las negras que la sirven: "mirad, no comemos como todos comen la olla y las gallinas? si no como manteca ni tocino, es porque tengo la garganta mala." [55]

Uno de los días que siguen al encarcelamiento de las Rivera, Blanca Juárez, de la parentela de Simón Váez, descubre cierta mañana en el zaguán de su casa un papel anónimo avisándola de que "Las Blancas habían cantado..."; todas las mujeres de la familia se apresuran a comprar cartillas en las que aprenden las oraciones católicas, en previsión del interrogatorio inquisitorial que ahora aparece ineluctable...[56]

23 de mayo de 1642

Llega un correo a Puebla, cuyo obispado está a cargo de Palafox, anunciando que un navío de aviso había anclado en Veracruz y que "entre otras noticias notables, traía pliegos secretos para el Visitador y su nombramiento para Arzobispo de México".[57]

6 de junio de 1642

Llegada de Palafox a México. Avisa secretamente a las autoridades y a la Inquisición que recibió la orden de destituir al Virrey y sustituirlo mientras va preparando cuidadosamente el golpe.[58]

7 de junio de 1642

Las confesiones de las Rivera empiezan a dar fruto: se arresta a Juan Pacheco de León, uno de los personajes importantes de la vida religiosa de la comunidad marrana, íntimo de la familia de Simón Váez Sevilla.[59]

[54] AGN, Inquisición, vol. 387, exp. 11, "Memoria del día...", *op. cit.*
[55] AGN, Inquisición, vol. 398, exp. 1, Proceso contra Simón Váez Sevilla (1642), f. 266v.
[56] AGN, Inquisición, vol. 402, exp. 1, Proceso contra Rafaela Enríquez, fs. 339-340.
[57] González Obregón, *op. cit.*, p. 230.
[58] González Obregón, *op. cit.*, p. 230.
[59] AGN, Inquisición, vol. 387, exp. 11, "Memoria del día...", *op. cit.*

8 de junio de 1642, de noche, y 9 de junio de 1642, al amanecer

A las diez de la noche del 8 de Junio de aquel año memorable de 1642, escribió un billete el Sr. Palafox a los inquisidores, con quienes ya había hablado previamente del asunto, citándolos para que a las cuatro de la mañana le enviasen todos sus familiares. Mandó al Sr. D. Pedro de Orós que fuera por los oidores; envió diferentes despachos al Ayuntamiento y tribunales del Reino: dirigió más de ochenta cartas a diferentes personas y caballeros, a diversos superiores y prelados de las órdenes religiosas, participándoles lo prevenido por S. M. y ordenándoles estuviesen al amanecer en su casa arzobispal.

Todavía aquella noche dio orden por escrito al Maestre de Campo D. Antonio Urrutia de Vergara, con el objeto de que reuniera treinta personas distinguidas y valientes, las cuales se situarían en las puertas del Real Palacio dejando salir a todos pero impidiendo que nadie entrara, dejando también a su prudencia y discreción prevenir los accidentes que pudieran sobrevenir y evitarlos en aquella madrugada; todo lo cual ejecutó el Maestre de Campo con el mayor secreto, a media noche, en compañía del General D. Diesgo Astudillo Castrillo, que había recibido órdenes semejantes.

Reuniéronse muy de mañana el lunes 9 de Junio todos los citados. En el Real Palacio, las puertas se habían abierto sin que ninguno de los que allí habitaban se diese cuenta de lo que iba a suceder, y como si fuesen ocultos conspiradores, aunque con mucho sosiego y descuido, pues conspiradores eran pero autorizados por el Rey, se encaminaron los comisionados para hacer la notificación, desde el Palacio Arzobispal hasta el del Virrey, que sólo separaba una calle, y entraron en silenciosa comitiva sin que nadie se lo impidiese, y con pausados pasos, subieron las escaleras y una vez arriba, dirigiéronse rumbo a los aposentos del Virrey, Marqués de Villena y Duque de Escalona.

S. E. estaba aún en su lecho, durmiento con el sueño tranquilo del que nada teme ni sospecha nada. Entonces, el oidor D. Andrés Pardo de Lagos, los alcaldes D. Juan de Xordexuelas y D. Pedro Orós, el Fiscal D. Pedro Melian y el Secretario de Cámara D. Diego de Rivera le mandaron despertar.

Serían las seis de la mañana, S. E. sin levantarse, sorprendido, asombrado, quizá figurándose que era presa de una tremenda pesadilla, ordenó que entraran, y entrados los dichos, hincáronse de rodillas, suplicándole obedeciese la Real disposición de S. M., en la que por algunas consideraciones de su Real servicio, le mandaba se fuese a Castilla y depositase el mando en S. Ilma. D. Juan de Palafox y Mendoza.

El Secretario Diego de Rivera, entregaba al Duque de Escalona la Real Cédula pero S. E. se la devolvió mandándole la leyese, y habiéndolo hecho así, el de Villena exclamó:

"—Fuerte golpe es éste, mas en mis obligaciones, no puede dudarse la obediencia a S. M. en cuanto mandase".

Y aquel humilde pero poderoso vasallo de Rey supo por los mismos que le notificaban la orden, cómo entretanto ya había tomado posesión del gobierno S. Ilma. el Sr. Palafox, el cual le hizo saber luego lo conveniente que sería se retirase fuera de México al lugar que más cómodo le pareciese." [60]

Ya virrey, Palafox toma medidas enérgicas en contra de los portugueses, las mismas que su predecesor había dejado de imponer. La comunidad marrana sabe entonces que sus días están contados y la opinión común cree que la persecución que se avecina está sobre todo dirigida hacia los individuos de nación portuguesa, los que son ricos en particular. Durante los días que siguen al golpe de Palafox, todos los que tienen bienes intentan ocultarlos para preservarlos de los secuestros y encontrarlos de nuevo al salir de las cárceles inquisitoriales ya que en aquel momento nadie cree que el encarcelamiento pueda ser largo ni tenga consecuencias funestas.

Así, por ejemplo, el opulento Mathías Rodríguez de Olivera encomendó dinero y objetos valiosos a un esclavo, a quien prometió la libertad con tal de que se los guardara puntualmente hasta que él saliera de la cárcel.[61] En cuanto a Simón Váez Sevilla, fue llamado por don García de Valdés Osorio,

> por uno de los días de fines de junio de dicho año de quarenta y dos y díchole como una persona de puesto superior es esta Ciudad le avía embiado a dezir que se ajustase de quentas con él, y si le devía algo, lo cobrase, que sino lo hazía, se avía de quedar sin ello, porque avía Cédula para quitar las haziendas a los Portugueses. Y con esta nueva noticia, se trató entre ambos de la ocultación de bienes, porque luego a la noche de aquel mesmo día, empessó a trasportar el dicho Simón Váez las más preciosas mercadurías que tenía en su casa a la de dicho don García, con el secreto y disimulo possible; y como una hora después de las oraciones, le embió a guardar dos arcas grandes aforradas en baqueta colorada, tachonadas con clavaçon dorada, llenas ambas de medias de seda, mantos de seda, hilo fino de Génoba, puntas blancas y negras de seda finas, las quales llevó Gaspar Váez Sevilla en el coche de dicho su padre y se las entregó juntamente con las llaves al dicho don García [...] (y Simón Váez) prosiguió embiándole muchos cajones y fardos en que iva mucha cantidad de azafrán y mercadurías muy valiosas [...] Y que en una de las dichas noches que pasaron hasta la prissión, embió el dicho Simón Váez en su coche al dicho don García cien barras de plata en quatro viajes, de a veinte y cinco barras cada uno y fueron

[60] González Obregón, *op. cit.*, pp. 232-233. El autor se apega estrechamente a la *Relación*, publicada por Carlos María de Bustamante en el Suplemento núm. 5 de *La Voz de la Patria*, México, 1831.
[61] AGN, Inquisición, vol. 423, exp. 3, "Diez Cuadernos de comunicaciones de cárceles oídas por Gaspar Alfar...", f. 123v.

haziendo escolta los dichos Gaspar Váez y Juan Méndez de Villaviciosa, confidente de los susodichos.[62]

Simón Váez había escondido también muchos bienes y objetos valiosos en la casa de sus buenos amigos doña Leonor de Pareja y su esposo, don Andrés Pardo de Lago, oidor de la Audiencia y consultor del Santo Oficio, uno de los personajes principales, que fue encargado por Palafox de notificar en la madrugada del 9 de junio la noticia de su destitución al duque de Villena.[63]

En fin, Isabel de Silva, avisada por un ex amante suyo, Melchor Xúarez —también judaizante y además secretario del Obispo visitador— de que éste quería adueñarse de la hacienda de los portugueses,

> recojió sus joinelas y ropa de bestir y otras cossas y se las dió a guardar al dicho Melchor Xúarez, que con efecto las guardó en cassa del dicho don Juan de Palafox, de donde el mismo Melchor Xúarez la despachó a la Puebla,

en donde unos amigos cristianos lo escondieron todo.[64] Xúarez le hizo un apreciable favor a su amiga, cuyos objetos de valor no podían estar más seguros que escondidos en la casa misma de Palafox.

14 de junio de 1642

Luis Núñez Pérez, íntimo de las Rivera, queda arrestado. Cuando se le registra en el momento de ingresar a las cárceles, se encuentra en sus bolsillos una copia de los acuerdos vigentes entre Portugal y los Países Bajos, lo que indica, para los inquisidores, unas relaciones sumamente sospechosas con los enemigos de la Corona.[65]

16 de junio de 1642

Thomas Núñez de Peralta, mercader conocido en el virreinato y cuñado de Simón Váez Sevilla, es encarcelado. Beatriz Enríquez, su mujer, su cuñado Simón Váez y los demás miembros de la fa-

---

[62] AGN, Edictos de Fe, vol. 1, núm. 9.
[63] AGN, Inquisición, vol. 400, exp. 1, Proceso contra Juana Enríquez (1642), f. 330.
[64] AGN, Inquisición, vol. 374, exp. 6, Proceso contra Melchor Xúarez (1631), f. 100. Isabel de Silva es precisamente quien revela la ayuda proporcionada por su ex amante; AGN, Inquisición, vol. 393, exps. 1 y 2, Proceso contra Beatriz Enríquez (1642), sin foliación.
[65] AGN, Inquisición, vol. 412, Proceso contra Luis Núñez Pérez (1642), f. 468.

milia intentan comunicarse con el preso; entonces es cuando se invita a la esclava Antonia a "revolverse" con algún negro criado del Santo Oficio con el propósito de facilitar el asunto.[66]

11 de julio de 1642

El mismo inquisidor don Francisco de Estrada y Escobedo avisa a don García de Valdés Osorio, conde de Peñalba, de la detención, prevista para el día siguiente, de numerosos judaizantes, entre los que se encuentra Simón Váez Sevilla.[67] Como Peñalba mantenía con éste unas relaciones comerciales importantes, recibe de este modo la discreta advertencia de ajustar lo antes posible sus cuentas con él para impedir que parte de su fortuna quede comprometida en los secuestros inquisitoriales. Pero don García y Simón Váez son viejos amigos: el conde manda llamar urgentemente al mercader, con el pretexto de discutir juntos negocios de consideración, le revela su arresto inminente y le ofrece su ayuda; después de haberle encomendado las semanas anteriores unos coches llenos de mercancías y haber quemado los libros de cajas y documentos comprometedores de toda índole, sólo queda por salvaguardar lo que aún puede serlo: unas escrituras por la cantidad de 140 000 pesos se ponen finalmente a nombre de don García, quien recibe asimismo "una caxuela aforrada en baqueta o cordobán negro claveteada, donde doña Juana Enríquez, muger del dicho Simón Váez, avía entrado todas las joyas y preseas de oro, perlas, diamantes y otras piedras preciosas en mucha cantidad y valor.[68]

Noche del 12 al 13 de julio de 1642

En el amanecer brumoso, arresto de siete judaizantes, entre ellos Simón Váez, el personaje más relevante de la comunidad marrana de Nueva España. También su familia es arrestada.[69]

[66] AGN, Inquisición, vol. 396, exp. 3, "Deposiciones de comunicaciones de cárceles de Francisco de la Cruz, llamado Querétaro, esclavo que fue de Simón Váez Sevilla, (de) Antonio de la Cruz, negra esclava de Thomas Núñez de Peralta, (de) Ysabel, negra criolla, esclava de Simón Váez Sevilla (1642-1643)", f. 493.
[67] AHN, Inquisición, Legajo 1737, exp. 11, "Resumen de los cargos que resultan así comunes como particulares de la visita de la Inquisición de México" (1656); AHN, Legajo 1738, Visita de Medina Rico, fs. 382-383.
[68] AGN, Inquisición, vol. 398, exp. 1, Proceso contra Simón Váez Sevilla (1642), f. 65; AGN, Edictos de Fe, vol. 1, f. 9.
[69] AGN, Inquisición, vol. 416, fs. 449-453, Carta al Consejo avisando de la Complicidad (1643).

Noche del 13 al 14 de julio de 1642

Como la noche anterior y con el mismo sigilo, treinta personas son encarceladas en las prisiones inquisitoriales, por prácticas mosaicas. La redada acabó con la mayor parte de la comunidad; de ahora en adelante, los arrestos de las semanas, meses y años que siguen no son más que la consecuencia de las confesiones... En 1647 ciento treinta personas llenan las cárceles.[70]

He aquí la manera como los acontecimientos son referidos a las autoridades peninsulares por las de Nueva España:

Carta del Tribunal de Nueva España al Consejo Supremo de la Inquisición, avisando de la Complicidad *

A los 26 de março del año passado de 641, se vino a denunciar espontáneo a este Santo Oficio, aconsejado de su confesor, un moço soltero de edad de 32 años llamado Gaspar de Robles, que andaba vagando por diferentes lugares desta Nueba España, natural de san Vicente de la Vera, en el Reino de Portugal; y pidiendo misericordia, confessó haver guardado la ley de Moisen de quince años a aquel tiempo, por havérsela enseñado dos tíos suios llamados Gaspar Méndes o Gaspar Piñeiro, difunto en estas partes, y Francisco Home alias Vicente Henríquez, que por aquesta testificación y ser hallado, fue preso y murió en las cárceles secretas en la forma que avisamos a Vuestra Alteza; y aviendo el dicho Gaspar de Robles confessado todos sus delictos enteramente, a lo que nos pareció, con muy buen acuerdo y raçon y señales de verdadero arrepentimiento, fue admitido a reconciliación secreta y absuelto en 23 de abril del dicho año,** por que aqueste día acavó sus confesiones; y por estar enfermo, se quedó a curar en un hospital desta dicha ciudad; y en 3 de agosto del dicho año de 41, vino a este tribunal a declarar, haviéndolo consultado con un confesor docto y de exemplar vida que le habíamos señalado, de la orden de Santo Domingo: que en el tiempo que havía asistido em esta dicha ciudad y después de su denunciación, havía comunicado familiarmente en ella a Blanca Méndez o Doña Blanca de Rivera, y a Doña María, Doña Margarita, Doña Catalina, Doña Clara y Doña Ysabel de Rivera sus hijas, a quienes trataba por tía y primas, aunque ignoraba en qué grado; y declaró todo lo que contienen las declaraciones, cuia copia authoriçada remittimos con ésta por duplicado a Vuestra Alteza, las quales haviéndose visto en consulta en 13 del mes de

---

[70] AGN, Riva Palacio, tomo 48, exp. 2, "Libro donde se asientan...", *op. cit.*
* Sin fecha ni firma, pero obviamente de 1643.
** En el blanco del margen, a la altura en que aparece esta fecha, el texto añade: "Y entonces le mandamos estuviese con cuidado para avisarnos si supiesse o entendiesse después de algunos que guardasen la dicha ley para que nos lo avisara."

mayo del año passado de 42, en conformidad fueron de voto y parescer que las dichas Doña Blanca y sus 3 hijas Doña Margarita, Doña Clara, Doña Ysabel de Rivera fuesen presas, como se executó en 17 del dicho mes y año; y estando presas, por incommodidad y mala disposición de las cárceles secrettas, se comunicaron desde las suias las dichas Doña Blanca y Doña Ysabel su hija, porque las otras 2 estaban distantes; y desta comunicación, que luego al punto se entendió por aviso de otro presso antiguo que estaba cerca, venimos en conocimiento no sólo de que las 2 hermanas que quedaban fuera eran también cómplices en el delicto, sino que havía mucho número de ellos, assí en esta ciudad como fuera della, nombrándolos por sus nombres, con otras gravíssimas circunstancias; y llevados de nuestro celo y cuidado, vajamos a las cárceles secretas con los notorios del secreto y otros aiudantes suios a oir aquestas conversaciones, que a horas señaladas de la noche, como a las 12 y una della, tenían las dichas madre e hija, que aunque havían confessado la observancia de la ley de Moissen, estaban prevenidas en una mesma confessión y no querían descubrir los demás cómplices, previniéndose la una a la otra que no dixessen de tal y tal persona, nombrándolos, lo qual se pudo con mucha facilidad ir escribiendo por los dichos notarios del secretto, y siempre en presencia de alguno de nosotros que de ordinario asistía, con 3 o 4 ministros que concurrían por testigos. Con esta verificación contra las dichas 2 hermanas, Doña María y Doña Catalina, nos resolvimos a prenderlas, como se hiço en 19 del dicho mes y año; y haviendo caydo la una dellas cerca de la madre y hermana que antes se comunicaban goçando de la ocasión, las refirió todo lo que la havía sucedido los 2 días que havía estado fuera y sin prender, y el grande desconsuelo y pena con que estaban todos y todas las comprehendidas en el delicto, nombrándolos en la mayor parte, porque no los testificassen ellas, las juntas que hacían y los temores de que la dicha Doña Clara su hermana, como algo incapaz, no los descubriesse; y también las dixo como confirieron y trataron los de afuera cohechar al alcayde de las cárceles secretas o su ayudante, para que cuando la dicha Doña María estaba fuera, entrase una noche en la cárcel de la dicha Doña Clara y la exortasse o amedrentasse con rigor para que no descubriesse a nadie, como aún lo intentó la dicha Doña María ya presa, prometiendo al aiudante del alcayde 1 000 pesos, y que se los darían Simón Váez Sevilla o Juan Méndez Villaviciosa, y que la llevase papel, tinta y pluma para escrevirles; de que luego nos dio cuenta el dicho ayudante del alcayde, a quien mandamos no sólo que admitiesse la offerta y la asegurase haría lo que le pedía, sino que la daría recaudo para escrevir los dos papeles que escrivió la dicha Doña María, con tal individuación de señas y palabras conferidas en sus casas y lo mucho que a todos importaba que ella hablase a la dicha Doña Clara y que para conseguirlo, a ellos les estaba bien dar al dicho ayudante del alcayde los mill pesos, conque ella desde su cárcel, iría a la de su hermana Doña Clara a advertirla no los descubriesse, como se refiere en los dichos dos papeles que el dicho ayudante de alcayde nos entregó cerrados como se los avía dado la dicha Doña María. Con esta vastantíssima presunción, y conque ya la dicha Doña Clara de Rivera, creyendo que se moría de una melarchia y aprietos en el corazón que entonces padecía, havía confessado sus delictos contra sí y contra otras muchíssimas mujeres, de trato y comunicación y declaración expresa en la observancia de la ley de Moisses y haverlas oido a ellas que sus maridos, hijos e hijas la guardaban, comunicándose también con algunos dellos, dando muy buena raçón de su dicho; y considerada attentamente la gravedad del casso y las individuales circunstancias referidas, con otros muchos indicios contra la mayor parte de las personas que ya havía testificado, nos prevenimos de las cárceles que se hicieron en las dos cassas que tenemos dado quenta a Vuestra Alteza; y estando ya acavadas con tanto secreto que nunca se supo esta disposición, llamamos solamente al ordinario deste arçobispado, que es el Doctor Cristóbal Sánchez de Guebara chantre desta cathedral, cathedrático de decreto jubilado y de las letras que se conoscen, con quien solamente consultamos la materia, por parescernos grave inconveniente llamar a los consultores de la audiencia, porque todos eran parciales y amigos de algunos de los que se havían de prender, y sería muy posible que por su poco secreto esto se llegasse a entender, como se an entendido otras cosas que con ellos se an consultado; y en doce de jullio del año pasado de 42, se votó en conformidad la prisión de más de cuarenta personas, hombres y mujeres, que se executó a un mesmo tiempo, encomendada a diferentes ministros el domingo siguiente, desde el amanecer asta las ocho de la mañana, que todos estaban presos sin ningún ruido ni alvoroto, y aquel mesmo día empeçamos a ir pidiendo audiencias y a ir confessando sus delictos, dando por cómplices no sólo los presos asta entonces sino otros muchos que se an ido prendiendo, así en esta dicha ciudad como fuera della y estar ausentes y mandados prender; y haviendo echado de ver la dicha Doña Blanca y sus dos hijas referidas, que las havían oído de necessidad, empeçaron a confesar, al parescer muy bien, como también lo fueron haciendo las otras dos hermanas, con que se ajustó la complicidad; y todos an ido confessando, que si bien ay muchos diminutos y otros muy pocos negativos, quedan suficientemente testificados para ir procediendo contra ellos, sin que aya cosa que nos haga dudar ni dé cuydado... [71]

Ésta es la versión proporcionada por el Santo Oficio mexicano a la Suprema, la cual, sin ser falsa, no deja de ser incompleta, siendo aquí sutilmente manejada la omisión significativa.

En efecto, sabemos que las denuncias de Gaspar de Robles del 23 de agosto de 1641 fueron de todo punto inducidas, al haber recibido la orden el muchacho de fingir retornar a la práctica mosaica para engañar mejor a sus correligionarios. Por otra parte, el epi-

---

[71] AGN, Inquisición, vol. 416, fs. 449-453, Carta al Consejo (1643), *op. cit.*

sodio en el que María de Rivera intenta cohechar al ayudante del alcaide y hacer llegar unos billetes a Simón Váez y Juan Méndez se encuentra prudentemente truncado en esta versión inquisitorial. De hecho, el ayudante del alcaide, Baltasar de Obiedo, le declaró a María "que dio la seña y la carta a Simón Váez en su escritorio donde le habló, y que leyó el sobre escrito y la firma y algunas cosas de ella [...] Simón Váez muy enojado [...] y toda esta relación hizo el dicho Baltasar de Uviedo (*por orden que hubo del tribunal*)" (el subrayado es nuestro), según relata un testigo implicado en el asunto, el notario de los secuestros Miguel de Almonacir.[72] El hecho se ve confirmado por otro canal de información: Obiedo tuvo que venir "con la respuesta de la carta de Simón Váez; llegué a la cárcel de María muy de priesa y muy enojado, para acer el papel como se avía de acer y se me abía ordenado por los señores".[73]

En fin, Gaspar de Alfar, como siempre bien informado de los tejemanejes inquisitoriales —lo cual corrobora su eventual colaboración—, revela a Rafaela Enríquez que

> con engaño y cautela de los señores inquisidores, que con malicia los havían presso y a todo su linaje; y el modo que tuvieron fue que pidiendo doña María de Rivera recaudo para escribir un papel a su amigo Simón Váez a un alcalde llamado Obiedo, lo consultó con los señores, que le mandaron la diese el recaudo de escribir, y les llebó arriba el papel que contenía que Simón Váez diese a Obiedo 500 o 600 pesos, para que la juntase a ella con su madre y hermanas y tratasen de su negocio; y que los señores haviendo visto el dicho papel, hicieron escribir otro en nombre de Simón Váez, que respondía que no las conocía, porque era muy buen cavallero y no se metía en nada, para irritar a la dicha Doña María y a su madre y hermanas y occasionarlas a que con esso, le lebantasen muchos testimonios, como le lebantaron a su amigo Simón Váez y a esta confesante y a todo su linaje.[74]

A pesar de algunas inexactitudes —nunca la Inquisición se habría arriesgado a elaborar un documento apócrifo, al resultar el escrito demasiado comprometedor por demasiadas razones, y tampoco María procuró reunirse con su familia sino ver a Clara una

---

[72] AGN, Inquisición, vol. 403, exp. 3, Proceso contra María de Rivera (1642), f. 292v.

[73] AGN, Inquisición, vol. 407, fs. 213-235, "Papeles que tocan al secreto del Santo Oficio de la Inquisición de México, que exivió doña María de Paz, viuda de Francisco de Herrera Campos, hermano de Agustín Ruiz Marañón, alcalde que fue de las cárceles secretas, con otros papeles tocantes al dicho Francisco Ruiz Marañón, para las quentas que se le están tomando del oficio de alcaide que tuvo a su cargo", f. 220, sin fecha.

[74] AGN, Inquisición, vol. 402, exp. 1, Proceso contra Rafaela Enríquez (1642), f. 269v.

sola vez—, Alfar refiere lo esencial del ardid que se repitió de hecho con Juan Méndez Villaviciosa; los billetes que María de Rivera mandaba a los dos corresponsales fueron interceptados por la Inquisición, que ordenó a Obiedo regresar al lado de la presa y simular un fuerte enojo: éste debía contarle entonces que había sufrido el desprecio de Simón Váez y de Juan Méndez, que fingieron no conocer a María, y darle a entender que ella se había burlado de él y que, por tanto, no estaba dispuesto a prestarse a nuevos intentos semejantes. Lo que esperaban los inquisidores se produjo luego y María, al verse abandonada a su suerte, rechazada y acorralada, cayó en la desesperación y empezó a confesar. Huelga decir que, por su parte, Simón Váez y Juan Méndez nunca supieron nada —al menos mientras estuvieron en Nueva España— de esta última tentativa por salvar la situación. Finalmente, se hace recaer toda la responsabilidad de lo acontecido sobre las Rivera aun cuando entre su detención, los días 17 y 19 de mayo, y la gran redada del 12 de julio, otros judaizantes fueron arrestados, los que también confesaron sus delitos y los ajenos. Cabe notar que el Santo Oficio cuidó mucho de no informar con exactitud a la Suprema pues sabía que estas viles artimañas rebasaban demasiado los límites sin embargo laxos que prescribían los códigos y la praxis inquisitoriales. Por tanto, fuerza es reconocer que el desenlace del drama marrano resultó ser el fruto inmediato de la indiscreción, la delación, la mentira y el engaño y que los soplones calzados de lana que escribieron febrilmente a la luz de linternas sordas las palabras de unas pobres mujeres azoradas y los inquisidores taimados y cínicos fueron los artífices de esta amarga victoria...

23 de julio de 1642

Carta del Tribunal de México a la Suprema:

Ha querido Nuestro Señor descubrir en esta ciudad y Reyno una grande complicidad de observantes de la ley de Moysén, que a muchos días que en algunas testificaciones sueltas se iba previniendo mayor cuerpo a la caussa; y hallándola en estado, empezamos a prender en número hasta de más de 40 personas hombres y mujeres que oy quedan en las cárceles secretas, y la mayor de ellos tan pobres que ha sido necesario buscar dineros para sustentarlos, porque es antigua plaga de esta Inquisición, y si bien ay algunos de moderado caudal, y uno dellos que nos parece estar rico, an ocultado sus haziendas con pretexto de que con causa del alzamiento de Portugal, no se les embargase... [75]

[75] AHN, Inquisición, libro 1054, Cartas del Tribunal del Santo Oficio de México al Consejo, f. 27.

7 de agosto de 1642

Testimonio de Manuel Bizcarreto, alias Manuel Carreto, de 40 años, oficial de sastre, quien estuvo durante algún tiempo al servicio de la reina de Hungría, a la que siguió en sus viajes, particularmente en Liorna, Roma, Ancona, donde tuvo la oportunidad de conocer cabalmente las juderías, sus moradores y las costumbres de ellos. En México, solía coser para la gente principal, por ejemplo para Isabel de Silva, que le había encargado una "pollera de terciopelado plateado, con unas puntas negras tejidas en el telar, con realce de terciopelado y un jubón de la misma tela".

Como trabajaba en la casa de sus clientes durante periodos de cierta duración, pudo observar cosas extrañas y "de seis años a esta parte, a tenido grandes sospechas de que los Portugueses que viben en esta ciudad y Reyno se querían lebantar y hacer traición a Su Magestad; y estos recelos le nasieron de ver las juntas que de ordinario hacían en cassa de Simón Váez Sevilla y para ellas, se juntaba mucho número de Portugueses".[76]

20 de agosto de 1642

El licenciado Thomas de la Cruz Fontinueva presenta al Santo Oficio a su negro esclavo, Nicolás de Santa Cruz, y a un joven español de 14 años, Juan de la Cruz, que declaran haber oído cierta conversación entre varios portugueses; uno de ellos, Pedro Duarte, que vive en casa de Leonor de Rojas —presa por judaísmo—, había declarado que "con otros 4 hombres tan calientes como él, pegarían el fuego al Santo Oficio".[77]

22 de septiembre de 1642

Carta del Tribunal de México a la Suprema:

> ...el Virrey ha hecho diversas juntas sobre si podría pedirnos la hacienda confiscada para entarla en la Real Caxa...[78]

---

[76] AGN, Inquisición, vol. 499, exp. 6, Proceso contra Antonio López de Orduña (1642), fs. 238-240v.
[77] AGN, Inquisición, vol. 413, fs. 283-285v., "El Lic. Thomas de la Cruz Fontinueva presenta Nicolás de Santa Cruz, negro esclavo del primero y Juan de la Cruz, español de 14 años".
[78] AHN, Inquisición, libro 1054, *op. cit.*, fs. 25-26.

26 de octubre de 1642

Encarcelamiento de don Guillén de Lampart, que a golpes va a enseñar el alfabeto a sus compañeros de infortunio.[79]

23 de noviembre de 1642

Don García Sarmiento de Montemayor, conde de Salvatierra, es nombrado virrey de Nueva España, sustituyendo a don Juan de Palafox, que regresa a su obispado de Puebla.[80]

En el transcurso del año de 1642

Entre los oros bruñidos y el rubio resplandor de cientos de velas que sacaba destellos a las sedas y volvía más sombríos aún los tonos de los oscuros terciopelos realzados de malinas que llevaban los fieles solemnemente reunidos en la sinagoga de Amsterdam, Menasseh ben Israel, que había visto la luz en las orillas del Tajo, se dirigió, en nombre de sus correligionarios y en la lengua de sus antepasados, a los ilustres visitantes de aquel día, el príncipe Federico Enrique de Orange y la reina Enriqueta de Inglaterra:

> Pues ya no conocemos por patria a Portugal o España sino a Holanda. Ya no a los Reyes de Castilla o de Lusitania, sino a los Nobilísimos Estados y a Vuestra Alteza Serenísima (de cuyas felices y victoriosas armas somos protegidos e amparados), reconocemos por Señores.[81]

La concurrencia, en silencio, escuchaba con la mayor atención pero, entre el crujir de las ricas telas y el sonido apagado de las gotas de cera que corrían sobre los candeleros y el suelo, se podían percibir algunos suspiros ahogados, sorprender también unas miradas extraviadas, que retenían para siempre visiones de albos patios olorosos a jazmín y azahar, en los que el susurro de la fuente se unía al del viento...

A millares de leguas de allí, desde lo más profundo de los oscuros calabozos inquisitoriales u ocultos en polvorientos pueblos indígenas, desde reales de minas barridos por las tolvaneras del de-

---

[79] AGN, Inquisición, vol. 387, exp. 11, "Memoria del día...", *op. cit.*; González Obregón, *op. cit.*, p. 262; cargos núms 38, 39 de la primera acusación presentada por el promotor fiscal el 11 de octubre de 1645.
[80] Ignacio Rubio Mañé, *El Virreinato, Orígenes y jurisdicciones y dinámica social de los virreyes*, tomo I, p. 294.
[81] Caro Baroja, *op. cit.*, tomo II, p. 130.

sierto o en verdes islas tropicales, los marranos mexicanos suplican al Todopoderoso que apresure la llegada del perdón real, logrado mediante la intercesión tutelar del Conde-Duque, la venida de esta flota fabulosa con marineros portugueses y holandeses que los librarían de sus cadenas y sobre todo aquélla, inminente esta vez, del Mesías, cuyo advenimiento les consolará de sus penas milenarias y proclamará, por fin, la perfección ahora clarísima que les pertenece, como elegidos entre los elegidos... [82]

Años 1642-1643

La Corona, siempre en quiebra, hace un llamado a los portugueses de Nueva España brindándoles la oportunidad de que manifiesten su "fidelidad y amor" hacia ella con un donativo gracioso, que servirá para prevenir la defensa del virreinato en caso de necesidad. Creyendo ver en ello la manera de obtener cierta seguridad, son numerosos los que responden al llamado.[83]

Año de 1643: tiempos de pruebas

Enero de 1643

Caída del Conde-Duque de Olivares. Tras 22 años de esperanzas y fracasos compartidos en una larga y tensa solidaridad, el monarca y su valido, abrumados por un mismo sentimiento de desastre, *invitus invitum*, se separan. En la noche helada del 23, el privado toma el camino de la nada y de Loeches, en donde vivirá encerrado hasta su nuevo destierro a Toro.[84]

También durante este año el severo Inquisidor General Arce Reinoso sustituye al indulgente Sotomayor en la dirección de la Suprema; mientras ejerció su autoridad el recién llegado, se formaron 13 000 procesos y se verificaron 17 autos de fe, siendo los judaizantes las principales víctimas de esta intensa actividad.[85]

[82] Son numerosas las esperanzas mesiánicas no sólo en Nueva España, como ya lo señalamos, sino también en la Europa mediterránea, con el movimiento de Zhabattai Zevi.
[83] AGN, Inquisición, vol. 489, fs. 114-119, Donativo de los Portugueses (1642). W. Borah: "The Portugueses of Tulancingo and the special donativo of 1642-1643", en *Jahrbuch für Geschichte von Staat, Wirtchaft und Gessellschaft, Lateinamerikas*, I (1964).
[84] Gregorio Marañón, *El Conde-Duque de Olivares*, pp. 203-206.
[85] Domínguez Ortiz, *op. cit.*, p. 76.

De esta manera, la mano poderosa que desde hacía veinte años protegía a los marranos y había intentado corregir parcialmente los efectos dañinos de la expulsión de 1492 favoreciendo su integración en la vida española, se encuentra privada de todo poder en el mismo momento en que el Santo Oficio, hasta entonces contenido por el valido, se halla encabezado por un hombre opuesto a cualquier actitud de moderación y conciliación; como 150 años antes, la oportunidad histórica fue desaprovechada y la solución inadecuada es la que prevaleció, para todos.

26 de enero de 1643

El virrey, conde de Salvatierra, pidió y obtuvo que el Tribunal mexicano le entregara 1 390 pesos de los bienes secuestrados, a título del donativo otorgado por los portugueses a Su Magestad. Recibió personalmente esta suma.[86]

31 de marzo de 1643

Carta del Tribunal de México a la Suprema. Son irrebatibles los testimonios: Melchor Xuárez, secretario del obispo de Puebla, visitador y ex virrey, don Juan de Palafox y Mendoza, es judío practicante. La Suprema determina escribir a Llerena, de donde era oriunda la primera mujer de Xuárez, Leonor de Mesa, para informarse acerca de las circunstancias de su muerte y de los antecedentes familiares.[87]

23 de abril de 1643 *

La Suprema recibe la siguiente carta de las autoridades inquisitoriales del virreinato:

> Algunas noticias a muchos años que andábamos para ajustarla, de manera que se principiasse con tan buenos efectos como los presentes; pues oy quedan ya pressos hasta número de 70 con bastantes testificaciones y otros algunos mandados prender por diferentes partes, procurando que los aciertos en materia tan importante sean iguales a nuestros deseos y obligación, sin perdonar nada al trabajo, pues siendo grande de su naturaleza, nos alivia la consideración del servicio que hacemos a Dios con tanta honra y gloria suya y al rey

---

[86] AHN, Inquisición, libro 1054, *op. cit.*, f. 87.
[87] AHN, Inquisición, libro 1054, *op. cit.*, f. 161.
* Fecha en que se recibió en Madrid.

Nuestro Señor, en medio del grande cuidado que tal género de gente le ocasionaba desde acá, preservándole este Reyno del contagio que en él avían sembrado, con bastantes sospechas de que no se recreciessen nuevos y mayores daños que juntamente se podían temer, especialmente en el armada de Portugal, de que sabemos hablaban, con grandes deseos de que viniesse, teniendo minuta de los esclavos que havía y hay en todos los ingenios de hacer azúcar; y a uno de los pressos hallamos en la faltriquera un papel de los contratos y capitulaciones que la Corona de Portugal después de su levantamiento hizo con los Estados de Olanda; de todo lo qual dimos noticia al Virrey Don Juan de Palafox para que por su parte estuviesse con la vigilancia que tanto importa y sacasse de los puertos de mar y reales de minas a los Portugueses que en ellos havía, como lo ha hecho... [88]

18 de mayo de 1643

La infantería española sufre el desastre de Rocroi; poco después los presos y heridos que atraviesan la ciudad de Rouen se ven rodeados por los marranos que allí viven, los únicos en acudir a socorrerlos y consolarlos... [89]

16 de septiembre de 1643

El inquisidor Dr. Juan Sáenz de Mañozca se dirige en estos términos a la Suprema:

La complicidad va creciendo, la malicia de los reos es notable porqué como envejecidos en el judaismo en estas partes, saben el estilo de Santo Oficio, enseñado por otros que en éste y otro se han penitenciado, y confiesan con cautelas y reservaciones; trabajan mis colegas con sumo desvelo y de mi parte, procuro ayudarles con las noticias de lo acaecido en el Perú, donde estube 5 años continuos trabajando en la complicidad que allí se descubrió y castigó.[90]

20 de septiembre de 1643

Carta del Tribunal virreinal a la Suprema:

Nos hallamos con muchos presos nacidos en estas partes, hijos y nietos de reconciliados y penitenciados por esta Inquisición, que si

---

[88] AHN, Inquisición, libro 1054, *op. cit.*, f. 31.
[89] León Poliakov, *Histoire de L'Antisémitisme: de Mahomet aux Marranes*, p. 250. El historiador se refiere a Cánovas del Castillo, *Estudios del Reinado de Felipe IV*, quien cita a Robillard de Beaurepaire.
[90] AHN, Inquisición, libro 1054, *op. cit.*, fs. 152-153.

sus padres u abuelos no hubieran quedado en ellas, casi del todo tan mala semilla se huviera arrancado, sin inficionar a los christianos viejos por casamientos, ni escandalizar a los indios en los lugares donde se han avecindado; y a esta duda, nos ha movido el ver que son todos Portugueses o descendientes de ellos, y si pasasen desterrados a España, se podrían comunicar con los traidores de Portugal y si a Filipinas, allí aunarse con los de la India y ser causa de grandes daños, y causar los mesmos con justificados recelos si a las islas de Barlovento los desterramos; y assí, estamos por una parte desseosos de lançarlos de este Reyno sin que quede alguno y por otra, se nos ofrecen los inconvenientes que a Vuestra Alteza representamos... [91]

27 de noviembre de 1643

Acerca de un Cristo flagelado por la familia Rivera, el Santo Oficio mexicano, desorientado, pide consejo a Madrid:

Suplicamos a Vuestra Alteza nos mande avisar lo que en este particular hemos de hacer, y si los hemos de relaxar a todos y a los demás cómplices que con el tiempo se descubrieren, no obstante que lo confiesen antes de la publicación de testigos o en ella mesma, o si sólo hemos de relaxar a los que sólo después de la publicación confesaren; y assí mismo qué demostraciones públicas hemos de hacer en desagravio de la Magestad Divina y si hemos de poner algunos padrones en las casas donde se cometió tan grave delicto, porque toda demostración, assí en el castigo de los reos como en desagraviar a tan grande Señor será de ejemplos para tierras tan nuevas, donde jamás ha sucedido otro tanto, y servirá de ejemplo a los indios recién conbertidos y de temor a los hebreos y cederá en honra de nuestra nación española... [92]

AÑO DE 1644

19 de enero de 1644

Carta de la Inquisición de México a la Suprema:

...con ser tan continuo el desvelo y cuidado con que procedemos en esta complicidad... es tan sobrada la malicia y protervia de algunos de los reos, que en las mismas cárceles, por denunciaciones de sus mismos compañeros que parecen estar de veras convertidos, hemos

[91] AGN, Inquisición, vol. 445, Carta del Tribunal del Santo Oficio de México al Consejo, f. 445r y v.
[92] AHN, Inquisición, libro 1054, op. cit., f. 97.

sabido están judaizando, sin temor ni recelo aún de los mismos alcaides, usando el bañarse, rezar a ciertas horas, cubiertas las cabezas, vuelta la cara a la pared, con otras ceremonias verdaderamente judaicas; siendo así que en el Tribunal han confesado haber judaizado, mostrando arrepentimiento de haberse apartado de la fe y creencia de la ley de Nuestro Señor Jesucristo, mas tan diminutamente como nos consta por lo que contra ellos está probado. De uno y otro, se ha originado entre nosotros el dudar si por constarnos con tanta evidencia de su impenitencia, los debemos relajar o no a la justicia y brazo seglar.[93]

20 de septiembre de 1644

Distintas cartas de la Inquisición mexicana a la Suprema:

...no podemos negarnos ni excusarles las diligencias de las torturas, que es lo que más nos embaraza; y aseguramos a Vuestra Alteza que desseamos vernos libres y con algún descanso, y de nuebo suplicamos a Vuestra Alteza nos mande avissar lo que resolviere en los puntos que tenemos consultados para no cessar en la persecución de las caussas...

...la hacienda secuestrada (es) tan poca y teniendo tantos acreedores, tendremos a buena suerte haver costeado el sustento de los mesmos pressos.[94]

También se plantea la cuestión delicada de Melchor Xuárez, judaizante y secretario de Palafox. Anteriormente, las autoridades inquisitoriales habían informado a Madrid en una carta sin fecha:

Señor. Entre las personas que están testificadas en este Santo Oficio por observantes de la ley de Moisen en que estamos entendiendo, es una, Melchor Xuárez, secretario del obispo visitador Don Juan de Palafox y Mendoza, de quién a fiado y fía negocios tan graves e importantes como los que tiene a su cuidado en el servicio de Su Magestad; y para que Vuestra Alteza se entere de la culpa que contra él resulta, imbiamos con ésta la testificación de una muger con quien se presume tuvo comunicación ilícita y en cuya casa vivía siendo ella, su marido y sus padres observantes de la dicha ley, por lo qual están presos. Y asimismo, remitimos otra testificación de otra muger a quien la primera dixo cómo el dicho Melchor Xuárez guardaba la dicha ley; y en este Santo Oficio, tenemos relación cierta de personas que conocen al dicho Melchor Xuárez, como la Inquisición de Llerena relaxó en persona [al margen: en auto de fee el año de 1601 a 1602], a un hermano suio por observante de la dicha ley; ya por

[93] AHN, Inquisición, libro 1054, *op. cit.*, f. 116.
[94] AHN, Inquisición, libro 1054, *op. cit.*, f. 212.

tales están al presente presos en ella muchos de sus deudos y parientes y que su mujer o está presa o a sido reconciliada; y no sólo tiene contra sí aquesta presunción sino de cassado dos veces, porqué quando vino a este Reino, dio a entender que era viudo y para contraer segundo matrimonio en él, dio información, testigos de oídos, y tan flaca que induce grande sospecha, la qual emos visto y tenemos original en este Santo Oficio; y demás de lo referido, está indiciado de infiel y traydor al Rey Nuestro Señor, como de la primera testificación consta; [95] y si bien nos parecía a todos suficiente para prosceder a captura y evitar con ella mayores inconvenientes que podían ser muy perjudiciales por el puesto que ocupa al lado de un visitador, pues no es bien peligren las causas de Su Magestad a manos de un ministro traydor [al margen: y de tan mala calidad], de quien el dicho Don Juan de Palafox las a fiado y fía, por el mesmo caso lo avemos suspendido, reparando en el alboroto que podía causar semejante resolución (y lo peligroso en el sentir del dicho obispo Vissitador), asta que Vuestra Alteza nos mande avisar lo que en este caso devemos hacer y como nos emos de portar... [96]

Ahora bien, el 20 de septiembre, los inquisidores de México escriben el siguiente billete a la Suprema:

La Inquisición de Llerena nos remitió en obediencia de lo que Vuestra Alteza mandó, un testimonio del estado de la caussa de Leonor de Messa, mujer de Melchor Xuárez, secretario del obispo Don Juan de Palafox, que en ella murió, estando pressa por la observancia de la ley de Moyssén; y aviéndola visto, no hallamos sustancia en lo que toca al dicho Melchor Xuárez que, con la noticia que tuvo de la muerte de la dicha su mujer, contrajo segundas nupcias, siendo realmente viudo... [97]

Por tanto, al no ser bígamo Xuárez, la Inquisición ya no ve motivo de proceder en su contra, lo que le permitió proseguir su carrera sin obstáculos, logrando ser más tarde secretario de don Juan Sáenz de Mañozca, arzobispo de México, artífice de la Gran Complicidad peruana, tío y maestro del inquisidor mexicano don Juan Sáenz de Mañozca... [98]

---

[95] Xuárez había dicho, efectivamente, que los portugueses habían hecho muy bien en rebelarse y que si él "estubiera en Badajoz, que havía de entregar aquella ciudad al rey de Portugal". AGN, Inquisición, vol. 374, exp. 6, Proceso contra Melchor Xuárez (1631), f. 100v.
[96] AGN, Inquisición, vol. 416, f. 427r y v., Carta del Tribunal de México al Consejo, sin fecha.
[97] AGN, Inquisición, vol. 416, f. 466, Carta del Santo Oficio de México al Consejo.
[98] Israel, *op. cit.*, p. 237.

AÑO DE 1645

20 de febrero de 1645

Carta del Tribunal virreinal a la Suprema:

> ...nos retardan el sacarlos a auto que desseamos celebrar lo más presto que se pueda, porque el gasto es mucho y cada día se hacen prisiones de nuebo, justificándolas según derecho; y éstos que de nuebo se prenden están travados con los que antes estaban pressos y nos vemos obligados a detener los unos por los otros y no puede ser menos, porque la complicidad es de más de 40 años a esta parte y en ella comprehendidos los que fueron castigados en los autos de la fe que se celebraron por los años de 29 y 39, y callaron ser sus cómplices de mayor parte de los que están pressos y que con ellos volvieron de nuebo a judaizar.[99]

22 de julio de 1645

Muere el Conde-Duque, que desde algún tiempo mostraba señales de demencia.[100]

8 de octubre de 1645

Encarcelamiento de Sebastián Váez de Acevedo, uno de los personajes más notables de la sociedad virreinal, amigo personal del ex virrey, el marqués de Villena, estimado por el mismo Palafox por su competencia.[101]

AÑO DE 1646

16 de abril de 1646

Primer auto de fe en relación con la Complicidad: 41 judaizantes son reconciliados. Varias mujeres de la familia Rivera salen en él, en particular, la difunta Clara.[102]

---

[99] AHN, Inquisición, libro 1054, *op. cit.*, f. 264.
[100] Marañón, *op. cit.*, pp. 219-234.
[101] AGN, Inquisición, vol. 387, exp. 11, "Memoria del día...", *op. cit.*; Israel, *op. cit.*, p. 213.
[102] García, *op. cit.*, pp. 137-177.

26 de junio de 1646

"Relación de los procesos que están pendientes en este Tribunal del Santo Oficio de la Inquisición de México, pertenecientes a la presente Complicidad, de que en él se conoce desde el año de 1642":

Simón Váez Sevilla, alias Simón Váez Soburro, Vezino y Mercader en esta ciudad, natural de la Villa de Castelo Branco en Portugal, aunque él dixo ser natural del lugar de Santiago en Castilla, Raya de Portugal, en que evidentemente mintió. Fue presso con sequestro de vienes a los 13 de julio de 1642, con bastante información de ser observante de la ley de Moysén y el caudillo de todos los que eran en estos Reynos, y su casa la sinagoga. Después de preso y aun hasta quando se escribe esta relación, se ha engrosando dicha información con testigos que deponen contra él cosas graves y de suma consideración. Túbose con él la primera audiencia de officio en 5 del mes de noviembre del dicho año de 42, no haviéndose tenido antes por la desesperación que en él se conocía, aguardando a ver si con el tiempo se sosegaba; y debajo de juramento, yendo declarando su genealogía, hiço reparo en que se le mudase carcelaria, y estando en ella diría lo que tenía que decir sobre su causa; cessó la audiencia, mudósele carcelaria a las cárceles que están en esta inquisición i luego el día siguiente pidió audiencia de su voluntad y confessó haver 12 años que por persuasión de Alfaro de Acuña, portugués, havía dexado la ley de Nuestro Señor Jesucristo y passádose a la de Moyssen, y como avía echo 2 ayunos del día grande a sus solas; y depuso contra su Mujer, doña Juana Enríquez y otros cómplices, con suma malicia y mintiendo en todo; y bolvió a pedir le bolbiesse a la carcelaria en que antes havía estado y de donde havía sido traído, lo qual se hiço con parecer de todos, attendiendo a proceder con este reo con todo cuidado, sin mostrarle la menor señal de rigor, por no alborotarle. A los 8 del dicho mes de noviembre, pidió audiencia de su voluntad y en ella pidió se le diesse a la dicha su Mujer, para reducirla a que confessasse la verdad, y que de no dársela, perdería el juicio; procuróse divertirle de su petición asegurándole que si confessasse enteramente la verdad y su Mujer, se le daría este consuelo yendo siempre cautelándonos de reo tan malicioso. A los 10 de dicho mes, se continuó con él la dicha primera audiencia y declaró su genealogía y dixo ser sus padres y abuelos cristianos viejos y gente calificada, siendo assí que Padre y Madre fueron pressos por la inquisición de Lisboa y todo su linaje de estatuados, relaxados y penitenciados por diferentes inquisiciones de España, Portugal y aun por esta inquisición; y que su padre fue carnicero y sirvió de berdugo en Castelo Branco; y en el calificarse, procedió con tanta aseveración de verdad y muestras de soberbia que pudiera destemplar a los más pacientes juezes. Híçosele la primera monición y respondió haver ya confessado lo que savía y no tener más que decir. A los 26 del dicho mes, se le hizo la segunda monición y a los 4 de diciembre del dicho año de 1642, la tercera y respondió a ambas que no tenía más que decir.

Viendo la gran suma de testificaciones que le sobrevenían y que las cosas de que le testificaban passaban de lo ordinario de los delictos contra la fe, pues llega la probança a contener muertes de judaizantes y que hacía matar porqué no le testificassen, y tratados de muertes de cathólicos portugueses porque se sospechaba de ellos le testificaran; y assimesmo, a contener delictos de comunicaciones de cárceles y abertura de agujeros para ellas, con otras cosas deste género, nos pareció sobreseer en la acusación hasta que estubiesse descubierta por la mayor parte, aunque no totalmente, la gravedad de sus delictos; y assí hasta el día de la fecha de la carta con que remitimos a Vuestra Alteza esta relación, sólo se ha echo oyrle quando ha pedido audiencia, como las pidió en 17 de abrill, en 13 de mayo, en 1 de junio, en 19 de agosto, en 3 de septiembre de 1643 y en 27 de abrill de 1644, y en todas, que se le diesse a su Muger e hijo Gaspar Váez Sevilla; y siempre con toda blandura, se le respondió que en descargando su conciencia y confessando enteramente verdad, se le procuraría dar todo el consuelo posible. Y en 22 de septiembre del dicho año del 1644, pidió audiencia de su voluntad y con las mesmas instancias y apreturas, pidió a dicha su Muger e hijo; y con las mesmas atenciones de blandura, se le respondió lo que otras vezes ya está dicho. Y con la acostumbrada cautela y malicia con que procede en su causa, dixo tener un escrúpulo, por haver sentido algún género de desabrimiento en los señores inquisidores, quando le visitaron en la última visita de cárceles, y temía no se le huviesse causado el haver savido algunas comunicaciones de cárceles y de 2 agujeros que en su cárcel havía abierto Gaspar de Alfar para comunicarse con otros pressos, echándole a él la culpa y tachándole por hombre embustero y que le lebantaría testimonio; fue oydo con toda paciencia, sin darnos por entendidos de su prevención cautelosa..."[103]

30 de agosto de 1646

Carta del Tribunal de México a la Suprema:

...considere pues Vuestra Alteza cúales podremos estar lidiando va para 5 años con tal gente [...] algunos de los ya penitenciados de nuebo los an testificado de cosas más o menos graves que callaron y encubrieron, y por no tornar a subir esta piedra del escándalo otra vez al monte, no procedemos contra ellos... [104]

[103] AGN, Inquisición, vol. 426, fs. 534-536v., "Relación de las causas que están pendientes en este Tribunal del Santo Oficio de la Inquisición de México, pertenecientes a la presente Complicidad, de que en el se conoce desde el año de 1642".
[104] AHN, Inquisición, libro 1054, *op. cit.*, f. 300v.

30 de noviembre de 1646

Carta del inquisidor Juan Sáenz de Mañozca a la Suprema:

> ...con menores principios se le había dado glorioso descubrimiento a la complicidad de Perú [...] conocido mi vaticinio y certeza de lo que siempre havía afirmado, de que el reyno todo estaba en poder de judaizantes..." [105]

AÑO DE 1647

23 de enero de 1647

Auto de fe en México en el que salen reconciliados 23 judaizantes.[106]

20 de noviembre de 1647

Carta del Tribunal a las autoridades peninsulares:

> ...en diferentes partes de estos reynos y algunas muy cercana a la ciudad, están viveros de judaizantes.[107]

AÑO DE 1648

30 de marzo de 1648

La Complicidad llega a su término y 22 judaizantes son reconciliados. Gaspar de Alfar, el falso sacerdote y timador, despreciable malsín y auxiliar valioso de los inquisidores, recibe su premio y es condenado a 300 azotes y galeras perpetuas —o sea la muerte diferida—. Se tomó con él la feroz, prudente y clásica medida con la que se suele alejar a quienes hicieron el trabajo sucio y saben demasiado, al volverse estorbosos una vez terminada la tarea.[108]

---

[105] AHN, Inquisición, libro 1054, *op. cit.*, f. 303v.
[106] García, *op. cit.*, pp. 181-196.
[107] AHN, Inquisición, libro 1054, *op. cit.*, f. 392.
[108] García, *op. cit.*, pp. 197-259. El resumen del proceso de Gaspar Alfar se encuentra en las páginas 200-209. *Cf.* también Gregorio de Guijo, *Diario, 1648-1664*, I, p. 4.

Año de 1649: el desenlace

11 de enero de 1649

La Inquisición manda pregonar en la capital el próximo auto de fe que será celebrado el 11 de abril; se invita a los fieles a que asistan, para ganarse las gracias e indulgencias acostumbradas.[109]

11 de abril de 1649

Amanece sobre una ciudad llena de bestias de montar, de canoas, carrozas, de miles de visitantes —se habla de treinta mil— llegados de las regiones vecinas, la mayoría de los cuales durmieron en el suelo envueltos en sus mantas en aquella calurosa noche de primavera y rodean ahora a las indias que echan tortillas y calientan los tamales, el chocolate y el atole del desayuno sobre los anafres dispuestos aquí y allá. La ciudad va despertando en un alegre rumor de fiesta que se percibe en el movimiento excepcional de las calles y plazas aún frescas y sombreadas. Es que el de hoy es un día señalado, en el que triunfa la adusta fiesta barroca que la Inquisición no puede brindar sino con parsimonia pues requiere grandes actores, espectadores numerosos y prestigiosos (ya que tanto el virrey y su séquito, las autoridades civiles y religiosas, como el pueblo llano y la canalla la presencian forzosamente), y también dinero, mucho dinero para armar el escenario imponente que constituye el marco alegórico, para pagar a los ministros y a los incontables artesanos que colaboran en su pompa...

Un concurso de circunstancias hizo precisamente que la cosa fuera posible y este auto de fe, inmortalizado por una larga relación impresa,[110] representa sin lugar a duda la apoteosis de la presencia inquisitorial en Nueva España, al no poder serle comparado otro ninguno.

Para ello, fueron reservados los casos más graves, los que requirieron largos años de trabajo: allí están 109 judaizantes, de los que 57 ya murieron, siendo llevados por unos indios los ataúdes de 47 personas. Pero sobre todo, se tendrá la rara satisfacción de saborear la deshonra de algunos de los personajes principales de la sociedad virreinal. Finalmente, para quienes gustan de gozos infames bajo el pretexto de que ayudan a la edificación, habrá un poco más tarde,

---

[109] Guijo, *op. cit.*, I, p. 28.
[110] Mathías de Bocanegra, "Auto general de la fe celebrado por los señores inquisidores...", 1649, *passim*.

lejos del pomposo aparato, en el humilde mercado de San Diego, garrote y hoguera para 13 personas...

Desde las primeras horas de la mañana, están listos los reos, azorados por el insomnio, el terror, la furia también, o serenos, alumbrados ya por la paz de Adonai, acosados por los confesores y las exhortaciones, escuchando con angustia las carreras y el alboroto apenas ahogado de los preparativos con los que unas horas más tarde serán tristemente festejados. En la luz deslumbrante del mediodía, será posible oír, de permitirlo, el aleteo multiplicado de los abanicos y el piafar de las cabalgaduras, la larga lista de sus crímenes contra la fe. ¡Vaya escarmiento, para el pueblo llano y los demás, ver humiliados hoy y azotados mañana, montados a horcajadas sobre borricos y medio desnudos, a Simón Váez Sevilla y a su mujer, Juana Enríquez, quienes, no hace tanto tiempo, iban en carroza y "mandaron esta ciudad y eran visitados por los oidores y oidoras, regalados y respetados como si fueran los más nobles del reino..."! [111]

... A Sebastián Váez de Acevedo, que fue proveedor general de la flota de Barlovento en tiempos de Villena, casado con una dama principal y de quien era preciso solicitar audiencia por escrito..., a Mathías Rodríguez de Olivera, que presumía de sus riquezas y figura donjanuesca..., a Treviño de Sobremonte también, ayer poderoso y ahora desafiando a cuantos intentan aún salvar su alma, a la altiva Isabel Tristán, de modales tan aristocráticos, ambos destinados a las llamas... Y finalmente, a aquella anciana de 67 años que mueve a compasión por el cáncer que le corroe espantosamente el pecho, la viuda Ana de León, la Anica de Carvajal, quien, después de ver perecer a todos los suyos en la hoguera, ve cumplirse la promesa del martirio que su hermano Luis *el Mozo* le anunciara medio siglo antes en sus billetes místicos... *Vanitas vanitarum...*, y bebamos a la salud de Su Majestad...

Durante toda la tarde y toda la noche, los indios silenciosos atizarán pacientemente las hogueras, cuidando que las llamas del infierno lo consuman todo; en el día mustio y perezoso que sigue a la fiesta, hacia el mediodía, ante las tribunas vacías y la concurrencia de muchachos del barrio, de mirones del mercado y de perros callejeros, el corregidor mandará recoger las cenizas, que serán echadas a las acequias verdosas a dos pasos de allí.[112]

---

[111] Guijo, *op. cit.*, I, pp. 46-47.
[112] Nos apegamos aquí a la "Relación" de Bocanegra, *op. cit.*; al relato del auto de fe que hace Gregorio de Guijo, *op. cit.*, I, pp. 39-47 y a los procesos de los penitenciados.

Un epílogo (entre otros...)

24 de mayo de 1649

El Santo Oficio mexicano escribe a Madrid para enviar a la Suprema el testimonio de alguien que vio a los reconciliados de los autos de fe anteriores, teóricamente encarcelados de por vida en España o desterrados de las ciudades de Sevilla y Madrid, "andar muy galanes y con espadas en Cádiz y en Sevilla; y aun los condenados a galeras y como otros, se fueron a otros lugares de España...."[113]

7 de enero de 1650

Simón Váez Sevilla y su parentela se embarcan por fin en Campeche hacia la metrópoli; aquí es adonde, contrariando las órdenes de la Inquisición, había ido a esperar a su buen amigo, el conde de Peñalba, nombrado gobernador del puerto. Éste no lo desampara y Simón Váez abandona el virreinato con una buena suma en el bolsillo y llevándose algunos fardos de mercancías, pero sin vestir aquel horrendo sambenito que el Santo Oficio pretende imponerle.[114]

Navidad de 1650

Sebastián Váez de Acevedo, medio loco, fallece en el hospital de Nuestra Señora, en el que, abandonado de todos, menos del que fuera su secretario, el mulato Gaspar Riveros de Vasconcelos, permanecía desde su ruina.[115]

Fines de julio o el 10 de agosto de 1652

En circunstancias algo misteriosas, muere don García de Valdés Osorio, conde de Peñalba, gobernador aborrecido de Yucatán, zona a la que pese a su secular pobreza, había sometido a un saqueo sistemático. Se habló de asesinato, cometido por un africano en lo

---

[113] AGN, Inquisición, vol. 416, f. 536, Carta del Santo Oficio de México al Consejo.
[114] AGN, Inquisición, vol. 398, exp. 1, Proceso contra Simón Váez Sevilla (1642), fs. 349, 351, 360, 386.
[115] Guijo, *op. cit.*, I, p. 142; AGN, Inquisición, vol. 435, f. 475, Proceso contra Gaspar Riveros de Vasconcelos (1650), fs. 489-489v.

más oscuro de una noche sacudida por una de aquellas tormentas formidables del Caribe... El 15 de noviembre de 1848, el periódico *El Fénix* de Campeche trataba nuevamente del asunto, que no ha dejado de atraer la atención de los novelistas: el diario recuerda que cierto 20 de noviembre

> del año 1655, siendo gobernador y capitán general de esta provincia Don Francisco de Bazán, arribó a Campeche el oidor de la real audiencia de México, don Francisco Calderón y Romero, con el objeto ostensible de visitar las cajas reales de la Provincia, pero con la misión secreta de proceder a la averiguación del asesinato cometido en Mérida la noche del 10 de agosto 1652 en la persona de Don García de Valdés Osorio, Conde de Peñalva y gobernador y Capitán general de esta Provincia. Conjeturábase que muchas personas principales estaban complicadas en aquel crimen misterioso, que el Lic. Calderón jamás pudo poner en claro a pesar del apoyo que le prestó el Tribunal de la Inquisición. Lo cierto es que el hecho quedó enteramente impune, a pesar de los esfuerzos de los parientes y amigos del conde que hicieron todo lo posible por sacar de las tinieblas a los verdaderos culpables.[116]

18 de noviembre de 1654

Declara el inquisidor don Juan Sáenz de Mañozca que: "...conclusa la complicidad por abril 649, se fue volviendo poco a poco esta Inquisición a aquella flogedad antigua".[117]

10 de enero de 1655

Simón Váez Sevilla, que tiene ahora 60 años y fue condenado a encarcelamiento de por vida en España, se presenta espontáneamente a las autoridades inquisitoriales de Madrid, en donde vive, con el fin de aclarar ciertas cuestiones relativas a sus bienes. Revela, entre otras cosas, que su hijo Gaspar se encuentra desde hace dos años en Italia y que de sus antiguos dependientes, socios o corresponsales, Juan Méndez de Villaviciosa se halla en Francia y Luis de Amézquita en Venecia.[118]

---

[116] Juan Francisco Molina Solís, *Historia de Yucatán durante la dominación española*, pp. 221-222.
[117] AHN, Inquisición, libro 1054, *op. cit.*, f. 97.
[118] AHN, Inquisición, Legajo 1738, exp. 1, f. 382.

Algunos años más tarde

Villena fue rehabilitado en España y, al restituirle su confianza Felipe IV, le encomendó por segunda vez el virreinato de Nueva España, aunque el duque prefirió el de Sicilia.[119]

Ex tempore

"Un judío nacido en Amsterdam el año 1631, muerto en la misma ciudad en 1707, que llevaba el nombre de Isaac de Mathatias Aboab, tuvo la curiosidad de estudiar su genealogía a partir de los tatarabuelos que eran justamente de aquellos hebreos que en Portugal fueron a la pila del bautismo por su pie y forzados el año de 1497. Y en esta genealogía nos encontramos que un abuelo materno de Isaac, llamado Duarte Nunes, casado con Gracia Nunes, tuvo diez hijos, de los cuales unos vivieron en Amsterdam ejerciendo el comercio; otros, como Abraham Curiel y Jacob Curiel fueron a Trípoli de Siria y a Saphet y allí murieron como judíos públicos, claro es... y otro, fray Francisco de Vitoria fue a fines del siglo XVI obispo en Tucumán y luego arzobispo de Méjico, muriendo en Madrid propuesto para el arzobispado de Charcas.

"Por otra parte, en la descendencia del tatarabuelo paterno de Isaac, que se llamó Abraham Aboab, como judío, y Duarte Díaz como cristiano, hubo mujeres que se unieron con personas representativas en la sociedad española. Una nieta de Abraham, Ana Váez, casó en Sevilla con el contador Simón Vaz y la hija de este matrimonio, llamada también Ana Váz como su madre, se casó con Juan de Salamanca..."[120]

---

[119] González Obregón, *op. cit.*, p. 237, cita al padre Cavo, *Los Tres Siglos de México*, tomo II, p. 17.
[120] J. Caro Baroja, *Inquisición, brujería y criptojudaísmo*, pp. 46-47.

XXXVII. CONCLUSIÓN

El Santo Oficio de la Inquisición fue implantado en las colonias americanas en un momento específico de la historia de España, que coincide con las últimas grandes victorias sobre los infieles y los resplandores finales de la gloria imperial; su instauración corresponde al deseo de preservar la pureza de la fe en las tierras y almas recién conquistadas, es decir a una voluntad de mantener un *statu quo* percibido como benéfico en detrimento de cualquier evolución. En este sentido, volvemos a encontrar aquella paradoja de la historia española puesto que aquí, otra vez, la opción tomada ante una situación novedosa se inspiró en un pasado condenado a la obsolescencia: si la conquista y la colonización de nuevos mundos restauraron y prolongaron soluciones y actitudes propias de una etapa anterior y que podían considerarse como canceladas después de 1492, la historia de la Inquisición en España muestra claramente que iba entrando a finales del siglo XVI en una fase de larga y progresiva decadencia —pese a los bríos de mediados del siglo XVII, que no modifican la tendencia general—, siendo sin embargo el momento en que el Santo Oficio experimentó un movimiento de expansión.

Por tanto una institución vieja aunque bien conservada tuvo por misión velar por la fe de un mundo joven, dinámico, imprevisto, y las modalidades de su funcionamiento en Nueva España se derivan en buena medida de esta situación.

Este nuevo Tribunal disponía teóricamente de los mismos recursos en cuanto a hombres y medios que sus homólogos metropolitanos. Pero desde el principio, las condiciones locales limitaban su impacto aún más que su ejercicio. El espacio americano, por sus dimensiones y distribución geográfica, restringía el alcance de cualquier acción institucional, circunscribiéndola de hecho a un territorio mediano, aproximadamente el México central del altiplano. Además, al excluir a la gran mayoría de la población de la jurisdicción inquisitorial, la función pasiva, receptora y catalizadora de tensiones sociales que pertenecía al Tribunal —a través de las denuncias— se veía acentuada, resultando por otra parte una amplia zona de refugio para los transgresores, que siempre podían perderse lo mismo en el espacio geográfico que en el mundo indígena, rural o urbano. Pero, sobre todo, su papel tan fundamental como tradicional en España y que consistía en confederar a los pueblos y culturas desaparecía en América; aquí, el Santo Oficio estaba condenado a no ser más que una policía de los dominantes destinada a los dominantes y sus epígonos, mestizos, esclavos, o sea sólo el asunto de una minoría.

Lo hemos visto perseguir a los que justificaban su existencia institucional, los herejes, protestantes o cristianos nuevos que permanecían secretamente fieles a su fe ancestral, y extirpar efectivamente, según su misión se lo ordenaba, la semilla que éstos arriesgaban con desparramar en las nuevas posesiones. Pero ellos eran unos recién llegados, unos europeos finalmente, lo mismo que los inquisidores, quienes sabían desde tiempo atrás cómo descubrirlos, perseguirlos y reducirlos, siendo además mucho más escasos que en la metrópoli. El pan diario lo constituían la blasfemia, el reniego de los esclavos, las proposiciones y los comportamientos dictados tanto por la ignorancia como por la desenvoltura inevitable en tales países, las libertades para con la moral sexual, prácticas que las supersticiones combinadas de varias culturas multiplicaban al infinito. El Tribunal mexicano intentó librar una batalla enérgica contra todo aquello, al menos durante los treinta años que siguieron a su introducción en el virreinato, cosa que no se puede soslayar cuando el siglo siguiente plantea la cuestión de su eficiencia. Entonces es cuando la inercia que lo caracterizó —con excepción de la fase 1640-1650, a la que dedicamos una atención sostenida— adquiere todo su significado ya que cualquier institución obedece a una lógica en la que se integran hasta las debilidades de los hombres que la sirven. En efecto, no cabe la menor duda, para nosotros, que esta "flogedad" e increíble corrupción que zaherían los dos visitadores del siglo XVII, Juan Sáenz de Mañozca y Pedro de Medina Rico, están necesariamente ligadas a la situación objetiva del Tribunal en el virreinato.

De hecho, he aquí a un organismo que, si bien está conectado con las instancias superiores de Madrid, depende parcialmente de las instancias locales, puesto que los consultores, que funcionan como magistrados, intervienen en las decisiones del Tribunal relativas a las sentencias de una manera mucho más importante que en España; además, el Tribunal está sometido al virrey por lo que se refiere en particular a las finanzas, la entrega de los fondos otorgados por la Corona y los préstamos solicitados por los funcionarios. Por otra parte, esta situación objetiva se va modificando en el transcurso del periodo que nos interesa: mientras que a fines del siglo XVI el Tribunal constituye una de las últimas tentativas de Felipe II por garantizar la pureza de la fe en sus posesiones con lo que equivale a un cuerpo de policía para una minoría esencialmente europea, criolla o metropolitana, el siglo XVII corresponde a un aumento de las presiones financieras por parte de la Corona y la Suprema, mientras Olivares preside una era de tolerancia relativa hacia los judeocristianos; pero sobre todo el español de aquí o allá tiende a perderse en una muchedumbre cada vez más considerable de individuos de casta, quienes si bien asumen pocas veces una heterodoxia declarada, no dejan de ser pequeños desviantes ligeramente sospechosos de delitos que se vuelven tan difíciles de determinar como de perseguir al correr de los años. Como lo hemos señalado, todo se confunde con bastante rapidez y, si bien la Inquisición sigue castigando esencialmente a los blancos, herejes y sobre todo a los culpables de delitos religiosos menores o también de transgresiones sexuales que viven en las ciudades y campiñas del altiplano, sus archivos atestiguan un número creciente de delincuentes de toda clase y color que a todas luces escapan a la institución.

Así las cosas, la inercia y la corrupción aparecen como respuestas ante la imposibilidad de desempeñar cabalmente las tareas imprescindibles, y ante el desfase que existe entre el proyecto inicial y la realidad. Porque hay una inadecuación grande entre la empresa inquisitorial que fue concebida en las postrimerías del siglo xv y funcionó a mediados del siglo xvi y la que fue implantada en América, no siendo los vicios del Tribunal mexicano más que la manifestación de semejante desfase. Aunque tradicionalmente la Inquisición tuvo los medios de adaptarse a las condiciones locales de cada distrito y Tribunal y lo logró casi siempre —ya que sobrevivió hasta el siglo xix—, todo indica que el contexto americano imponía contingencias que rebasaban sus capacidades adaptativas. Lo podemos afirmar: aun cuando los inquisidores mandados a México hubiesen sido todos de la calidad de un Pedro Moya de Contreras, no hubieran tenido los medios, por lo que se refiere a hombres, recursos y herramienta conceptual, de enfrentar la situación que se hacía cada vez más compleja e imprevista conforme el siglo xvii iba avanzando. Tan sólo una fracción de la población establecida en una parte del territorio y únicamente para ciertos tipos de delitos habría podido ser alcanzada por el brazo inquisitorial, suponiendo para ello un concurso óptimo de circunstancias: particularmente, la colaboración del clero secular, de las órdenes religiosas, de las autoridades civiles, de los ayuntamientos indígenas, etc... A grandes rasgos, es precisamente lo que aconteció.

Por consiguiente, la Inquisición mexicana hizo lo que pudo: extirpó la herejía o la condenó a la desaparición que de manera ineludible le imponía el sincretismo, recordó la norma en cuanto se refiere a la ortodoxia religiosa en su diaria práctica más que todo, la moral sexual, y hasta intentó adaptarse a las contingencias locales, ya que la vemos combatir el uso de hierbas como el peyote, o la ventriloquía, de origen africano. En cambio, es notoria la ausencia de persecuciones en contra de intelectuales o disidentes —constituidos en grupos, desde luego—, esencialmente por las características de la emigración europea y de la sociedad colonial. En efecto, al contrario de las colonias de la costa este de los Estados Unidos, que por las mismas fechas habían sido establecidas con base en la disensión religiosa y la necesidad de un pensamiento crítico en esta materia, la Nueva España y las posesiones hispánicas en América no fueron sino la extensión de la metrópoli, a las que se llegaba en pos de la gloria, la fortuna y la libertad pero no para edificar un nuevo mundo inspirado por las utopías.

No son despreciables los logros del Tribunal de México si nos atenemos a su actividad, perceptible a través de la formación de procesos y la celebración de los autos de fe, finalmente comparables a los de cualquier tribunal metropolitano. Resultan sin embargo discutibles si se toman en cuenta las numerosas denuncias y los documentos de toda clase que atestiguan una delincuencia generalizada, que escapa obviamente a cualquier tipo de control y tentativa incluso de persecución.

Si bien la función censuradora y justiciera del Tribunal es cuestionable, el papel catalizador nos parece en cambio fundamental. Hemos visto que en las densas comunidades pueblerinas, iba recogiendo el goteo o la oleada de temores y rencores, que se estructuraban como una maquinación encaminada a destruir a un enemigo y que ahí donde su presencia era demasiado débil, la transgresión se expresaba de un modo individual y anómico. En efecto, es preciso entender que el aparato inquisitorial constituye un recurso valioso para la sociedad colonial, mucho más amenazada por la ausencia o la debilidad de los poderes institucionalizados que por sus excesos: dondequiera que la Inquisición tenga cierta presencia —no en el terreno represivo, que es a menudo casi nulo, según vimos, sino en el plano simbólico—, las pasiones y tensiones son susceptibles de tomar los cauces que ella les sugiere, en un efecto indiscutible de terapia para la comunidad. También nos percatamos de que, dondequiera que se manifieste en un asunto multitudinario (Celaya, Tepeaca, Querétaro), la intervención inquisitorial tiene efectos apaciguadores pues su modo de proceder tradicional estriba en la reserva y el silencio, respaldados a la hora del juicio por una prudencia y un racionalismo opuestos al recurso sistemático a la explicación sobrenatural.

En fin, como ya lo señalamos, un fenómeno colectivo de denuncias, una maquinación ejemplar que llegan ante el Santo Oficio constituyen las pruebas fehacientes de un malestar social, de una crisis más o menos latente; en este sentido, los archivos inquisitoriales reflejan puntualmente una realidad social probablemente difícil de percibir de otro modo, lo cual constituye uno de sus muchos méritos.

Esta función importante se encuentra acentuada por la naturaleza de la sociedad colonial pues sabemos que los indígenas, por otra parte exentos de la jurisdicción inquisitorial, acudieron con provecho a ella cuando deseaban deshacerse de un religioso inoportuno, al que denunciaban entonces por solicitante, y que también los esclavos negros y mulatos demandaron la intervención del Tribunal para que modificase su situación, acusándose de delitos cometidos a propósito o simplemente ilusorios. Integrado dentro de la red de instituciones y poderes, el Tribunal funcionó muy a menudo como una válvula de escape; fue a veces manipulado y hasta se vio obligado a reaccionar cuando se percataba del papel —otra vez imprevisto— que intentaban hacerle desempeñar.

Los procesos por delitos religiosos menores o por faltas a la moral sexual echaban a andar la máquina inquisitorial en un procedimiento rutinario; en cambio, los que afectaban a los cristianos nuevos durante los dos grandes periodos de persecución, sobre todo el de 1640-1650, arrojan una viva luz sobre mecanismos que, si bien quedaban ocultos normalmente, no dejaban por ello de ser activos. Muestran en primer lugar que los inquisidores son funcionarios que sirven a una institución dotada de una dinámica propia, aunque se encuentran también inmersos en una sociedad a cuyos condicionamientos no pueden sustraerse. Durante mucho tiempo los vimos, si no totalmente cómplices, al menos extrañamente benévolos para con judaizantes practicantes contra quienes llegaban denuncias precisas al Tribunal, y sabemos que algunos ministros mantuvieron relaciones que rebasaron la simple cordialidad con individuos más tarde condenados. Hemos subrayado el concurso de circunstancias, que abarcaba a la coyuntura europea, metropolitana y local junto con consideraciones políticas y económicas, lo que provocó la gran persecución de mediados del siglo XVII.

Nuevamente en este caso, la actitud de los inquisidores se explica por la realidad colonial, resultando la cuestión religiosa menos trascendental en tierra americana frente a una situación de hecho que unía a los dominantes dentro de una solidaridad de casta; sólo cuando el estatuto y la función de la institución inquisitorial se vieron cuestionados se determinaron sus ministros a emprender las diligencias que la máquina imperial exigía de ellos y que no podían eludir sin menoscabar el crédito del Santo Oficio, del que dimanaba el suyo propio. De nuevo, una modalidad de esta corrupción múltiple se correspondía aquí con una coyuntura local que la producía naturalmente.

Encontramos el mismo fenómeno en las cárceles, en donde los

mecanismos se diversifican para ello; el mundo servil interviene entonces, permitiendo maniobras en un espacio suplementario y teóricamente ignorado por ser despreciado, siendo ésta otra trampa del mundo colonial. Asimismo, cabe interpretar en este sentido la severidad del Tribunal mexicano para con los esclavos transgresores, actitud considerada como excesiva por la Suprema, según señalamos. Notemos sin embargo que en este caso no resultaba fácil mantener la ecuanimidad deseable puesto que, al lado del mencionado rigor, el Santo Oficio podía a veces y con razón tener la impresión de ser manipulado por aquellos infelices...

Todo lo anterior nos hace regresar infaliblemente al problema del fenómeno inquisitorial percibido bajo su único aspecto discursivo. Aunque lo subrayamos con frecuencia, es preciso repetirlo: existe una distancia considerable entre el proyecto inquisitorial tal como lo formuló Eymerich y la práctica inquisitorial, constituyendo el paso intermedio estos valiosos tratados de jurisprudencia a los que no se ha prestado suficiente atención hasta la fecha. Es que no se puede juzgar una institución normativa cuyos orígenes se remontan a la Edad Media y que perdura hasta los principios de la revolución industrial, a partir del único enunciado de su proyecto, por el simple hecho de que las burocracias y estados contemporáneos tienen actualmente el poder de llevar a cabo en su mayor parte cualquier proyecto que se propongan. En cuanto a nosotros, sospechamos que precisamente porque el Antiguo Régimen conocía el peso de las contingencias se empeñaba en enunciar discursos normativos tanto más rigurosos y compulsivos cuanto que los sabía destinados a recibir una aplicación limitada en el mejor de los casos y a quedar incluso como letra muerta no pocas veces. Parece que los gobernantes buscaban entonces pronunciarse ante la posteridad y la divinidad mucho más sin duda que modificar una realidad que sabían reacia y sometida a contingencias y limitaciones sobre las que poco podían actuar. Piénsese en las admirables providencias que la Corona de Castilla tomó repetidamente con el fin de lograr la felicidad de los naturales de las Indias Occidentales... y en su efecto.

Así y todo, ya es tiempo de intentar comprender un fenómeno como el del Santo Oficio bajo su doble manifestación, la del discurso y la de la praxis, a no ser que aceptemos definir un régimen a partir sólo de su Constitución independientemente de su aplicación, en cuyo caso nos arriesgamos a caer en un pecado de ceguera que recuerde curiosamente la manera de ver inquisitorial... La Inquisición novohispana muestra un desfase demasiado notorio entre proyecto y práctica y, por otra parte, su funcionamiento aclara demasiado el uno por la otra para que podamos soslayar este problema fundamental.

Es preciso, finalmente, intentar ver lo que significó el Santo Oficio en la sociedad colonial, para lo cual hay que reintegrarlo al concierto de las instituciones y poderes que controlaron a la Nueva España. Mucho más que un organismo estrictamente represivo —en este aspecto las cifras resultan casi irrisorias ante una leyenda aparentemente inalterable—, el Tribunal representó desde luego la ortodoxia religiosa pero difundió e impuso también cierta coloración a la vida social que implicaba tal vez menos un conformismo, rebasado por la abigarrada realidad colonial, que algunas actitudes tales como la delación y el disimulo.

Sabemos, en efecto, que la máquina inquisitorial se nutría con la delación, a la que el procedimiento institucional aseguraba la impunidad que las circunstancias históricas imponían. Ahora bien, si la denuncia constituía sin lugar a duda un mecanismo profiláctico en cierta medida, cosa que subrayamos anteriormente, también pudo tener un efecto desmovilizador ya que numerosas tensiones que en un contexto distinto se verían encauzadas en una expresión consciente, abierta y a veces colectiva se reducían aquí a una especie de confesión individual con un comisario y terminaban con el proceso de un inculpado y su condena. Si el auto de fe fue una ceremonia unificadora y, asimismo, un acto simbólico de restauración de un estado anterior (ora por la eliminación del pecador en la hoguera, ora por su reconciliación y reintegración en el seno de la comunidad), constituyó finalmente un regreso a una etapa precedente percibida como de insuperable excelencia. En esta perspectiva, el Santo Oficio, institución de origen medieval —hay que recordarlo— no concibió evolución alguna y las notables capacidades adaptativas que lo caracterizaron y le permitieron perdurar varios siglos no tendieron más que a impedir dicha evolución.

Por otra parte, este ir hacia atrás, esta reconciliación que garantizaba la unidad y la paz de la república sólo se lograba mediante la abjuración, o sea la renuncia al error individual y su reconocimiento como tal; esto significaba nuevamente prevenir cualquier posibilidad no sólo de crítica sino de opción íntima, el germen de un pensamiento independiente. En fin, consideramos más grave el hecho de que la Inquisición, al imponer su esquema ideológico, señalaba los cauces por los que podían fluir las inquietudes populares e individuales; las mantenía por tanto en un marco específico, impidiéndoles tal vez buscar formulaciones más atrevidas o novedosas. Así, el Santo Oficio resultó ser efectivamente el aliado de la Corona española puesto que mucho más que reprimir a los pecadores, mantuvo las premisas de un orden a la vez que puso trabas a la posibilidad de la evolución.

Por último, la Inquisición fue una excelente escuela de disimulación y la Nueva España, producto de la conquista y la dominación, no podía dejar de aprovechar magistralmente sus enseñanzas. En tierras americanas, todos entendieron muy pronto que se trataba de no decir lo que se pensaba o hacía y que, por otra parte, era muy bien tolerado. Así, junto a una rigidez de principios y proyectos, perceptible a través de los múltiples discursos que provienen de las instituciones, encontramos la variedad infinta de las conductas, su heterodoxia patente y su exuberancia aún presente; los ciudadanos de Nueva España, dotados de genio cuando de la vida o la supervivencia se trata, se volvieron maestros en el arte de barajarlas.

Volvemos siempre a encontrar este famoso desfase entre el proyecto declarado y la realidad, siendo el uno finalmente tal vez más importante que la otra, según la paradoja que Octavio Paz descubre en el centro mismo de la vida del país. Se nos presenta por tanto una Inquisición que, despojada de todo oropel sangriento, se apoltronó en una pereza corrupta, en realidad porque no tuvo los medios necesarios para ser verdaderamente eficiente; al correr de aquellos calmados días de los siglos pasados, acabó siendo una institución contemporizadora y quizás desmovilizadora.

Una vez realizadas las principales tareas (extirpación de la herejía y proclamación reiterada de las normas que rigen la ortodoxia), la Inquisición asistió plácidamente a cuantas cosas importantes acontecieron en la sociedad y quedaron fuera de su alcance, a menudo de su cometido aunque no de su percepción: el crecimiento demográfico, sobre todo de las castas, los progresos ineluctables del sincretismo que, Coatlicue de los tiempos nuevos, no cesaba de devorar y concebir sin que las mismas instituciones y sus ministros pudiesen escapar a su voracidad; creada antaño para reducir al hereje, fue rebasada por el mulato y el criollo irreverentes en el hablar, por la mestiza hechicera —demasiado y demasiado poco para ella— sin sospechar que éstos eran los artífices de un mundo nuevo que algún día la aboliría.

La Pax Hispanica, que transpuso su orden en el continente americano, impuso en Nueva España una era que numerosos países europeos, entonces agitados por sublevaciones y revueltas, guerras de treinta años o más y revoluciones dudosamente gloriosas, bien podían haber envidiado. A la sombra de sus leyes fue como un pueblo y una cultura lograron nacer y desarrollarse, aun cuando su solidez tranquilizadora impidió que aparecieran las grietas por las que se hubiese filtrado un poco de aire fresco. No podía faltar el Santo Oficio a la obra común pero, trasterrado de su terruño lo mismo que las demás instituciones coloniales, se encontró desprovisto en el virreinato de raíces profundas y verdadero asiento, y su acción, desde el principio restringida, tuvo un efecto limitado, a veces desviado y hasta manipulado.

Además de la luz que la historia de la Inquisición en México es susceptible de arrojar sobre la Inquisición en la sociedad española, las instituciones represivas y los grandes aparatos burocráticos en general, creemos que puede contribuir también a iluminar el problema de la colonización, que, en su marco más amplio, es el que probablemente se encuentra planteado aquí. Nos conformamos con haber señalado algunos puntos de posible interés e indicado unas cuantas perspectivas entre bastantes otras.

México, Tizapán, 12 de marzo de 1984.

BIBLIOGRAFÍA

Abreviaturas

AGI: Archivo General de Indias (Sevilla).
AGN: Archivo General de la Nación (México).
AHN: Archivo Histórico Nacional (Madrid).
HAHR: Hispanic American Historical Review.
PAJHS: Publications of the American Jewish Historical Society.

Actas de Cabildo de la Ciudad de México, México, 1889 a 1911 para los 42 primeros libros (1524-1705). El archivo del Ayuntamiento de la ciudad de México ha sido catalogado nuevamente en 1971 y el contenido de los volúmenes ha sido ligeramente modificado por Miguel Mendoza López. Actualmente los volúmenes 1 al 34 cubren el periodo 1524-1700. Desafortunadamente no se cuenta con los años 1630-1635, 1643-1692 y 1693-1698.

Aguirre Beltrán, Gonzalo, *Medicina y magia, el proceso de aculturación en la estructura colonial.* Instituto Nacional Indigenista, México, 1963.

———, *El proceso de aculturación en México*, 2ª edición. Universidad Iberoamericana, México, 1970.

———, *La población negra de México. Estudio etnohistórico*, 2ª edición, corregida y aumentada. Fondo de Cultura Económica, México, 1972.

Alberro, Solange, "Hechicería y proceso de cambio social: Celaya 1614", en *Revista de Dialectología y Tradiciones Populares*, tomo XXX, Cuadernos 3º y 4º, Madrid, 1974, pp. 327-385.

———, "Índices económicos e inquisición en la Nueva España, siglos XVI y XVII", en *Cahiers des Amériques Latines*, núms. 9 y 10, París, 1974, pp. 247-264, y en *Actas del XLI Congreso de Americanistas*, México, 1976, vol. II, pp. 401-413.

———, "Noirs et mulâtres dans la société coloniale mexicaine", en *Cahiers des Amériques Latines*, París, 1978, núm. 17, pp. 57-87. Versión española en: Elsa Frost, Cecilia Meyer, Michael C. y Vázquez J. Z. (eds.), *El trabajo y los trabajadores en la historia de México*, México, 1979, El Colegio de México y University of Arizona Press, pp. 132-161.

———, *La actividad del Santo Oficio de la Inquisición en Nueva España, 1571-1700*, Colección Científica, Fuentes para la Historia, núm. 96, México, 1981, Instituto Nacional de Antropología e Historia.

Alberro, Solange, "Zacatecas, zone frontière, XVI et XVIIème siècles", en *Cahiers des Amériques Latines*, París, 1981, núm. 24, 2º semestre, pp. 185-219.
———, "Inquisition et société: rivalités de pouvoirs à Tepeaca, 1656-1660", en *Annales, E.S.C.*, núm. 5, sep.-oct. 1981, pp. 758-784.
Alcalá Zamora y Queipo de Llano, José, *España, Flandes y el mar del Norte (1618-1639)*, Editorial Planeta, Barcelona, 1975.
Altman, Ida y Lockhart, James, *Provinces of Early Mexico, Variants of Spanish American Regional Evolution*, University of California, Los Ángeles, 1976.
Alvarado Morales, Manuel, *La ciudad de México ante la fundación de la Armada de Barlovento, historia de una encrucijada*, México, El Colegio de México, 1984.
Amador, Elías, *Bosquejo histórico de Zacatecas*, tomo I, Zacatecas, 1892.
Amalric, J. P.; Bennassar, B.; Pérez, J. y Temime, E., *Lexique historique de l'Espagne*, Armand Colin, París, 1976.
Archivo Histórico de Hacienda, Colección de documentos publicados bajo la dirección de Jesús Silva Herzog, 5 vols., Secretaría de Hacienda, México, 1945.
Arregui Zamorano, Pilar, *La Audiencia de México según los visitadores. Siglos XVI y XVII*, Universidad Nacional Autónoma de México, México, 1981.
Autos de Fe, Ed. Vargas Rea, Biblioteca de Historiadores Mexicanos, 6 vols., México, 1953.
Bakewell, Peter J., *Silver Mining and Society in Colonial Mexico: Zacatecas 1546-1700*, Cambridge University Press, Londres, 1971.
Bayle, Pierre, *Dictionnaire historique et critique*, 16 vols., París, 1820.
Bennassar, Bartolomé, *L'inquisition espagnole*, Hachette, París, 1979.
———, *Un siècle d'or espagnol (vers 1525-vers 1648)*, ed. Robert Laffont, París, 1982.
Beristain de Souza, José Mariano, *Biblioteca hispano americana septentrional*, (1ª ed., 1816; 2ª edición facsímil), 3 vols., Universidad Nacional Autónoma de México, México, 1980.
Birckel, Maurice, "Recherches sur la trésorerie inquisitoriale de Lima", en *Mélanges de la Casa Velásquez*, tomo V, 1969, pp. 223 a 307 y tomo VI, París, 1970, pp. 309 a 357.
Bloom, Herbert I., *The economic activities of the jews of Amsterdam in the Seventeenth and Eighteenth Centuries*, 2ª ed., Kennikat Press, Londres, 1969.
Bocanegra, Mathías de, "Relación del Auto general de la fe celebrada por los señores Inquisidores el Illmo. y Rmo. don Juan de Mañozca, ..., el 11 de abril de 1649", Santo Oficio, México, 1649.

Boletín del Archivo General de la Nación, México, a partir de 1930. Su presentación y su contenido han cambiado sensiblemente en los últimos años.

Borah, Woodraw, "New Spain's Century of Depression", en *Ibero-Americana*, 35. University of California Press, Berkeley y Los Ángeles, 1951. La versión española, precedida de un prólogo muy sugestivo de P. J. Bakewell, ha sido publicada bajo el título *El siglo de la depresión en Nueva España*, Sep-Setentas, México, 1975.

——, "The portuguese of Tulancingo and the special donativo of 1642-1643", en *Jahrbuch fur Geschichte von Staat, Wirtschaft und Gesellschaft, Lateinamerikas*, I, (1964), pp. 386-398.

Brady, Robert L., *The emergence of a negro class in Mexico, 1523-1640*, T. doctoral, University of Iowa, 1965.

Burgoa, Francisco de, *Geográfica descripción de la parte septentrional del Polo Ártico de la América y Nueva Iglesia de las Indias Occidentales y sitio astronómico de esta Provincia de Predicadores de Antequera, valle de Oaxaca*, México, 1674.

Bustamante, Carlos María de, "Relación", Suplemento núm. 5, *Voz de la Patria*, México, 1831.

Caro Baroja, Julio, *Los judíos en la España moderna y contemporánea*, 3 tomos, Ed. Arión, Madrid, 1961.

——, *Las brujas y su mundo*, Alianza Editorial, Madrid, 1966.

——, *Vidas mágicas e Inquisición*, 2 vols., Ed. Taurus, Madrid, 1967.

——, *El señor inquisidor y otras vidas por oficio*, Alianza Editorial, Madrid, 1968.

——, *Inquisición, brujería y criptojudaísmo*, Ed. Ariel, Madrid, 1970.

Carrasco, Pedro, "Las tierras de dos indios nobles de Tepeaca en el siglo XVI", *Tlalocan*, IV, 2, México, 1963, pp. 97-119.

——, "Más documentos sobre Tepeaca", *Tlalocan*, VI, 1, México, 1969, pp. 1-37.

——, "Los documentos sobre las tierras de los indios nobles de Tepeaca en el siglo XIV", *Comunicaciones*, núm. 7. Fundación Alemana para la Investigación Científica, México, 1973, pp. 89-92.

Carreri, Gemelli, *Le Mexique à la fin du XVIIème siècle, vu par un voyageur italien*, editada por J. P. Berthe, Calmann-Lévy, París, 1968.

Cartas de Indias, edición original en un tomo, Ministerio de Fomento, Madrid, 1877. Edición completa en 5 tomos, Secretaría de Hacienda y Crédito Público, México, 1981.

Cartas recibidas de España por Francisco Cervantes Salazar, publicadas por Agustín Millares Carlo, Antigua Librería Robredo, México, 1946.

Castillo, Canovas del, *Estudios del reinado de Felipe IV*, Madrid, 1888-1889.
Cedulario, Nueva España, Inquisición, Biblioteca Nacional, México MS (1259).
Cedulario de los siglos XVI y XVII, editado por Alberto María Carreño, Ediciones Victoria, México, 1947.
Cedulario Indiano, editado por Diego de Encinas. Reproducción facsímil de la edición única de 1596. Comentarios e índices de Alfonso García Gallo, Libro primero, Ediciones Cultura Hispánica, Madrid, 1945.
Certeau, Michel de, *L'écriture de l'histoire*, Gallimard, Bibliothèque des histoires, 2ª edición, 1978.
Certeau, Michel de, *La Possession de Loudun*, reedición, Gallimard/Julliard, París, 1980.
Chance, John K., *Razas y clases de la Oaxaca colonial*, Instituto Nacional Indigenista, México, 1978.
Chaunu, Pierre, "Pour un portrait triste du Mexique au milieu du XVIIème siècle", *Annales*, E.S.C., núm. 1, pp. 79-85, 1955.
———, "Inquisition et vie quotidienne dans l'Amérique espagnole du XVIIème siècle", *Annales*, E.S.C., núm. 2, pp. 228-236, 1956.
Chaunu, Huguette et Pierre, *Séville et l'Atlantique* (1504-1650), 11 vols., SEVPEN, París, 1955-1957.
Chaunu, Pierre, *L'Europe classique*, Arthaud, París, 1966.
———, *L'Espagne de Charles Quint*, 2 tomos. SEDES, París, 1973.
Chevalier, François, "Signification sociale de la fondation de Puebla de los Angeles", en *Revista de Historia de América*, núm. 23, junio de 1947, pp. 105-130.
———, *La formation des grands domaines au Mexique. Terre et société aux XVIème et XVIIème siècles*, Institut d'Ethnologie, París, 1952.
Chinchilla Aguilar, Ernesto, *La Inquisición en Guatemala*, Publicaciones del Instituto de Antropología e Historia de Guatemala, Ministerio de Educación Pública, Guatemala, 1953.
Cohen, Martin A., *The martyr: the story of a secret jew and the Mexican Inquisition in the sixteenth century*. The Jewish Publication Society of America, Philadelphia, 1973.
Cohn, Norman, *Los demonios familiares de Europa*, Alianza Editorial, Madrid, 1980.
Colección de documentos para la historia de San Luis Potosí, editados por Velázquez, Primo Feliciano, 4 vols., San Luis Potosí, 1897-1899.
Contreras, Jaime, *El Santo Oficio de la Inquisición de Galicia (poder, sociedad y cultura)*, Akal-Universitaria, Madrid, 1982.
Conway, G. R. G., "Antonio de Espejo, as a familiar of the Mexican

Inquisition, 1572-1578", en *New Mexico Historical Review*, 1931, vol. 5, pp. 1-20.

Corsarios franceses e ingleses en la Inquisición de la Nueva España, siglo XVI, Archivo General de la Nación, Universidad Nacional Autónoma de México, México, 1945.

Crónicas de Michoacán, Biblioteca del Estudiante Universitario, 2ª edición, Universidad Nacional Autónoma de México, México, 1954.

Cue Cánovas, Agustín, *Historia social y económica de México, 1521-1854*, 2ª edición, Trillas, México, 1960.

Cuevas, Mariano, *Historia de la Iglesia en México*, 1ª edición, 5 vols., México, 1921-1926.

―――, *Documentos inéditos del siglo XVI, para la historia de México*, 2ª edición, Editorial Porrúa, núm. 62, México, 1975.

Davidson, D. M., "Negro Slave Control and Resistance in Colonial Mexico, 1519-1650", *H.A.H.R.*, XLVI, pp. 235-253, (1966).

Dávila, Agustín de, *Historia de la Fundación y Discurso de la Provincia de Santiago de México, de la Orden de Predicadores por las vidas de sus varones insignes y casos notables de Nueva España*, Madrid, 1596.

Dávila Garibi, José Ignacio, *La sociedad de Zacatecas, en los albores del régimen colonial. (Actuación de los principales fundadores y primeros funcionarios públicos de la ciudad)*, Antigua Librería Robredo, México, 1939.

Deleito y Piñuela, José, *La vida religiosa española bajo el cuarto Felipe; santos y pecadores*, Espasa-Calpe, Madrid, 1952.

Domínguez Ortiz, Antonio, "La concesión de naturalezas para comerciar en Indias durante el siglo XVII", en *Revista de Indias*, Año XIX, núm. 76, pp. 227-241, abril-junio, 1959.

―――, *El antiguo régimen: los Reyes Católicos y los Austrias*, Alianza Editorial, Alfaguara, 1ª edición, Madrid, 1973.

―――, *Los judeo-conversos en España y América*, Ed. Istmo, 1ª reimpresión, Madrid, 1978.

Durand, José, *La transformación social del conquistador. México y lo mexicano*, vols. 15 y 16, Porrúa y Obregón, México, 1953.

Elias, Norbert, *La Dynamique de l'Occident*, Calmann-Lévy, París, 1976.

Elliott, J. H., *El viejo mundo y el nuevo, 1492-1650*, Alianza Editorial, Madrid, 1972.

―――, *La España imperial, 1469-1716*, Ed. Vicens Vives, 2ª reedición, Barcelona, 1974.

Elliott, J. H. y Peña, José F. de la, *Memoriales y Cartas del Conde Duque de Olivares*, 2 vols., Editorial Alfaguara, Madrid, 1978-1981.

El obispado de Michoacán en el siglo XVII. Informe inédito de beneficios, pueblos y lenguas, Prólogo de Ramón López Lara, Col. Estudios Michoacanos, III, Morelia, 1973.

Enciclopedia Yucatense, Edicion Oficial del Gobierno de Yucatán, Ed. Ernesto Novelo Torres, México, 1947.

Enciso, Dolores, *El delito de bigamia y el Tribunal del Santo Oficio de la Inquisición en Nueva España, siglo XVIII*. Tesis de licenciatura, Facultad de Letras, Universidad Nacional Autónoma de México, México, 1983.

Esquivel Obregón, Toribio, *Apuntes para la historia del derecho en México*, Polis, México, 1938, tomo IIII, pp. 649-693, "Inquisición".

Evans-Pritchard, "Witchcraft Oracles and Magics among the Arande", en *Africa, Journal of the International African Institute*, vol. VIII, núm. 4, p. 21.

Everett Boyer, Richard, *La gran inundación: vida y sociedad en la ciudad de México (1629-1638)*, Sep-Setentas, núm. 218, México, 1975.

Eymerich, Nicolás y Peña, Francisco, *Le manuel des inquisiteurs*; introducción, traducción y notas de Louis Sala-Molins, E.P.H.SS y Mouton editor, París, 1973.

Fernández de Echeverría y Veytia, Mariano, *Historia de la fundación de la ciudad de la Puebla de los Ángeles*, 2ª edición, Ed. Altiplano, Puebla, 1962.

Fernández del Castillo, Francisco, *Libros y libreros en el siglo XVI*. Publicación del Archivo General de la Nación, 1914, 2ª edición facsímil, Fondo de Cultura Económica, México, 1982.

Fernández de Recas, Guillermo S., *Aspirantes americanos a cargos del Santo Oficio. Sus genealogías ascendentes*, Manuel Porrúa, México, 1956.

———, *Mayorazgos de la Nueva España*, Biblioteca Nacional de México, núm. 10, Universidad Nacional Autónoma de México, México, 1965.

Florescano, Enrique (ed.), *Ensayos sobre el desarrollo económico de México y América Latina (1500-1975)*, Fondo de Cultura Económica, México, 1979. Señalamos en particular las colaboraciones de Ángel Palerm: "Sobre la formación del sistema colonial: apuntes para una discusión", pp. 93-127 y de Jonathan Israël: "México y la 'crisis general' del siglo XVII", pp. 128-153.

———, "Colonización, ocupación del suelo y 'frontera' en el norte de Nueva España, 1521-1570", en *Tierras Nuevas*, El Colegio de México, pp. 43-76, México, 1973.

Flores Olea de Masiña, Aurora, *El cabildo de la ciudad de México en la primera mitad del siglo XVII*, Facultad de Filosofía y Letras, UNAM, tesis de licenciatura, México, 1969.

Foucault, Michel, *Histoire de la sexualité*: *I. La volonté de savoir*, Ed. Gallimard, París, 1976.
García, Genaro, *Tumultos y rebeliones acaecidos en México*, Lib. de la Vda. de Ch. Bouret, México, 1907.
———, *La Inquisición de México*, Lib. de la Vda. de Ch. Bouret, México, 1910.
García, Genaro y Pereyra, Carlos, *Documentos inéditos o muy raros para la historia de México*. 2ª edición, Biblioteca Porrúa, núm. 58, México, 1974. Contiene: La Inquisición de México, Autos de fe, Tumultos y rebeliones en México, El Clero durante la Dominación Española, Don Juan de Palafox y Mendoza.
García Bernal, Manuela Cristina, *Yucatán, población y encomienda bajo los Austrias*, Escuela de Estudios Hispano-Americanos, Sevilla, 1978.
García Cárcel, Ricardo, *Orígenes de la Inquisición Española; el Tribunal de Valencia, 1478-1530*, Barcelona, 1976.
García Icazbalceta, Joaquín, *Bibliografía mexicana del siglo XVI. Catálogo razonado de libros impresos en México de 1539 a 1600*. Librería de Andrade y Morales, sucesores, México, 1886.
———, *Relaciones de varios viajeros ingleses en la ciudad de México y otros lugares de la Nueva España, siglo XVI*, Porrúa, Madrid.
García Martínez, Bernardo (ed.), *Historia y sociedad en el mundo de habla española. Homenaje a José Miranda*, El Colegio de México, México, 1970.
Garrido Aranda, Antonio, *Moriscos e indios. Precedentes hispánicos de la evangelización en México*, Universidad Nacional Autónoma de México, México, 1980.
Gay, Antonio, *Historia de Oaxaca*, 2 vols., Imprenta del Comercio, México, 1881.
Gerbi, Antonello, *La naturaleza de las Indias Nuevas*, 1ère edición en español, Fondo de Cultura Económica, México, 1973.
Gerhard, Peter, *A Guide to the Historical Geography of New Spain*, Cambridge University Press, Cambridge, 1972.
Gibson, Charles, *Los aztecas bajo el dominio español 1519-1810*, Siglo XXI, México, 1967.
———, *España en América*, 2ª edición, Grijalbo, Barcelona, 1976.
Girard, René, *Des choses cachées depuis la fondation du monde*, Grasset, París, 1978.
Gómez Canedo, Lino, *Sierra Gorda, un típico enclave misional en el centro de México (siglos XVII-XVIII)*. Centro hidalguense de investigaciones históricas, Pachuca, 1976.
Gómez de Cervantes, Gonzalo, *La vida económica y social de Nueva*

España al finalizar el siglo XVI, Antigua Librería Robredo, México, 1944.

González Casanova, Pablo, *La literatura perseguida en la crisis de la Colonia*, El Colegio de México, México, 1958.

González Obregón, Luis, *Rebeliones indígenas y precursores de la Independencia mexicana en los siglos XVI, XVII, XVIII*, 2ª edición, Ediciones Fuente Cultural, México, 1952.

Gouin, Christine, *L'Inquisition de Carthagène, Blasphèmes et Superstition, 1668-1674*. Tesis de maestría, Toulouse le Mirail, 1977.

Greenleaf, Richard E., "The Inquisition and the Indians of New Spain: Study in jurisdictionnal confusion", en *The Americas. A Quarterly Review of Inter-american Cultural History*, publicado por la Academy of American Franciscan History, vol. XXII, pp. 138-151, Washington, D. C., 2 oct., 1965.

———, "The Mexican Inquisition and the Indians: Sources for the Ethnohistorian" en *The Americas*, vol. XXXIV, 3, Washington, D. C., enero de 1978, pp. 315-344.

———, "Mexican Inquisition Materials in Spanish Archives", en *The Americas*, vol. XX, 4, Washington, D. C., abril de 1964, pp. 416-420.

———, *The Mexican Inquisition of Sixteenth Century*, University of New Mexico Press, Albuquerque, 1969.

———, *Zumárraga and the Mexican Inquisition, 1536-1543*, Academy of American Franciscan History, Washington, D. C., 1961,

Grigeul, Françoise, *L'Inquisition de Lima, Procédure, délits et conséquences culturelles (1692-1696)*, tesis de maestría, Toulouse le Mirail, 1978.

Guijo, Gregorio M. de, *Diario, 1648-1664*, 2 vols., Ed. Porrúa, México, 1953.

Guthrie, Chester, L., "Colonial Economy. Trade, Industry and Labor in Seventeenth Century, Mexico City", en *Revista de Historia de América*, núm. 7, México, diciembre de 1939, pp. 103-134.

Hanke, Lewis, "The Portuguese in Spanish America, with special reference to the Villa Imperial de Potosí", en *Revista de Historia de América*, núm. 51, junio de 1961, pp. 1-48.

———, *Cuerpo de documentos del siglo XVI*, 1ª reimpresión, Fondo de Cultura Económica, México, 1977.

Haring, C. H., *The Spanish Empire in America*, reimpresión, Harcourt, Brace and World, New York and Burlingame, 1963.

Heers, Jacques, *Esclaves et domestiques au Moyen-Age, dans le monde méditerranéen*, Fayard, París, 1981.

Henningsen, Gustav, "El banco de datos del Santo Oficio: las relaciones de causas de la Inquisición española (1550-1700)", en *Boletín de la Real Academia de la Historia*, CLXXIV, núm. 3, Madrid, 1977, pp. 547-570.

Herrera Sotillo, María Asunción, *Ortodoxia y control social en México en el siglo XVII*: *el Tribunal del Santo Oficio*, tesis doctoral, Universidad Complutense, Madrid, 1980.
Hobermann, Luisa S., "Merchants in Seventeenth Century Mexico City: a preliminary portrait", en *Hispanic American Historical Review*, 57, agosto de 1977, pp. 479-503.
Hordes, Stanley, *The Crypto-Jewish Community of New Spain, 1620-1649*; a *collective biography*, tesis doctoral, Tulane University, 1980.
Huerta, María Teresa y Palacios, Patricia, *Rebeliones indígenas de la época colonial*, SEP-INAH, México, 1976.
Jiménez Vizcarra, Claudio, *Índice del archivo del juzgado general de bienes de difuntos de la Nueva Galicia, siglos XVI y XVII*, SEP-INAH, Cuadernos de los Centros Regionales, México, 1978.
Israël, Jonathan I., *Race, class and politics in Colonial Mexico, 1610-1670*, Oxford University Press, Londres, 1975.
Jarny Chapa, Martha de, *Un eslabón perdido en la historia*: *Piratería en el Caribe, siglos XVI y XVII*, Nuestra América, 6, Universidad Nacional Autónoma de México, México, 1983.
Jiménez Monteserín, Miguel, *Introducción a la Inquisición Española. Documentos básicos para el estudio del Santo Oficio*, Editora Nacional, Madrid, 1980.
Jiménez Rueda, Julio, *Don Pedro Moya de Contreras, Primer Inquisidor de México*, Ed. Xóchitl, México, 1944.
———, *Herejías y supersticiones en la Nueva España* (Los heterodoxos en México), Imprenta Universitaria, México, 1946.
Junco, Alfonso, *Inquisición sobre la Inquisición*, 4ª edición, Ed. Jus, México, 1967.
Kamen, Henry, *La Inquisición española*, Bruguera, México, 1967.
———, *El Siglo de Hierro*, Alianza Editorial, Madrid, 1971.
———, *La España de Carlos II*, Editorial Crítica, Barcelona, 1981.
Konetzke, Richard, *América Latina II. La época colonial*, Historia Universal, Siglo XXI, vol. 22, España, Siglo XXI, Madrid, 1971.
Kriegel, Maurice, *Les Juifs à la fin du Moyen Age dans l'Europe méditerranéenne*, Hachette Littérature, París, 1979.
Landa, Diego de, *Relación de las cosas de Yucatán*, Ed. Porrúa, México, 1978.
Lanz, Manuel, *Compendio de historia de Campeche*, Ed. Fénix, Campeche, 1905.
Lea, Henry Charles, *The Inquisition in the spanish dependencies*, The MacMillan, Company, New York, 1922.
Legislación del trabajo en los siglos XVI, XVII y XVIII. Historia del Movimiento Obrero en México, 1, Departamento del Trabajo D.A.P.P., México, 1938.

Le Goff, Jacques (ed.), *Hérésies et societés dans l'Europe pré-industrielle, XI-XVIIIème siècle*, Mouton et Co., París-La Haye, MCMLXVIII.
Leonard, Irving A., "Conquerors and Amazons in Mexico", en *Historical American Hispanic Review*, XXIV, nov. 1944, pp. 561-579.
Lewin, Boleslao, *El Santo Oficio en América*, Sociedad Hebraica Argentina, Buenos Aires, 1950.
———, *Los judíos bajo la Inquisición en Hispanoamérica*. Ed. Dédalo, Buenos Aires, 1960.
———, *La Inquisición en Hispanoamérica. Judíos, protestantes y patriotas*, Biblioteca América Latina, Paidós, Buenos Aires, 1967.
———, *La Inquisición en México: impresionantes relatos del siglo XVII*, Puebla, 1967.
———, *La Inquisición en México: impresionantes relatos del siglo XVI*. Ed. José M. Cajica, Puebla, 1968.
———, *La Inquisición en México: racismo inquisitorial*. Ed. José M. Cajica, Puebla, 1971.
Libro primero de votos de la Inquisición de México (1573-1600). Imprenta Universitaria, México, 1949.
Liebmann, Seymour B., *A Guide to Jewish References in the Mexican Colonial Era, 1521-1821*. University of Pennsylvania Press, Filadelfia, 1964.
———, "Fuentes desconocidas de la historia mexicano-judía", en *Historia mexicana*, 14 (abril-junio, 1965), México, pp. 707-719.
———, *The Enlightened: the writings of Luis de Carvajal el Mozo*. University of Miami Press, Coral Gables, 1967.
———, *The jews in New Spain. Faith flame and the Inquisition*. University of Miami Press, Coral Gables, 1970.
———, "The Great Conspiracy in Peru", en *The Americas*, 28, oct. 1971, pp. 176-190.
———, *The Inquisitors and the Jews in the New World; Summaries of procesos, 1500-1810, and Bibliographic Guide*. University of Miami Press, Coral Gables, 1974.
Lohmann Villena, Guillermo, *Los americanos en las órdenes nobiliarias (1529-1900)*, 2 vols., Madrid, 1947.
———, *Les Espinosa, une famille d'hommes d'affaires en Espagne et aux Indes à l'époque de la colonisation*. SEVPEN, París, 1968.
Lopetegui, León y Zubillaga, Félix, *Historia de la Iglesia en la América española, desde el descubrimiento hasta comienzos del siglo XIX: México, América Central, Antillas*. Biblioteca de autores cristianos, La Editorial Católica, S. A., Madrid, 1965.
López de Villaseñor, Pedro, *Cartilla vieja de la nobilísima ciudad de Puebla (1781)*. Imprenta Universitaria, Universidad Nacional Autónoma de México, 1961.

Lynch, John, *España bajo los Austrias*. 2 vols., Ed. Península, Barcelona, 1970.
Macfarlane, Alan, *Witchcraft in Tudor and Stuart England: a regional and comparative study*, Harper and Row, 1970, XXXI, London.
Maltby, William S., *La leyenda negra en Inglaterra. Desarrollo del sentimiento antihispánico, 1558-1669*. Fondo de Cultura Económica, México, 1982.
Mandrou, Robert, *Magistrats et sorciers en France au XVIIème siècle. Une analyse de psychologie historique*. Plan, París, 1968.
——, *Possession et sorcellerie au XVIIème siècle*. Fayard, París, 1979.
Marañón, Gregorio, *El conde-duque de Olivares*, Colección Austral, Madrid, 1975.
Maravall, José Antonio, *Utopía y reformismo en la España de los Austrias*, Siglo XXI, Madrid, 1982.
Mariel de Ibáñez, Yolanda, *El tribunal de la Inquisición en México (siglo XVI)*, 2ª edición, Universidad Nacional Autónoma de México, 1979.
Mariscal, Mario, *Reseña Histórica del Archivo General de la Nación (1550-1946)*. Secretaría de Gobernación, México, MCMXLVI.
Martínez, José Luis, *Pasajeros de Indias*. Alianza Editorial, Madrid, 1983.
Meade, Joaquín, *La Huasteca veracruzana*. 2 vols., Ed. Citlaltépetl, México, 1962.
Medina, José Toribio, *La primitiva inquisición americana (1493-1569)*, 2 vols., Santiago de Chile, 1900.
——, *Historia del Tribunal del Santo Oficio de la Inquisición en México*, 2ª edición, comentarios de Julio Jiménez Rueda, Ediciones Fuente Cultural, México, 1952.
Medina Rubio, Arístides, *Elementos para una economía agrícola de Puebla, 1540-1795*. El Colegio de México. Tesis doctoral, México, 1974.
——, *La Iglesia y la producción agrícola en Puebla, 1540-1795*. El Colegio de México, 1984.
Memoria del II Congreso de Historia del Derecho Mexicano. Universidad Nacional Autónoma de México, México, 1981.
Méndez Martínez, Enrique, *Índice del Ramo de Tierras del Estado de Puebla*. Colección Científica, 70, Instituto de Antropología e Historia, México, 1979.
Mendieta, Jerónimo de, *Historia Eclesiástica*. Ed. J. García Icazbalceta, México, 1870. Reimpresión en 4 volúmenes, México, 1945.
Mendizábal, Miguel Othón, *Obras completas*. 5 tomos, México, 1946.
Menéndez y Pelayo, Marcelino, *Historia de los heterodoxos españoles*. 4 vols., Ed. Perlado, Buenos Aires, 1945.

Mirando, José, *España y Nueva España en la época de Felipe II*. Universidad Nacional Autónoma de México. Instituto de Historia, México, 1962.
Molina Solís, Juan Francisco, *El conde de Peñalba, gobernador y capitán general de la Provincia de Yucatán*. Imprenta de la Revista de Mérida, Mérida, 1889.
——, *Historia de Yucatán, durante la dominación española*. Imprenta de la Lotería del Estado, tres tomos, Mérida, 1904-1913.
Molitor, Ulrico, *De las brujas y adivinas*. Edit. Jorge Álvarez, S. A., Buenos Aires, 1968.
Montoya Menjívar, Salvador, *Les Débuts de l'Inquisition à Carthagène des Indes. L'Autodafé de 1614*. Tesis de maestría, Toulouse le Mirail, 1978.
Mörner, Magnus, *La mezcla de razas en la historia de América Latina*, Biblioteca América Latina, Paidós, Buenos Aires, 1969.
Mota y Escobar, Alonso de la, *Descripción geográfica de los Reinos de Nueva España, Galicia, Nueva Vizcaya y Nuevo León*, 2ª edición, Ed. Pedro Robredo, México, 1940.
——, *Memoriales del obispo de Tlaxcala*. MS en el Museo Nacional, México.
Muriel, Josefina, *Cultura femenina novohispana*. Universidad Nacional Autónoma de México, México, 1982.
Novinsky, Anita, *Cristeros novos na Bahía 1624-1654*. Editora Perspectiva, Universidad de Sao Paulo, Sao Paulo, 1972.
Nunemaker, J. Horace, "Inquisition Papers of Mexico, I, The trial of Simón de León, 1647", en *Research Studies of the State College of Washington*, XIV, núm. 1, marzo de 1946.
Nutini, Hugo; Carrasco, Pedro y Taggart, James M. *Essays on Kinship*. University of Pittsburg Press, Pittsburg, 1976.
Nwasike, Dominic A., *Mexico town government 1590-1650. A study in aldermanic background and performance*. Tesis doctoral, University of Wisconsin, agosto de 1972.
Olivera, Mercedes, *Pillis y macehuales. Las formaciones sociales y los modos de producción de Tecali del siglo XII al XVI*. Ediciones de la Casa Chata, INAH, México, 1978.
Olschki, Leonardo, "Ponce de León's fountain of youth: a history of a geographical myth", en *Hispanic American Historical Review*, XXI, agosto de 1941, pp. 361-385.
Orozco y Berra, Manuel, *Historia de la dominación española en México*. 4 vols., Ant. Lib. Robredo, México, 1938.
Ortega y Medina, Juan A., *México en la conciencia anglosajona*. Porrúa y Obregón, México, 1953.
Ortiz, Fernando, *Historia de una pelea cubana contra los demonios*. 2ª edición, Ed. de Ciencias Sociales, La Habana, 1975.

Osores, Félix, "Alumnos distinguidos del Colegio de San Pedro, San Pablo y San Ildefonso de México", en *Documentos inéditos o muy raros para la historia de México*, Biblioteca Porrúa núm. 60, México, 1975.
Ots Capdequí, José María, *España en América. Las instituciones coloniales*. Universidad Nacional, Bogotá, 1948.
———, *El Estado español en las Indias*, 4ª ed., Fondo de Cultura Económica, México, 1965.
Paez Brotchie, Luis, *La Nueva Galicia a través de su viejo archivo judicial*. Ant. Lib. Robredo, México, 1940.
Pallares, Eduardo, *El procedimiento inquisitorial*. Imprenta Universitaria, México, 1951.
Palmer, Colin A., *Slaves of the white God. Blacks in Mexico, 1570-1650*. Harvard University Press, Cambridge, Massachussets, Londres, Inglaterra, 1976.
Paso y Troncoso, Francisco del, *Epistolario de Nueva España*. 15 vols., Ant. Lib. Robredo, México, 1939.
Pellicer de Ossau, *Comercio impedido*, citado en Caro Baroja Julio, *Los judíos en la España moderna y contemporánea*, tomo II, p. 56, Madrid, 1640.
Pérez de Luxán, Diego, *Expeditions into New Mexico made by Antonio de Espejo, 1582-1583, as revealed in the Journal of Diego Pérez de Luxán, a member of the party*. The Quivira Society, Los Ángeles, 1929.
Pérez-Marchand, Monelisa Lina, *Dos etapas ideológicas del siglo XVIII en México a través de los papeles de la Inquisición*. El Colegio de México, 1945.
Pérez Villanueva, Joaquín, *La Inquisición española. Nueva visión, nuevos horizontes*. Siglo XXI, Madrid, 1980.
Pike, Ruth, *Aristócratas y comerciantes. La sociedad sevillana en el siglo XVI*. Ed. Ariel, Barcelona, 1978.
Poliakov, Leon, *Histoire de l'antisémitisme: de Mahomet aux Marranes*. 4 vols., Calmann Lévy, París, 1955-1977.
Porras Muñoz, Guillermo, *El gobierno de la ciudad de México en el siglo XVI*. Universidad Nacional Autónoma de México, 1982.
Procesos de indios idólatras y hechiceros. Vol. III, Publicaciones del Archivo General de la Nación, México, 1912.
Procesos de Luis de Carvajal (El Mozo), Talleres Gráficos de la Nación, México, 1935.
"Proceso de una seudo iluminada, 1649", en *Boletín del Archivo General de la Nación*, tomo XVII (1946), núm. 1: pp. 33-73; núm. 2: pp. 215-243; núm. 3: pp. 385-442.
Proceso inquisitorial del cacique de Texcoco. Publicaciones del Archivo General de la Nación, vol. 1, México, 1910.

Puga, Vasco de, *Provisiones, cédulas, instrucciones de Su Majestad, ordenanzas de difuntos y audiencia para la buena expedición de los negocios y administración de justicia y gobernación de esta Nueva España, y para el buen tratamiento y conservación de los indios, desde el año de 1525 hasta este presente de 1563*. México, 1563. Reimpreso por Joaquín García Icazbalceta. 2 vols., México, 1878-1879.

Real Díaz, José Joaquín y Carrera Stampa, Manuel, *Las ferias comerciales de Nueva España*. Reedición de Sevilla, 1959. Instituto Mexicano de Comercio Exterior, México, s. f.

Recopilación de Leyes de los Reynos de las Indias, mandadas imprimir y publicar por la Majestad Católica del Rey Carlos II. Ed. Consejo de la Hispanidad, 3 vols., Madrid, 1943.

"Relaciones geográficas de la Diócesis del Michoacán, 1579-1580", en *Papeles de la Nueva España*, editor Francisco del Paso y Troncoso, 2 volúmenes, pp. 50-55, vol. II, "Relación de la Villa de la Concepción de Celaya", Guadalajara, 1958.

Reyes García, Cayetano, *Indice y extractos de los Protocolos de la Notaría de Cholula, 1590-1600*. Colección Científica, INAH, 8, México, 1973.

Ríos, Eduardo Enrique, *Felipe de Jesús, El Santo Criollo*. Ed. Xóchitl, México, 1943.

Riva Palacio, Vicente, *México a través de los siglos*, 5 vols., Ed. Ballesca, México, s. f.

———, *Memorias de un impostor: don Guillén de Lampart, Rey de México*. 2 vols., Ed. Porrúa, 2ª edición, México, 1976.

Rivera Bernárdez, *Compendio de las cosas más notables contenidas en los libros del cabildo de esta ciudad de Nuestra Señora de los Zacatecas, desde el año de su descubrimiento, 1546 hasta 1730*. Zacatecas, 1853-1866.

Robles, Antonio de, *Diario de sucesos notables (1665-1703)*. Colección de escritores mexicanos, tomos 30 a 32. Porrúa, México, 1946.

Rodríguez de San Miguel, *Pandectas hispano-mexicanas*. 3 tomos. Universidad Nacional Autónoma de México, México, 1980.

Rodríguez Prampolini, Ida, *Amadises en América: la hazaña de Indias como empresa caballeresca*. Facultad de Filosofía y Letras, Universidad Nacional Autónoma de México, tesis doctoral, México, 1948.

Rubio Mañé, Ignacio, *El Virreinato: Orígenes, jurisdicciones y dinámica social de los virreyes*, 2ª edición, 4 vols. UNAM-FCE, México, 1983.

Rush, Georg y Kirchenheimer, Otto, *Punishment and Social Structure*. Columbia University Press. Nueva York, 1939.

Sánchez Albornoz, Claudio, *España y el Islam*. Buenos Aires, 1943.

Santamaría, Francisco, *Diccionario de mejicanismos*. Porrúa, México, 1959.

Saravia, Atanasio G., *Apuntes para la historia de la Nueva Vizcaya*. Obras I. Universidad Nacional Autónoma de México, México, 1978.

Scholes, France, "Problems in the Early Ecclesiastical History of New Mexico", en *New Mexico Historical Review*, vol. VII, núm. 1, pp. 32-74, Albuquerque, 1932.

―――, "The first decade of the Inquisition in New Mexico", en *New Mexico Historical Review*, vol. VII, pp. 195-241, Albuquerque, 1932.

―――, "Civil Government and Society in New Mexico in the Seventeenth Century", en *New Mexico Historical Review*, vol. X, núm. 2, abril 1935, pp. 71-111, Albuquerque (1935).

―――, *Church and State in New Mexico, 1610-1650*. The University of New Mexico Press, Albuquerque, 1937.

Scholes, France V. y Roys, Ralph L., *Fray Diego de Landa and the problem of idolatry in Yucatán*. Reimpresión en colaboración con Cooperation in Research, Washington, 1938, pp. 585-620, Washington, D. C., 1938.

Scholes, France V., *Troublous Times in New Mexico, 1659-1670*. The University of New Mexico Press, Albuquerque, 1942.

"Segundo proceso y causa criminal contra Tomás Treviño de Sobremonte ... relapso observante de la ley de Moisés", en *Boletín del Archivo General de la Nación*, 6 (1935): pp. 757-777; 7 (1936): pp. 88-142, pp. 402-436, pp. 596-599; 8 (1937): pp. 1-172.

Seis ensayos sobre el discurso colonial relativo a la comunidad doméstica. Seminario de Historia de las Mentalidades y Religión en el México Colonial. Cuaderno de trabajo núm. 35 — Departamento de Investigaciones Históricas, Instituto Nacional de Antropología e Historia, México, 1980.

Simon, Marcel, *La civilisation de l'Antiquité et le Christianisme*. Arthaud, París, 1972.

Super, John, C., *Queretaro, Society and Economy in Early Provincial Mexico, 1590-1630*. Tesis doctoral. University of California, Los Ángeles, 1973.

Sydney Smith, Robert, *Los consulados de comerciantes en Nueva España*. Instituto Mexicano de Comercio Exterior, México, 1976.

Taylor, William B., *Landlord and Peasant in Colonial Oaxaca*. Stanford University Press, Stanford, California, 1972.

Tejado Fernández, Manuel, "Procedimientos seguidos por la Inquisición americana con los herejes extranjeros", en *Revista de Indias*, C. S. I. C., Instituto Gonzalo Fernández de Oviedo, año VII, núm. 26, oct.-dic., 1946, pp. 827-839, Madrid, oct.-dic., 1946.

Tomás y Valiente, Francisco, *El Derecho Penal de la Monarquía Española, siglos XVI, XVII, XVIII*. Tecnós, Madrid, 1969.

Tomás y Valiente, Francisco, *Gobierno e instituciones en la España del antiguo régimen*. Alianza Editorial, Madrid, 1982. El capítulo "Relaciones de la Inquisición con el aparato institucional de Estado", pp. 13-35, es fundamental.

Toro, Alfonso, *Los judíos en la Nueva España*. Publicaciones del Archivo General de la Nación, México, 1932.

―――, *La familia Carvajal*, 2 tomos. Estudio histórico sobre los judíos y la Inquisición de la Nueva España en el siglo XVI, basado en documentos originales y en su mayor parte inéditos, que se conservan en el Archivo General de la Nación de la ciudad de México, Editorial Patria, México, 1944.

Torres Ramírez, Bibiano, *La Armada de Barlovento*. Escuela de Estudios Hispanoamericanos, Sevilla, 1981.

Trabulse, Elías, *Ciencia y religión en el siglo XVII*. El Colegio de México, México, 1974.

―――, "La ciencia y la técnica en el México colonial", en *Ciencia, Revista de la Academia de la Investigación Científica*, vol. 33, núm. 3, México, oct. 1982.

Trevor Davies, R., *La decadencia española 1621-1700*. Nueva Colección Labor, Barcelona, 1969.

Uchmany, Eva Alexandra, *Introducción al estudio de los cristianos nuevos de origen español en la Nueva España* (en prensa).

Vázquez de Espinosa, Antonio, *Descripción de la Nueva España en el siglo XVII, por el P. Fray ... y otros documentos del siglo XVII*. Pub. Mariano Cuevas, S. J., México, 1944.

Velasco y Mendoza, Luis, *Historia de la ciudad de Celaya*, 2 volúmenes, México, 1947.

Ventura, Beleña, *Recopilación sumaria de todos los autos acordados de la Real Audiencia y Sala del Crimen de esta Nueva España*, 2 tomos, Universidad Nacional Autónoma de México, México, 1981.

Vicens Vives, Jaime, *Historia social y económica de España y América*. 5 volúmenes, Barcelona, 1957-1959.

Villaseñor Bordes, Rubén, *La Inquisición en la Nueva Galicia (siglo XVI)*. Vera, Guadalajara, 1959.

Wayne Powell, Philip, *Soldiers, Indians and silver*. University of California Press, Berkeley-Los Ángeles, 1969.

Weckmann, Luis, *La herencia medieval de México*, 2 tomos. El Colegio de México, 1984.

West, Robert C., "The mining community in northern New Spain: the Parral mining district", en *Ibero Americana*, 30, University of California Press, Berkeley, 1949.

Zavala, Silvio, *Ordenanzas del trabajo, siglos XVI y XVII*. Editorial Elede, México, 1947.

Zavala, Silvio, *El mundo americano en la época colonial*. 2 tomos. Porrúa, México, 1967.

———, *Asientos de la gobernación de la Nueva España, 1550-1552*. Archivo General de la Nación, México, 1982.

Zavala, Silvio y Castelo, María, *Fuentes para la historia del trabajo en Nueva España*. 8 volúmenes, Fondo de Cultura Económica, México, 1939-1946.

Zerón Zapata, Miguel, *La Puebla de los Ángeles en el siglo XVII. Crónica de la Puebla*. Editorial Patria, México, 1945.

ÍNDICE DE ILUSTRACIONES

Figura I.	*Edicto de fe de 1620, contra "la hierba o raíz llamado peyote"*	82
Figura II.	*Familias Sáenz de Mañozca Bonilla y Bastida*	141
Figura III.	*Edicto de fe de 1621, contra los libros prohibidos*	142
Cuadro I.	*Clasificación de los trámites (denuncias, testificaciones, procesos...) según el tipo de delito. Nueva España 1571-1700*	205
Cuadro II.	*Actividad de los tribunales de España y México. Siglos XVI-XVII*	206
Cuadro III.	*Distribución de los procesos según los delitos (1571-1700) en España y Nueva España*	207
Cuadro IV.	*Distribución de las penas, 1571-1700*	208
Figura IV.	*Distribución de lugares en un auto de fe celebrado en Santo Domingo*	209
Gráfica I.	*Promedio quinquenal del número de trámites y de procesos 1570-1700*	210
Gráfica II.	*Promedios quinquenales de la producción de plata y del porcentaje de trámites en Zacatecas*	211
Gráfica III.	*Promedio quinquenal de trámites y coeficiente de variación intraquinquenal de la producción de plata en Zacatecas*	212
Gráfica IV.	*Promedio quinquenal de la proporción de trámites registrados en Veracruz y coeficiente de variación intraquinquenal del tonelaje comercial marítimo*	213
Gráfica V.	*Promedio quinquenal del porcentaje de trámites en Puebla y coeficiente de variación intraquinquenal del diezmo líquido*	214
Gráfica VI.	*Procesos y trámites por herejía*	215
Gráfica VII.	*Procesos y trámites por delitos religiosos menores*	215

Gráfica VIII.	*Procesos y trámites por blasfemia*	216
Gráfica IX.	*Procesos y trámites por reniego*	216
Gráfica X.	*Procesos y trámites por delitos de tipo sexual*	217
Gráfica XI.	*Procesos y trámites por bigamia*	217
Gráfica XII.	*Procesos y trámites por delitos de hechicería y magia*	218
Gráfica XIII.	*Porcentaje de mujeres en relación al total de trámites*	218
Figura V.	*Carta de amor de un mestizo bígamo a su segunda mujer, la india Lucía*	219
Figura VI.	*Nuevos edificios del Tribunal en 1655* . . .	277
Mapa I.	*Zona central y ruta hacia el norte*	324
Gráfica XIV.	*Porcentaje de trámites en el Bajío en relación al total de trámites en la Nueva España* . .	330
Gráfica XV.	*Porcentaje de trámites de magia y hechicería en relación a trámites de todo tipo*	330
Gráfica XVI.	*Delitos de hechicería en Celaya, por edades, origen étnico y geográfico*	331
Gráfica XVII.	*Número de caballerías de tierra distribuidas en Celaya de 1570 a 1614*	332
Figura VII.	*Árboles genealógicos de las familias de Juana Rodríguez, Catalina González e Isabel Duarte de la Cruz, La Junca*	333
Figura VIII.	*Árboles genealógicos de las ricas familias Estrada, Hernández, Díaz, Freyle, Torres, Gutiérrez, Soto, Vallejo y Oviedo*	334
Mapa II.	*Región de Tepeaca*	376
Gráfica XVIII.	*Porcentaje de trámites en la región de Puebla, en relación al total de trámites en Nueva España, 1550-1700*	377
Figura IX.	*Plano de Tepeaca*	378
Mapa III.	*Región de Zacatecas*	409
Gráfica XIX.	*Número total de delitos y coeficiente de variación (intraquinquenales) de la producción de plata en Zacatecas, en función del tiempo* .	410

Gráfica XX. *Promedio quinquenal del número total de delitos en la Nueva España y número total de delitos (intraquinquenal) en Zacatecas* . . . 411

Gráfica XXI. *Número total de delitos (intraquinquenal) en San Luis Potosí, Durango y Zacatecas* . . . 412

Gráfica XXII. *Promedio quinquenal de delitos en Zacatecas en relación al total de delitos en la Nueva España* 413

Gráfica XXIII. *Porcentaje de trámites concernientes a negros en relación al total de trámites en la Nueva España, 1550-1700* 486

Gráfica XXIV. *Porcentaje de trámites concernientes a mulatos en relación al total de trámites en la Nueva España, 1550-1700* 487

ÍNDICE GENERAL

Introducción. 7

Primera parte
EL TRIBUNAL DEL SANTO OFICIO

I. *La institución* 21
    Preliminares. 21
    El contexto americano 23

II. *La institución inquisitorial: los hombres* 30
    Los inquisidores 30
    Los comisarios. 50
    Los familiares 53
    Los auxiliares 60
    Los calificadores 61
    Los consultores 63
    Las relaciones dentro del grupo 65

III. *La institución inquisitorial: los instrumentos* . . 69
    Los códigos. 69
    Los edictos de fe 74
    Los autos de fe. 77

IV. *Conclusión* 79

Apéndice 1. *Inquisidores y fiscales, 1571-1679* 83
Apéndice 2. *Comisarios, 1571-1695* 85
Apéndice 3. *Familiares del Santo Oficio, ciudad de México, 1571-1700* 97
Apéndice 4. *Calificadores, 1571-1696*. 113
Apéndice 5. *Consultores, 1571-1676*. 124
Apéndice 6. *Edictos de fe, 1571-1698* 128
Apéndice 7. *Autos de fe, 1571-1699* 137

Segunda parte
LA ACTIVIDAD INQUISITORIAL

V. *Introducción* 145

VI. *La actividad inquisitorial en Nueva España: algunas consideraciones* 148

VII. *La actividad inquisitorial y lo político* 152

VIII. *La actividad inquisitorial y lo económico* . . . 160

IX. *Tendencias generales de la actividad inquisitorial* . 168

X. *Las herejías* 172

XI. *Los delitos religiosos menores* 178

XII. *Las faltas a la moral sexual* 180

XIII. *Las prácticas mágicas y hechiceriles* 183

XIV. *Sociología de los delitos* 185

    El factor sexual en la clasificación de los delitos 185
    El factor étnico en la clasificación de los delitos 186
    El factor socioeconómico en la clasificación de los delitos 188

XV. *Las sentencias inquisitoriales* 192

XVI. *Conclusión* 197

Apéndice 1. *Cédula real de fundación del Tribunal del Santo Oficio de la Inquisición en la Nueva España* . . 199
Apéndice 2. *Texto acerca de la cárcel perpetua* 203

Tercera parte
EL DESCENSO A LOS INFIERNOS

XVII. *Los lugares y la rutina* 223

XVIII. *Comunicaciones de cárceles: confesiones y soplones* 229

XIX. *Comunicaciones de cárceles: los esclavos* 236

XX. *Comunicaciones de cárceles: pequeños medios, grandes fines*. 241

XXI. *La vida, la sobrevivencia y la muerte* 252

XXII. *La presencia de Dios* 261

XXIII. *Las urgencias de la carne* 264

XXIV. *El entorno afectivo* 267

XXV. *Conclusión* 271

Apéndice 1. *Apodos usados por los presos entre 1642 y 1649 para comunicarse en las cárceles* 278

Apéndice 2. *Un soneto de Luis de Carbajal, el Mozo* . . . 280

Cuarta parte
LA SOCIEDAD

XXVI. *La sociedad rural: delitos de magia y hechicería, Celaya, 1614* 283

Los orígenes de Celaya 283

La crisis de 1614, sus modalidades exteriores . . 287

Los denunciantes, 289; La sociedad pueblerina, 291; El papel de los distintos sectores sociales, 296; Curanderos y hechiceras, 297; Las brujas, 305; Perfil social y transgresión, 307

Génesis y causas profundas del incendio: efectos y daños por las modificaciones en el equilibrio de una comunidad 312

La actitud del Santo Oficio 319

Conclusión 322

Apéndice 1. Mercedes de tierras y agua de riego, Celaya, 1574-1615 325

Apéndice 2. "Práctica en causa de brujos", documento de Juan Sáenz de Mañozca 335

Apéndice 3. Lista de reprehensiones por el Santo Oficio de la Inquisición durante el mes de febrero de 1615 338

XXVII. *La sociedad rural: rivalidades de poderes en Tepeaca, 1656-1660* 342

    Preliminares: 1626-1650 342
    El contexto. 344

    El personaje principal: Domingo Márquez, 347; Las acusaciones, 349; El poder económico, 351; El poder político, 354; Las mujeres, 357; Las rivalidades étnicas, 358; Los ataques de 1650 a 1652, 360; Luis Cancino de Rioja, 360; Subalternos y clientela, 361; Los indígenas, 364; Los poderosos, 366

    La Inquisición 372
    Conclusión 373

XXVIII. *La mina y la frontera: Zacatecas, frontera de dos mundos*. 379

    Zacatecas y el Virreinato 379
    De la irreverencia al escándalo 383
    De la burla a las palabras sospechosas . . . 397
    "Sapit Haeresim". 398
    El antisemitismo, catalizador social 404
    Conclusión 407

Quinta parte
RESISTENCIA Y ASIMILACIÓN

XXIX. *Los judeocristianos y el dilema de lo imposible* . . 417

    Condiciones de la supervivencia en Nueva España . 419
    La asimilación buscada 421
    La asimilación parcial y consciente 424
    La asimilación inconsciente 430
    El rechazo 433
    Lo aberrante 440
    El aniquilamiento 442
    Conclusión 452

XXX. *Negros y mulatos: la integración dolorosa* . . . 455

    La condición de los negros y mulatos: el desarraigo 456
    El rechazo y la rebelión. 462

ÍNDICE GENERAL

Las modalidades de la integración. 472
El papel del Santo Oficio 479

Sexta parte
TRES BEATAS DEL SIGLO XVII

XXXI. *Un aspecto de la condición femenina en Nueva España.* 491

XXXII. *Teresa Romero, alias Teresa de Jesús* 493

XXXIII. *Antonia de Ochoa.* 500

XXXIV. *Juana de los Reyes* 508

XXXV. *Conclusión* 526

Séptima parte
EL DRAMA DE LOS AÑOS 1642-1649

XXXVI. *El drama de los años 1642-1649* 533

Preliminares: 1580-1640. 533

1580, 534; 24 de febrero de 1590, 534; 1º de febrero de 1595; 534; 8 de diciembre de 1596, 535; 25 de marzo de 1601, 535; 1604-1605, 535; 1621, 535; 1622, 536; 16 de septiembre de 1625, 536; 1628, 537; Durante los años veinte..., 538; 1630, 538; 1633, 539; 1635, 539; Agosto de 1635, 539; 25 de marzo de 1638, 540; 23 de enero de 1639, 540; Abril de 1640, 541; Junio de 1640, 541; 30 de septiembre de 1640, 541; 25 de noviembre de 1640, 541; 1º de diciembre de 1640, 542

Año de 1641: nubes de tempestad se acumulan en el horizonte. 542

7 de enero, 542; 12 de marzo, 542; 26 de marzo, 542; 4 de abril, 543; 23 de abril, 544; 19 de junio, 544; 3 de agosto, 544; 26 de agosto, 544; 28 de agosto, 544; Agosto, 545; 20 de noviembre, 545; 21 de noviembre, 548; 25 de noviembre, 548; Fines de noviembre, 550; 27 de noviembre, 550

Año de 1642: el drama 550

16 de enero, 550; 28 de enero, 551; 10 de febrero, 551; 18 de febrero, 552; 17 de marzo, 552; 18 de marzo, 552; 4 de mayo,

552; 6 de mayo, 552; 12 de mayo, 557; 16 de mayo, 558; 17 de mayo, 558; 19 de mayo, 559; 23 de mayo, 559; 6 de junio, 559; 7 de junio, 559; 8 de junio, de noche y 9 de junio, al amanecer, 560; 14 de junio, 562; 16 de junio, 562; 11 de julio, 563; Noche del 12 al 13 de julio, 563; Noche del 13 al 14 de julio, 564; 23 de julio, 568; 7 de agosto, 569; 20 de agosto, 569; 22 de septiembre, 569; 26 de octubre, 570; 23 de noviembre, 570; En el transcurso del año de 1642, 570

Años 1642-1643 571

Año de 1643: tiempos de pruebas 571

Enero, 571; 26 de enero, 572; 31 de marzo, 572; 23 de abril, 572; 18 de mayo, 573; 16 de septiembre, 573; 20 de septiembre, 573; 27 de noviembre, 574

Año de 1644 574

19 de enero, 574; 20 de septiembre, 575

Año de 1645 577

20 de febrero, 577; 22 de julio, 577; 8 de octubre, 577

Año de 1646 577

16 de abril, 577; 26 de junio, 578; 30 de agosto, 579; 30 de noviembre, 580

Año de 1647 580

23 de enero, 580; 20 de noviembre, 580

Año de 1648 580

30 de marzo, 580

Año de 1649: el desenlace 581

11 de enero, 581; 11 de abril, 581

Un epílogo (entre otros) 583

24 de mayo de 1649, 583; 7 de enero de 1650, 583; Navidad de 1650, 583; Fines de julio o el 10 de agosto de 1652, 583; 18 de noviembre de 1654, 584; 10 de enero de 1655, 584; Algunos años más tarde, 585; *Ex tempore*, 585

XXXVII. *Conclusión* 586

Índice de ilustraciones 595

Este libro se terminó de imprimir y encuadernar
en el mes de diciembre de 1996 en Impresora y
Encuadernadora Progreso, S. A. de C. V. (IEPSA),
Calz. de San Lorenzo, 244; 09830 México, D. F.
Se tiraron 2 000 ejemplares.

3 4444 70674 7318

SPA 272.2 A
OCLC: 20587234
Inquisicion y sociedad en
 Mexico, 1571-1700

Both cards MUST be returned in this pocket to clear your record. A charge will be made for each missing card.

9

BROOKLYN PUBLIC LIBRARY

MULITLINGUAL CENTER
GRAND ARMY PLAZA

Return this material on or before DUE DATE SHOWN ABOVE to any agency of the Brooklyn Public Library system. A charge is made for each day including Sundays and Holidays, that this item is overdue. Your library card can be revoked for failure to return library material.

244-09-7/99   NOV 2 6 2000